정부간 거래론

새로운 경제안보협력 질서에 따른
방산·인프라 G to G 수출거래의 부상

PUBLIC G2G
PROCUREMENT
INTER-GOVERNMENTAL
CONTRACT
Defense
Acquisition
Program Terminology Government To Government
FRIEND Execution of G2G contracts
 SHORING
   Dispute Settlements
관세와 무역에 관한 일반협정
Foreign Military Sales Financing

Intergovernmental
Transaction

머리글

한국전쟁 이후 세계 최빈국이었던 대한민국은 이제 세계를 선도하는 나라로 변모했다. 세계적으로 유례없는 빠른 성장을 거둔 우리는, 최근 강대국들의 리그(League)였던 방위산업 분야에서도 자신감 있게 도전하고 있다. 분단이라는 지정학적 어려움은 역설적으로 우리에게 강력한 군사력을 축적할 수 있는 기회가 되었다. 유럽에 이어 호주까지 진출한 K9 자주포는 세계적인 베스트셀러로서 뛰어난 성능과 합리적인 가격으로 우리나라 무기의 명성을 높이고 있다. 차세대 전투기인 KF-21 역시 우리나라의 자랑스러운 성과다. 자체 역량으로 차세대 전투기를 개발한 나라는 세계에 단 8개국 밖에 없다.

돌이켜보면 우리의 방산수출은 도전의 연속이었다. UAE에 훈련기 T-50 수출을 눈앞에 두고 실패했다. 천문학적인 예산이 필요하고, 정부의 지원이 필수적인 방산거래에서는 무기 자체의 성능도 중요하지만, 거래를 성사시키기 위한 체계적인 행정 서비스가 필요했다.

미국은 과거부터 FMS(Foreign Military Sales; 대외군사판매)와 같이 정부 차원에서 무기 수출을 진행하는 프로그램을 체계적으로 활용하고 있었다. 후발주자인 우리나라는 정부 간 거래에 있어서 미국과 캐나다 등 선진국의 사례를 벤치마킹 할 수밖에 없었고, 이를 위해 2013년 KODITS(방산물자교역지원센터)를 KOTRA(대한무역투자진흥공사)에 설립했다. 산업부, 국방부, 방위사업청 등의 관련 부처는 다년간의 노력 끝에, '정부간 계약'이라는 우리나라만의 정부 간 거래 체계를 마련할 수 있었으며, 필리핀, 페루를 포함한 신흥국뿐만 아니라 핀란드, 에스토니아와 같은 선진국과도 정부간 계약을 통해 수출 성과를 거두었다.

방산물자는 다른 물자와 달리 더 많이 수출할수록 세계의 안보 환경에 직접적인 영향을 미친다. 이처럼 정부간 거래는 방산물자나 에너지, 식량과 같이 재화 자체가 가지는 비대칭적 성격을 효과적으로 통제하고 관리하기 위한 제도이다. 어떤 나라에, 어떤 제품을, 어떤 방식으로 판매하는지와 같은 국제거래의 일반적인 사안조차 정부간 거래에 있어서는 고도의 정책적 판단을 요구한다. 우리나라가 방산수출의 효과를 다양한 방면으로 활용하기 위해서 안보뿐만 아니라 외교와 통상을 포함한 국익의 관점에서 정부간 거래에 대한 지속적인 연구가 필요한 이유이다.

한편, 새로운 통상 질서의 등장과 함께 정부간 거래의 영역은 방산 분야를 넘어 인프라, IT, 전자정부 등 다양한 분야로 확대되고 있다. 냉전이 끝나고 비약적으로 성장한 자유무역질서는 최근 빠르게 위축되고 있으며, 국가 간 수많은 보호무역 조치와 무역보복 정책과 조치가 등장하고 있다. 2022년 러시아 우크라이나 전쟁은 세계적인 공급망 위기를 더욱 심화시키며 각국의 경제안보에 대한 경고음을 울렸다. 이러한 근본적인 변화 속에서 경제논리보다는 정치논리에 따른 'Friend shoring'이 새로운 무역질서로 등장하고 있으며, 각국의 대규모 재정 사업 역시 정부간 거래 형태로 진행될 가능성이 더욱 증가할 전망이다.

우리 정부도 이러한 변화에 대응하여 성공사례를 만들어오고 있다. 2019년 우리나라가 정부간 거래를 통해 수주한 페루 친체로 공항 건설 PMO 사업이 대표적인 예이다. 원자재 부국이면서 정부간 거래를 선호하는 페루는 우리나라와 다양한 정부간 거래를 통해서 양국 간 신뢰의 수준을 한층 더 높이고 있다.

글로벌 환경의 불안정성이 높아질수록 결국 각국 정부에게는 더 많은 역할이 요구된다. 정부간 거래에 관한 연구 역시 결국 정부의 역할이 어디까지이며, 그 목적은 무엇인지에 대한 질문으로 이어진다. 수출입에 절대적으로 의존하는 우리나라의 상황을 감안하면 정부간 거래를 창의적으로 활용할 수 있는 능력은 불안한 국제정세 속에서 더 큰 힘을 발휘할 수 있을 것이다.

향후 본서의 본문에서 자세히 살피게 될 정부간 거래제도는 WTO 국제규범상 허용된 지원제도이며, 우리 국내법인 대외무역법 등에 제도적 기반을 마련한 것이어서 그 지원과 활용의 토대가 충분하다. 수출기업을 실질적으로 지원하고 대형 국제 거래 프로젝트 기회를 창출하고 활용하는 측면에서도 G2G 거래는 그 실질적 가치가 높다. G2G 거래 방식을 대형 방산수출거래나 공공 인프라 수출에 활용하면 미국, 프랑스, 중국, 러시아 등 정부의 지원하에 공격적인 수주활동을 함에 효과적으로 대응할 수 있게 된다. 우리 수출기업에게 필요한 정부의 외교적, 통상적, 안보협력적 지원과 우리 정부가 구매국 앞으로 계약의 이행과 관리를 보장하는 적극적·합법적 지원을 할 수 있다.

점점 중요성이 커지고 있는 군사경제 우방국과의 정부간 협력관계를 강화하고 발전시키고 또한 그러한 협력관계에 기하여 대형 수출프로젝트 기회가 창출되는 순환적이고 발전적인 거래 싸이클이 만들어질 수 있는 장점이 크다.

본서가 다루는 G2G 거래는 학문적으로나 이론적으로 볼 때 국제거래 분야에서 가장 국가전략과 안보협력 등 국제통상적인 고려가 혼합되어야 하는 분야일 것이다. 그런 의미에서 G2G 거래를 파악하고 적용하는 경우에도 장기적이고 전략적이며, 수출 거래 자체의 사업성 뿐만 아니라 구매국과의 장기적인 안보경제협력도 고려해야 한다. 그런 점에서 본서는 해외 거래 현장에서 경쟁하는 수출기업 뿐만 아니라 정부 담당자들, 통상이나 외교, 안보부분 등 국가의 다양한 정책과 실행 부분에서도 참고되기를 바란다.

본 서는 정부간 거래 실무를 경험한 집필진들이 그간의 경험과 조사내용을 바탕으로 민간에 최초로 출판한 소개와 연구를 겸한 간행물이다. 부디 본서의 내용이 다양한 분야에서 우리나라에 도움이 되기를 진심으로 바란다.

추천사 1

국제통상 및 국제거래 분야에서 한국의 발전이 늦어 평소에 아쉽게 생각했던 분야가 바로 정부간 거래(G2G)에 관한 제도이다. 종합상사로서, 한국의 가장 글로벌화된 기업으로서, 1990년대 이후 급부상한 이머징 마켓의 국가 수반들로부터 많은 러브콜을 받았던 '대우그룹'의 최고경영자로서 활동할 때 공백이 가장 크다고 느꼈던 부분이었다. 상대국 정부가 보증할 정도의 대형 거래가 줄을 이었기 때문이었다.

최근 글로벌 차원의 규모가 커진 활발한 거래에 비례하는 정치적 군사적 알력의 증대는 대형 무기와 전투 장비의 필요와 기술 요청, 연계되는 옵셋무역 증대로 소위 방산물자 및 공공 인프라 수출에서 우리 기업과 정부가 협력하는 사례들이 줄을 잇는다는 반가운 소식을 접하고 있다. 그간 쌓아온 대한민국의 기술과 산업, 경제적 위상에 걸맞는 고도화되고 치밀한 거래 추진, 규범의 정리와 국가 수준의 거래 지원이 함께 한다면 비약적 성장이 가능하며 부가가치 창출 기회를 지속적으로 키울 수 있을 것이다.

비교적 최근에 김우중 사관학교의 강사와 멘토로 협력하며 인연을 맺게된 필자 박근서 미국 변호사의 국제거래, 국제금융 분야 문제 해결에 특화된 독특한 업무 경력과 미국 법학박사로 변신한 학구열, 그간 관련 정부기관과 로펌을 오가며 보여준 사회 기여의 열정, 우리나라 국제거래 관련 다양한 사례로 습득한 노하우 등의 결집체가 이 책임을 믿어 의심치 않는다.

이 책이 출발점이 되어 한국 무역의 새로운 마당이 열리길 바라며 유사한 거래를 경험한 세계경영 대우의 무역 베테랑들과 함께 한국 통상 역사에 길이 남는 명저로 자리 잡길 바란다.

장병주 사단법인 대우세계경영연구회 회장

추천사 2

　우리 "한국산업법제연구원"은 변화하는 산업환경 속에서 기존 산업 및 미래 산업에 관한 법제도의 보완 및 개선을 위해 연구하는 전문연구단체입니다. 저자인 박근서 박사는 우리 연구원의 임원으로 중추적인 역할을 하고 계십니다. 해당 분야에 대한 전문적인 지식과 경험을 토대로 최근 중요해지고 있는 방산물자 및 인프라 수출에 있어서 정부간(G2G) 거래에 대한 전문가로서 시의적절하게 본서를 출간하였습니다.

　우리나라의 국제거래 분야 발전 수준이 고도화됨에 따라 과거 공산품 위주의 수출에서 최근에는 기술적 우위를 점하는 분야에서 물품과 기술과 서비스가 통합되어 수출되는 경우가 많아지고 있으며, 해외건설, 조선, 해외 플랜트, 원전을 포함한 에너지 산업, 각종 첨단산업의 현지 투자, 방산물자 수출, 공공 인프라 시설 설치와 운영 등 그 분야가 확대되고 있어 학문적·실무적인 측면에서의 시야 확대가 요구되는 시점입니다. 이러한 시기에 본서의 '경쟁국들과의 경쟁에서 G2G 거래의 중요성과 활용 가능성에 대한 주장'은 매우 타당하며, 국제규범과의 관련성까지 다룸으로써 G2G 거래의 국내 및 국제적 적법성을 뒷받침하고 있습니다. 이러한 이유에서 본서가 우리나라 정부, 기관, 수출기업 그리고 금융권의 담당자들에게 하나의 지침으로서 역할을 할 수 있을 것으로 생각됩니다.

또한 본서에서는 미·중 갈등관계가 미시적인 수준을 넘어 안보협력관계의 단층화가 이루어지고 있음을 예견하고, 이러한 시점에 G2G 거래의 중요성과 장점, 그리고 우리나라의 관련 정책과 대응 방안을 명확하게 설명하고 있습니다. 특히, G2G 거래는 국가 간의 안보와 경제 발전에 중요한 역할을 수행하며, 방산물자와 공공 인프라 수출을 중심으로 한다는 점에서 특별한 전략적 고려가 필요하다는 것을 강조하고 있습니다. 본서에서 망라하고 있는 연구성과를 정부와 기업이 적극적으로 활용하여 전략적인 거래 방식 수립과 철저한 거래 관리에 힘쓴다면, 방산물자와 공공 인프라 수출을 통해 안보와 경제 협력을 고려한 우방국과의 긴밀한 관계를 더욱 강화할 수 있을 것입니다. 나아가 우리나라가 미래에도 전략적으로 G2G 거래를 활용하여 국가발전의 성장 동력을 높이고 경쟁력을 강화할 수 있기를 기대합니다.

이와 같이 저자가 광범위하게 연구하고 정리해 낸 G2G 거래의 환경, 국제규범, 우리나라에서의 발전 방향은 국제 방산물자 및 인프라 수출의 이론적·실무적 측면에서 실질적인 솔루션으로서의 역할을 할 수 있다고 확신합니다.

한국산업법제연구원 사무총장
법학박사 성 준 호

목 차

■ 머리글　　　　　　　　　　　　　　　　　　　　　1
■ 추천사　　　　　　　　　　　　　　　　　　　　　4

PART 1 G2G 거래 개관 Overview

01 개설 Overview　　　　　　　　　　　　　　19
　1. G2G 거래가 활용되는 이유　　　　　　　　　24
　　가. G2G 거래 사례　　　　　　　　　　　　　24
　　나. G2G 거래의 중요 내용　　　　　　　　　　28
　　다. 본서의 논의 방향　　　　　　　　　　　　34
　2. 정부간 거래의 배경 Environments　　　　　　35
　　가. 수출산업의 변화와 정부간 거래　　　　　　35
　　나. 방산물자 중심 및 일반물자로의 확대　　　　36
　　다. 구매국 입장에서 본 G2G 활용 효과　　　　37
　3. 특징적 요소　　　　　　　　　　　　　　　　39
　　가. 수요, 공급 및 시장구조 등 고려요소　　　　39
　　나. G2G의 개념적 특징　　　　　　　　　　　42
　　다. 제도적 특징　　　　　　　　　　　　　　52
　4. 다양한 수준의 정부 관여　　　　　　　　　　56
　　가. 당사자 자치의 원칙　　　　　　　　　　　58
　　나. G2G 거래와 국제규범　　　　　　　　　　59
　　다. 정부의 G2G 거래에의 관여　　　　　　　　60

02 G2G 거래의 개념과 형태　　　　　　　　　　61
　1. 용어 Terminology　　　　　　　　　　　　　62
　　가. G2G 계약과 G2G 거래의 비교　　　　　　63
　　나. 정부간 판매 및 정부간 중개　　　　　　　64
　2. 거래형태 Forms of Business　　　　　　　　65
　　가. 무역 (수출입)　　　　　　　　　　　　　67
　　나. 국제 라이선싱　　　　　　　　　　　　　69
　　다. 해외직접투자 FDI　　　　　　　　　　　　71
　　라. 적절한 국제거래 형태의 선택 등　　　　　73
　　마. 정부간 거래의 다양한 형태　　　　　　　75

3. 정부간 계약 · 77
   가. 대외무역법상 정부간 수출계약 · 77
   나. 정부간 수출 · 78
4. 정부간 중개 · 80
   가. 정부간 중개 · 80
   나. 정부간 중개의 내용 · 80
   다. 정부간 계약과의 비교 · 82
   라. 정부간 거래의 하위개념으로서의 정부간 계약 및 정부간 중개 · 84
5. 정부 조달 · 84
   가. 정부조달의 개념 · 84
   나. 정부조달과 보호무역주의 · 85
   다. WTO 조달협정인 GPA · 86
   라. 정부조달과 정부간 계약 · 86
   마. GPA상 공정거래의 원칙 · 87

03 G2G 거래의 환경 Environments · 89

1. 정부간 거래 활용 배경 · 89
   가. 거래오염 문제 완화 · 90
   나. 거래 투명성 및 안전한 진행 · 91
   다. 판매국 지원 확보 및 분쟁해결 용이 · 92
2. G2G 거래 활용 여건 성숙 · 92
   가. 판매국 정부의 지원 근거가 있어야 · 92
   나. 판매국의 G2G 거래 수행 역량 · 93
3. 대상거래 : 방산물자 및 공공인프라 수출 · 94
   가. G2G 거래대상으로서의 방산물자 · 95
   나. G2G 거래대상으로서의 비방산물자 - 공공 인프라 · 95
   다. G2G 거래 활용이 증가하는 이유 · 96
   라. 국제통상규범과 G2G 대상의 관계 · 97
   마. 대상거래 요약 · 98
4. 정부간 거래 방식 수출 증가 · 99
   가. 방산물자 수출 증가 경향 · 99
   나. 비방산 물자 수출 역시 증가 경향 · 100
5. 안보경제 협력관계 · 103
   가. 자유로운 국제통상 및 글로벌화 · 103
   나. 체제경쟁의 대두 및 안보협력 중요성 증가 · 105
6. 구매국의 정부간 거래 요구 · 109
7. 복잡하고 높은 수준의 수출거래방식 · 110
   가. 수출역량 수준과 G2G 도래 · 110
   나. 이행 내용의 복잡, 고도화 · 111
   다. 플랜트 수출과 버금가는 지원근거 마련 · 112

8. G2G 거래에 대한 제약요소 ... 114
    가. 높은 수준의 계약요건 충족 문제 ... 114
    나. 구매국의 우월적 지위 ... 115
    다. 엄격한 대상수출 요건 ... 115

04 연혁적 G2G 거래사례 고찰 ... 117
  1. 태동기 G2G 사례 ... 117
    가. 2009년 UAE 훈련기 사례 ... 119
    나. 코스타리카 전자조달시스템 사례 ... 119
    다. 콜롬비아 기상예보시스템 사례 (정부간 거래 요구에 무산된 사례) ... 120
    라. 태동기 정부간 거래의 시사점 ... 121
  2. 전담기관 설립 이후 G2G 사례 ... 122
    가. 정부간 수출계약 전담기관 ... 122
    나. 방산물자 G2G 수출 사례 ... 123
    다. 비방산물자보안물자 G2G 수출 사례 ... 124
  3. 공공 인프라 사업에의 G2G 사례 – 페루를 중심으로 ... 126
    가. 페루의 G2G 사업의 국가 정책적 활용 ... 126
    나. 엘니뇨 재난 재건사업 사례 – 영국의 G2G 약정 ... 127
    다. 친체로 공항 G2G 사례 ... 132
    라. Lima 2019 Pan American Games G2G 사례 ... 133
    마. 페루의 공공인프라 G2G 사례들 ... 134
    바. 페루의 정부간 거래 약정 (Commitments & Agreements) ... 135

05 G2G 거래의 효용성 요약 ... 137
  1. 구매국 입장에서 유리한 각종 거래 보장책 제공 ... 138
  2. 거래의 공신력/신뢰 제고 ... 138
  3. 금융지원 용이성 ... 139
  4. 거래비용의 절감 ... 140
  5. 거래의 선순환 확보 ... 140

PART 2 G2G 거래 국제규범 / 해외제도

01 G2G 거래와 국제규범 ... 145
  1. 정부간 거래와 국제규범 ... 145
  2. 국제경제법의 법원 Source of Law ... 147
    가. GATT – 관세와 무역에 관한 일반협정 ... 148
    나. WTO 협정 ... 148
  3. 국제경제법 프레임워크에 의한 확장적 검토 ... 150
    가. 국제경제법 프레임워크의 기본요소 ... 150
    나. 프레임워크상 중요 원칙들 ... 152

    4. WTO 규범과 정부간 거래의 관련   155
        가. 정부간 거래와 WTO 규범   155
        나. WTO 무역규범 프레임워크 – 원칙과 예외   155
        다. G2G 거래와 WTO 예외 규정 적용   156
        라. 정부간 거래와 WTO 규범 준수   157

02 관세무역협정 [GATT]   159

    1. WTO의 통상규범으로서의 GATT의 일반원칙   159
        가. GATT상 최혜국 대우 원칙 – 외국간 비차별   159
        나. GATT상 내국민 대우 원칙 – 내외국간 비차별   163
    2. GATT 제20조 일반예외   167
        가. GATT 제20조의 규정 내용   168
        나. GATT 제20조 적용 개요   172
        다. 비방산물자 정부간 거래 : 생명 또는 건강을 보호하기 위하여 필요한 조치 172
        라. 비방산물자 정부간 거래 : 부족한 인프라   173
        마. 공공인프라에 활용 가능성 검토   175
    3. GATT 제21조 안보예외   177
        가. GATT 제21조 – 인정의 포괄성 및 남용의 제한   177
        나. 2016년 러시아-통과운송 제한조치 사례   180
        다. 2019년 일본의 한국 상대 소재부품 수출규제 사례   184
        라. 안보예외 규정의 해설   185
        마. 정부간 거래에의 안보예외 규정 적용   187
    4. 안보예외 규정의 서비스·투자 분야 적용 : GATS   188

03 WTO 정부조달협정   191

    1. WTO의 정부조달협정 배경   191
        가. 정부조달과 WTO 규범 개요   191
        나. 국제정부조달의 예외취급의 문제점   192
    2. WTO의 정부조달협정   193
        가. 정부조달에 대한 국제규범 제정   193
        나. WTO 정부조달협정의 범위   196
        다. GPA의 중요 원칙   199

04 국제규범 소결   209

PART 3 해외 G2G 거래 제도

01 미국의 정부간 계약 제도　　　　　　　　　　　　　　213
1. 미국의 Foreign Military Sales 제도　　　　　　　214
   - 가. FMS 개요　　　　　　　　　　　　　　　　214
   - 나. FMS의 목적　　　　　　　　　　　　　　　216
   - 다. FMS의 주요 기관　　　　　　　　　　　　　217
   - 라. FMS의 계약 방식　　　　　　　　　　　　　218
   - 마. FMS의 안보원조(Security Assistance) 고려사항　219
2. FMS 계약의 주요 내용　　　　　　　　　　　　　225
   - 가. USG Obligations (미국 정부의 의무)　　　　226
   - 나. General Purchaser Agreements (구매국의 권리의무)　233
   - 다. Indemnification and Assumption of Risk (면책 및 위험 부담)　235
   - 라. Transportation and Discrepancy Provisions
     (소유권 이전시기, 운송, 하자처리)　　　　　　239
   - 마. Warranties (미국 정부의 보증)　　　　　　　240
   - 바. (FMS) Dispute Resolution (분쟁해결)　　　243
   - 사. 무손실.무이익(no-loss, no-gain) 원칙　　　249
3. FMS 절차 및 계약관리　　　　　　　　　　　　　250
   - 가. FMS 계약 절차　　　　　　　　　　　　　　250
4. FMS제도의 시사점　　　　　　　　　　　　　　　253
   - 가. 안보협력관계 중시　　　　　　　　　　　　253
   - 나. 계약 관리(contract management)적 측면　254
   - 다. 금융 지원적 측면　　　　　　　　　　　　　255

02 캐나다의 G2G 거래제도　　　　　　　　　　　　　　257
1. 캐나다 G2G 거래 개요　　　　　　　　　　　　　257
2. 캐나다상업공사(CCC)　　　　　　　　　　　　　258
   - 가. CCC 개요　　　　　　　　　　　　　　　　258
   - 나. G2G 사업개발 방식　　　　　　　　　　　　260
   - 다. G2G 거래상 CCC의 책임　　　　　　　　　261
3. Prime Contractor Service의 내용　　　　　　　262
   - 가. 주계약 서비스 및 실적　　　　　　　　　　262
   - 나. 사안별 개별적 계약 방식　　　　　　　　　264
   - 다. 대상기업 선발　　　　　　　　　　　　　　264
   - 라. 수수료 징구　　　　　　　　　　　　　　　265
   - 마. 모니터링 및 불이행 대응　　　　　　　　　265
   - 바. 금융 지원　　　　　　　　　　　　　　　　266
4. 분쟁해결　　　　　　　　　　　　　　　　　　　268
5. 미국과 캐나다 정부간 거래의 상호 비교 요약　　269
6. CCC의 정부간 거래의 시사점　　　　　　　　　　270

03 기타 해외 G2G 제도 : 영국, 뉴질랜드, 스페인   273
  1. 영국의 G2G Agreement   273
    가. 개요   273
    나. 지원사례   275
  2. 뉴질랜드의 G2G Know-How   276
    가. 개요   276
    나. 지원 사례   277
  3. 스페인의 G2G Contracto   278
04 소결 : 국가별 정부간 거래 비교   279

PART 4 우리나라의 정부간 거래

01 개설   285
  1. 정부간 수출계약 도입 배경   285
  2. 우리나라의 정부간 수출계약 체결현황   286
  3. 우리나라 정부간 수출계약   287
02 G2G 거래의 국내법적 근거   289
  1. 개요   290
  2. 우리나라 정부간 거래 지원 근거 법률   292
  3. 대외무역법   293
    가. 정부간 수출계약의 정의   293
    나. 정부간 거래 전담기관   298
    다. 기타 내용   305
  4. 방위산업법, 방위산업발전법, 정부간 판매훈령   309
    가. 방산수출 관련 법률체계   309
    나. 방위산업발전법   310
    다. 정부간 판매 훈령   312
  5. 대한무역투자진흥공사법   314
  6. 정부간 수출 범위의 특수문제 - 해외건설 및 인프라 수출   316
    가. 개설   316
    나. 해외건설촉진법의 내용   317
    다. 정부간 거래 관련 검토   324
03 G2G 거래 대상: 방산물자 및 공공 인프라 등   327
  1. 개요   327
    가. 국제규범상 대상 거래 파악   327
    나. 전담기관이 지정하는 거래   328
    다. 대상 거래에 대한 검토   329

2. 방산물자 수출 330
   가. 자본재 방산물자와 일반 방산물자의 구분 330
   나. 자본재 방산물자(Capital defense articles) 수출 331
3. 공공 인프라 수출 332
   가. 인프라 수출 개요 333
   나. 공공 인프라 범위 334
   다. PPP (Public Private Partnerships) 사업 335
   라. 인프라 프로젝트의 고려사항 340
4. 에너지 사업 - 원전 중심 344
   가. 개요 344
   나. 원전수출 현황 345
   다. 원전수출 고려사항 347
   라. 원전수출의 이행 347
   마. 원전사업 계약 방식 349
   바. 원전 수출 관련 위험관리와 참고 사례 352
5. 소결 355

04 우리 G2G 제도상 향후 과제 357

1. 개설 357
2. 사업 프로세스 고도화 및 전문인력 확보 359
3. 전담기관의 책임에 대한 제도적 안전장치 361
4. 계약관리 고도화 : 이행, 변경, 협상, 분쟁 관리 체계 363
5. G2G 거래 금융 지원 364

PART 5 정부간 거래의 수행 Execution of G2G contracts

01 G2G 수출계약 실무적 절차 369

1. 외국정부의 프로젝트 추진의사 확인 371
   가. 프로젝트 발굴 방식 371
   나. 프로젝트 추진을 위한 협업 기반 마련 374
2. 이행기업 선정 단계 375
   가. 이행기업 선정 개요 375
   나. 이행기업 선정절차 376
   다. 이행능력평가 378
3. 계약협상 380
   가. 계약협상 개괄 380
   나. 계약협상 진행 383
   다. 협상 주요 쟁점 384

4. 계약체결 ... 385
   가. 이행약정 체결 ... 385
   나. 위원회 심의(특별위원회, 심의위원회) 및 계약체결 ... 386
5. 계약이행 및 모니터링 ... 386
   가. 거래대금 수령 및 전달 ... 387
   나. 보증보험 정산 ... 387
   다. 기타 이행관리 ... 387
6. 정리 ... 388

02 계약 체결 방식 ... 389
1. 양자간 계약 대 3자간 계약 ... 389
   가. 양자간 계약과 3자간 계약 ... 391
   나. 구매국 입장 (왜 구매국은 양자계약을 요구하는가?) ... 393
   다. 수출기업 / 정부의 입장 ... 394
2. 양자간 계약 검토 ... 396
   가. 국제거래법 원칙에 따른 검토 ... 396
   나. 해외 사례에서의 정부간 거래 계약 구조 ... 398

03 계약관리 / 분쟁관리 ... 403
1. 계약관리 개설 ... 403
   가. 계약관리 개요 ... 404
   나. 계약관리의 내용 ... 404
2. G2G 계약 관리의 내용 ... 407
   가. 계약협상 및 체결 관리 ... 407
   나. G2G 계약의 조건 ... 409
   다. 계약 / 프로젝트 관리 (2차적, 계약 체결 후 문제) ... 421
3. 분쟁(claim) 관리 ... 422
   가. Claim / 분쟁 관리의 중요성과 곤란성 ... 422
   나. 클레임 관리의 세부 내용 ... 427
4. 재협상 및 계약변경 Renegotiation and Restructuring ... 428
   가. 계약 변경 및 재협상 개요 ... 428
4-1. 계약 변경의 요소 ... 431
   가. 재협상 규정 (renegotiation clause) ... 431
   나. 재협상 절차 (Process) ... 434
   다. 성공적인 재협상/구조조정 ... 435
4-2. 계약 변경 / 구조조정 사례 ... 437
   가. 인도네시아 Paiton 발전 프로젝트 ... 438
   나. 인도 Dabhol power plant 프로젝트 ... 439
   다. 재협상 및 구조조정의 교훈 ... 441
5. 거래의 자발적 종료 ... 441
   가. 국제물품매매인 경우의 거래의 자발적 종료 ... 442
   나. 국제 인프라 수출인 경우 거래의 자발적 종료 ... 444

04 분쟁 해결 Dispute Settlements　　　　　　447

　1. 방산물자 정부간 거래에 대한 분쟁해결　　　447
　　가. 당사자간 분쟁 해결　　　447
　　나. 제3자에 의한 분쟁 해결　　　450
　2. 비방산 물자 정부간 거래에 대한 분쟁해결　　　451
　　가. 다양한 분쟁해결 방안 및 인프라 PF 중심의 분쟁해결　　　451
　　나. 국제 프로젝트 금융 분쟁 해결의 특수성　　　451
　　다. 당사자간 분쟁해결　　　452
　　라. 제3자가 해결책을 제시하는 방법 – 중재와 협상　　　455
　　마. 국제거래에서 분쟁관련 현황과 대안　　　459

05 정부간 계약서　　　　　　466

　1. 국제 계약일반론　　　466
　　가. 국제계약서　　　466
　　나. 국제계약 작성　　　467
　2. G2G 계약서　　　471

PART 6 G2G 거래에 대한 금융지원

01 G2G 거래 금융지원 검토배경　　　　　　475

　1. 개설 Introduction　　　475
　　가. 정부간 거래에 대한 금융지원 : 일반성과 특수성　　　477
　　나. 무역금융의 일반적 내용　　　480
　　다. 금융 제공 주체에 따른 수출금융 분류　　　487
　　라. G2G 거래에 대한 금융지원　　　491
　2. G2G 거래에 대한 금융지원시 고려사항　　　494
　　가. 방산수출금융 개요　　　494
　　나. 선진 방산수출금융 제도 변천과정 – 미국의 경우　　　501
　　다. 금융에 대한 Security Exception 원칙　　　513
　　라. OECD 수출신용협약　　　515
　　마. 공공 인프라 금융 고려사항　　　518

02 정부간 거래 금융의 실제　　　　　　521

　1. 정부의 역할 – 공적 / 양허성 금융　　　521
　2. 정부간 거래 대금결제　　　523
　　가. 대금결제에 영향을 미치는 요소　　　524
　　나. 방산수출 등 대금결제의 특수성　　　525
　　다. 방산수출 대금결제방식 결정　　　529

3. 직접 대출 Trade Direct Loans 534
   가. 개요 534
   나. 수입자 금융 (수출기반자금) 534
   다. 수출자 금융(수출성장자금, 수출이행자금) 537
   라. 상업은행 직접대출 활성화 과제 539
4. 수출신용 Export Credit 541
   가. 수출신용의 개념과 범위 541
   나. 수출신용보험(무역보험)의 내용 544
   다. 수출보험(무역보험) 절차 545
   라. 신용보험이 지원되는 경우 거래 구조 546
   마. 수출입은행 채무보증 547
   바. 직접대출과 수출신용 비교 548
5. 수출이행보증 Performance Guarantees 549
   가. 개요 549
   나. 이행성 보증의 종류 및 지원 개요 550
   다. 수출이행보증의 특징 553
   라. 은행의 이행보증 555
   마. 무역보험공사 수출보증보험 557
   바. 이행성보증 지원 확대 558
   사. 수출이행보증의 G2G 거래 지원 560
6. 소결 및 방산수출금융 향후 과제 564
   가. 방산수출금융 경쟁력 565
   나. 해외의 방산수출금융 동향 참고 565
   다. 방산수출금융 지원체계 디자인 필요성 566
   라. 정책금융기관의 선도 및 상업은행의 참여 567
   마. 안보경제협력에 기반한 정부 지원체계 수립 필요 567
   바. 지원조직 및 지원재원 마련 568

■ 첨부자료 571
■ 참고문헌 671

PART 1

G2G 거래 개관

Overview

01
개설 Overview

정부간(government-to-government, G2G) 거래(이하 'G2G 거래'로 통칭)란 구매국 정부와 수출국 정부가 수출기업을 대신하거나 수출기업과 함께 수출 계약 또는 협약을 체결하는 것을 말한다. 정부간 거래는 주로 방산물자(defence article) 혹은 비방산물자(public infrastructure 등)의 수출거래에서 수출국 정부가 계약 당사자가 되거나 혹은 관리 등 약정상의 책임을 부담하여 궁극적으로 수출을 지원하고 안보협력관계 강화를 지원하는 정부 제도이다.

G2G 거래의 중요 특징은 수출국 정부가 "당사자로서의 적극적 역할"을 지는 데 있다. 구매국 정부와 수출국 정부간 구속력 있는 G2G 계약 혹은 협약을 체결하여, 수출국 정부가 수출계약의 당사자가 되어 계약상 이행관리책임을 담당하도록 하는 거래 방식이다. 또한 G2G 거래는 정부의 각종 지원이 WTO 등 국제무역관련 규범에서도 인정되는 분야이므로, 방산물자 및 인프라 수출에 활용될 수 있는 공식적인 지원제도로서 장점이 크다는 특색이 있다.

다만, 수출기업의 거래 활동에 정부가 참여하게 되어 지원이 과도한 경우 경쟁국 혹은 경쟁외국기업들과의 통상분쟁의 소지도 있을 수있고, 계약 당사자가 많아지고 법률관계가 복잡하며, 분쟁 발생시 특별한 취급이 필요한 등 G2G 추진에 고려하여야 할 요소도 많다.

정부간 거래는 수출기업의 사업이라는 미시적 시각 뿐만 아니라 국가의 우방국과의 경제안보협력의 측면에서 장기적이고 전략적인 관계 강화라는 측면을 고려하여야 하는 점에서 특별하고 세심한 고찰과 연구가 필요한 분야이다. 이하 G2G 거래의 개요와 활용 배경, 특징적 요소, 기타 국제거래와의 비교, 개념의 구분 등을 다루고자 한다.

(1) 국제거래 환경 변화와 G2G 거래 필요성

우리나라로부터 방산물자 혹은 공공 인프라 국제조달을 하고자 하는 구매국들 중 일부는 수출기업의 계약 이행 약속만으로는 부족한 경우 추가적으로 수출국 정부의 이행의 확실한 보장 내지 관리를 요구하는 경우가 많다. 특히 2000년 들어 비교적 최근까지 G2G 거래는 우리 교역 대상국의 정부 조달 프로젝트에 우리나라 기업과 우리 정부가 공동으로 협력하여 거래를 추진하는 경우가 많았는데, 특히 방산물자 수출과 공공 인프라 수출의 경우 한국 정부의 관리와 경험, 보장을 추가할 것을 구매국이 요구하는 경우가 급격히 증가했다. 이에 대응하여 우리나라 정부는 G2G 제도를 도입하여, 직접 계약 당사자가 되거나 적극적인 계약 지원(계약 체결, 계약 관리, 계약 분쟁시 책임 등)을 약속하는 계약(약정)을 지원하게 되었다.

방산물자 및 공공 인프라 수출은 특히 구매국과 우리나라간 경제안보협력관계 관계라는 기초위에서 이루어지며, 그러한 거래의 성공적 추진을 통해 그 안보협력관계가 더욱 공고해지는 긍정적 효과가 매우 크다. 따라서 G2G 거래는 현재의 국제 외교안보 측면이나 경제협력 측면 모두에서 중요하다. 미국과 중국, 러시아 등 경제안보 패권 경쟁이 심각한 상황에서 방산물자 수출과 에너지 등 공공 인프라 수출에 있어서 적극적인 해외진출 사업 기회를 창출하고 경쟁력을 강화하는 것이 매우 중요하다. G2G 거래 활용시 우리나라 방산수출 및 공공 인프라 기업들의 경쟁력 제고는 매우 긍정적이며, G2G 거래 지원에 적절한 정책금융 지원까지 추가하고 해외거래 위험의 커버도 하는 지원 강화를 한다면 방산과 공공인프라 수출은 국가발전의 성장 동력이 될 수 있다.

G2G 지원 강화는 단순히 학문적 주장이 아니고 실제 치열한 수출경쟁시장에서 꼭 필요한 제도이다. 중국이나 러시아등의 정부적 지원은 국제규범상 공정 경쟁이나 투명한 지원 원칙 등에 구애받지 않고 파격적으로 지원되고 있다. 특히 방산물자와 인프라 수출에서 지원이 파격적으로 크기 때문에 우리 경쟁관계에 있는 우리 수출기업들은 많은 어려움을 겪고 있는 것은 공공연한 사실이다. 또한 미국이나 프랑스 등 전통적인 선진국들도 방산분야

혹은 공공 인프라 수출인 경우에는 특별하게 적극적인 G2G 거래 활용, 국제규범의 예외임을 활용한 독립적 기준에 의한 파격적 금융지원을 하고 있다. 따라서 우리나라도 소위 "leveling Playing field(공정한 경쟁의 장 마련)"이라는 측면에서는 방산물자와 공공인프라 G2G 거래 및 정책금융의 조속한 지원제도 마련이 시급하다.

이책에서 자세히 살펴볼 국제규범상 안보예외(security exception) 및 일반(공공목적)예외 (general exception for public interest)의 근거도 충분하므로 국제통상부분상 갈등을 일으킬 소지의 문제도 적다.

(2) 국제정부조달에서 G2G 거래 활용

한국 정부가 거래를 보장하는 약속을 "G2G 약정"라 칭할 수 있는데, 그 법적 성격이나 정부의 역할 범위는 단순한 협력 약정 정도에서 직접 우리 정부가 수출기업을 대신하여 계약의 당사자가 되어 계약상 책임을 부담하는 것까지 그 구체적 내용은 거래마다 다양할 수 있다. 이중 정부가 계약 당사자가 되는 것을 "정부간 계약"이라 하고 기타 정부의 약정을 "정부간 협력"이라고 구분하여 이해할 수 있다.

구매국 정부가 자국의 인력과 자원으로 직접 정부조달 업무를 하지 않고 해외기업을 동원하여 국제조달을 하는 경우도 많은 바, 방산물자 부분은 대부분의 경우 구매국 정부(국방부 등)이 구매 주체가 된다. 또한 비방산물자중에서도 공공 인프라의 경우 구매주체는 정부 혹은 정부기관이 된다. 이 분야 조달 중 수출국 정부의 보장을 요구하는 경우가 G2G 거래가 되는 것이다.

구매국 입장에서 공공 인프라 조달의 대표적인 방식으로서 구매국 정부와 외국기업간 PPP (Public Private Partnership)(이하 "PPP"라고 칭함)약정 방식으로 거래를 추진하는 경우가 빈번하다. 그런데 그러한 국제정부조달 프로젝트 중 방산물자 및 공공 인프라 사업인 경우에는 PPP 프로젝트에 그치는 것이 아니고 판매국 정부가 적극 참여하여 G2G약정을 통해 거래의 신뢰도를 높이고 정부가 약정한 사항을 보장하도록 요구되기도 한다. 여 이런 점에서 궁극적으로 사업이 성공적으로 수행되도록 PPP 사업방식에 판매국 정부가 보장 혹은 당사자로 참여하도록 하는 거래 메카니즘이 G2G 거래라고 볼 수 있다.

대형 국제조달 거래에서 경쟁국 수출기업들은 국가의 직·간접적인 지원 및 대형 금융기관의 금융지원과 수출신용을 통한 거래 위험 제거 등 다양한 지원을 받고 있다. 우리 정부는 수출기업의 독립적 사업추진만으로 자국 정부의 다양한 지원을 받는 기업들과 경쟁을 극복하고 사업을 수주하기는 어려운 점이 많은 점을 감안하여 G2G 거래제도를 활용하고 ECA 금융등을 통해 방산수출금융을 지원하는 방향으로 수출지원 제도를 질적으로 개선하고자 노력하고 있다.

(3) 본서의 구성 및 내용 소개

본서는 우리나라에서 G2G 거래 방식으로 수출하는 경우는 주로 방산물자 수출 및 공공 인프라 수출을 중심으로 이루어지고 있는 점을 감안하여 살펴본다. 한편, G2G 거래는 단순히 이론적 이해 뿐만 아니라 시급히 실제 거래에 적용해야 하므로 크게 세 부분으로 구분하여 검토하고자 한다.

첫째는 "G2G 거래 제도" 부분으로 정부간 거래의 이론적 개념과 구조, 각 국의 활용 사례, GATT, WTO GPA 등 관련 국제규범, 미국, 캐나다 등 해외의 G2G 거래 제도, 우리나라 현행법상의 G2G 제도 소개 및 법적 근거 검토 등을 하고자 한다. Part 1 부터 Part 4까지로 내용면에서 본서의 가장 많은 부분이 할애되어 설명된다.

한편, 뒷부분에서는 "정부간 거래의 수행" 부분으로 정부간 거래 수출계약의 실무 절차, 계약체결 방식, 계약관리 및 분쟁관리 부분을 살핀다 (Part 5). G2G 거래를 실무적인 입장에서 살펴보고 체결절차, 계약관리, 갈등 혹은 분쟁해결이라는 측면에서 살핀다.

셋째, G2G 거래에 대한 금융지원 부분에서는 주로 방산수출금융을 중심으로 해외제도와 우리제도에의 시준점 등 미래지향적인 측면에서 검토하고자 한다(Part 6).

본서의 의미와 한계는 분명하다. G2G 거래만을 중심으로 한 저서로는 처음이며, 외국의 경우에도 거의 없다. 그러나 전세계 국가 중 수출을 중심으로 발전하는 국가로서 우리나라는 매우 특별한 경우이다. 또한, 구매국이 신뢰하고 방산물자나 공공 인프라를 구매하고자 할 정도의 기술 역량과 국제적인 신뢰를 얻은 국가는 매우 희소하며 바로 우리나라가 그러한 경우이다. 한편, 미중갈등, 러시아 전쟁 등 국제경제질서의 급격한 변화 환경 속에서 안보경제협력관계를 중시하며 방산물자와 전후 복구 내지 에너지 등 인프라 수출을 전략적으로 수행할 국가에는 우리나라 정부와 기업들이 최적인 경우가 많다. 따라서 본서는 주제의 특수성과 한정성에도 불구하고 시의적절하고 의미가 있을 것이다. 다만, 한계로서는 G2G 거래에 대한 본격적인 소개 책자가 없었기 때문에 많은 부분 해외의 G2G 자료 및 저자들의 과거 연구자료를 서베이 형식으로 검토하여 소개하는 수준에 그치는 부분도 많다.

향후 방향성 등에 있어서 일반 거래 지원과는 다르게 안보 및 경제상의 우방국들과의 협력관계에 대한 특별한 고려가 필요하고 G2G 거래와 금융을 통해 그 기반을 공고히 하는 점에서 전략적이며 미래 지향적인 분야이다. 따라서 비록 국제거래 분야이지만 국가의 안보와 경제발전과 국제협력이라는 특별한 고려가 필요하다는 점을 본서는 다시 한번 강조한다.

본서가 생소한 국제거래방식인 G2G 거래를 하게 되는 수출기업, 정부, 정부기관, 금융권의 담당자들에게 도움이 되는 전반적인 제도 가이드 내지 소개서가 되기를 기대한다. 우리나라의 수출은 과거 소액, 단품 위주의 수출구조에서 방산물자 및 인프라 등 대형 자본재 수출로 그 중심으로 옮겨가고 있고, 그만큼 일반 수출 대비 고려요소도 많고 복잡하기도 하다. 따라서 전략적인 동시에 전술적인 접근이 필요하다. 수출기업과 정부 모두 전략적인 접근을 통해 장기적인 거래 전략 수립 및 수주된 거래의 철저한 관리가 필요한 분야이다. 본서를 통해 여러 실무자들과 전문가들의 본격적인 방산수출 및 공공 인프라 수출에 대한 검토가 시작되는 계기가 되기를 바란다.

마지막으로 본서는 현 단계에서 부족한 저자들의 작업의 결과일 뿐이다. 따라서 실무자와 관련 분야 전문가들의 여러 의견과 질의가 있기를 기대하고 지속적으로 수렴하여 본서를 발전적인 방향으로 개발하고자 한다. 그렇다면 향후에는 본서가 G2G 거래에 대한 중요한 기본 자료가 될 수 있고 국가 발전에 기여할 수 있을 것이다.

1. G2G 거래가 활용되는 이유

가. G2G 거래 사례

역사적으로 G2G 거래는 미국 등 선진국에서 방산물자 수출 및 중요 인프라 수출 등 대형 거래로서 활용되어 온 거래방식이다. 국제적으로 G2G 거래가 활용되는 배경은 아래와 같이 실제 사례를 들어 설명하면 이해가 용이하다.

(1) 사례를 통해 본 G2G 거래시 장점

예를 들어 과거 우리 정부가 미국 록히드마틴사가 제조한 F-16 전투기를 도입할 때, 미국 정부(USG, U.S. government)가 록히드마틴사로부터 직접 조달하여 우리나라 정부에 판매하는 거래를 해왔다. 쉽게 이해하자면 미국 정부가 대행수출 형식으로 대한민국 정부에 F-16 전투기를 수출하였다고 볼 수 있다. 역사적으로 보면 1945년 해방 이후 현재까지 우리나라는 미국으로부터의 중요한 방산물자 수입국이었으며, 중요 대형 방산물자 및 서비스(전투기, 함정 등)을 G2G 거래 방식으로 수입해 오고 있는 것이다. 요컨대 미국은 오랜 동안 그리고 현재도 방산물자 수출에 있어서는 정부간 거래 제도인 FMS(foreign military sale)를 통해 안보협력관계에 있는 우방국에 수출하는 것을 원칙으로 하고 있으며, 우리 정부도 그에 따라 수입을 해오고 있다.

위 사례에서와 같이 G2G 거래 방식을 활용하면 수출국 정부가 계약 당사자로서 확실한 거래이행을 관리하고 보장하기 때문에 불이행시 책임을 묻고 이행을 받기 용이한 장점이 있다. 우리 정부(구매국) 입장에서는 미국 정부(수출국)의 공신력을 믿을 수 있고 계약된 내용 대로 거래가 이행될 것임을 신뢰할 수 있다. 예상하지 못한 상황 발생으로 미국 록히드마틴사가 적기에 F-16 전투기를 인도할 수 있을지 여부가 의심스러운 상황이 발생하는 경우에 특히 G2G 계약은 유용하다. 즉, 우리 정부는 록히드마틴사와 계약한 것이 아니고 미국 정부(USG)와 구매계약한 것이므로 적어도 미국 정부를 상대로 FMS 계약에 근거하여 공식적으로 그 이행을 직접 요구할 계약상의 권리라는 장점이 있다.

한편 G2G 거래는 판매국 입장에서도 장점이 많은 제도이다. 미국의 경우 국방예산의 절감, 우방국과의 안보협력관계의 유지, 및 자국 방위산업의 지원과 효율화라는 정책 목적을 위해 G2G를 활용한다. 위 F-16 사례에서 USG가 미국만의 방위 목적으로 조달(예컨대 1,000대 주문)하는 것 보다는, 해외 구매국들(대한민국, 사우디아라비아, 일본 등)의 수요를 포함(예컨대 600대를 추가하여 총 1,600대 주문)하여 록히드마틴사에 대량으로 주문하게 되면, 미국 정부는 그만큼 기체 당 낮은 단가로 구매할 수 있어 국방예산을 현저히 절감할 수 있어 긍정적 효과가 크다. 특히 최근에서는 단위당 방산물자의 가격이 높아지고 있어 (전투기, 함정 등에서 단가 증가는 현저함) G2G 거래를 활용하여 대량구매를 하면 그만큼 예산절감 효과가 크다. 한편, FMS는 우방국에 미국 방산물자를 지속적으로 판매할 수 있어 거시적으로는 안보협력관계 유지에 공헌하며 또한 전쟁 등 갈등상황 발생시 무기대여 등을 통해 방산물자를 효율적으로 사용할 수 있다. 한편, 수출기업 입장에서도 전세계적인 매출 상승과 정부의 다양한 지원(정책금융 제공, 수주경쟁력 확보 등)을 받을 수 있다.

(2) 사례를 통해 본 G2G 거래를 하지 않은 경우의 문제점

방산물자 등 수출에 대하여 G2G 거래를 "활용하지 않는" 경우 발생 가능한 문제점을 살펴보면 G2G 거래의 장점을 이해하기 쉽다. 즉, 구매국 정부가 방산물자를 G2G 거래 방식으로 하지 않고 공급기업(수출기업)으로 부터 직접 구매하는 경우, 중대한 계약의 불이행 사태 혹은 불가항력적인 사태 발생시 구매국 정부나 수출기업 모두 곤란한 상황에 처하게 될 수 있다.

예를 들어 비교적 최근에 태국 정부가 4억1000만 달러를 주고 2023년 9월 인도받기로 한 중국의 최신형 디젤 잠수함 분쟁 사건을 살펴보면 G2G 거래를 하지 않은 경우 발생할 수 있는 문제점을 쉽게 이해할 수 있다. 방산물자 거래는 세부내용이 공개되지 않는 경우가 일반적이나 아래의 사례는 주로 공개된 기사를 통해 요약한 자료이며, G2G 거래를 하지 않고 안보협력 부분에 대한 충분한 고려가 잘못되는 경우 발생가능한 문제를 잘 보여준다.

태국의 중국 잠수함 조달 계약 분쟁 사례

태국은 2015년 중국으로부터 유안급 잠수함 세 척을 도입하기로 하되 독일산 엔진을 장착하기로 하는 구매 계약을 맺었다. 어떤 이유에서인지 태국과 중국 정부 차원의 레벨에서 G2G 계약이 이루어지지 않았고 태국 해군과 중국 잠수함 건조업체인 CSOC사간 직접 잠수함 건조인도 계약이 이루어졌다. 그런데 잠수한 건조 중 미국 및 EU는 중국과의 대립이 격화되면서 대응조치로 EU의 중국으로의 엔진 수출을 금지하였다.[1] 결과적으로 중국의 태국으로의 잠수함 수출은 엔진 없는 잠수함을 수출하는 것이 되어 버렸고, 잠수함 건조가 거의 완료되었고 상당한 대금을 지급했으나 첫 잠수함 인도부터 기약 없이 지연되었다. 동 사태가 대외적으로 알려지자 태국 국내 여론 및 태국 야당의원들은 "정부간 계약이 아니었다."고 비난하게 되었다.

비난이 높아지자, 중국 측은 (1) 다른 엔진을 장착하는 방안, (2)일단 2척의 중고 잠수함을 제공해 태국 해군을 훈련시키는 방안을 제의한 것으로 알려졌으나, 결국 장기간의 논란 및 분쟁 후에 독일제 엔진이 아닌 중국제 엔진을 탑재하는 방향으로 진행되고 있다고 한다.[2]

---

1) 이철민, "태국이 사려는 중국산 최신 잠수함… 어, 근데 엔진이 없네!", 조선일보, 2022년 03월15일. 중국 잠수함 건조업체인 CSOC사와 중국 정부는 태국과 잠수함 계약을 맺기 전에, 독일의 MTU사와 독일 정부에 문의하지도 않았다 한다. 그런데 "중국·타이완 관계에 해롭다"는 미국의 반대 및 또한 미국 입장에 민감한 독일과 EU가 대(對)중국 규제의 일환으로 MTU사는 중국에 대한 엔진 수출을 중단했던 것이다.

2) 강종훈, "태국 수입 中잠수함, 독일제 대신 중국엔진 탑재 가능성", 연합뉴스, 2022년 8얼 10일. CSOC가 애초 장착 예정이던 독일제 MTU396 디젤 엔진을 대체하기 위해 중국제 CHD620 디젤 엔진 개량형 모델의 구체적인 사양을 보냈고, 태국 해군은 이 엔진을 검토하고 엔진 테스트까지 통과하면 계약서 수정 없이 잠수함 구매를 예정대로 진행한다고 한다. 태국 해군 대변인은 "대체 엔진이 테스트를 통과하지 못하면 계약을 해지해야 한다"며 "그러나 해군은 가능하다면 계약을 완전히 뒤집지 않기를 바란다"고 말했다고 한다.

태국 입장에선 상당기간 잠수함 인도가 지연된 것 뿐만 아니라, 독일제 엔진이 아닌 소음 등 품질상 충분한 검증이 되지 않은 중국제 엔진을 장착한 잠수함을 울며 겨자먹기로 인수하게 되는 안 좋은 사례가 되었다. 직간접적으로 중국 정부가 관여하긴 한 것 같으나, 분쟁 진행과정에서 책임소재, 거래 투명성, 여론의 비판 등 여러 면에서 중국의 대형 방산물자 해외수출의 초기 사례로서 단추가 잘 못 끼워진 사례로 남게 된 것이다. 또한 더 세부적으로는 방산물자 등 구매국 안보나 국가이익에 중요한 거래에 대하여는 판매국 정부와 G2G 거래를 통해 이행의 확실을 그 무엇보다도 도모해야 한다는 교훈을 준 실제 사례가 되었다.

한편, 방산물자의 이행 문제가 발생하고 그 책임을 수출기업에게만 부담시킨 경우 수출국 정부의 입장에서는 법적 책임이 없는 상태이므로 단순히 외교 및 안보협력상의 문제만으로 이를 볼 수 있게 된다. 그런데법적으로는 위 거래에 중국 정부가 책임을 지는 G2G 거래였다면 태국의 입장에서 이행 청구, 책임 소재 명확화, 금전적 배상 등을 모두 중국 정부에 대하여 할 수 있으므로 그만큼 많은 대처방안이 있을 수 있었을 것이다.

위와 미국과 우리나라간 전투기 구매 사례나 중국과 태국간 잠수함 구매 사례를 통해 우리는 G2G 거래가 정부의 역할과 계약상 불이행 사태 발생시 그 거래의 지속성을 일정 부분 보장하고 거래의 신뢰성도 높일 수 있음을 알 수 있다.

나. G2G 거래의 중요 내용

G2G 계약은 비방산물자의 경우 "대외무역법"에, 방산물자의 경우 "대한무역투자진흥공사법"에 실정법적 근거가 마련되어 있다.3)

우리나라 실정법인 대외무역법 규정에 따르면, "G2G 거래"란 KOTRA(대한무역투자진흥공사)가 외국 정부와 직접 정부간 방산 혹은 비방산 물자의 "수출계약을 체결"하거나 또는 방위사업청이 외국 정부를 상대로 한 국내업체의 방산 수출을 "중개"하는 것을 말한다.4) 독자의 이해편의를 위해 G2G 거래의 내용 내지 특징을 다음 표를 통해 요약할 수 있다.

구분	내용	비고
거래의 주체	• 구매국과 판매국 양국이 모두 당사자가 되는 거래. • 거래의 양측 모두 정부라는 측면을 강조하여 G2G 거래라 함.	cf. 일반적인 거래는 P2P 거래 (사기업 - 사기업) cf. 정부조달(Goverment Procurement, GP 거래)는 구매 주체가 정부가 됨.5)
거래의 대상	• 국가 방위에 필수적인 방산물자 수출, 국민건강, 교육, 에너지등 공공 인프라 수출 등 구매국의 국가적, 공익적 목적으로 조달하는 거래	cf. 국가안보 및 공익적 목적으로 하므로 GATT, WTO 등 국제규범 상 예외로 인정되어 수출국 정부의 계약 지원 및 금융지원이 가능
거래의 방식	• 구매국이 계약 당사자가 되는 G2G 계약(contract)과 구매국이 중개 및 협력을 지원하는 G2G 중개(arrangement)6)	• 판매국 정부의 역할에 따른 분류

---

3) 박근서, "방산수출 정부간(GtoG) 거래 : 우리나라 현황과 미국 FMS제도의 시사점", 무역보험연구 제13권 제 2호. (2012).
4) 장현찬, 정부간 거래제도 활용방안에 관한 고찰, 통상법무정책 1권0호 (2021), 211-232면.
5) 구매국 정부가 조달하는 거래에 대하여 판매국 내지 수출국 정부가 공급자로 거래 계약을 체결하게 되면 이를 G2G 거래라고 칭하게 됨. 따라서 G2G는 를
6) 정부간 거래의 방식은 다양화가 가능하며 정부의 세부적 역할에 따라 확대 및 구체화 가능하다. 우리나라에는 2010년경 도입되기 시작하여 내용이 구체화되고 있으며, 우리나라 수출이 다양화되고 다변화되므로 G2G 수출도 그와 보조를 이루어 발전될 것으로 예상한다.

거래의 특징	• G2G에서는 수출국 정부가 계약 혹은 약정상의 책임을 부담하는 거래임. • 구매국 입장에서는 수출국 정부를 신뢰하고 계약 진행 가능하게 됨.	• 이견의 조정, 계약의 관리, 분쟁발생시 해결에서 특수한 취급 (가급적 우호적 협상 및 해결이 선호됨) • 정부가 책임지는 거래로 거래 신뢰성과 지원 필요성이 높아 정부의 정책금융 지원 등 지원을 더 많이 수혜 가능.
거래의 근거	• 국내법적으로는 대외무역법, 대한무역투자진흥공사법 등에 근거하여 인정되고 규율됨 • 국제규범으로는 GATT 1994, WTO 협정, WTO government procurement agreement 등에 의해 인정되고 규율됨.	• 대외무역법상 플랜트 수출과 함께 명시적 근거 규정을 두고 있는 거래 • WTO 규범등에서는 예외적인 활동분야로 해석상 G2G 거래 인정

(1) 정부의 계약 당사자 역할

정부간 거래의 특징은 수출국 정부가 "당사자로서의 적극적 역할"을 지는데 있다. 구매국 정부와 수출국 정부간 구속력 있는 G2G 계약 혹은 협약을 체결하여, 수출국 정부가 계약의 당사자가 되어 계약상 이행관리책임을 담당하도록 하는 거래 방식이다.

G2G 거래는 국제거래를 지원하는 정부의 전통적 역할에서 탈피하여 직접 거래 주체(당사자)가 된다는 매우 뚜렷한 변화를 의미하는 면에서 특징적이다. 즉, 전통적인 입장에서는 정부의 역할은 무역지원 업무, 즉 해외시장개척 등 수출지원 기관 설립 및 운영, 세제 지원, 금융 지원 등 조성행정 내지 수출지원 역할을 하는데 중점을 두어 온 것이 사실이다. 그런데 G2G 거래에서는 거래 당사자 역할을 하고 금융 지원도 대폭 강화하는 점에서 특징적이다.

우리나라 수출이 고도화되면서 방산물자 등 수출에서의 G2G 계약 활용이 점점 늘어나고 있으며 우리 정부 차원에서도 적극적으로 G2G 제도를 개발하고 그 활용 범위를 넓혀가고 있는 중이다.

G2G 거래에서 물품의 공급자는 수출기업이고, 최종 구매자는 구매국 정부이지만, 정부간 중개 혹은 정부간 계약의 방식을 통하여 수출국 정부가 계약상 다양한 역할을 하게 된다. 정부가 계약상의 당사자가 되는 법률관계이며, 그 약정에 따라 절차 관리부터 계약의 이행 보장, 직접 이행 등 다양한 약정된 의무를 부담하게 되는 점에서 G2G 계약의 특성이 있다. 정부 수준에서의 경제 및 안보협력관계에 있는 구매국 정부와의 거래에 대하여 우리 정부가 적극적 역할 내지 보장을 하게 된다. 이를 통해 거래의 신뢰성이 확보되고, 거래에 대한 각종 정부 지원이 용이해지고, 거래 분쟁시 원만한 해결의 가능성이 높아지는 장점이 있다. KOTRA의 제도해설서상 정부간 수출계약에서 구매국 정부, 국내기업, 판매국 정부(대한민국, KOTRA)의 책임과 역할에 대한 설명은 (우리나라의 정부간 거래 부분에서) 후술한다.

제도경제학자인 올슨(M.Olson)57)[7]은 국민경제적 번영을 위한 전제조건으로 시장확대적 정부(Market-Augmenting Government)라는 개념을 고안하였다.[8] 시장확대적 정부의 개념을 정부간 거래시장으로 확장하여 생각해 보면 우리 정부도 경쟁력 있는 시장조건을 조성해야 할 필요가 있다. 한국의 높은 대외지향성과 개방성이 "한강의 기적"으로 일컫는 고속성장의 원동력이었음을 고려한다면, 향후 새로운 수출사업 발굴을 위해서 국제 경쟁이 가능하도록 방산물자 수출 및 공공 인프라 수출 등에 주로 활용되는 G2G 수출계약의 기능을 우리 핵심산업에 맞게 강화하는 것이 시급하다.[9] 이러한 시장 요청에 부응하여 정부가 해외공공조달 시장에서 수출기업과 함께 정부가 계약의 체결과 이행에 보장 내지 협력할 의무를 적극적으로 부담하는 G2G 계약을 하게 되는 것이다.

---

7) Mancur Olsen은 미국의 제도주의 경제학자로 집단행동의 논리 등을 저술하였다.
8) The Economist, Unbundling the nation state(2014) 참조.
9) M.Olsen, 스웨덴의 복지 오로라는 얼마나 밝은가(2014) p.54 참조.

물론 모든 수출 분야에 정부가 당사자가 되는 것은 부당하기도 하고 국제 규범상 자유무역주의에도 배치되므로, G2G 거래는 방산물자 및 공공인프라 등 특정 거래분야에 대하여만 활용가능하다는 중요한 제한이 있고 G2G 활동도 정부의 활동으로서 일반 사기업의 활동보다는 투명성, 절차적 통제, 예산적 통제 등 각종 통제가 이루어지는 분야이다.

(2) 방위산업, 공공 인프라 등 수출지원 제도

과거 중저가 공산품 수출 분야를 개척해 왔던 우리 수출기업들은 최근에 와서 높은 기술 수준과 품질 경쟁력 확보를 통해 소위 첨단 분야 수출로 질적 개선이 이루어지고 있으며, 세계 일류상품 분야에서도 약진이 지속되고 있다. 그런데 소위 방산물자 및 공공인프라 수출 분야는 단순히 수출기업만의 기술력 및 경쟁력으로 수출이 달성되는 것은 아니고, 정부의 지원이 거의 필수적으로 요구되는 분야이기도 하다. 거래의 주선, 필요한 품질 보증 등 제공, 경제·외교협력 지원, 전담기관을 통해 계약 체결, 계약 이행의 보장 및 장기간의 사후 관리 보장 등 다양하고 적극적인 정부 차원의 지원이 제공되어야 하는 "종합적 수출거래"이다.

따라서 우리나라 정부간 수출거래는 물품, 용역 및 전자적 형태의 무체물을 대상으로 하며, 각종 방산물자의 수출뿐만 아니라 비방산물자 수출되도록 하고 있다. 정부간 거래 전담기관인 KOTRA가 제시하는 정부간 거래 대상물자는 인프라 및 관련 운용시스템(도로, 항만, 발전소, 공항 등), 국가 산업시설(정유소 등), 항공·우주분야(항공기 등), 특수목적차량(소방차, 구급차 등), ICT 사업(전자정부, 통신망, 온라인 교육시스템) 등이다.

이외에도 기타 공공인프라, 의료보건 물자 및 서비스, 교육 물자 및 서비스, 공공사업 물자 및 서비스 등 WTO 등 국제규범이 허용하는 다양한 물자가 정부간 거래의 대상이 될 수 있다.[10]

---

10) 대한무역투자진흥공사, 정부간(G2G) 수출계약 (브로슈어, 2023.1월 현재) (대한무역투자진흥공사 방산물자교역지원센터 홈페이지/방산수출정보/G2G 브로슈어/,
https://www.KOTRA.or.kr/kodits/board/list?topMenuNo=3&boardManagementNo=23&levl=2&menuNo=19).

(3) WTO 등 국제규범 하에서도 허용되는 정부 지원제도

2023년 현재 미국과 중국의 대립이 다방면에서 격화되고 결과적으로 미국과 중국을 중심으로 양극화(Polarization) 내지 다극화(Multipolarization)되고 있어 경제안보협력 문제와 대처방안이 국가정책상 중요성이 증가되고 있다. G2G 거래는 국제무역통상규범인 GATT[11], WTO등 국제규범에 부합하면서도 수출증진과 안보경제협력관계에 활용될 수 있는 유용한 제도적 수단으로서 활용이 높아지고 있다.

방산수출이나 국제공공인프라 수출은 국제거래활동 중에서도 대형거래에 속하며 계약(수주) 성공시 수출유발효과가 크다. 첨단분야 수출은 다수의 선진국들 사이에서 치열한 수출경쟁이 있는 분야이며, 그 거래 내용은 상당한 자금의 투입, 고도의 기술 제공 및 기술보호 조치가 필요하다. 그러면서도 공정하고 자유로운 경쟁(fair and open competition)이라는 국제규범의 원칙을 준수해야 하고 그 위반시 국가적 차원의 통상분쟁으로 발전될 소지가 많은 분야이기도 하다. 그런데 G2G거래의 대상이 되는 방산물자나 공공인프라는 구매국의 필수적인 국가안보이익(national security interest) 내지 공공이익 (public interest)와 관련되기 때문에 WTO 국제규범상 예외적인 조치가 허용되는 분야이며(후술), 그 예외적 조치로 정부가 구매국과 정부간(G2G) 거래를 체결하여 큰 경쟁 없이 대형거래를 수주할 수 있는 기회를 제공하는 것이다.

(4) Deal Team에 의한 통합적 수출지원

정부간 거래 제도에서 정부는 다양한 역할을 해야한다. 명확한 제도화, 전담조직 지원, 개별계약이 요구하는 수준에 부합하게 정부가 계약에 참여하여 거래의 신뢰성 제고가 필요하다. 특히 여러 관련 정부 부처 및 정책기관이 함께 협력하여 수출기업과 소위 "Deal Team"이 되어 수출을 추진해야 성공할 수

---

11) 관세 및 무역에 관한 일반 협정 (GATT, General Agreement on Tariffs and Trade)은 관세장벽과 수출입 제한을 제거하고, 국제무역과 물자교류를 증진시키기 위하여 1947년 제네바에서 미국을 비롯한 23개국이 조인한 국제적인 무역협정이다.

있는 분야이다. 우리 법상 정부간 계약의 당사자로서의 서명주체는 KOTRA 이지만 KOTRA는 계약체결 당사자의 역할을 할 뿐이며 G2G 거래가 구매국의 요청에 부합하게 성공적으로 추진되고 종결되기 까지는 더 많은 기관이 참여하고 협력해야 한다. 즉, 방산물자 수출을 G2G로 진행하는 경우 국방부, 방위사업청, 산업통상자원부, KOTRA 등이 긴밀히 협력하여 수출기업과 함께 장기간에 걸쳐 상당한 노력을 들여 추진되어야만 궁극적으로 방산수출 G2G 거래가 성공할 수 있다.

비방산 물자(예컨대 공공 인프라의 경우)의 경우에도 국토교통부, 산업통상자원부, 기획재정부, KOTRA 등의 긴밀한 협력과 통합적 수행이 필요하다. 여기에 더하여 금융이 필요한 경우 정책금융기관과 상업은행의 금융·보증이 지원되는 경우도 많고, 외교부나 구매국 소재 상무관, 무관, KOTRA 현지 무역관 등의 역할도 매우 중요하게 된다.

G2G 거래에서 우리 정부의 역할은 구매국 상대로는 "One Deal Team"으로서 상대하지만, 내부적으로는 그 프로젝트와 관련한 다수의 정부부처와 기관이 협력하여야 하는 구조임을 이해해야 한다. 게다가 정부간 계약은 단순히 마케팅 활동 정도의 협력활동이 아니고 법적인 책임이 수반되는 국제계약 활동이므로 높은 수준의 관리를 필요로 한다. 그만큼 참여하는 인원들의 노력과 전문성도 요구되는 매우 도전적이고 전문적인 무역지원 제도이다.

(5) 계약 추진 및 관리에 상당한 노력이 필요한 분야

수출국 정부가 직접 계약 당사자가 되고 거래 추진주체가 되는 점, 방산물자, 공공 인프라 사업을 대상으로 하여 소수의 선진국 국가 간 치열한 경쟁이 이루어지는 분야이어서 수출국 정부(실제로는 전담기관을 만들어 그 업무를 전담시킨다) 충분한 계약관리 능력, 리스크 관리체계, 거래 경험 축적이 필요하다.

다. 본서의 논의 방향

현재 G2G 거래 제도를 전분야 걸쳐 소개하고 실무에서 발생하는 다양한 쟁점과 이슈들을 다루는 개괄적이고 통합적인 저서는 없는 게 현실이다. 필자를 포함한 몇 명의 연구자가 논문을 발표한 바 있으나, 구체적이고 지엽적인 문제를 분석한 것이 대부분이며, G2G 거래를 담당하는 정부측 실무자나 수출기업 측 실무자, 그리고 관련 분야의 비즈니스나 법률 자문을 하는 전문가들(변호사 등)이 참고할 만한 서적이 없다.

따라서 본 서의 목적은 위와 같은 제도적 취지와 배경을 인식하에 그간 조사하고 연구한 자료와 경험에 기반하여 충분하게 설명하고 구체적으로 제시함으로써 G2G 거래 제도가 잘 활용되고 발전되기를 바라면서 기획되었다. 본서를 통해 궁극적으로 수출업계 및 정부가 부가가치 높은 분야의 획기적 수출 증대와 외교안보협력 관계의 증진을 도모할 수 있기를 기대한다.

이 책은 "정부간 거래"라는 주제에 국한하여 2010년 이후 정부간 거래 제도가 도입되고 활용하여 온 경험들을 추적하여 소개하고자 한다. 학문 연구 분야로서 본서는 정부간 거래에 대한 법률연구 뿐만 아니라 수출기업이나 정부의 입장에서 전략적인 활용방안을 제시하고, 국제거래에 내포되는 다양한 위험을 효과적으로 파악하고 관리하는 경영분야 연구의 측면도 많이 다루고자 한다. 따라서 이 책자의 대상 독자는 수출기업과 정부 담당자 모두를 대상으로 하며, 독자로 하여금 정부간 제도에 대한 전반적 이해를 할 수 있도록 다양한 측면을 소개하고, 활용이 용이하도록 쉽게 설명하며, 향후 발전할 수 있는 제도적 방향도 제시할 수 있는 가이드북이 되기를 기대한다.

2. 정부간 거래의 배경 Environments

가. 수출산업의 변화와 정부간 거래

G2G 거래는 방산물자의 수출과 관련하여 우리나라 정부의 적극적 참여를 구매국에서 요청하여 도입된 거래개념이다. 방산물자에 있어서 우리나라 방위산업의 공급규모는 계속 확대되어 왔고 국내 수요는 한정적이므로 이를 해외로 수출하고자 하는 정부 정책의 지원이 강구되고 있으며,12) 또한 기업 입장에서도 수출을 통한 규모의 경제를 이룰 수 있어 G2G 거래는 2010년경에 제도화되고 조금씩 구체화되고 있다. 다음에서 좀 더 상술한다.

2000년대 들어 조선산업, 기계 및 전자산업, IT산업 등 고부가가치 배후 산업의 발전을 배경으로 방위산업 분야도 중요한 수출산업으로 발전할 경쟁력과 가능성이 커졌다.13) 우리나라 방위산업의 공급 규모는 계속 확대되어 왔는데 국내 방산 수요는 이에 미치지 못하고 한정적이므로, 잉여생산부분을 수출하는 방향으로 업계나 정부가 정책전환을 모색하게 된 것이다.14)

이러한 방위산업의 수출산업화 모색과정에서 2010년도에 즈음하여 통상적인 국제거래와 구별되는 정부간 거래가 본격적으로 출현하게 된다. 우리나라에서 방산물자의 정부간 거래의 초기 사례로는 '2012년 11월 초 한국항공우주산업(주)의 페루 국방부앞 초등훈련기 KT-1 20기를 공급하는 수출계약(약 1억불 상당)을 들 수 있다.15) 당시 대형 선박수출 혹은 각종 EPC

---

12) 김성배, 29면.
13) 김대익, "방산수출진흥기금 신설 및 운용방안", 하나금융경영연구소 (2009).
14) 김성배, "방산수출 시장 확대를 위한 정부 간 판매제도에 관한 연구", 한국국방연구원 (2009) (이하 "김성배", 혹은 "김성배, 정부간 판매연구"라 함), 29면. 본 「정부간판매연구」는 방산수출 정부간 거래에 대한 본격적인 연구로서는 가장 자세하고 본격적인 연구였다. 본 연구소는 방위사업청이 발주한 연구보고서로 원문은 정부의 정책연구정보제공 홈페이지인 PRISM (www. prism. go. kr)에서 조회할 수 있다.
15) "KT-1 훈련기 20대 페루 수출 성사" 중앙일보 (2012.11.7. 기사)
(출처 : http://article.joinsmsn.com/news/article/article.asp?total_id=9810970&cloc=olink|article|default).

방식 플랜트 수출 프로젝트와 비교하면 동 훈련기 수출거래는 소규모 거래였다. 그러나 코트라에 G2G 거래를 전담하는 방산물자교역지원센터(Kodits)를 설치하고 그 조직이 정부간 거래라는 새로운 거래 형태를 연구하고 제도화하며 진행한 거의 최초의 수출건이었다. 동 프로젝트는 남미 훈련기 시장 첫 진출 사례로 교두보를 마련하는 의미가 있고 구매국인 페루 입장에서도 외국과의 거래 중 규모도 크고 우리 정부와 직접 정부간 계약을 체결하여 거래 투명성이 높아진 양국 모두에게 긍정적 성공적인 G2G 사례가 되었다.

나. 방산물자 중심 및 일반물자로의 확대

정부간 거래는 전통적 분야인 방위산업물자의 수출을 넘어 보안물자 및 일반물자(공공인프라) 수출 부분으로까지 확대되고 있다. 정부간 거래의 연원은 미국의 방산물자 수출에서 미 국방부(U.S. Department of Defence, DoD)가 조달하여 해외 우방국에게 수출하는 계약방식으로 발전되어 온 FMS 거래에 있다.16) 한편, 경제규모와 산업발전 수준과 체계가 미국과는 다른 캐나다의 경우엔 방산물자 정부간 거래를 중시하는 미국과는 달리 상업적 성격도 있는 전담기구를 설치하여 방산물자 뿐만 아니라 비방산물자의 경우에도 정부간 거래 대상으로 하여 G2G 수출을 지원하고 있다.17)

모든 물자가 정부간 거래의 대상이 될 수 있는 것은 아니며, 수출되는 특정 물자와 서비스 혹은 인프라가 정부간 거래의 대상이 되는가는 크게 (1) 수출국 정부의 정책적 결정(전담기관의 유권해석), (2) GATT 및 WTO의 국제규범에서 인정하는 예외 해당여부 (방산물자, 국민 건강, 교육 등 공익 목적 부합 여부 등), (3) 조달에 있어서 공익 목적 범위의 해석과 적용에 관한 구매국의 결정에 따라 정해지게 된다. 실무적으로는 결국 수출국 정부와 구매국 정부의 결정이 중요한 요인이 된다.

---

16) 박근서, "방산수출 정부간(G to G) 거래 : 우리나라 현황과 미국 FMS제도의 시사점", 무역보험연구 제13권 제2호, 한국무역보험학회, 2012.

17) 우리나라의 정부간 거래 도입에서 수출 지원을 중시하고 발전수준과 미국과의 관계 등 우리나라와 사정이 유사한 캐나다의 정부간 거래제도를 벤치마크 하였다.

향후 우리나라의 정부간 거래는 방산물자를 기본으로 하되 비방산물자에 대한 수출에도 활용이 증가되는 제도로 발전할 것으로 예상한다. 구매국 정부가 국민 혹은 공공의 이익을 위해 구매하게 되는 모든 물자가 대상이 될 것이지만, 현재로는 공공인프라 및 물자(public infra project), 의료보건용품 및 의료보건인프라, 교육인프라 및 물자가 G2G 거래 대상이 될 것으로 예상한다.

다. 구매국 입장에서 본 G2G 활용 효과

G2G거래는 기본적으로 구매국 입장에서 수출국 정부에 바라는 다양한 보장 내지 협력을 요구하는 계약이라는 점에서 특징이 있고 그 요구사항에 따라 G2G 활용의 효과가 발생한다.

구매국의 요구사항에 따라 다양한 활용효과가 있겠으나 일반적으로는 수출국 정부가 직접 계약에 대해 당사자가 되므로 계약에 대한 기본 책임을 부담하게 된다. 방산물자 수출이라면 그 물자를 계약상 조건 (가격, 인도시기, 품질수준, 수량 등)에 따라 계약을 직접 이행하거나 혹은 수출기업이 이행하도록 할 책임을 부담한다. 한편, 그 계약과 관련하여 분쟁 혹은 의견 불일치가 발생하는 경우 수출국 정부가 그 계약의 이행을 관리하고 분쟁을 해결하도록 요구할 수 있다. 한편, 수출기업에 대한 수출국 정부의 우월적 혹은 지배적 지위가 있으므로 그 지위를 활용하여 수출국 정부를 움직여 수출기업에 대한 계약상의 강제 내지 협상력을 강화할 수 있다.

위와 같은 G2G 활용상의 일반적 이점 외에도 수출거래를 정부간 채널을 활용해 수행하므로, 그 계약의 협상, 거래조건의 확정, 계약 체결, 계약 이행의 관리 등 계약 전과정에서 실무자들의 부패 방지와 투명성 확보가 용이해진다. 이러한 활용효과는 구매국의 행정이나 국방사무에서 부패나 비효율이 만연한 경우에 이러한 거래 투명성 확보는 특히 G2G를 선호하게 되는 이유가 된다 (후술하는 정부간 거래 사례에서 남미 국가들의 경우에 이러한 필요성이 특히 중요하게 작용함을 설명한다). 또한, 사업성 조사와 건설의 완료 후에도 장기간 시설 혹은 설비운영에 수출국 정부가 직접 지원하거나 운영관리가 필요한 사업(예컨대 공항건설 후 장기간 운영을 공항공사등을 설립 운영하여 정부가 운영하되, 수출국 정부 혹은 정부공사가 일부 혹은 전부를 수행하는 경우)이라면 수출국 정부의 참여는 필수적이 된다. 또한 방산물자의 경우 방산물자 인도 후라에서 후속군수지원 보장이 필요한 경우 수출기업 외에 수출국 정부의 보장이 필요한 경우에도 G2G 약정에 의한 수출국 정부의 적극적 역할은 G2G 거래의 활용성을 높여주게 된다.

추가적으로 언급할 활용성은 바로 과거 단순 원조성 사업 대비 규모가 크고 구매국 정부와 수출국 정부가 공동으로 책임 부담과 진행을 해야 하는 사업에 G2G 계약의 활용 필요성이 더 높다. 우리나라는 과거 원조를 받던 국가에서 이제는 많은 국가들에 원조를 하는 선진국가의 대열에 최근 합류하였고 그 발전속도 만큼이나 그 책임이 요구되는 정도나 역할이 급속히 커지고 있다. Koica(한국국제협력단)의 ODA프로그램이나 한국수출입은행의 EDCF 등 원조성 지원은 우선 그 규모 면에서 한계가 있고 주로 원조성 지원으로 운영하기 때문에 규모가 큰 구매국의 국가 프로젝트에 적용하기에는 한계가 있다. 특히 그 내용은 극빈층 식량 지원이나 긴급구호, 혹은 주로 제한된 범위내에서의 지원에 머문다. 한편, 우리 정부의 입자에서도 공적 원조를 요구하는 수원국은 매우 많기 때문에 대상국 별로 자금의 분배를 하게 되고 따라서 국가별 수혜금액이나 지원범위는 일정한 수준 이하에 머문다. 예를 들어 미얀마에 정치적 분쟁 발생 또는 재난이 발생하였다 하여 인접국인 라오스, 캄보디아나 방글라데시와 구분하여 급격한 지원을 하기는 곤란한 경우가 많고 설사 긴급지원을 한다 하더라도 그 내용이 국가의 대형 프로젝트가 되기는 어렵다. 그러나 점점 단위가격이 높아지고 있어 대부분의 구매국이 구매에 상당한 부담을 느끼게 되는 함정, 항공기, 무기체계 등의 수출이나, 발전소, 공항건설, 대형국립병원, 대규모 전자정부 시스템 등 "대형" 정부조달(goverment procurement)은 ODA 같은 원조 프로그램으로 지원하기 보다는 PPP사업 내지 G2G가 가미된 PPP사업으로 진행하여 구매국 정부도 대금지급책임을 부담하고 상업적인 거래구조와 책임분담을 하여야만 거래가 성사될 수 있을 것이다.

3. 특징적 요소

가. 수요, 공급 및 시장구조 등 고려요소

G2G 거래는 수출국(판매국, 공급국) 정부가 계약의 협의, 체결, 진행, 종료, 분쟁해결 등 거의 모든 단계에 다양한 역할로 참여하는 점에서 일반적인 수출거래와는 차이가 있는 거래이다. 이러한 차이를 정부간 거래의 특성으로 파악하여 세부적으로 살펴보면 이해가 용이하며, 실무활용시에도 그 특성을 고려하여 거래를 진행하는데 도움이 될 것이다.

선행연구인 안영수(2014)에 따르면 정부간 거래의 특성을 수요 측면, 공급 측면, 그리고 시장구조 측면의 세 가지 측면에서 살펴볼 수 있다고 한다.[18] 첫째, 수요 (구매국) 측면에서 정부간 거래는 정부조달(government procurement)로서, 수요주체가 정부로 제한되어 있다는 특징이 있다. 즉, 시장에 의한 수요가 아니라 그 물자나 서비스를 조달 받고자 하는 구매국 정부에 의한 수요로 정부간 거래가 발생한다. 정부 수요는 구매(조달) 절차의 공식성(officiality)이 높고, 품질의 신뢰성과 안정성 등에 대한 요구 수준이 민간 부문에 비해 상대적으로 높다. 또한, 정부간 거래의 교역대상은 "공공재(Public Goods)"적 성격을 포함하기 때문에 일반물자와 같은 시장가격 결정 메커니즘 적용이 제한적거나 불가능할 수 있다.[19] 따라서 시장가격결정 메커니즘이 제한적인 재화나 서비스는 그 속성상 시장실패가 발생할 가능성이 상존하는 분야라고 할 수 있다.[20]

---

18) 안영수 외, 정부간 거래(GtoG)의 부상과 우리 기업의 수출지원방안 - 방위 및 공공보안산업을 중심으로(2014) (이하 "안영수(2014),", 62면.
19) 안영수 (2014), 62면. 일반적으로 공공재는 소비에서 비경합성과 비배제성의 속성을 갖는 재화를 일컫는다. 비 경합성은 여러 소비자들이 동시에 소비 가능한 것으로, 비배제성은 소비에서 대가를 지불 하지 않더라도 소비 가능한 것으로 이 두 속성을 모두 만족하는 순수공공재로는 국방 혹은 치안서비스를 대표적인 예로 들 수 있다. 안영수 (2014), 62면, 주8.
20) 안영수 (2014), 62면, 주9.

G2G 거래의 두 번째 특징은 공급측면에서의 특징으로 거래에 대한 "초기 진입장벽"이 존재한다는 점이다. 정부간 거래 시장은 수요 주체가 정부로 제한되어 있다는 첫 번째 속성 때문에 일반 재화에 비해 생산에서 규모의 경제를 추구하기가 상대적으로 어려우며, 공급업체에 요구되는 높은 수준의 품질 및 이행의무에 대한 신뢰성, 공급의 안정성 등의 이유 때문에 정부 지원 없이 민간기업이 단독으로 해외시장에 진입하기에 어려운 측면이 두드러진다.[21]

셋째, 정부간 거래 시장은 정보의 비대칭성과 불완전성의 시장구조 특성을 보인다. 특히 방위 및 공공보안산업의 경우 이러한 특성이 현저한 바, 상대국 정부의 군사 공공보안으로 인한 정보의 비대칭성과 불완전성으로 인해 민간 기업으로서는 구매국 정부의 정부간 거래 수요 정보 접근에 제약사항이 많다. 따라서 기업으로서는 정부간 거래 구매에 대한 정보획득 비용과 현지입찰에 투입되는 직접비용 및 노력 등 직·간접적인 거래비용이 상승하게 되어, 수출기업 단독으로의 수출경쟁력을 확보하는데 어려움이 많게 된다.

상기의 특성을 종합해 보면 방위 및 공공보안, 공공 인프라 등 공공물자 및 서비스 분야 등 정부간 거래가 발생하는 거래대상은 공공재(public property)적 속성을 갖는 재화이자, 거래가 발생하는 시장구조는 수요자(정부)와 공급자(구매국 정부 혹은 민간업체) 간에 쌍방독점(Bilateral Monopoly)의 관계가 형성될 가능성이 높은 분야이다.[22]

그간 논의되어 온 연구와 논의들에 따르면 정부간 거래란 국제교역에 있어서 계약서 혹은 협약서상의 책임과 주체는 정부가 담당하고 실질적인 계약의무와 이행은 기업이 부담하는 거래형태를 말한다(안영수 외, 2014).[23] 다만, 이러한 관념도 아직은 확정적인 것은 아니다. 또한, G2G 거래의 정의를 특정 산업분야(예컨대 방산물자)에 대한 특유의 제도로 그 범위를 제한시킨다던지 혹은 정부간 거래에서 정부의 역할을 너무 고착된 범위로 한정하는 것은 바람직하지도 않다고 본다.

---

21) 안영수 (2014), 62면, 주9.
22) 안영수 (2014), 63면.
23) 안영수 외, 정부간 거래(GtoG)의 부상과 우리 기업의 수출지원방안 - 방위 및 공공보안산업을 중심으로(2014), p.172.

정부간 거래의 개념을 파악함에 있어 우선 "정부"의 범위를 정하는 문제나, 그 정부의 "계약상 책임"범위는 향후 제도의 시행과 발전에 따라 형성될 문제이다. 예를 들어 G2G 거래는 그것이 수출기업의 역할을 수출국 정부가 완전한 책임하에 수행하는 소위 "완전대행"일 수도 있고 단순한 명의대행일 수도 있다.24) 정부의 역할을 단순히 분쟁시 분쟁해결에 국한한 활동으로만 제한할 수도 있는 것이다.

G2G 대상 거래 : 정부간 거래의 정의에서 그 대상물품을 명확히 정의한 바는 없으나(대외무역법 등), GATT 혹은 WTO 정부조달협정 등 국제경제규범에서는 정부간 거래제도의 주요 품목으로는 방산보안물자에 국한하고 있지 않으며 공공인프라도 포함하도록 넓게 규정하고 있다고 해석되므로, 결국 그 대상범위도 그와 같이 넓게 보게 된다.25) 또한 정부간 거래에 대한 제도적 기반이 마련된 지 얼마 되지 않았고 제도에 따른 사업 경험도 아직은 초기단계에 머문다. 따라서 일단 정부간 거래는 그것이 국가안보와 관련된다면 그 밖에 원유, 식량 등의 거래에서도 활용될 수 있다고 포괄적으로 파악하고, 정부의 역할도 개별거래에서 나타나는 구매국의 수요에 부응하도록 하고 그 내용들을 정리(list-up)하여 경험적으로 정부간 거래의 개념을 확대하는 것이 바람직하다.

---

24) 원래 수출대행의 개념은 수출물품을 실질적으로 공급하는 기업이 여하한 이유로 직접 수출이 불가한 경우에 대행자와 대행계약을 체결하여 자기가 수출하는 물품을 대행(수출)기업의 명의로 수출하는 것을 말한다. 과거 수출기업으로 등록하고 활동하는 것에 상당한 제한이 있고 금융이력, 수출실적 등이 부족하여 수출실적이나 경험이 풍부한 기업이 대신 수출해주는 경우에 많이 활용된 거래방식이다. 대행수출 거래의 법률구조 내지 책임구조는 정부간 거래에서 수출기업과 판매국 정부간 관계에서도 유사하다. 정부간 거래에서 수출기업이 구매국과의 거래에서 완전히 빠지고 판매국 정부(혹은 정부기관, 전담기관, 국영기업 등 포함)가 수출기업을 대신하여 계약 당사자가 되어 구매국과 계약을 체결하는 구조는 명의대행 수출과 유사하다고 할 것이다.

25) 우리나라 정부간 거래의 실제 사례에서도 방산물자와 유사한 공공보안물자나 대테러활동 물자로 확대해서 거래를 추진한 바 있으며, 또한 공공인프라도 교육프로그램이나 기타 공익분야의 확장되는 경향이다. 그리고 결국은 그 범위는 조달을 하는 국가의 입장에서 그 국가의 국가안보나 국민 보호 등 공익적 견지에서 정부간 거래방식으로 구매하는 것이 적절한 품목인지를 판단하는 것이 가장 기본적이고 1차적인 기준이 될 것이므로, 국가별로도 다를 수 있는 문제이다. 향후 사례의 축적에 의하여 그 범위를 파악해야 할 사실적 문제라고 본다.

나. G2G의 개념적 특징

G2G 거래란 개념적으로는 구매국 정부를 상대로 한 국내기업의 거래(수출, 기술제공, 용역제공 등 포함)를 우리나라 정부(정부기관)이 대행하는 특수한 형태의 국제거래를 지칭하는 것으로 이해할 수 있다. 가장 중요한 특징은 정부가 계약당사자라는 점이며, 계약의 체결, 이행, 분쟁 해결 등은 국제거래의 특징을 유사하게 보유한다.

(1) 정부가 거래의 양 당사자인 거래

정부간 거래도 방산물자의 수출입, 인프라의 수출 혹은 건설, 기타 서비스 수출 등 국제거래계약(international business transaction)이라는 점에서는 일반 계약과 마찬가지이다. 즉, 물품 혹은 용역 등의 제공을 주 내용으로 하는 서로 다른 국가에 속하는 당사자들간 계약 내지 거래를 말한다. 즉 판매국의 기업이 물품 또는 용역을 제공하고 구매국은 대금을 지급하는 유상, 쌍무계약이며, 그 계약이 불이행에 대하여는 손해배상 등을 청구할 수 있는 일반적인 국제상업거래에 해당한다. 물론 당사자의 약정으로 불이행시 구제수단을 제한하거나 혹은 제소금지 등 법적 분쟁을 금지하는 내용의 약정이 포함되는 계약인 경우도 있으나 국제물품용역공급계약이라는 기본적 특징은 보유한다.

단지, 사기업간 일반 상업거래 (commercial transactions between private entities) 혹은 일방만이 정부인 일반적인 정부조달 거래와 달리, G2G 거래는 판매기업 외에도 판매국 정부가 구매국 정부와 계약을 체결함으로써 그 계약의 당사자 양측 모두가 정부인 거래라는 점에서 특징이 있다.

정부간 거래라는 개념을 강조하고 공익성을 강조하기 위해서 보통 약어로 "G2G" 혹은 "GtoG"라는 용어가 사용되며, 정부가 보통은 권력적인 국가활동을 주로 하는 것에 비추어 대등한 당사자들끼리 사적인 거래를 하는 국제거래에 참여하는 점에서 일반적인 국가 행위에서는 벗어난 예외적 계약행위이다.

구매국 입장에서 정부가 구매주체로 되는 경우인 정부조달거래((government procurement, "GP"라 칭힘)는 그 사례도 많고 국가별로 충분한 절차 및 문제 발생시 해결기준도 어느 정도 준비되어 있다. 정부가 구매주체가 되는 국제거래를 통칭하여 국제정부조달 (international government procurement)이라 하는 바, 본서의 정부간 거래는 이 카테고리에서 하부의 특수한 거래형태가 될 것이다.26)

G2G 거래가 특별해 지는 이유는 구매국 정부의 조달계약에 해외 판매기업 뿐만 아니라 해외 판매국 정부가 거래보장 및 관리 등에 역할하면서 참여한다는 점에 있다. 구매국 정부 측면에서 보면, 법률적 및 상업적으로는 정부간 거래방식 조달이라 해서 일반 조달과 크게 다를 것은 없으므로 특별한 고려나 쟁점이 발생하지는 않는다. 그러나 판매국 측면에서는 정부가 상업활동인 국제계약을 하게 되므로 본서에 다양한 부분에서 설명하듯 좀 더 특별한 고려나 낯선 쟁점들이 발생할 수 있다.

(1-1) 상업적 행위(commercial activities) - 주권면제 예외

G2G 거래에서는 국가가 당사자인 거래이기 때문에 거래 분쟁이 발생할 때에 그 정부가 국제법상 주권면제(Sovereign immunity)를 주장하여 면책될 수 있는지 여부에 의문이 있을 수 있다. 주권면제 혹은 국가면제(state immunity)란 국가(또는 재산)가 타국법원이 관할권(jurisdiction)으로부터 면제를 향유한다는 국제법상 원칙을 말한다. 주권면제의 원칙은 국가간 주권평등

---

26) 국제정부조달(International government procurement)은 정부가 외국 공급자로부터 상품과 서비스를 구매하는 과정을 말한다. 국제 정부 조달은 세계무역기구(WTO) 정부 조달 협정(GPA)과 같은 다양한 국제 협정의 지배를 받는다. GPA는 각국이 해외 공급업체에 조달 시장을 개방하고 공정하고 투명한 조달 프로세스를 보장할 수 있는 틀을 제공한다. 그것은 회원국들이 다른 회원국의 공급자들에게 비차별적인 대우를 제공하고 조달을 수행하기 위한 특정한 절차를 따르도록 요구한다. 후술하는 정부조달협정(GPA)에 따르면, 조달 주체는 범위가 넓은 바, 중앙 정부 기관(central government agencies)이나 국영기업(state-owned enterprises) 또는 지방 정부(local governments)를 포함한다.
한편, 국제 협정 외에도, 각 국가는 정부 조달을 관리하는 자체 법률과 규정을 가질 수 있으며, 사실 이에 대한 파악이 정부간 거래에서 매우 중요하다. 이러한 법률 및 규정은 대부분 자국 산업과 공익 목적을 표방하며 요구되는데, 외국 공급업체가 자국 정부 조달에 사업적으로 참여 하기 위해서는 등록 요구사항(registration requirements)을 부과할 수 있고 어떤 경우 구매국내 로컬 사업자들과 합작을 요구하는 등 그 내용이 매우 다양하다.

원칙에서 비롯된 확립된 원칙이기 때문에 개별 국가들은 외국 국가나 정부의 활동에 대하여 이를 인정할 국제법상 의무를 상호 부담한다.27) 물론 그 성격은 한 국가가 타국의 국제재판관할권에 복종하지 않는다는 법 절차적 항변일 뿐, 외국 법률의 적용 자체를 면제받든지 혹은 위법행위에 대하여 법적 책임의 성립을 부인하는 의미는 아니다.28)

그런데 정부간 거래는 국가의 행위중 상업적 거래에 해당하는 대표적인 방식이라고 볼 수 있어 주권면제의 원칙이 적용되지 않는 분야이다. 즉, 국가의 행위 중 상업적 거래(commercial transactions)의 개념은 국제법에 있어서 소위 주권면제(Sovereign immunity)의 예외에 해당하는 대표적인 분야이기 때문이다. 상업적 거래 예외조항은 정부가 상업적 거래를 수행하면 본질적으로 민간주체로서의 역할(as a private entity)을 하는 것으로 그 국가는 다른 상업적 활동 주체와 동일한 법적 기준의 적용을 받게 되고 상업적 및 법적 의무를 준수하여야 한다고 보는 것이다.29) 따라서 정부간 거래를 하고 법적 분쟁이 발생하는 경우 재판관할합의 등 규정이 없거나 부실하여 특정 국가의 법정에서 법적 절차에 부쳐질 때, 판매국 정부나 구매국 정부 모두는 주권면제를 주장하여 절차적 항변을 할 수 없다.

---

27) 정인섭, 신국제법 강의 (제11판), 박영사 (2021), 242면.
28) 정인섭, 242면. 주권면제의 이론적 근거로는 절대적 주권면제론, 제한적 주권면제론, 그리고 주권적 행위와 비주권적 행위 구분에 의한 개념화 등 다양한 학문적 연구가 존재한다. 여기서는 정부간 거래 이해에 필요한 정도로만 소개하고 자세한 논의는 하지 않기로 한다. 정인섭, 신국제법 강의 (제11판), 박영사 (2021), 242-60면.
29) 다만, 어떤 활동이 상업적인지 정부적인지에 대한 결정은 실제로는 복잡하고 애매할 수 있으며, 활동의 성격과 정부와 관련 당사자 간의 관계를 포함한 다양한 요인에 따라 달라질 수 있다. 또한, 정부가 상업 활동을 하는 경우에도, 규제 또는 집행 기능과 관련된 소송과 같은 특정 유형의 소송에서 면제될 수 있으며, 특히 적대적인 관계로 악화된 정부들 사이에서 각국 정부의 부당한 영향력 행사로 한 국가의 법원이 국제법 원칙에 위반하여 정부간 거래에 대하여 재판관할권을 부당하게 행사하거나 혹은 부당하게 불행사 하는 경우에 실질적인 해결 방법이 마땅치 않다는 점은 어려운 과제일 수 있다고 본다.

그러나 본서에서는 정부간 거래가 상업적 거래에 해당한다는 것을 단순히 국제재판관할에서의 주권면제의 예외라는 것으로만 국한해서 설명하고자 하지 않는다. 사실 정부간 거래가 상업적 행위라는 점은 정부간 거래를 진행하는 전 과정에서 "지도 원칙(Guiding Principle)"으로 고려되어야 한다는 점을 강조하고 싶다. 즉, 정부 및 전담기관 그리고 구매국 정부, 그리고 수출기업은 정부간 거래가 결국은 정부가 참여하는 상업적 거래(commercial transaction)라는 특성을 유념하면서 거래를 협상하여야 하고, 거래 구조를 만들고, 당사자간 권리와 의무를 규정하고, 계약을 관리하고 그리고 필요한 정책금융을 제공하고 최종적으로 분쟁을 해결하는 G2G거래 전과정에 있어서 정부간 거래가 상업적 거래라는 점이 강조되어야 한다.

(2) 판매국 정부가 계약상 책임을 부담하는 거래

구매국 정부가 발주한 사업에 대하여 판매국 정부가 계약 당사자가 된다는 G2G 계약은 결국 "판매국 정부가 구매국 정부에 대하여 계약상 책임을 부담한다(The government of the selling country assumes contractual liability to the government of the buying country on behalf of the selling company)"는 점에 가장 큰 특징이 있다. 그렇다면, G2G 거래를 하는 현실적인 수출기업이나 판매기업이 존재하고 실제 거래를 수행할텐데, 판매국 정부는 구체적으로 어떤 별도의 책임을 부담하는 것인가?

일반적인 대답은 개별 G2G 계약의 내용 및 준거법상 조항 등에 의해 판매국 정부가 부담하는 책임의 범위는 결정된다고 답하는 것이 적절한 대답이 될 것이다. 즉, 구체적인 거래마다 그 범위는 다를 것이지만, (1) 정부가 최대 책임을 지는 경우라면, 정부가 물품 공급, 운송 등 비용의 부담, 하자 발생시 수리, 손해배상 등 일반적인 계약에서 판매자 측이 부담하는 모든 책임을 지는 것으로 볼 수 있다. 반면 (2) 정부가 최소 책임을 지는 경우는 단지 계약상의 관리책임을 부담하거나 극단적으로는 모든 책임은 수출기업 등에게 남겨 두고 단지 계약상 서명만 하는 것일 수도 있다. 이런 최소책임은 소위 단순 명의대행 정도의 책임만 부담하는 것으로 해석할 수 있다.

현실적인 측면에서 G2G 거래에서 판매국 정부가 수출기업의 책임을 완전히 떠넘겨 받아 구매국 앞으로 완전한 책임을 담당하는 경우는 드물며, 반면 계약상의 모든 판매자측 책임을 수출기업에 부담시키고 정부는 명의만 제공하는 수출계약인 경우도 드물다. G2G 거래도 정부의 책임을 특징으로 하는 것이지만, 오롯이 정부만이 책임을 부담하고 실수출 이행기업은 계약상 책임으로부터 면제되는 것은 아니며, 결국 당사자간 협의 및 그를 반영한 정부간 계약의 약정 내용에 따라 높은 수준의 정부 책임을 부담하는 경우나 낮은 수준 내지 명목상의 책임을 부담하는 것으로 이해하는 것이 현실적이다. 따라서 정부가 최소한의 책임 내재 단순히 계약상 명의만 대행하지만, G2G 거래라는 용어를 사용한다면, 실제로는 판매국 정부 입장에서는 모든 책임을 지는 계약 당사자가 아니라는 점에서 "용어의 모순"이 있을 수 있겠으나, 일단은 G2G 거래의 내용을 구체화하는 계약상의 약정에 다양하고 신축적인 내용을 반영할 수 있는 것으로 일단 이해하도록 하자.

이론적으로는 특정 거래 주체가 책임내용을 특징으로 하는 거래라도 실제로는 그 내용이 용어의 정의 자체와 모순되는 사례는 국제 프로젝트나 인프라 시설 건설거래에 많이 활용되는 프로젝트 파이낸스(project finance)에서도 나타난다. 프로젝트 파이낸스(PF)는 이론적으로는 그 프로젝트에서 발생하는 revenue와 프로젝트회사의 assets으로 차입금 등을 상환하고 프로젝트 스폰서기업(사업주)에는 구상하지 않는 것을 특징으로 하는 국제거래상의 개념이지만, 실제로 PF 거래에서 스폰서 기업은 계약에 의해 제한적으로나마 사업상의 상환책임을 부담하는 것이 현실이다.30) 따라서 정부간 거래는 원칙적으로 정부가 수출기업의 책임을 넘겨 받아 계약 주체로 상대국과 G2G 약정을 하지만, 실제 거래에서는 판매국 정부가 항상 모든 책임을 부담하는 것은 아닐 수 있다. 한편, 이후 살피겠지만, 모든 책임을 관료조직이고 지원조직인 정부가 모두 부담하는 것도 적절하지 않을 수 있기도 하다.

---

30) John Niehuss, International Project Finance in a Nutshell (Nutshells), West Academic Publishing; 2nd edition (January 20, 2015).

(3) 경제안보협력관계인 국가간 가능한 국제거래

G2G 거래가 특징적인 점은 거래하는 당사국들 사이에 긴밀한 경제안보협력관계에 있는 경우에만 가능한 거래형태라는 점이다. 현재 우크라이나 전쟁, 대만 관련 미중 분쟁, 코로나 바이러스 사태로 인한 공급망 붕괴 등이 복합적으로 영향을 미쳐 미국 등 서방 자유주의 진영과 중국, 러시아 등 권위주의 진영 간 정치적 대립 뿐만 아니라 경제적 혹은 공급망 분리 내지 대결이 극심한 대결이 전방위적으로 이루어지고 있다. 따라서 국제거래 활동도 이러한 공급망 붕괴 내지 공급망 분리 및 대결 구도에서 자유로울 수 없는 바, 국가 조달에서 중요한 방산물자나 인프라 건설 등은 우방국 내지 안보경제협력관계에 의한 국가들 사이에서만 이루어질 수 있다. 예를 들어 오스트레일리아가 장갑차, 전차 등 기갑전력을 강화하기 위해 방산물자를 조달하고자 하는 경우 진영 대립을 하고 있는 중국에서 조달하는 것은 상상하기 어렵다. 자유진영 국가가 자국이 필요로 하는 방산물자 조달과 공동개발, 공동생산을 원하는 경우 비밀 유지, 기술 누출 방지, 유사시 상호 협력 등을 감안하는 것은 너무나 당연할 것이고 따라서 미국, 캐나다, 일본, 한국, 호주 등 경제안보협력관계에 있는 국가들 사이에서만 G2G 거래가 가능해 지게 된 것이다.

과거 이상적이고 효율적일 것 같았던 전세계 단일시장, 글로벌화 내지 글로벌 공급망 체계의 유지 내지 확대는 당분간 요원한 바람이었을 뿐이며, 현재로서는 경제안보협력관계에 있는 진영 내에서 중요 거래가 이루어지는 것이며, 특히 G2G 거래 대상인 방산물자와 공공인프라, 에너지 시설 등은 더욱 그러할 것이다. 따라서 우리나라는 격변하고 있는 상황에 맞추어 전략적으로 G2G 거래를 활용하게 된다. 특히 방산물자나 공공 인프라 등은 사실 중국의 저가공세에 밀려 상당히 위협받고 있었는데 이제 진영이 나뉘고 있고 적어도 미국을 중심으로 한 자유주의 진영 내에서 우리나라는 상당히 공고한 생산능력과 기술능력을 보유한 상태이므로 단기적으로 시장에서 유리한 지위를 보유하게 되기도 하였다. 따라서 바뀐 상황하에서 방산물자 등에서 중국 등과의 경쟁을 배제한 채 G2G 수출을 추진하면 상당한 경쟁력 향상을 확보할 것으로 예상되며, 그렇다면 G2G 거래의 활용 가능성도 매우 높다.

(4) 경쟁 계약이 아닌 비경쟁 계약의 특성

원칙적으로 국가·지방자치단체 등이 체결하는 모든 계약은 경쟁계약 내지 입찰(Competitive Contracts/Bids)의 방법을 취하는 것이 원칙일 것이고 방산 및 인프라 부분에서 우리 기업들이 상당한 어려움을 겪고 있는 것은 주지의 사실이다. 즉, 국가의 조달계약(procurement)은 일반경쟁계약을 원칙으로 하나, 경쟁에 붙이는 것이 부적당하거나 계약의 성질이나 목적이 경쟁에 어울리지 않는 경우 등 경쟁 계약을 체결할 수 없는 특수한 사정이 존재하는 경우에는 비경쟁 계약을 체결할 수 있다.

G2G 거래는 이런 경쟁을 합법적이고 공식적으로 회피할 수 있는 특수한 상황으로 인정되며 또한 WTO 규범에 비추어도 합법적 예외에 해당한다. G2G 거래는 구매국 정부가 판매국 정부를 상대로 거래협상을 하게 되므로 WTO 정부조달협정상 자유경쟁 원칙을 준수하거나 다른 판매기업들에게 경쟁입찰의 기회를 줄 필요는 없다. 따라서 수출기업 입자에서 경재기업과의 경쟁을 배제하고 판매국 정부와 수의계약 방식을 취하는 경우가 있는 이점이 있다.

좀더 정책목적을 감안하여 설명하면, G2G 거래는 바로 방산물자 조달 혹은 공공인프라의 적정한 확보라는 정책목적이 있어 비경쟁 계약의 예외에 해당하게 된다. 예를 들어, 구매국 정부가 자국의 장기적인 방위계획의 일환으로 특정 기술조건에 부합하는 방산물자를 특우방관계가 지속되고 기밀유지가 가능한 특정 우방국가를 특정하여 비경쟁 계약인 G2G 계약을 체결하는 것은 정책목적이든 국제규범이든 어떤 기준에도 부합하며, 이에 대해 우방 아닌 다른 국가가 이의를 제기하긴 어렵다.

이제 세계는 단일한 경제권역이 아니고 미국을 중심으로 한 "자유주의" 경제체제와 중국, 러시아를 중심으로 한 권위주의적 경제체계가 대립하고 있으며, 그 권역내 국가들 사이에서만 주요 핵심사업과 핵심물자의 공급망을 건설하고 있다. 이런 국가들은 소위 동질적인 경제안보협력관계에 있으며, 대립 진영의 국가와 경제안보 협력을 하지는 않는 경향이다. 예를 들어 본서를 집필중인 2023년 현재 미국과 중국, 러시아 등의 패권경쟁은 경제 분야

뿐만 아니라 군사적인 대립과 갈등이 높아지고 있는 상황인 바, 이 경우 미국의 우방국가에서는 미국 진영이 생산한 방산물자를 구매할 것이며, 단순히 가격이 낮다거나 제원, 기타 조건이 유사하다고 하여 중국 혹은 러시아산 방산물자를 구매하지는 않을 것이다. 예컨대, 미국과 일본의 방산물자 생산은 그 우방국인 대한민국이나 폴란드에서는 공동생산이나 기술개발 등 협력할 수 있을 것이나, 미국이 중국과 방산물자의 공동생산을 할 가능성은 매우 낮다.

비방산 물자에 있어서도 G2G 거래는 특정 국가를 지정하여 거래하는 방식을 취하는 것이 적절한 경우가 있다 예를 들어, 국립병원을 건설하면서 선진국의 의료기술과 관리능력을 도입하는 계약에서 국민건강을 위해 신속히 건설되고 장기간 효율적으로 운영하기 위한 정책적 목적이 있는 경우 G2G 거래는 비경쟁 계약으로 체결되는 것이 더욱 적절할 것이다.

비경쟁 계약으로 진행할 경우 입찰을 통해 공정한 거래처를 선정하는 것 대비 계약과 관련하여 특정 업체의 로비나 유착관계 등 비리가 발생하거나 특혜 시비가 발생할 수 있다. 정부 조달 계약의 상대방인 판매주체가 특정 외국기업이고 어떠한 공적 기준이나 정책목적에 부합하지 않음에도 불구하고 G2G 거래라는 허울 아래 특혜성 거래가 추진된다면 문제가 될 것이다. 그러나 G2G 거래는 그 운영의 묘를 살리면 기계적이고 낮은 가격위주의 경쟁입찰을 통한 거래보다 더 효율적이고 공정할 수 있다. 판매국 정부와 구매국 정부가 공식적인 절차를 진행하고 계약을 체결할 것이고 양국 정부의 까다로운 절차와 심사를 따를 것이므로, 오히려 계약과 관련한 비리의 가능성을 현저히 낮출 수 있고, 또한 조달 상대방을 판매국 국가로 지정하므로 특혜시비를 낮출 수 있다. 우리나라와 G2G 거래를 많이 한 페루 등 중남미 국가의 경우 그 추진 이유가 일반경쟁입찰의 경우 만연한 비리나 뇌물 제공, 비공식적 특혜를 통한 공급자 선정 등의 문제를 회피하기 위해 신뢰할 수 있는 대한민국 정부와의 G2G 거래를 선호하는 것이 현실이다.

(5) 정부 지원 및 협력 필요

수출기업이 구매국 정부가 발주하는 사업을 수출기업이 수주하기 위하여 한국 정부의 지원을 받는 하나의 방법이 G2G 거래이다. 정부가 G2G 거래로 지원할 만큼 그 사업이 수출로서의 지원 가치가 커야 한다. 거래의 발굴 내지 수주 활동단계까지는 수출기업이 독립적으로 거래 대상을 파악하고 필요한 사항들에 대한 검토를 통해 사업추진에 노력하는 것은 수출기업이 감당할 것이지만, 그 거래에 대하여 한국 정부가 수출 거래 주체로 참여하여 지원할지는 결국 한국 정부(G2G 전담기관)의 결정이 있어야 가능한 것이다. 즉, G2G 거래 지원여부에 대한 결정 권한은 한국 정부 부처 및 G2G 거래 주체인 KOTRA에 있다. 사안별로 다르겠으나 KOTRA (구매국 소재 무역관 포함) 및 외교부 (구매국 소재 대사관 포함)의 판단과 관여는 거의 모든 G2G 거래 검토단계에서 필수적이며, 이 외에도 인프라 수출 분야의 경우, 국토교통부나 산업통상자원부가 중요하고, 방산물자 수출인 경우 국방부 및 방위사업청과의 협력이 필수적이다.

여기에 금융지원이 필요한 경우 정책금융 기관관의 충분한 사전 협의 및 설득도 필수적이다. 대형 방산수출 거래 내지 인프라 수출거래에 대한 대금 결제나 금융 수요 등이 있어서 정책금융기관의 지원이 필요한 것이 일반적이며, 일반 상업은행(commercial bank)이 아직 해외 대형 프로젝트에 대한 지원 경험이나 규모가 부족한 상황인 우리나라에서는 정부의 정책결정에 따라 운영되는 한국수출입은행, 한국산업은행, 한국무역보험공사 등 정책금융기관의 협력이 활용될 수 있다. 이와 같이 정부 내지 정부기관 들의 거래 지원 내지 보장을 통해 특정 수출거래의 신뢰성 내지 후광효과(Halo Effect)를 받기 위해서는 그만큼 정부 관련 부처의 정책기관에 대한 설득 및 협력적 관계 형성이 필수적이다.

위와 같은 정부지원을 충분히 활용하려는 수출기업은 이들 지원기관이 안심하고 G2G 거래를 지원할 수 있도록 공공성이 있는 사업을 발굴하여 투명하게 진행하도록 노력해야 한다. G2G 거래를 지원하는 정부기관들은 공식적이고 투명한 절차를 중시하며, 또한 후술하는 국제규범에 비추어 적절한지 등에도 민감하다는 점을 유의해야 한다. 따라서 G2G 수출계약도 국가 안보 및 공익성 있는 거래를 발굴하고 그에 부합하게 추진하고 지원을 요청해야 할 것이다. 방산물자나 공중 내지 일반 국민을 대상으로 하는 사업(공공 인프라 및 에너지 사업 등)은 그 공공성과 공익성이 선명하므로 발굴 및 지원 요청에 적합하며 따라서 G2G 대상으로서 정부지원도 용이하게 된다.

(6) G2G 거래관련 기타 고려사항

전술한 바와 같이 정부의 당사자 참여, 정책목적 달성을 위한 계약대상의 제한, 비경쟁 계약의 특성이 있음을 살펴보았다. 따라서 이러한 G2G 거래의 특징에 근거하여 우리는 G2G 거래의 내용 검토시 다음과 같은 점을 일반적으로 염두에 두어야 할 것이다.

첫째, G2G 거래도 계약주체와 그 주체의 의무와 위반시 구제라는 점에서 국제거래의 일반원칙에 부합하게 검토할 것이지만(국제거래법적 고찰), 추가하여 WTO 규범 및 우리 대외무역법 등 현행법 체계 내에서의 고찰(국제경제법적 고찰)이 모두 필요하다는 점에 유의하여야 한다. G2G 거래에 대한 일반적인 국제계약법의 검토 범위에 충실한 입장에 있으며, 계약 당사자의 범위, 계약의 성립, 계약 당사자의 의무와 의무 위반시 구제, 계약의 당사자 자치 인정 범위 등에서 두드러지거나 혹은 주의할 만한 특징이 있는지를 파악하는 것이 중요하다. G2G 계약도 일반적인 국제거래의 특성을 여전히 가지고 있으므로 당연히 검토가 필요한 부분이다. 그러나 대상물자의 범위나 G2G 거래의 내용 등에 있어서 WTO의 공정하고 자유로운 무역원칙에 부합하는지도 염두에 두어야 한다. 이는 실무적으로는 그 경계를 정하기가 어려울 수 있는 부분인데, 예를 들어 어떤 공공프로젝트가 WTO조달협정상 예외규정에 부합하여 비경쟁 G2G 거래의 대상인지 명확하지 않을 수 있다. 궁극적으로는 WTO 규범과 그에 대한 타국의 사례 등을 살펴보고 그 거래 진행에 어떤 저항이나 분쟁이 있었는지 살펴보는 사실판단이 주 문제가 될 것이다.

G2G 거래의 주체가 판매국 정부라는 점과 정책적 목적을 반영하여야 한다는 점은 인정되지만, 미리 강조하고 싶은 점은 G2G 거래를 너무 확장하여 모든 거래에 다 적용할 수 있다는 확장적인 견해도 여러 여건상 적절치 않으며, 반대로, 너무 축소해서 특정 거래에 대하여만 적용할 수 있는 것으로만 보는 견해도 마찬가지로 적절치 않다. 특히 구매국 정부 조달 사업을 입찰 아닌 수의 계약으로 따내기 위해 거래의 공익성이나 국가간 협력관계에의 영향을 고려하지 않은 상태에서 G2G 지원제도를 남용할 수는 없다는 점이 중요하다. 즉 G2G 거래는 기본적으로 WTO 자유무역원칙상 안보 목적과 공익목적 추구라는 정책적 제한이 있는 경우에만 허용되는 것이므로, 이를 무작정 확장하여 모든 조달사업에 적용할 수는 없는 한계가 있다. 국제무역규범에 의한 제한문제관련 세부 검토는 후술한다.

다. 제도적 특징

(1) 법적 근거가 명확한 거래

G2G 거래는 국제거래에서 당사자들이 관습적·자생적으로 사용하여 발전된 국제거래 형태가 아닌 각국의 정부가 정책적으로 제도화시킨 소위 "인위적"으로 발전된 거래 방식이다. 역사적으로 국제거래 내지 국제무역은 어느 한 나라 정부가 주도하여 창조해 내거나 채택하는 것이 아니고 상인들간의 오랜 거래와 시행착오, 분쟁의 해결과 형성된 관습 등에 의해 국가권력의 개입 없이 발전되어 왔다. 국제 무역운송, 환어음 사용, 은행을 통한 신용장 방식 결제, 해상보험의 활용, 중재를 통한 분쟁, 불가항력 조항 활용을 통한 위험 배분 등 국제거래에 영향을 미치는 거래 방식은 자생적으로 발전한 것이다. 이런 거래에 정부가 관여하는 경우는 거의 없으며, 있더라도 정부의 관여는 규제적인 활동(Regulatory activities)인 관세의 징수, 밀수출입의 방지, 국내산업 보호를 위한 무역장벽 활용 등)이 주를 이룬다.

그런데, 정부간 거래는 각 국가가 방위산업 및 공공산업의 국제거래를 위해 인위적으로 개발하고 발전시킨 제도의 성격이 강하다. 우리나라의 경우 대외무역법상 정부의 수출지원제도로서 그 개념과 범위가 정해진 제도적 거래라는 특징이 있다. 법적, 제도적 기반이 명확한 거래이어서 G2G 거래는 (1) KOTRA, 방위사업청, 대사관 및 정책금융기관 등 정부조직 등의 지원을 받을 수 있고, (2) 거래 추진단계에서 프로젝트에 대한 신뢰성이 제고되는 이점을 향유할 수 있다.

수출지원의 목적과 국제경제안보협력의 목적을 위해 만들어진 제도이고 법상 근거하므로 그 요건에 부합하게 이루어져야 하는 제한을 받는 반면, 그만큼 공식화된 제도이므로 기업의 활용도가 높을 수 있다. 예를 들어 수출기업이 구매국과의 전반적인 거래 타당성 검토 및 필요한 구매국 정부와의 협상 금융방안 마련 등은 원래 수출기업의 몫이며 정부의 지원이나 정부에게 그 거래를 수행해 줄 것을 요청할 근거는 없는 것이 원칙이다. 그러나 그 거래가 대외무역법상 G2G 거래 대상에 해당하는 경우 수출기업은 KOTRA에 신청하고 정부의 지원을 요청할 수 있고, KOTRA의 심사결과 지원필요성이 인정되면 지원을 받을 수 있다. 즉, 방산물자 내지 공공인프라 수출인 경우엔 정부조직, KOTRA 국내 및 해외 조직, 대사관 조직 등의 지원을 받을 수 있고 거래협상 등에서의 지원도 받을 수 있는 다양한 장점이 있다. G2G 거래를 통해 구매국 정부와 우리나라 정부간 G2G 공식 거래 채널이 생기는 것이고 후광 효과 등 그만큼 그 거래의 신뢰성에 제고된다. 또한 정부의 정책금융 지원을 받을 수 있는 근거도 확보되므로, 수출기업 입장에서도 거래 추진의 중요한 동력이 될 수 있다.

(2) 수출국 정부 역할이 강조되는 거래

G2G 거래는 정부가 직접 계약자가 되어 거래의 당사자로 참여하는 거래이다. 정부는 G2G 약정에 따라 전담기관을 통해 계약을 체결하고 관리하여야 하며, 계약 관련 문제 발생시 수출국 정부가 약정한 책임을 부담하게 된다. 이처럼 G2G 거래는 정부 차원에서의 높은 수준의 이행 보장을 제공하는 것이다.

구매국을 기준으로 할 때 정부 조달 사업에 해외 사업자가 해외 정부의 약정 내지 보장까지 포함시켜 조달사업 신청을 하는 것이므로, 구매국은 해외 사업자에게 입찰 등 요건 완화, 각종 보증제공 의무의 경감 내지 면제 등 편의를 제공할 수 있는 근거가 되며, 결국 이는 수출기업이 해야 하고 설득했어야 할 계약에 대한 보장을 수출국 정부가 역할을 분담한다는 의미도 있다.

(3) 패키지형 수출 지원 가능

KOTRA의 정부간 거래 전담조직인 방산물자교역지원센터(Kodits)의 사업분야에는 정부간 거래에 수반하여 패키지형 수출을 지원하는 것이 포함되어 있다. 즉, 정부간 거래의 대상이 되는 방산물자 수출이나 공공 인프라 수출은 물자 수출, 기술이전, 투자 및 운영이 요구되는 패키지형 수출인 경우가 많으므로 정부간 거래도 그러한 패키지형 수출에 대한 지원이 되어야 한다.

(4) 향후 발전 필요

정부간 거래가 제도화되고 방산물자 및 공공 인프라 수출에 활용하기 위한 논의와 정부의 노력은 비교적 최근의 일이다. 대외무역법, KOTRA법에 제도적 근거를 마련 하였고, 방산물자 수출 및 공항 등 공공 인프라 수출 등에 실제 활용하여 G2G 거래를 체결하는 사례도 축적되어 왔다. 한편, 최근 국제정세의 급격한 변화, 즉 미국과 중국의 진영간 분리와 대립이 확산되고 자연스럽게 공급망 마저 분리·대립되면서 전 세계적인 공급망 개편 및 경제안보협력 관계의 재편 등으로 방산물자 및 공공 인프라 수출은 더욱 증가할 것이 예상되고 있다.

그런데 G2G 거래 수요는 급격히 증가하고 제도개발은 초기단계인 상황에서 G2G 거래를 충분히 지원하는데 어려움 내지 혼선이 있는 것으로 파악되고 있다. 현재 조직적인 준비 측면에서는 KOTRA의 G2G 전담조직 규모가 매우 작고, 전문인력이 충분히 확보되지 않아 형식적인 관리에 그칠 우려가 있으며, 거래를 보장하고 비용을 감당할 특별기금이 부재한 상태이다.

한편, 제도적 정착 측면에서 보면, 활용방안에 대한 충분한 가이드라인이 미흡하여 업계나 관련부처의 이해가 부족하며, 대형 G2G거래에 필수적인 금융지원이 원활히 되고 있지 않다. G2G 거래에 대한 보증을 지원하는 것은 대외무역법상 비방산물자의 경우 무역보험공사가 하기로 되어 있으나 보증 외에 수출금융 제공 및 위험관리 등에 대한 정책금융기관이나 일반 상업은행의 명확한 입장은 아직 보이지 않는다. G2G 거래 협상 및 체결단계에서의 이와 같은 혼선 외에 더욱 문제가 될 것은 향후 기체결된 G2G 거래의 이행단계에서 불가항력 사태나 분쟁이 실제로 발생하는 경우 그에 대응하고 해결할 방안이나 그 담당 인력의 전문성의 확보에 대하여 논의나 준비가 부족해 보인다. 이러한 금융지원과 위험관리 분야에 대한 제도적 보완 내지 발전은 문제가 발생할 때 바로 대비될 수 있는 것이 아니고 선제적으로 제도와 조직을 준비해야만 효과를 발휘할 것이므로 사전 준비 내지 보완이 시급하다.

개괄적으로 보면, 계약 체결 조직이나 계약 체결 단계에 대한 기본적인 준비는 되어있는 상태이다. 다만 G2G 거래가 대형화되면 거래 수주를 위해 필연적으로 요구되는 수출금융 문제에 있어서는 아직 뚜렷한 해결책이나 제도의 정착이 된 것으로 보이지는 않는다. 그리고 불가항력이라 대형 거래사고(구매국 정부의 대금 미지급 혹은 약정 위반 등)의 발생시 거래 변경이나 분쟁 부분에 대한 준비는 소원한 것으로 보인다.

이런 측면을 고려하여 본서는 정부간 거래에 대하여 특히 (1) 국제규범 체계상 거래 대상범위와 지원방법의 명확화, (2) 수출계약 절차 및 계약 변경, (3) 국제거래 분쟁 해결, (4) 정부간 거래 금융지원 문제를 큰 목차로 하여 설명하고자 한다.

4. 다양한 수준의 정부 관여

  정부간 거래 혹은 정부간 국제거래는 통상적 국제거래와 달리 고려할 요소가 있어 학계와 실무에서 연구들이 이루어져 왔는바,31) 이 책은 그간 시도된 바 없는 정부간 거래와 관련한 다양한 내용과 고려요소, 그리고 쟁점사항 등을 가급적 넓게 망라하여 다루게 될 것이다.

  초기 제도화 단계에서 G2G 거래라는 특수한 분야에 관심을 가지게 되어 전문적이고 학문적으로 연구 내지 고찰이 필요하다고 보았다. 특히 가장 빈번하게 마주치는 질문은 몇 가지로 축약된다.

  용어 자체가 워낙 그 특성을 암시하는 G2G 거래라는 용어 자체에서 추론할 수 있는 질문, 즉 정부가 계약 당사자가 되는 거래에서 정부의 역할이 무엇인가의 질문이다. 즉, 가장 기본적인 질문으로 (1) 사기업들 사이에서 이루어지는 일반적인 국제거래와 어떤 부분이 다르고 정부는 무슨 역할을 하는 것인가.

---

31) 우리나라에서 방산수출 정부간 거래를 특정하여 무역지원제도로 연구한 예는 매우 드물다. 논자의 글도 그 몇 안 되는 연구 중 하나인데, 저자는 코트라 방산물자교역지원센터 파견 근무 초창기인 2012년 6월 정부간 거래 담당자들의 각종 질의와 요청으로 제도 조사를 하게 되었다. 이를 모아 논문의 형태로 우리나라의 정부간 거래가 대규모 실제거래로 실현되기 전에 이론적, 개론적인 고찰과 참조 가능한 선진사례인 미국 제도를 설명한 바 있다. 동 연구 발표 후 몇 개월 후인 2012년 후반기부터 실제 규모 있는 방산수출 정부간 거래가 구체적으로 진행되면서 남미 국들과 협상이 개시되어 우여곡절 끝에 최종 체결되었고, 논자는 우리 측 계약기관인 방산물자교역지원센터에 근무하면서 계약검토 및 제도조사 및 제도기획 관련으로 참여하였다. 이 과정에서 조사했던 선진국 제도 그리고 우리 정부간 계약 진행시 파악되었던 정부간 계약의 거래구조와 법률관계 관련 이슈를 다시 정리할 필요를 느껴 다시 연구하게 되었다. 실제 계약협상에서의 부각되어 구매국 국방부 측과 우리 방산물자교역지원센터 측 치열한 협상을 한 중요 이슈가 공교롭게도 이전 논문에서 다룬 정부간 계약상 수출기업이 아닌 수출국 정부의 책임이 어디까지여야 하는가가 중요한 문제가 되었다. '12년 6월경에 완료한 연구자료가 동년 8월-11월간 진행된 실제 정부간 계약에서 관련 담당자들이 기초자료로 읽고 제도에 반영하는 것을 보면서 선제적 연구가 산업에 좋은 영향을 미칠 수 있음을 확인하였다. 이런 연구 후에 대외무역법이 개정되고 비방산물자에 대한 정부간 계약도 체계를 잡고 진행, 발전되는 성과가 있었고, 2020년 극심한 코로나 바이러스 사태로 공공보건문제가 중요한 글로벌 이슈가 되고, 미얀마 사태나 우크라이나 전쟁으로 인한 신 냉전 갈등도 극심화 되면서 방산물자 수출이 다시금 중요한 국제거래법상의 쟁점이 되고 있다. 이 책자는 앞선 연구들, 그간의 정부간 계약 법제화 및 지원체계 및 조직 정비, 그리고 정부간 수출 대상 영역 확대에 필요한 기본적인 연구나 지침이 필요하겠다는 고려에서 준비하게 되었다.

다음으로 (2) 정부가 어디까지 G2G 거래를 수행하면서 책임을 부담하는지의 문제도 또한 중요하게 언급된다. 한편 (3) G2G 거래수행하게 되면서 고려하여 할 요소나 주의점은 무엇인가도 자주 질문된다. 그 다음으로는 (4) 정부가 계약 주체가 된다면 어떤 책임을 지게 되는지, 특히 거래 이행에 문제가 생긴 경우 정부가 최종적인 책임을 지는지, 그것이 (5) 금전적 책임인 손해배상(damages)인지 아니면 이행(performance)책임 인지 자주 질문으로 등장하였다.

본서에서 앞으로 계속 살펴보게 되겠지만, 결국 정부간 거래도 국제거래이며, 일반적인 국제거래와 많은 점을 공유한다. 정부간 거래라 하여 일반적인 거래와 본질적으로 다른 거래구조를 가진다든지 혹은 당사자가 책임의 내용이 특별히 다른 것은 아니다. 다만 일반적인 국제거래에 대하여 금융기관이나 운송회사, 보험회사 등이 보조적인 역할을 하듯이 수출기업의 국제거래를 판매국 정부(G2G 전담기관)가 마치 대행계약자와 계약분쟁의 중재자로서 역할을 하면서 돕는 것이다. 따라서 저자들은 본서의 많은 부분에서 일반적인 국제거래에 대한 설명과 관찰, 거래의 기본원칙과 거래 절차 등에 대하여 비교하면서 설명하게 될 것이다.

국제거래 분야의 학자들은 다양한 측면에서 국제거래를 연구해 오고 있으며, 국제거래를 설명하는 다양한 연구나 가이드북이 발표되어 왔고, 대학, 해외사업을 하는 기업들, 금융기관 등이 국제거래라는 활동에 대하여 표준적이고 상식적으로 이해하고 활용하고 있는 것이 사실이다. 우리나라는 수출이 국가경제활동과 발전의 중요한 역할 내지 견인차 역할을 차지하는 경우이므로 우리 기업인들이나 무역 관련자들은 그만큼 국제거래에 대한 공통적인 이해를 하고 있으며 그 이해의 수준도 매우 높다. 따라서 본서에서도 그간 국제거래 형태의 특성과 발전이라는 주제와 관련하여 국제매매법(international sales law), 국제대금결제 (international trade payment) 및 무역금융(trade finance)이라는 전형적인 개념틀은 국제거래 이해에 유용한 접근방식을 제공하며 매우 중요한 토대가 된다. 따라서 이 책을 읽는 독자도 일반적인 국제거래에 대한 이해에 기반을 두어 정부간 거래를 이해하면 된다는 점을 미리 밝힌다.

가. 당사자 자치의 원칙

통상적 국제거래에 대하여 적용되는 일반원칙으로서 사적 자치의 원칙(the principle of private autonomy)에 기초하거나 광범위하게 적용하여 우리는 국제거래를 이해하고 수행한다. 전형적인 국제거래의 형태는 사적 이해관계에만 관련 있는 일반적인 사인 (private entity) 내지 사기업(private corporation)간의 거래(commercial transactions)이다. 그러한 거래에서는 계약 자유의 원칙이 적용되며, 따라서 계약법의 내용은 대부분 임의규정으로 해석되고 당사자는 계약법에서 기본적으로 제공하는 내용을 사용할 수도 있지만 반면 계약법의 내용과 다르게 약정하고자 하는 부분은 계약서에 특약 형태로 포함시켜 정할 수 있다. 특히 국제 거래 분야는 서로 다른 법역(국가)에 속하고 있어 특히 사적 자치가 광범위하게 인정되고 발전한 분야라고 볼 수 있으나. 결과적으로 국제거래 실무에서는 계약의 거의 모든 내용을 당사자가 정할 수 있고, 그런 경우 국가기관인 법원이나 관세청 등 정부기관은 그러한 당사자의 자치를 폭넓게 인정하고 강행법규에 반하지 않는 한 간섭하지 않을 것이다.

다만 국제거래에서도 당사자의 자치 혹은 명확한 책임 분담만으로 확보하기 어려운 문제도 있는 바, 신뢰할 수 있는 제3자나 기업의 서비스를 활용하기도 한다. 즉, 계약 당사자의 불이행시 효과적인 책임 담보를 위해 제3자를 활용 (거래중개인, 독립적 운송인, 보험회사, 금융기관)하기도 하며, 심지어 분쟁해결도 법원이라는 국가조직이 운영하는 소송 등 법적 해결 보다는 중재인이라는 사인이 해결에 관여하는 국제상사중재(international commercial arbitration)등 활용이 되는 등 소위 사적 자치는 국제거래의 지도원칙이다. 따라서 일반적인 거래에 대한 국가의 관여 내지 참여는 최소한으로 줄어들며, 국가는 관세법 등에 위반한 밀수출 등의 방지 및 관세 징수를 위한 규제적 활동을 하는 것에 그치며 정부가 계약 내용의 세세한 부분까지 관여하거나 참여하지는 않음이 원칙이다.

나. G2G 거래와 국제규범

국제거래에 대한 정부의 참여 내지 관여는 자유무역과 공정한 경쟁을 도모하는 국제규범, WTO 체재 하에서 이루어져야 한다. 여기서 각국 정부는 자국 산업 보호를 위한 과도하거나 차별적 관세 징수나 수입가능품목 지정이나 수량 할당, 수출기업을 위한 보조금 지급 등을 할 수 없는 것이 원칙이다. 현대 문명화된 국가들은 자국우선주의가 결국 공동의 번영을 심각하게 훼손한다는 인식하에 자국우선주의를 극복하고 자유무역을 통한 공동 경제 번영을 추구하는 WTO 체제를 수립하여 였다. 공정하고 자유로운 무역이라는 가치를 추구한다.[32] 우리나라는 자유무역주의에 입각한 WTO 국제규범하에서 수출주도 경제성장으로 발전한 모범적인 경제발전 사례라는 가장 극명한 증거 내지 사례인 점은 주지의 사실이다.

그러나 이러한 자유무역주의 내지 사적 자치에 의한 사기업들의 자유로운 국제거래를 일반적인 거래방식으로 활용하기에는 적절하지 않은 분야가 있다. 소위 방위산업 수출과 공공인프라 수출의 경우에는 판매국 정부가 실수출기업과 공동으로 혹은 대신하여 계약에 참여하는 예외적 거래형태가 활용될 수 있다.

국가안보를 위한 다양한 조치 및 고도의 공익을 위한 정부의 행위는 허용된다. 예를 들어 국가안보를 위해 주변국 침입으로부터 보호하기 위한 살상용 무기를 구매하고자 하는 경우 안보이익을 위해 신속하고 비공개적인 무기수입 거래를 할 수 있다. 질병관리를 위해 공공병원을 짓고자 하거나 에너지 수급을 위해 발전소를 건설하고자 하는 경우 마찬가지로 국제규범은 예외적 조치를 허용한다 (자세한 내용은 "G2G 거래 국제규범" 부분에서 후술한다. 우리나라도 이러한 방산물자 및 공공 인프라 조달시장에서 중요한 수출국으로 최근 부상하였고 따라서 국제규범이 예외를 허용하는 G2G거래를 활용하게 된 것이다.

---

[32] 국가가 건전한 국제거래를 지원하게 되면 그만큼 개별 국가들도 결과적으로는 긍정적 경제 효과를 향유하게 된다는 것에 대한 확신, 그러한 공정한 자유무역에 기반을 두어 발전하는 나라가 궁극적으로 지속가능한 발전을 하게된다는 실증적 증거와 사례는 차고 넘친다.

다. 정부의 G2G 거래에의 관여

우리나라의 경제발전 내지 수출방식의 초기단계에서는 정부간 거래가 활용될 여지는 적었으며, 방산물자나 자본재 조달 부분에서 일부 선진국의 G2G 거래를 구매국으로서 수동적으로 따르는 경우가 있었을 뿐이었다. 그러나 이제는 우리가 수출 방식을 주도하는 소위 수출 선진국이 되었고 정부간 거래 등 다양한 거래방식을 자유자재로 구사하여 궁극적으로 수출을 주도하는 단계에 이른 것이다.

G2G 거래에 정부가 참여하여 성공적인 사업지원 제도가 되기 위하여는 다음 요소들을 만족해야 한다.

(1) G2G 거래에서는 수출국 국가의 관여나 지원이 공격적으로 제공된다. 즉, 수출국 정부는 G2G 계약 메커니즘을 통해 수주를 위한 외교안보 채널을 활용할 수 있고, 구매국이 요구하는 각종 산업협력을 제공할 수 있으며, 심지어 국가가 직접 수출계약 당사자가 되어 계약이행을 보장할 수도 있다.
(2) 구매국도 자국의 안보이익과 공공이익을 위해 자국에게 최상의 지원을 해줄 수 있는 국가와 G2G 계약을 체결한다.

다만, (3) G2G 거래의 장점은 오직 그 안보이익과 공공이익이 중대한 방산물자와 공공 인프라등 수출에 한정하여서만 가능한 제한이 있다. 또한, (4) 그러한 G2G 거래를 수출국 정부가 필요한 한도내에서 효율적이고 거래위험을 충분히 관리할 수 있는 시스템을 준비하고 그를 통해 실행하여 지속적인 사업이 될 수 있어야 G2G 사업은 발전할 수 있다.

02
G2G 거래의 개념과 형태

정부간 거래(G2G transaction) 혹은 정부간 계약 (GG2G Agreement)이란 판매국 정부가 판매국 기업을 대신하거나 기업과 함께 구매국 정부와 수출협약 또는 계약을 체결하는 제도를 의미한다. 사기업, 사인 등 사적 주체간 일반적인 국제상업거래와는 달리 G2G 거래는 판매국 정부가 G2G 계약 혹은 G2G 협약상 정해진 책임을 담당하고, 실질적인 계약의무와 이행은 판매기업이 부담하는 내용의 국제거래를 말한다. (안영수 외, 2014).[33] 판매국과 구매국이 각각 계약 내지 약정의 당사자가 되는 계약 당사자 관계를 이루는 점에서 특징적이다.

정부간 거래는 일반적으로 방산물자나 원유 교역 등과 같은 대규모의 장기적 거래 속성을 갖는 물품을 대상으로 주로 활용되어 왔으나, 최근에는 보안물자나 공공재 거래뿐만 아니라 정부조달시스템과 같은 소프트웨어, 시스템 및 서비스 분야에 이르기까지도 광범위하게 정부간 거래 방식의 교역 대상이 늘어나고 있다.[34]

---

33) 안영수 (2014), 14면. 독자의 이해를 위해 개념을 설명하자면, 건설공사에서 시행사와 시공사간 관계 및 수출에서 수출대행사와 실수출기업간의 역할부담과 유사한 것으로 이해할 수 있다. 즉, 건설에 있어서 사업을 기획하고 책임을 부담하고 관리하는 시행사와 실제 건설공사를 수행하는 시공사가 각각 다른 역할을 수행하는 것처럼 정부가 계약관리 및 구매국앞 책임을 부담하고 실제 수출기업이 수출을 이행하는 관계로 이해할 수 있다. 혹은 대행수출의 경우처럼 실수출기업이 수출을 이행하되 대행기업이 구매국 정부와 계약하고 수출계약상의 책임을 부담하는 관계로 이해할 수 있다. 물론 이는 단지 이해를 위한 설명일 뿐이며 G2G 계약 혹은 G2G 협약에 정해진 정부의 책임 내지 의무 내용은 구체적으로 다를 수 있으므로 판매국 정부와 수출기업간 역할 분담은 그 스펙트럼이 다양할 수 있으며, 특별히 준수되어야 하는 계약상의 뚜렷한 역할분담이 있는 것은 아니다.

34) 안영수(2014), 14면.

아직 정부간 거래는 실무적으로나 학문적으로 확립된 분야가 아니다. 따라서 정부간 거래를 추진하는 실무자들은 정부간 거래에 대한 확립된 비즈니스 모델이나 정책 지원 제도도 확립되어 있지 않은 상황인 점을 유념하고 수출진흥과 국제협력관계 증진이라는 정책적 측면을 충분히 고려하면서 유연한 태도로 접근해야 한다. 정부간 거래 추진시도와 추진중 발생한 문제의 파악, 제도적인 개선점 파악, 정밀한 지원책 마련 에 노력해야 할 분야이다.

1. 용어 Terminology

우리나라에서 G2G 거래 관련 용어의 개념이 아직 확립 내지 고착화된 것은 아니며 실무적으로도 혼동을 야기할 여지가 있다. 따라서 정부간 거래 진행시 사용되거나 될 수 있는 몇가지 용어를 미리 설명할 필요가 있다.

우리나라에서 G2G 거래를 추진할 때 "정부간 판매", "정부간 중개", "정부간 거래", "정부간 계약", "정부간 수출계약" 등의 용어가 혼용되어 사용되고 있다. 다만, 비교적 최근인 20014년도 대외무역법 개정을 통해 "정부간 수출계약"이라는 용어가 법상 정의되면서 어느 정도 개념의 근거라 마련되었다. 국내 방산업계 내지 수출입분야에서는 "정부간 판매"라는 용어를 사용하기도 하고, 우리나라 무역의 기본법이라 할 수 있는 현행 대외무역법에서는 "정부간 수출계약"이라는 용어를 사용하고 있다.35)

본서에서는 정부간 거래의 특징 파악이 용이하고 거래 개념도 포괄적인 점 등을 고려하고, 국내 기존 연구의 용례를 참고하여 정부간 거래(G2G

---

35) 대외무역법 제2조(정의) 제4호. ""정부간 수출계약"이란 외국 정부의 요청이 있을 경우, 제32조의3제1항에 따른 정부간 수출계약 전담기관이 대통령령으로 정하는 절차에 따라 국내 기업을 대신하여 또는 국내 기업과 함께 계약의 당사자가 되어 외국 정부에 물품등(「방위산업 발전 및 지원에 관한 법률」제2조제1항제1호에 따른 방위산업물자등은 제외한다)을 유상(有償)으로 수출하기 위하여 외국 정부와 체결하는 수출계약을 말한다.").

Transaction)를 주로 사용하기로 한다.36) 본서는 정부간 계약의 체결과 그 이행에서의 각종 활동을 포괄할 수 있는 점에서 "거래(transaction)"라는 용어를 주로 사용한다. 다만, 문맥상 혹은 상황상 계약(agreement, contract) 등 다른 용어를 사용하는 것이 더 타당한 경우에는 문맥에 맞게 다른 용어를 적절히 사용할 것이다.

가. G2G 계약과 G2G 거래의 비교

"정부간 계약"과 "정부간 거래"는 많은 경우 서로 혼용될 수 있는 개념이다. 물론, 정부간 수출계약의 체결 및 계약에 의해 정부가 당사자로서 책임을 부담하는 점을 주로 다룬다면 정부간 계약(GtoG contact, GtoG agreement) 이란 용어를 사용하는 것이 적절하며, 후술할 대외무역법상 "정부간 수출계약(GtoG export contract)"이란 용어에도 부합한다.

우선 정부간 계약(G to G agreement, GtoG contract) 개념은 미국의 방산물자의 국가간 거래에서 연유한다. 주지하다시피 20세기 들어 미국은 세계 경제를 주도해 왔고 방산물자의 최대 수출국 지위를 계속 유지해 왔다. 미국은 방산물자를 단순히 상품수출로 보지 않고 좀 더 거시적인 관점, 즉, 안보협력, 산업발전, 일자리 창출이라는 관점에서 지속적으로 방산수출을 관리하고 수행해 왔고, 이러한 목적을 효과적으로 수행하기 위해 Foreign military sale(대외군사판매, FMS)라는 정부간 거래를 채택, 활용해 왔다. 미국 정부는 FMS 거래의 성격을 G to G agreement 혹은 Government-to-government agreement라고 공식적으로 설명하며, FMS를 통해 방산물자를 수입해 온 우리나라 거래 실무자들 사이에서 정부간 계약으로 이해하고 사용해 왔다.

반면 "정부간 거래"는 계약 전과정에 대한 포괄적인 개념이기 때문에 적절하다. 즉, G2G계약은 구매국과 판매국 정부가 계약의 체결 혹은 그 계약 조건을 지칭하는 개념일 것이나, G2G거래는 계약의 체결 및 계약조건을 포함하여, 그 계약을 이행하기 위한 후속 절차, 즉, 계약조건에 따라 물자의 공급과

---

36) 장현찬, 정부간 거래제도 활용방안에 관한 고찰, 통상법무정책 1권0호 (2021), 211-232면.

수령 등 이행의 문제, 분쟁이 발생한 경우 그 해결·조정 문제를 포괄한다. 특히 정부간 거래는 이 책에서 논의하게 될 G2G 계약과 관련한 전과정에 대한 계약관리(contract management)를 포함하게 되어 더 적절한 광의의 개념이다.37) 요약하자면, 정부간 계약은 정부간 거래의 부분적 개념으로서 좀 더 협의의 의미로서 정부간 거래의 내용 중 당사자간의 권리의무관계를 정하는 약정(agreement) 또는 계약(contract) 자체를 말한다고 이해할 수 있다.

또한, 정부간 "거래"라는 용어를 채택하면 다양한 국제교역형태, 물품 수출입, 용역의 국제 공급, 공동생산 투자 혹은 현지생산 등에 의한 방식 등 다양한 개념을 지칭하는 "international business transasction" 개념을 포섭할 수 있다는 점에서 더 적절하다. 영미권에서 주로 사용되는 international business transasction이란 용어에 대칭되게 G2G transasction이란 용어로 사용하면 향후 외국정부와 외국기업들과의 거래에서도 개념을 적절하게 표현하고 또 이해될 수 있을 것이다.

나. 정부간 판매 및 정부간 중개

정부간 판매는 방산물자 수출에 있어서 후술하는 "방위산업발전법"상 사용되는 개념이다. 동법상 "정부간 판매"란 방위사업청 또는 KOTRA가 방산물자등을 구매국정부를 상대로 국내업체의 방산수출을 중개하거나 대행하는 것을 말한다. 정부간 "판매"는 포괄적 개념으로 방위사업청 등 정부가 수출계약의 당사자가 되지 않는 중개역할만을 하는 "중개"인 경우와 거래를 대행하는 방식으로 계약 당사자가 되는 "대행"의 경우를 모두 포함하는 개념이다. 한편, 정부간 판매의 하위 내지 세부 개념인 "정부간 중개"는 방위사업청이 구매국정부와 판매협약을 체결하여 국내업체를 추천하고 관리하되, 국내업체가 최종적으로 구매국정부와 방산수출계약을 체결하는 방식을 의미한다. 결국 정부가 수출계약에서 당사자가 되지 않아 수출계약상 책임을 부담하지 않는 점에서 전술한 정부간 계약 내지 거래와는 구별되는 개념이다.

---

37) 문맥상 계약관리 보다는 거래관리가 더 타당할 것이나, 국제적으로 영미권에서 contract management 라는 용어가 일반용어로 많이 사용되나 그 내용은 계약 체결 관리 보다는 거래 관리개념에 더 부합한다.

따라서 우리는 정부간 판매는 수출국 정부가 구매국 정부와의 수출 계약에 당사자가 되는 정부간 계약과 정부간 중개라는 개념으로 이해할 수 있고, 이러한 정부간 판매행위에 의해 이루어지는 거래를 정부간 거래라고 이해하면 되겠다. 실무적으로는 구매국 정부가 한국 정부가 계약 당사자가 되기를 구체적으로 요구하는 경우에는 G2G 계약으로 진행하게 되고, 구매국 정부가 단지 한국 정부의 지원만을 요구하는 수준인 경우에는 G2G 중개로 대응하면 되는 것으로 이해할 수 있다.

2. 거래형태 Forms of Business

일반적으로 국제 거래는 (1) 무역(Trade), (2) 기술 및 지적 재산권(상표, 특허 및 저작권)의 국제 라이선싱 (International Licensing) 및 (3) 해외직접투자(Foreign Direct Investment)의 세 가지 범주로 거래 형태를 분류하며, 이는 해외시장 진입방식(foreign market entry methods)에 의한 구분으로 설명되기도 한다. 각 거래 형태는 해외 시장에 대한 다양한 수준의 위험도, 사업투자 정도 (commitment)와 관리 필요성, 현지국 정부에 대한 의존성 등에서 다를 수 있다.[38] 정부간 거래도 당사자가 국가인 점에서 특별할 뿐, 국제거래의 일반적 분류가 적용할 수 있다. 다음은 일반적인 국제거래를 구매국(판매국, 피투자국)의 시장진입 방식으로 이해하는 경우의 이점과 불리점을 요약한 것이다.

---

38) Schaffer, Augusti, Dhooge, 『International Business Law and Its Environment』 [9th ed.], South Western Cengage Learning (2014), 6면 (이하 "Schaffer (9thed.)"이라 함); World Intellectual Property Organization, The Intellectual Property Handbook.

Table International-Expansion Entry Modes[39]

시장진입방법 (Type of Entry)	이점 (Advantages)	불리점 (Disadvantages)
수출 Exporting	• Fast entry, • low risk	• Low control, • low local knowledge, • potential negative environmental impact of transportation
라이선싱과 프랜차이징 Licensing and Franchising	• Fast entry, • low cost, • low risk	• Less control, • licensee may become a competitor, • legal and regulatory environment (IP and contract law) must be sound
파트너쉽 및 전략적 제휴 Partnering and Strategic Alliance	• Shared costs reduce investment needed, • reduced risk, • seen as local entity	• Higher cost than exporting, licensing, or franchising; • integration problems between two corporate cultures
기업인수 Acquisition	• Fast entry; known, established operations	• High cost, • integration issues with home office
그린필드 투자 Greenfield Venture (Launch of a new, wholly owned subsidiary)	• Gain local market knowledge; can be seen as insider who employs locals; maximum control	• High cost, • high risk due to unknowns, • slow entry due to setup time

G2G 거래는 일반적으로 상품의 수출입 거래를 의미하는 수출(export)의 형태인 경우가 많다. 따라서 국제거래에 대한 국제규범이나 수출입 신고 등 절차도 무역거래를 기본 형태로 삼고 규율하고 설명한다. 그러나, 무역이

---

[39] Babu John Mariadoss, Core Principles of International Marketing, at https://opentext.wsu.edu/cpim/

단순히 유형물인 상품의 판매만이 아닌 서비스가 대상이 되는 경우도 있고 또한 상품과 서비스가 혼합되어 제공되기도 한다. 세계 각국은 개별적으로는 다르겠지만 전반적으로는 국가의 산업구조는 고도화 되고 있으며, 국제거래에 있어서도 생산, 유통, 판매 전분야의 글로벌화가 진행되고 있다. 생산과 무역 분야에 있어서는 소위 Global supply chain이란 패러다임하에 전세계적인 분업 및 물자의 이동 내지 거래가 이루어지고 있으며, 국경을 넘어 해외투자 등을 통해 현지 조립, 공동 생산, 기술 공동 개발 및 이전을 하는 경우도 증가하는 경향이 있다.

최근에는 우리나라 기업들도 종전의 무역(수출) 방식에만 의존하던 것에서 탈피하여, 적극적인 해외기술 라이센싱 또는 현지직접투자(foreign direct investment) 방식에 의한 국제거래도 많이 수행하고 있다. 일반 무역(trade) 대비 라이센싱이나 FDI는 수출기업(투자기업)이 감당해야 하는 다양한 비즈니스 관리 및 법적 위험에 노출시키는 정도가 다르므로 구분하여 고찰하는 것이 적절하다. 이하에서는 위와 같은 무역 형태의 구분방식도 정부간 무역거래에도 적용가능하다는 점에 착안하여 시장진입방식으로 구분하여 설명한다.

가. 무역 (수출입)

무역(trade)은 상품과 서비스의 수입과 수출로 구성된다. 수출은 상품을 한 국가 밖으로 선적하거나 외국에 있는 외국 구매자에게 서비스를 제공하는 것이며, 수입이란 한 국가의 관세 영역에 물품을 반입하거나 외국 공급자로부터 서비스를 받는 것이다. 국경을 넘어 다른 국가가 생산한 상품과 교환하는 무역은 고대로부터 현대까지 매우 자연스럽고 일반적인 경제활동이다.[40] 많은 부분 동일하기 때문에 19세기 영국 경제학자 데이비드 리카도가 설명한 고전 국가간 국제거래가 발생하는 이유와 장점인 비교우위(comparative advantage)의 개념하에서 무역은 설명되어질 수 있다.

---

40) Schaffer (7th ed.), 7면.

일반적으로 무역의 대상 물자는 그 대상물자의 종류에 따라 지칭되며, 방산물자를 구매국 정부가 구매자가 되어 구매하는 경우 방산물자 무역이라 한다. 방산물자도 각국의 생산능력이나 기술격차가 큰 분야이므로 무역이 많이 이루어지며 전통적인 비교우위 이론에 의해 설명되는 대표적인 물자이다. 방산물자의 특성상 미국, 영국, 러시아, 우리나라 등 소수의 선진 혹은 강대국이 주 수출국이 되고 다수의 구매국이 각국의 소요에 따라 다양한 수준의 구매를 하고 있다.

가장 규모가 크고 기술수준이 높은 미국의 경우 방산물자 수출은 핵심 수출산업 분야에 해당하며, 미국 정부가 잉여 물자 혹은 우방국 소요 물자를 추가하여 미국기업으로부터 조달하여 미국 정부가 판매자가 되어 우방국에 판매한다. 전술한 바와 같이 미국 정부는 Foreign Military Sales (FMS)을 전형적인 G2G방식으로 운영해 오고 있다.

방산물자 무역은 일반 무역과 많은 점에서 유사하지만, 다만 그 거래에는 단순히 상업적 이익보다는 안보협력과 안보이익을 매우 중요하게 고려하게 되고, 따라서 미국과 우방국 내지 국방상 협력 필요가 있는 국가에만 판매하는 점이 추가적으로 고려된다.

무역(trade) 방식은 계약 체결과 이행시점 사이 발생하는 주변 상황의 변화에 영향을 덜 받는 해외거래 방식으로서 정치적, 경제적, 법적 위험이 가장 적은 시장진입방식이다. 특히 수출 회사가 해외에서 직접 판촉행위를 하지 않거나 그곳에서 판매 대리점이나 재고를 유지하지 않는 경우 수출기업의 위험이나 비용부담은 적은 편이다.

방산물자를 G2G 수출계약을 통해 구매국 정부에 판매하는 경우에도 무역에 해당한다. 정부간 수출계약도 그 성질은 무역이므로 수출기업이 계약상 계약조건(terms and conditions)에 부합하는 품질과 수량의 방산물자를 합의된 장소에서 인도하는 의무를 부담하게 된다. 물품에 대한 위험(risk of loss)은 인도시에 수출기업(매도인)으로부터 구매국(매수인)에게 이전된다. 이러한 국제무역상 인도(delivery)와 위험의 이전(passing of risk) 원칙으로 인해 수출기업의 방산 물자에 대한 각종 책임은 인도하는 시점에서 계약에 적합하면 되는 것이며 구매국은 인도된 후에 발생하는 물품의 멸실 등 다양한 위험은 매수인(구매국)이 부담하게 된다. 따라서 수출기업 입장에서는 통제가 어려운 상대국(구매국)에서 발생할 수 있는 각종 위험상황으로부터 계약상 책임을 부담하거나 위험을 져야할 가능성이 적어진다. 따라서 수출입이라는 전통적인 무역 형태로 이루어지면 라이선싱 현지생산이나 현지투자(합작)보다는 상대적으로 위험이 적은 거래 형태가 되는 것이다.

> 예를 들어 베트남에 대한 방산물자 수출에서 인도기준을 DDP 하노이(항구명)로 한 경우 수출기업의 책임은 물자를 하노이 항에서 베트남 정부에 인도하는 시점에 물자의 수량과 품질이 계약에 적합하면 된다. 인도 된 후 베트남 국내에서의 품질 문제 등은 수출기업이 특별히 품질보증이나 하자보수보증을 한 경우가 아닌 한 수출기업의 책임은 없다.

수출은 G2G 거래의 기본형태로 다루어지고 있다. 후술하는 정부간 거래에 관련되는 국제거래 규범인 GATT나 WTO 조달협정 등도 기본적으로 상품의 수출입인 Trade를 기준으로 설명하며, 국내법인 대외무역법, UN국제물품매매법, 관세법 등 관련법도 물품의 수출입을 기준으로 설명한다. 다만 국제규범이나 우리나라 "대외무역법"에서 "서비스 무역(trade in service)"의 개념도 마찬가지로 인정되므로 라이선싱이나 해외직접투자 형태도 마찬가지로 포용하여 규율하고 있다.

나. 국제 라이선싱

지적 재산권(intellectual property, IP)은 "산업, 과학, 문학 및 예술 분야의 지적 활동에서 발생하는 법적 권리"로 광범위하게 정의 된다.41) 가장 일반적인 형태는 특허(patents), 상표(trademarks), 저작권(copyrights) 및 영업비밀(trade secrets)이다. 지적재산의 범위는 국가마다 그 보호되는 범위내 내용이 다를 수 있으며, 특히 특허에는 다양한 형태가 있을 수 있는 바, 장

---

41) Schaffer (9th ed.)

치에 대한 전통적인 특허 외에도 상업적 목적을 달성하기 위한 방법특허(methods for achieving a commercial objective), 산업 디자인(industrial designs), 실용신안(utility models)이 포함되는 넓은 개념으로 파악하기도 한다.42)

지적재산권(IP)을 소유한 자 혹은 권리자는 자신의 권리를 사용, 복제, 배포(use, reproduce, distribute) 및 수익(profit)을 얻을 수 있는 권리가 있고, 타인에게 사용 또는 배포를 허가(license)하고 무단 침해(unauthorized infringement)로부터 보호할 배타적 권리가 있다.

전통적인 무역의 대부분은 상품의 국제적 판매로서 상품의 재산권을 수반하는 것이었으나, 최근에는 무형의 지적재산권의 국제적 이전내지 사용의 문제도 국제거래로서의 문제로서 그 중요성과 비중이 높아지고 있다. 고도 산업화가 이루어지고 각종 지적 재산권이 내장된 하이테크 물품의 비중이 커지고 있어 이를 수출할 수 있다. 또한 기술, 디자인, 상표 등을 활용해 해외 사업을 하는 경우도 증가하고 있다.

(1) 국제 라이선싱 계약(International Licensing Agreements)

IP는 소유자 또는 보유자는 라이선스 사용자(licencee)에게 해당 자산에 대한 권리를 부여(grant of rights)하는 라이선싱 계약을 할 수 있다. 부여되는 라이선스는 배타적이거나 비독점적일 수 있으며 특정 지리적 영역, 특정 용도 또는 특정 기간으로 배포를 제한하는 경우가 있다.43) 라이선싱 계약에 따라 지적 재산권 소유자가 수수료 또는 로열티와 같은 대가를 받게 되거나 또는 더 큰 사업 계약의 일부로 부대되기도 한다. 복잡한 기술이 적용되거나 포함된 물자(예컨대 방산물자)를 판매하면서 그 기술 등에 대한 지식재산권 사용을 위한 사용 허가 혹은 일부 기술의 이전이 되는 경우나, 기업간 공동 생산, 판매 등을 합작투자 하는 경우 라이선스가 부여될 수 있다. 이런 점에서 라이선싱은 전술한 무역(trade)과 후술할 해외직접투자(FDI)와 관련되거나 혼재될 수 있다.

---

42) Schaffer (9th ed.), 6면.
43) Schaffer (9th ed.), 8면.

(2) 침해, 불법 복제 또는 위조 (Infringement, Piracy, or Counterfeiting)

지식재산권 침해(infringement)의 문제는 무권리자가 라이선스 없이 특허 등 지식재산권을 무단으로 사용, 배포 또는 전용하는 경우 발생한다. IP 침해는 흔히 불법 복제(Piracy) 또는 위조(Counterfeiting)라고 한다. 사용권을 받은 정당한 사용권자(licensee)라도 라이선싱 계약에서 정한 범위에서 일탈하여 사용하는 것도 침해에 해당한다. 44)

국제거래에는 지리적, 물리적, 인적 통제의 어려움이 현저하므로 그만큼 지적재산권의 침해의 가능성과 피해 가능성, 손실 회복 가능성 측면에서 더욱 어려운 문제를 야기할 수 있다. 정부간 거래로 방산물자나 공공 인프라가 수출되는 경우 사용되는 기술 수준이 높은 경우가 많아 그만큼 지식재산권 침해의 문제가 현저할 수 있으므로 이에 대한 계약적 대비 혹은 관리가 필요하다.

(3) 기술이전(Transfer of Technology):

기업간 정보, 기술 및 제조 노하우를 공유하는 것을 기술 이전이라고 한다. 기업이 해외 거래처와 국제적인 비즈니스 제휴를 구축하는 데 중요하며 종종 특허 및 기타 형태의 지적 재산권을 포함하는 복잡한 라이선싱 계약을 통해 기술 이전을 한다.45) 기업간 국제 분업 내지 공동 생산을 하는 경우 기술이전 라이선싱 계약을 하는 경우가 많다.

다. 해외직접투자 FDI

완제품을 수출하거나 현지에 기술이전을 하여 구매국 기업이 생산 시키는 일반적인 방법 외에, 직접 구매국 영토내에 투자를 통해 생산, 유통, 판매를 할 수 있다. 국제거래의 형태로서 해외직접투자(FDI)는 투자국(home country)의

---

44) Schaffer (9th ed.), 8면.
45) Schaffer (9th ed.), 9면.

개인 또는 법인 투자자가 피투자국(host country)에 사업의 생산 자산(productive assets)을 소유 및 운영(ownership and operation)하거나 효과적으로 통제(effective control)하는 국제거래방식을 의미한다.46)

FDI 투자자는 일반적으로 장기적으로 회사 관리에 참여하고 운영에서 이익을 창출할 것으로 목표로 하여 투자 사업을 한다. FDI에는 제조, 광업, 농업, 조립 작업 및 기타 생산 시설과 서비스 산업에 대한 투자를 내용으로 한다.47)

구매국 현지에서의 조립, 현지에서의 생산, 다수의 국가들에서의 공동생산, 구매국과 판매국의 공동 연구개발(R & D)인 경우에는 일반적인 Trade나 Licensing에 비하여 투자자에게 주는 수익은 많을 것인 점에서는 긍정적이나 높은 정도의 투자 위험과 복잡한 권리관계를 내재하게 된다 되는 부정적인 면도 내포한다. 즉, 일반적인으로 생산, 투자기업은 현지국 법에 근거하여 현지에 사업주체를 설립(사무소 혹은 현지법인 등)하기 때문에 피투자국의 법률상 의무 준수를 수반하며 현지국(외국)에서의 경제적, 정치적, 사회적, 문화적, 법적 삶의 모든 측면(리스크)에 노출되는 정도가 상대적으로 크게 된다.48)

방산물자 수출 및 인프라 수출의 경우에도, 특히 G2G거래 방식을 채택하는 경우에도 FDI 방식이 활용될 수 있다.

직접 투자를 통해 해외 시장에 진입하는 기업은 다양한 방식으로 사업구조를 채택할 수 있다. 산업 및 시장조건, 회사의 자본화 및 자금 조달, 법적 고려 사항과 같은 요소에 따라 구체적인 투자 형태는 달라질 수 있다. 새로운 외국 자회사(new foreign subsidiary company) 설립, 기존 현지국 회사와의 합작 회사 설립(a joint venture with an existing host-country company), 현지국 회사와의 합병(merger) 또는 주식 매입을 통한(by stock purchase) 현지국 회사 인수 등이 가능할 것이다.49)

---

46) 국제거래에서 FDI는 일반적으로 소극적 투자(passive investments, 예: 배당금 또는 감사를 위한 주식 매입)와 구별되는 "적극적 투자(active investments)"의 성격을 가진 투자만을 협의로 의미한다고 보는 것이 일반적이다.
47) Schaffer (9th ed.), 9-10면.
48) Schaffer (9th ed.), 9-10면.
49) Schaffer (9th ed.), 9-10면.

라. 적절한 국제거래 형태의 선택 등

(1) 적절한 국제거래 형태 선택:

앞서 살핀 서로 다른 해외시장 진입방식들, 무역, 라이선싱, 해외직접투자는 각각 당사자의 참여 내지 관리 정도, 피투자국의 위험 등에 노출되는 정보 등에 있어서 차이점이 존재하므로 당사자는 감수할 위험과 사업상의 수익을 고려하여 적절한 거래 방식을 채택해야 한다. 즉, 당사자는 비즈니스의 특성, 산업 환경, 거래하고자 하는 대상물자의 특성, 특히 은행 등 금융기관의 지원 가능성 등 여러 가지 요소를 감안하여 적절한 시장진입방식을 선택해야 한다.

일반적으로 말하면, 시장 진입 초기에는 위험도가 낮고 현지국의 사정에 영향을 받을 가능성이 적은 무역(trade) 형태의 거래방식을 선택하는 경우가 많을 것이다. 물품에 대한 기술보호를 위해서 국내 생산이 필요한 경우 또는 현지 생산능력이나 토대가 부족한 경우엔 국내에서 생산하여 수출하는 방식이 적절할 것이다.

무역방식을 채택하는 경우 비교적 잘 정립된 국제물품매매법(international sales law)과 국제상관습이 발달되어 적용할 수 있고, 각국 은행들이 통일적인 기준 하에 신용장, 보증서, 국제송금 등 적절한 국제 대금결제를 수행해 주며, 분쟁 발생시에도 법원이나 중재판정부를 통해 비교적 합리적인 결과에 의한 해결이 가능하기도 한다. 따라서 수출기업 측이나 수입기업 측은 자신의 의무만 잘 이행하면 그에 따라 대금결제를 받는데 어려움이 없을 것이라는 실무적 확신에 근거하여 무역거래가 주로 활용된다. 특히 방산물자 수출인 경우엔 기술보호와 적대적인 집단에 무기가 인도되고 기술이 탈취되는 것을 방지할 필요성 때문에 국내 생산품을 수출하는 거래방식이 많이 활용되고 있다.

생산의 효율화, 사업 제휴, 비용 절감 등 다양한 요인으로 "라이선싱"이나 "FDI 방식"이 활용될 수도 있다. 전통적인 무역거래는 완제품의 국제운송에 의한 비용 증가, 현지국 생산 대비 국내생산비용이나 인건비가 높은 경우 등 내재적인 문제 요소를 가지고 있는 바, 라이선스나 기술 이전 방식인 경우나 현지국의 로컬기업에 의한 생산이 비용 절감 측면에서 더 타당할 수 있다.

한편, 현지 생산에 의한 수익마저도 수출기업이 향유하고자 하는 경우 FDI를 통해 현지 생산에 의한 비용절감과 자본 수익 창출을 모두 도모할 수도 있을 것이다. 물론 라이선싱과 FDI 선택시에도 현지국의 법체계상 의무의 준수, 현지국 정부의 규제위험에 노출되는 문제가 있을 수 있으므로 내지 현지국 기업의 각종 위험을 충분히 통제할 수 있어야 비로소 그러한 라이선싱과 FDI를 선택할 수 있을 것이다.

예컨대, 특허, 상표 등 지적재산의 국제 라이선싱의 경우 그 특허나 상표의 보호는 사용인의 소재국의 지적 재산 보호 정도에 따라 영향을 받을 수 있다. 사용인(licensee)이 소재한 국가의 법적 보호장치가 미흡하거나 법규상 보호대상이지만 실제적인 보호 조치가 충분히 이루어 지지 않는 경우라면 그러한 국가에 대한 기술이전은 신중히 결정할 문제이다.

라이선싱나 해외직접투자 방식의 국제거래인 경우 그 구매국의 규제와 간섭에 영향을 많이 받기 때문에 비상위험이나 규제위험도가 높은 "개발도상국"과의 라이선싱이나 직접투자계약에 대하여는 보다 신중한 접근이 필요할 것이다. 물론 G2G 거래에서도 이러한 위험들은 여전히 발생 가능할 것이되, 다만 G2G 거래를 하게 되면 구매국 정부의 높은 수준의 보장이 있는 경우가 많을 것이므로 상대적으로 그 문제발생 가능성은 적을 것이다.

(2) 국제거래 형태의 혼용:

현실적인 국제거래에 있어서는 상이한 거래방식간 상당한 중복이 발생하기도 한다. 단일 제품의 생산 및 마케팅 사업 계획에는 무역, 라이선싱, 및 투자의 각 형식의 요소를 포함할 수 있다. 거래의 초기에는 수출방식을 활용하지만, 거래의 지속을 통해 일정기간 신뢰관계가 발생하고 기술 보호 등의 문제가 해결된다면 라이선싱이나 현지생산으로 변경되기도 한다. 한편, 방산물자 수출의 경우 (예컨대 항공기 수출) 초도 물자는 수출방식에 의하지만, 잔여 물자에 의하여는 현지 생산 방식으로 하는 경우도 있고 이 경우 기술보호를 위한 라이선싱이나 현지공장 설립을 위한 현지투자가 병행될 수 있을 것이다.

공공 인프라 수출의 경우 (예컨대 현지 공공 수자원 관리 사업)엔 설비의 일부는 수출국에서 생산하여 수출하도록 하고, 현지 건설의 경우엔 현지 로컬기업과 합작법인을 설립하여 건설하거나 혹은 운영하기도 할 것이다. 한편, 수자원 관리를 위한 운영사업과 필요한 기술에 대하여는 리이선싱이나 기술보호 계약이 수반되는 경우도 있을 것이다.

새로운 해외 시장에 진입하는 경우 진입 방법은 기업의 조직능력, 현지국에 대한 경험, 물품 또는 서비스의 특성, 자본 자원의 투입 정도, 감당 가능한 위험 수준 등에 따라 다르게 되고, 이를 잘 선택하는 것이 중요하다.[50]

마. 정부간 거래의 다양한 형태

위에서 살펴본 무역, 라이선싱, 해외직접투자 등 시장진입 방식에 의한 국제거래 형태의 구분은 정부간 수출거래에 대하여도 적용 가능하다.

대부분의 방산물자의 수출과 관련하여서도 일반적으로 방산물자를 우리나라에서 생산하여 현지로 운송하는 무역 형태를 취할 것이며, 그 성격은 계약상 정해진 장소와 시간에 물품을 인도하는 전형적인 물품매매거래(sale of goods transaction)가 될 것이다. 물론 그 물자의 사용에 기술료가 지급되면 라이선싱 거래도 내포하게 될 수 있으며, 현지에서 조립, 생산하는 방식으로 물자를 수출하는 경우에는 무역보다는 해외직접투자 방식이 될 수 있다.

비방산 물자의 수출, 예컨대 공공인프라 수출은 해외건설계약 또는 플랜트 수출계약 형태인 경우가 많을 것이다. 플랜트 수출의 경우 플랜트를 구성하는 물자에 대하여는 무역거래 형태를 취할 것이고, 엔지니어링과 운영 등에 대하여는 서비스 내지 용역 수출이 될 것이다. 마찬가지로 계약의 일부 내용으로 라이선싱과 기술이전이 포함되는 경우도 가능하며, 구매국과 합작법인을 설립하는 joint venture계약을 활용하는 등 FDI 방식의 수출거래가 있을 수 있다.

---

50) Schaffer (7th ed.), 6면.

방산물자 또는 비방산물자의 G2G 거래에서는 두 가지 이유에서 적절한 시장진입 방식 선택의 문제가 중요하게 된다. 첫째, 대상 물자의 특성에서 발생하는 문제인 바, 방위산업 물자와 공공 인프라 등 일반 물자 대비 상대적으로 기술수준이 높거나 혹은 일회성이 아닌 장기간 운영이 필요한 거래인 경우이어서 이러한 특성을 충분히 고려하여 적절한 시장진입 방식을 선택해야 된다. 그만큼 높은 수준의 품질보증이 필요할 수 있고, 기술 이전이나 절충교역(offset) 요구되는 수도 있어 이에 대한 별도의 약정도 필요할 수 있다.

방산물자 구매국이 완제품이 아닌 현지 조립생산(assembly production)을 원하는 경우에는 이에 부응하는 현지에서의 생산 약정 및 기술이전 내지 보호 약정이 필요하게 될 것이다.

> 예컨대 페루 국방부가 대한민국의 초등훈련기를 구매하고자 하면서 훈련기중 초도 물량은 완성기를 인도하기로 하되, 잔여 물량은 현지에서의 조립생산을 원하는 경우가 있었다.51) 한국 수출기업인 KAI는 2012년 페루와 총 20대, 약 2억1000만 달러 규모의 방산물자 수출 계약을 체결했고, KAI에서 4대를 납품하고 페루 현지 공동생산기지에서 16대를 조립 납품하는 계약이었다. 이 훈련기 판매계약에는 항공기 판매 외에 페루 정비창 현대화 및 조종사, 정비사, 조립기술진 등의 교육이 포함하여 기술이전이 포함되는 방산물자 구매사업이었다. 2013년 11월 공동생산기지가 준공됐고, 2014년 10월 수출 1, 2호기 인도 및 초도비행이 실시됐다. 한국항공우주산업(KAI)이 만든 KT-1P 기본훈련기의 현지 생산 1호기의 초도비행을 기념하는 차원에서 '한국훈련기 공동생산 기념식'이 페루 리마 라스팔마스 공군기지 민간항공학교에서 이뤄졌고(2015년 4월 21일 오전), 페루와 대한민국의 정상이 동 행사에 참석하였다.

현지 공동생산(production sharing)을 요구하는 경우에는 중요한 국가 간 혹은 구매국과의 협력 내지 약정이 필요하다. 이 과정에서 기술 이전이나 기술 보호를 위한 당사자간 라이선싱 계약이 수반될 것이다.

---

51) 머니투데이, 朴 대통령, 페루 한국훈련기 공동생산 1호기 출고식 참석 (2015. 4.22. 자) (https://news.mt.co.kr/mtview.php?no=2015042115347642010).

한편, 방산물자의 현지생산인 경우 안보에 있어서의 특별한 성격 및 높은 보호수준이 요구되므로, 구매국 정부와 판매국 정부간 기술 보호 및 안보목적에 부합하는 사용 등을 약정하는 정부 수준에서의 별도 약정이 필요할 수 있다.

> 예컨대 미국과 캐나다의 경우 항공 및 방산물자의 생산에 있어서 상당히 오랜 기간 공동생산약정(production sharing) 및 공동연구개발약정(development sharing agreement)을 체결한 상태이며, 동 약정 하에서 양국의 기업들은 생산과 기술개발을 공동으로 수행하고 있다. 캐나다와 미국의 공동생산약정 및 공동연구개발약정의 내용은 첨부(appendix)를 참고하라.

3. 정부간 계약

앞서 용어 부분에서 살핀 바와 같이, "정부간 계약"이라는 개념을 사용하면 국제거래에서 당사자간의 의무와 구제 등 내용을 법적 구속력 있는 계약과 그 계약서의 내용을 강조하는 관점을 강조하는 것이다. "정부간 계약"은 대외무역법, KOTRA법 등 국내 실정법상 제도화된 공식적인 용어이다.[52]

가. 대외무역법상 정부간 수출계약

우리나라 무역의 기본법이라 할 수 있는 대외무역법에 "정부간 거래"의 근거가 마련되었는바, 정작 동법에서는 정부간 거래라는 개념이 아닌 "정부간 수출계약"이라는 용어로 사용되고 있다. 따라서 우리가 단지 대외무역법이라는 법령에 근거하여서만 보면, 정부간 거래는 "수출(export)"이라는 개념으로 축소가 되며, 또한 수출 "계약"이라 칭하므로 "거래" 보다는 계약이란 용어를 사용하는 것이 더 공식적이고 적절한 것이라고 볼 여지도 있다.

---

[52] 반면, "정부간 거래"라는 개념을 사용하게 되면 아무래도 계약을 포함하여 그 계약의 이행과 그 분쟁시 해결을 포괄하고 또한 이 거래에 필요한 각종 지원 서비스 (물류, 분쟁해결, 금융 제공, 정부의 지원 등)을 포괄하는 개념이 될 것이라는 점은 앞서 살핀 바 있다.

본서에서 다루는 정부간 거래의 개념은 정부간 무역 중 주로 수출을 중심으로 살피며, 또한 일반적인 약정보다는 당사자의 의무를 중심으로 계약적인 측면을 다루는 것은 사실이다. 그리고 후술하듯 대외무역법상 수출계약이란 용어를 사용함으로 인해 대외무역법상 수출과 계약의 개념에 의해 정부간 수출계약이 해석됨으로 인해 거래 개념을 물품 수출로 너무 축소하여 해석되는 부작용도 있을 수 있다. 국제거래의 많은 경우가 그러하듯이, 국제거래에 참여하는 관계자들의 역할은 계약의 당사자인 경우도 있지만, 각종 부가적 의무 제공 혹은 협조 등 다양할 수 있고 이를 "정부간 계약"이란 "제한적 성격"의 법률용어로 이해하기에는 어려운 점이 있고 오히려 "정부간 거래"라는 개념은 포괄할 수 있다. 이런 점을 고려하여, 필자는 이 책에서는 정부간 거래라는 개념을 포괄적, 일반적으로 사용할 것이다.

만약 문맥상 특히 수출 거래임이 중요하고 또한 대외무역법상 중요 요건들과 관련된 논의인 경우엔 정부간 "계약" 혹은 정부간 "수출계약"이란 용어를 사용할 것임을 미리 밝힌다.

나. 정부간 수출

우리나라 대외무역법이나 실무에서는 정부간 수출거래라는 용어를 종종 사용하며, "수출(export, exporting)은 물품의 대외판매를 의미한다. 우리나라의 대표적인 정부간 거래의 내용이므로 정부간 수출이란 용어의 사용은 적절하다.

다만, 정부간 거래를 정부간 수출의 개념으로 설명하는 경우 그 용어상의 한계에 부딪혀 혼선의 소지가 있다. 즉, 우리나라의 실무 및 학계에서 "수출(export)"의 범위를 지속적으로 확대하여 사용하고 파악하고 있긴 하지만, 정부간 수출이라고 하면 실무자들은 물품 수출 혹은 기술 수출 정도로 수출을 제한적으로 보는 경향이 있어 문제가 될 수 있다.

G2G거래를 정부간 수출이라고 파악하게 되면, 예를 들어 따라서 공동생산(co-production)이나 현지 직접투자(FDI), 해외건설, 인프라 건설 및 운영 등 최근 증가하는 국제거래 방식 등 물품의 국경간 운송이나 판매의 성격이 아닌 거래형태에 대하여는 정부간 수출의 개념에 포섭하지 않는 것으로 볼 우려가 있다.

저자는 정부간 수출이 커버하는 범위 내지 정부간 거래가 무엇인지를 규정하고 파악할 때에는 적어도 당분간은 개방적이고 넓게 보는 시각이 필요하다고 본다. 그러한 데에는 저자들의 개인적인 소견이라기 보다는 아직 제도초기라 거래를 발전시키는 국면이기도 하며 또한 수출거래 현장에서 수출기업들의 수요 내지 요구사항을 반영하기 위함이기도 하다. 즉, 우리나라 기업들이 최근 추진하는 국제거래 방식은 단순한 유형물의 수출(물품 수출 등)을 협소하게 의미하는 것이 아니고 더 포괄적이기 때문이다.

실제 국제거래에서는 물품 만이 공급의 아니고 부대 서비스 제공, 방산물자인 경우 특히 후속군수 지원,53) 마케팅, 엔지니어링 활동, 물품 수출은 미미하고 거의 완전한 무형물 수출(교육 등)인 경우가 많아지고 있는 바, 이를 단선적으로 물품수출이라는 개념틀에 짜맞추는 것은 현실과 너무 동떨어지기 때문이다. 즉, 일반적인 국제거래도 다양한 형태의 거래로서 실제로 발생하고 있으므로 정부간 수출계약도 그 범위에 맞게 적극적으로 파악하여야 할 것이다.

---

53) 우리나라에서는 최근 방산물자 수출과 관련하여 후속군수지원에 관한 지침을 운영하고 있다. 첨부 방위사업청, "방산수출후속군수지원에 관한 지침"을 참고하라. 동 지침에 따르면 "방산수출 후속군수지원" 이라 함은 구매국 또는 수출업체의 요청에 따라 수출한 방산물자등(방위사업법 제38조제1항제4호에 의한 방산물자와 방산물자에 준하는 물자를 말한다. 이하같다)에 대한 운영유지를 위하여 정부차원에서 군수물자(관련 지원장비, 수리부속 포함), 군수시설, 군수인력, 운영재원 및 기술자료 등 군수지원요소를 지원하는 것을 말한다.

4. 정부간 중개

가. 정부간 중개

"정부간 중개"는 우리나라 방위사업법에 의해 방위사업청이 구매국 정부와 국내 방산기업의 거래를 이어주는 중개 역할을 하는 중개행위 내지 약정을 말한다.

현행 방위사업법은 제44조에서 방산물자 등의 수출에 관한 사항을 정하고 있다. 방위사업청장은 방산물자 등의 수출 진흥을 위하여 필요한 조치와 지원(재정적인 지원, 물적·인적 지원도 가능)을 규정하며 방산물자의 수출에 관한 원론적인 내용을 담고 있다.[54] 동 법에 근거한 훈령인 대통령훈령 제260호(방산물자등의 정부간 판매에 관한 규정)는 외국에 대한 국내 방산업체의 방산물자 수출을 지원하기 위한 "정부간 판매"에 필요한 방법과 절차를 규정하고 있다. 동 훈령은 정부간 판매를 정부간 중개와 정부간 거래라고 구분하여 규정하고 있다. 여기서 도출되는 개념이 방위사업청의 중개 약정인 정부간 "중개"이다.

나. 정부간 중개의 내용

정부간 중개 제도는 판매국 정부가 법률적인 책임을 우회 하면서 간접적으로 거래를 보증하는 제도라고 볼 수 있다.[55] 즉, 판매국 정부가 구매국 정부와 수출을 지원하는 내용의 약정 (혹은 상호협약을 체결)한 후 정부 차원에서 지원을 하지만, 그 약정의 내용면에 있어서 실제 계약은 수출기업이 상대국 정부와 후속으로 체결하는 경우를 지칭한다.

---

54) 안영수 외, 169-70면.
55) 장현찬, 2면.

요컨대 정부간 중개에서 정부의 역할 내지 책임범위는 수출 계약과 별도로 혹은 수출계약 외에 존재한다. 따라서 수출 혹은 공급 계약의 당사자는 구매국 정부와 수출기업이며 향후 계약이행 과정에서 발생하는 문제에 대한 법적책임은 최종적으로 수출기업에게 있는 것이다. 판매국 정부인 우리 정부는 이러한 수출기업의 책임을 보장하거나 혹은 이행과 관련한 관리 등 계약상 의무를 부담하지 않는다.[56]

정부간 중개에서 정부의 역할이 수출계약과는 직접 관련이 없기 때문에 정부 역할의 효용성에 의문을 제기할 수도 있겠으나, 방산물자 수출 초기단계에서 정부간 중개로 인해 거래 추진의 신뢰성이 커지고 "Halo effect(후광효과)"도 충분히 있는 것이 사실이므로 그 효용성을 낮게 볼 것은 아니다.

실무적으로도 방산물자 수출에 대하여 실무적인 비중은 G2G거래보다는 정부간 중개로 그치는 것이 더 많을 것이며, 정부의 관여도 그러한 중개에 그치는 것이 타당한 경우도 많을 것이다. 또한 판매국인 우리 정부가 구매국을 위하여 적극적으로 수출기업을 모색하는 "위임약정"을 맺고 또한 수출기업과의 계약협상 등 역할을 수행하는 약정을 내용으로 하고 이러한 업무를 표준화시키는 경우 독립적인 개념으로서의 정부간 중개도 유연하게 거래 추진을 지원한다는 점에서 의미를 가진다.

우리나라에서 정부간 중개는 오직 방산물자의 수출에 대하여 방위사업청이 중개를 하는 경우만을 규정하고 후술할 비방산물자에 대하여는 정부간 중개라는 용어가 사용되지는 않고 있다. 그러나 이는 비방산물자의 정부간 중개 내지 정부간 협력협약 등의 활동이 불필요하거나 제한된다고 볼 것은 아니다. 다만 지금까지의 방산물자 수출거래의 현실 및 추진에서 방위사업청이 각종 사업 관련 상대국 정부가 우리 정부에 요구하는 사항등을 방위사업청이 계약상 책임을 지지 않는 선에서 약정하고 지원해 온 것을 반영하여 법적 근거를 마련해 놓은 것 뿐이다.

---

56) 장현찬, 2면.

정부가 정부간 중개를 통해 수출을 지원하는 것이 방산물자의 수출에 대하여만 필요하거나 유용한 것은 아니다. 즉, 정부간 중개에 의한 정부의 지원은 비방산물자의 경우에도 필요하다. 구매국이 비방산물자인 공공 인프라 조달 프로젝트(예컨대 공항건설 등)에 우리 정부의 협력을 요구할 때, G2G 계약 방식으로 가지 않고 정부의 초기 협력 내지 통상적 협력만을 요구하는 경우라면 낮은 수준의 G2G 중개로 지원하는 것이 타당하다고 본다. 특히 거래 초기에 정부간 중개 약정을 하게 되면 양국 정부의 협력관계에 근거하여 프로젝트 진행의 동력을 지원하고 지원(official support)을 천명하는 점에서 효과가 클 것이다.

비방산물자의 정부간 중개 등은 현행법상 KOTRA가 하는 것으로 봄이 상당하다. 명확히 "정부간 중개"라는 표현을 명시하지는 않았지만, 현행 KOTRA법 제10조(사업) 제9호는 대외무역법 제32조의3제2호에 따른 정부간 수출계약 "관련 사업을 명시하고 있는 바, 여기에 각종 정부간 수출계약에 관련되거나 부대되는 사업을 KOTRA가 하게 되며, 여기에는 정부간 중개 등 기타 구매국 정부가 한국 정부에 요구하는 사항들을 지원하는 것을 의미하며 여기에는 정부간 중개 행위도 포함된다고 볼 것이다.

다. 정부간 계약과의 비교

정부간 중개는 판매국 정부가 직접 계약 당사자로서 책임을 지는 정부간 거래 내지 계약보다는 느슨한 역할을 하고 수출기업과의 계약을 중개하는 역할에 그치는 것을 의미한다. 이와 달리 정부간 계약은 판매국 정부가 KOTRA를 전담기관으로 하여 국내기업을 대신하여 구매국 정부와 방산수출 계약을 체결하는 방식을 의미하는 점에서 그 성격이 구별된다. 즉, 법률적 책임부담에 있어서 정부간 계약이 정부간 중개보다 적극적이고 정부가 계약 당사자가 되는 정부간 거래 제도라고 할 수 있다.[57]

---

57) 장현찬, 2면.

주의할 점은 어떤 거래의 구체적인 내용 내지 실질은 그 약정의 명칭을 정부간 계약 혹은 정부간 중개라고 약정한다고 해서 확정적으로 그 내용이 정해지는 것은 아니며, 그 당사자들의 의사, 당사자들의 계약 조건(terms and conditons), 기타 부수하거나 관련되는 계약 내지 약정, 기타 계약체결 과정에서의 당사자간 이해한 내용(understanding)을 살펴 당사자들이 부담하고자 했던 의사에 따라 정해지는 것이다.

구매국과 판매국들간 거래에 대하여 항상 정부가 계약책임을 부담하도록 요구하거나 혹은 정부간 계약에 당사자로 서명할 것을 요구하는 것은 타당하지 않다. 구매국 입장에서 그 조달하고자 하는 물품 내지 서비스의 특성, 정부의 요구사항, 구매국 정부의 조달 관련 법률의 허용 범위 등에 따라 구매국 정부가 부담할 책무의 내용은 다양할 것이다.

예를 들어 수출기업과 계약을 체결할 때가지 수출국 정부가 외교적 지원을 하거나 단순히 중개 역할만 하는 것일 수도 있고, 수출국 정부가 필요한 조달을 계약자로 담당하고 향후 인프라 운영책임도 부담하는 것일 수도 있다.

결국 가장 느슨한 정부의 책임을 의미하는 정부간 중개 약정이 필요한 경우도 있을 수 있고 반대로 가장 높은 수준의 수출국 정부의 책임을 지는 정부간 계약이 필요할 수도 있겠다. 정부간 거래의 방식 선택은 그 스펙트럼 사이 어디에서 이루어질 것이다.

정부간 계약을 추진하는 경우 수출국 정부 혹은 국가기관이 구매국과의 법적 구속력을 가진 계약에 직접 참여하는 것인지 여부가 명확해야 한다. 구매국 입장에서는 방산물자 혹은 공공인프라 조달을 위해서 막대한 재정을 투입해야 하는 바, 상대국(수출국) 정부 혹은 정부기관을 계약당사자로 명시하고 그 계약상 책임을 지는 정부간 거래를 요구할 가능성이 높고 이 경우 당사자간의 충분한 거래에 대한 확신(confidence) 내지 이해(understanding)가 충분한 근거가 있어야 G2G 계약이 사용될 것이다. 이와 반대로 단순히 정부간 중개가 요구된다는 것은 우리 정부가 굳이 계약 당사자가 될 것은 아니고 단지 그러한 수출기업과 구매국 정부간 계약에 필요한 정부 차원에서의 필요한 지원을 약정하는 것에 그치는 것이다. 그 결정은 궁극적으로 구매국의 요구사항에 달린 것이다.

라. 정부간 거래의 하위개념으로서의 정부간 계약 및 정부간 중개

정부간 거래 계약 뿐만 아니라 거래 중개도 거래 추진 및 성사에 있어서 정부의 역할도 중요하다고 보는 입장에서는 정부간 중개도 넓은 의미의 정부간 거래의 일종으로 보는 견해도 있을 수 있다.

국제거래의 일반적인 진행경과라는 측면에서 보면, 정부간 중개는 정부간 거래로 진행되기에 앞서 구매국의 수요를 파악하고 또한 구매국 정부가 원하는 한국 정부의 역할을 파악하는 단계에서 활용될 수 있는 여지가 많다. 구매국이 요구하는 판매국 정부의 역할이 정부간 중개만으로 그치고 궁극적으로 구매국 정부와 수출기업이 계약을 하는 경우도 많을 것이다. 한편, 구매국 정부는 수출기업의 약정에 더하여 판매국인 우리 정부의 적극적 역할 내지 계약상 약정, 즉 정부간 계약을 원하는 것으로 진행될 수도 있다.

저자의 견해로는 정부의 계약 당사자 내지 책임 범위만을 중심으로 정부간 중개와 정부간 계약을 구별한다던지 혹은 별도의 제도로 차이점만을 부각하는 것은 실용적이지 않고 방산물자 정부간 거래의 현실에도 부합하지 않는다고 본다. 따라서 정부간 중개와 정부간 거래를 상호 연관한 제도로 보아 적절히 활용하되, 궁극적으로는 개별 거래에서 정부의 역할 내용을 구매국과 명확히 약정하는 것이 더 중요할 것이다.

5. 정부 조달

가. 정부조달의 개념

정부조달(government procurement)이란 정부 혹은 정부기관이 구매 주체로서 물자나 기자재를 구매 혹은 조달하는 것을 말한다. 정부간 거래를 수출국의 입장에서는 정부간 판매 내지 수출로, 구매국의 입장에서는 정부 조달로 볼 것이다.

구매국 정부가 정부조달을 하는 경우 그 조달 재원은 국가 예산으로 마련되는 것이 원칙적일 것이고 국가의 공식적인 활동이므로 공정하고 투명한 절차에 의할 것이 요구된다. 국가마다 혹은 조달 거래의 성격에 따라 세부적인 내용에서 차이가 있을 수 있으나, 일반적으로 정부조달행위는 예산행위가 되어 의회의 통제를 엄격히 받게 된다.

구매국의 정부조달 규모가 큰 경우 또는 내외국 공급업체나 공급국가간 조달계약을 따내기 위해 경쟁이 치열하는 경우 - 방산물자 정부조달인 경우 그러할 확률이 매우 높다-에 구매국 정부는 다양한 정책적 요소를 검토하게 된다. 구매국 정부나 의회는 가능하다면 자국 국내업자의 상품을 우선적으로 매입하거나 국내 유치산업 보호, 중소기업 육성, 고용증대와 같은 국내정책을 도모하라는 정책적 압박 내지 통제를 염두에 두고 조달업무를 수행하기도 한다. 그 정부조달에 해외 사업자가 참여하려 하는 경우라면 정부로서는 외국 제품 혹은 공급자에 대한 차별 대우 혹은 비관세장벽 등을 통해 자국 산업 보호도 고려하는 경우도 있다.[58] 정부간 거래는 이러한 정부조달상의 차별 혹은 진입장벽을 극복하고 구매국 정부의 조달을 수주할 수 있는 한 방법이 될 수 있다.

나. 정부조달과 보호무역주의

국제거래시장에서의 정부조달은 대부분 대형거래인 경우도 많고 정부의 지출금액도 크고 국가이익과 관련된 중요한 활동인 경우가 많을 것이다. 때문에 일찍부터 국제규범에 의한 허용범위와 규범 준수가 문제가 되어 오는 국제거래법상의 중요 쟁점이었으며, WTO 자유무역체계 하에서도 중요한 분야가 되어 왔다.

---

58) 두산백과 두피디아, 두산백과, 정부조달 [government procurement, 政府調達] (https://terms.naver.com/entry.naver?docId=1227749&cid=40942&categoryId=31864).

일반적인 대형 정부조달의 경우 공정한 경쟁입찰 절차를 거쳐 조달기업을 선정하는 것이 원칙이며, 국제 입찰인 경우에는 해외 입찰기업에 대하여도 공정한 기회를 부여하는 것이 바람직하다. 그러나 이러한 정부조달에 대하여 각 국가의 자의적인 결정에 맡기면 자유로운 무역질서의 유지보다는 자국 산업 보호에 치중할 가능성이 매우 높은 것도 현실이다. 정부조달의 계약 상대방 결정의 주체는 개별 국가의 정부이므로 그만큼 보호무역주의에 따라 혹은 불투명한 절차 등을 통해 자의적인 거래가 이루어질 확률이 더욱 높다. 따라서 국제규범에 의한 정부조달의 규율은 자유무역 증진과 공정한 무역질서 확립에 중요한 문제이다.

다. WTO 조달협정인 GPA

정부조달에 있어서 다양한 국가 정책적 고려요소가 관련되고 또한 정부의 조달 결정에 무역마찰의 요소까지 있기 때문에 정부조달 관련 불합리와 무역마찰을 해소 내지 규제를 위한 국제협약이 추진되었다. WTO The Agreement on Government Procurement (GPA)(이하 "정부조달협정"이라 칭함)는 1996년부터 발효되었고 우리나라도 가입국이다. 동 협정에 따라 현재 국제공공조달시장이 형성되어 있으며, 우리나라 기업들이 해외 정부와 조달거래하는 경우 동 협정을 준수해야 한다.

라. 정부조달과 정부간 계약

정부간 계약은 구매국 입장에서 보면 정부조달 중 하나의 특수한 형태(즉, 판매국과 G2G 약정도 수반하게 되는 특수한 조달방식)로 볼 수 있다. 앞서 살핀 본 바와 같이, 정부조달 부문의 국가간 자유로운 무역거래를 보장하기 위해 WTO GPA 가입국인 경우 구매국은 정부조달시 공개경쟁입찰로 진행하는 것이 원칙이다. 그러나, 정부간 계약에서 구매국은 특별한 사정이 있어 공정하고 투명한 절차에 의한 조달보다는 자의적으로 선정한 특정 국가를 미리 선정하고 입찰방식이 아닌 정부간 개별 협의에 의해 G2G 계약을 추진하는 것을 더 선호하거나 혹은 더욱 필요할 수 있다.

전형적인 G2G 거래의 경우 구매국과 판매국이 직접 계약을 하게 되므로, 미리 수출기업과 수출국 정부와 기본적인 거래조건과 내용 협의를 한 상태로 프로젝트를 진행하게 된다. G2G거래를 하게 되면 구매국이 여러 국가의 공급기업들에게 국제입찰의 기회를 부여할 필요도 없으며 비입찰, 비공개로 이루어지게 되는 것이 일반적이다.

마. GPA상 공정거래의 원칙

정부간 거래를 무한정 인정할 경우 정부조달의 투명성과 공정성을 훼손할 여지도 커질 수 있다는 우려가 있을 수 있다. 그런데 G2G 계약은 모든 정부조달의 경우 가능한 것은 아니며 정부조달협정(WTO GPA)의 공정경쟁 원칙에 구애되지 않고 비경쟁 조달이 허용되는 예외적인 경우에 해당하여야만 G2G 거래가 가능한 것이다. 구체적으로는 후술하는 GPA상 예외규정, 즉 국가안보이익 혹은 공공 혹은 인권보호의 목적 등 특별한 사유가 있는 경우에 해당하여야 한다(국제규범적 제한(International normative restrictions)).

GPA 예외 해당 여부 및 G2G 계약으로 추진할 것인지의 판단 주체는 구매국 정부이지만, 그 과정에서 거래에서 누락된 경쟁국이나 경쟁기업들이 이의를 제기할 가능성도 있고 그 과정에서 WTO 조달협정의 원칙이나 예외 해당 여부가 통상 분쟁의 대상이 될 수도 있다.

정부조달협정에 따르면 무차별 원칙에 의해 공정한 입찰에 의해 구매국은 조달함이 원칙이다 (제3조, 내국민 대우 및 무차별). 그런데, WTO 상품교역의 일반원칙인 GATT와 유사하지만 WTO 조달협정은 조금 더 포괄적인 예외규정을 제23조에 두고 있다. 즉, 예외를 허용하는 매우 예외적인 상황, 즉 국가이익(national interest) 내지 안보 예외 security exception에 해당하거나 혹은 고도의 공익적 목적이 인정되는 경우에 한하여 조달협정의 내국민 대우의 예외 적용을 허용한다. 이 경우에만 GPA의 예외로 인정받아 G2G 거래를 할 수 있는 것이고 통상분쟁의 대상에서 벗어날 수 있다.

제23조 협정에 대한 예외

1. 이 협정의 어떤 규정도 당사자로 하여금 무기, 탄약 또는 전쟁물자의 조달이나 국가안보 또는 국방목적에 필수불가결한 조달에 관련된 자기나라의 필수적인 안보이익을 보호하기 위해 필요하다고 간주하는 조치의 실시 또는 정보의 비공개를 방해하는 것으로 해석되지 아니한다.
2. 이 협정의 어떤 규정도, 그러한 조치가 동일한 조건이 지배적인 국가간에 자의적이거나 부당한 차별의 수단이나 국제무역에 대한 위장된 제한을 구성하는 방법으로 적용되지 않는다는 요건을 조건으로, 당사자가 공중도덕 및 질서 또는 안녕, 인간 동물 또는 식물의 생명 또는 건강 또는 지적재산권의 보호를 위하여 필요하거나, 또는 장애자, 자선단체, 재소자의 노동에 의한 상품이나 서비스에 관련되는 조치를 부과하거나 집행하는 것을 방해하는 것으로 해석되지 아니한다.59)

위 예외규정에 따라 구매국(조달국) 정부는 안보이익과 고도의 공익을 위해 스스로의 결정에 의해 자국의 이익에 부합하는 조건을 제시하는 특정한 판매국 정부와 조달계약을 할 수 있으며, 정부간 계약이 그 하나의 선택지가 된다. 방산물자의 조달은 안보이익을 위한 정부간 계약 대상이 되며, 병원 등 공공 인프라, 에너지 시설(원전 등) 국가기간산업 등 공공이익에 부합하는 각종 비방산물자나 서비스의 정부간 거래도 동 조항의 적용이 가능하다. 미국, 캐나다 등 선진국이 주로 방산물자 수출입과 관련해서 정부간 계약을 주로 하는 이유가 바로 국가이익 및 안보 예외에 부합하는 경우이기 때문에 GPA와 관련이 깊다.

요약하면, 정부조달도 WTO 규범체계 하에서, 특히 조달협정하에서 내국민 대우 및 무차별 원칙에 의해 공개경쟁입찰 방식에 의하여 이루어지는 것이 원칙이나, 안보이익과 공중보건 등 고도의 공익목적인 있는 경우 GPA의 적용을 받지 않고 거래할 수 있다. 따라서 국가간의 경쟁을 원칙으로 하는 세계무역질서의 원칙 혹은 방향성에도 불구하고, 정부는 방산물자나 공공 인프라 수출을 지원한은 경우에는 G2G 거래 제도를 통해 수의계약을 추진할 수 있다. WTO의 국제규범과 G2G거래의 관계에 대한 자세한 논의는 후술하는 정부간 거래 관련 국제규범 부분에서 다룬다.

---

59) 정부조달에 관한 협정(WTO국문협정문) 상세보기|관련자료 | WTO 외교부 (mofa.go.kr),; WTO GPA 제3조 본 협정에 대한 예외 참조.

03
G2G 거래의 환경 Environments

1. 정부간 거래 활용 배경

　방산물자나 공공인프라를 구매하는 경우 구매국은 단순히 낮은 가격이나 신속한 이행에만 중점을 두는 것은 아니며 안보 이익 내지 공공의 이익의 확실한 보장에 대하여도 상당한 우선순위를 두게 된다. 따라서 수출입자간 일반적인 국제거래를 하거나 정부의 조달사업에 다수의 내외국 기업들이 입찰하여 계약 경쟁하는 일반적인 상업거래와는 다른 목적과 방식을 추구하기도 한다.

　안보 이익 내지 공공의 이익을 보호하기 위해 구매국 정부가 G2G 거래를 추진하게 된다. 이러한 G2G 거래는 구매측에 구매국 정부(지방정부 및 공기업 포함)가 있고 공급측에 판매(공급)기업 뿐만 아니라 판매 국가(정부간 거래를 담당하는 공기업 등 포함)가 거래 이행을 보장·감독·규율·조정하거나 혹은 계약 당사자로서 책임을 부담하는 거래구조를 취하게 된다.

　정부간 거래는 정부조달에서 입찰거래나 민관협력거래(PPP)에서 발생할 수 있는 사업자나 정부측 공무원에 의한 거래 오염 (뇌물, 특혜 등) 가능성을 낮출 수 있는 거래방식이다. 부패가 만연한거나 국제거래 경험이 부족한 부처가 조달하는 경우 거래상의 부패방지를 도모하거나 혹은 대규모 사업에 대한 투명성과 객관성을 담보할 수 있는 G2G의 장점에 대한 수요가 크다. 이론적으로는 구매국 정부는 공식적이고 투명한 정부조달 거래를 원하지만, 현실적으로는 거래 상대방이 구매국 정부 관계자나 업무 담당자들에게 다양하고 비공식적인 방법으로 뇌물 내지 편의를 제공하는 등 거래가 오염될 가능성이 있고 이는 그 거래가 규모가 큰 국제정부조달인 경우 더욱 현저하다. 특히 어떤 개발도상국이 정부차원에서 방산물자나 공공인프라를 도입하고자 하는 경우에는 이 문제가 심각한데, 충분한 거래 추진 경험과 그 거래에 대한 확실한 통제가 어려워 이러한 거래 오염의 가능성은 클 수 있어 이러한 불법이나 거래 오염의 가능성을 낮추는 방안을 찾게 된다.

가. 거래오염 문제 완화

형식적으로 공정한 방식인 입찰방식을 통해 여러 경쟁하는 경우라도, 실제로는 기업들이 국제조달거래 수주를 위해 부당한 방법으로 로비를 하고 뇌물을 제공하거나, 권력자를 활용하여 부정적인 영향력을 행사하는 경우가 문제된다. 이러한 소위 "거래오염" 사례는 개발도상국 정부조달거래에서 비일비재하다. 뇌물등에 의해 거래만 수주하는 기업일수록 실제 사업수행은 제대로 하지 않는 경우가 많으며 그로 인해 사업이 지연되거나 제대로 완료되지 못하거나 사업 결과도 좋지 않은 경우가 발생하기도 하며, 궁극적으로는 사업실패로 이어진다.

형식 혹은 절차상의 경쟁(open competition)을 내세우지만 실질적으로는 자격 없는 기업들이 저가 수주 혹은 불공정한 수단을 활용해 거래를 오염시키는 것은 그리 드문 예가 아니다. 그런데 그 정부조달 사업은 대부분 국민생활과 직결되는 공공재인 경우가 많고 그 실패는 결국 국민의 피해로 돌아가게 된다. 따라서 정부조달 사업에서는 특히 거래오염 문제를 해결하기 위한 노력이 필요하게 된다.

최근에는 중국의 부상과 무리한 일대일로 정책을 기반으로 많은 개발도상국의 인프라 사업에 중국이 많이 참여하고 있으며, 그 분야에서 우리나라 기업과 경쟁을 하기도 한다. 문제는 그 과정에서 저가 수주의 문제 및 프로젝트 수주후 이행의 지연과 사업의 품질 저하가 문제되고 있으며, 결국 그러한 피해는 발주국과 그 국민, 그리고 다른 경쟁국의 정상적인 업체들의 사업 악화로 이어지고 궁극적으로는 공공조달 시장의 신뢰와 공정경쟁을 저하시키는 문제가 되기도 한다. 특히, 정부조달 시장에서 개발도상국 정부가 구매국인 경우 각종 특혜제공, 입찰에 필요한 정보의 누설, 입찰자격 조작을 통한 특혜 등 수많은 불공정이 이루어지도 한다.

G2G 계약은 위와 같은 정부조달시장의 문제점을 시정 혹은 상당부분 개선시킬 수 있는 장치(판매국 정부의 거래 참여)가 마련되는 거래방식이다. 즉, 구매국 정부와 판매국 정부가 계약을 체결하여 당사자가 되어 직접적이고 명확한 계약 채널을 형성하여 거래하고, 계약 참여자들의 책임을 명확히 부담시키고 분쟁시 해결하기로 하는 G2G 계약의 장점이 있다. 본질이다. 이런 공식적인 정부간 계약관계를 형성하면 거래의 오염 문제를 적절히 극복하고 거래의 신뢰성을 제고할 수 있게 된다.60)

나. 거래 투명성 및 안전한 진행

정부의 국제조달의 많은 경우에 다수의 정부부처가 관여하기도 하며, 정부 내부적인 의사결정 과정에서 적절해야 할 뿐 아니라 국회의 예산 승인과 각종 통제를 받게 된다. 따라서 사업의 당초의 공익적 목적 및 거래 진행의 투명성 유지가 매우 중요하다.

특히 그 거래가 계약 교섭단계에서 계약 이행 완료까지 상당한 시간이 소요되는 경우가 많고 그 사이 정권이 변경되거나 책임자들이 변경될 수 있으므로 그 거래가 충분한 공익성을 추구하고 거래도 투명하게 진행되어야 할 것이며, 그러한 충족이 있어야 정권 교체가 있더라도 그 사업이 좌초되거나 비난 받지 않고 진행될 수 있다.

G2G 거래는 외국 정부와의 공식적인 대외계약(Official government foreign contracts)이므로 구매국 정부는 자국의 정권 교체를 이유로 함부로 취소할 수 없고 진행중인 거래를 중단할 수 없도록 하는 압력으로 작용할 수 있어 결과적으로 거래의 좌절위험을 상당부분 줄일 수 있다.

---

60) 후술하는 페루의 다양한 정부간 거래 사례에 있어서 정부간 거래 방식이 이반적인 PPP거래방식 대비 사업 진행의 속도나 결과가 더 좋았다는 점이 판명되었다고 하며 세부내용은 후술한다.

다. 판매국 지원 확보 및 분쟁해결 용이

공공인프라 및 방산물자 등 거래는 판매국 정부의 적극적 역할이 더 많이 요구되는 특성이 있다. 따라서 G2G거래를 통해 판매국 정부의 신뢰성이 높은 경우 구매국이 원하는 다양한 책임(이행책임, 관리책임, 분쟁해결 책임 등)을 지게 하기 때문에 구매국 입장에서는 더 매력적인 판매국 정부의 지원을 내용으로 하는 거래 조건을 확보할 수 있다.

또한 판매기업과의 거래 관련 분쟁이 발생하더라도 판매국 정부가 많은 경우 해결에 기여할 수 있을 것이며 또한 판매기업의 부당한 거래 행위를 판매국 정부가 통제할 수 있을 것이기도 하므로 궁극적으로는 전체적인 거래 안전성도 제고되는 효과를 기대할 수 있다.[61]

2. G2G 거래 활용 여건 성숙

G2G 거래에 위와 같은 다양한 활용 필요성 내지 인센티브가 존재하는 것은 사실이지만 그렇다고 하여 G2G 거래가 반드시 이루어지는 여건이 성숙되었다고 볼 수는 없다. 실제로 정부간 거래가 활용되려면 몇 가지 전제조건이 만족되어야 한다. 우선, 정부간 거래가 발생하려면 판매국 정부가 거래 당사자가 되는 부담을 질 의사와 합법적 권한(사업의 법적 근거, 정부 조직 등 전담기관 존재, 충분한 인적, 물적 자원과 조직 등)이 있어야 한다.

가. 판매국 정부의 지원 근거가 있어야

국제 조달에 있어서 정부가 구매자 역할을 수행하는 것은 자연스러운 일이다. 그러나 G2G 거래처럼 판매국 정부가 실수출기업과 함께 혹은 독립적으로 국제 판매 계약의 주체가 되는 것은 일반적인 것은 아니다. 이는 정부

---

61) 안영수 외, 46면.

조직의 일반적인 구조에서도 알 수 있는 바, 대부분의 국가의 경우 정부조직 체계상 정부조달(government procurement)업무를 수행하는 부서나 전담기관은 존재하지만 정부가 G2G계약상 판매주체로 수출계약 업무를 하는 경우는 그리 흔하지 않다. 미국, 캐나다, 우리나라 등 소수의 선진 수출지향 국가에서만 전담조직이 구성되어 정부간 수출이 이루어지고 있다.

나. 판매국의 G2G 거래 수행 역량

판매국 정부가 직접 책임을 부담하는 정부간 계약추진을 결정하더라도 그 정부의 충분한 역량이 있어야만 정부간 거래가 가능할 것이다. 그러한 판매국 정부의 역량이 충분히 만족되고 또한 발주국도 객관적으로 충분히 판매국 정부를 신뢰할 수 있는 상황인 경우 비로소 정부간 거래가 가능해진다. 예를 들어 경제발전 정도나 정부의 역량, 기술 수준 등에서 부족한 판매국 정부가 정부간 거래를 추진한다고 가정해 보자.

> 예컨대 캄보디아 정부가 우리나라의 국립병원 신설 프로젝트를 정부간 거래 방식으로 공급하겠다는 의사를 통보해 왔다고 가정하자. 우선, 우리 정부로서는 캄보디아 의료기술산업의 경쟁력에 대한 신뢰를 가지기 어렵다. 또한 캄보디아 정부가 병원설립 후 지속적이고 수준 높은 병원사업 운영을 보장한다 확약하더라도 우리 정부는 캄보디아 정부의 계약 관리 역량이나 불이행시 보상 등 책임 능력에 대하여 신뢰하기는 어려울 것이다. 따라서 판매국 정부나 판매기업의 역량이 부족한 경우에는 G2G거래 성사는 어렵다.

수출국 정부가 G2G 거래를 추진할 수 있기 위해서는 그에 상응할 정도의 신뢰수준 및 산업 발전수준과 제도적 뒷받침 등 충분히 높은 수준의 준비와 환경이 조성되어야 한다. 대한민국 산업계와 정부가 G2G 거래를 추진할 만한 위치에 오른 것은 비교적 최근의 일이다. 해외 발주국들의 입장에서 볼 때 한국 정부 및 한국 수출기업 모두 G2G 거래를 수행할 소프트 파워가 충분하게 된 것이어서 G2G 거래가 최근에 가능했던 것이다.

> 예컨대 2010년 최초로 남미국가에 정부간 거래 형태로 600만 달러의 방산 수출 계약을 체결한 데 이어, 동남아 P 국가에 대한 FA-50을 G2G 거래 형태로 수출계약을 체결한 것이 2010년대 초반의 일이다.62) 당시 우리 정부는 이러한 구매국 정부의 요청에 부응할 수 있도록 계약을 준비하고 대응하는 과정에서, 본격적으로 정부간 거래에 대하여 조사하고 발전방안을 연구하게 되었다.

사실 2010년대는 G2G 거래에 대한 제도적 근거의 마련과 지원 역량이 준비되는 시기였다고 판단 된다. 2022년 현재에도 G2G 제도 활용 개시 후 10년 정도 지난 시점일 뿐이라서 정부간 거래에 대하여 충분한 통계자료 내지 그 활용실태와 효과를 분석하거나 발전방향을 논의하는 것은 한계가 있으며 어쩌면 시기상조라고 볼 수 있을 것이다.

정부간 거래 형태에 의한 수출은 적절히 활용하고 대응한다면 향후 그 활용도나 비중은 상당할 것으로 예측하고 있으며, 그를 위해 우리는 꾸준한 제도 개선과 개발(정치한 계약관리 체계 및 리스크 관리 측면 제도 보완, 거래 대형화에 부응하여 G2G 거래의 특수성을 반영한 금융지원 방안 모색 등이 필요하다.63)

3. 대상거래 : 방산물자 및 공공인프라 수출

G2G 거래대상거래 분야는 보통 방산물자 및 공공인프라 수출을 의미하게 되며 그 이유는 정부가 구매 주체가 되어 조달하는 물자들에 해당하며 또한 WTO 등 국제규범상 국가안보 예외 및 공익 예외에 해당하여 G2G 거래가 허용되는 분야이기 때문이다. 즉, 구매국이 개방경쟁이 아닌 수의계약방식으로 특정 판매국과 조달할 수 있도록 G2G 계약을 허용하는 분야이기 때문이다.

---

62) 안영수 외, 46면.
63) 안영수 외, 46면

가. G2G 거래대상으로서의 방산물자

방산물자는 국가의 기본적인 기능이므로 일반적으로 국내법에 의해 그 범위를 정하고 있으므로 국가간 차이가 있을 수 있겠으나 일반적으로는 군대 또는 방위 기관에서 사용하도록 설계 또는 개조된 특정 유형의 군사 장비, 기술 또는 물자를 의미한다.

G2G 거래의 대상이 되는 범위에 대하여는 후술하는 방위사업법, 방위산업발전법 등에서 후술한다.

나. G2G 거래대상으로서의 비방산물자 - 공공 인프라

방산 물자 뿐만 아니라 비방산 분야 수출의 경우에도 G2G 거래의 활용 필요성과 잠재성이 높다. 공공 인프라는 정부가 개발, 소유 및 운영하는 인프라 시설, 시스템 및 구조물을 말한다. 여기에는 일반 대중이(general public) 사용할 수 있도록 개방된 모든 인프라 시설이 포함된다. 그 내용에 따라 세부적으로는 교통 인프라, 물 인프라, 에너지 인프라, 통신 인프라, 교육 인프라, 보건 인프라, 레저 인프라(Recreational infrastructure)등이 있다.[64]

수출국 정부의 운영경험과 노하우, 장기간의 사업지원이 요구되는 공공인프라 (에너지 분야 포함) 수출 부분에 G2G의 활용 필요성이 계속 증가할 것으로 예상한다.

우리나라의 경우 방산 수출 분야에서 G2G 거래의 지속에 따른 경험의 증가와 거래 구조의 표준화가 이루어지고 있고, 이는 궁극적으로는 비방산 공공인프라 부분에도 대부분 적용 가능할 것으로 예상된다.

---

64) CFI Education Inc., Public Infrastructure, at https://corporatefinanceinstitute.com/resources/economics/public-infrastructure/, 방산물자나 공공인프라의 구체적인 범위 및 그에 대한 G2G 거래시 취급은 후술(정부간 거래 대상 섹션 참조)하기로 하며, 여기서는 동 물자들에 대한 정부간 거래 필요성을 간략히 설명한다.

다. G2G 거래 활용이 증가하는 이유

G2G 거래는 정부조달거래에서 판매기업 외에 판매국의 정부가 다양한 지원 활동과 관리활동을 해 주어야만 하는 경우에 활용 필요성이 높다. 구매국 정부의 모든 조달업무에 G2G 거래가 가능한 것은 아니며 판매국 정부가 거래에 개입할 필요성이 있고 구매국 정부도 판매국 정부와 수의계약 방식으로 조달할 만큼 공익적 혹은 국가적 목적에 부합하는 거래에 G2G 거래과 사용되게 된다. 따라서 G2G 거래에 의한 수출은 교통, 교육, 보건, 환경 등 일반 국민들의 삶에 영향을 미치는 공공 인프라 및 에너지 프로젝트 등에 활용도가 높다. 이는 G2G거래에 대한 WTO 등 국제규범도 국가안보 목적 및 고도의 공익 목적 정부조달 사업에 대하여 예외를 인정하는 것을 볼 때 그 기준에 부합하는 것이 공공 인프라 및 에너지 사업이다. 만약 그런 목적이나 성격이 없는 일반적인 조달거래(정부 용품 구매, 단순한 상업시설 프로젝트 등)을 정부간 거래로 추진하면 WTO, OECD 등 자유롭고 공정한 국제무역을 도모하는 국제통상질서를 저해하는 것이며 통상 분쟁을 야기할 수도 있다.[65] 전통적으로는 방산물자 조달에 정부간 거래가 요구된 이유는 그것이 국가 이익 및 공익적 이익이 명백히 부합하는 경우에 해당하기 때문일 것이다.

---

[65] 정부간 거래에서 판매국에 수의계약 혹은 우선협상권한을 부여하고 정부간 거래를 하는 경우 수출국 정부의 역할은 매우 높은 수준의 수출지원활동을 한다고 볼 수 있다. 수출국 정부가 보조금, 수출면허 등을 운영하고 수입물품에 관세 및 수입할당 등 각종 보호무역 지원제도로 편의를 제공하는 것도 불공정 무역행위가 될 수 있는 것인데, 정부간 거래는 아예 정부가 계약의 당사자가 되는 것이므로 더 심각한 수준의 보호무역 활동으로 볼 여지가 매우 많다. 따라서 후술하는 WTO 및 GATT 규범 등에 의해서 특별히 예외로 인정받지 못하는 한 무분별한 정부간 거래 추진은 국제규범이나 국제통상질서에 정면으로 반하거나 혹은 분쟁 대상이 될 여지가 크다.

라. 국제통상규범과 G2G 대상의 관계

G2G 거래는 정부조달 분야의 일부분이므로 WTO 원칙 및 WTO GPA(정부조달협정) 등 국제통상규범에 부합하여야 한다. 그리고 국제통상규범의 주 목적은 국제거래에 있어서 자유롭고 공정한 무역 원칙, 즉, 자유로운 경쟁과 기회의 부여가 되는 한편, 정부의 부당한 무역지원을 제한하는 것이다.[66] 이런 규범체계 하에서, 구매국 정부가 발주하는 조달거래는 공정한 경쟁을 통해 입찰기업 중 선정된 기업과 거래하는 것이 WTO의 공정한 무역원칙에 부합할 것이다. 그런데 G2G 거래는 구매국 정부가 판매국 정부 및 판매기업과 계약을 체결하는 것이며 많은 경우 입찰과정 없이 수의계약 방식으로 이루어지는 특성이 있어 WTO 원칙에 부합하지 않는 것으로 비춰질 수 있다. 특히 그 거래가 대형 정부조달 프로젝트인 경우 수주경쟁에서 탈락한 기업이나 그 국가가 WTO 등에 제소하여 통상분쟁이 발생할 수 있는 여지도 있다. 경쟁국 기업등의 입자에서는 판매국 정부에게 특혜를 부여하는 것으로 비춰질 수 있고 경쟁하는 다른 판매기업이나 판매국가의 입장에서 WTO의 자유무역 원칙에 위반되는 불공정 행위라고 비판할 여지가 매우 크다. 따라서 구매국은 모든 조달활동에서 정부간 거래를 활용할 수는 없는 것이며, WTO 규범에서도 합법적으로 인정하는 예외적인 경우에 해당하여야 하는 바, 즉 국가안보 보호 및 보건, 긴급재난활동 등 국민의 보호 등 고도의 공익적 목적이 있는 경우 공공인프라 사업(예컨대 방역사업, 병원사업, 상수도 개선사업 등)에만 예외적으로 G2G 거래가 허용된다 할 것이다(WTO 국제규범에 대한 논의는 후술한다).

---

66) WTO 등 국제통상규범과의 관계에 대한 세부적인 설명은 후술한다.

마. 대상거래 요약

정부간 거래가 합법적으로 활용될 수 있는 분야로서 WTO 규범에서 허용한 경우는 크게 (1) 방위산업 및 보안산업 수출 분야(방산물자, Defence article)와 (2) 환경, 의료 등 공익적 목적의 수출 분야(공공인프라, public infrastructure)로 나누어 파악해 볼 수 있다.

이 두 분야는 거래상의 배경이나 거래의 특징, 그리고 그 거래가 정당화되는 국제규범상의 근거 등에 있어서 서로 다르다. 두 거래 당사자나 거래의 목적은 마치 "전쟁과 평화"처럼 방산물자 거래와와 병원, 에너지 등 공익물자인 서로 다른 극단에 있는 국가 목적을 하는 점에서는 다르다. 그런데 두 유형의 국제거래인 경우 구매국의 중요한 국가 이익 혹은 국가정책과 관련되어 그 정부의 판단을 존중해야 하는 분야이며, 그러한 이유로모두 정부조달 G2G 거래의 대표적인 근거로서 WTO 규범등에서도 예외적 취급을 받게 되는 분야이다.

특히 국가간 분쟁이나 경쟁이 치열한 현실세계에서 국가의 존속 내지 국민의 안기본적인 안위 내지 유지에 매우 필수적인 거래라는 점에서는 공통적이다.

4. 정부간 거래 방식 수출 증가

가. 방산물자 수출 증가 경향

방산물자 수출은 구매국 입장에서는 전통적으로 방위산업관련 물자의 조달이고, 판매국 입장에서는 방산물자에 대한 구매국 앞 수출이 될 것이다. 방산물자 수출은 구매국과 판매국간 충분한 안보협력(security cooperation) 관계가 전제되어야 하며, 적성국가에 방산물자를 판매하거나 서비스를 제공하는 것은 불가할 것이다. 따라서 방산물자 수출의 경우 전통적으로 판매국 정부가 정부간 거래 방식으로 공급하는 것이 일반적이다.

예컨대 과거 우리나라가 미국으로부터 방산물자를 수입하는 경우 우리 정부와 미국 국방부(Department of Defence)간 정부간 거래(foreign military sale) 방식으로 조달해 왔으며 이 거래는 한국과 미국의 안보협력관계의 기초위에서 가능한 것이었다. 이 경우 방산물자 수입과 연계된 산업협력 내지 옵셋 거래를 통해 방산물자의 면허생산 혹은 기술이전을 받기도 하였다.

그런데 이제는 우리나라가 방산물자를 수출하게 되는 입장에 이르렀으며, 최근 우크라 사태 등이 촉매제가 되어 우리나라의 방산 수출은 소위 "K-방산"이란 이름 하에 매우 뚜렷한 성장을 하고 있다.

2023년 8월 현재 시점에서 보면, 최근 미국과 중국의 안보 관련 이해 충돌 경향이 단순히 외교적 분쟁을 넘어 실제 분쟁으로 되고 있는 것은 너무나 자명하다. 예를 들어 현재 러시아와 우크라이나 간 무력 분쟁이 진행 중이며, 유럽 등 많은 국가에서 우리나라 방산업체에게 방산물자의 지원 내지 생산협력 등을 요청해 오고 있는 엄태이다. 또한 미얀마 쿠테타 분쟁, 대만과 중국간 분쟁 등으로 볼 때 자의든 타의든 우리나라 정부와 우리 기업들은 예를 들어 '2022년 현재 러시아-우크라이나 전쟁과 관련국의 각종 무기 지원 및 자국 방산물자 축적으로 인해 방산물자 수출입이 급격히 증가하고 있으며, 또한 2020년 코로나 바이러스 사태에 의해 각국의 긴급한 의료물자 수출입 등에서도

> 정부가 적극적이고 주도적 역할을 하며, 우리도 정부가 직접 백신, 마스크 등을 조달하는 거래를 상당히 많이 수행하였다. 방산물자의 수출입 거래에 많은 관여가 될 것으로 예상된다.

과거 우리는 주로 방산물자 수입국이었으나 앞으로는 수출 부분의 성장이 두드러질 것인 바, G2G 거래 구매국에서 정부간 거래 판매국으로의 우리나라의 위상 변화 및 태세 전환이 필요하게 되었다. 이러한 지위 변화(status change)에 따라 우리 정부도 과거 미국 정부간 거래의 주요 구매국으로서 미국의 FMS 제도의 내용을 수동적으로 준수하고 받아들이는 수동적 구매자 입장(Passive buyer position)에서 탈피하여 적극적인 판매자 입장(Active seller position)에서 능동적으로 방산수출 계약을 수행하는 정책 변화가 요구되게 되었다. 특히 G2G 거래의 활성화에 대한 정책검토와 제도보완이 필요하게 된 것이다.

현재의 우리나라 방산수출 관련 상황은 정부가 적극적으로 정부간 계약을 진행하는 체계를 만들고 그 중에서도 판매국으로서의 우리 정부의 권리와 의무를 명확히 하고, 거래위험도 효율적으로 관리하는 보다 높은 수준의 계약관리 체계하에서 효율적이고 적극적으로 구매국과 협상하고 선도하는 지위로 격상되었다.

방산물자 정부간 거래로 수출하는 경우, 우선 구매국과의 안보협력(security cooperation)관계라는 큰 틀을 형성 혹은 수립하는 활동이 이루어져야 하며, 또한 지속적인 수익창출 등 여러 가지 요인, 그리고 상대적으로 우리나라보다 못한 정치, 경제 환경을 지닌 구매국의 정치적 위험(political risks) 과 신용위험(credit risks)을 충분히 관리, 평가하는 과정이 있어야 한다.

나. 비방산 물자 수출 역시 증가 경향

비방산 분야의 수출에서도 정부간 거래 확대가 예상된다. 정부간 거래를 활용할 비방산 분야는 소위 "공공인프라(Public Infrastructure)" 프로젝트 분야가 될 것인데, 이는 국민의 생명, 교육, 편의, 보건 등 공익 목적을 수행하는 분야이고 WTO 규범에서도 정부간 거래를 허용하는 분야이다. 구체적으로는 후술하는 WTO의 GATT 규범 및 정부조달협정(WTO GPA)상 정부가 수의계약 방식으로 조달할 수 있는 경우에 해당하며, 예컨대 공공보건과 관련된 상하수도 사업, 국민건강과 관련된 공공보건 사업, 교육사업 등 구매국 정부가 공급 주체가 되는 사업을 일반적으로 칭한다.

공공인프라 분야는 주 수요층은 기술적 격차가 있어 구매국 정부가 직접 공급하기 보다는 선진국 기업이나 정부가 더 효율적이고 체계적으로 지원할 수 있는 경우가 많다. 따라서 다수의 개발도상국들은 공공인프라를 오랜기간 동안 개발, 운영해온 성공적인 경험이 있는 소수의 우수한 판매국과 계약을 통해 설계, 조달, 건설 및 최종적으로 운영 경험을 전수받거나 혹은 공동 관리하기 위해 선진국 정부와 공동으로 사업을 추진하고자 의욕하며, 그 일환이 G2G 거래 방식인 것이다.

이런 의미에서 우리나라가 여러 부분에서 선진국으로의 위상이 높아지고 공공인프라 사업에 필요한 기술, 건설능력, 관리능력이 충분히 우수한 분야에 G2G 거래가 추진될 것이며, 다수의 구매국 정부들도 이에 대한 두터운 신뢰가 형성됨이 전제되어야 비로소 거래가 이루어진다.

(1) 우리나라 기업과 정부의 역량 강화

과거 단품, 공산품 수출을 주로 하던 우리나라의 수출거래 방식이 최근에는 고자본화, 기술적 고도화, EPC계약(Engineering, Procurement, Construction, 설계조달건설) 계약 혹은 BOD계약(Design, Build and Operate Projects, 설계시공운영프로젝트)의 영역으로 까지 발전하였다. 공공인프라 수출시장에서도 그만큼 경쟁력과 역할이 증대되고 있어 정부간 거래를 지원할만한 역량이 강화된 상태이다.

여기에 더하여 한국 정부에 대한 신뢰도도 증가하였는 바, 이는 기술력뿐만 아니라 우방으로서의 협력능력 측면에서 국가 이미지도 지속적으로 좋아지고 있으므로 공공인프라 수출에서 G2G 거래 증가에 긍정적 요인이 될 것이 예상된다.

한편, 2023년 현재 미국과 중국의 갈등관계는 단순히 정치적, 군사적 단계를 넘어 공급망 분리 등으로 체제 경쟁단계로 들어서고 있는 바, 적어도 미국중심 자유시장 체계의 국가들을 대상으로 하는 공공 인프라 수출 시장에서는 과거 경쟁관계에 있던 중국과 경쟁이 상당부분 줄어들 것이므로 그만큼 우리나라와 기업들의 공공 인프라 분야 역량은 더욱 개선되고 있다. 이러한 갈등구조는 일시적인 것이 아니고 상당기간 지속될 것이 예상되는 바, 그렇다면 공공 인프라 시장에서 우리 기업과 정부가 G2G 등을 활용하면 그만큼 좋은 수주기회가 많을 것이다.

(2) 인프라 수출과 높은 수준의 지원체계 필요성

인프라 수출 프로젝트를 지원하는 경우 국가의 책임이 커지고 또한 효과적이고 높은 수준의 지원체계를 준비해야 하는 부담이 있다. 공공인프라 수출의 경우 수출기업이 그만큼 장기간의 이행기간 책임을 부담하며 이행기간 중 분쟁의 발생위험도 커지는 문제가 있다. 또한 그만큼 고부가가치 수출이기 때문에 과거 단순한 물품공급거래와는 달리 다른 경쟁국 수출기업들(예컨대 중국, 프랑스, 독일, 영국, 일본 등)과의 경쟁, 나아가서 첨단기술을 보유한 선진국 기업들과 기술 경쟁 및 분쟁 발생 또는 그 정부의 유무형의 무역지원(R&D 지원, 금융지원 등)과도 총체적으로 경쟁해야 하는 부담을 지게 되었다.

예를 들어 공익목적이 강한 환경관련 플랜트 수출(상수도 시스템 및 관리 사업 수출)혹은 대규모 인프라사업(예컨대 공항사업, 항만사업 등)에 정부간 거래가 활용되는 경우 기업의 품질경쟁력과 가격경쟁력뿐만 아니라 우리나라 정부가 직간접적인 다양한 역할을 수행할 수 있는지 여부도 거래 성공의 중요한 고려요소가 될 터인데, 그 일환으로 우리 정부가 G2G 거래에 당사자로 지원 내지 참여해야 할 것이다.

5. 안보경제 협력관계

가. 자유로운 국제통상 및 글로벌화

정부간 거래는 전쟁 상황, 전염병의 국제적 창궐 등 국제거래가 불안정한 경우 국가의 적극적 개입이 요구되는 등 각종 비상위험 상황에서 활용의 필요성이 높은 거래라는 특성이 있다. 평화적이고 안정적인 국제거래질서가 유지되어 개별 경제주체(사기업)들간 우호적인 국제거래가 가능한 시기도 있었으나, 그렇지 않고 경쟁하고 보호무역 혹은 경제보복을 남용하는 격변과 갈등의 시기도 존재해 왔다.

국제거래를 연구하는 학문적인 면에서도 비교적 최근까지 대부분의 국제거래 관련 이론이나 다수의 연구들은 희망적인 측면에서 국가간 갈등이 없고 평화로운 국제교역이 가능한 경우를 상정하여 소위 글로벌화(Globalisation) 내지 국제공급망(International supply chain)이라는 이상을 추구해 왔다. 단지 중요한 것은 거대한 글로벌리제이션 담론하에서 효율적이며 비용절감 측면에서 탁월한 국제거래체계 발전을 위해 노력해 왔다. 특히 글로벌 서플라이 체인(global supply chain 등)이 점점 정교해지고 발전되는 그러한 지속적이고 이상적인 국제관계를 당연시해온 것도 사실이며 우리나라도 이러한 자유무역체제의 수혜국으로 국가경제발전을 해왔고 이제는 주요 국제거래 강국으로 부상한 것이다.

이러한 입장에서 국제거래 분야에서는 WTO 등 국제거래 관련 규범의 정립과 회원국 정부와 개별 주체(기업, 은행 등)의 국제규범 혹은 자유로운 무역원칙 준수와 그에 따른 거래 이행이 중요한 문제였다. 20세기 후반 들어 지속적으로 국제적으로는 국제무역기구(WTO, OECD)의 선도 하에 관세 등 무역장벽의 완화, 개별 국가 단계에서는 국가간 혹은 지역간 자유무역협정(Free Trade Agreement)의 활성화, 기업 단계에서는 생산, 유통에 있어서 글로벌 공급망 형성 및 고도화, 선진국의 개발도상국에의 국제투자의 지속적 증가를 내용으로 하는 글로벌화(globalism)가 전 방위적으로 확산되었고, 우리는 이러한 발전이 지속될 것이라고 일반적으로 인식해왔다.

자유롭고 서로 잘 연계된 국제거래질서 상황이라면 사기업은 비용절감과 생산 효율화를 위해 다수의 해외국 기업들과 협력적인 교역을 자유롭게 추구함이 이상적이다. 자유로운 경쟁을 통해 기업의 활동이 보장되며, 그런 범위내에서는 정치체계의 차이나 열강간의 헤게모니 각축 등 문제는 점점 그 의미가 축소되었다. 이러한 평화로운 글로벌 세계에서는 개별 국가의 국제거래에 대한 관여(지원이든 통제이든)는 최소한에 그치는 방향으로 축소되고 과거의 보호무역 행위는 자제되어야 한다.

일반적인 상업적인 거래에 대해 국가가 참여하는 것은 적절치 않을 것이며 국가의 역할이란 최소한의 관세 수입 확보 내지 유치산업 보호 등 주로 낮은 수준의 규제자(regulator) 역할만이 허용되며, WTO 국제통상규범이 제시하는 내용대로 준수하는 것이 국가와 기업의 책무였다.

자유 시장 경제를 따르는 국가들 중에서도 한국은 특히 수출 부문에서 상당히 모범적인 발전 사례에 해당한다. 수출주도 경제성장을 추구한 우리나라의 정책방향은 크게 볼 때 정부는 최소한의 규제자 혹은 간접적인 수출지원 기능에 그쳤고, 정부의 간섭을 자제하고 개별 주체(기업)가 주도적으로 시장을 개척하고 거래하는 자유무역주의 경제 질서를 준수한다.

2차 대전 이후 GATT 및 WTO에 의한 자유무역의 광범위한 확대, 90년대 들어 중국의 경제개방 및 세계 공급망에 대한 적극적 참여 등으로 인해 대부분의 경우 국제공급망은 안정화되어 왔고 우리나라는 여기에 적극적으로 참여하여 무역 분야의 선도국가가 되었고 무역산업구조도 고도화 했다.

우리나라의 기업들은 더 이상 우리나라 안에서만 생산설비를 갖추고 유통하고 투자하며 대외거래는 수출에 의해 완제품을 수출하는 것에 그치지 않으며 최근에는 생산과 유통, 투자를 전세계에 걸쳐 확대하고 있으며, 이를 위해 외국 기업들과 생산, 판매, 유통, 투자, 기술 등 협력을 확대해 왔다. 그런데 이러한 자유로운 국제무역, 글로벌화, 전세계 단일 공급망 체계는 급격히 붕괴하고 있다.

나. 체제경쟁의 대두 및 안보협력 중요성 증가

세계화와 안정적인 국제 공급망 등 우리가 당연하게 여기는 평화로운 국제 무역 질서는 영구적인 것이 아니며 여러 요인에 의해 위협받을 수 있다. 특히 최근의 러시아, 중국 등이 미국, 서방세계와 갈등하고 있으며, 국제거래 질서와 관련하여서는 에너지 공급과 기술 경쟁 등 다양한 국제거래 제한조치를 취하고 있어 다시 신 냉전의 시대로 회귀하는 것으로 보여진다.

(1) 공정하고 투명한 국제거래라는 신화

최근의 국제거래질서에서는 사기업이 주도적으로 자유롭게 거래하고 정부는 간접적 수출지원 및 소극적 역할에 그치는 것이 아니고 국가간 체제경쟁 및 안보협력관계를 다시금 재정립하고 공급망의 경우에도 그 안보협력관계에 있는 국가들사이에서만 재편성을 하고 있다.

자유로운 국제통상 및 글로벌화와 공급망체계는 참여 국가들과 그 기업들이 공정히 경쟁하고 기술을 보호하고 정당한 사용료를 내며, 국제거래 입찰에서도 공정한 경쟁과 투명한 업무 처리를 하는 기반이 확고하여야 유지될 수 있는 체계이다. 그런데, 실제 다수의 국제 대형 프로젝트 거래들에서 이러한 원칙이 지켜지지 않는 경우가 많아지고 있고, 문제는 그러한 원칙을 지키지 않는 국가의 지위가 높아지면서 과연 정부가 관여하지 않고 사적 경쟁에만 맡기는 것에 대한 타당성이 의문시되는 상황이 발생하고 있다.

> 중국이 일대일로 정책(China`s Belt and Road Policy)을 취하면서 많은 개도국에의 자금공여 대지 투자거래를 하면서 중국기업이 다수의 인프라 프로젝트를 건설하는 사업을 국가주도로 진행하였다. 일대일로 정책에 따른 거래들에서 중국 정부의 공식, 비공식적인 지원 및 혹은 정치외교적 밀월 관계를 통해 국제규범상 공정하고 투명한 무역을 저해하는 애매한 행위들을 많이 하였다. 형식적으로는 국제 입찰에 참여하는 것처럼 보이지만 실제로는 국제규범 준수에 개의치 않는 자국 중심적인 활동, 예를 들어 개도국 관련자들에 대한 뇌물 제공, 군부와의 결탁, 억압적 정권에의 이익 제공 등 우회적인 편의 제공 등을 통해 국제거래를 수주하는 등 WTO의 공정한 국제거래행위로 볼 수 없는 경우도

발생했으며, 이로 인해 국제거래질서가 저해되고 있는 것도 국제거래 실무계에선 공공연한 사실이다. 특히 현재 미국측이 중국측에 대하여 중점적으로 비판하고 있는 국제 기술탈취나 개도국 정부와의 부당한 뒷거래(Unfair backroom deals)은 비판의 주 대상이 되고 있다.

이런 최근의 상황하에선 우리 기업들이 정상적인 거래 경쟁을 하는 경우엔 오히려 국제입찰에서 불리한 입장에 처해지거나 중국 등과의 경쟁에서 실패하는 경우도 있다. 따라서 이러한 진영간 갈등과 불공정한 경쟁이 심화되고 공정한 국제거래 기회부여 및 위반사항 시정이라는 WTO 규범체계는 준수되지 않는 상황이 상당기간 지속되어 온 것이 현실이고, 이제 정부는 국제규범을 준수하고 공정한 무역질서 유지 및 투명성의 원칙에 따라 국제거래에 간섭하지 않는다는 원칙적이고 수동적인 역할을 고수하는 것은 사실 우리나라 같은 모범생 국가들만 지키는 것이 아닌가 라는 회의감이 들기도 한다는 실무자들의 불평이 꽤 들린다. 즉, 모든 거래에 대하여 글로벌화, 세계 단일 공급망, 공정한 무역 및 투명한 거래를 위한 국제규범 준수를 하며 정부는 간섭하지 않는다는 원칙을 지키기만 할 수 없는 상황이 도래했다. 대신 한국기업의 국제거래 경쟁에서 한국 정부가 어떤 방식으로 적극적 역할을 할 수 있는지를 종래와는 다른 입장에서 검토할 필요성이 제기된다.

(2) 미·중 진영 갈등 심화

이러한 미중 진영간 갈등은 2020년도 들어 코로나 바이러스 사태와 러시아-우크라이나 전쟁 등 국제 거래와 관련된 국제공급망(international supply chain)이 교란이 되면서 국제거래에 정부의 선의의 개입이 필요한 상황으로의 변화가 빨리 진행되었다. 이제 정부의 국제거래에서의 역할 강화의 필요성이나 정당성이 굳이 설명이 필요하지 않을 정도로 상황이 변화하였으며, 미국은 반도체법, ILA법 등 다수의 입법을 통해 주요 산업에 대한 공급망 분리를 추진중이며, 그 근거는 국가안보이익(national security exception) 보호에 근거하고 있다.

2022년 현재 러시아-우크라이나 간 무력분쟁은 해결책이 보이지 않는 상태이며 이로 인해 미국 등 서방세계는 러시아에 대한 경제제재로서 다양한 조치를 취하고 있다. 특히 러시아가 자국이 일으킨 분쟁으로 에너지 가격을 급등시켜 반사이익을 보고 있는 점에 착안하여 미국, 유럽 등 서방진영 측은 러시아의 원유 수출 등 국제거래에 대해 상당한 제한을 가하고 있다. 이에 더하여, 일반인들이 민감하게 느끼지는 않지만, 미국은 러시아의 국제대금결제망(Swift) 사용을 아예 차단시킴으로서 러시아의 거의 모든 다른 국가들과의 국제거래를 차단 내지 제한하였다. 이로 인해 중국 등과의 위안화 결제 등 예외적인 거래는 제외하고 러시아의 정상적인 달러 결제 국제거래는 거의 불가능한 상태이다.[67] 결국 현재 우리나라는 미국, 일본, 서방국가 등 우방국과의 거래는 가능하지만, 러시아와의 정상적인 거래는 용이하지 않으며 이러한 것은 결국 공급망과 대금결제망이 미국 중심 진영과 중국 중심 진영으로 분리되고 있다고 보아도 무방하다.

예상하자면 우방국간 또는 적어도 이념적 혹은 경제적 갈등을 하지 않는 국가들간의 거래는 정상적으로 이루어질 것이지만, 전쟁, 국가간 정치 외교적 대립 등 정치적 갈등 내지 분쟁관계에 있는 국가들 사이에서는 각종 무역통제, 국제운송의 제한, 보복적인 경제조치 등 다양한 정부의 조치 내지 개입이 예상된다. 요컨대 비우호적인 관계에 있는 국가간 정상적이고 장애 없는 국제거래는 상당히 제한될 것이 예상된다.

비우호적 관계로 변한 국가와 거래를 해왔던 수출입 기업들은 개별 기업적 차원에서 그 갈등상황을 해결하거나 극복할 수 있을 가능성은 낮으며, 결국 정부의 적극적 정책 표명 및 그에 근거하여 허용되는 협력관계에 있는 국가들 사이에서만 거래가 가능할 것이다.

---

67) 한국경제TV, "러시아 SWIFT 퇴출…한국 기업, 수출대금 못받을수도" (2022.2.27) ("…. 미국과 유럽연합(EU) 등이 우크라이나를 침공한 러시아를 국제은행간통신협회(SWIFT·스위프트) 결제망에서 퇴출하기로 하면서 국내 기업들의 직·간접 피해도 커질 전망이다. 우크라이나 사태로 이미 국내 수출기업의 피해가 현실화되고 있는 상황에서 엎친 데 덮친 격으로 러시아와 해외 금융기관 간의 자금 거래까지 막히게 되면서 향후 국내 기업이 러시아로부터 자금을 회수하거나 현지에 대금을 보낼 방법이 사라지기 때문이다. ….정부와 기업들은 러시아 은행의 SWIFT 퇴출 상황과 함께 이에 따른 국내외 파급 효과를 주시하면서 대책 마련에 나섰다…").

> 예를 들어 2023년 현재, 현대기아자동차의 경우 러시아 자동차시장 내에서 1위였던 시장점유율 상황에서 이제는 러시아-우크라이나 분쟁 이후 급격한 공장 가동 중단 및 철수가 진행중인 상황이다. 그 사이 러시아와 같은 진영인 중국의 자동차기업이 그 자리를 대신하고 있으며, 현대자동차는 인도 등 다른 시장으로의 진출에 더 중점을 두고 있는 상황이다.[68]

이러한 갈등 내지 위기 상황 하에서 등 미국 진영이나 중국 진영이나 서로 자국과의 안보, 경제협력관계에 있는 국가들을 규합하고 그 세력 내에서의 방산물자를 교역하고, 공공 인프라 내지 에너지 사업, 각종 물자 조달 등 국제거래를 강화하는 한편, 적대국들에 대하여는 그러한 거래를 강력하게 제한하는 소위 경제블록화 조치가 강화되고 있다.

(3) 진영내 안보경제협력관계 틀에서 G2G 거래 증가 예상

이런 상황 하에서 정부나 경제주체는 그들의 국제거래를 가급적 우호적인 국가들과 하게 되는 것이고, 필요한 경우 국가의 적극적 개입도 정당화하게 된다. 진영내 국가간 예외적 조치나 적극적 개입을 하게 될 때 그간 발전시켜 온 국제무역규범에 위반되지 않으면서 국가가 개입하고 우방국과의 관계를 향상시킬 수 있는 대규모 거래방식이 있다면 그를 적극 활용하는 것은 정당하고 필요하다.

전통적으로 논의되는 것이 우방국간 주요 물자의 Barter 거래 활용이 고려될 수 있을 것이고 이는 특히 방산물자 등에서 활용가능성이 높지만, WTO의 자유무역원칙에 대한 예외조치의 근거가 되는 국가 안보이익(security interest) 혹은 공중보건 혹은 생명보호 등을 위한 경우 활용될 수 있는 G2G 거래의 활용도 적절한 대안이 될 수 있다. 후술하는 미국의 방산물자 정부간 거래인 FMS 제도 부분에서는 특히 우방국에의 안보협력(security cooperation)이 특히 중요시되는 점에서 현재의 진영갈등은 G2G 거래 확대에도 영향을 줄 것으로 예상한다.

---

68) 서울경제, 현대차 공장 멈춘 사이⋯러시아 장악 나선 中 자동차, 출처 : https://www.sedaily.com/NewsView/29KL44P8UO

6. 구매국의 정부간 거래 요구

정부간 거래 제도의 도입의 구체적 필요성이 제기되고 우리가 이를 인식하게 된 것은 일부 구매국 정부가 우리 정부에 정부간 거래를 요구하는 구체적인 사례가 발생하면서 제기되었다.

> 2007년 말 페루 정부는 경찰용 기동장비(트럭, 장갑차 등)를 구매하기 위해 우리 정부에 정부간 거래를 제안하였는데, 그 요구 배경은 방산물자 획득의 투명성 확보와 물품의 신속한 구매에 있었다.[69] 이 때 우리 정부는 협상 끝에 코트라(KOTRA)를 우리 정부의 계약당사자로 제안하였고 페루 정부도 이를 수용하였다.[70] 그러나 결과적으로 페루 내부 사정으로 최종적으로 계약체결은 성사되지 못하였다.
> 다음으로, 다른 남미국가인 콜롬비아의 경우 방산군수협력 양해각서(MOU)를 우리나라 정부와 체결하고 G2G 계약에 준하는 문서로 간주하고 우리 정부의 적극적 의무이행을 요구한 바 있었다.[71] 콜롬비아 측은 동 양해각서에 근거하여 개별 수출건별 이행각서를 작성하고 우리 정부가 그에 따라 개별 계약이행을 지원할 것을 요구하였다.[72]

위 사례를 통해 G2G 거래가 요구되는 목적 내지 필요성을 몇가지 파악할 수 있다.

정부간 거래를 요구하는 요인으로는 우선 (1) 우리 정부의 각종 보장, 예를 들어 방산물자 수출시 후속군수지원 보장 등 직·간접 지원을 받을 수 있는데 있다. 구매국측은 방산물자 구매 사업을 체계적으로 추진하는 절차, 조직, 경험이 부족하거나, 인도 받은 제품의 성능 및 하자를 검증하는 능력이

---

69) 김성배, 앞의 보고서, 31면.
70) 김성배, 앞의 보고서, 31면.
71) 콜롬비아의 요구는 정부의 이행을 요구할 뿐이어서 엄격한 의미의 정부간 거래를 주장한 것인지는 불명확하나, 수출기업이 아닌 정부의 독립적 책임을 요구하고, 정부간 약정을 계약처럼 구속력 있는 것으로 요구했다는 점에서 정부간 판매 연구에서는 선행사례로서 소개한 것으로 보인다.
72) 김성배, 앞의 보고서, 31-32면.

결여되었거나, 정비, 교육, 훈련 등 후속군수지원을 자국 내에서 수행하지 못해 수출국가에 의존하여야 하는 처지에 있는 경우가 많다.73)

(2) 거래 오염 내지 부패 방지를 막기 위한 이유도 있다. 즉, 구매국들의 경우 부패가 심하여 방산 물자가 잘못된 경로를 통해 자국으로 유입되어 반란세력 등 수중에 들어가 악용되거나 혹은 중간 정부 관료의 부패로 거래가 오염되는 것을 우려하기도 하며, 이는 우리나라와의 G2G 거래를 통해 일정 부분 그러한 문제점을 해소할 수 있다.

마지막으로 (3) 우리나라 정부를 개입시켜 정치 외교적 필요를 부각시킴으로써 가격 할인, 수의 계약 등 무기 획득 절차를 용이하게 하려는 구매국의 협상전략상의 의도에 기인할 수 있다.74)

7. 복잡하고 높은 수준의 수출거래방식

가. 수출역량 수준과 G2G 도래

우리 기업 입장에선 구매국의 요구에 부합하여야 거래를 수주할 수 있으므로 G2G 거래에 적극적으로 응해야 하는 것은 맞다. 그리고, 방산물자 및 공공인프라 수출 등 수출품목 등 최근 증가하고 있는 고부가가치 자본재 방식 수출을 효과적으로 성공시키기 위해 G2G 거래의 활용 필요성이 크다. 그러나, G2G 거래를 하게 되면 우리 수출기업이나 우리 정부의 부담은 그만큼 커지며, 특히 거래가 복잡하여 종합적이고 효과적인 대응이 필요하다는 부담도 증가한다.

---

73) 김성배, 앞의 보고서, 32-33면.
74) 김성배, 앞의 보고서, 33면.

정부간 거래의 대상이 되는 방산물자나 공공인프라 수출은 1970년대에서 2000년대 초반까지의 우리나라가 중진국 도입을 위해 노력하던 시기에는 큰 주목을 받는 분야가 아니었다. 우리나라의 수출 품목이나 대상이 고도화되고, 고부가가치 기술 집약 산업으로 그 중심이 변화하게 되는 2010년대가 되어서야 G2G 거래는 부각된다. 현재 조선산업, 전자산업, 통신사업, 플랜트사업 등 우리나라가 점점 더 경쟁력을 확보하게 된 분야는 방위산업 및 공공 인프라 사업 등의 토대가 되고 함께 성장하는 시기에 있다.

방산물자나 공공 인프라 수출 분야는 단지 완제품 수출 내지 일회성 서비스 제공이 중요한 것이 아니라, 수출기업 및 수출국 정부의 지속적인 거래 지원 및 후속지원 등 직·간접적 관여가 바람직하거나 혹은 요구되는 분야이며 최근에야 우리 기업들이 세계적인 경쟁력을 확보하게 된 것이다.

나. 이행 내용의 복잡, 고도화

방산물자의 경우 계약상 요구되는 제품의 성능과 신뢰성 확보가 필수적이고 후속군수지원이 담보되어야 한다. 또한, 안보 등 협력관계에 있는 국가들 사이에서만 이루어지기 때문에 정부간 충분한 양해가 수반되어야 한다. 방산물자는 기본적으로 정부간 거래이거나 최소한의 판매국 정부의 약정이나 허가가 있어야만 하는 분야이다.

한편, 비방산 물자인 공공 인프라의 경우 (예컨대 저소득층을 위한 국립병원이나, 상수도 건설운영 프로젝트 등), 그 인프라 시설의 건설 완료가 최종적인 것이 아니라 그 인프라의 운영을 장기간 수행·관리 하여야 하고, 공익에 부합하게 운영되어야 한다. 대부분의 경우 정부(혹은 공기업 등)가 공공인프라 운영주체이기 때문에 구매국 정부가 공공인프라를 해외로부터 조달하고자 하는 경우 판매국 정부의 역할과 경험 전수도 포함되기를 원하게 되며, 그러한 약정이나 계약이 G2G 거래로 되는 것이다.

따라서 공공인프라 건설을 담당했던 사기업과 운영 경험이 있는 판매국 정부가 팀(deal team)을 이루어 G2G 거래 방식으로 수출하는 것이 필요한 경우가 증가하고 있으며, 구매국 정부도 그런 점에 주목하여 그런 지원을 하는 정부와 비경쟁 수의계약 방식 G2G 거래를 원하게 되는 것이다.

위와 같은 인식과 구매국의 요청 등에 의해 우리나라 정부는 2010년대 초반부터 방산물자 및 공공인프라 등 수출가능성이 높아지는 분야에 대한 정부의 지원 내지 제도적 지원을 검토하게 되었다.

다. 플랜트 수출과 버금가는 지원근거 마련

현재 G2G 거래는 우리 정부의 무역지원정책상 특별한 취급을 받고 특별한 입법 지원을 받았다. 즉, 우리나라 무역의 기본법이라 할 수 있는 대외무역법은 크게 일반적인 수출 외에 두 가지 특수한 형태의 수출을 별도의 절로 비교적 세부적으로 규정하고 있는 바, 그 하나는 "플랜트 수출"이고 다른 하나가 바로 "정부간 수출계약(정부간 거래)"이다.

따라서 우리나라 수출에 있어서 플랜트 수출과 정부간 거래는 일반 수출과 달리 고도의 협력과 다양한 인적, 물적 자원의 통합적인 제공을 하는 거래 형태로 지원되는 특수한 취급을 받고 있다. 이러한 지원체계는 우리나라의 수출 고도화와 일맥 상통하는 적절한 무역지원 제도이다.

플랜트 수출은 철강, 화학, 정유, 담수화, 발전 등 다양한 방식으로 수출이 진행되고 있으며, 우리나라의 기업들이 세계 시장을 상대로 중요한 역할 혹은 주도적 역할을 수행하는 소위 수출 "효자" 분야인 것은 주지의 사실이다.

한편 정부간 거래에 대하여 규정한 대외무역법을 살펴보면 "G2G 수출계약"은 "플랜트 수출"과 대등한 정도의 내용과 정부지원을 규정하고 있는 점을 볼 때, G2G 거래의 우리나라 수출 증진에의 가능성을 매우 높이 보고 있은 것으로 보인다.

라. 안보경제협력 우방국과의 거래 방식으로 활용성

향후 국가간 지엽적 혹은 광범위한 무력 갈등 가능성도 높아지고 있어 기술집약적이고 고부가가치 방산물자 수출 증가할 것이다.[75] 우리나라는 물론, 인접국인 중국, 일본, 동남아시아 국가, 최근 들어 동유럽 국가들의 꾸준한 군비 증강이 경쟁적으로 이루어지고 있는 현실이다. 무력 도발 수단 혹은 그 억제 수단으로 기술집약적이고 고가의 방산물자 국제거래가 상당히 또는 급격히 늘어나고 있다.

예를 들어 구매국들이 요구하는 우리나라 방산수출의 주 대상도 기초적인 방산물자에서 벗어나 자주포, 훈련기, 전투기, 함정, 잠수함 등 고부가가치 방산물자가 주를 이루고 있다.

한편, 병원, 상하수도 관리, 전기 등 공공 인프라 분야 수출은 국민의 기본적 건강, 안전, 보건, 전쟁 후 재건 등 평화적이고 공익적인 사업으로서 그 필요성이 계속 증대되고 있다. 이런 대형 인프라 프로젝트들은 사기업이 독자적으로 추진하기 보다는 판매국 정부가 적극적으로 참여하여 거래의 안정적인 진행을 도모할 수 있는 G2G 거래 방식으로 진행하는 것이 더 적절하기 때문에 활용 증대가 예상된다.

---

[75] 최근 미국 등 서유럽 국가를 중심으로 하는 경제 질서가 서서히 잠식되는 한편, 중국, 러시아, 인도 등 신흥 산업국들의 부상 등으로 다극화(multipolarization) 되면서 국제무역질서가 재편되고 있다. 2022년 러시아는 우크라이나를 침공함으로써 경제적인 국력 증대를 군사적인 능력 강화로 보여준 상황이다. 과거 미국의 압도적인 경제력 우위와 군사적 우위를 통해 다른 국가들의 도발을 효과적으로 억제되어 왔으나, 21세기 들어 중국, 러시아, 인도의 경제적, 군사적 부상은 미국 중심의 세계질서 유지는 어렵게 한다. 결국 이들 신흥 주요 강국들의 성장은 많은 기타 국가들의 군비 증강 및 합종연횡을 부추길 것이므로, 결국 수출지향적인 경제구조를 가진 우리나라도 우방국과의 안보경제협력을 강화하게 될 것이고, 관련하여 G2G 방식 방산물자 수출입 거래가 늘어날 것으로 예상한다.

8. G2G 거래에 대한 제약요소

위에서 설명한 정부간 거래의 활용이 증대되는 국제정세 등 시대적 배경이나 수출 고도화에 따른 내재적 필요성에도 불구하고, 정부간 거래가 실제로 활용되는 데는 몇 가지 제약사항이 존재한다. 이러한 제약사항을 넘어설 수 있는 제도적 준비와 정부의 지원체계 마련과 역량 강화, 수출기업의 인식 제고가 필요하게 되는 부분이다.

가. 높은 수준의 계약요건 충족 문제

첫째 제약사항으로는 정부간 거래는 주로 방산물자 수출 및 구매국의 공공사업을 대상으로 하기 때문에 수출기업 입장에서 보면 거래를 성사시키는데 있어서 치열한 경쟁을 극복해야 하고 이를 위해 구매국 요구사항에 맞는 계약조건을 제시할 수 있어야 한다. 구매국은 자국의 특별한 공익목적이나 방위목적상 조달 절차와 각종 조달 계약상 요구사항(contractual requirements) 수준이 민간구매자에 비해 상대적으로 까다롭고 복잡하게 요구한다는 특징이 있다.[76]

특히 구매국의 조달 관련 법령(Procurement laws and regulations)에 대한 조사와 그에 맞는 이행 준비가 필요한 바, 계약 요건들 및 제반 요구되는 조달 절차에 입찰, 계약, 물품공급, 사후 관리 등의 절차를 엄격히 준수해야 할 것이며 위반시 계약 불이행 책임을 지게 될 가능성이 높게 된다. 이런 점은 수출기업 뿐만 아니라 수출국 정부도 준비하여야 하는 부분이므로, 구매국 정부와의 협력을 통해서 G2G 계약상 분쟁을 예방해야 되는 분야이기도 하다.

---

[76] 안영수 외, 46면.

나. 구매국의 우월적 지위

협상 등에서의 구매국의 우월적 지위로 인해 한국 정부와 수출기업이 G2G 계약 전행에 어려움이 있다. 정부 조달의 경우 일반적으로 발생하는 제약사항 이겠으나 특히 정부간 거래 대상이 방산물자와 공공인프라인 경우 특히 구매국 정부의 우월적 혹은 고권적 태도나 요구가 있을 수 있다. 또한 구매국의 의사결정 과정에 장기간이 소요되는 경우가 많아 수출기업 입장에선 계약 수주가 어려울 수 있다.

나아가 정부간 거래가 특히 후진국 정부의 조달인 경우, 의사결정과정에서 비합리적이거나 즉흥적일 수 있으며, 또한 구매국이 처한 대내·외적 정치상황 변화가 거래에 영향을 미칠 수 있다.[77] 상당 기간이 소요되는 거래협상 과정에서 구매국 정부 측에서의 불확실성이 있는 만큼, 수출기업이나 수출국 정부가 그런 불확실성을 감내하고 지루한 협상을 해야 할 가능성이 일반적인 거래보다 높다 할 것이다.

의사결정에 대한 정보의 부족과 입찰과정 내지 계약체결시 필요한 실질적 정보 획득의 어려움도 상대적으로 클 것이다. 결국 거래 추진 관련 직·간접 비용의 상승 가능성이 높은 구조적 문제점이 있어 G2G 거래 성사를 어렵게 하는 요인으로 작용할 것이다. 따라서 이러한 제약요소 및 복잡한 절차 수행으로 비용이 증가되는 점을 감안하여 G2G 거래에 대한 정부지원책이 이를 감안하여 마련되어야 할 것이다.[78]

다. 엄격한 대상수출 요건

전술한 바와 같이 정부간 거래는 국제무역 및 통상규범상 모든 거래에 적용 가능한 것은 아니며, WTO 규범등이 허용하는 예외적 사유, 즉 방산물자 내지 공공인프라 등에 해당하여야 하고, 또한 그 계약의 진행이나 결과가 그러한 요건에 엄격히 부합하여야 한다.

---

77) 안영수 외, 47면.
78) 안영수 외, 47면.

본서에서는 주로 방산물자 및 공공 인프라를 G2G 거래 대상으로 일반적으로 칭하고 있으나, 구체적인 거래 내용을 파악하고 충분한 안보이익과 공공의 이익이 인정되는 경우에만 G2G 거래의 지원대상이 된다고 볼 것이다.

관련문제로 이러한 대상요건 적합성은 계약 체결 당시뿐만 아니라 계약의 전 과정, 그리고 그 대상물자나 서비스의 최종시까지 공익성과 국가이익성에 부합하여야 할 것이다. 따라서, 공익적인 사업이기 때문에 이를 구매국 정부에서 임의로 몰수하는 등 조치로 그 공익성을 훼손하는 경우가 문제될 수 있다.

> 예를 들어 공공인프라로서 국립병원 건설 및 운영(Construction and Operation) 프로젝트를 정부간 계약으로 진행하여 수출국이 많은 편의와 기술 관리 등을 제공한 경우를 상정해 보자. 그 후 만약 구매국에서 정권 교체가 발생한 후 동 사업에 대하여 정부나 여론이 부정적이 되고, 그 사업을 폐지 혹은 몰수하고 이를 민영화시키는 일이 발생할 수 있다. 이 경우 새로운 정부와 우호적인 사기업이 동 사업을 인수해 민영화해 버리는 경우, G2G 거래의 당초 공익적 목적은 훼손될 가능성이 커지며, 극단적인 경우 G2G 거래 자체가 비난의 대상이 수도 있을 것이다.[79]

당초 안보목적 혹은 공익목적으로 이행된 정부간 수출거래가 향후 그 가치를 훼손되는 것을 방지하기 위해서, G2G 계약상 구매국의 방산물자 제3자앞 이전 금지 혹은 방산물자의 전용 금지가 필요할 것이다. 또한 공공인프라의 경우 발주국의 지속적인 공익목적 사업 운영 등 의무를 부여하는 계약적 고려가 필요할 수 있다.

---

79) 이런 민영화 내지 전용위험성에 대하여는 G2G 계약상 계약 조건으로 포함시켜 그러한 사후적 변경이나 전용을 원칙적으로 제한할 필요성은 있다. 그러나 결국 정부의 태도 변화는 정부 리스클 혹은 비상위험 분야에 속하는 것이므로 이를 G2G 계약상 적절치 그 위험관리를 하는 것은 현실성이 적으며, 결국 이러한 위험을 수출신용보험상 수용위험 등 비상위험을 커버하는 보험제도에 의해 경제적 손실을 보상하는 방법을 취하는 것이 적절할 것이다. 한편, G2G 계약 대상 프로젝트에 대한 항구적인 상황 변화 혹은 전용이 필요한 특별한 상황 발생시에는 수출기업 혹은 수출국 정부의 동의를 얻도록 하는 예외적 허용이 가능할 것이다.

04
연혁적 G2G 거래사례 고찰

우리나라는 주로 판매국 입장에서 G2G 거래를 수출의 일종으로 파악하고 있고, 또한 대외무역법 등에 법적 근거를 마련하는 등의 제도적 장치도 그러한 입장에서 만들어가고 있다. 이러한 제도화의 단초가 되었던 그간의 G2G 방식 수출계약 관련 사례들을 연혁적으로 살펴봄으로서 독자는 그만큼 이해를 용이하게 할 수 있을 것이다.

정부간 거래 사례는 2010년 이후 최근까지 지속적으로 발생하고 있는 바, 아직 사례의 충분한 축적이나 그에 대한 체계적인 평가 등이 이루어지지는 않고 있다. 따라서 이하에서는 다양한 사례의 거래 내용 우리 정부의 대처, 그리고 파악된 구매국 입장 등을 소개하는 수준에서 G2G 거래의 필요성과 향후 발전 가능성을 파악해 보고자 한다.

1. 태동기 G2G 사례

우리나라의 정부간 거래가 본격적으로 진행되고 가시화된 것은 대략 2000년대 말이며, 구매국 정부의 요청에 의해 정부간 거래의 수요를 파악한 우리 정부의 산업통상자원부, 국방부, 방위사업청 등 중앙정부부처에서 비교적 신속히 전담기관을 설립하고 법률 근거 마련 등 제도화를 통해 G2G 거래 지원체계를 마련하였다. 2010년도 초반에 전담조직인 방산물자교역지원센터(Kodits)의 설립과 대외무역법 및 대한무역투자진흥공사법상 G2G 법제화 등이 이루어졌고 그 즈음에 다양한 분야에서 정부간 거래를 추진하게 되었다.

> 연혁적으로 보면, 2009년 아랍에미리트(UAE)에 훈련기 수출을 위해 정부 차원에서 3년간 노력하였으나 UAE와 외교통상관계를 잘 유지해온 이탈리아가 20억 달러에 달하는 파격적인 경제협력 제안을 하면서 프로젝트를 최종 수주하는 상황이 발생했다.[80]

한편, 같은 해에 외국정부가 방산물자가 아닌 일반물자 정부간 거래를 희망하는 사례도 발생하였다.

예를 들어 코스타리카가 전자조달시스템을 도입하길 희망하여 우리 정부와의 거래를 요청하였으나, 전담기관 및 관련 법률의 부재로 혼선 끝에 조달청이 MOU 등으로 협력에 관한 사항을 체결하고, S사가 제품을 공급하는 것으로 결론을 내렸다.[81]

> 비슷한 시기 페루, 콜롬비아 등 주로 남미 구매국들이 우리나라 정부의 계약 참여 요청을 하게 되었고, 관련된 우리 정부부처의 대응에 따라 G2G 거래의 내용이나 결과가 달라졌으며, 정부간 거래 전담기관과 법제화 등 준비가 필요함을 알 게 해주는 계기가 되었다.

이들 국가들이 G2G 거래를 요구하게 된 배경은 다양하겠으나, 전통적으로 방산물자의 경우엔 방산물자의 특성상 판매국 정부와 구매국 정부간 정부 수준에서의 약정이나 계약이 필수적이어서 G2G 계약이 많이 활용되었다(미국 FMS 수출, 후술).

한편 공공인프라를 정부조달사업으로 추진하는 경우 주로 PPP(Public Private Partnership)(이하 PPP라고 칭함)을 많이 활용하였는데 사업 지연 및 투명성 문제 등에서 문제점을 발생시키는 부작용도 발생하였다. 따라서 구매국 판매국 정부의 공식적인 보장 내지 지원을 하는 G2G 계약 혹은 약정 메커니즘(정부간 거래 혹은 약정)이 더 효율적이라는 판단에 근거하여 G2G 거래를 우리나라에 대하여도 요구하는 사례가 증가하게 되었다.[82]

---

80) The Economist, Unbundling the nation state(2014) 참조.
81) 장현찬 (2021), 4면.
82) Sumar, Milagros Maraví, G2G Agreements as a Mechanism for Infrastructure Development: The Peruvian Experience | Article | Chambers and Partners (https://chambers.com/articles/g2g-agreements-as-a-mechanism-for-infrastructure-development-the-peruvian-experience).

가. 2009년 UAE 훈련기 사례

아랍에미리트(UAE)에 T-50 고등훈련기 수출을 하기 위해 정부 차원에서 3년 간 노력하였으나 경쟁국인 이탈리아가 UAE와 외교통상관계를 잘 유지해온 데다가 20억 달러에 달하는 파격적인 경제협력 제안을 하면서 프로젝트를 최종 수주했다.[83]

이 수주 실패 사태를 계기로 방산물자 수출을 위해서는 해당 제품의 품질·가격 경쟁력 못지 않게 범정부 차원의 다각적인 지원책이 필요함을 파악하게 되는 계기가 되었고, 그러한 인식하에 신속하게 KOTRA에 방산물자 교역지원센터를 설립하게 되었다. [84]

나. 코스타리카 전자조달시스템 사례

코스타리카국의 전자조달시스템의 정부간 거래도 이시기의 사례인 바, 코스타리카가 전자조달시스템을 도입하길 희망하여 우리 정부와의 거래를 요청하였으나, 전담기관 및 관련 법률의 부재로 혼선 끝에 우리 조달청이 MOU 등으로 협력에 관한 사항을 체결하고, S사가 제품을 공급하기로 하였다.[85]

동 사례는 외국정부가 방산물자가 아닌 일반물자 정부간 거래를 희망하는 사례라는 점에서 의의가 있다.[86]

---

83) 경향신문, "잘 만든 무기, 잘 팔면 '수출 효자' (2009) (https://www.khan.co.kr/economy/industry-trade/article/200910181800055).
84) 경향신문, "잘 만든 무기, 잘 팔면 '수출 효자' (2009) (https://www.khan.co.kr/economy/industry-trade/article/200910181800055).
85) 박형돈. (2016). 한국대외무역법의 정부간수출계약 제도에 관한 연구, p.2
86) 장현찬. (2021). 정부간 거래제도 활용방안에 관한 고찰, 통상법무정책 1권 0호

다. 콜롬비아 기상예보시스템 사례 (정부간 거래 요구에 무산된 사례)

구매국 측의 정부간 거래 요구가 언제나 우리기업의 수출로 성사된 것은 아니며, 몇 가지 장애요소로 인해 거래가 좌절되거나 구매국이 경쟁국과 거래하게 되는 일도 발생한 사례로 콜롬비아 기상예보시스템 사례가 있다. 특히, 우리정부가 직접 계약의 당사자로 나서 책임을 부담하는 것이 적절한지에 대한 공감대나 확신이 없어 결국 우리 기업의 수출기회를 놓치게 되는 경우도 발생하였다.[87] 다음의 콜롬비아 기상청 사례는 정부간 거래가 제도적으로 정착되지 않았고 전담기관이나 법률적 근거가 없는 경우에 개별 거래 진행 주체들의 판단에만 근거해서 진행하게 되면 정부간 거래가 중도 도태될 수 있음을 보여주는 사례이다.

> 콜롬비아 기상청 예보시스템 선진화는 2012년 기상청과 수자원공사, 한국기상산업진흥원이 컨소시엄을 구성해 추진한 사업이다. 시스템 업그레이드를 위한 설계 검토 용역만 38억 원이며 본사업을 진행할 경우 기상레이더 및 IT시스템 설비 구축 등 약 280억원의 수출효과가 기대되는 비교적 좋은 거래였다.
> 그런데 2013년 콜롬비아 기상청이 한국에 수의계약을 제안, 즉 정부간 계약을 요구해 왔다. 사실 국제 대규모 거래에서 특히, 공개성과 합법성이 필요한 정부 조달거래에 있어서 수의계약을 발주국이 제안한 것은 수주자인 우리 기업입장에서는 반겨야만 하는 기회였다. 하지만 기상청은 정부기관은 해외사업 입찰에 참여할 수 없다는 법리해석으로 인해 관련 사업의 추진에 소극적이 되었고, 산하기관인 기상산업진흥원은 예산과 인력문제로 사업 수주에 난색을 표하였다. 기상청은 "법리적 해석에 따라 이번 콜롬비아 사업에 참여할 수 없다"며 "계약 성사의 계속 여부는 기상산업진흥원과 수자원공사의 선택에 달려 있다"고 입장을 표했다 하며, 이는 결국 기상청은 정부기관으로 외국 정부와 계약체결을 할 수 없다는 결정을 한 것으로 보인다.[88]

---

[87] 박형돈 (2016).
[88] 전자신문, "280억 원 규모 콜롬비아 기상선진화 수출 물거품 되나" (2013.4.21.), (http://www.etnews.com/201304190271).

라. 태동기 정부간 거래의 시사점

앞서 살핀 G2G 거래 태동기의 사례들을 보면, 구매국 정부의 요구에 따라 순발력 있게 대응하여 전담기관이 없는 상황에서도 정부간 거래를 추진한 사례(코스타리카 전자조달시스템)도 있었으나, 정부간 거래 요구로 오히려 거래가 좌절된 사례(콜롬비아 기상예보시스템 사례)도 있었다.

담당 정부 부처가 독자적으로 아직 법제화되지도 않은 G2G거래에 대한 법리 검토 결과 부정적인 의견을 받아 그에 따라 거래를 추진하지 않는 경우도 있을 수 있었다. 정부가 단순협력조치를 취하는데도 법적 근거가 필요할 것인데, 해외 정부와 계약을 체결하여 책임을 부담하는 것은 개별 정부 부처의 입장에선 어려운 일이며, 오직 법적 근거가 명확한 경우에 가능한 것이라는 점에서는 일응 이해가 간다. 또한, 그 당시 잠당 부처가 소극적으로 대응하는 경우, 그리고 이행기업의 능력상의 한계 등이 G2G거래의 좌절이유가 된다.

이러한 초기의 혼선을 볼 때 우리는 정부간 거래를 진행하기 위해 몇 가지 사항이 명확해 져야함을 알 수 있다. 즉, 위 사례들을 통해 (1) G2G 계약 협상과 체결의 권한을 가진 정부간 계약 전담기관의 존재, (2) 그 전담기관이 업무수행 근거와 범위를 정하는 명확한 법적 근거 마련, (3) 이행기업과 정부간 충분한 협의를 통해 G2G 계약상 책임은 정부측이 지고 기업이 계약 이행을 할 것이란 역할분담 관계의 형성이 그것이다.

2. 전담기관 설립 이후 G2G 사례

우리 정부는 경쟁국들과의 수주 경쟁 경험을 통해 기존의 정부부처·기관별 분산된 방산물자 수출지원시스템으로는 다변화된 해외 시장의 수요에 효과적으로 대응하기가 어렵다는 교훈을 얻었고, 2009년 10월 산업통상자원부, 국방부, 방위사업청 등 관련부처와 무역보험공사 등이 참여하여 대한무역투자진흥공사(KOTRA)내에 범정부기구인 방산물자교역지원센터(Kodits)를 출범시켰다. 한편, 2018년에는 일반물자 정부간 거래를 담당하던 기존 KOTRA의 일반물자교역지원단이 GtoG 교역지원센터로 하여 Kodits와 함께 G2G 거래 전담기관으로 출범하였다.[89]

G2G거래에 대한 효과적인 지원을 위해 전담기관이 준비되었고, 이후 조직과 역할범위가 명확해짐에 따라 G2G 거래에 대한 생소함과 법적 근거의 불명확성은 상당부분 해소되어 정부간 거래가 활성화되는 기초가 되었다.

가. 정부간 수출계약 전담기관

우리나라의 정부간 계약 전담기관은 대한무역투자진흥공사(KOTRA)이며, 구체적인 업무는 방산물자교역지원센터(Kodits)에서 하고 있다. Kodits는 기존의 정부부처·기관별 분산된 방산물자 수출지원시스템에서는 다변화된 해외 방산시장의 수요에 효과적으로 대응하기가 어려워 산업통상자원부, 국방부, 방위사업청 등 관련부처와 무역보험공사 등 금융기관, 글로벌 수출 네트워크를 보유한 KOTRA가 참여하여 2009년 10월 15일 방산수출지원 범정부기구로서 출범한 조직이다. 명칭에서는 방산물자만 취급하는 것으로 오인될 수 있으나 후술하는 것처럼 그 기관 태동이 방산물자의 수출을 지원하기 위해 만든 조직이었지만, 비방산물자에 대한 정부간 거래도 지원하고 있다.

---

89) 장현찬 (2021).

대한무역투자진흥공사법 제10조에 따른 Kodits의 주요활동은 다음과 같다.

- 대한민국 정부를 대표하여 구매국 정부와 계약당사자로서 G2G 계약 체결
- 주요 수출대상국 절충교역제도 자료 수집 분석 및 절충교역 협상안 작성과 이행 지원
- 구매국 정부의 요구를 토대로 산업자원협력 등 협력사업을 발굴·검토하여 패키지딜 협상안 마련
- 방산수출거래의 대형화 및 방산시장 경쟁 심화에 따라 우리 방산기업의 수출 가능성 제고를 위한 구매국에 파이낸싱 솔루션 제공
- 방산 수출 확대를 위한 방산분야 비즈니스 수출상담회 개최(KODAS), 해외전시회 참가 지원(AUSA 등), 선도기업 육성사업 운영, 방산거점무역관 운영 등 수출마케팅 활동 수행 등

Kodits의 정부간 거래 활동은 대부분 방산물자 G2G 거래에 중점이 있었고 현재에도 방산물자 수출은 Kodits의 중요한 사업이며 다수의 방산물자 수출을 담당하고 있다. 초기에는 구매국 측이 방산물자에 대한 정부간 거래 요구에 적극적으로 계약 협상을 진행함과 동시에 참고할 만한 해외 선진국의 G2G 거래 사례(미국, 캐나다 등)를 조사·벤치마킹하는 활동도 이루어졌다.[90]

나. 방산물자 G2G 수출 사례

2012년 경 Kodits는 P국에 대한 초등훈련기 수출 및 C국에 대한 당시로서는 상당한 금액의 방산물자 수출을 진행하였다. 방산물자에 대한 정부간 거래는 국방부 및 방위사업청과 사전적인 거래 준비활동에 이어 G2G 계약 방식으로 진행되는 것으로 구매국과 합의가 되는 경우 Kodits에서 계약을 진행하였다.

---

[90] 박근서, "방산수출 정부간(G to G) 거래 : 우리나라 현황과 미국 FMS제도의 시사점", 무역보험연구 제13권 제2호, 한국무역보험학회, 2012.

방산물자에 대한 G2G 방식 수출거래로 진행된 사례는 다음과 같다.

- 2012년경 P국과 초등훈련기 수출 (약 1억불 상당) : Kodits 조직 설립 초기에 수주가 이루어졌다. 거래 초기에는 정부 사절, 국방부 및 방위사업청 등 방위사업 관련 부처가 사업수주를 위한 계약전 활동을 하고, 계약 체결단계에 이르면 Kodtis 및 KOTRA 등이 거래를 체결하는 식으로 진행되었다.[91]
- 2014년 FA-50 12대 4.2억불 수출: 5차례 협상을 통해 쟁점사항 합의 및 계약을 체결하였다 하며, P국 창군 이래 최대 획득사업으로 당시로서는 우리나라의 정부간 수출계약 규모로는 최대인 수주하는 성과
- 2017년 중고 K-9 자주포 수출 계약(F국), 군용차 등 및 모의 비행장치(시뮬레이터)의 수출 계약(P국)
- 2018. 3월 F국 주변국인 E국에서도 중고 K-9 자주포 구매의향을 표명하여 유럽에 2년 연속 중고 자주포 수출 : E국 정부는 2020년 3월 중고 자주포를 추가로 6대 구매하며 G2G 거래방식에 만족을 표시함.

다. 비방산물자보안물자 G2G 수출 사례

2012년 GtoG 교역지원센터는 페루국 내무부에 1차 지능형 순찰차 800대를 공급(28백만불)하는 최초의 일반물자 정부간 수출계약을 체결하였다.[92] 이는 대외무역법 개정(2014년) 이전 사례로, 비방산물자에 대한 정부간 수출계약으로서 명확한 법적 근거의 미비에도 불구하고 꾸준한 협상을 이어가면서 계약을 성공적으로 최종 수주할 수 있었다.[93] 페루로의 순찰차 수출의

---

91) 조선일보, KT-1 기본훈련기 페루 수출 사실상 성사 (2011.5.13.자) (대통령 특사인 한국의 L 국회의원이 P국 대통령과 면담하여 기본훈련기 수출에 대한 거래를 타진하게 되었고, 수출기업의 대표 등이 동반하여 거래를 진행하였으며, 이는 향후 양국간 협의와 검토를 거쳐 Kodits에서 정부간 계약 방식으로 진행되었다).

92) 여기서 일반물자 내지 보안물자라고 칭한 것은 거래 추진당시 동 물자는 방위사업법 등 방산물자의 품목분류에 해당하지 않기 때문이며, 보안물자는 사실상 국가안보 및 사회안보이익을 위한 정부활동에 필요한 점에서 방산물자와 유사한 성질로 보았다. 이러한 유사성으로 인해 기존 방산물자에 주로 활용되는 G2G거래의 개념을 비방산물자로 확대하는 것도 타당하겠다는 실무자들의 공감대가 있었다. 한편, 방산물자가 아닌 경우 당시 Kodits의 업무범위에서 벗어나는 것이므로 KOTRA의 다른 팀에서 동 사업을 진행하였으며, 다만 G2G 거래라는 유사성이 있어 Kodits와 KOTRA 해외정부조달사업 관련 팀이 사업 진행과정에서 서로 협조하고 정보를 공유하면서 진행하였다.

93) 장현찬 (2021).

경우 엄격한 의미의 방산물자에 해당하지는 않으나 일반물자보다는 광의의 안보적 성격이 가미되는 것이며, 이미 방산물자 정부간 수출을 진행한 경험이 도움이 되어 코트라 내 조직에 의하여 일반물자(비방산물자)에 대하여도 방산물자 수출에 준하여 진행한 것이다.

[포스코대우 수출선적 기념식 사진, 2016.5.30. 평택항] 94)

페루국과의 거래 당시 실무진 입장에서는 정부간 거래를 추진하는 것은 일반거래 대비 계약 관계도 복잡하고, 당사자도 많아져 이해관계 조정이 어려울 수 있으며 향후 요구될 계약관리 등에서 부담을 KOTRA 조직이 감당해야 됨을 예상되며는 점에서 G2G 조직 준비 및 축적된 경험이 적어 활용에 한계가 있는 점 등이 문제되었다.95) 다만, 이미 방산물자 부분에서 페루국 정부와 G2G 거래 진행이 잘 진행되고 있었으므로 그에 준하여 추진하면 될 것이었고, 일단 1차 정부간 거래가 성공적으로 완수된다면 양국 정부의 긍정적 경험이 쌓여 후속의 다른 거래로도 이어질 수 있음을 예상하여 적극적으로 진행되었다.

---

94) 포스코대우, "포스코대우, 페루로 지능형 순찰차 수출 개시 (2016)
95) 방산물자를 담당하던 Kodits와 일반물자를 담당하던 KOTRA의 다른 부서 사이 많은 의견 공유와 논의가 있었다. 우리 정부와 페루국 및 기타 남미 국가들간 상당수의 정부간 거래 교섭이 동시다발적으로 이루어지고 있었고, 순수 방산물자인 경우뿐만 아니라 비방산 물자에 대한 정부간 거래에 대한 의견교환이 많았다.

실제로 페루 정부는 1차 지능형 순찰차 판매 계약이행에 만족하여 2015년 2차 지능형 순찰차 2,108대(82백만불) 거래가 정부간 거래방식으로 이어졌다.[96]

3. 공공 인프라 사업에의 G2G 사례 - 페루를 중심으로

페루와 우리나라간 G2G 거래는 G2G 수출계약에 대한 지원 근거나 절차 등이 대외무역법 등에 아직 입법화(제도화) 되지 않은 시기에 추진된 것으로 우리나라에서 정부간 거래에 대한 제도적 정비와 입법 필요성 등을 검토가 시작되도록 한 점에선 의미가 있다. 또한 방산물자와 비방산물자 등 다양한 분야의 수출거래를 우리나라와 G2G 거래 한 점에서 검토 필요가 있다. 또한 우리나라 뿐만 아니라 다수의 판매국 (영국, 프랑스 등)과 G2G 거래를 함으로써 다른 국가의 G2G 거래와 우리나라의 그것을 비교할 수 있는 점에서도 또한 검토의 필요가 크다.

가. 페루의 G2G 사업의 국가 정책적 활용

페루 정부는 우리나라와의 방산물자와 일반물자 모두에 대한 정부간 거래 경험이 있는 국가이다. 2012년경 페루는 우리와 우방국 관계로 방산물자인 한국우주항공(KAI)의 초등훈련기 수출을 정부간 거래로 추진하였다.[97] 페루의 정부간 거래 활용은 일회성 거래에 그치지 않고 다시 KAI와의 고등훈련기 수출거래로 이어졌고,[98] 최근에는 잉카문명 유적지로 유명한 맞추픽추의 관문으로서 "친체로 공항" 등 공공인프라 사업에도 정부간 거래를 활용하는 데까지 발전되기도 하였다.

---

96) 포스코대우, "포스코대우, 페루로 지능형 순찰차 수출 개시 (2016)
97) 한경닷컴, "KAI, 페루 수주로 해외 수주 모멘텀 부각"-하나대투 (2012.08.23) (https://www.hankyung.com/finance/article/2012110816916.
98) News1, "FA-50 수출 '파란불'…朴, 페루서 한국훈련기 생산기념식" 2015-04-21 (https://www.news1.kr/articles/?2196070);

페루 정부는 우리나라와 방산물자의 정부간 거래에도 적극적이었으나, 여러 다른 국가들과도 공공인프라 프로젝트에서 G2G 계약 혹은 협정 메커니즘을 사용했다. 페루는 자국의 인프라 개발을 위한 일반적인 공공조달사업(Public procurement) 또는 PPP(Public Private Partnership)(이하 PPP라고 칭함)보다 G2G 메커니즘(정부간 거래 혹은 약정)이 더 효율적이라는 판단에 근거하여 G2G 거래를 추진하였다.[99] 페루 국가기반시설진흥협회(스페인어 약어로 AFIN)에 따르면, 정부간 약정에 의한 것이 아닌 일반적인 공공개발이었던 2010년부터 2019년까지 49개 병원 프로젝트 중 17개 병원만이 완공되었고 그 중 15개만 실제 운영되고 있다 한다. 이러한 PPP 사업 방식의 문제점을 개선하기 위해 G2G를 추진하였으며, 공급국 정부의 앞선 기술과 사업 경험을 투입함으로써 일반적인 공공개발방식보다 더 효율적으로 공공사업을 추진할 수 있는 방안으로 모색된 것이 G2G 방식이다. 페루는 다양한 공공인프라 사업을 정부간 거래 (정부간 계약인 경우도 있고 정분간 약정인 경우도 있음)로 추진하였다.

나. 엘니뇨 재난 재건사업 사례 - 영국의 G2G 약정

페루는 남미의 개발도상국으로 엘니뇨 현상으로 인해 막대한 피해를 받고 피해 공공 시설등의 재건 등 재건사업을 위해 영국과 정부간 거래를 추진하였다. "엘니뇨(El Niño)"란 태평양 적도에서 발생하는 해수 및 대기 시스템 변화 현상으로 주로 12월에서 다음 해 3월 사이에 해수 온도 상승으로 해수 염도가 높아지면서 어획량을 비롯한 해양 생태계 전반에 영향을 미치고, 그 밖에 가뭄, 산불, 홍수, 허리케인, 해안침식, 해양서식지 변화 등 이상 기후 현상 발생시키는 자연재해를 말한다. 2017년의 경우 페루에서만 11만명이 넘는 이재민이 발생하였고 학교, 병원 등 중요한 공공인프라가 파괴

---

99) Sumar, Milagros Maraví, G2G Agreements as a Mechanism for Infrastructure Development: The Peruvian Experience | Article | Chambers and Partners (https://chambers.com/articles/g2g-agreements-as-a-mechanism-for-infrastructure-development-the-peruvian-experience).

내지 훼손되었다.100) 이에 대해 페루 정부는 엘니뇨의 영향을 받은 학교 및 병원과 같은 중요한 시설을 재건하기 위해 영국을 재건 이행 파트너로 선정하였다.101)

영국 정부의 국제 무역부 (DIT)와 페루 정부가 G2G 협정(G2G agreement)을 체결하여, 영국측이 주요 예방 프로그램에 대한 전문 지식 제공과 중요한 기반 시설 재건 프로그램을 수행하기로 한다. 재건 프로그램에는 74 개 학교와 15 개의 새로운 보건 센터(health centres)의 재건, 7 개의 빗물 배수 시스템(storm drainage systems) 건설, 기타 여러 공공 인프라시설에 대한 예방작업을 제공하기로 하였다.102)

사업 수행기업은 영국 기업인 Mace Limited, Arup Ltd 및 Gleeds International Ltd이었다. 영국 측 수행기업은 학교, 의료 시설 및 홍수 복구 프로그램 제공과 관련하여 기술 지원(technical assistance)을 제공하기로 했다. 103) 정부간 약정은 2020년 7월부터 2022년 6월까지 2년간 지속되며 1년 연장될 수 있는 것으로 하였다.

---

100) KOTRA 해외시장뉴스, "페루, 엘니뇨현상으로 농산물 수출 피해", 페루 리마무역관 2017-03-29 (https://dream.KOTRA.or.kr/KOTRAnews/cms/news/actionKOTRABoard Detail.do?SITE_NO=3&MENU_ID=410&CONTENTS_NO=1&bbsGbn=242&bbsSn =242&pNttSn=157826).

101) Department for International Trade, "UK selected as Peru's delivery partner to rebuild facilities damaged by El Nino," 22 June 2020, https://www.gov.uk/government/news/uk-selected-as-perus-delivery-partner-to-rebuild-facilities-damaged-by-el-nino. (이하 "UK selected as Peru's delivery partner to rebuild facilities damaged by El Nino")

102) UK selected as Peru's delivery partner to rebuild facilities damaged by El Nino.

103) UK selected as Peru's delivery partner to rebuild facilities damaged by El Nino.

주목할 점은 이행기업 대표중 하나인 Jason Millett(CEO for Consultancy at Mace)가 언급한 바와 같이 페루와 영국간 엘니뇨 피해 재건 사업에 대한 "G2G 약정(G2G Arrangement)"을 먼저 체결했고, 그에 따라 구매국의 공공인프라를 판매국 내지 이행국의 후속 약정과 이행기업의 실제 사업 수행이 단계적 이루어지도록 진행했다. 아래는 영국과 페루간 엘니뇨 재건 복구 사업의 중요내용을 요약한 것이다.

엘니뇨 재건사업에서 영국 인프라 수출에 대한 핵심 교훈[104]

페루의 엘니뇨 재건사업은 대규모 글로벌 인프라 프로젝트에 영국 기업의 참여를 촉진하고 지원하는 방법에 대한 몇 가지 중요한 교훈을 제공한다. 2020년 6월, 영국과 페루 정부는 영국 컨소시엄(영국의 Gleeds사, Mace사 및 Arup사)와과 G2G(정부간(G2G)) 계약을 체결하여 2017년 엘니뇨 재난에 의해 피해를 입은 일부 공공 서비스 시설의 재건을 지원했다. 이 정부간 계약은 영국 정부가 외국 정부와 컨소시엄의 사업을 직접 지원하는 최초의 G2G 계약을 대표하는 영국의 중요한 이정표가 되는 사례이다.

이 계약은 또한 전 세계적으로 대규모 인프라 프로젝트에 영국 기업의 참여를 촉진하고 지원하는 정부와 산업의 역할에 대해 영국에서 새로운 방법을 제시하는 점에서 현대적이다. 쉽지 않은 도전적인 사업이었지만, 그 자체로 코로나19 이후 및 브렉시트 이후 산업의 건전성을 위한 중요한 발전을 의미하며, 향후 수개월 및 수년 동안 인프라 관련 수출 및 글로벌 프로젝트를 다양한 기업, 무역 단체 및 기타 이해 관계자가 함께 추진하도록 하는 방안을 더 잘 이해할 수 있도록 하는 사례이다.

---

104) Association for Consultancy and Engineering, KEY LESSONS FOR UK INFRASTRUCTURE EXPORTS IN EL NINO REBUILD (2020.11.9), https://www.acenet.co.uk/news/industry/key-lessons-for-uk-infrastructure-exports-in-el-nino-rebuild/.

BEI(British Expertise International)의 프로모션 활동[105]

페루 G2G의 수주 과정은 그 자체로 전략적 인내(strategic patience)와 장기적인 관계(long-term relationship) 접근방식을 결합하여 사업 기회를 확보할 수 있음을 알려주는 좋은 사례이다. 2015년도에 BEI(British Expertise International)는 소규모 대표단을 페루로 이끌고 가서 영국 기업이 참여할 수 있는 인프라 사업 기회를 파악했다. 이 첫 번째 단계는 특히 의료 및 주요 스포츠 행사 분야의 인프라 개발에 대한 아이디러를 위한 파트너로서 영국 정부의 참여라는 개념을 도입했다.

BEI는 이어서 영국과 페루 대사관 회의를 주최하여 영국 회원사들이 리마에서 열리는 2019 Pan American Games에서 비즈니스를 확보할 수 있는 기회를 논의했다. 이후 2016년 10월, 2012년 런던 올림픽 경기장 설계를 주도한 Philip Johnson이 이끄는 15개 회사와 함께 Local Organising Commission 과 교섭하였다. 교섭은 2017년 4월까지 계속되었는데, 당시 Greg Hands 장관은 영국 정부가 리마에서 열리는 2019 Pan American Games의 수행 파트너가 되기로 (페루 정부와) 계약을 맺었다.

Mace, Arup 및 4 Global이 주도한 상기 프로젝트의 성공적인 수행은 G2G를 통한 상호간의 호의와 신뢰(goodwill and credibility)를 구축하는 계기가 되었으며, 이는 엘니뇨와 관련된 극한 기후로 손상된 인프라의 재건을 지원하기 위해 G2G 메커니즘을 사용하는 것에 대한 광범위한 논의로 발전되게 되었다. 이 16억 파운드 규모의 프로젝트는 미국, 프랑스, 캐나다의 경쟁입찰을 물리친 치열한 경쟁 끝에 영국(HMG와 Mace, Gleeds 및 Arup으로 구성된 영국

---

[105] BEI(British Expertise International)은 국제 시장에서 영국 기업의 전문성을 홍보하는 영국의 독립적인 회원 기반 조직이며, Tom Cargill이 CEO이다. 기업, 전문 서비스 회사, NGO, 교육 기관을 포함한 회원사간 네트워킹, 협업, 지식 공유를 위한 플랫폼 역할을 수행함. BEI는 회원사가 국제 프로젝트에 참여하고 파트너십을 구축하며 관련 정보와 각종 자원에 접근할 수 있도록 지원함으로써 영국의 국제 무역 및 투자를 강화하는 것을 목표로 한다. BEI는 회원사에게 네트워킹 이벤트, 세미나, 컨퍼런스 등 잠재 고객, 파트너, 투자자와 연결할 수 있도록 지원하며, 교육 프로그램, 시장 정보, 비즈니스 개발 지원을 제공하여 회원들이 해외 시장을 성공적으로 탐색할 수 있도록 지원한다. BEI는 회원사를 위한 비즈니스 기회 촉진 외에도 영국 정부기관, 정책입안자 및 국제기구와 적극적으로 협력하여 활동한다. 주 사업분야는 해외 인프라, 에너지, 금융, 교육, 의료 등의 분야에 중점을 두고 있다. G2G 거래의 대상이 되는 비방산물자 해외 사업의 대부분과 겹치므로 G2G 거래를 촉진하고 지원하는 민간자격단체로서의 성격이 있다 하겠다. 페루 엘니뇨 재건사업의 경우 초기 사업 수요 발굴과 구매국과의 협의를 위해 BEI가 촉진역할을 수행하였으며, 영국 정부와 민간단체간 G2G 거래를 위한 협업의 좋은 사례가 된다.

컨소시엄으로 구성)이 수주하였다. Boris Johnson 영국 총리는 이 거래에 대해 언급하면서 "영국의 전문성, 경험, 탁월함을 비스카라 대통령의 비전 있는 계획과 결합하면 3년 반 전에 입은 피해를 복구할 뿐만 아니라 보다 탄력 있고 번영하며 포용적인 미래를 위한 과정에 있는 페루의 경제와 민생을 재건하는 데도 도움이 될 것"이라고 말했다.

사업평가 및 시사점

"인프라 수출: 영국(Infrastructure Exports: UK)" 조직은 전 세계적으로 대규모 인프라 기회를 확보하기 위한 '영국 팀' 접근 방식을 촉진하는 국제 무역부/산업 기관으로 페루의 교훈이 어디에 어떻게 적용될 수 있는지 이해하기 위한 노력을 모으고 조정하고 있다. 향후 보안, 국방, 개발 및 외교 정책(security, defence, development and foreign policy)에 대한 통합 검토에도 이 방안이 포함되어 발표될 예정이다.

영국 수출을 지원하는 G2G 계약에 'one size fits all' 모델이 없다는 것은 분명하며, 대부분의 수출 활동에 대해 정부의 최선의 역할은 기업이 전문분야에 집중하여 이행하는 것을 보조하는 것이다. 필요하고 적절할 경우 지원은 단순한 상업적 무역 지원에서 높은 수준의 MOU 제공, 직접 계약에 이르기까지 다양한 형태를 취할 수 있다. 올바른 수준과 형태의 지원을 찾는 것은 쉽지 않지만, 특히 인프라와 관련하여 영국의 경쟁국들과 구매국 정부가 입찰 및 조달(tendering and procurement)에 있어서 G2G 요소를 점점 더 많이 활용하고 있음은 분명해지고 있다.

종종 영국 수출기업들은 다른 경쟁국가들, 즉, 프랑스, 독일, 미국, 캐나다 및 물론 중국을 포함한 기타 상업적 경쟁자들이 조율되고 전략적인 참여와 정치적, 상업적 및 기타 '소프트 파워' 접근 방식을 포함하는 국가적 'offer' 내에서 훨씬 더 효과적으로 통합되고 있다고 지적한다. 대규모 글로벌 인프라 프로젝트에 대한 영국의 시장점유는 수출 및 산업의 건전성을 위해서도 중요하지만 글로벌 표준, 규정, 데이터, 상법 및 기타 모든 문제 내에서 지속적인 영향력을 행사하는 데에도 점점 더 중요하다. G2G 계약 능력은 우리의 미래 번영과 인프라 부문의 건전성과 기술에도 영향을 주지만, 우리의 미래 영향력과 안보에도 마찬가지로 영향을 줄 것이다. 영국-페루 정부간 거래는 중요한 승리였지만, 우리의 향후 정부간 거래 프로젝트가 훨씬 더 중요할 것이다.

G2G 계약은 영국의 가치와 개방성 및 투명성의 원칙에 충실하면서도, 영국이 조직적으로 접근하면 사업을 수주할 수 있음을 보여준다.

다. 친체로 공항 G2G 사례

2019년 KOTRA는 페루 쿠스코에서 페루 교통통신부와 친체로 신공항 건설 사업관리총괄(PMO)에 관한 정부간 계약을 하였다. 정부간 PMO 계약으로 한국 컨소시엄(한국공항공사, 도화엔지니어링, 건원엔지니어링, 한미글로벌 등 4개사)이 사업 전반을 총괄 관리하는 것이며, 구체적으로는 설계도서 검토 및 건설사·감리사 선정 등 계약 관리, 사업비·공정·품질 감독 등 건설 관리, 시운전(ORAT) 관리가 포함되었다. 사업기간은 2019년부터 2024년까지 5년이며, 사업규모는 3천만 달러(약 350억원) 수준이다.106)

페루 친체로 신공항 PMO사업 개요(자료=국토교통부)107)

친체로 공항 프로젝트는 정부간 거래 방식으로 비방산물자에 해당하는 "공공인프라"인 공항 건설 사업관리총괄(PMO)을 내용으로 하는 것에서 의미가 있다. PMO 시장은 그동안 선진국의 주 무대로 인식되었는데, 경쟁국인 캐나다, 스페인, 프랑스를 제치고 우리 정부가 페루와 정부간 계약을 한 것이다.

---

106) 이투데이, "민관 손잡고 '페루 친체로 신공항 PMO사업' 수주…인프라 분야 최초 정부간 계약, 이신철 기자 (2019.6.27). (https://www.etoday.co.kr/news/view/1770488). (이하 "이투데이, 인프라 분야 최초 정부간 계약".)

107) 이투데이, 인프라 분야 최초 정부간 계약".

계약 단계에서 KOTRA가 현지에서 정부간 계약 당사자 지위를 활용해 유연하게 대처한 점이 주효했다. 계약주체로서 KOTRA 가 역할을 수행하고 한국 여러 기업이 컨소시엄을 구성하여 '팀 코리아'를 결성하여 프로젝트를 수주한 것으로 소위 '팀 코리아'모델은 앞으로 중남미를 비롯해 인프라 수요가 많은 국가를 대상으로 새로운 수출 물꼬를 틀 것으로 예상한다.[108]

라. Lima 2019 Pan American Games G2G 사례

리마 2019 팬아메리칸 게임(Lima 2019 Pan American Games)[109]의 주최국이었던 페루는 정부간 약정을 통해 약 15~18개월 만에 이벤트에 필요한 스포츠 시설과 부대 시설 등을 성공적으로 개발하였다 일반적인 공공개발사업과 달리 해외정부와 정부간 거래 방식을 통해 거래를 진행하여 성공한 사례이다.

Lima 2019 Pan American Games의 경우 단순히 계약체결 절차만을 정부간 계약으로 한 것이 아니고, 물자 및 서비스 제공, 사업수행관련 역량강화 제공 등 프로젝트의 성공적 수행을 위해 전문적인 기술 자문도 포함하여 제공되었다. 이는 계약체결 단계를 넘어 계약의 이행과 그 계약을 관리하는 절차에 대하여도 판매국의 서비스가 제공된다는 의미이다. 즉, 동 프로젝트에서는 구매국 프로젝트(government/public project)를 해외로부터 아웃소싱 하거나 계약하는 것에 더해, 정부간 계약에서 이행국 정부가 계약 과정의

---

108) KITA 유관기관뉴스, [KOTRA] 최초의 정부간 '인프라' 계약! (2019.11.04). (https://www.kita.net/cmmrcInfo/cmmrcNews/relateInsttNews/relateInsttNewsDetail.do?pageIndex=1&nIndex=20529).

109) (2019 Pan American Games(스페인어: Juegos Panamericanos de 2019), 일반적으로 Lima 2019 Pan-Am Games 또는 Lima 2019(Quechua: Limaq 2019)로 알려져 있다. 2019년 7월 26일부터 8월 11일까지 페루 리마에서 개최되었다. 이는 페루에서 열린 첫 번째 팬아메리칸 게임이자 남아메리카에서 열리는 일곱 번째 대회이다. 사업 규모와 관련, 총 예산은 미화 12억 달러로 추산되며 스포츠 시설 등(sports infra)에 4억 7000만 달러, 팬아메리칸 빌리시 건설에 1억 8000만 달러, 조직에 4억 3000만 달러, 기타 비용으로 1억 600만 달러가 소요되었다 한다. 2019 Pan American Games - Wikipedia ("El presupuesto para Lima 2019 está casi listo" [The budget for Lima 2019 is almost ready]. La Republica (in Spanish). July 21, 2016.)

관리(the management of the contracting processes)에 대한 기술적 자문도 제공하는 것을 포함했다. 따라서 정부간 거래는 단지 계약 체결단계의 계약 방식 하나에 그치는 것이 아니고 계약의 전 과정 (계약 협상, 계약 체결, 계약 이행, 계약관리, 분쟁관리도 포함)에 걸친 정부간 협력을 약정하는 넓은 범위를 가진 것으로 평가된다.

마. 페루의 공공인프라 G2G 사례들

페루는 다음과 같이 스포츠 인프라, 공공시설, 병원, 공항 등 공공 인프라 프로젝트를 G2G 방식으로 진행하였다.

- Pan American and Parapan American Games Lima 2019 (UK - Signed April 2017) **영국과 스포츠 인프라 건설**
- Reconstruction with Changes (UK - Signed June 2020) **영국과 공공시설 재건 프로젝트**
- Hospitals of Peruvian Health Ministry (France - Signed June 2020) **프랑스와 페루보건부 병원 프로젝트**
- Chinchero International Airport Cusco (South Korea - Signed October 2019) **대한민국과 친체로 국제공항 프로젝트**[110]
- 리마 지하철 프로젝트의 3, 4호선을 개발 - **정부간 계약에 의해 진행될 것으로 예상**.[111]

---

110) 페루 친체로 공항 착공...인프라 분야 첫 정부간 계약 - 조선비즈 (chosun.com) (2021. 11.19자) https://biz.chosun.com/policy/policy_sub/2021/11/19/OYLTRMH5GJF6NO5R4BXSLL5KGQ/?utm_source=naver&utm_medium=original&utm_campaign=biz). 친체로 공항 프로젝트는 정부간 거래 방식을 비방산분야로 성공적으로 발전시킨 좋은 예시에 해당한다. 특히 한국과의 친체로 공항 프로젝트는 그전의 한국과의 방산물자 정부간 계약 (2012년 페루 초등훈련기 정부간 계약) 등의 성공적인 체결 및 이행에 의한 긍정적인 경험이 있었고 이를 비방산물자 부분에도 정부간 거래 메커니즘을 추진한 것이었다. 저자.

111) Sumar.

바. 페루의 정부간 거래 약정 (Commitments & Agreements)

정부간 거래의 첫 단계는 일반적으로 페루와 판매국 정부간 "협력약정 (Collaboration Commitments)"을 체결하는 것으로 시작한다. 협력약정이란 페루 정부와 판매국 정부가 "협력 및 업무 협정의 틀(framework of cooperation and work agreements)"로서 협력을 위한 의사소통 채널을 제공하고자 하는 양국 정부가 서명한 의향서이다. 이러한 협력 약정은 Reconstruction with Changes (UK – Signed June 2020) (영국과 공공시설 재건 프로젝트)와 Hospitals of Peruvian Health Ministry (France – Signed June 2020) (프랑스와 페루보건부 병원 프로젝트)에서 각각 활용되었다 한다.[112]

협력약정의 성격은 포괄적이고 일반적인 약정의 성격이므로, 프로젝트가 진행됨에 따라 동 협력협정에 기초하여 페루 정부와 판매국 정부 사이에는 구체적인 약정 내지 운영 약정들(specific or operational agreements)이 후속적으로 체결하기도 한다. 영국의 Reconstruction with Changes (UK – Signed June 2020) 프로젝트의 경우 2020년 6월 22일과 7월 6일에 전술한 협력약정과 별도의 후속 약정인 "운영 약정"이 체결되었다 한다.[113]

Sumar에 따르면 페루에 있어서 병원사업 등 공공인프라 프로젝트에 있어서 과거 PPP방식 거래를 많이 활용 하였으나 GtoG 약정을 통한 진행한 프로젝트가 결과에 있어서 더욱 성공적이었다 한다. 정부간 거래는 초기에 소위 협력약정(collaboration commitments)을 체결하여, 페루 정부와 판매국이 효과적으로 협력할 수 있는 커뮤니케이션 채널뿐만 아니라 협력 및 작업계약의 프레임워크에 대한 약정을 내용으로 한다.

---

112) Sumar. 한편, 세르지오 국립 병원의 의료 서비스 개선 및 확장에 관한 페루 정부와 프랑스 정부간 계약은 2013년 9월 10일에 또한 체결되었다).
113) Sumar.

페루의 정부간 약정은 우리나라 정부뿐만 아니라 영국, 프랑스 등 여러 국가와 진행하였으며, 그 진행을 개별적으로 하기 보다는 페루 정부 내 조직에서 통일성 있는 준비를 하여 정부간 거래를 진행하였음을 알 수 있다. 판매국으로서 정부간 거래에 대해 일관되고 합법적인 절차를 준비하는 것과 마찬가지로, 구매국인 페루 정부도 그 업무 근거, 업무 절차 수립, 계약 모니터링을 하는 것을 알 수 있으며, 그러한 결과 정부간 거래의 실적이 최근 10여 년간 양호하였다는 것을 알 수 있다.

05
G2G 거래의 효용성 요약

G2G 거래는 방산물자에 대한 수출에서 구매국의 요구로 시작되었으며, 방산물자 뿐만 아니라 비방산물자, 공공 인프라 수출 등 다수의 국제 정부조달 프로젝트에서 지속적으로 G2G 거래가 계속되고 있으며 이러한 수요는 당분간 지속될 것으로 예상된다.

우리 정부는 G2G 거래 제도의 정립을 통한 상시적 지원을 정책방향으로 정한 것이고 전담기관 설립 및 제도화를 추진함으로써 경쟁국 중에서도 특히 역동적인 G2G 거래를 추진하는 경우에 해당한다. 대외무역법에 플랜트 수출과 더불어 정부간 수출계약도 별도의 장으로 포함하여 우리나라는 정부간 거래를 무역제도의 중요한 프로그램으로 결정하여 법적 근거를 마련하였다. 이러한 법제화는 향후 정부간 거래 제도를 일회성이 아닌 적극적이고 체계적으로 활용할 정부의 의지를 엿볼 수 있다.

우리나라가 단순물품을 주로 생산하던 중진국에서 이제 기술집약적이고 고부가가치인 수출을 중심으로 하는 국가로 급격히 체질개선을 하는 과정에 있으며, 이에 부응하는 거래구조에 대한 연구와 고민이 필요한 시기인 점도 G2G 거래를 적극적으로 활용할 필요성을 높인다.

위와 같은 고려 하에 정부간 거래는 (1) WTO, GATT 협정상 인정된 거래방식인 점, (2) 우리 대외무역법상 인정된 특수한 거래인 점, (3) 계약 자체의 특성, 정부조직, 무역지원법 등에서 정부의 다양한 지원(다양한 금융지원 포함)이 가능한 거래인 점, (4) 국가간 협력체계에 도움이 되는 거래형태로서 지속적 거래의 선순환 확보가 가능한 점 등이 인정되어 정부간 거래는 활용 필요성이 매우 높은 점을 이하에서 설명하고자 한다.

1. 구매국 입장에서 유리한 각종 거래 보장책 제공

정부간 거래는 구매국 입장에서 정부간 거래는 다양한 편익을 제공하는 매력적인 거래방법이다. 무엇보다도 정부간 거래를 통해 판매기업 외에 판매국 정부의 다양한 지원을 받을 수 있다.

G2G 약정이나 계약을 통해 판매국 정부는 계약 당사자로서 약정상 책임을 지는데, 여기에는 거래 이행 관련 보장, 계약관리, 필요한 보증 및 금융 제공, 산업협력 등 주선 등 구매국이 요구하는 다양한 지원을 하게 되면, 이는 구매국 입장에서 필요한 보장책이 된다.

정부의 관련 보장책의 제공 등에 관한 구체적인 내용은 후술하는 Part 5, 정부간 거래의 수행과 part 6, 정부간 거래에 대한 금융지원 부분에서 후술하기로 한다.

2. 거래의 공신력/신뢰 제고

대규모 국제거래인 경우 계약 협상 및 최종 완결까지 상당한 시간과 노력이 필요하며 또한 다수의 기업과 경쟁하여 최종 수주를 하기 위해서는 계약의 대상사업이 타당하고, 수주 기업의 능력과 의지가 충분하다는 신뢰가 있어야 한다. 정부간 거래는 사업을 발주하는 구매국 정부, 수행능력 있는 판매기업, 판매국 정부가 거래 이행을 보증하는 삼각거래관계로 거래에 대한 신뢰성 내지 공신력 제고에 상당한 효과가 있다.

예를 들어 공항 프로젝트를 추진하는 경우 구매국의 확실한 추진 계획이 있어야 하며, 그 계획에서 요구하는 기술수준과 이행능력을 갖춘 기업이 있어야 하고 그 기업이 그 거래를 추진할 만한 충분한 상업적인 보상 내지 수익성도 있어야 한다. 정부간 거래 방식을 채택하여 판매국 정부의 계약적 관여(Contractual involvement)가 공식화되면 양국 정부차원에서 거래가 공식화되어 거래의 신뢰도가 향상되는 후광 효과(Halo effect)가 클 것이다.

3. 금융지원 용이성

G2G 거래는 양 당사자 모두 정부인 소위 공식적 정부거래이므로 정책금융기관이나 상업은행 공히 대상 프로젝트에 우호적인 조건하에 장기간의 금융을 제공하는 데 있어서 적극적이 될 수 있고, 은행의 대출적격심사(Loan Eligibility Review)에서 유리한 점이 있다. 특히 대상거래가 장기간의 사업기간이 소요되는 경우 그 기간중 발생할 수 있는 각종 비상위험(political risks)와 신용위험(credit risks)에 대하여 각 정부가 운영하는 ECA(수출신용보험기관)의 지원도 용이하게 받을 수 있다.

이것은 반드시 정부가 관여하였기 때문에 동 거래에 대해 정책금융을 지원한다는 의미는 아니며, ECA의 일반적인 입장에서 볼 때 정부간 거래로 추진되는 거래에 대해서는 상업위험은 상당히 감소되며, 수입국 정부측의 위험 정도로만 거래 위험을 파악하게 되어 그만큼 거래지원에 적극적일 수 있다는 의미이다.

향후 정부간 거래는 그 대상인 방산수출 및 공공 인프라 수출이 증가함에 따라 같이 활성화 될 것으로 기대한다. 구체적인 내용은 후술하는 part 6, 정부간 거래에 대한 금융지원 부분에서 설명하기로 한다.

4. 거래비용의 절감

   방산물자나 공공 인프라 등 대형 수출 프로젝트에서 판매기업 내지 수출기업이 부담하게 되는 거래비용은 상당할 것이다. 예를 들어 수출기업이나 건설기업의 경우 계약 이행을 위한 보장을 내용으로 하는 각종 보증(입찰보증, 이행보증, 하자보수 보증 등)을 제공하기 위해서는 보증서 발행 금융기관에게 보증료를 부담해야 하며, 많은 경우 선진국 금융기관의 수출금융도 제공해야 하므로 그만큼 대출금에 대한 금융 이자 및 수수료를 부담해야 한다.
   그런데 G2G 거래로 진행하게 되면, 수출국 정부가 계약이행을 보장하는 경우가 많으며, 그 경우 수출국 정부의 입찰관련 보증은 많은 경우 생략될 것이고, 수출국 은행의 이행관련 보증서를 생략하거나 혹은 그 보증한도를 낮추어 제공할 수도 있을 것이다 (물론 이 문제는 구체적인 G2G 계약 당사자들의 개별적인 협의 및 약정에 의하여 결정될 문제이다.
   다만, 실제 방산물자 수출 거래들 중 일부의 경우 입찰보증이 생략되거나 이행보증 금액이 일반 거래 대비 축소된 경우가 있었다. 구매국 입장에서 판매국 정부의 계약상 책임 부담에 대한 충분한 신뢰가 있는 경우 이행보증이나 하자보수 보증을 과도하게 요구하면 그만큼 거래비용이 증가하고 결국엔 구매국이 지급하여야 할 계약금액의 상승으로 이어질 수 있으므로 양국의 신뢰가 충분하다면 각종 거래 관련 보증 비용을 줄일 인센티브가 있는 것이다.

5. 거래의 선순환 확보

   정부간 거래는 양 당사자가 모두 정부인 거래로 일단 성사되고 잘 이행되면 후속거래도 양국 정부간 지속적으로 이루어지는 경우가 많다. 즉, 정부간 거래에 의한 거래는 초기 진입은 어려우나, 한번 거래가 성사되면 거래 구조에 대한 합의와 경험의 존재로 공급 거래처를 자주 바꾸지 않는다는 장점이 있기 때문 에 시장선점 효과가 높고 장기간 안정적인 거래가 가능하다.114) 따라서 초기 거래 수주나 이행나 많은 노력과 교섭이 필요하겠으나 장기적인 면에서는 안정적 거래가 지속되는 거래의 선순환(virtuous cycle of trade)이 될 수 있는 특별한 장점이 있다.

예를 들어 안영수(2014)는 방위산업 및 공공보안산업의 경우 거래의 계약기간이 3~10년 이상으로 장기적으로 이루어지며 정부가 당사자로서 보증인이 아닌 본원적 지급책임을 부담하므로 비상위험(political risks)만이 존재하고 상업위험이 존재하지 않는 거래이어서 안정적인 거래라고 설명한다.

안영수(2014)는 방산물자의 경우 일반적으로 물자 인도 후 지속적으로 후속 지원 및 유지 보수에 대한 수요가 발생하기 때문에 장기적인 수익을 창출할 수 있는 강점도 있음을 지적한다. 특히 방산물자의 경우 무기체계의 통일성과 상호연계성을 감안하여야 하며, 거래 관련 비밀 유지도 중요하고, 수십 년간의 부품공급과 정비가 따르는 것이 일반적인 바, 정부간 거래는 그러한 거래에 매우 부합한다.

이러한 예는 특히 우리나라와 미국 간의 FMS거래에 의한 방산물자(항공기 등) 구매를 보면 쉽게 이해가 간다. 즉 우리나라는 미국 국방부를 통해 미국 전투기를 지속적으로 구매해 왔는 바, 정비의 용이성이나 상호 연계된 작전 수행 등 여러모로 볼 때 앞으로도 계속적으로 미국으로부터 전투기를 구매할 것으로 예상된다.

앞서 설명한 페루와의 G2G 거래 초기에는 주로 방산물자에 대하여 이루어졌으나 비방산물자(경찰차량)등으로 확대되었고, 다양한 공공 인프라 프로젝트에 대하여도 G2G 거래가 확대되고 있는 점도 이러한 거래의 선순환 특징을 보여준다. 최근에는 친체로 공항건설에서도 G2G 약정으로 진행되는 면을 볼 때 거래 선순환 측면에서 고무적이다.

---

114) 안영수 외, 47-48면.

PART 2

G2G 거래 국제규범 / 해외제도

01
G2G 거래와 국제규범

1. 정부간 거래와 국제규범

정부간 거래는 구매국에 대하여 수출기업과 수출국이 방산물자, 공공인프라 등을 공급하는 "국제거래"로서 구매국 입장에선 정부조달(government procurement)의 한 방식으로 볼 수도 있다. 국제거래 혹은 국제조달거래를 수행할 때 수출기업 혹은 관련국가는 공정하고 투명한 구제무역질서를 위한 각종 국제무역 혹은 국제거래 관련 규범을 준수해야 하며, 정부간 거래도 마찬가지이다.

정부간 거래는 기본적으로 국가간 계약행위이므로 당사자들의 의무와 권리는 국제거래법의 적용을 받게 되지만, 동시에 정부는 자유롭고 공정한 국제경제질서를 준수해야 하므로 GATT, WTO 등 국제통상규범(국제경제법)의 적용을 받게 되며 정부 및 기업은 그 규범의 준수가 필요하며 위반시 통상분쟁 혹은 제재를 받게 된다.

정부간 거래를 포함한 대부분의 국제거래에 적용되는 GATT, WTO 등은 국제통상규범은 법률적으로는 국제경제법의 일부를 구성하는 바, 국제경제법이란 18세기 이후 본격화된 산업혁명 이래 급격히 증가하고 중요하게 된 경제활동의 국제거래에 적용되는 국제법을 칭한다.[115] 연혁적으로는 초기의 국제경제법은 개별 국가들이 양자간 통상 조약을 체결하여 원활한 양국 간의 국제거래의 법적 토대로서 기능하였으나, 제2차 대전 이후 본격적으로 미국을 중심으로 한 자본주의경제 국가들이 세계경제질서를 규율할 제도로

---

115) 정인섭, 신국제법 강의, 이론과 사례 (제11판), 박영사 (2021), 1098면.

GATT, IMF, IBRD 등의 다자간 체계를 만들어 국제경제거래를 규율하게 되었다.116) 각 기관의 목적과 기본적인 역할은 다음과 같다.

> (1) GATT는 "General Agreement on Tariffs and Trade"의 약자로, 한국어로는 "관세 및 무역에 관한 일반협정"을 말한다. GATT는 1947년에 세계무역기구(현 WTO)의 전신인 국제무역기구(ITO)를 창립하기 위해 협상되었으며, 국제 무역에 관한 다양한 규정과 원칙을 제정하는 데 목적이 있다. GATT는 국가들 사이의 무역장벽을 감소시키고 무역을 자유화하여 세계무역을 촉진하고 무역 갈등을 조정하는데 있으며, 주요 원칙으로는 최혜국대우원칙(MFN)이 있으며, 이는 한 국가에게 부과된 관세 및 비관세적 무역장벽을 다른 국가에게도 동일하게 적용해야 한다는 것을 의미한다. GATT는 1995년 세계무역기구(WTO)의 창립으로 종결되었으나, WTO는 GATT의 원칙과 규정을 계승하면서 더 넓은 범위의 무역 및 서비스 분야를 다루고 있다. 따라서 GATT는 여전히 WTO의 일부로서 적용되는 국제무역규범으로 역할하고 있다.
> (2) IMF는 "International Monetary Fund" 즉, "국제통화기금"을 말하며, 1944년 미국의 뉴햄프셔 주에서 개설된 국제기구로, 세계 경제의 안정과 균형을 촉진하고 국가들이 금융 위기를 관리하는 데 도움을 주는 것이 주된 목적으로 한다. 국제 경제안정과 균형유지를 위해 필요한 범위내에서 국제거래에 대하여도 국제규범으로 적용된다.
> (3) IBRD는 "International Bank for Reconstruction and Development", 즉 "국제재건개발은행"을 말하며, 세계은행(World Bank)라는 명칭으로 불리기도 한다. IBRD의 목적은 파괴된 제2차 세계대전 이후에 복원과 개발을 위해 회원국들에게 금융 지원을 제공하는 것이며, 주로 발전도상국들에게 장기적이고 저렴한 유동자금을 제공하여 인프라 개발과 사회경제 발전을 촉진하고 있다. 이를 위해 IBRD는 다양한 사업에 자금을 조달하고, 회원국으로부터 모아진 자금을 취급하여 대출과 장기금융을 제공하는 바, 인프라 구축, 교육, 보건, 에너지 등 다양한 분야의 프로젝트를 지원한다. 금리와 대출 조건 등에서는 일반적으로 상업적인 은행과는 다른 우대 조건을 제공하여 개발도상국들의 발전을 지원하고 있다. 공공 인프라의 정부간 수출에 있어서도 IBRD의 각종 기준이나 가이드라인은 중요한 지침이 될 것이다.

---

116) 정인섭, 1098면.

국제경제법과 구별할 개념으로 국제거래법이 있는 바, 사경제 주체들 (기업들, 무역상들)이 중심이 되어 당사자 자치의 원칙에 따라 진행되는 당사자간의 거래관련 직접 규율되는 법인 점에서 다르다.117) 반면 국제거래와 관련된 국제경제법의 주된 목적은 자유롭고 공정한 국제경제질서의 수립을 주된 목적으로 하며 이는 구체적으로 WTO 협약 등 다수의 규범체계를 각 국가가 준수하도록 함으로써 실현된다.118)

요약하면, 국제정부조달 거래 및 정부간 거래 공히 개별적인 거래 차원에서의 당사자간 관계에 대하여는 국제거래법이 적용됨과 동시에 국가간의 통상에 대해 적용되는 국제경제법을 이루는 각종 국제규범도 적용된다고 볼 수 있다.

2. 국제경제법의 법원 Source of Law

국제경제법의 가장 중요한 법원(source of law)은 조약이며, 그중 WTO, IMF, IBRD의 3개 국제통상관련 국제기구의 관련 협정이 다자조약으로 국제경제법의 기본질서를 이룬다. 이외에도 ICSID, MIGA, WIPO 등 국제기구에 의한 다수의 다자조약이 존재한다.119)

2차 대전 이후 우선 추진된 것은 무역 분야의 자유화, 보호무역주의 철폐 등을 내용으로 하는 GATT를 시작으로 WTO 설립 및 각종 WTO 규범의 확대 등이 이루어져 현재에는 다양한 국제경제법의 법원이 존재하게 되었다. 이하에서는 정부간 거래 및 정부 조달거래에 특히 관련성이 높은 GATT 및 WTO 규범의 내용을 중심으로 중요 내용을 검토한다.

---

117) 정인섭, 1099면. 국제경제법은 사적 주체의 행위를 직접 규율(국제거래법의 기능)하기보다는 사적 주체가 속하는 주권 국가에 대해 권리의무를 부여하고 이들 주권국가를 통해 경제질서를 규율하게 되는 것으로 이해하면 된다.
118) 정인섭, 1099면.
119) 정인섭, 1100면.

가. GATT - 관세와 무역에 관한 일반협정

관세와 무역에 관한 일반협정 GATT는 2차 대전 이후 비공산권 국가간 경제활동을 지탱해 준 중심 지주 내지 기본 원칙으로 작동하였다.[120] 즉, GATT는 1930년대 세계공황과 뒤 이은 세계대전과 관련된 중요 문제였던, 각국의 보호주의적 무역정책과 그 심각한 부작용에 대한 각국의 반성에서 출발한 것으로, 자유무역의 부활, 무역의 확대를 통한 생산, 고용, 소비의 증대를 도모하고자 하는 인식에서 이를 뒷받침할 새로운 국제경제질서를 위한 국제협정이다.[121]

GATT는 7차례의 관세인하협상을 주도했고, 전세계 무역의 90%이상을 규율하는 국제규범체계이다. GATT는 최혜국 대우(제1조) 및 내국민대우(제3조)를 중심으로 한 비차별주의, 관세인하(제2조), 수량제한 금지(제11조) 등을 기본 원칙으로 하고 있으며, 1995년 WTO 출범하기 전까지 국제무역질서의 기본 틀을 제공해 왔다.

나. WTO 협정

관세와 무역에 관한 일반협정(GATT)이 우루과이 라운드의 결과 발전적으로 확대된 WTO협정은 설립협정과 각종 부속서로 구성되어 있다. WTO 설립협정은 국제기구를 창설하는 조약이고, 부속서에는 국제교역에 대한 실체적 규범들을 규정하고 있다.

WTO 협약은 특별히 다르게 정한 규정이 없는 경우, 1947년 GATT에 의해 설립된 기구의 결정, 절차 및 통상적인 관행이 유지되도록 하고 있는 점에서 GATT의 내용을 포함하고 있다. 다시 말해, GATT 규범은 WTO 체제의 일부로서 효력을 계속하고 있으며, GATT는 여전히 WTO의 부속협정 중 가장 핵심적인 내용을 구성한다. WTO의 국제무역에 관한 기본적인 규범으로써

---

120) 정인섭, 1100면.
121) 정인섭, 1101면.

GATT가 여전히 작동하고 있으며 정부조달거래 및 G2G 거래 공히 WTO의 일부로서의 GATT를 준수하여야 한다고 이해할 수 있다.

우리나라는 WTO회원국이며 이하 설명할 WTO 규범 및 특히 GATT의 원칙 (내국민 대우 및 최혜국 대우 등 국제거래에 있어서 비차별 원칙 등)을 준수하여야 한다. 그런데 정부간 거래(G2G agreements)는 후술하는 것처럼 국익을 위한 차별적 혹은 특정 국가와의 비경쟁 방식 거래라는 점이 특징적인 바, GATT 및 WTO 자유무역 및 공정한 경쟁이라는 원칙에서 벗어날 수 있는 조치를 허용된 예외에 해당한다. 구체적으로는 GATT가 허용하는 안보 예외 및 일반적 예외로서 G2G 거래가 합법적으로 활용될 수 있다.

GATT 규범 이외에도 WTO의 국제규범 중 WTO 정부조달협정은 구매국의 조달이라는 측면이 있는 정부간 거래에 대하여 적용된다. 구매국 입장에서 정부간 거래는 구매국의 안보 이익 혹은 기타 고도의 공익적 이익을 위해 구매하고자 하는 경우 WTO 조달협정상 비차별 원칙(공개경쟁입찰)에서 벗어나 특정 국가와 수의계약 형식의 차별적 조치를 취하는 경우가 많다. 이 경우 GATT 외에도 특별법으로서 GPA가 중복 적용된다.

다만, 그 가입국의 범위가 GATT보다는 협소하여 수출국은 WTO조달협정 회원국이지만 구매국은 비회원국인 경우가 많은 점에 유의하면서 GATT와는 다른 좀더 세밀한 파악이 필요하기도 할 것이다.

이하에서는 WTO의 국제거래관련 기본 규범인 GATT의 원칙적인 규정과 예외규정들, WTO 정부조달 규정과 예외규정들에 대하여 순차적으로 살피고 이를 정부간 거래와 관련하여 검토한다.

3. 국제경제법 프레임워크에 의한 확장적 검토

본서에는 상기 전통적인 국제경제법의 법원의 개념보다는 더 확장된 개념인 프레임워크 개념틀으로 G2G 거래를 설명하고자 한다. 여기서 프레임워크란 특정 분야 또는 쟁점에 대한 규제(regulation) 및 거버넌스(governance)의 기초를 제공하는 광범위한 구조 또는 시스템을 의미하며, 따라서 규범을 의미하는 법원(source of law)보다는 넓은 개념이다. 프레임워크는 국제법의 특정 분야 내에서 국가 및 기타 행위자의 행동을 안내하는 원칙, 규칙, 제도 및 절차를 말하므로 법원에 기초하여 형성되는 절차, 집행기관, 분쟁해결절차, 국가간 규범적 약정등을 포함하는 넓은 개념이다.122)

국제 경제법의 맥락에서 규범체계 혹은 프레임워크(framework)란 국제적 수준에서 국가간의 경제 관계를 규율하는 일련의 원칙(principles), 규칙(rules) 및 제도(institutions)를 의미한다. 프레임워크는 국제 경제 활동, 무역 및 투자에 참여하는 데 필요하고 준수해야 하는 구조를 제공하며 시장 접근(market access), 공정 경쟁(fair competition) 및 경제적 이익 보호(protection of interests)와 관련된 문제를 해결하는 기본구조가 된다.

가. 국제경제법 프레임워크의 기본요소

국제경제법 프레임워크의 기본요소는 다수의 기본 원칙(fundamental principles)이다. 프레임워크는 국가 간의 경제적 상호 작용을 규율하는 다수의 원칙에 따라 운영된다. 국제경제 내지 국제무역 측면에서의 원칙에는 차별 금지(non-discrimination - equality) 원칙, 호혜성(reciprocity) 원칙, 주권 존중(principles of sovereignty) 원칙, 투명성(transparency) 원칙, 예측

---

122) 이 책도 단순히 G2G 관련 법령의 내용만을 설명하는 것이 아니라 프레임워크적인 설명을 하고자 한다. 즉 그에 기반한 제도적 설명과 그 제도하에서 준수해야 할 절차를 설명하게 되며, 또한 전담기관의 업무 범위와 역할도 설명하고, 거래 절차, 계약관리, 분쟁시 해결 등 다양한 범주를 설명하게 되므로, 국제규범의 문제도 단순히 국제규범만을 볼 것이 아니고 국제 규범체계 혹은 프레임워크로 설명하는 것이 더욱 타당하고 의미가 있다.

가능성(predictability) 원칙, 분쟁의 평화적 해결(peaceful settlement of disputes) 원칙 등이 있다. 이러한 원칙은 회원국 및 기타 행위자(기업, 개인, 공무원 등)의 행위를 안내하는 기본 원칙이 된다. 또한 후술하는 구체적 규칙 및 계약의 해석에 있어서도 기본 원칙들이 그 해석의 기준이 된다.

프레임워크의 중심이 되는 요소는 규범체계이며, 국제규칙 및 협정(Rules and Agreements) 있으며, 이러한 규칙은 양자, 지역 또는 다자간 협정을 통해 수립될 수 있다. 국제거래에 관해서는 상품, 서비스, 지적재산권, 투자, 경쟁 정책 등 다양한 측면을 다루며 그 범위가 점점 확대되는 경향과 함께 규칙도 세분화되고 확장되는 경향이다. 기본원칙과 국제규칙은 전통적 의미 국제경제법의 규범 내지 법원이 된다.

프레임워크에는 종종 경제 협력을 감독하고 촉진하는 국제기구 및 기관(International Organizations and Institutions)이 포함된다는 점에서 일반적인 규범 보다는 확장적이다. 예를 들어, 세계무역기구(WTO)는 무역 협상, 분쟁 해결 및 무역 협정 관리를 위한 프레임워크를 제공하는 주요 기관이다. 이들은 그들의 행위를 통해 그리고 각종 기준과 의견을 통해 국제규칙과 협정을 구체화하고 또한 개선하고 발전시키는 역할을 한다.

프레임워크에는 경제 문제와 관련하여 국가 간에 발생하는 분쟁을 해결하기 위한 메커니즘이 포함될 수 있으며, 그 메커니즘에는 협상, 조정, 중재 또는 전문 재판소 또는 패널을 통한 판결이 포함될 수 있다.

한편 프레임워크는 공통의 경제 문제를 해결하고 표준 및 규정의 조화를 촉진하기 위해 국가 간의 규제 협력(Regulatory Cooperation)이 수반된다. 회원국 및 국제기구간 협력에는 정보 교환, 상호 인정 협정, 공통 규제 프레임워크 개발·개선 등이 포함된다.

나. 프레임워크상 중요 원칙들

전술한 국제경제법 프레임워크를 구성하는 중요 원칙들은 본서 전반에 걸친 각종 검토 내지 해석에 중요한 기준이 될 수 있으므로 각각의 원칙별로 좀더 설명하고자 한다. 국제경제법 프레임워크상 중요한 원칙으로는 차별 금지(non-discrimination - equality) 원칙, 호혜성(reciprocity) 원칙, 주권 존중(principles of sovereignty) 원칙, 투명성(transparency) 원칙, 예측 가능성(predictability) 원칙, 분쟁의 평화적 해결(peaceful settlement of disputes) 원칙 등이 있다. 이중 G2G거래와 관련하여 중요한 원칙으로는 차별금지의 원칙, 투명성의 원칙, 분쟁의 평화적 해결 원칙 등이 있겠다.

(1) 차별금지(non-discrimination)의 원칙

국제경제법상 차별 금지의 원칙은 국제 무역 관계에서 오랜 역사를 가지고 있으며 현 국제경제법의 중심축으로 자리 잡은 원칙이다. 이 원칙에 따라 원칙에 따라 계약 당사자는 국내 참여자를 외국 참여자보다 더 유리하게 대우하거나(내국민 대우, national treatment, NT), 특정 외국 참여자를 다른 외국 참여자보다 더 유리하게 대우하거나 차별 대우해서는 안 된다(최혜국 대우, most-favoured-nation treatment, MFN).[123]

차별금지 원칙에 따라 발생하는 비차별 의무(Non-discrimination obligations)는 국제 경제법의 거의 모든 분야, 특히 상품과 서비스의 무역, 투자 보호 또는 지적 재산권 보호의 분야에서 중요한 기준이 된다. 비차별 의무는 특히 국가가 무역에 부당하게 개입하게 되는 각종 조치를 금지하는 효과가 있다. 따라서 무역과 투자 관련하여 자국의 이익을 보호하기 위해 국경 조치(예: 관세, 수량 제한 등) 및 내부 제한(예: 세금 및 제품 표준 운영) 등 모든 유형의 정부 무역 제한(trade obstacles)조치를 하는 경우 차별금지의

---

[123] Diebold, Nicolas F., Non-Discrimination and the Pillars of International Economic Law - Comparative Analysis and Building Coherency (June 30, 2010). Society of International Economic Law (SIEL), Second Biennial Global Conference, University of Barcelona, July 8-10, 2010, IILJ Emerging Scholars Paper No.18-2010, Available at SSRN: https://ssrn.com/abstract=1632927, 2면.

원칙은 차별적 조치를 금지 혹은 통제하는 역할을 한다. 또한 차별 금지 규정은 국가나 정부기관의 차별적인 조치를 금지할 뿐만 아니라 직접적 또는 법적(de jure) 차별조치 뿐만 아니라 간접적 또는 사실상(de facto) 차별조치도 금지하는 중요한 기능을 한다.[124]

이러한 차별금지 조치 원칙에서 벗어나는 내용을 포함하는 거래를 하는 경우, 예컨대 정부간 거래에서 입찰 등을 통하지 않은 특정국과의 수의 계약 방식 거래를 하는 것은 원칙적으로 금지된다. 다만 특정한 요건을 만족하는 예외가 허용되는 바, 그런 경우에는 그 합법적 근거가 있어야 한다. G2G 거래는 국제규범상 안보 예외 내지 공공 이익 등 WTO, GATT 등이 허용하는 예외에 해당하는 경우이며, 수의계약 등 차별금지 원칙에 구애받지 않고 수의계약 등을 진행할 수 있는 경우에 해당한다.

(2) 투명성(transparency) 원칙

투명성은 경제 활동의 개방성, 접근성, 정보 제공을 촉진하는 국제 경제법상 중요한 원칙이다. 따라서 국제거래에의 이해관계자가 관련 정보에 접근할 수 있도록 보장하고, 책임성을 촉진하며, 예측 가능성과 공정성을 향상시키는 역할을 한다. 따라서 정부조달 거래에 대하여는 특정 국가와 G2G 거래를 하면서 경쟁국이나 다른 경쟁기업에게 정보를 제공하는 것인 원칙이다. 특히 각국 정부에 의한 정보의 투명한 공개가 중요한 바, 자국이 운영하고 있는 국제거래 관련 법률과 규칙(Laws and Regulations)을 공개하고, 무역관련 조치(Trade Measures)를 취한 경우 그 내용을 공지하며, 의무를 부담시키거나 부담을 시키는 경우 의무자에에 대한 적절한 통지(Notification)를 하여야 할 것이다.

투명성 원칙에 대하여도 예외가 허용되는 바, 정부는 국가안보 혹은 고도의 공익목적이 수반되다면 투명성 원칙에서 벗어나는 예외적 조치를 할 있다. 예를 들어 방산물자의 국제거래를 하는 경우 국가안보이익을 보호하기 위해 정보제공을 제한하거나 일부 특정국가 혹은 기업들에게만 제한적으로 제공할 수 있고, 각종 제한 조치를 취할 수 있다.

---

124) Diebold(2010), 2-3면.

G2G 거래의 수의계약 방식 체결 혹은 정보의 불공개도 이 예외적 범주에 속한다. 실제로도 각국의 방산물자의 수출거래에 대한 정보는 투명성 원칙의 예외에 해당하여 각국은 그 거래규모를 공개하고 있지 않고 있는 것일 일반적이다.

(3) 우호적 분쟁해결 (peaceful settlement of disputes) 원칙

국제 경제법상 분쟁의 평화적 해결 원칙은 국가 및 기타 경제 행위자 간의 갈등과 불일치를 무력이나 일방적 조치에 의존하지 않고 평화적 수단을 통해 해결하는 것의 중요성을 강조한다. 이러한 원칙은 국제 경제 관계의 안정성, 예측 가능성, 협력을 유지하고자 한다.[125]

국제 경제법에서 분쟁의 평화적 해결을 위한 몇 가지 주요 원칙으로는 (1) 협상과 대화를 통한 해결(Negotiation and Consultation)을 원칙적인 해결책으로 추구하고, (2) 각 정부는 국제규범상의 법적의무의 준수(Compliance with Legal Obligations)에 기반하여 행동함으로써 분쟁을 예방하고 발생한 분쟁을 국제규범에 부합하게 해결, (3) 신의성실 및 상호협력(Good Faith and Cooperation)에 의한 해결을 추구해야 한다.

G2G 거래의 경우에도 가급적 우호적 분쟁해결의 원칙에 따라 분쟁해결 절차를 약정하고, 일방에게만 유리하거나 강요적인 해결 조치를 지양해야 할 것이다.

---

125) Cebada Romero,Alicia, Peaceful Settlement of Disputes, Oxford university Press (2021). 동 논문은 국제 분쟁의 평화적 해결은 국제법의 기본 원칙이자 강제적 성격의 원칙이며,. 이는 유엔 헌장(제2조 3항)에 명시되어 있으며,. 유엔 헌장 제33조는 협상, 조사, 중재, 화해, 조정, 중재, 사법적 해결, 지역적 합의에의 의지 등 분쟁 해결을 위한 포괄적인 목록을 제시한다. 유엔 헌장 37조 1항에 명시된 바와 같이, 분쟁을 해결하기 위한 당사자들의 노력이 실패할 경우, 당사자들은 유엔 안보리에 회부할 의무가 있다.

4. WTO 규범과 정부간 거래의 관련

가. 정부간 거래와 WTO 규범

정부간 거래는 정부가 당사자가 되는 상업적 거래의 성격이 있어 국제거래의 일부인 한편 국가안보 및 고도의 공익목적을 위해 정부가 조달 주체로 개입하는 점에서 정부조달의 성격이 있고 또한 공급자측에 정부가 일정 부분 계약상 책임을 부담하는 점에서 특수한 국제거래이기도 하다. 따라서 G2G 거래도 무역거래의 일종으로 WTO가 요구하는 각종 무역관련 규범의 적용을 받게 되는 바, WTO의 일반적 원칙을 준수하면서도 또한 특별한 예외에 해당하는 경우 예외적 취급을 동시에 받기도 한다.

이를 규범적인 측면에서 살펴보면, 우선, WTO는 일반원칙으로 무역거래에서의 투명성, 비차별성, 예측 가능성(transparency, non-discrimination, and predictability) 등 3대 중요한 원칙에 기반한 framework를 제공하고 있으며 회원국과 회원국의 기업이 국제거래를 수행하는 경우 이를 준수해야 한다. 그러나 정부간 거래에는 국가안보이익, 공중이익을 보호하기 위한 정부의 관여가 필요한 특수한 성격이 내포되어 있어 그 점에서 WTO 무역거래의 3대 원칙에 대한 예외 적용이 필요하기도 하다.

나. WTO 무역규범 프레임워크 - 원칙과 예외

세계무역기구(WTO)는 세계 무역을 촉진하고 규제하는 데 중요한 역할을 한다. WTO는 무역 관계의 투명성, 비차별성, 예측 가능성을 보장하기 위해 고안된 국제 무역을 규율하는 일련의 규칙과 원칙을 수립하고 회원국은 이를 준수해야 한다. 그러나 WTO는 각국 정부가 이러한 일반원칙 내지 규칙에서 벗어나야 하는 예외적인 상황(exceptional circumstances)이 있을 수 있음을 인정한다. 따라서 WTO는 다양한 조항을 통해 이러한 예외를 처리할 수 있는 프레임워크를 제공한다.

대표적인 예외조항 중 하나는 관세 및 무역에 관한 일반협정(GATT) 제20조로, 공공도덕, 인간, 동물 또는 식물의 생명 보호 또는 국가 안보 문제 해결과 같은 특정 목적을 위해 정부가 일반적인 무역 규칙에서 벗어난 조치를 채택할 수 있도록 허용한다.

WTO의 정부 조달에 관한 협정(GPA)도 정부간 조달 활동에 대한 지침을 제공한다. 이 협정을 통해 정부는 다른 정부와 관련된 조달 프로세스에 대한 구체적인 규칙과 절차를 수립할 수 있다. GPA도 정부간 거래의 예외적인 특성을 인정하고 규제 및 감독을 위한 프레임워크를 제공한다.

다. G2G 거래와 WTO 예외 규정 적용

정부간 계약은 구매국 정부가 입찰방식 계약에 의한 구매가 아니라 특정 수출국과 수의계약 등에 의해 우선협상 등을 통해 계약내용을 협의하고 구매 내지 조달하는 거래가 대부분이다. 따라서 다수의 해외 기업이나 해외 정부에 계약 체결의 기회를 부여하지 않는 거래의 특징이 있어, 정부간 거래가 자유로운 무역행위에 부합하지 않는 면이 있을 수 있다. 사실상 상당수의 G2G 거래에는 WTO 원칙에 대한 예외 취급이 문제가 되며 실무적으로도 당사자가 취해야 하는 절차나 협상내용에 있어서 현저한 효과가 있다.

구체적인 사업 기회 포착에 밝은 수출기업이 일반 경쟁입찰 거래를 추진하는 대신 수출국 정부(G2G 업무 담당 정부기관 등)의 도움을 얻어 구매국 정부와 정부간 거래를 추진하는 경우가 많다. 이 경우 정부간 협상이 이루어지면서 제3국 정부나 제3국의 기업들에게는 거래 관련 입찰 기회나 공정한 경쟁, 혹은 정부의 제공이 제한되게 되기도 한다. 즉, 정부간 계약으로 진행하기로 결정되면 공개입찰 절차 없이 구매국 정부와 계약을 체결할 수 있어 타 기업과의 경쟁을 피할 수 있어 유리하겠으나 이는 후술하는 국제경제법상 기본원칙인 비차별 원칙과 자유롭고 공정한 무역 원칙에 반할 여지가 많은 건 사실이다.

라. 정부간 거래와 WTO 규범 준수

정부간 거래는 국제규범인 다자간 통상협상(MTN · multilateral trade negotiations)인 GATT의 원칙 혹은 WTO의 원칙 및 이를 발전시킨 WTO의 각종 규범의 기본원칙들, 특히 최혜국 대우 등 비차별 원칙과 투명성의 원칙, 자유무역주의 원칙에 반할 여지가 있음은 전술한 바와 같다.

(1) 비차별, 투명성 원칙 준수

정부가 개입하여 관세 차별을 하거나 혹은 보조금을 지급하는 행위도 금지되거나 제한되는 것이 국제경제법상 원칙인 바, G2G 계약처럼 정부가 직접 나서서 수출기업을 대신하여 계약체결의 주체가 되는 행위인 G2G 거래는 매우 높은 수준의 불공정무역행위로 보여질 여지가 크다. WTO 원칙에 위반하게 되면 피해를 입은 국가에서 불공정무역행위임을 이유로 WTO에 제소할 가능서이 있으며, 이에 대한 대응과정에서 거래의 신뢰성과 타당성에 부정적인 영향이 있을 수 있다.

> 예를 들어 우리나라와 구매국간 G2G 방식으로 에너지 프로젝트를 수행하기로 하는 경우 사업기회를 놓친 경쟁기업이나 국가(예를 들어 일본 정부 혹은 일본 에너지 프로젝트 기업)는 WTO의 비차별원칙 혹은 투명성 원칙 등에 근거하여 분쟁해결기구(WTO DSB 등)에 제소할 수 있을 것이다. 이 경우 정부간 거래를 추진한 국가나 수출기업은 GATT 및 WTO규범상 원칙의 예외에 해당함을 입증하여 정당성을 주장할 수 있겠으나 어쨌든 이는 개별기업간 작은 분쟁이나 혹은 국가간 통상분쟁으로 될 수도 있고 그러한 분쟁 발생 자체로 프로젝트 자체에 대한 부정적인 효과는 발생한다.

공정한 거래의 기회부여는 발주처가 정부이므로 일반적으로 GATT 제1조의 최혜국 원칙과 제3조의 내국민 대우 원칙에 근거해 준수할 것이다. 구매국이 WTO 정부조달협정에 가입한 국가라면 그 협정을 준수하여 공개입찰 절차를 거칠 의무를 부담하게 된다. 구매국 정부가 공개입찰 없이 자국 특정 기업이나 특정 국가이 기업과 수의계약을 체결하면 그것은 WTO 규범인 GATT 및 GPA의 위반이 된다.

다만, 아직 WTO GPA 가입국의 수는 적으며 대부분 선진국이 가입하였으므로 G2G 구매국의 다수는 가입국이 아니므로 GPA가 직접 적용될 가능성은 현재로서는 낮은 편이다.

(2) 안보, 공익예외 해당시 위반 면제

그런데, WTO 등 국제규범은 안보이익 및 고도의 공공이익 보호를 위한 예외를 명시적으로 규정하고 있으며, 동 예외규정에 부합하는 경우라면 그 G2G 거래 추진은 비록 판매국 과의 수의계약 등 차별적 요소가 있더라도 동 규범 위반이 아니게 된다. 즉, GATT 제20조(일반 예외)에 따르면 그 거래의 목적이 공중보건, 생명보호 등 "고도의 공익적 목적"이 인정된다면 차별적 조치를 할 수 있도록 허용하는 바, 예를 들어 본 연구의 주제인 특정 국가와의 수의계약인 정부간 거래도 그런 측면에서 허용된다. 한편, 정부간 계약은 안보 예외(security exception)에 의한 경우에도 WTO 규범상 원칙을 준수하지 않을 수 있는 바, 방산물자 정부간 거래에 대해 합법성의 전통적인 근거이며, 미국, 캐나다 등 선진국이 주로 방산물자 수출입과 관련해서 해온 정부간 계약은 동 안보예외에 근거한다.

따라서 이하에서는 위와 같은 G2G거래가 준수할 국제규범으로써 그리고 차별적 조치를 행할 수 있는지 등의 내용의 근거가 되는 WTO의 GATT 협정 및 WTO의 GPA(정부조달협정)의 내용을 설명한다.

02
관세무역협정 [GATT]

1. WTO의 통상규범으로서의 GATT의 일반원칙

WTO는 무역자유화를 위한 기구이며 회원국이 국제무역과 관련된 협정들을 협상하는 장이기도 하다. 또한 무역과 관련된 규범 체계를 이행하는 기구이기도 하며 무역분쟁을 해결하는 기능도 한다. WTO는 국제규범의 집합체로서, 다수의 국가들이 협상을 통해 합의한 일련의 협정들로 구성되어 있다. 이 문서들은 국제상거래의 기본적인 법규범을 제공하며, 각국의 무역정 책을 회원국간에 합의한 범위 내에 두기 위한 구속력 있는 계약 내지 약정의 집합이라고 볼 수 있다.각국 정부가 협상하고 서명했지만 그 주 목적은 물품과 서비스의 공급자들, 수출입업자들의 국제사업을 돕기 위한 것이다.[126]

WTO는 곧 국제교역의 중심인 상품무역을 규제하는 1994년 GATT의 원칙을 계승하였으므로 GATT 규범은 WTO의 국제통상규범으로 효력이 있다. 이하 GATT의 주요 내용으로서의 원칙을 소개한다.

가. GATT상 최혜국 대우 원칙 - 외국간 비차별

GATT상 최혜국 대우(most-favored-nation treatment, MFN)란 특정 외국 또는 그 국민이나 제품을 다른 제3국 또는 그 국민, 제품보다 불리하게 대우하지 않는다는 의미이며, 통상적으로는 외국인 간의 평등 대우(Equal

---

[126] 외교통상부, WTO 이해하기 (간행물발간등록번호 11-1260000-000367-14) (이하 "WTO 이해하기")..

treatment between foreign countries)를 의미한다.127) 최혜국 대우 원칙은 후술하는 "내국민 대우 원칙"과 함께 WTO 비차별 원칙의 핵심을 이룬다. MFN 대우의 본질은 한 국가에 적용한 동일한 조건을 다른 회원국에게도 제공함으로써 결국 국가간 차별 없는 대우를 하는 것이다. 국제거래의 맥락에서 보면, 결국 동일한 제품에 대해서는 원산지 국가에 따라 차별적인 대우를 하는 것을 금지하는 원칙이다.128)

(1) 제1조 : 최혜국 대우 General Most-Favoured-Nation Treatment

GATT 제1조는 최혜국 대우는 회원국은 동종 상품(like product)에 대한 법률상의 차별은 물론 사실상의 차별도 금지되며, 수입뿐만 아니라 수출에도 동일하게 적용된다. 동종상품의 판단이 중요한 바, 그 판단은 후술하는 내국민 대우에서도 마찬가지이다.

---

127) 정인섭, 1112면.

128) METI (Japan), 2015 Report on Compliance by Major Trading Partners with Trade Agreements -WTO, EPA/FTA and IIA- (Part Ⅱ : WTO Rules and Major Cases, Chapter 1: Most-Favored-Nation Treatment Principle) (2016) ("Therefore, the essence of MFN treatment is non-discriminatory treatment by providing the same conditions given to one Member to other Members. In the context of trade, it is a principle that prohibits different treatment given to the same products depending on the country of origin."). (https://www.meti.go.jp/english/report/data/2015WTO/02_01.pdf).

GATT 제1조는 특정 국가로의 수입이 가장 효율적인 생산자에 의해 공급되도록 하는 효과를 목적으로 함을 규정한다. 즉, 모든 외국 생산자들이 동등한 조건에서 경쟁하게 되므로 이 중 가장 효율적인 생산자 혹은 공급자가 경쟁력을 갖게 되고 이는 국제무역 전체의 경제적 효율성을 증진시킨다. [129]

1947 GATT 영문[130]	1947 GATT 국문[131]
Article I General Most-Favoured-Nation Treatment 1. With respect to customs duties and charges of any kind imposed on or <u>in connection with importation or exportation or imposed on the international transfer of payments for imports or exports</u>, and with respect to the method of levying such duties and charges, and <u>with respect to all rules and formalities in connection with importation and exportation</u>, and with respect to all matters referred to in paragraphs 2 and 4 of Article III,* any advantage, favour, privilege or immunity granted by any contracting party to any product originating in or destined for any other country <u>shall be accorded immediately and unconditionally to the like product</u> originating in or destined for the territories of all other contracting parties.	제1조 일반적 최혜국대우 1. 수입 또는 수출에 대하여 또는 수입 또는 수출과 관련하여 부과되거나 수입 또는 수출에 대한 지급의 국제적 이전에 대하여 부과되는 관세 및 모든 종류의 과징금에 관하여, 동 관세 및 과징금의 부과방법에 관하여, 수입 또는 수출과 관련된 모든 규칙 및 절차에 관하여, 그리고 제3조제2항 및 제4항에 언급된 모든 사항에 관하여 체약당사자가 타국을 원산지로 하거나 행선지로 하는 상품에 대하여 부여하는 제반 편의, 호의, 특권 또는 면제는 다른 모든 체약당사자의 영토를 원산지로 하거나 행선지로 하는 동종 상품에 대하여 즉시 그리고 무조건적으로 부여되어야 한다.

---

129) 정인섭, 1112면.
130) The General Agreement on Tariffs and Trade (GATT 1947), WTO | legal texts - Marrakesh Agreement (2022. 9.24. 기준).
131) 외교부 (홈페이지), 1947년 GATT 협정문(국 문 본) 상세보기|관련자료 | WTO 외교부 (mofa.go.kr) (2022. 9.24. 기준).

(2) 최혜국 대우 원칙의 주요내용

차별금지(Non-Discrimination): 내국민 대우 원칙은 수입 제품과 국내 생산 제품 간의 차별을 금지한다. 따라서 물품의 판매, 구매, 운송, 유통 또는 사용과 관련된 국내규범, 법률 및 요건과 관련하여 국내 제품보다 불리하게 대우받지 않아야 한다.

비차별(Non-Discrimination): 최혜국대우(MFN) 원칙은 한 국가가 특정 해외기업에게 부여하는 모든 혜택, 호의, 특권 또는 면제를 다른 모든 해외기업에게 적용해야 한다는 원칙이며, 어떤 국가가 다른 국가보다 더 유리한 대우를 받지 않도록 보장하여 차별 금지와 동등한 대우를 촉진함을 목적으로 한다.

유사제품(Like Products)간 비차별: 내국민 대우 원칙과 마찬가지로 최혜국 대우 원칙은 "동종 제품"에도 적용됩니다. 이 원칙은 본질적으로 동일하거나 유사하고 동일한 시장에서 경쟁하는 제품에 대해 동등한 대우를 제공하도록 요구한다.

예외(Exception): GATT 제14조는 MFN 원칙에 대한 구체적인 예외를 규정하여 국가가 MFN 의무를 위반하지 않고 지역 무역 협정 또는 관세 동맹을 체결할 수 있도록 허용한다. 또한 개발도상국 또는 도움이 필요한 국가에 특혜를 부여하는 것은 최혜국 대우 원칙을 위반하는 것이 아님. 따라서 개도국을 지원하기 위해 선진국 등이 개도국 수입품에 일방적인 관세 특혜를 부여하는 조치, 즉 일반특혜관세제도(GSP: Generalized System of Preference)는 MFN 위반이 아니다.

분쟁 해결(Dispute Settlement): MFN 대우와 관련된 분쟁은 WTO) 분쟁 해결기국 등에 제기할 수 있다. 국가는 다른 국가가 GATT 제1조에서 요구하는 MFN 대우를 제공하지 않는다고 판단되는 경우 해결을 요청할 수 있다.

(3) 다른 협정으로의 확장

MFN 대우의 원칙은 GATT 이외의 협정에까지 확장되었다. 특히 후술할 WTO 정부조달 협정(GPA) 제4조는 정부조달에 대한 비차별적 대우의무(non-discriminatory treatment obligation)를 규정하고 있으며, 동 협정의 제3조의 일반적인 예외(general exceptions)를 통해 MFM 의무 면제를 허용하고 있다.

나. GATT상 내국민 대우 원칙 - 내외국간 비차별

(1) 제3조 : 내국민 대우의 내용

내국민 대우(national treatment) 원칙은 자국민이나 자국 상품에 대해 부여하는 권리나 특권을 자국 영역 내의 다른 국가의 국민이나 상품에도 동일하게 부여하는 것을 말한다. 다시 말해 수입물품에 대하여 국내 물품과 차별하여서는 아니 된다는 원칙이다. 앞서 살핀 최혜국 대우(MFN)가 외국간의 평등 대우(Equal treatment between foreign countries)를 의미한다면, 내국민 대우는 내외국간의 평등 대우(Equal treatment of nationals and foreigners)를 의미한다.[132] 이는 국내외 생산자 모두에게 공평한 경쟁의 장을 조성하여 수입 제품이 국내 제품에 비해 부당한 차별적 대우를 받지 않도록 보장하는 것을 목적으로 하는 원칙이다.[133]

---

[132] 정인섭, 1116면.
[133] WTO ANALYTICAL INDEX, 192면. 제3조 내국민 대우 규정의 주 목적은 '국내 생산을 보호하기 위해 수입 또는 국내 제품에 내부 조치가 적용되지 않도록 하여 외국제품에 대해 차별하는 것을 방지하는 것이다.

1947 GATT 영문[134]	1947 GATT 국문본[135]
Article III*: National Treatment on Internal Taxation and Regulation 1. - 3. [omitted] 4. The products of the territory of any contracting party imported into the territory of any other contracting party shall be accorded treatment no less favourable than that accorded to like products of national origin in respect of all laws, regulations and requirements affecting their internal sale, offering for sale, purchase, transportation, distribution or use. The provisions of this paragraph shall not prevent the application of differential internal transportation charges which are based exclusively on the economic operation of the means of transport and not on the nationality of the product. 8. (a) The provisions of this Article shall not apply to laws, regulations or requirements governing the procurement by governmental agencies of products purchased for governmental purposes and not with a view to commercial resale or with a view to use in the production of goods for commercial sale. (b) The provisions of this Article shall not prevent the payment of subsidies exclusively to domestic producers, including payments to domestic producers derived from the proceeds of internal taxes or charges applied consistently with the provisions of this Article and subsidies effected through governmental purchases of domestic products.	제3조 내국 과세 및 규정에 관한 내국민대우 1. 3. [기재 생략] 4. 다른 체약당사자의 영토내로 수입되는 체약당사자 영토의 상품은 그 국내판매, 판매를 위한 제공, 구매, 운송, 유통 또는 사용에 영향을 주는 모든 법률, 규정, 요건에 관하여 국내원산의 동종 상품에 부여되는 대우보다 불리하지 않은 대우를 부여 받아야 한다. 이 항의 규정은 상품의 국적에 기초하지 아니하고 전적으로 운송수단의 경제적 운영에 기초한 차등적 국내운임의 적용을 방해하지 아니한다. 8. (a) 이 조의 규정은 상업적 재판매 또는 상업적 판매를 위한 재화의 생산에 사용할 목적이 아닌, 정부기관에 의하여 정부의 목적을 위하여 구매되는 상품의 조달을 규율하는 법률, 규정 또는 요건에는 적용되지 아니한다. (b) 이 조의 규정은 이 조의 규정에 합치되게 적용된 내국 세금 또는 과징금의 수익으로부터 발생한 국내생산자에 대한 지급금 및 정부의 국내상품 구매를 통하여 실현된 보조금을 포함하여 보조금을 국내생산자에게 배타적으로 지급하는 것을 방해하지 아니한다.

(2) 내국민대우 원칙의 주요내용

차별금지(Non-Discrimination) : 내국민 대우 원칙은 수입 제품과 국내 생산 제품 간의 차별을 금지한다. 따라서 물품의 판매, 구매, 운송, 유통 또는 사용과 관련된 국내규범, 법률 및 요건과 관련하여 국내 제품보다 불리하게 대우받지 않아야 한다.

유사제품(Like Products)간 적용 : NT 원칙은 원칙적으로 동일하거나 유사하고 동일한 시장에서 경쟁하는 상품을 의미하는 "유사 제품"에 적용된다. '유사성'의 판단은 물리적 특성, 사용 목적, 소비자 인식 등의 요소를 고려하여 판단한다.

내부 조치(Internal Measures) : 내국민 대우 의무는 수입 및 국내 제품의 대우에 영향을 미치는 법률, 규정 및 요건을 포함한 내부 조치(Internal Measures)에 적용된다. 세금, 기술 표준, 라이선스 절차, 제품 안전 규정 등 다양한 측면이 포함된다.

예외(Exceptions) : GATT 제 20조는 공중보건, 고갈성 천연자원의 보존, 기타 국제 협정에 따른 의무 준수 등 특정 사유로 인해 계약 당사자가 내국민 대우 의무에서 벗어날 수 있도록 허용하는 일련의 일반적인 예외를 규정하고 있다. 다만, 이러한 예외는 비차별적이고 비례적인 방식으로 적용되어야 하는 내재적 제한이 있다.

분쟁 해결(Dispute Settlement) : GATT 제23조는 내국민 대우 및 기타 GATT 조항과 관련된 분쟁을 해결하기 위한 분쟁 해결 절차를 규정하는 바, 계약 당사자는 세계무역기구(WTO) 분쟁 해결 시스템에 소송을 제기할 수 있다.

---

134) The General Agreement on Tariffs and Trade (GATT 1947), WTO | legal texts - Marrakesh Agreement (2022. 9.24. 기준).
135) 외교부 (홈페이지), 1947년 GATT 협정문(국 문 본) 상세보기|관련자료 | WTO 외교부 (mofa.go.kr) (2022. 9.24. 기준).

(3) 정부조달의 예외 (제3조 제8호)

정부조달의 경우에는 정부가 주체가 되거나 정부의 사업 목적이 내포되므로 구매국 정부의 이익보호를 위해 일정부분 내국민 대우 원칙이 완화되도록 허용한다. 즉 GATT 제 III조 8(a)는 정부조달시 회원국 정부가 자국 내 제품을 우선적으로 구매할 수 있도록 허용하는 내국민 대우 원칙의 예외를 허용하고 있다. 이러한 예외를 허용하는 주된 이유는 많은 GATT 체결국들이 정부조달시 국내 제품에 부여해 온 기존의 특혜를 변경하는 것을 꺼려했기 때문으로 설명된다.136)

협약상 정부조달은 정부가 구매주체가 되는 다양한 활동으로 파악되는 바, 정부가 직접 사용(정부기관이 사용하는 사무장비의 구매)하는 경우이거나, 혹은 정부의 정책 목적에 사용되거나 (정부가 설립하는 국립병원)를 포함한다고 본다. 또한 그 조달의 주체도 정부뿐만 아니라 정부 산하기관(대행기관)도 포함되는 것으로 해석된다.137)

정부간 거래에 관련하여 GATT의 내국민 대우 원칙은 완화될 수 있다. 예를 들어, 구매국(예컨대 페루)이 판매국(대한민국) 정부와 정부간 거래를 통해 공항 건설 프로젝트를 하고자 하는 경우를 상정해 보자. 우선 이것이 제3조의 제8항에 해당하는 정부조달에 해당한다면 정부가 사용할 물품이라는 것 혹은 정부가 추진하는 사업과 관련된 것이라면 제3조의 적용 예외에 해당할 수 있다. 따라서 적어도 GATT 조항의 적용에 있어서는 동 공항 프로젝트에 다른 국가(프랑스) 정부나 그 수출기업에게 계약체결의 기회를 부여(예컨대 국제경쟁입찰 방식으로 거래 추진)하지 안할 의무는 없는 것이다.

---

136) GATT Analytical Index, Volume 1, pp. 190-194 ; METI (Japan), 2016 Report on Compliance by Major Trading Partners with Trade Agreements -WTO, EPA/FTA and IIA- (Part Ⅱ : WTO Rules and Major Cases, Chapter 2: National Treatment Principle), (2016) (2-02_clear_2003 (meti.go.jp)). 내국민 대우의 예외가 되는 정부조달의 명시적 정의(definition of government procurement) 내지 범위가 문제될 수 있는데, GATT 협정은 규정하고 있지 않고 있으나, 그런 정의 규정 부재가 큰 문제가 되지는 않는다.

137) 정인섭, 1116면.

그런데 GATT 제3조 제8호에서 정부조달에 대한 MFN 예외를 규정하였다 하여, 정부조달에 해당하면 WTO규범 준수에서 무조건 면제되는 것은 아니다. WTO는 1979년 별도의 정부조달협정(GPA)을 규정하였고 그 규범에서는 원칙적으로 최혜국 대우와 내국민 대우를 다시 규정하고, 안보예외와 일반예외도 GATT와 마찬가지로 규정하였다. 결국 초기의 GATT상 정부조달에 대한 예외 인정에 더하여 궁극적으로는 WTO GPA 규범에 의해 다시 정부조달 부분도 규율하게 되었다.

2. GATT 제20조 일반예외

WTO 규범은 민감한 국가이익과 관련한 상황에 따른 여러 가지 예외를 인정하고 있다.[138] WTO가 추구하는 자유롭고 공정한 국제거래질서 준수는 바람직하나, 국제질서란 것이 유동적이며 예측불가능한 상황이 발생하기도 하므로 개별 국가는 이에 대처하기 위해 특별한 조치를 해야 하는 경우도 존재한다. 이러한 인식하에 WTO는 규범 준수의 예외를 규정하여 개별 국가도 그 예외규정에 해당하면 예외적 조치를 취할 수 있도록 허용한다.

GATT 예외조항은 (1) 당사국이 일방적으로 실시할 수 있는 예외, (2) 사전 또는 사후에 다른 회원국에 통과 혹은 협의가 필요한 경우[139], (3) 사전에 WTO의 승인을 필요로 하는 예외조치[140]가 있다. 이중 정부간 거래와 관련이 깊은 예외조치는 당사국의 판단으로 WTO 비차별 원칙에 대한 예외조치로서, 일반적 예외조치(Article XX General Exceptions)(제20조) 및 국가안보로 인한 예외조치(제21조) 규정이 있다. 여기서는 먼저 제20조 일반예외를 개설하고, 다른 특성에 기인한 제21조 안보예외는 별도로 설명한다.

---

138) 정인섭, 1122면.
139) 제19조 긴급수입제한, 제12조를 대표적인 예로 든다. 정인섭, 1122면.
140) 제25조 5항에 따른 의무면제를 대표적인 예로 든다. 정인섭, 1122면.

가. GATT 제20조의 규정 내용

GATT 제20조는 공서양속, 생명보호 등 특별한 상황에서는 회원국이 GATT 원칙을 준수할 의무로부터 일반적으로 면제되어 필요한 조치를 취할 수 있도록 한다. 예컨대 공중도덕을 보호하기 위해 필요한 조치였던 경우, 인간, 동식물의 생명이나 건강을 보호하기 위해 필요한 조치인 경우, GATT 규정엔 반하지 않는 국내법령의 준수를 확보하기 위한 예외적 조치를 한 경우에는 당사국은 책임이 없다.141) 다만 이러한 조치는 자의적이거나 불공평한 차별수단으로 적용되어서는 아니 되고, 국제무역에 있어서 위장된 제한조치로 사용되어서도 아니된다는 제한은 있다.

1947 GATT 영문	1947 GATT 국문본142)
Article XX General Exceptions Subject to the requirement that such measures are not applied in a manner which would constitute a means of arbitrary or unjustifiable discrimination between countries where the same conditions prevail, or a disguised restriction on international trade, <u>nothing in this Agreement shall be construed to prevent the adoption or enforcement by any contracting party</u> of measures: (a) necessary to <u>protect public morals;</u> (b) necessary to <u>protect human, animal or plant life or health;</u> (c) relating to the importations or exportations of gold or silver;	제20조 일반적 예외 다음의 조치가 동일한 여건이 지배적인 국가간에 자의적이거나 정당화할 수 없는 <u>차별의 수단을 구성하거나 국제무역에 대한 위장된 제한을 구성하는 방식으로 적용되지 아니한다는 요건을 조건으로, 이 협정의 어떠한 규정도 체약당사자가 이러한 조치를 채택하거나 시행하는 것을 방해하는 것으로 해석되지 아니한다.</u> (a) <u>공중도덕을 보호하기 위하여 필요한 조치</u> (b) <u>인간, 동물 또는 식물의 생명 또는 건강을 보호하기 위하여 필요한 조치</u> (c) 금 또는 은의 수입 또는 수출과 관련된 조치

---

141) 정인섭, 1122면.

(d) necessary to secure compliance with laws or regulations which are not inconsistent with the provisions of this Agreement, including those relating to customs enforcement, the enforcement of monopolies operated under paragraph 4 of Article II and Article XVII, the protection of patents, trade marks and copyrights, and the prevention of deceptive practices;	(d) 통관의 시행, 제2조제4항 및 제17조 하에서 운영되는 독점의 시행, 특허권·상표권·저작권의 보호, 그리고 기만적 관행의 방지와 관련된 법률 또는 규정을 포함하여 이 협정의 규정에 불합치되지 아니하는 법률 또는 규정의 준수를 확보하기 위하여 필요한 조치
(e) relating to the products of prison labour;	(e) 교도소노동상품과 관련된 조치
(f) imposed for the protection of national treasures of artistic, historic or archaeological value;	(f) 예술적, 역사적 또는 고고학적 가치가 있는 국보의 보호를 위하여 부과되는 조치
(g) relating to the conservation of exhaustible natural resources if such measures are made effective in conjunction with restrictions on domestic production or consumption;	(g) 고갈될 수 있는 천연자원의 보존과 관련된 조치로서 국내 생산 또는 소비에 대한 제한과 결부되어 유효하게 되는 경우
(h) undertaken in pursuance of obligations under any intergovernmental commodity agreement which conforms to criteria submitted to the CONTRACTING PARTIES and not disapproved by them or which is itself so submitted and not so disapproved;*	(h) 체약당사자단에 제출되어 그에 의하여 불승인되지 아니한 기준에 합치되는 정부간 상품협정 또는 그 자체가 체약당사자단에 제출되어 그에 의하여 불승인되지 아니한 정부간 상품협정 하의 의무에 따라 취하여지는 조치

(i) involving restrictions on exports of domestic materials necessary to ensure essential quantities of such materials to a domestic processing industry during periods when the domestic price of such materials is held below the world price as part of a governmental stabilization plan; Provided that such restrictions shall not operate to increase the exports of or the protection afforded to such domestic industry, and shall not depart from the provisions of this Agreement relating to non-discrimination;	(i) 정부의 안정화계획의 일부로서 국내원료의 국내가격이 국제가격 미만으로 유지되는 기간 동안 국내가공산업에 필수적인 물량의 국내원료를 확보하기 위하여 필요한 국내원료의 수출에 대한 제한을 수반하는 조치. 단, 동 제한은 이러한 국내산업의 수출 또는 이러한 국내산업에 부여되는 보호를 증가시키도록 운영되어서는 아니되며 무차별과 관련된 이 협정의 규정으로부터 이탈하여서는 아니된다.
(j) essential to the acquisition or distribution of products in general or local short supply; Provided that any such measures shall be consistent with the principle that all contracting parties are entitled to an equitable share of the international supply of such products, and that any such measures, which are inconsistent with the other provisions of the Agreement shall be discontinued as soon as the conditions giving rise to them have ceased to exist. The CONTRACTING PARTIES shall review the need for this sub-paragraph not later than 30 June 1960.	(j) 일반적 또는 지역적으로 공급이 부족한 상품의 획득 또는 분배에 필수적인 조치. 단, 동 조치는 모든 체약당사자가 동 상품의 국제적 공급의 공평한 몫에 대한 권리를 가진다는 원칙에 합치되어야 하며, 이 협정의 다른 규정에 불합치되는 동 조치를 야기한 조건이 존재하지 아니하게 된 즉시 중단되어야 한다. 체약당사자단은 1960년 6월 30일 이전에 이 호의 필요성을 검토한다.

---

142) 외교부 (홈페이지), 1947년 GATT 협정문(국 문 본) 상세보기|관련자료 | WTO 외교부 (mofa.go.kr) (2022. 9.24. 기준).

GATT 제20조는 공통요건과 개별사유로 나누어 파악할 수 있다. 따라서 문제된 사안이 개별 사유의 어느 하나에 해당하여야 할 뿐만 아니라 공통요건도 마찬가지로 구비하는 경우에 한해 비로소 제20조의 예외가 인정된다고 본다. GATT 제20조는 예외의 사유로 모두 10개항을 규정하였으며 이는 일반적으로 열거조항으로 해석된다.143)

일반조건으로는 본문에 규정된 "Subject to the requirement that such measures are not applied in a manner which would constitute a means of arbitrary or unjustifiable discrimination between countries where the same conditions prevail, or a disguised restriction on international trade (다음의 조치가 동일한 여건이 지배적인 국가간에 자의적이거나 정당화할 수 없는 차별의 수단을 구성하거나 국제무역에 대한 위장된 제한을 구성하는 방식으로 적용되지 아니한다는 요건을 조건으로)" 부분에서 요구되는 조건을 말한다. 본조 본문을 해석하면, 열거조항상 사유에 부합하는 경우라도 제20조에 근거한 예외조치를 취하려면 (1) 자의적이거나 또는 정당하지 않은 국가간 차별 수단이 아니어야 하고, (2) 국제거래에 대한 위장된 제한이 아니어야 하는 일반적인 요건도 동시에 만족해야 한다.

다음으로, 열거조항 부분에는 구체적으로 (a) 공중도덕, (b) 공중보건(보건조치), (c) 금 또는 은의 수출입, (d) 국내법규의 준수(집행조치), (e) 수형자가 만든 제품,37) (f) 국보의 보호,38) (g) 유한천연자원의 보존(보존조치),(h) 상품협정의 의무 이행,39) (i) 국내 원료의 수출 제한,40) (j) 공급 부족 제품의 공정한 분배에 관한 경우가 있다. 열거조항이므로 제20조를 원용하기 위해서는 회원국의 조치가 위 사유의 어느 하나에 명백히 해당되어야 하며 유사한 사안으로 확대 해석하여서는 아니 된다고 본다.

---

143) 김대순, 49면;

나. GATT 제20조 적용 개요

제20조는 "본 협정의 어떠한 규정도 체약국이 . . . (열거된 각종 특별)조치를 채택하거나 실시하는 것을 방해하는 것으로 해석되어서는 아니 된다 (". . . Nothing in this Agreement shall be construed to prevent the adoption or enforcement by any contracting party of measures . . .")라고 규정한 것은 제20조에 의한 예외조치는 GATT의 모든 의무에 적용된다는 것을 의미한다. 따라서 제20조 문언해석상 당사자는 제20조에 열거된 사유가 있다면 그 범위 내에서는 GATT가 부여하는 모든 의무로부터 면제된다. 따라서 회원국은 제20조에 해당하는 조치를 취할 경우 GATT의 기본원칙인 최혜국 대우나 내국민 대우 등 비차별 의무에서 면제되므로, 정부는 그러한 상황이라고 판단하면 차별적인 수출제한, 수입제한, 비관세 장벽 등 조치도 취할 수 있게 된다. 물론 여기에는 판매국 정부와 방식으로 계약을 체결하는 등 GATT 기본원칙에 위반하는 내용을 포함하는 G2G 거래도 포함된다고 해석된다.

다. 비방산물자 정부간 거래: 생명 또는 건강을 보호하기 위하여 필요한 조치

제20조의 공익목적에 따른 일반적 예외에 해당하는지 여부 판단의 주체는 당사국이 된다. 즉, GATT 제20조에 해당하는 政策적 목적이 있을 때, 당사국은 자국의 단독 판단에 의해 최혜국 대우를 준수하지 않고 차별적인 조치를 할 수 있다. 비방산물자를 정부간 거래 방식으로 해외조달 하는 것도 본 제20조 적용의 예가 될 수 있으며 그 추진 여부는 제20조 해당 여부는 당사국(구매국)이 판단한다. 다만 방산물자의 조달인 경우에는 후술하는 GATT 제21조에 의해 직접적이고 명시적으로 안보이익 예외로 인정되므로, 결국 제20조는 주로 방산물자가 아닌 기타 물자의 국제조달 거래에 적용된다.

제20조에서 열거하는 사유 중 특히 정부간 거래와 관련이 있을 수 있는 몇가지 예외사유가 있다. 첫째 사유로는 **"생명 또는 건강을 보호하기 위하여 필요한 조치** (necessary to protect human, animal or plant life or health) (b호)"가 있었다.

> 예를 들어, 공공보건사업 혹은 공공인프라 사업(상하수도 사업) 등이 그에 해당할 것이다. 따라서 공공보건을 위하여 실시되는 사업, 예컨대 국립병원 현대화 사업 등을 구매국이 한국과의 협력을 통해 추진하는 경우 일반적인 경쟁입찰이 아닌 정부간 거래방식으로 조달하는 것은 제20조에 의해 허용될 것이다.

후술하는 사례 부분에서 페루 정부의 공공병원사업 조달에 있어서 민관협력인 PPP사업방식이 아닌 정부간 거래 방식으로 진행하여 진척율과 성공적인 사업완료가 가능하였다. 공공병원사업은 GATT 제20조 b호의 **"생명 또는 건강을 보호하기 위하여 필요한 조치** (necessary to protect human, animal or plant life or health)"에 해당한다. 따라서 페루 정부가 자국의 건강보건사업의 원활한 추진과 수행을 위해 일반적인 경쟁입찰을 하지 않고 프랑스 등과 정부간 계약을 체결한 것은 제20조에 의해 정당화 된다.

라. 비방산물자 정부간 거래: 부족한 인프라

둘째, GATT 제20조 j호, 일반적 또는 지역적으로 공급이 부족한 상품의 획득 또는 분배에 필수적인 조치 (essential to the acquisition or distribution of products in general or local short supply)인 경우 국가는 차별적인 조치를 취할 수 있다. G2G 방식 조달거래의 맥락에서 보면, 구매국이 부족한 생산품이나 서비스에 대한 수요를 자국 내에서 충족시킬 수 없어 외국으로부터 조달하고자 하는 경우가 그에 해당할 것이다.

> 예를 들어, 정유, 전기 등 에너지 자원이 부족한 경우 정유플랜트 건설이나, 발전소 등 건설, 공공도로나 공공시설의 건설 등 다양한 예가 있을 수 있다. 많은 지구온난화와 러시아-우크라이나간 전쟁 등으로 에너지 부족이 발생하고 있고 에너지 가격이 급격히 상승되었다.

요컨대 WTO GATT 제20조 j g 호의 사유는 구매국의 정부 정책 목적상 자국의 부족한 수요를 해외로부터 구매, 조달, 서비스 확보 등을 하는 경우에 적용될 수 있는 중요한 근거조항이 되어 부족 인프라 국제조달의 근거가 된다. 따라서 전기발전 설비의 시급한 도입이 필요하고 이는 부족한 공공인프라 사업으로 G2G 사업의 대상이 될 수 있다.

> 예를 들어, 동남아시아의 개발도상국인 M국의 경우 자국 내 천연가스와 기타 자원이 풍부히 산출되는 자원 부국이다. 그러나 정치적 혼란 및 경제발전 수준이 낮고 산업인프라가 낙후하며, 원유를 생산하면서도 대부분 수출하고, 정유는 인접국인 T국으로부터 수입하고 있어 이를 개선하고자 한다. 한편 많은 천연가스 생산에도 불구하고, 전력산업이 낙후하고 전기 그리드도 전국을 연결하지 못하고 있어, 에너지 부족에 시달린다. 최근 정치적 불안정 및 경제재제를 당하고 있는 미얀마의 경우, '23년 현재 국가의 전기보급율이 50% 이하에 머물러 있어 순환단전이 일상사가 되고 있다. 따라서 하루에 평균 5-10시간 이상 단수가 이루어지며 이는 경제활동이 필요한 낮시간에 주로 이루어진다. 이런 경우 모바일 통신, 사업장 전기 부족으로 인한 해외 투자의 축소, 교육 부족, 의료 시설의 운영 정지 등 사회 전반에 걸친 부정적 영향이 미치고 있다. 이런 상황을 극복하고 M국이 기술수준이 높고 우호적인 경제협력관계에 있는 대한민국과 화력발전소의 건설과 운영과 관련한 정부간 계약을 체결하고자 할 수 있을 것이며 이 경우 GATT 제20조 j호에 해당하여 G2G 거래 지원은 정당할 것이다.

다만, 제20조 j호에 근거한 조치를 하는 경우 중대한 제한 내지 준수사항이 존재하는 바, 동 조치는 모든 체약당사자가 동 상품의 국제적 공급의 공평한 몫에 대한 권리를 가진다는 원칙에 합치되어야 한다(Provided that any such measures shall be consistent with the principle that all contracting parties are entitled to an equitable share of the international supply of such products,). 이 구체적 요건은 정부간 거래에서 특히 중요한 제한으로 작동할 것인 바, 국제적으로 그 공급이나 서비스를 제공하는 기업이나 국가가 여럿 존재하는 경우 그들에게 가급적 평등한 거래 참여 기회 (equitable share)가 부여되어야 한다는 원칙을 준수해야 한다.

예를 들어 화력발전소 건설 및 운영을 할 수 있고 참여 의향이 있는 국가가 다수 존재하는 경우(예컨대, 대한민국, 프랑스, 중국이 비슷한 수준의 기술력과 의향이 있다고 가정하자)에 오직 대한미국과 정부간 계약을 추진한다면 이러한 결정에 반발하는 프랑스나 중국은 대한민국과의 G2G 거래가 "the principle that all contracting parties are entitled to an equitable share of the international supply of such products"에 반하는 조치라고 주장하고 통상 분쟁을 제기할 가능성도 있다. 이런 경우가 과연 통상 분쟁까지 갈 수 있을지는 의문의 여지가 있으나, 결국 대한민국이 차별될 수 있는 정부의 혜택을 제공해야 할 것이고, 또 그러한 혜택이 객관적으로 구매국 정부의 의사와 구매국의 공공목적에 부합(기술지원, 외교적, 우방협력 관계 공고화, 물품의 안정적 공급 확보 등)하는 등 설득력 있는 있는 주장 근거를 마련해야 할 것이다.

마. 공공인프라에 활용 가능성 검토

어떤 경우 당사국이 예외조치를 할 수 있는지는 단순히 GATT 제20조 규정의 문리해석 만에 의해 파악하는 것이 일반적이겠지만, 향후 WTO 회원국의 조치와 그 분쟁을 통해 본 조의 예외사유에 해당하는지 여부가 구체적으로 판단되고 명확해질 것으로 예상된다. 정부간 거래를 허용하는 사례들의 실질적 발굴과 적절한 사업 수행, 그리고 그에 대한 경험 축적이 있어야 할 것이다.

제20조의 사항들을 개념적으로는 포괄하는 개념은 소위 "공공 인프라 사업(public infra project)"이 될 것이다. 공공인프라는 일반적으로 구매국 입장에서 고도의 공익적 목적(건강보건, 공공교육사업, 공급 부족 물품의 안정적 공급 등)을 수행하는 정부 주도의 사업이다. "공공성(publicness)"은 구매국의 구체적 사정, 국민 삶의 수준, 보호 필요성 등 다양한 요소를 고려하여 파악하여야 할 것이다. 일반적으로는 의료, 보건, 교육, 도로, 항만, 발전소 등 특정 혹은 소수의 사람이나 단체가 아닌 일반 대중 등 공공의 사용이나 시민의 삶에 직접 영향을 미치는 사업 범주가 공공인프라 사업에 해당할 것이다. 이 책에서는 특별한 경우가 아닌 한 제20조의 일반적 예외에 해당하는 사업으로서 정부간 거래에 적합한 사업을 공공 인프라로 칭하기로 한다.

공공인프라의 개념은 불변의 고정적인 범주로 정의하기는 어려우며, 특정 시기 및 상황에 따라 그 개념과 범위가 확장될 수 있다. 즉, 비상상황에 따른 재건사업의 경우 공공인프라 사업이 상당히 넓은 범위로 인정될 것이다.

> 일반적으로 아파트 등 주택 건설 사업의 경우 그 소유를 개인이 하며, 개발 주체나 혹은 운영 주체도 개별적인 경제주체(즉 국민 개인)이 재산권에 기하여 운영되므로 공공인프라로 보기는 어려울 것이다. 그러나, 그 평상시에는 직접 공공의 목적을 위한 사업은 아니더라도, 홍수, 태풍 피해 등 자연재해, 전쟁 혹은 내란으로 인한 파괴 등이 있어 정부가 복구 내지 재건 사업으로서 대량의 아파트를 공공개발해야 하는 경우라면 이는 공공인프라 사업에 해당할 수 있을 것이다. 다만, 이 경우 그 복구를 위해 필요한 범위 내에서 예외적이고 한시적으로만 인정될 것이다(상황적, 한시적 제한). 즉 러시아-우크라이나 전쟁 후 재건사업을 하는 경우 그 재건에 필요한 몇 년 동안, 그 재건의 목적이 충분히 공익적인 경우에 그 사업은 공공 인프라 사업에 해당하며, GATT 제20조의 사업으로 볼 수 있을 것이다.

위의 어떤 경우라도 이러한 사업은 WTO의 국제규범상의 내국민 대우, 최혜국 대우의 원칙에서 벗어나서 그 목적을 수행하는데 적절한 경우에 해당하여야 할 것이다. 또한 그 사업을 정부간 거래방식에 의해 수행하는 판매국 정부나 판매기업도 그 공공인프라 사업을 수행하기에 적절한 능력을 보유한 기업에 해당하여야 할 것이다.

3. GATT 제21조 안보예외

WTO GATT는 제21조에서 안보 예외(security exceptions)를 규정하고 있어 방산물자의 국제거래에 대하여 GATT의 일반원칙에 구애되지 않고 회원국의 정책적 목적에 따라 거래할 수 있도록 하고 있다.[144] 동 규정에 따르면, 회원국은 국가안보를 위해서 필요한 무기 등 물자의 교역에 대하여 필요한 행위를 매우 포괄적인 범위에서 할 수 있다. 후술할 방산물자 정부간 계약에서 정부가 계약의 당사자로 참여하는 것에 대한 정당화 근거 규정이다.

가. GATT 제21조 - 인정의 포괄성 및 남용의 제한

GATT 제21조는 회원국이 "중요한 안보이익(essential security interests)", 즉, 국가안보를 위해 취하는 차별적 조치들에 대하여는 GATT의 회원국 정부가 준수하여야 할 의무로부터 면제를 허용하는 규정이다. 본 규정은 또한 그러한 조치에 대한 정보공개도 하지 않도록 하고 있어 회원국은 거의 절대적인 보호를 받을 수 있다.

---

144) https://www.wto.org/english/res_e/booksp_e/gatt_ai_e/art21_e.pdf; 외교부, 1947년 GATT협정문.

Article XXI Security Exceptions	제21조 안보상의 예외
Nothing in this Agreement shall be construed (a) to require any contracting party to furnish any information the disclosure of which it considers contrary to its essential security interests; or (b) to prevent any contracting party from taking any action which it considers necessary for the protection of its essential security interests (i) relating to fissionable materials or the materials from which they are derived; (ii) relating to the traffic in arms, ammunition and implements of war and to such traffic in other goods and materials as is carried on directly or indirectly for the purpose of supplying a military establishment; (iii) taken in time of war or other emergency in international relations; or (c) to prevent any contracting party from taking any action in pursuance of its obligations under the United Nations Charter for the maintenance of international peace and security.	이 협정의 어떠한 규정도 다음으로 해석되지 아니한다. (a) 공개시 자신의 필수적인 안보이익에 반한다고 체약당사자가 간주하는 정보를 제공하도록 체약당사자에게 요구하는 것 또는 (b) 자신의 필수적인 안보이익의 보호를 위하여 필요하다고 체약당사자가 간주하는 다음의 조치를 체약당사자가 취하는 것을 방해하는 것 (i) 핵분열성 물질 또는 그 원료가 되는 물질에 관련된 조치 (ii) 무기, 탄약 및 전쟁도구의 거래에 관한 조치와 군사시설에 공급하기 위하여 직접적 또는 간접적으로 행하여지는 그밖의 재화 및 물질의 거래에 관련된 조치 (iii) 전시 또는 국제관계에 있어서의 그밖의 비상시에 취하는 조치 (c) 국제 평화 및 안보의 유지를 위하여 국제연합헌장 하의 자신의 의무에 따라 체약당사자가 조치를 취하는 것을 방해하는 것

　　GATT 제21조 해석상 필수적인 안보이익이 인정되는 경우에는 회원국은 GATT상의 규정된 내용의 준수의무를 완전히 면제(Nothing in this Agreement shall be construed .. to prevent from taking any action..") 받게 된다. 따라서 회원국은 GATT엣 요구하는 최혜국 대우 등 비차별 원칙을 준수하지 않고 특정국과의 G2G 거래를 차별적 방법으로 할 수 있도록 하는 것이다.145) GATT 제21조 내용을 세분하여 보면, ① 안보관련

정보(information)의 제공을 거부하는 행위(제21조 (a)항), ② 회원국의 안보이익과 관련한 핵무기, 방산물자, 전시 또는 국제관계상의 긴급조치(제21조 (b)항), ③ 국제평화와 안전의 유지를 위해 UN헌장상 의무에 따라 취하는 조치(제21조 (c)항)를 할 수 있다.146) 이 중 제21조 (a)항 및 (b)항이 방산물자 정부간 거래의 근거가 된다.

제21조는 1947 GATT의 초안 작업시부터 그 남용이 우려되어 GATT 및 WTO 원칙이나 의무로부터 절대적으로 면제될 수 있는지에 대하여는 논란이 있어 왔다. "안보이익(security interest)"과 관련되면 무제한적인 원용을 하도록 허용하는 문제점이나, 그 판단을 그 예외조치를 하는 회원국의 독자적인 판단에 맡기는 문제, 그리고 동 조항은 주로 미국 등 강대국의 입장에서 주장할 경우 그를 제지할 만한 통제가능성이 적은 등 문제가 있는 것은 이미 초기부터 예상된 것이었다.

GATT 제21조 (b)항의 해석과 적용과 관련하여 1) 자기결정(which it considers)의 범위와 재판관할권과의 관계, 2) 필요성(necessary) 판단의 기준, 3) 제21조 (b)(iii) 항의 '전시 또는 국제관계에 있어서의 그 밖의 비상시에 취하는 조치'와 관련한 '비상시'의 범위 등에 대한 회원국 간 다툼과 의견 대립이 있어 왔다.147) 특히, "자기결정"의 과도한 인정의 문제가 중요한 바, 규정 자체에서 동 조 원용에 대한 특별한 제한이나 범위를 규정하지 않았는 바, 그렇다면 조치를 취한 회원국이 필요하다고 간주하면 차별적 조치를 할 수 있게 되고, 그 판단이 전적으로 회원국의 재량에 속하느냐 여부는 이론적인 우려는 물론 실질적인 분쟁 사례를 통해 문제가 되어 왔다.148)

---

145) 장성길, 11면. (국가)안보 예외는 1946년 국제무역기구(International Trade Organization: ITO) 설립을 위한 ITO 헌장 논의 과정에서 처음 제시된 이래, GATT 체제에서 GATT 제21조 국가안보 예외 조항으로 구체화되었으며, 현재의 WTO 체제하에서 1994 GATT 제21조로 동일하게 반영되어 있다. 한편, GATT 제21조 국가안보 예외 조항은, 다른 다자간 협정 혹은 국가간 협정에도 기본적인 내용의 변함은 없이 반영되어 그 협약의 중대한 예외규정으로 작용하는 바, 결과적으로 국제경제법상 상당수의 자유무역협정, 투자보장협정 등에서도 필요한 변경을 가하여 반영되어 왔다.
146) 정인섭, 1123면.
147) 장성길, 국가안보 측면에서의 투자분쟁 검토 및 대응 방안 모색, 통상법률 2021-03 (2021), 12면.
148) 정인섭, 1123면.

나. 2016년 러시아 - 통과운송 제한조치 사례

직접적으로 GATT 제21조의 해석과 적용의 문제를 다룬 경우는 2019년 발표된 러시아-통과운송 패널보고서가 최초이다.149) 이 문제는 러시아의 크림반도 합병을 둘러싼 분쟁을 계기로 WTO 체제에서 처음으로 검토되었다. 당시 러시아는 자국을 통과하는 우크라이나 화물운송에 대하여 각종 규제를 가하였고, 우크라이나는 이러한 운송 규제 조치가 GATT 위반이라고 주장하였고, 이에 대해 러시아는 통과제한 조치는 자국의 필수적 안보이익과 관련되어 WTO 규범상 허용되는 조치이며, 또한 WTO 분쟁해결절차의 대상이 아니라고 주장하였다.

(1) 공식 패널보고서 요약 (summary of key finding)

2017년 2월 9일, 우크라이나는 WTO DSB(분쟁해결기구)에 패널 설치를 요청했습니다. 2017년 3월 21일 회의에서 DSB는 패널을 설립했다. 2019년 4월 5일에 패널 보고서가 회원들에게 배포되었고 2019년 4월 26일에 열린 회의에서 DSB는 패널 보고서를 채택했다.

패널의 검토보고서 내용의 번역본은 다음과 같다.150)

> 이 분쟁은 우크라이나에서 러시아를 거쳐 카자흐스탄과 키르기즈 공화국으로 향하는 도로 및 철도 운송에 대한 러시아의 금지 및 제한 조치와 몽골, 타지키스탄, 투르크메니스탄 및 우즈베키스탄으로 향하는 우크라이나 운송에 대한 금지 및 제한 조치의 사실상 확대 주장에 대한 우크라이나의 이의 제기에 관한 것입니다(7.1항).

---

149) 정인섭, 12면 ; Russia – Measures Concerning Traffic in Transit – Panel report – Action by the Dispute Settlement Body WT/DS512/7 (29 April 2019) (The Panel interpreted Art. XXI(b) as vesting in panels the power to review whether the requirements of the enumerated subparagraphs were met, rather than leaving it to the unfettered discretion of the invoking Member. Accordingly, the Panel rejected the Russian Federation's argument that the Panel lacked jurisdiction to review the Russian Federation's invocation of Art. XXI(b)(iii)…).

150) WTO, DS512: Russia — Measures Concerning Traffic in Transit, at https://www.wto.org/english/tratop_e/dispu_e/cases_e/ds512_e.htm, 본문의 내용은 번역문이며 원문은 인터넷 페이지를 참고하라. .

우크라이나는 이러한 통과 조치가 러시아 가입 의정서 제5조(통과 자유), 제X조(무역 규정의 공표 및 관리) 및 관련 약속에 따른 러시아의 의무와 일치하지 않는다고 주장했습니다(7.2항). 러시아는 해당 조치가 2014년에 발생한 국제관계의 비상사태에 대응하기 위해 취한 것으로, 러시아의 필수 안보 이익을 보호하기 위해 필요하다고 판단한 조치 중 하나이며 러시아의 필수 안보 이익에 위협을 가한다고 주장했습니다. 따라서 러시아는 1994년 GATT 제21조(b)(iii)의 규정을 적용하여, 결과적으로 패널이 이 사안을 추가로 다룰 관할권이 없다고 주장했습니다(7.3-7.4항).

패널은 WTO 패널이 회원국의 제21.1조(b)(iii) 발동에 대한 측면을 검토할 관할권이 있으며, 러시아가 이 사건 조치와 관련하여 제21.1조(b)(iii) 발동 요건을 충족했고, 따라서 이 경유 금지 및 제한 조치가 GATT 1994 제21.1조(b)(iii)에 적용된다고 판단했습니다.

구체적으로, 패널은 제21.1조(b)항이 회원국이 자국의 필수적인 안보 이익을 보호하기 위해 "필요하다고 판단하는" 조치를 취할 수 있도록 허용하고 있지만, 이러한 재량은 제21.1조(b)항의 3개 하위 항의 범위에 객관적으로 해당하는 상황으로 제한된다는 점을 확인했습니다(7.101항 및 7.53-7.100항 참조). 결과적으로, 패널은 제21조 (b) (iii)항이 전적으로 "자의적 판단(self-judging)"이라는 러시아의 관할권 주장을 배척했습니다(7.102-7.104항 참조).

패널은 제 21(b)(iii)항을 살펴보고 러시아와 우크라이나 간의 관계에 영향을 미치는 특정 상황에 근거하여, 제출된 증거를 바탕으로 2014년 이후 우크라이나와 러시아 간의 상황이 "국제관계의 비상사태(emergency in international relations)"에 해당한다고 판단했습니다(7.76 및 7.114-7.123 항). 또한 패널은 이의를 제기한 통과 금지 및 제한 조치가 2014년과 2016년에 취해졌으며, 따라서 2014년 비상사태에 "맞춰" 취해진 조치라고 판단했습니다(7.70 및 7.124-7.125항). 따라서, 패널은 러시아의 조치가 객관적으로 제21(b)(iii)항에 따른 "국제관계의 비상사태"에 "적시에(taken in time of)" 취해진 것이라고 판단하였다(7.126항 참조).

패널은 제21조(b)항에 따라 회원국에게 부여된 재량권과 관련하여, "필수 안보 이익(essential security interests)"은 일반적으로 국가의 본질적 기능과 관련된 이익을 의미하는 것으로 이해될 수 있다고 판단했습니다. 패널은 문제가 되는 구체적인 이익은 해당 국가의 특정 상황과 인식에 따라 달라질 수 있으며 상황 변화에 따라 달라질 것으로 예상할 수 있다는 점에 주목했습니다. 이러한 이유로, 패널은 일반적으로 자국의 필수 안보 이익으로 간주되는 것을 정의하는 것은 모든 회원국에게 맡겨져 있다(it is left in general to every Member to define what it considers to be its essential security interests)고 판정했습니다(7.130-7.131항 참조). 또한, 패널은 "고려하는(which it considers)"이라는 구체적인 표현은 회원국이 자국의 필수 안보 이익 보호를 위한 조치의 "필요성(necessity)"을 스스로 결정할 수 있음을 의미한다고 판단했습니다(7.146-7.147항 참조).

즉, 패널은 제20.21조 (b)(iii)항을 성실하게 해석하고 적용해야 하는 회원국의 일반적 의무는 (i) 회원국의 필수 안보 이익 지정이 성실하게 이루어지지 않았음을 시사하는 증거가 있는지 여부, (ii) 이의 제기된 조치가 필수 안보 이익을 보호하기 위한 조치로서 "믿을 수 없는(not implausible)" 것인지 여부를 WTO 패널이 검토할 수 있음(WTO panels may review)을 의미한다고 간주하였습니다(7.132-7.135 및 7.138-7.139항 참조). 이에 따라 패널은 다음을 고려했습니다: 러시아의 핵심 안보 이익을 위협하는 것으로 알려진 2014년의 비상사태는 전쟁 또는 무력 충돌의 '하드 코어(hard core)'에 매우 근접했습니다. 이러한 상황에서 패널은 러시아의 필수 안보 이익 지정의 진실성(veracity)에 동의합니다(7.136-7.137항).

이의를 제기한 통과 금지 및 제한 조치는 2014년 비상사태로부터 멀리 떨어져 있거나 관련이 없으므로 러시아가 2014년 비상사태로 인해 발생한 자국의 필수 안보 이익을 보호하기 위해 이러한 조치를 시행했다는 것에는 동의하지 않는다(7.140-7.145항).

또한, 패널은 제21.1조(b)(iii)항이 국제관계에서 전쟁 또는 기타 비상사태는 "쟁점 조치의 WTO 정합성을 평가할 사실적 매트릭스를 근본적으로 변경하는 근본적인 상황 변화를 수반한다"고 인정하고 있다고 설명했습니다. 조치가 제20조의 예외에 해당하는지 여부에 대한 평가와는 달리, 제 21조 (b) (iii)항에 따른 조치에 대한 평가는 해당 조치가 "정상적인 시기"에 취해졌을 경우 WTO에 합치될 것이라는 사전 판단을 필요로 하지 않습니다(7.108 항). 따라서 패널은 일단 문제가 된 조치가 협정문 규정 내에 있고 우크라이나가 그 존재를 입증한 이상, "가장 논리적인 다음 단계"는 해당 조치가 1994년 GATT 제21조(b)(iii)에 적용되는지 여부를 판단하는 것이라고 판단했습니다(7.109항).

그러나, 패널은 항소시 러시아의 제21.1조(b)(iii) 위반에 대한 판정이 번복될 경우, 상소기구가 분석을 완료할 필요가 있을 수 있음을 인정하였습니다(7.154항). 이와 관련하여, 패널은 해당 조치가 정상적인 시기에 취해졌더라면, 즉 즉, "국제관계의 비상사태"에 취해지지 않았다면(그리고 제21.1조 (b)항의 다른 조건들을 충족했다면), 우크라이나는 쟁점 조치가 (i) 1994년 GATT 제5.2조 1항 또는 2항, 또는 둘 다, 그리고 (ii) 러시아 작업반 보고서 1161항의 관련 약속에 불합치한다는 주장을 제기했을 것입니다(7.166-7.184, 7.189-7.196 및 7.239-7.240 문단 참조). 패널은 1994년 GATT 제5조 및 제10조의 다른 조항 또는 러시아 가입의정서의 다른 약속에 대한 우크라이나의 위반 주장에 대해서는 다룰 필요가 없다고 판단했습니다(7.197-7.201항 참조).

(2) 패널보고서에 따른 안보예외 관련 문제 검토

WTO 분쟁해결절차의 패널은 러시아, 통과운송 분쟁사건에 대하여 검토하고 다음과 같이 판단하였다.

안보이익 판단 : 일반적으로 회원국은 자국의 필수적인 안보 이익이 무엇인지를 스스로 정의(판단)할 수 있으나, 그러한 필수적인 안보 이익은 그 존재를 입증할 수 있을 만큼 충분히 명확해야 한다.

안보이익 관련성 및 판단주체 : 안보이익에 해당하는 상황 여부에 대한 판단이 전적으로 회원국의 무제한적이고 자유로운 재량에 속하는 것은 아니며, 따라서 WTO 분쟁해결절차 패널은 회원국의 조치가 제21조의 요건을 충족하였는지 검토할 수 있다.

안보이익과 조치의 비례성 : 신의성실의 원칙(the obligation of good faith)에 따르면 문제의 조치가 회원국의 안보 이익을 보호하기 위해 필요한 최소한의 타당성 요건을 충족해야 한다.

DSB 패널은 위와 같은 논거에 의해 무력충돌이 발생하는 등 국가의 안보이익과 관련된 상황인지 여부를 독자적 판단(WTO 등에 의한 판단 아님)에 의해 러시아가 직접 판단할 수 있고 또 그에 따라 취한 조치(국제 통과운송 제한)의 필요성도 직접 판단할 수 있으며, 결국 안보 예외조항의 적용대상이 된다고 판단하였다.

상기 WTO DSB 패널 결정을 통해 GATT 제21조 안보이익과 관련한 조치에 대하여는 상당히 넓은 범위에 있어서 회원국의 재량적 권한이 인정되며, 다만 '신의(good faith)'에 따라 조치하는 국가는 (1) '핵심 안보이익'과 관련이 있는 상황이 존재하는 지를 명확히 해야 하며, (2) 취해진 조치가 그러한 상황에서 적절한지 에 대해 명확히 설명해야 함을 알 수 있다. 그러나 국제경제질서의 실제에 있어서는 어떤 국가가 자국의 안보이익 존재와 그 이익 보호를 위해 취해진 차별적 조치에 대한 명확성을 충족시키는 것은 실질적으로 어렵지 않을 것이기 때문에, 사실 제21조의 안보 예외를 주장하거나 그러한 조치를 취하는 것은 남용될 수 있다. 또한 그 결정권한은 결국 그 조치를 발동한 회원국에 있으며, 자의적인 조치 후 안보이익을 근거로 내세우는 경우 이에 대한 방지책도 거의 없기 때문에 과도한 남용의 가능성이 높은 제21조의 문제점은 여전히 해결되기 어려운 것이다.

다. 2019년 일본의 한국 상대 소재부품 수출규제 사례

WTO 회원국의 GATT 제21조를 남용 내지 오용의 문제는 2019년 일본 정부의 한국을 상대로 한 반도체 주요 소재 관련 수출 규제조치 강화에서도 나타났다.151) 2019.7.1 일본 정부는 한국의 주력 수출제품인 반도체·스마트폰·디스플레이 생산에 사용되는 3가지 자국산 소재·부품의 수출규제를 발표하였다. 1단계로 플루오린 폴리이미드, 포토레지스트(감광액), 에칭가스(고순도 불화수소) 등 3개 화학물질을 일본의 전략물자 수출통제제도상 일반허가(일반포괄허가 및 특별일반포괄허가제도) 대상에서 제외, 개별 수출허가 대상으로 변경하였다. 이에 따라 해당 품목을 한국에 수출하는 일본기업은 제품명, 판매처, 수량, 사용 목적과 방법을 적은 서류, 무기용으로 사용되지 않는다는 서약서 등을 일본정부(경제산업성)에 제출해야 하며, 신청에서부터 허가가 나오기까지 약 90일이 소요될 것으로 전망되었다. 또한, 일본「수출무역관리령」상 '화이트 국가'에서 한국 제외하여, 수출시 허가 심사를 면제해오던 것을 폐지한 것이다.152)

---

151) 이천기, 일본의 대한국 수출규제 강화에 대한 국제통상법적 검토, 오늘의 세계경제, 대외경제정책연구원 (2019).
152) 기존 화이트 국가(27개국): 아르헨티나, 호주, 오스트리아, 벨기에, 불가리아, 캐나다, 체코, 덴마크, 핀란드, 프랑스, 독일, 그리스, 헝가리, 아일랜드, 이탈리아, 한국, 룩셈부르크, 네덜란드, 뉴질랜드, 노르웨이, 폴란드, 포르투갈, 스페인, 스웨덴, 스위스, 영국, 미국. 이천기(2019).

위와 같은 일본의 한국 대상 수출규제 사례에서도 명백히 알 수 있듯이, GATT 제21조 안보예외 조항은 각종 정치적·경제적 갈등관계에서 기인하여 그 보복적 성격으로 무역규제조치 내지 차별적 조치(경쟁국 내지 상대국의 주력 수출물품에 대한 화학물질의 수출 제한)를 취하면서 그 조치의 근거로 주장될 가능성을 내포하고 있다. 더 큰 문제는 일단 무역보복조치를 취하는 특정국이 안보이익을 주장하고 나서면 이에 대하여 반박하기가 쉽지 않은 점에 있다. 물론 이론적으로는 제21조에 대한 일반적 혹은 이론적 해석상, 모든 자국의 우려사항을 "필수적인 안보 이익"으로 격상할 수 없다는 신의성실(in good faith)의 원칙이 존재하긴 한다. 그러나 일본의 경우처럼 제21조 안보이익과 조치 판단 주체가 자국임을 악용하여 GATT의 비차별원칙을 우회하여 무역보복 조치를 강행하면, 그 남용행위를 적절한 시기에 적절한 분쟁절차를 통해 막기는 현실적으로 어렵다.

라. 안보예외 규정의 해설

앞서 살핀 바와 같이 WTO 회원국의 안보이익 보호를 위한 조치에 대한 WTO 의무 준수가 면제되는 예외적 조치를 인정할 필요성과 동시에 남용을 제한할 필요성도 동시에 있음을 살펴보았다. GATT 제21조에 대한 균형잡히고 합리적 해석과 적용을 위해 신중히 접근해야 할 필요성을 염두에 두고 본 규정의 내용을 이하 검토한다.

제21조 안보이익은 모든 안보이익을 의미하는 것이 아니고 "필수 안보이익(essential security interests)"이어야 한다. WTO는 ANALYTICAL INDEX GATT 1994 - Article XXI (Jurisprudence)를 통해 GATT의 다음과 같이 제21조 관련 안보이익에 대해 아래와 같은 내용으로 규정하고 있다.[153]

---

[153] WTO, WTO ANALYTICAL INDEX GATT 1994 - Article XXI (Jurisprudence) (ttps://www.wto.org/english/res_e/publications_e/ai17_e/gatt1994_art21_jur.pdf).

> The Panel pointed out that whether specific interests constitute "essential security interests" would depend "on the particular situation and perceptions of the state in question, and can be expected to vary with changing circumstances". Thus, it would be left "to every Member to define what it considers to be its essential security interests"

위와 같은 WTO의 해석은 필수적 안보이익에 해당하는지는 사안의 특정한 상황 및 그 특정 국가의 판단에 따라 정해지는 것이다. 또한 상황변화에 따라서 그 핵심안보이익의 성립과 내용은 다를 수 있는 것이다. 이러한 해석은 그 특별 조치를 취하고 면제를 주장하는 국가가 그 1차적 판단주체라고 확인한 것이며, 객관적 해석의 가능성을 거의 불가능하게 하고 있다. 극단적으로 말하면, 필수적 안보이익의 범위에 대한 어떠한 합리적·객관적 제한이 제21조 규정에는 표현된 바 없다. 따라서 규정상 명시된 "필수적인(essential)" 안보이익의 요건은 회원국의 판단과 관계자들의 해석에 맡겨져 있으며 결국 가능한 한 엄격하고 비판적으로 해석하고 적용해야 할 문제이다.

조치의 비례성 : 제21조 규정상 안보이익에 근거해 취할 수 있는 조치국의 비차별적 조치가 무엇인지, 그리고 그것이 안보이익과 어느 정도 합리적인 비례가 있어야 하는지에 대하여 규정은 매우 추상적이다. 즉, 제21조는 GATT상의 의무를 전적으로 면제시키고 있어 ("Nothing in this Agreement shall be construed …to prevent any contracting party from taking any action which it considers necessary) 결국 어떤 조치(any action)이란 표현의 조치의 범위는 무한히 확장 가능할 것처럼 비치기도 한다. 생각건대 비록 규정은 회원국의 자발적 판단에 따라 어떤 조치도 취할 수 있다(taking any action)고 규정하여 광범위한 재량을 부여했다고 보인다.

위와 같은 남용 가능성을 통제하기 위해서는 제21조에 의한 조치의 합리성(reasonableness of action), 즉, 필요한 범위 내에서 인정되는 내재적인 제한이 있어야 한다. 이를 위해 취해지는 조치의 성격 여부를 분류하여 판단하는 것이 실질적으로 도움이 될 것이다. 비록 WTO의 패널이 이 쟁점에 대해 명시적으로 논의한 바는 없지만, 만약 취해진 조치가 극단적인 무역규제인 경우 (수출입의 전면 금지, 금지적 성격의 수출제한 등)이라면 그러한 조치가 제21조에 의해 허용되는지 여부는 필수적인 안보이익을 위해 필요한 것이었는지 엄격히 보아야 할 것이다. 그러나 그 조치가 비교적 경미한 무역규제인 경우(높지 않은 관세 추가 부과, 정부조달시 입찰이 아닌 비입찰로 하거나 정부간 계약을 하는 경우 등)라면 그러한 조치가 제21조에 의해 허용되는지 여부는 필수적인 안보이익을 위해 필요하였는지 여부는 엄격하지 않게 인정될 수 있을 것이다.

마. 정부간 거래에의 안보예외 규정 적용

위 조치의 극단성 기준에 따르면 G2G 거래는 다른 무역상 차별조치에 비해 과잉행위에 이르지 않을 것이므로, GATT 제21조의 안보이익의 존재를 명확히 제시할 수만 있다면 대부분의 경우 G2G 거래는 제21조 기준에 의해 허용된다 할 것이다.

정부간 계약은 국가간 무역보복이나 규제 등 대립 내지 분쟁(dispute or conflict)의 성격이 아니고 회원국이 구매하고자 하는 물품, 용역 등의 조달하는 거래 상대방을 특정국으로 제한하는 거래방식에 불과하므로, 그 조치의 성격이 극단적이지는 않다. 따라서 정부간 거래를 한 구매국의 조치는 안보이익을 위해 취한 예외적 조치로서 GATT 규정상 허용된다고 보는 데에 큰 무리는 없다.

정부간 거래를 합법화하는 근거가 될 수 있는 안보이익의 세부적인 것으로는 국방이익, 반테러이익, 보안이익, 재난에서 국민을 보호할 이익 등을 상정해 볼 수 있겠다. 이를 구체적인 사업목적으로 판단해 보면 무기 등 국방 및 방위산업 무기류 거래, 테러방지용품 및 시스템 수출, 보안장비, 차량, 해안경비관련 설비 등 수출입, 경찰, 소방용 물자 등 수출이 대상이 될 것이다.

한편, 이런 물자나 서비스가 소위 이중 사용목적(dual use) 물품인 경우, 즉, 반드시 안보이익만을 위해 필요한 것은 아니고 혹은 안보 이익 이외에도 일반적인 목적에도 사용될 수 있더라고 그 조달의 정책적 근거가 안보이익 보호를 위한 것이라면 문제되지 않을 것이다.

4. 안보예외 규정의 서비스·투자 분야 적용 : GATS

안보 예외가 적용되는 국제경제활동은 반드시 물품 수출 국제거래에만 국한하지 않고 국제투자(international investment) 및 지적재산권 분야에서도 적용되고 있다. WTO 체제에서 GATS (서비스교역에 관한 일반협정) 제14조의2에 규정이 있고, TRIPS (무역관련 지식재산권에 관한 협정) 제73조에도 동일 또는 유사32)하게 반영되었으므로, 그 적용대상 거래가 국제거래 뿐만 아니라 서비스 거래, 지적재산권에 대한 기술이전 거래 등 다양한 국제경제활동에도 확장·적용된다.154) 다음은 General Agreement on Trade in Services (WTO 부속서 1나 서비스무역에 관한 일반협정)의 내용 중 안보 예외를 허용하는 제14조의2상 규정 내용이다.155)

---

154) 정인섭, 11면.
155) WTO 서비스무역에 대한 협정의 영문 원문은 "https://www.wto.org/english/docs_e/legal_e/26-gats_01_e.htm#articleXIV"이며, 한글 번역문은 대한민국 외교부의 "https://www.mofa.go.kr/www/brd/m_3893/view.do?seq=294192"을 참고하라.

GATS Article XIV bis: Security Exceptions .	GATS 제14조의 2: 안보 예외
1. Nothing in this Agreement shall be construed: (a) to require any Member to furnish any information, the disclosure of which it considers contrary to its essential security interests; or (b) to prevent any Member from taking any action which it considers necessary for the protection of its essential security interests: (i) relating to the supply of services as carried out directly or indirectly for the purpose of provisioning a military establishment; (ii) relating to fissionable and fusionable materials or the materials from which they are derived; (iii) taken in time of war or other emergency in international relations; or (c) to prevent any Member from taking any action in pursuance of its obligations under the United Nations Charter for the maintenance of international peace and security. 2. The Council for Trade in Services shall be informed to the fullest extent possible of measures taken under paragraphs 1(b) and (c) and of their termination.	1. 이 협정의 어떠한 규정도, 가. 공개시 자기나라의 중대한 안보이익에 반하는 것으로 회원국이 간주하는 어떠한 정보의 공개도 회원국에게 요구하는 것으로 해석될 수 없으며, 또는 나. 자기나라의 중대한 안보이익을 보호하기 위하여 필요하다고 회원국이 간주하는 다음과 같은 조치를 취하는 것을 금지하는 것으로 해석될 수 없으며, (1) 군사시설에 공급할 목적으로 직접 또는 간접적으로 행하여지는 서비스 공급과 관련된 조치 (2) 핵분열과 핵융합물질 혹은 이들의 원료가 되는 물질과 관련된 조치 (3) 전시 또는 기타 국제관계상 긴급상황에서 취해지는 조치. 또는 다. 국제평화와 안전을 유지하기 위하여 국제연합헌장상의 의무를 준수하기 위하여 회원국이 조치를 취하는 것을 금지하는 것으로 해석될 수 없다. 2. 서비스무역이사회는 제1항나호 및 다호에 따라 취해진 조치와 이러한 조치의 종료에 대하여 가능한 한 완전하게 통보를 받는다.

무역 등 기본적인 국제거래, 특히 물자수출 위주로 G2G 거래의 내용을 설명하는 본서의 범위는 국제거래 관련 규범을 중심으로 논의하지만, 사실상 제21조 안보 예외규정은 통상적인 국제거래 뿐만 아니라 그와 부수하거나 별개로 이루어지는 각종 기술이전, 용역서비스 등에 두루 적용될 수 있다.

그러나 WTO는 분야별 협정을 두어 적용하고 있으므로 서비스 등 각 분야별 협정내용에 포함되어 있는 안보예외 규정(GATT와 GATS의 안보예외 규정은 내용이 대동소이하다)을 적용할 수 있다.

한편 G2G 거래가 물품 판매와 기술이전, 서비스 등이 혼합되어 거래되는 경우도 많이 발생하는 바, 그 거래의 구성 요소 중 경제적 가치 등을 중심으로 주가 되는 거래 방식을 파악하여 그에 맞는 WTO 협정 중 안보예외 규정을 적용하면 될 것이다.

03
WTO 정부조달협정

1. WTO의 정부조달협정 배경

정부조달(government procurement)은 "정부가 교육, 국방, 전기·수도 등 시설, 도로·항만 등 사회간접시설, 보건 등등의 공공 서비스를 제공하기 위해 상품이나 서비스를 구매하는 행위"라고 일반적으로 정의된다.[156] 정부조달은 구매주체가 정부나 정부기관이 되는 구매행위를 통칭하므로, 구매국 정부가 정부간 거래방식으로 외국의 물자 혹은 서비스를 조달하는 것도 정부조달에 해당하게 된다.

G2G 거래는 정부조달이 일종이므로 그 거래 추진 초기단계에서 정부조달과 관련한 국제규범 준수 여부는 필수적인 검토사항이 될 것이다. 이하에서는 정부간 거래와 관련될 수 있는 범위 내에서 정부조달과 정부조달에 대한 국제규범인 WTO 정부조달협정의 내용을 살펴보기로 한다.

가. 정부조달과 WTO 규범 개요

정부(지방정부, 공기업 등 포괄적인 개념으로 파악함)은 기초 상품에서 최신 기술 장비에 이르기까지 모든 종류의 상품의 중요한 구매자인 경우가 많다. 많은 경우 정부는 통신, 도로, 공항, 그리고 발전소 등과 같은 서비스 및 건설서비스의 대형 소비자라고 할 수 있다.[157] 정부가 조달주체가 되는

---

[156] 김대식. (2009). GATT/WTO 정부조달협정(GPA) 관련 분쟁사례의 분석 및 평가. 서울법학, 16(2), 85-133.
[157] 최정선. WTO정부조달협정의 개정내용 분석과 국내의 개정안 재가 논의, 법제처 세계법제정보센터.

시장의 규모는 일반적인 인식보다 큰 편인 바, WTO는 "정부 조달이 평균적으로 (개별 국가)경제 GDP의 10~15%를 차지하므로, 국제 무역을 구성하는 중요한 부분(sector) 내지 시장(market)으로 보는 게 일반적이다.158) 이러한 정부조달 시장에서 투명성, 신뢰성, 그리고 경쟁의 원칙에 기반을 둔 건전한 공공 조달 체계를 갖추는 것은 시민과 사업자 모두의 이익을 극대화 하는데 중요하다고 인식된다.159)

나. 국제정부조달의 예외취급의 문제점

전술한 바와 같이 WTO는 보호무역주의를 지양하고 비차별 원칙을 중심으로 자유롭고 공정한 무역거래를 조장하여 무역거래에 일반적으로 적용되는 국제규범이 되어 왔으나, 적어도 정부조달 부분 만큼은 GATT 제3조 내국민대우 규정에서도 예외로 인정되는 분야였다. 많은 GATT 협약국들, 특히 자국 유치산업의 보호에 치중할 수밖에 없는 개발도상국 정부들은 국내산업의 육성 내지 보호를 위해 정부조달에서 자국 공급자에게 다양한 우대를 하고 외국 공급자에 대한 차별적 조치를 취해 온 실정이다.

역사적 맥락에서 보면 전제 국제거래에서 정부조달이 차지하는 부분이 상당하고 규율필요성에도 불구하고 WTO 규범 등에 의한 자유무역 내지 투명한 수행이라는 측면에서 정부조달 거래 부분은 예외로 취급되어 왔다. 1947년 GATT협정이 체결되었을 때 당시 협상국들은 정부기관과 비상업적이며 정부의 의무를 수행하는 공기업은 시장개방의 대상이 되지 않기로 합의하였다.160)

이러한 정부조달의 예외 취급은 부작용이 발생하였는바, 일부 국가에서는 정부가 주로 운영하는 통신, 전력 등 기간산업뿐만 아니라 운송, 제철, 관광 등 상업성이 강한 분야까지도 정부가 조달 혹은 공기업 등을 통해 운영하며, 이들의 조달 활동에 대하여 GATT의 예외로 보아 국내 공급자만으로 제한하는

---

158) WTO 홈페이지, https://www.wto.org/english/tratop_e/gproc_e/gproc_map_e.htm
159) 최정선.
160) 최정선.

국내산업 보호수단으로 전락하는 경우도 있었다. 요컨대 각국 정부의 정부조달 관행은 비시장경제적이고 차별적이며 불투명한 분야로서 1970년대 초까지 정부조달시장을 무역자유화의 사각지대였다.161) 각국 정부는 이러 저러한 여러 이유로 정부조달에서는 국내 제품을 선호하고 보호무역 조치를 취하는 것은 엄연한 현실이었다.162) 이러한 정부조달 분야를 GATT 규범 적용 제외 분야로 한 것은 결국 조달비용의 증가와 불투명한 절차, 경제에 미치는 다양한 부정적 영향을 야기하는 부정적인 결과를 야기해 왔다.163)

2. WTO의 정부조달협정

가. 정부조달에 대한 국제규범 제정

1970년대 중반 이후 국제사회에는 상당한 규모의 경제적 비중을 지니는 정부조달에서의 차별적 관행이 국제교역상 커다란 비관세장벽임을 인식하는 공감대가 마침내 형성되었다. 따라서 국제사회는 이러한 장벽을 제거하기 위해 GATT를 중심으로 정부조달에 관한 무역규범 제정을 추진하게 되었으며, WTO가 정부조달 교역관계를 규율하는 협정으로서 WTO 정부조달협정(Agreement on Government Procurement, 이하 GPA)을 제정하게 되었다.164)

---

161) 김대식, 86면.
162) KOTRA, 미국 정부조달시장 진출가이드, KOTRA자료11-503(2011), 8면 (http://dl.KOTRA.or.kr/pyxis-api/1/digital-files/c16960ef-f35d-018a-e053-b46464899664) (이하 "코트라 정부조달 가이드"라 칭함.).
163) 김대식, 86면.
164) 김대식, 86면.

1979년 GATT 제7차 동경 라운드에서 정부조달협정(The 1979 GATT Agreement on Government Procurement; 이하 'GPA'라 함)이 복수국간 무역협정 형태로 성립되었다. GPA는 이후 1994년 우루과이 라운드에서 논의되었고, 1996년 WTO의 출범과 함께 발효되었다.[165] 2007년 개정 등을 거쳐 현재는 WTO GPA 2012에 이르고 있다.[166]

우리나라의 경우 1996년 정부조달협정을 서명·비준함으로써 24번째 회원국이 되어 1997년 1월 1일부터 GPA 적용을 받고 있다.[167] 1994 GPA 가입시 우리정부는 "국가계약법"을 개선하여 국내 구매조달관련 법령을 정비하였고, 정부조달에 있어서 투명성 제고, 효율성 향상, 부정부패 가능성을 줄이는 조치를 취한 바 있다.[168]

GPA에 대해 구체적으로 살피기 전에 미리 주지해야 할 점이 있는 바, GATT와 달리 WTO GPA는 아직 전세계적인 보편적 규율이 효력이 있지는 않다는 점이다. 2022년 현재 정부조달협정(GPA 2012)은 21개 당사자(48개 WTO 회원국, 유럽연합 27개 회원국을 한 당사자로 함)로 구성되어 있다. 한편 36개의 WTO 회원국/옵서버와 4개의 국제기구가 정부조달위원회에 옵서버로 참여하고, 이중 11국이 협정에 가입 대기 중이다.[169]

---

[165] 코트라 정부조달 가이드, 8면.
[166] WTO 정부조달협정은 그간 몇 번의 개정을 거쳤고 본서는 현재 WTO 홈페이지에 게시된WTO Agreement on Government Procurement 2012를 기준으로 설명한다. 한편 그간 과거의 GATT 및 WTO에 의한 개정문은 각각 Agreement on Government Procurement 1979, Agreement on Government Procurement 1986, Agreement on Government Procurement 1994이 있었으며, 각 개정안별로 규정 번호의 변화도 있다. 자료 게시 홈페이지는 https://www.wto.org/english/tratop_e/gproc_e/gpa_1994_e.htm 이다. 한편, 이러한 수차례 개정으로 인해 각 개정문의 규정번호와 내용이 바뀌어 이에 대한 이해나 참조에 혼선이 있을 수 있다. 다른 학술문서에서 2012년 이전의 GPA 규정을 언급하는 경우 그러한 규정 번호만으로 내용을 이해하는 경우 혼선이 가중될 수 있다. 따라서 본서는 가장 최근 자료로서 WTO 홈페이지에 게시된 2012 개정 자료를 기준으로 설명한다. 따라서 비차별 원칙 등 기본원칙 부분과 안보 예외, 일반 예외 부분도 2012년 개정안을 중심으로 설명하기로 한다.
[167] 최정선.
[168] 양준석. (2014). WTO 정부조달협정과 민영화. 국제통상연구, 19(1), 96.
[169] WTO GPA 가입국의 명단은 WTO 홈페이지, https://www.wto.org/english/tratop_e/gproc_e/memobs_e.htm 에서 확인할 수 있다.

우리나라와 거래하는 국가 중 상당수가 개발도상국인데 그 국가들은 WTO 조달협정에 가입하지 않은 상태이다. 다만 이중 많은 국가가 옵서버 상태인 경우도 있으므로 동 협정의 존재 및 내용을 자발적 준수할 여지는 있을 것이다. 따라서 정부간 거래에서 GATT와 달리 GPA의 적용 가능성은 그만큼 적은게 현실이다. 아래의 경우 정부조달거래의 정회원국의 우리나라를 포함하여 대부분 경제선진국이며, 정작 우리나라로부터 방산물자 내지 공공 인프라 등을 조달하게 되는 개발도상국의 대부분은 가입하지 않거나 옵서버 상태에 있다.

GPA 체약국 및 옵저버 국가 지도[170]

---

170) Map of Government Procurement Agreement (GPA 2012) parties and observers, WTO 홈페이지, https://www.wto.org/english/tratop_e/gproc_e/gproc_map_e.htm

나. WTO 정부조달협정의 범위

(1) WTO 정부조달협정

WTO 협약의 체계상, GPA는 "WTO 설립을 위한 마라케쉬협정"의 4개의 부속서(Annex)중에서 네 번째 부속서인 '복수국간 무역협정(Plurilateral Trade Agreement)'에 포함되어 있다.171) 복수국간 무역협정은 그에 속한 각 협정에 별도로 가입한 국가에 대해서만 효력이 발생하며, 다자간 무역협정과는 독립된 별개의 협약이다.172) 따라서 본 정부조달협정은 'WTO 설립협정' 비준국 모두에 대하여 유효한 것이 아니라, GPA의 적용을 받겠다는 의사를 별도로 표시한 국가들에 대하여만 적용된다.173)

"WTO 정부조달협정"은 무역자유화를 달성하기 위해 WTO가 정부조달에 관한 다자간 규범체계(multilateral framework)로서 수립한 국제규범으로 이해할 수 있다. WTO GPA가 추구하는 기본원칙은 GPA 전문(preamble)에서 찾아 볼 수 있는데, (1) 규범체계(framework)의 제공, (2) 조달절차의 비차별성, 그리고 (3) 투명성을 명시하고 있다.174)

> **GPA 전문 (preamble)175)**
> 국제무역 수행의 더 많은 자유화 및 확대를 달성하고 국제무역 수행을 위한 틀을 개선할 목적으로, 정부조달을 위한 효과적인 다자간 프레임워크의 필요성 (the need for an effective multilateral framework for government procurement, with a view to achieving greater liberalization and

---

171) 최정선.
172) 최정선.
173) 최정선. "GPA는 '협정서(text of the Agreement)'와 당사국들의 '시장접근 양허표(market access Schedules)'의 두 주요부분으로 구성된다. 협정서는 정부조달의 개방성, 공정성 그리고 투명성에 대한 원칙을 규정하지만, 양허표에서는 개별 국가의 양허 수준(threshold) 이상의 상품구입, 서비스 또는 건설서비스에만 협정이 적용되도록 하므로, 결국 개별 국가의 정부조달 행위가 협정에 속하는지 아닌지의 궁극적 결정과 그 내용은 양허표에 의한다 할 것이다."
174) 2012 WTO 정부조달협정, preamble.
175) 2012 WTO 정부조달협정, preamble.

expansion of, and improving the framework for, the conduct of international trade)

정부조달 관련 조치가 (1) 국내 공급자, 물품 또는 서비스를 보호하거나 (2) 외국 공급자, 물품 또는 서비스 간에 차별하도록 준비, 채택 또는 적용되도록 하여서는 아니 된다 (measures regarding government procurement should not be prepared, adopted or applied so as (1) to afford protection to domestic suppliers, goods or services, or (2) to discriminate among foreign suppliers, goods or services)

정부조달 제도의 무결성 및 예측가능성이 공공자원의 효율적이고 효과적인 관리, 당사자 경제의 성과 그리고 다자간 무역제도의 기능에 불가결하다는 것을 인정하고 (Recognizing that the integrity and predictability of government procurement systems are integral to the efficient and effective management of public resources, the performance of the Parties" economies and the functioning of the multilateral trading system;),

정부조달에 관한 투명한 조치, 투명하고 공평한 방식에 따른 조달의 실시, 그리고 국제연합 부패방지협약과 같은 적용될 수 있는 국제규범에 따라 이익상충 및 부패 관행을 회피하는 것이 중요함을 인정하며, (Recognizing the importance of transparent measures regarding government procurement, of carrying out procurements in a transparent and impartial manner and of avoiding conflicts of interest and corrupt practices, in accordance with applicable international instruments, such as the United Nations Convention Against Corruption;)

특히 현행 2012년 GPA에서는 "투명성 원칙"을 강조하고 있는 점이 중요하다. 전문 세 번째 단락에서는 공공자원을 효율적이고 효과적으로 관리하고 국가 경제의 성과를 가져오기 위한 정부조달제도의 신뢰성과 예측가능성의 중요성을 강조하며 여섯 번째 단락에서는 "유엔 부패방지협약과 같은 활용 가능한 국제적 수단"을 언급하며 부패 문제를 방지할 수단을 소개하고 있다. 이와 같은 본질적인 가치로서 투명성에 대한 강조는 정부조달 분야에 있어 계약 공무원의 부패척결이라는 문제에 당면한 개발도상국의 공공조달 개선 문제와 관련이 있다.[176)]

(2) GPA를 준수해야 하는 정부기관의 범위

GPA에서 정부조달협정의 적용을 받아야 하는 정부의 범위 내지 정의가 존재하지는 않는다. 그러나 GPA의 부록 I (Appendix I)에서 '부속서 1(Annex1)'은 중앙정부기관, '부속서2(Annex2)'는 지방정부기관, '부속서 3(Annex3)'은 공기업을 포함하게 되는 바, 이를 통해 우리는 GPA상 정부(government)의 범위는 중앙 및 지방정부 및 공기업을 포함하는 넓은 개념으로 이해할 수 있다.177)

우리나라는 정부부처별로 물품, 서비스, 건설 등을 구분하여, 일정금액 이상의 거래에 대하여는 WTO GPA의 대상으로 우리나라는 조달시장을 개방하였다.178) 회원국으로서 우리나라의 경우 현재 다음 표와 같이 정부조달관련 정부기관이 지정되어 있다.

■ 한국 정부조달시장 개방범위

(단위 : 만 SDR)

구분 (대상기관수)		물품	서비스	건설
중앙정부(45)		13만 이상 (2.1억 원)	13만 이상 (2.1억 원)	500만 이상 (81억 원)
지방자치단체	광역(16)	20만 이상 (3.3억 원)	20만 이상 (3.3억 원)	1,500만 이상 (244억 원)
	기초(51)	40만 이상 (6.5억 원)	40만 이상 (6.5억 원)	
공기업 (25)		40만 이상 (6.5억 원)	40만 이상 (6.55억 원)	1,500만 이상 (244억 원)

주: SDR : IMF 특별인출권(Special Drawing Rights), 2년마다 기획재정부 및 행정안전부에서 SDR 적용 환율을 산출하여 개방 기준금액을 원화로 고시

---

176) 최정선.
177) 최정선.
178) 해외조달정보센터, WTO 정부조달협정 (2022.10월7일 현재) (조달청 해외조달정보센터 (globalkoreamarket.go.kr) (https://www.globalkoreamarket.go.kr:8843/gpass/jsp/wto/wto_info.gps)

상기 표와 같이 정부조달협정상 정부의 범위에는 "중앙정부" 뿐만 아니라 "지방자치단체" 및 "공기업"이 포함되는 넓은 개념이다. 따라서 G2G 거래에서 상대국 정부의 범위도 동일하게 중앙 및 지방정부 및 공기업으로까지로 봄이 타당하다.[179] GPA에 따른 정부조달에 있어서 조달주체로서의 공기업이 민영화되는 경우의 문제를 다룬 논문이 있을 정도이다.[180] 예를 들어 동 논문에서는, 일본 정부는 GPA 적용대상 공기업으로 일본의 국영통신사 NTT를 포함시키고 있다.[181]

다. GPA의 중요 원칙

전술한 바와 같이 GATT에서 이미 채택한 주요 원칙과 예외를 정부조달에 대하여도 GPA는 거의 동일하게 또는 적절한 수정을 거쳐 채택하고 있다. 즉, GPA에서도 일반원칙으로 비차별원칙(제4조), 신속하고 효과적 분쟁해결절차의 수립, 개발도상국과 최빈개도국에 대한 우대원칙 (제5조)등을 GATT 등과 동일하게 규정하고 있다.[182] 특히 제3조 Security and General Exceptions 에서는 안보 예외 및 일반 예외(Security and General Exceptions)를 규정하고 있으며, 이는 앞서 살핀 GATT 제20조 및 제22조의 규정내용과 많은 부분 유사하다.

이하에서는 조문 순서와 달리 이해의 편의를 위해 먼저 GPA의 일반원칙인 제4조를 먼저 살피고 그 다음 제3조의 안보 및 일반 예외를 검토한다.

---

[179] 모든 거래에 대하여 일반화 할 수는 없지만, 정부간 거래에서 "정부"의 범위는 정부조직법상 정부뿐만 아니라 정부의 사업을 하는 공기업까지 포함하는 것으로 해석하는 것이 적절할 듯 하다. 예를 들어, 판매국 측의 정부개념과 관련하여, 캐나다가 정부간 거래의 전담기관으로 CCC를 설립하여 계약 당사자가 되도록 하는 것이나 기타 몇몇 정부간 거래를 활용하는 국가들은 주로 전담 공기업 형태의 조직을 활용하는 것으로 보인다. 이런 면에서 후술하는 우리나라의 KOTRA가 정부간 수출계약의 전담 수행기관으로 하는 것도 그런 면에서 큰 문제가 없을 것이다. 너무 "정부"라는 용어의 주체성에 주목할 일은 아니라고 본다. 오히려 중요한 것은 정부의 책임 범위를 명확히 규정하고 관리하는 것일 것이다. 한편, 구매국 측에서의 정부 개념과 관련해서도, 본 정부조달 협정의 해석을 유추 해석하면, 정부의 개념은 공기업도 포함되는 넓은 의몰 보는 것이 적절하다.
[180] 양준석, 92면.
[181] 양준석, 92면. 1999년부터 NTT를 GPA로부터 제외시키고자 노력하였다 한다. 그러나 2013년 12월 현재 EU의 반대로 아직까지도 철회시키지 못하고 있다고 한다
[182] 김대식, 86면.

(1) GPA 제4조 일반원칙 (General Principles)

우선 제4조에서는 정부조달은 "비차별 원칙"을 준수해야 하며, 전자적 수단에 의해 입찰 등이 문제없이 이루어지도록 "무결성"을 보장하여야 하고, 조달 수행도 "투명"하고 "공평"한 방식이 되어야 함을 규정한다.

제4조 일반원칙	GPA Article IV General Principles

비차별 [Non-Discrimination]
1. 협정 적용대상 조달에 관한 조치와 관련하여, 각 당사자(조달기관을 포함한다)는 다른 당사자의 물품과 서비스, 그리고 어느 당사자의 물품 또는 서비스를 제공 하는 다른 당사자의 공급자에게, 자신(조달기관을 포함한다)이 다음에게 부여하는 대우보다 불리하지 아니한 대우를 즉시 그리고 조건 없이 부여한다.
  가. 국내 물품, 서비스 및 공급자, 그리고
  나. 다른 당사자의 물품, 서비스 및 공급자
2. 협정 적용대상 조달에 관한 조치와 관련하여, 당사자(조달기관을 포함)는
  가. 외국인과의 연계 또는 외국인 소유의 정도에 근거하여, 국내에 설립된 공급자를 국내에 설립된 다른 공급자보다 불리하게 대우하지 아니한다. 또는
  나. 국내에 설립된 공급자가 특정한 조달을 위하여 제공하는 물품 또는 서비스가 다른 당사자의 물품 또는 서비스라는 점에 근거하여 그 공급자를 차별하지 아니한다.
	Non-Discrimination
	1. With respect to any measure regarding covered procurement, each Party, including its procuring entities, shall accord immediately and unconditionally to the goods and services of any other Party and to the suppliers of any other Party offering the goods or services of any Party, treatment no less favourable than the treatment the Party, including its procuring entities, accords to:
	a) domestic goods, services and suppliers; and
	b) goods, services and suppliers of any other Party.
	2. With respect to any measure regarding covered procurement, a Party, including its procuring entities, shall not:
	a) treat a locally established supplier less favourably than another locally established supplier on the basis of the degree of foreign affiliation or ownership; or
	b) discriminate against a locally established supplier on the basis that the goods or services offered by that supplier for a particular procurement are goods or services of any other Party.

전자적 수단의 사용 [Use of Electronic Means]
3. 전자적 수단으로 협정 적용대상 조달을 수행하는 경우, 조달기관은
가. 해당 조달이 정보기술 체계 및 소프트웨어(정보의 인증 및 암호화에 관련된 것을 포함한다)로서, 일반적으로 입수될 수 있으며, 일반적으로 입수될 수 있는 다른 정보기술 체계 및 소프트웨어와 상호 운용될 수 있는 것을 사용하여 수행되도록 보장한다. 그리고
나. 참가 신청 및 입찰의 무결성을 보장하는 메커니즘(접수 시각의 설정 및 부적절한 접근의 방지를 포함한다)을 유지한다.

조달의 수행 [Conduct of Procurement]
4. 조달기관은 협정 적용대상 조달을 다음과 같이 투명하고 공평한 방식으로 수행한다.
가. 이 협정에 합치하는 방식으로서, 공개입찰, 선택입찰 및 제한입찰과 같은 방법을 사용하는 것
나. 이익상충을 회피하는 방식, 그리고
다. 부패관행을 방지하는 방식

원산지 규정 [Rules of Origin]
5. [기재 생략]

대응구매 [offset]
6. 협정 적용대상 조달과 관련하여, 당사자(조달기관을 포함한다)는 대응구매를 추구, 고려, 부과하거나 집행하지 아니한다.

조달에 특정되지 아니하는 조치
7. [기재 생략]

Use of Electronic Means
3. When conducting covered procurement by electronic means, a procuring entity shall:
a) ensure that the procurement is conducted using information technology systems and software, including those related to authentication and encryption of information, that are generally available and interoperable with other generally available information technology systems and software; and
b) maintain mechanisms that ensure the integrity of requests for participation and tenders, including establishment of the time of receipt and the prevention of inappropriate access.

Conduct of Procurement
4. A procuring entity shall conduct covered procurement in a transparent and impartial manner that:
a) is consistent with this Agreement, using methods such as open tendering, selective tendering and limited tendering;
b) avoids conflicts of interest; and
c) prevents corrupt practices.

Rules of Origin
5. [omitted]

Offsets
6. With regard to covered procurement, a Party, including its procuring entities, shall not seek, take account of, impose or enforce any offset.

Measures Not Specific to Procurement
7. [omitted]

후술할 정부간 거래와 관련해서 살피면, 제4조의 정부조달의 일반원칙 중 특히 제4호(조달의 수행) 및 제6호(대응구매) 규정은 중요한 의미가 있을 것이다. 본조에 따르면 (1) 협약은 조달의 수행에 있어서 조달기관은 투명하고 공평한 방식으로 조달절차를 진행하도록 요구한다.[183] (2) GPA에 부합하는 조달거래 방식은 공개입찰, 선택입찰 및 제한입찰과 같은 방법을 사용하도록 요구한다. (3) 이익상충을 회피하는 방식으로 조달거래를 진행해야 한다. 또한 (4) 부패 관행을 방지하는 방식으로 조달 거래를 하여야 한다.

제3조 제4호의 조달의 수행 규정의 취지는 조달 절차 및 계약의 투명성과 공정성, 그리고 비차별을 요구한다. 본 책자의 주요 대상인 정부간 거래 (G2G agreement)방식으로 거래를 추진하면 본 4호의 여러 요건을 충족하지 못하거나 혹은 위반하였다는 비판을 받을 가능성도 있다. 예를 들어 정부간 거래는 경쟁입찰, 혹은 공개입찰 원칙에 부합하지 않는다. 따라서 정부간 거래는 본 제4조 제4호를 위반할 소지가 있으며, 후술하는 제3조 안보 예외 및 일반 예외에서 요구하는 요건을 만족해야만 그 예외적 조치가 허용된다.

한편, 제6호는 대형 정부조달거래에서 자주 수반되는 대응구매(offset)를 원칙적으로 금지하고 있다. 정부조달에서 조달 공급자에 대하여 offset 거래를 연계시켜 거래하는 경우 그만큼 불공정한 방법으로 거래를 오염시킬 소지가 많다. 게다가 정부간 거래에서는 사실 많은 경우 산업협력 등 미명하에 대응구매 내지 기타 offset이 수반될 수 있으므로 이 또한 이론적으로는 정부간 거래는 GPA 원칙에 위배되는 거래로 볼 여지가 많다. 따라서 G2G 거래는 본 제4조 제6호를 위반할 소지가 있음을 인식해야 하며, 후술하는 제3조 안보 예외 및 일반 예외에서 요구하는 요건을 만족해야만 그 예외적 조치가 허용된다.

---

[183] 따라서 정부간 거래의 과정을 통해 구매국과 판매국은 투명하고 공평한 방식으로 조달 계약 절차를 진행할 필요가 있다. 만약 관계자 매수, 뇌물의 공여, 사업 참여 의향기업에 대한 의도적인 기회 박탈 등은 바람직하지 않다.

요약하면, 정부간 거래를 제한 없이 추진하면 GPA 원칙인 공정하고 투명한 조달의 수행 및 연계무역 금지 등을 규정한 제4조에 위반할 소지가 높은 바, GPA 제3조의 안보 예외 혹은 일반 예외에 해당하는 경우에 한하여 정부간 거래를 추진할 수 있다.

(2) GPA 제3조 안보 및 일반 예외 [Security and General Exceptions]

GPA에는 다양한 일반 예외를 포함하는 바, 이는 1994년 GATT 제20조를 어느 정도 본떠서 만든 것이다.[184] GPA 3조는 GATT 규정 대비 내용에 있어서 정부조달에 대하여 더 부합되게 규정 표현을 정리하였다. 2012 GPA의 제3조 제1호는 안보 예외, 제2항은 제2호의 "가. - 라."는 일반예외에 해당한다. 이 예외에 따르면 당사국은 "무기, 탄약 또는 전쟁 물자 조달 또는 국가 안보 또는 국방 목적에 필수적인 조달과 관련되는 자국의 필수 안보 이익을 보호보호하기 위해 필요하다고 판단되는 행위를 할 수 있다."

---

184) Andres B. Schwarzenberg, U.S. Government Procurement and International Trade, Congressional Research Service R47243 (version 4) (Jan. 10, 2023), p 22 (at https://crsreports.congress.gov/product/pdf/R/R47243) ("In addition to the national security exception, the GPA also contains a number of general exceptions, which are to some extent modeled after Article XX of the GATT 1994. Examples of exceptions include, but are not limited to, public morals, order or safety, human, animal, or plant life or health, intellectual property, and philanthropic institutions.").

제3조 안보 및 일반적 예외	GPA Article III Security and General Exceptions
1. 이 협정의 어떠한 규정도 당사자가 무기, 탄약 또는 전쟁물자의 조달이나 국가안보 또는 국방 목적에 불가결한 조달과 관련된, 필수적인 안보이익을 보호하기 위하여 필요하다고 여기는 행위를 하거나 그러하다고 여기는 정보를 공개하지 아니하는 것을 막는 것으로 해석되지 아니한다. 2. 이 협정의 어떠한 규정도 당사자가 다음의 조치를 부과하거나 집행하는 것을 금지하는 것으로 해석되지 아니한다. 단, 그러한 조치가 같은 조건하에 있는 당사자 사이에서 자의적이거나 정당화할 수 없는 차별, 또는 국제무역에 대한 위장된 제한의 수단이 되는 방식으로 적용되지 아니하는 것을 조건으로 한다. 가. 공공의 도덕, 질서 또는 안전을 보호하기 위하여 필요한 나. 인간, 동물 또는 식물의 생명 또는 건강을 보호하기 위하여 필요한 다. 지식재산을 보호하기 위하여 필요한 라. 장애인, 자선기구, 교도소 노역의 물품 또는 서비스와 관련되는	1. Nothing in this Agreement shall be construed to prevent any Party from taking any action or not disclosing any information that it considers necessary for the protection of its essential security interests relating to the procurement of arms, ammunition or war materials, or to procurement indispensable for national security or for national defence purposes. 2. Subject to the requirement that such measures are not applied in a manner that would constitute a means of arbitrary or unjustifiable discrimination between Parties where the same conditions prevail or a disguised restriction on international trade, nothing in this Agreement shall be construed to prevent any Party from imposing or enforcing measures: a) necessary to protect public morals, order or safety; b) necessary to protect human, animal or plant life or health; c) necessary to protect intellectual property; or d) relating to goods or services of persons with disabilities, philanthropic institutions or prison labour.

2012년 개정 GPA에서는 조문의 순서 배열에 있어서 변경이 있었던 바, 안보 예외 및 일반 예외를 제3조에 구성하고 일반원칙 (비차별, 조달절차의 투명성 및 공정성 등)은 제4조에 규정하였다. 이러한 배열을 통해 우리는 일단 안보 예외, 일반 예외에 해당하는 조치를 취하는 경우에는 그것이 후행하는 GPA 일반원칙의 적용 여부가 문제되지 않는다고 볼 수 있게 된다.

(3) GPA 제3조 안보 및 일반적 예외가 적용되는 사업분야

전술한 GPA의 안보 및 일반예외에 해당하는 물자의 대부분이 정부간 거래 대상물자에 해당하게 된다. 앞서 살피었듯이 어떤 산업이나 물자등이 "안보·일반예외"에 해당하는지 여부는 GPA 규정의 객관적인 해석과 개별 국가의 정부가 GPA를 기준으로 정부조달 사업을 하는 경우에 구체화될 것이고 그러한 실제사례를 통해 안보·일반예외의 대상 사업을 정할 문제이다. 그런데, 현재로서도 충분한 정도의 카테고리를 정할 정도로 사례가 축적된 것도 아니고, 해외 사례도 이를 체계적으로 연구한 바는 없다.

따라서 본서는 추상적이지만 크게 일반적으로 논의되는 사업을 (1) 방산물자 조달 카테고리와 (2) 방산물자를 제외한 부분인 에너지, 건강 등 기타 부분에 대하여는 "공공 인프라"라는 용어를 사용하기로 한다. 이런 구분은 GATT, GATS 및 GPA 모두 안보이익에 의한 예외와 공중보건 목적 등 일반예외를 구별하여 예외규정을 두고 있는 것을 반영하여 사업도 방산물자 사업과 공공이익 사업으로 구분하는 것이 타당하기 때문이다.

"공공 서비스"라는 용어도 검토해 보았으나, 마치 무형물 수출(제공)인 것으로 오해될 여지가 있어 타당하지 않다고 본다. 또한 대부분 사람, 국민, 공중의 기본적인 권리인 주거 및 안전 등과 관련되어 정부가 제공하는 것들이므로 "공공(public)"이란 개념이 포함되어야 한다. 한편, 물자, 서비스, 기술, 및 설치 후 운영이라는 개념을 모두 포괄할 수 있는 개념으로서 특히 "공공 인프라"로 하였다. 향후 산업의 발전과 정부간 수출사업의 진행을 보아 더 나은 용어가 나온다면 채택하기로 하고, 여기서는 "공공 인프라"의 용어를 개념틀로 하여 G2G 거래 대상으로 설명하기로 한다.

안보 예외 및 일반 예외로 규정된 구체적인 사유는 향후 지속적인 해석과 사례 발생에 의하여 구체화될 것이다. 현재로서 다음과 같은 산업이 GPA 및 GATT 상 안보 및 일반예외에 해당할 것으로 사료되며, 따라서 아래의 사업은 향후 정부간 거래의 대상거래에 해당한다고 일반적으로 볼 수 있을 것이다. 본서에서는 이를 크게 방산물자 수출 및 공공 인프라 수출로 본다. 다음 표는 이해의 편의상, 이하는 안보 및 일반예외에 해당할 수 있는 사업분야를 정리한 것이다.

구분	내용
방위 및 군사 장비 (Defense and military equipment)	국가는 국가 안보 이익을 보호하기 위해 특정 방위 및 군사 장비 또는 기술의 조달을 제한하기 위해 보안 예외를 사용할 수 있다. 예를 들어, 국가는 군사급 암호화 기술이 외국 기관이나 테러 단체의 손에 넘어가는 것을 방지하기 위해 해당 기술의 조달을 제한할 수 있다.
에너지 및 유틸리티 (Energy and utilities)	국가는 자국민에게 안정적인 에너지 공급을 보장하기 위해 특정 에너지 및 유틸리티 장비 또는 기술의 조달을 제한할 수 있다. 여기서 에너지 및 유틸리티 산업이란 각종 발전 사업(power generation industry) 및 천연가스 사업, 석유와 가스 사업 등이 포함될 것이다. 다만, 그 범위가 매우 넓고 그 규모도 크므로, 그러한 에너지 관련 사업이 공공의 목적 및 대중의 필요에 소용되는 사업이라는 점이 추가적으로 충분한 정도로 입증되어야 할 것으로 사료된다.
의료 및 의약품 (Healthcare and pharmaceuticals):	국가는 일반 예외를 사용하여 자국민의 건강과 안전을 보장하기 위해 특정 의료 장비 또는 의약품의 조달을 제한할 수 있다. 예를 들어, 국가는 특정 안전 기준을 충족하지 않거나 해당 국가의 규제 기관의 승인을 받지 않은 특정 의료 기기 또는 장비의 조달을 제한하거나 반대로 특정 안전 기준을 충족하는 의료 기기에 한정하여 조달계약을 할 수 있다.
교육 등 공공서비스 (Public services, such as education and care)	국가는 공공교육 및 공공보육 등 국민을 위한 기본적인 서비스를 제공하게 되는데 이 국제조달도 GPA의 일반 예외에 해당할 것이다. 최근 온라인 교육 등으로 전국적인 교육이 IT 기술 등 발전에 수반하여 중요한 서비스로 이루어지는 바 국민 교육이라는 중요 목적에 부합하므로 일반예외에 해당할 것이다.
운송 (Transportation)	국가는 자국민의 안전과 보안을 보장하기 위해 보안 예외를 사용하여 특정 운송 장비 또는 기술의 조달을 제한할 수 있다. 대형 트럭이나 버스와 같이 테러 공격에 일반적으로 사용되는 특정 유형의 차량 조달을 추진하거나 혹은 범위를 제한할 수 있다.
통신 (Telecommunications)	국가는 국가 안보 이익을 보호하거나 통신 네트워크의 무결성을 보장하기 위해 보안 예외를 사용하여 특정 통신 장비 또는 기술의 조달을 제한할 수 있다. 예를 들어, 외국 정부가 자국의 통신 네트워크를 감시하는 데 사용할 수 있는 백도어를 포함하고 있는 것으로 의심되는 특정 유형의 네트워크 장비의 조달을 제한할 수 있다. 최근 미국의 중국 통신사 화웨이의 통신사업을 제한한 것이 그 예시가 될 수 있다. 즉, 국가는 자국 통신과 중요 정보를 보호하기 위해 신뢰할 수 있는 통신사업의 조달을 할 수 있고 그 상대방을 한정하는 것은 GPA 상 적절하다.

(4) GPA 미가입국과의 거래 문제

GPA는 복수국간 무역협정으로서 협정에 별도로 가입한 국가에 대해서만 효력이 발생한다.[185] 따라서 구매국이 WTO GPA 협약은 동 협정에 가입한 경우에 한하여 그 정부간 거래는 WTO GPA의 각종 원칙을 준수하여야 한다. 문제는 구매국이 GPA에 가입하지 않은 경우인 바, 구매국 입장에서는 GPA 준수가 강제되는 것을 달가워하지 않을 것이다. 특히, 현재로서는 GPA 협정 가입국이 많지 않은 상태이고 그 구성도 대부분 선진국으로 구성되어 있어 우리나라가 정부간 계약 거래를 추진하는 상대국이 동 조달협정에 미가입국인 경우가 많다. 어쨌든, 이런 비가입국인 구매국 입장에서 그 거래 추진이 GPA 협약의 직접적인 위반이 되는지 고려하여야 할 의무는 없다. 본서의 주 대상인 G2G 거래에서도 마찬가지이므로 구매국의 협약 위반 문제가 직접적으로 발생할 여지는 적다.

문제는 수출국인 우리 대한민국은 WTO조달협정의 가입국이므로 원칙적인 수준에서의 준수는 요구되는데 WTO 조달협정상의 규범이나 원칙에 심히 혹은 명백히 위반하여(in serious or flagrant violation) 추진할 때 발생한다. 즉, 우리 정부가 구매국 정부와 정부간 거래를 추진한 경우, 우리 정부가 바람직한 국제규범을 무시하는 것으로 비춰질 가능성이 있다. 현실에서 아직 발생한 문제는 아니므로, 다음의 가상적인 사례를 들어 설명한다.

예를 들어, GPA 미가입국인 구매국 정부(인도네시아)가 자국의 항만시설 개선과 운영을 위한 프로젝트를 조달하고자 한다. 이 프로젝트 수주에 중국, 일본 그리고 대한민국의 기업들이 경쟁할 것이다. 인도네시아는 현재 GPA 미가입국이지만 옵서버로 협약 가입에 의향을 보였다. 대한민국이 그간의 안보협력과 방산물자 무상공여 등을 연계하여 패키지 거래를 하여(offset 제공한 것으로 보자) 궁극적으로 정부간 거래방식으로 수주하였다.

---

185) 최정선.

사업의 내용인 항만시설의 건설과 운영관리는 정부조달에 해당하지만 제3조의 일반 예외나 안보 예외와 관련되거나 또는 부합하는지는 않는다고 보는 것이 적절하다. 이 프로젝트는 제4조의 일반원칙인 공개입찰, 경쟁입찰절차나 그 타당성 여부에 대한 준수가 요구되므로 이를 준수하여야 한다. 만약 준수하지 않는다 하면 구매국 정부는 충분한 근거(제3조의 일반원칙 중에서 근거함이 타당할 것임)를 제시하여야 할 것이다. 만약 그러한 사전 검토 없이 단순히 구매국 정부의 급작스런 결정으로 대한민국 정부와 정부간 거래를 추진하게 되면 거래 수주를 추진해 왔던 중국이나 일본 측 수출기업들 혹은 그들의 정부측으로부터의 비판 내지 통상분쟁이 있을 수 있을 것이다.

물론 위 예시에서의 논의는 외교적 수준 혹은 국제거래 경쟁 현실에서 발생 가능한 비판일 뿐, GPA 미가입국인 점에서 정부간 거래가 직접적인 GPA 위반은 아닌 점은 분명하다. 따라서 그러한 위반이 GPA에서 규정한 분쟁해결절차의 대상이 되지는 못할 것이다. 다만, 이 경우 그 행위는 전술한 GATT 및 GATS의 위반문제에 그칠 것이다.

04
국제규범 소결

GATT와 WTO GPA를 동시에 고려하면, 정부조달 거래에서 구매국은 최혜국 원칙 등 비차별원칙을 준수해야 하며, 따라서 G2G 거래라도 경쟁입찰 혹은 제한입찰 등 계약 기회 부여 절차 없이 수의계약 방식으로 진행한 경우, 특별한 예외사유(GATT가 허용하는 안보예외 / 일반예외 또는 GPA 제3조상 안보예외 혹은 일반예외)가 존재하지 않는 한 그 G2G 정부간 거래는 WTO 규범 위반이 될 여지가 있다. 따라서 G2G 거래를 추진하는 초기 단계에 수출기업과 수출국 정부는 GPA 및 GATT상 예외사유 요건에 부합하는지 여부를 미리 파악·검토해야 할 것이다.

이때 검토규범 중 보다 직접적으로 G2G 거래와 관련되는 규범은 GATT보다는 WTO GPA이다. 정부조달시 정부간 거래를 활용할 수 있는 여지는 매우 많다. 왜냐하면 각국 정부가 직접 조달을 하게 되는 사업인 경우는 많은 경우 국가안보, 사회안전, 국민보건, 환경보호, 공급이 부족한 물자나 서비스 확보 등인 경우가 많을 것이며, 이는 사기업들이 주로 관여하는 사업은 아니기 때문에 GPA 예외사유에 해당함을 근거로 정부간 거래를 대상으로 할 수 있다. 정부간 거래의 중요 분야인 방산물자 수출에 있어서 현저한 발전을 하고 있고 공동 인프라 사업에 있어서도 엔지니어링, 조달, 건설, 운영 등에서도 강점을 보이고 있는 우리나라 입장에서는 안보 및 공공 인프라 수출을 정부간 거래를 진행하는 경우 WTO의 GATT 규범 및 WTO 정부조달협정에 위반함이 없이 추진이 가능하다.

PART 3

해외 G2G 거래 제도

01
미국의 정부간 계약 제도

정부간 거래는 우리나라에 도입된 것은 비교적 최근의 일이지만, 미국, 영국, 캐나다 등 방산수출 선진국 여러 나라들은 국방안보협력 및 무역증진 등 다양한 정책과 목적을 위해 정부간 거래(판매)제도를 활용해 왔다. 정부간 거래 제도의 다양한 정책적 배경을 이해하고 우리 상황에 맞는 적절한 활용방안을 도출하기 위해서는 우선 영미권의 선진국들의 사례를 파악하고자 한다. 또한 현실적으로, 영미권 국가 선진국들이 일반적으로 무역·투자 등 국제 거래(international business transactions)의 경험이 많으며 WTO, CISG 등 국제거래 관련 규범체계 형성에서도 주도적인 역할을 해 왔기 때문에 우리나라의 G2G 거래 제도 발전을 위해서도 그만큼 참고할 만한 선례 및 유용하면서도 실질적언 참고 정보를 제공할 수 있다.

가급적 정부간 거래의 모든 측면을 다루고 주요국의 세부적 현황 파악을 하기 보다는, 일반 거래 대비 정부간 거래의 특징이라 할 수 있는 정부의 책임 내지 역할 관련 내용을 주로 설명하고자 한다. 정부가 직접 계약책임을 지는 협의의 정부간 거래인 경우를 주로 살피고 정부가 단지 부수적인 협력 내지 중개의무만을 지는 광의의 정부간 거래의 사례는 필요한 경우 간단히 파악할 것이다. 미국 외에도 캐나다, 프랑스, 영국, 중국, 러시아 등 다양한 수준과 내용으로 G2G 제도를 운영하고 있는 것으로 알려지고 있다. 이중 규모면에서나 역사 면에서 또는 공개된 정보량 면에서 "미국"의 방산물자 정부간 거래 사례가 특히 현저하여 그 내용을 우선 파악해 본다. 다음으로는 "캐나다"의 경우에도 정부간 거래를 많이 활용하고 전담기구도 설치하여 운영하고 있는 점에서 시사점이 많으므로 별도로 후술하기로 한다.

1. 미국의 Foreign Military Sales 제도

미국의 경우 방산물자의 수출에서 대외군사판매제도(Foreign Military Sales, 이하 "FMS")라는 정부간 거래를 오랫동안 운영하고 있으며, 공식적 제도로서 공개된 자료도 많다.[186] 미국 FMS 제도는 역사적으로 2차 대전까지 거슬러 올라가는 제도이며, 우리나라도 미국으로부터 각종 방산물자 및 군사교육 등을 FMS를 통해 유상으로 구매해 온 경험이 있다.[187]

우리나라도 적어도 구매국입장에서는 미국의 FMS 제도에 대한 내용을 파악하고 있고 그 기본적인 이해가 있는 편이다. 우리나라 방위사업청은 FMS를 통한 수입 업무 처리를 위한 "FMS 실무 참고서"를 발간하고 있다.[188] 우리나라는 그간의 미국으로부터의 FMS 구매(수입) 경험을 살려 향후 우리나라가 미국과 같은 공급국가로서 다른 국가로 G2G 방식 수출을 적극 적극 활용할 시기가 되었다.

가. FMS 개요

미국 FMS(대외군사판매) 제도는 미국 정부가 소유한 혹은 미국 방위산업자로부터 구매한 방산물자를 미국 정부와 구매국 정부가 직접 계약 체결하여 공급하는 정부간 거래 제도를 말하며, 주무기관은 미 국방부 산하 FMS 주무기관인 국방안보협력본부(Defense Security Cooperation Agency, 이하 "DSCA")가 중심이 되어 운영한다.[189]

---

186) 영국을 제외한 캐나다, 프랑스, 이스라엘 등 방산 수출국들도 내용의 차이는 있으나 정부간 거래제도 운영하고 있다고 보고되나 상대적으로 공식 자료를 찾기는 어렵다.
187) 이제 반대의 입장에서 우리나라가 정부간 거래 도입을 통해 수출국으로서 FMS와 유사한 사업을 추진한다는 것은 일견 우리나라가 수혜국에서 수출국으로의 위상 변화, 그리고, 국방기술 및 산업발전의 정도를 반증하는 것이기도 하다. FMS 실무 참고서, 방위사업청 (2009) 1-1면.
188) 방위사업청, FMS 실무 참고서 (2009) (이하 "FMS 실무 참고서"라 칭함).
189) 미국은 FMS의 거래방식에 대해 세부적인 내용과 절차에 대하여 공개하고 있다. FMS 구체적인 절차, 당사자간 관계, 필요 서식 등 거래 내용에 대한 내용을 요약한 자료로는 DSCU, Security Cooperation Management ed. 40 ("Green book")이 있다. (이하 "SCM" 혹은 "Greenbook 40"이라 칭함).

FMS 프로그램은 미국 정부(USG)와 승인된 해외 구매국(국제기구 포함) 간 법적 구속력이 있는 계약(binding contractual agreements)을 통해 수행된다. 국방 물품 및 서비스 이전에 대한 이러한 정부간 계약을 특히 "LOA(Letter of Offer and Acceptance)"라 한다. "LOA"란 명칭에서 알 수 있듯이 영미 계약법(contract law)상 계약의 성립요소인 청약(offer)과 이에 대한 승낙(acceptance)을 고유명사한 것으로, 이를 통해 FMS 프로그램의 성격이 미국 정부와 구매국 정부간 법적 구속력 있는 계약(contract)임을 명확히 해주고 있다. "LOA"와 "FMS Case(FMS 사례)"라는 용어는 종종 같은 의미로 사용되지만, 서명된 LOA(즉 서면으로 계약이 정식 체결된)를 특히 FMS 사례라고 한다.[190]

FMS는 주된 법적 근거는 미국의 연방법인 무기수출통제법(Arms Export Control Act, 이하 "AECA")과 미국의 대외지원법(Foreign Assistance Act, 이하 "FAA")이다.[191] FMS는 미국의 무기수출통제법(Arms Export Control Act)에 의한 안보원조의 한 형태(a form of security assistance)이다. 동 법규에 따른 지원 대상은 군사물자(defense articles), 용역(services) 및 교육훈련(training) 및 건설(construction)을 포함한다.

미국 FMS는 방산물자 G2G 방식 수출에 특화된 제도로 특히 군사경제강국인 미국의 위상과 안보협력(security coopearation)을 특히 중시하는 제도로서 근거법령이나 수행조직, 배경정책 등에서 안보협력 제도로서의 특징이 현저하다. 대외군사판매(FMS) 프로그램은 Arms Export Control Act (무기수출통제법, AECA)에 의해 승인된 안보지원(Security Assistance)의 일부이며 미국(미국) 외교 정책의 중요 구성부분이다. AECA section 3에 따라 미국 대통령이 예비 구매자가 자격이 있다고 결정하면 미국 정부는 외국 및 국제기구에 방위 품목 및 서비스를 판매할 수 있다.

---

190) Greenbook 40, 5-1면.
191) 방위사업청, FMS 실무 참고서, 1-1면.

FMS 주무 기관인 DSCA는 SAMM(Security Assistance Management Manual, DSCA 5105.38-M)을 발간하여 FMS 제도를 설명하고 있다. SAMM은 AECA, FAA(Foreign Assistance Act) 및 기타 관련 법규 및 지침에 따라 안보협력의 관리 및 구현을 위한 정책 및 지침을 제공하며, 그 중 중심이 되는 것이 FMS 프로그램이다.

미 정부는 구매국과 청약 및 승낙서(letters of offer and acceptance, 이하 "LOA")라는 표준화된 서식을 정해 놓고 그에 따라 구매국과 건별로 수출계약을 체결한다. 미국은 금액 면에서나 물자의 다양성에 있어서나 타국과의 비교가 어려울 정도로 방산수출 분야의 선두 국가이다. 우리 방산수출 정부 간 거래제도 도입 시에도 미국의 FMS 제도를 많이 참고한 바 있으며, G2G 거래 계약 체결이나 진행의 단계마다 미국의 경험과 지원체계를 참고할 필요가 있다.

나. FMS의 목적

DSCA의 홈페이지 소개의 FOREIGN MILITARY SALES (FMS) 목적을 다음과 같이 게시하고 있다.[192]

- PURPOSE : The Foreign Military Sales (FMS) program is a form of security assistance authorized by the Arms Export Control Act (AECA…. Under Section 3, of the AECA, the U.S. may sell defense articles and services to foreign countries and international organizations ….Under FMS, the U.S. Government and a foreign government enter into a government-to-government agreement called a Letter of Offer and Acceptance (LOA).
- WHO : …. Secretary of Defense executes the program.
- FUNDING : May be funded by country national funds or U.S. Government funds.

---

[192] Foreign Military Sales (FMS) | Defense Security Cooperation Agency (dsca.mil) (https://www.dsca.mil/foreign-military-sales).

DSCA는 FMS가 수출의 지원이라는 목적에 더하여 미국의 국가안보(national security)를 위해서 운영되므로 안보원조(security assistance)프로그램으로서 특징이 있음을 명시하고 있다. 이는 FMS로 거래시 미국 안보목적에 부합하여야 한다는 것을 의미한다. 한편 FMS가 미국 정부가 구매국 정부와 정부간 계약 (government-to-government agreement)를 체결하는 것을 주된 업무로 하는 것을 명시하고 있다.

한편, FMS 거래에 필요한 자금은 구매국 정부가 공급하기도 하지만, 필요한 경우 미국 정부가 조성하여 펀딩될 수 있음을 알려준다. 이는 소위 FMF(foreign military financing)이라 하여 미국 정부가 특별히 인정한 소수의 우방국에게 자금지원을 하게 되는 프로그램을 말한다.

다. FMS의 주요 기관

미 정부는 DSCA를 FMS 전담기구로 두어 계약 전 협의, 계약 지원여부 기초 심사 및 고액건 의회 심의를 주관하도록 하며, 개별 건에 대한 계약관리, 물류(logistics) 지원, 중요물자에 대한 현장조사(site survey), 기술이전 및 재수출통제 등 정형화된 거래관리 절차를 총괄하도록 한다. DSCA 역할 중 핵심적인 것은 총괄적 제도 운영 담당이며 미국 정부 측 계약 당사자자로 서명한다는 점이다. 개별 거래의 구체적인 계약 추진과 이행은 국방부 및 다양한 군 산하 조직에 지정되어 있는 수행기관(IA, implementing agency)이 계약건별로(case)로 구분하여 실제 계약에 필요한 서류 접수, 기초자료 작성 등을 하여 관리하고, 대금 및 수수료 지불 및 정산하도록 하지만, 이를 총괄하는 임무는 여전히 DSCA가 담당한다.

FMS 거래를 처리하는 수행기관인 IA는 기능별로 각 군별 조직과 국방부 산하조직 등 매우 많아 수십 개에 이르지만, SCM 관련 부분에 따르면 90% 이상 대부분의 FMS 거래는 3군의 대표부서(three MILDEP(military departments)들이 한다고 한다.[193]

---

193) SCM 5-21 (IMPLEMENTING AGENCY ORGANIZATIONS IN SUPPORT OF FOREIGN MILITARY SALES) 내용 참조.

한편, FMS는 미국 외교안보에 있어서 매우 중요한 제도로서 정부의 엄격한 통제 하에 운영되는데, 다음과 같은 국가기관들이 통제, 감독 내지 상호 업무분담과 협력하게 된다. 중요 관련기관과 그 역할은 다음 표와 같이 요약될 수 있다.194)

〈표〉 미국의 FMS 관여 기관과 주요 역할 요약

관여 기관	기관의 역할 요약
의회 (Congress)	• 제도내용(programs) 승인 및 예산 배정 • 심의권 행사 (Exercises oversight)
국무부 (State Department)	• 지원 대상국(구매 가능국) 결정 • 계약, 리스, 양도 여부 결정(sales, leases and transfers) • 상업거래(commercial sales)에 대한 수출허가 • 안보자금지원 (foreign assistance funding) 수준 결정
국방부 (Defense Department)	• 안보원교정책 결정 • 매매 가능 대상물 확인 • 안보자금지원 (foreign assistance funding) 수준 추천 • FMS 프로그램 수행 및 기타 FMF 등 자금지원 수행 • 국제 군사교육 수행

라. FMS의 계약 방식

FMS는 판매대상 장비, 물자, 용역 등의 계약 종류(types of cases)에 따라 지정판매, 총괄판매, 보급지원협정 및 파트너 역량구축으로 구분하여 다양한 방식으로 거래를 진행한다. 195)

---

194) DSCA, "Selling Government-to-Government: An Introduction to the U.S. Foreign Military Sales Program (http://www.dsca.mil/briefing_slides/dsca1104/overview_web_final_1104.ppt) "(DSCA가 FMS 제도를 소개하기 위한 발표자료로 기관 홈페이지에 게시한 제도소개자료로서 파워포인트로 작성된 자료임. 현재 자료는 없음).
195) FMS 실무 참고서, 3-1면.

첫째, 지정판매(Defined Order)란 구매국이 필요 장비 등의 명세를 사전에 확정하여 구매요청을 하는 방식으로 구매하고자 하는 물품 명세와 수량이 수출계약서인 LOA에 명시(Defined)되는 경우를 말한다. 대부분의 완성장비나 중요군사장비(SME, Significant Military Equipment) 판매에 활용되는 방식이다.

둘째, 총괄판매(Blanket Order) 방식은 대상 장비와 수량을 지정하지 않고(Blanket) 구매의 총 금액만 명시하여 계약을 체결하고 품목 지정은 계약 이후 지정하는 거래방식이다. 소위 개방형 계약(Open contract)방식 거래형태로 볼 수 있으며, 수출통제가 필요한 중요군사장비나 비밀물자 등은 대상에서 제외된다.[196]

셋째, 보급지원협정(Cooperative Logistics supply Support Arrangement)은 이미 구매한 장비류의 후속 군수지원을 위한 수리부속을 지원하는 계약방식으로 물자이동, 불출 우선순위(Uniform Materiel Movement and Issue Priority System)에서 미군과 동일한 수준의 지원을 받기 위한 계약방식이다.[197]

마. FMS의 안보원조(Security Assistance) 고려사항

(1) 안보협력 관계

FMS 거래에 있어서 가장 주요한 특징은 주요 정책 지침으로서의 안보협력 혹은 안보원조에 중점을 둔다는 점이다. 앞서 FMS는 미국의 대외지원법(Foreign Assistance Act, 이하 "FAA")과 무기수출통제법(Arms Export Control Act, 이하 "AECA")에 근거하여 운영되는 안보협력 내지 안보원조(Security Assistance) 프로그램의 일종임을 밝힌 바 있다.[198] 안보원조란

---

196) MSA Chapter 2. Security Assistance Legislation and Policy; FMS 실무 참고서, 방위사업청 (2009) 3-4면.
197) FMS 실무 참고서, 3-4면. 여기에 추가하여 FMS와는 구분되지만 FMS 프로그램의 상당부분을 준용하는 파트너역량구축(Building Partner Capacity (BPC))도 있으나, 이는 주로 훈련교육 프로그램 지원을 내용으로 하므로 방산물자 정부간 수출에의 참조점은 적은 편이다.
198) FMS 실무 참고서, 1-1면.

우방국의 방어, 복구, 민주주의 실현 등에 필요한 원조로서 미국 외교정책의 중요 수단이며 미국의 국익(National interest)에 부합한다고 판단할 때 제공된다.

FMS 외에도 안보원조 프로그램 카테고리에 속하는 프로그램은 종류나 내용에서 다양하다. DSCA 홈페이지 자료에 따르면 대외군사금융(Foreign Military Financing, "FMF"), 대외군사건설판매(Foreign Military Construction Services), 임대(Leases), 군사원조프로그램(Military Assistance Program, "MAP"), 국제군사교육훈련(International Military Education and Training, "IMET"), 직접상업판매(Direct Commercial Sale, "DCS") 등을 안보원조프로그램으로 나열하고 있다.199)

(2) 안보협력을 위한 금융지원 : FMF

안보협력과 관련된 미국 제도에서는 FMS가 규모면에서나 역할 면에서 핵심적인 사업이지만,200) FMS와 특히 밀접한 관련이 있는 FMF(대외판매금융) 제도도 우방국이 미국의 방산물자를 구매하고자 하는 경우 사전에 국가별로 설정된 금액한도 내에서 자금지원(보조금(Grants) 또는 대출(Loans) 형태 모두 가능)하는 방산수출금융 프로그램도 중요하다.201) FMF는 방산물자 구매에 원조금이나 차관을 연계시키는 것으로 정부가 특정 산업의 수출에 대하여 자금지원 하는 것으로 WTO보조금협정 등 국제규범이나 금융실무 관행에

---

199) SAM 1-3면 이하. DSCA는 국방차관보의 정책 지시 하에 국방부 차원에서 미 군사지원프로그램을 위한 행정적인 관리, 프로그램 계획 및 운영을 수행하는 기관이다. FMS 실무 참고서, 부록 2-9.
200) FMS 실무 참고서.
201) WTO 보조금 협정의 근거가 되는 GATT에 소위 "안보예외"의 근거가 있다. GATT Article 21 (b) ("'Nothing in this Agreement shall be construed to prevent any contracting party from taking any action which it considers necessary for the protection of its essential security interests relating to the traffic in arms, ammunition and implements of war and to such traffic in other goods and materials as is carried on directly or indirectly for the purpose of supplying a military establishment.") 따라서, 무기거래는 국가 안보이익 보장을 위해 필요한 조치로 일반적으로 해석되므로, 무기 수출에 대한 수출보조금지급 조치도WTO 보조금협정에 위반되지 않는다.

위반되는 것이 아닌가 하는 비판이 있을 수 있다. 그러나 방산물자 수출 및 이에 대한 금융지원은 WTO 보조금협정 및 관련 GATT조항상 "Security Exception"에 해당하여 허용된다.202)

향후 우리나라의 정부간 거래가 활성화되고 거래규모가 커지면서 방산금융을 우리나라 금융기관 혹은 수출신용기관이 지원해야 하는 경우도 발생할 수 있는 바, 장기적인 안보협력 관계 형성에 중요한 경우 일부대금을 정부가 지원하는 FMF가 참조될 수 있을 것으로 예상한다. 미국은 우방국 앞 방산수출이 안보원조로서 정당한 정책목적을 추구하는 합법적 방법이라 본다. 과학기술의 발전으로 고도의 기술이 적용된 고가의 방산장비가 개발되고 생산비용이 증가하는 경향이 있어 개별 국가가 자국에 필요한 모든 방산장비를 자체적으로 설계하고 생산하는 것이 어렵게 되었다. 따라서 무기수입의 필요가 있는 우방국들에게 낮은 비용과 높은 기술력의 방산물품을 공급함으로써 미국과 우방국 모두 공동의 안보협력을 추구하는 것이 타당하다고 이해할 수 있다.

(3) 안보협력에 의한 목적 통제

FMS는 안보원조의 정책의 일환으로 그 제약 하에서 이루어진다. 즉, 미국 무기수출통제법(AECA)상 FMS를 통한 안보지원은 정당한 목적을 위해 수행되어야 한다는 제약이 있다. AECA 규정에 따르면 방산물자의 판매 및 임대는 안보, 방위, 대량살상무기 확산 방지 등 정당한 목적을 위해서 판매될 수 있다.203) 한편, 좀 더 구체적인 "적격거래요건(eligibility for Sales)"으로는

---

202) Peter C. Evans, The financing factor in arms sales: the role of official export credits and guarantees, Sipri 2003 yearbook p540 (2003) 참조. 최근 들어 우리나라 금융계나 방산수출 업무를 하는 전문가들 사이에선 이 부분에 대한 올바른 이해가 확대되고 있는 것 같아 다행이다.
203) AECA § 2754 ("Defense articles and defense services shall be sold or leased by the United States Government under this chapter to friendly countries solely for internal security, for legitimate self-defense, for preventing or hindering the proliferation of weapons of mass destruction and of the means of delivering such weapons...").

동 거래가 (1) 미국 안보와 세계 평화에 부합, (2) 구매국이 미국의 합의 없이 제3국으로 장비를 이전하지 않을 것을 확약, (3) 최초 구매시 정한 용도 외 전환 사용 금지에 동의, (4) 미국의 방산물자 보안절차를 동일한 수준으로 준수 등 요건을 충족하여야 한다.204)

(3) 안보협력에 의한 절차 통제

특정국가에 안보원조를 제공하기 위해서는 상기 실체적 요건 외에도 대통령의 서면에 의한 결정(Written Presidential Determination)이라는 절차적 요건도 충족하여야 한다.205) 보통 안보원조는 대통령이 서명한 미국 내무부장관에 대한 문서명령(Memorandum for the secretary of state) 형식으로 연방정부 공고(Federal Register)에 공표된다.206) 다만, 대통령의 결정은 특정국가에 대한 안보원조 제공이 적격하다는 사전적 판단일 뿐 최종적 판매승인은 아니다.207) 따라서 구체적인 판매결정은 실제로 구매국이 FMS를 통해 특정 물품공급을 요청하고 미 정부가 개별 심사를 거쳐 승인된 경우에만 추진될 수 있다고 보인다. 설사 위 정당하고 적격인 우방국 앞 방산수출이라 하더라도 외국과의 외교관계, 국방협력관계, 산업협력관계 등 다양한 사유로 안보원조가 제한될 수 있다. 안보원조가 "절대적"으로 제한되는 경우로 법이 규정한 내역은 아래와 같다.208)

> (1) 미국 거주 개인들에 대한 지속적인 위협
> (2) 외교 단절국,
> (3) 성별(Sex), 종교(Religion), 국적(National origin), 인종(Race)에 따른 차별 처우,
> (4) 군사 쿠데타 등으로 정부 수장을 부당하게 축출한 경우

---

204) AECA § 2753 (Eligibility for defense services or defense articles).
205) SCM 2-13면.
206) SCM 2-13면.
207) SCM 2-13면.
208) MSA 2-13면.

한편 안보원조 제공이 원칙적으로는 제한되지만 대통령이 미국 국익에 부합한다고 판단하는 경우에는 예외적으로 허용 (Presidential Waiver) 할 수도 있는 "상대적" 제한사유로는 다음과 같이 열거하고 있다.[209]

(1) 구매국가가 테러리스트를 반복적으로 지원하는 국가,
(2) 북한 등 공산주의 국가들,
(3) 미국 사람에 대한 채무 불이행 국가,
(4) 미국(민) 소유 재산에 대한 국유화, 압수 등 조치국가,
(5) 미국 대외원조법상 대출에 대한 6개월 이상의 지급지체,
(6) 미 정부앞 1년 이상의 대외원조 및 안보원조 대출을 지급지체 하는 경우,
(7) 불법적 마약생산 및 운송국가로서 적절한 방지조치를 하지 않는 경우,
(8) 미국의 인도주의적 원조를 직간접적으로 금지 또는 방해하는 경우,
(9) 국제 테러를 행한 개인이나 단체에 대한 기소에 대한 회피처 제공,
(10) 인신매매에 대한 대응조치에 필요한 최소한의 기준을 준수하지 않는 경우,
(11) 미 정부의 원조로 수입되는 물품에 대하여 과세하는 경우

안보원조는 미국 의회(Congress)의 통제를 받는데, 의회는 방산수출에 대하여 승인, 거부 등 정부의 FMS를 통한 수출을 견제할 있는 권한을 보유하고 있다. 의회는 최초 판매뿐만 아니라 기 판매물자의 제3국 판매(Third Country Transfers) 및 방산물자의 1년 이상 기간의 리스(Leases of Defense Articles)에 대하여도 승인권을 가진다. 보통 미행정부는 의회가 특별히 반대하거나 수정을 요구하지 않는 한, LOA를 발행하여 거래를 청약할 수 있다. 그러나 주요방위장비(MDE, Major Defense Equipment) 수출 혹은 금액이 큰 거래에 대해서는 미 정부는 LOA 발행 전에 상당한 시간 여유를 두고 의회에 통지(Congressional Notification Requirements)하여야 한다.[210] 즉, 5천만 불 이상의 물자 용역, 2억불 이상의 설계 또는 건설 용역,

---

209) SCM 2-13면.
210) 22 U. S. C. 2776(b); Richard F. Grimmett, Arms Sales: Congressional Review Process, congressional Research Service (2012) (http://www.fas.org/sgp/crs/weapons/RL31675.pdf) 1-2면; 여기서 MDE란 미 탄약목록(U. S. Munitions List, "USML")상 중요군사장비(significant military equipment, SME) 중 5천만 불 이상의 비순환(Nonrecurring) 연구 및 개발 비용 또는 2억불 이상의 총 생산비가 소요된

1천4백만 불 이상의 주요방위물품에 대한 LOA를 발행하기 전에 그 수출 이유와 기대되는 효과를 적시하여 보고하여야 한다. 동 사전 보고를 받은 의회가 심사한 후 판매에 반대하는 경우(상하 양원이 모두 반대하는 joint resolutions인 경우) 미 정부는 LOA를 발행할 수 없을 것이다. 실제에 있어서는 실제적으로 의회가 양원 모두가 불승인하여 무기 판매를 중지시킨 경우는 없다고 하였다. 따라서 의회의 무기 수출에 대한 승인권과 대통령의 예외적 계약 추진권은 정치적, 외교적 중요성을 고려하여 결정되며, 일반적이고 공식적인 대립관계에서 행사되는 것은 아니라고 한다.211)

의회의 반대에도 불구하고, 예외적으로 미 정부가 계약을 추진할 수 있는 경우가 있는 바, 대통령이 미국의 국가안보이익상 그 판매가 필요하다고 인정되는 "긴급" 상황이 있음을 서면 인증(Certification)방식으로 요구하는 경우 LOA를 발행할 수 있다(Presidential Waiver).212) 다만, 이런 예외적 조치는 남용금지 측면에서 매우 제한적으로만 허용되는 바, 대통령은 적어도 의회 위원회와 협의(consult with)하여야 하며, 서면의 소명(written justification)을 해야 하는 제한이 있다.213)

장비를 말한다. FMS 실무 참고서, 부록 2-22면.
211) Richard F. Grimmett, 전게 논문. ("It should be noted that Congress has never successfully blocked a proposed arms sale by use of a joint resolution of disapproval, although it has come close to doing so (see text-box note below for a detailed legislative history). Nevertheless, Congress has—by expressing strong opposition to prospective arms sales, during consultations with the executive branch—affected the timing and the composition of some arms sales, and may have dissuaded the President from formally proposing certain arms sales.")
212) AECA Section 36(b)(1); MAS 2-19.
213) Richard F. Grimmett, 전게 논문, 5면.

2. FMS 계약의 주요 내용

계약에 있어서 거래구조와 당사자의 책임은 당사자가 체결한 구체적인 계약 및 그 계약서에 부수되는 각종 약관 등에 의해서 정해지는 것이다. 그런 의미에서 우리는 미국 FMS의 계약서와 그 약관의 내용을 살펴보면 FMS 계약의 거래구조와 당사자의 책임을 파악할 수 있게 된다.

FMS 거래에서 미국 정부와 구매국 정부의 계약은 양국(혹은 양국 정부로부터 수권 받은 기관)이 표준계약서인 LOA에 서명함으로써 FMS 계약 당사자가 된다. 일반적으로 구매국의 국방부(혹은 수권받은 기관)와 미국 정부의 DSCA가 LOA에 서명하여 당사자가 된다. 표준적으로 사용되는 수출계약서인 Letter of Offer and Acceptance(이하 "LOA")에 첨부되는 총 7조의 표준조건(Standard Terms and Conditions, 이하 "LOA 표준약관"이라 칭함)에 정부간 계약의 계약조건이 자세히 구현되어 있다.

LOA상 표준약관으로는 세부적으로 (1) 미국 정부의 의무, (2)구매자의 합의사항, (3) 피해보상 및 위험, (4)금융조건, (5) 운송 및 하자, (6) 보증, (7) 분쟁 해결에 관하여 규정하고 있다. LOA 약관의 각 부분은 각 당사자에 대한 특정 권리와 책임을 설정하는 한편, 판매와 관련된 특정 제한 사항(certain limitations or constraints)을 포함하고 있다.[214]

동 표준조건에 따라 미국 정부의 책임을 파악(세부사항은 후술)하면, 결국 미국정부가 미국 수출기업을 대신하여 구매국 정부와 계약을 체결하여 거래관계를 형성하지만, 미국 정부가 매도인인 실 수출기업의 계약이행책임을 대신하여 직접 의무부담을지지 않는 것으로 요약될 수 있다. 즉, 미국 정부는 원칙적으로 수출기업의 거래 이행 및 이행된 물품의 품질관련 보증을 하지 않음이 원칙이다. 이하 각 조항별로 파악한다.

---

214) Greenbook 40, 8-3.

가. USG Obligations (미국 정부의 의무)

　LOA 표준약관 Section 1 Conditions–United States Government (USG) Obligations은 미국 정부의 의무를 자세히 규정하는 중요규정이다. 이해의 편의를 위해 각 세부 조항별로 약관의 원문 및 그에 대한 해설을 하기로 한다.

(1) Section 1.1 Standard Items 표준품 제공

> 1.1 Unless otherwise specified, items will be those which are standard to the U.S. Department of Defense (DoD), without regard to make or model.

　미 정부(USG, 이하 "USG" 혹은 "미 정부"로 혼용함)는 표준품(standard articles) 제공의무를 부담한다(LOA 표준약관 1.1). 미 정부는 제조사나 품명에 상관없이 미군이 실제로 사용하는 표준품을 제공할 의무를 부담한다.[215] 동 조항의 취지를 살피면, 미군과 동일물품, 상호호환성, 운송 물류상의 편의성 등을 감안함으로써 공급단가를 낮추고 관리를 용이하게 하기 위함이라 한다.

　약관상 표준품 조항을 둠으로써, 만약 표준약관에 만족하지 않고 구매국이 특정 제조업체 또는 모델에 대한 특별한 요구 사항이 있는 경우 그 요구내용은 IA(이행기관)에 알릴 책임을 구매자에게 부여한다.[216]

---

[215] LOA 정형거래조건 1.1; Greenbook 40, 8-3.
[216] Greenbook 40, 8-4 ("If the purchaser has certain unique requirements for specific makes or models, this condition places the responsibility on the purchaser to make those unique requirements known to the IA; otherwise, the standard U.S. configuration will be supplied.").

(2) Section 1.2 Buyer-Seller Relationship 미국 정부의 조달 대행

> 1.2 The USG will furnish the items from its stocks and resources, or will procure them under terms and conditions consistent with DoD regulations and procedures. When procuring for the Purchaser, DoD will, in general, employ the same contract clauses, the same contract administration, and the same quality and audit inspection procedures as would be used in procuring for itself; except as otherwise requested by the Purchaser and as agreed to by DoD and set forth in this LOA. Unless the Purchaser has requested, in writing, that a sole source contractor be designated, and this LOA reflects acceptance of such designation by DoD,
>
> the Purchaser understands that selection of the contractor source to fill requirements is the responsibility of the USG, which will select the contractor on the same basis used to select contractors for USG requirements. Further, the Purchaser agrees that the U.S. DoD is solely responsible for negotiating the terms and conditions of contracts necessary to fulfill the requirements in this LOA.

미 정부는 자국 조달절차에 준하여 구매국을 위하여 물자를 구매한다(LOA 표준약관 1.2). 미국 국방부가 구매자의 요구 사항을 충족하기 위해 품목을 조달할 때 자체 조달에 사용하는 것과 동일한 취득 및 계약 절차를 적용하도록 한다. 이를 통해 구매국에게 미국 국방부의 방산물자 조달에 적용되는 것과 동일한 혜택과 보호를 제공하게 되며, 구매국이 FMS 채널을 통해 조달을 선택하는 주요 이유 중 하나이다. [217]

특정 방산물자(예컨대 미국 기업이 개발한 최신 공격기)를 미국 정부와 여러 구매국 정부(미국이 안보협력 차원에서 구매를 허용한 경우)가 공동으로 구매하게 되므로 규모의 경제를 통한 가격 절감 및 상호 호환성 유지 등 이점을 공동으로 향유하기 위한 것이다.

---

[217] LOA 정형거래조건 1.2; Greenbook 40, 8-4-5.

(3) Section 1.3 Anti-tamper Protection 변조 방지 보호

> 1.3 The USG may incorporate anti-tamper (AT) protection into weapon systems and components that contain critical program information (CPI). The AT protection will not impact operations, maintenance, or logistics provided that all terms delineated in the system technical documentation are followed.
>
> 1.4 The USG will use its best efforts to provide the items for the dollar amount and within the availability cited.

미국 정부는 중요한 기술을 보호하기 위해 FMS로 판매되는 장비에 변조 방지 보호 기능을 통합할 권리를 보유한다. LOA의 섹션 1.3에는 관련 기술의 무결성과 보안을 보장하기 위해 따라야 하는 특정 조항, 지침 또는 절차가 포함될 수 있다. LOA 1.3항에서 요구되는 구체적인 세부 사항은 제공되는 방위 물품의 성격(nature)과 관련 기술의 민감도(sensitivity of the technology)에 따라 달라질 수 있을 것이다. 변조 방지 조치에는 무단 접근 또는 변조(unauthorized access or tampering)를 억제하거나 방지하기 위한 하드웨어 및 소프트웨어 기반 보호, 암호화 기술(encryption techniques), 물리적 보안 요구사항(physical security requirements) 및 기타 안전장치가 포함될 수 있다. 시스템 기술 문서에 설명된 모든 조건(all terms delineated in the system technical documentation)을 준수하는 경우 변조 방지 보호 기능을 사용해도 운영, 유지 관리 또는 물류에 영향을 미치지 않는다고 명시하여 구매국의 물자 사용을 방해하지 않으면서 변조방지조치를 취함을 규정하고 있다.

(4) Section 1.4 Best Efforts 최선의 노력 의무

> 1.4 The USG will use its best efforts to provide the items for the dollar amount and within the availability cited.

미 정부는 LOA상 약정된 예상 비용 및 인도 기일을 준수하기 위해 최선의 노력의무를 부담함을 규정한다(LOA 표준약관 1.4). 여기서 "최선의 노력

(best efforts)"이라는 용어는 명시된 미래 결과를 달성하려는 당사자의 선의 또는 의도를 암시하는 "법적 용어(legal term)"이다. 이 용어는 LOA상 계약 목적을 달성하는 것을 방해할 수 있는 다른 요인이 계약 체결 이후 발생할 경우에 이에 대한 미국 정부의 선의의무를 규정한 것이다. 218)

본 Section 1.4 Best Efforts 조항은 미국 정부가 LOA 비용 및 배송 견적에 따라 계약 이행을 하지 못할 수 있다는 위험을 구매국이 양해하고 수락함을 규정하는 약관규정이다. 본 약관에 따르면, 미국 정부는 LOA에 제시된 예상 비용 및 인도기간 내에 인도를 확약하거나 보장하지 않는다. 즉, 만약 LOA상 약정된 대로 결과가 달성되지 않는 경우라도 계약의 불이행(Breach of contract)으로 되지 않음을 의미한다. 따라서 계약 불이행 사태 발생시 미국 정부가 Best effort를 하였음을 증명하면, 구매국은 계약위반에 기한 손해배상 등 구제수단의 청구를 할 수 없게 되는 중요한 근거 규정이 된다. 따라서 후술하는 미국 정부의 보증 관련 규정과 함께 본 best effort 조항에 의해 미국 정부의 책임이 제한 또는 면제되도록 하는 계약 약관이라 볼 수 있다.

FMS LOA에서 "최선의 노력"이 요구된다 함은 일반적으로 계약의 성공적인 이행을 보장하기 위한 미국 정부(제공자)와 수령국(구매자) 양측의 모두의 기대와 책임을 부담한다고 해석할 수 있다. 그러한 기대와 책임의 내용은 계약과 관련한 시의적절할 통지, 계약약정의 준수 및 이행, 분쟁이나 장애의 조속한 해결 등이 포함될 것이다(주석 참고).219) 주의할 점은 "최선의 노력"의 세부적 이행은 개별 LOA 및 제공되는 방산물자의 특정 요구 사항에 따라 달라질 수 있을 것이다.

---

218) LOA 정형거래조건 1.4; Greenbook 40, 8-5.
219) (1) 시기적절하고 정확한 의사소통: 양 당사자는 열린 커뮤니케이션 라인을 유지하고 LOA 이행과 관련된 관련 정보를 신속하게 공유함. (2) 규정 및 요건 준수: 수령국은 방산물자 및 서비스의 수입, 수출, 사용 및 보호와 관련된 관련 법률, 규정 및 절차를 준수함. (3) 문제 및 장애물 해결: 양 당사자는 LOA 이행 중에 발생할 수 있는 모든 문제 또는 장애물을 해결하기 위해 협력함. 여기에는 대안을 파악하고, 필요한 승인을 득하고, 적절하게 빠른 시간내에 분쟁을 신속히 해결하는 것이 포함됨. (4) 계약상 의무 이행: 양 당사자는 방위물품, 교육, 물류 지원 및 기타 합의된 서비스 제공을 포함하여 LOA에 명시된 각자의 의무를 이행함.

(5) Section 1.5 U.S. Government Right to Cancel or Suspend 계약 취소 및 중지권

> 1.5 Under unusual and compelling circumstances, when the national interest of the U.S. requires, the USG reserves the right to cancel or suspend all or part of this LOA at any time prior to the delivery of defense articles or performance of defense services. The USG shall be responsible for termination costs of its suppliers resulting from cancellation or suspension under this section. Termination by the USG of its contracts with its suppliers, other actions pertaining to such contracts, or cessation of deliveries or performance of defense services is not to be construed as cancellation or suspension of this LOA itself under this section.

국제거래에서 계약의 취소 및 중지는 당사자에게 미치는 효과가 크므로 중요한 규정이다. FMS에 있어서도, 미 정부는 계약 체결시 예상하지 못한 비정상적이고 중대한 상황변경이 있는 경우(Under unusual and compelling circumstances) LOA상 약정의 전부 또는 일부를 취소하거나 혹은 (의무이행의) 중지할 권리가 있다 (LOA 표준약관 1.5). 미국의 국가 이익 관점에서 필요한 경우 USG는 LOA 전체 또는 일부를 취소할 권리를 보유한다. 비정상적이고 중대한 사건이 발생한 경우에는 LOA 계약을 취소하거나 중지가 가능하며, LOA를 취소하기로 선택한 경우 USG는 공급업체와의 각 조달 계약 종료와 관련된 비용을 지불할 책임이 있다.[220]

불가항력적(force majeure) 사태 혹은 계약체결시 예상하지 못한 사정변경이 있는 경우 당사자의 이행 책임의 면제 혹은 이행 중지의 법리가 영미법 등 일반적인 매매거래법에서 인정되는 바, 본조는 LOA 약관상 반영된 것으로 보인다. 계약 체결과 실제 이행에 상당한 시간이 소요되기 때문에 종종 계약체결과 이행시기 사이에 예측 못한 위반이나 사정변경이 발생할 수 있다.

---

[220] 이는 반드시 전체 LOA 금액이 구매자에게 환불된다는 의미는 아니다. 일반적으로 취소 또는 정지된 LOA와 관련된 재정적 의무 및 자료의 처분을 해결하기 위해 구매국 정부와 협상된 합의가 필요할 수 있다. Security Assistance Management Manual (SAMM) 섹션 C6.6에 따르면, DSCA가 취소 또는 정지된 LOA와 관련된 재산 처분 및 책임 청산에 관한 IA 지침을 제공할 것이라고 명시되어 있다. Greenbook 40, 8-5.

설사 이행기가 도래하지 않았다 하더라도 당사자 일방의 계약위반이 확실시 되는 경우 피해를 받을 상대방에게 적절한 구제를 통해 손해를 경감할 수 있도록 하는 것이 이행기전 계약해제 제도이다. 국제거래 맥락에서도 유엔국제물품매매법(U.N. Convention on International Sale of Goods, CISG)은 이행기전 계약위반시 이행중지와 계약해제(suspension or avoidance against anticipatory breach)를 명문으로 인정한다. CISG 제71조는 다음과 같은 엄격한 요건 하에 피해를 입을 우려가 있는 당사자가 계약 이행을 중지(suspension of performance)할 수 있음을 규정한다.[221]

> 제71조 (1) 당사자는 계약체결 후 다음의 사유로 상대방이 의무의 실질적 부분을 이행하지 아니할 것이 판명된 경우에는, 자신의 의무 이행을 정지할 수 있다.
> (가) 상대방의 이행능력 또는 신용도의 중대한 결함
> (나) 계약의 이행 준비 또는 이행에 관한 상대방의 행위
> (2) 제1항의 사유가 명백하게 되기 전에 매도인이 물품을 발송한 경우에는 매수인이 물품을 취득할 수 있는 증권을 소지하고 있더라도 매도인은 물품이 매수인에게 교부되는 것을 저지할 수 있다. 이 항은 매도인과 매수인간의 물품에 관한 권리에 대하여만 적용된다.
> (3) 이행을 정지한 당사자는 물품의 발송 전후에 관계없이 즉시 상대방에게 그 정지를 통지하여야 하고, 상대방이 그 이행에 관하여 적절한 보장을 제공한 경우에는 이행을 계속하여야 한다.

한편 CISG 제72조는 다음과 같은 더욱 엄격한 요건 하에 피해를 입을 우려가 있는 당사자가 이행기전 계약 해제(Avoidance Prior to the Date for Performance)도 가능하도록 하고 있다. 이 경우 그 위반은 본질적 위반에 해당하여야 하며, 필요한 경우 통지가 생략될 수도 있다. 따라서 CISG 제71조 및 제72조는 각각 계약목적의 달성이 곤란할 정도의 사태나 상황변화가 있는 경우(이러 점에서 불가항력과도 관련) 이에 대한 보호절차로 피해를 입을 당사자는 이행을 중지하거나 계약을 해제하도록 하고 있다. 다만 아직 의무의 이행기가 도래하지 않은 경우라도 상대방에게 중지나 해제를 허용하는 것이므로 계약 위반이 충분히 예측되어야 하고 조치에 대한 사전 통지를 엄격히 요구하고 있다.

---

221) 석광현, 국제물품매매계약의 법리, 박영사, 박근서 외, 국제거래법 (2021).

그런데, CISG 등 국제사법상 이행기전 계약 위반의 법리와는 달리, 미국 FMS제도의 LOA 약관에서 허용하는 이행 중지 및 계약 최소는 CISG의 그것보다는 훨씬 완화된 요건을 정하고 있다. 또한 그 기준이 미 정부의 국가이익을 기준으로 발동된다는 점에서 추상적이며 미국 정부의 일방적·자의적 판단에 근거하여 남용될 수 있는 점에서 CISG와는 다르다. 즉, 이행기전 계약 이행을 곤란하게 하는 사유는 미국 정부 관점에서 판단하고, 계약의 취소 및 중지 조치 전에 사전에 통지를 한다던지, 의견 소명 기회를 부여하는 등 특별한 요건 없이 해제와 취소를 규정하고 있는 점에서 본 약관의 내용은 미국 정부의 이익 보호에 많이 편향된 규정이다.

(6) Section 1.8 Freedom of Information Guidelines 정보 공개 및 보호

> 1.8 Unless otherwise specified, this LOA may be made available for public inspection consistent with the national security of the United States.

섹션 1.8은 LOA를 공개적으로 사용할 수 있는지 여부에 대해 미국 Freedom of Information Act (정보자유법, FOIA)의 규정을 반영한 약관 규정이다. FOIA에 따라 정보가 공개될 수 있으나, 외국 정부가 기밀로 미국 정부에 제공한 정보는 일반 공개에서 제외될 수 있다.[222] 정보 공개 또는 보류 결정은 DSCA 및 관련 DoD 관련 부서의 적절한 법률 고문(appropriate legal counsel)과 협의·조정해야 할 것이다.[223]

---

222) Greenbook 40, 8-5면.
223) Greenbook 40, 8-6면.

나. General Purchaser Agreements (구매국의 권리의무)

LOA 약관 제2조는 LOA 판매 계약과 관련된 구매국의 특정 권리 및 의무를 규정하는 바, 이 약관에 따라 매수인은 다음과 같은 권리와 의무를 가지게 된다.[224]

(1) Section 2.1 Purchaser Right to Cancel (매수국의 계약 해제권)

> 2.1 The Purchaser may cancel this LOA or delete items at any time prior to delivery of defense
> articles or performance of defense services. The Purchaser is responsible for all costs resulting
> from cancellation under this section.

미국 정부의 계약해제권 (section 1.5)에 대응하여 매수국도 계약을 해제할 수 있으나, 다만 지출되거나 미국 정부가 부담한 비용의 상환 의무는 있다. 계약 취소시 구매국은 취소 비용(termination costs)을 지급할 의무가 발생하는데, 구매국이 계약취소 하면서 동 비용을 지급하지 않을 우려도 있다. 따라서 미 정부는 그 취소비용 상환에 충분한 정도의 초입금(initial deposit)을 LOA 승낙 시에 납부하도록 의무화하여 구매국의 취소로 발생한 취소비용에 충당할 수 있도록 하고 있다.[225]

(2) Section 2.2 End-Use Purposes

미국의 적대국에 대한 국방력상의 기술적 우위를 유지하여야 하는 안보분야의 특수성 및 기술보호를 위해 최종 사용처의 사용방법과 보안유지 등을 관리(End-use Monitoring)하고 미 정부의 사전 동의 없이 제3자에게 무단 판매(Third-Party Transfer)를 하지 않아야 할 의무를 부여하고 있다.[226]

---

224) Greenbook 40, 8-7면.
225) Greenbook 40, 8-8면.
226) Greenbook 40, chapter 18은 "End-Use Monitoring and Third-Party Transfer"라는 표제 하에 최종 사용 모니터링 및 제3자 전매 관리 절차를 상술하고 있다.

2.2 구매자는 구매자와 USG가 서면으로 상호 합의한 경우를 제외하고 본 계약에 따라 판매되는 군용 물품만을 사용하는 데 동의합니다.

2.2.1 for internal security (내부 안보)

2.2.2 for legitimate self-defense (정당한 방위),

2.2.3 for preventing or hindering the proliferation of weapons of mass destruction and of the means of delivering such weapons (대량 살상 무기 및 그러한 무기를 운반하는 수단의 확산을 방지하거나 방해하기 위해)

2.2.4 to permit the Purchaser to participate in regional or collective arrangements or measures consistent with the Charter of the United Nations, or otherwise to permit the Purchaser to participate in collective measures requested by the United Nations for the purpose of maintaining or restoring international peace and security(구매국이 유엔 헌장(Charter of the United Nations)에 일치하는 지역적 또는 집단적 협정이나 조치에 참여, 구매국이 국제 평화나 안정을 유지하거나 회복할 목적으로 유엔이 요청한 집단적 조치에 참여)

2.2.5 for the purpose of enabling foreign military forces in less developed countries to construct public works and to engage in other activities helpful to social and economic development (저개발 국가의 군대가 공공사업을 건설하고 사회 및 경제 발전에 도움이 되는 기타 활동에 참여할 수 있도록 하기 위한 목적).227)

2.2.6 - 2.8 [기재 생략]

본 2.2조는 구매자가 최종 사용이라고 하는 특정 목적을 위해서만 LOA에 따라 구매한 방산물자 또는 관련 서비스를 사용하도록 원칙을 규정한 것이며, 허용되는 최종용도 목록은 AECA(Armed Export Control Act)의 규정을 반영한 것이다. 일반적인 국제거래에서는 구매자가 구매자의 필요에 따라 원하는 목적을 위해 자유롭게 사용하는 것이 원칙이겠으나, USG가 최종 사용 제한을 적용하는 것이 불공평해 보일 수 있다. 그러나, FMS의 대상물자인 방산물자는 소비자 제품이 아닌 것이고 안보목적에서 보안 유지와 사용제한 충분히 정당화될 수 있는 것이고 이를 약관에 반영한 것이다.228)

---

227) 본조에 의해 개발도상국이 구매국인 경우 본래 방위 목적이 아닌 재건 사업 등에 사용하기 위해서 방산물자를 사용하는 것이 예외적으로 허용되는 근거규정이 될 수 있을 것이다. 개발도상국의 자원상의 한계 등을 위해 엄격한 목적 외 사용제한을 완화한 점에서 의미가 있다.

228) Greenbook 40, 8-8면.

다. Indemnification and Assumption of Risk (면책 및 위험 부담)

본 약관에 의하여 구매국은 LOA 이행시 발생할 수 있는 금전적 배상책임의 위험을 부담하기로 하는 데 동의하도록 하며 따라서 미국 정부는 그러한 금전적 배상책임에서 면책되도록 하는 것이다.[229] 본 조항은 국제거래 실무자들에게도 일반적으로 어려운 배상과 위험 부담(Indemnification and Assumption of Risk)의 문제를 약관화 한 것이다.

> 3.1 The Purchaser recognizes that the USG will procure and furnish the items described in this LOA on a non-profit basis for the benefit of the Purchaser. The Purchaser therefore undertakes to indemnify and hold the USG, its agents, officers, and employees harmless from any and all loss or liability (whether in tort or in contract) which might arise in connection with this LOA because of:
>
> 3.1.1 Injury to or death of personnel of Purchaser or third parties,
>
> 3.1.2 Damage to or destruction of (a) property of DoD furnished to Purchaser or suppliers specifically to implement this LOA, (b) property of Purchaser (including the items ordered by Purchaser pursuant to this LOA, before or after passage of title to Purchaser), or (3) property of third parties, or
>
> 3.1.3 Infringement or other violations of intellectual property or technical data rights.
>
> 3.2 Subject to express, special contractual warranties obtained for the Purchaser, the Purchaser agrees to relieve the contractors and subcontractors of the USG from liability for, and will assume the risk of, loss or damage to:
>
> 3.2.1 Purchaser's property (including items procured pursuant to this LOA, before or after passage of title to Purchaser), and
>
> 3.2.2 Property of DoD furnished to suppliers to implement this LOA, to the same extent that the USG would assume for its property if it were procuring for itself the items being procured.

---

[229] Greenbook 40, 8-10면.

국제거래계약에서 보상(indemnification) 조항 또는 "hold harmless 조항"은 제3자에게 손해를 발생시킨 경우에, 일방 당사자가 여하한 이유로 제3자로부터 손해배상 청구를 받는다면 그 손해를 다른 계약 당사자에게 전가할 목적으로 활용되는 매우 표준적인 조항이다. 실무에서는 국제계약의 협상력에 따라 매수자 측이 면책 보상의무를 부담하도록 하거나, 아니면 공급자와 매수자 쌍방이 약정을 통해 보상의무를 분담하는 조항으로 규정된다.230)

이런 견지에서 미국 FMS 약관상 Indemnification and Assumption of Risk (면책 및 위험 부담) 규정은 영미법 국가의 계약서에서 주로 보이듯이, USG의 입장을 일방적으로 반영하여 매수국이 그 손실을 부담하도록 규정한 것으로 평가된다. 물론 근거로 USG는 FMS 거래에서 구매국을 대행하여 조달을 진행하며 거래를 통한 수익을 목적으로 하지 않는 G2G 거래의 특성상, 미국 정부가 이러한 배상책임까지 부담하면서 정부간 거래를 지원해서는 안 된다는 정책적 목적에는 부합한다고 본다.

---

230) 윤성승, "특허 라이선스 계약에서 보상(Indemnification) 조항", 특허뉴스 (2022.8.3.) (https://www.e-patentnews.com/8587) (윤성승 교수는 이 기고를 통해 주로 국제 특허 라이선스에 국한하여 기술 제공자와 기술 이용자 간의 제3자에 대한 배상책임의 문제를 검토하였으나, 그러한 방안은 역시 방산물자 국제매매나 인프라 수출에도 유사하게 적용될 것이다. FMS 약관상 없는 내용이나, 일반적인 국제계약의 indemnification조항에 일반적으로 기재되는 "indemnify, defend, and hold harmless from any claims, judgments. liability, cost and expenses (including attorney's fees) arising out of the Transaction)에서 특히 "defend"부분을 포함한 경우 문제를 검토하고 있다. 윤성승 교수는 "'방어(defend)'라는 단어의 의미 해석 때문에 발생한다. 보상조항에 제3자로부터 소송이 제기된 경우에 기술제공자나 기술이용자가 소송방어에 협조할 의무(duty to defend)가 포함된다고 해석되면, 보상을 청구하는 기술제공자나 기술이용자가 제3자가 제기한 소송에서 패소한 경우에도 보상을 해야 하며, 그 경우 패소한 당사자의 소송비용까지 당연히 지급을 해야 한다. 소송상 방어에 성공하여 승소한 기술제공자나 기술이용자가 그 상대방에게 보상을 청구하는 경우는 당연히 예상할 수 있으나, 패소한 경우까지 라이선스 계약의 상대방에게 보상해야 할 것이라고는 계약체결시에는 전혀 예상을 못하는 것이 일반적이다. 이러한 이유에서 라이선스 계약서에서 "defend"라는 단어가 보상조항에 들어가 있는 경우에는, 특허침해 또는 특허사용으로 인한 제3자로부터의 소송에서 패소하면 라이선스 계약의 상대방에게 그 소송비용 등을 청구할 수 없도록 하려면 이를 분명히 하여야 한다."고 하였다.

구매국 입장에서는 면책 요구 사항이 불공평해 보일 수 있으며 USG가 FMS 구매자에게 과도한 위험을 부과하는 것처럼 보일 수 있다. 그러나 USG가 자체적으로 사업을 수행하는 것과 동일한 방식으로 USG가 FMS 고객을 대신하여 사업을 수행하고 있고 대행구매의 성격이 있으므로 USG가 과다한 위험에 노출되는 경우 이를 구매국측이 부담시키도록 하고자 하는 조항이다. USG가 모든 위험에 대비하기 위해 자체적으로 보험을 구입하면 그만큼 전체적인 조달비용에 가산되게 된다. 따라서 조달 비용을 줄이기 위해서라도 USG는 그 위험부담을 하지 않는 것으로 한 조항이다.[231]

본 조에는 섹션 3에는 두 가지 면책 조항이 있습니다. 우선 (1) 구매자는 USG, 그 대리인, 임원 및 직원을 면책한다. 이 면책 규정은 두 번째 면책 규정보다 적용 범위가 훨씬 넓다. 제3.1조는 구매국의 직원 또는 제3자의 부상 또는 사망, 미국 국방부의 재산, 고객 또는 제3자 재산의 손상 또는 파괴, 지적 재산 침해에 대해 구매국이 보상할 것(indemnify and hold the USG harmless from any and all loss or liability)을 약정한다. 반면 제3.2조는, 미국 정부가 아닌 USG의 계약자 및 하도급자에 대한 적용 범위로서, LOA 이행을 위해 제공되는 구매국의 자산 및 DoD 자산의 손상 또는 손실에 대하여 이들을 면책한다.

이 문제가 미국 정부와 구매국 정부 사이의 이해관계에 중요한 문제인데다가 제3자에 대한 손실 배상 문제까지 포함되는 문제이므로 사례를 통해 이해하는 것이 타당하다. 이런 점에서 미국 FMS 해설서는 아래와 같이 예시를 제시하고 있다.[232]

---

231) Greenbook 40, 8-11면.
232) Greenbook 40, 8-11면.

면책 및 위험부담 사례 Liability Illustration by Greenbook[233]

구매국 P는 미국의 재고 항공기를 정부간 거래로 구매하되 해당 항공기의 항공 전자 장치를 업그레이드하기를 원한다고 가정하자. 미국 정부의 LOA 승인 후 미국은 미국 계약자(contractor)와 업그레이드 계약을 체결하였다. 미국은 동 계약에 따라 보유하고 있던 항공기를 업그레이드 작업을 위해 계약자(contractor)에게 인도하였다. 계약자는 업그레이드 작업을 완료한 후 계약자 소속 테스트 파일럿이 기능 점검 비행을 수행했다. 그런데 점검 비행 중 항공기가 추락하여 파괴되는 참사가 발생했으며, 또한 추락 현장의 지상에 있는 재산에 막대한 피해가 발생했다. 이 가상 시나리오에서 미국 정부, 계약자, 구매국 중 어느 당사자가 비용에 대해 재정적으로 책임을 져야 하는가?

해설

누가 부담 주체가 되는가는 상황에 따라 다르다. USG는 원인과 상황을 파악하기 위해 충돌을 조사하게 될 것이다. 조사에서 우선 계약자(contractor)의 계약상 책임 여부를 조사하여 계약자의 불이행 또는 과실이 사고에 기여했는지 여부를 결정한다. 계약자가 재정적 책임을 지기로 하였다면, 계약자는 구매국을 위해 작업을 수행하는 경우와 동일한 정도의 재정적 책임을 (구매국에게) 지게 된다.[234]

반면 조사 결과 업그레이드계약상 계약자(contractor)가 모든 계약 요구 사항을 이행했고 참사의 원인이 USG가 일반적으로 책임 위험을 부담하는 영역에 있는 것으로 판명된 경우라면, 미국 정부를 대신하여 FMS 구매국이 재정적 책임을 (계약자에게) 지게 된다.[235] 바로 이 경우에 본 조에 의하여 구매국이 미국 정부가 계약자에게 부담하여야 할 배상책임을 부담(indemnify and hold the USG harmless from any and all loss or liability)하게 되는 것이다.

---

233) Greenbook 40, 11면.

234) Greenbook 40, 8-11면 ("If the contractor would have held some financial responsibility in the case the work was being done for the benefit of the USG, then the contractor would also be held to the same degree of financial responsibility if the work was being performed for an FMS customer.").

235) Greenbook 40, 8-11.

위의 내용은 미국 정부의 FMS 해설서상 설명이지만, 여전히 중간 지역에 있는 이러한 예측하지 못한 위험의 발생(손실)과 그에 대한 비용부담을 누가 할 것인지는 여전히 계약 협상 당사자들간 협상력에 따라 정할 문제일 것이다.

우리나라의 향후 정부간 거래에 있어서도 동 조항의 활용은 필요하지만 이는 구매국과 첨예한 대립이 있을 수 있는 조항일 것으로 예상된다. 이런 경우 우리 정부가 계약을 대행하고 수익을 추구하지 않으므로 그만큼 배상책임 부담도 하지 않아야 한다는 주장을 하고 구매국을 설득해야 할 것이다. 만약 구매국이 그러한 배상책임을 한국 정부측이 해야 한다고 강력하게 주장하는 경우에는 그에 따른 보험 등 보장책을 확보하기 위해 위험 수수료를 징구할 수 밖에 없음을 주장하고 그런 부담을 구매국이 인용한다면 그런 보장을 할 수도 있을 것으로 본다.

라. Transportation and Discrepancy Provisions (소유권 이전시기, 운송, 하자처리)

FMS 표준조건 제5.1조는 구매국이 물품의 운송책임을 부담하는 시기와 관계없이 최초의 물품 선적(인도)시점에 미 정부로부터 구매국으로 소유권이 이전된다고 규정한다.236) 설사 미국 정부가 구매국의 항구까지 운송을 주선하거나 혹은 운송을 담당하였다 하더라도, 물품의 소유권 이전은 언제나 최초 선적 시에 이전한다. 이는 국제거래에서 일반적인 ICC incoterms가 제공하는 정형거래조건과 다른 점은 유의를 요한다. 즉, Incoterms의 경우 물품의 점유 내지 통제권의 인도를 규정하고 있으나 소유권의 이전 시기에 대하여는 규정하고 있지 않고 계약 혹은 관련법에 따르도록 하는 바, 소유권이전에 대하여는 기준을 제공하지 않는다. 이러한 소유권 이전시기에 대한 미비사항을 FMS는 최초선적시로 하여 명확히 한 것이다. 소유권 인도를 최초 인도시점으로 고정함으로써 운송 중 발생할 수 있는 멸실 위험(Risk of Loss)을 부담하지 않도록 정한 것이다.

---

236) Greenbook 40, 8-10면.

일단 방산물자가 선적되었다면 그 시점에 위험부담과 소유권은 모두 매수인에게 이전하게 된다. 따라서 운송 중에 물품의 멸실 또는 손실이 발생하는 경우 미 정부는 금전적인 배상책임이 없게 된다. 이는 미 정부가 FMS제도운영을 통해 어떤 수익이나 손해를 발생시키지 않고, 또한 품질보증(Warranties) 책임을 부담하지 않는 것을 기본 정책으로 한 거과 궤를 같이 한다. 설사 미국 정부측에서 국제운송을 주선(arrange)했다든지 혹은 미 정부 책임 하에 직접 운송을 수행(Provide)했더라도 그 운송 중 발생하는 손실에 대하여는 미 정부는 면책된다.237)

마. Warranties (미국 정부의 보증)

일반적으로 영미법상 Warranty란 물품매매에서 물품 판매자가 판매 혹은 제공하는 물품이 계약에서 명시적으로 요구하거나 혹은 묵시적으로 요구되는 특정한 품질을 가질 것이라는 판매자의 보증 또는 약속을 말한다. FMS 표준조건 제6조는 USG가 FMS 방산물자에 대해 제공하는 보증의 내용을 규정하고 있다.238) 다만, 미국 정부의 구매국에 대한 보증(warranties)은 미 정부가 수출기업으로부터 조달(구매)를 통한 수출인 경우와 미 정부가 소유권을 보유한 비축물품의 수출인 경우를 구분하여 미국 정부가 제공한은 Warranty의 내용이나 범위를 각각 다르게 하고 있다.

(1) Section 6.1 Procurement Warranties 조달 공급시 보증

FMS 계약상 미국 정부가 미국 생산기업으로부터 조달(구매)하여 구매국에 공급하는 경우엔 미정부는 품질보장, 하자 시 보완 등 전형적인 공급계약에서 공급자가 부담하게 되는 의무와 책임을 부담하지 않는 것으로 규정한다. LOA 표준거래조건 Section 6.1에 따르면, 미국 정부는 동 보증조항에 의거 미국 정부는 이행 관련 보증을 하지 않는다고 명시하고 있다.239)

---

237) Greenbook 40, 8-15.
238) Greenbook 40, 8-15.

6.1 The USG does not warrant or guarantee any of the items sold pursuant to this LOA except as provided in Section 6.1.1. DoD contracts include warranty clauses only on an exception basis. If requested by the Purchaser, the USG will, with respect to items being procured, and upon timely notice, attempt to obtain contract provisions to provide the requested warranties. The USG further agrees to exercise, upon the Purchaser's request, rights (including those arising under any warranties) the USG may have under contracts connected with the procurement of these items. Additional costs resulting from obtaining special contract provisions or warranties, or the exercise of rights under such provisions or warranties, will be charged to the Purchaser.

6.1.1 The USG warrants the title of items sold to the Purchaser hereunder but makes no warranties other than those set forth herein. In particular, the USG disclaims liability resulting from infringement or other violation of intellectual property or technical data rights occasioned by the use or manufacture outside the U.S. by or for the Purchaser of items supplied hereunder.

6.1.2 The USG agrees to exercise warranties on behalf of the Purchaser to assure, to the extent provided by the warranty, replacement or correction of such items found to be defective, when such materiel is procured for the Purchaser.

6.2 Unless the condition of defense articles is identified to be other than serviceable (for example, "as-is"), DoD will repair or replace at no extra cost defense articles supplied from DoD stocks which are damaged or found to be defective in respect to materiel or workmanship when it is established that these deficiencies existed prior to passage of title, or found to be defective in design to such a degree that the items cannot be used for the purpose for which they were designed. Qualified representatives of the USG and of the Purchaser will agree on the liability hereunder and the corrective steps to be taken.

---

239) Greenbook 40 8-16면.

위와 같이 미국 정부가 하자 없는 소유권 이외에는 보증하지 않으므로, FMS판매는 물품매매의 품질이나 하자보수를 보장하지 않는 현 상태 판매인 소위 "As-Is sale"에 가깝다. 즉, 구매국은 미 정부의 품질이나 하자보수보증(warranty) 없는 현품상태로 구매하게 된다. 따라서 미국 정부가 실제로 부담하는 의무는 현품상태의 무기 인도 및 거래관리 및 감독책임 등 제한적인 책임만으로 축소되게 된다.

다만 위 미 정부의 보증이 없다 하여 FMS 구매국이 조달 물자가 제대로 작동하지 않는 경우 수리나 교환 등을 받을 방법이 전혀 없다는 의미는 아니다. 조달에서 결함이 있는 품목이 있는 고객은 Supply Discrepancy Report (공급 불일치 보고서, SDR)를 미 정부에 제출하면, USG는 USG 조달 계약(the USG procurement contract)에 따라 공급기업과 해결 방법을 모색하여 문제를 해결할 수 있다.240)

본 조는 또한 FMS 구매자가 FMS 프로세스를 통해 품목을 요청할 때 특정 보증 요구 사항을 선택할 수 있는 옵션을 제공한다. 구매국의 특정한 내용의 보증 (예컨대 5년간 수리 및 부품공급 보증) 요청 및 추가 비용 지불을 조건으로 USG는 재료 또는 서비스 조달과 함께 공급업체로부터 원하는 보증을 받기 위해 교섭할 수 있다.241)

(2) Section 6.2 Warranties from Stock 재고품 공급시 보증

미국 국방부가 이미 보유(소유)하고 있는 재고물품을 수출(Sales from Stock)하는 경우엔 물품인도 전에 하자가 존재하였다고 인정되는 경우 국방부 재고로부터 수리 또는 교환할 것을 보증한다.242) 이미 재고로 보유하고 있고 소유권도 있으므로 수리 내지 교환을 하여야 하는 것은 매매계약의 일반원칙에도 부합한다.

---

240) Greenbook 40 8-16면.
241) Greenbook 40 8-16면. . SAMM의 섹션 C6.3.8은 특별 고객 요청 보증이 LOA에서 방위 서비스(defence service)로 취급되고 LOA 메모에 기재되어야 한다. LOA 메모에는 고객이 특별 보증 권리를 행사할 때 사용해야 하는 프로세스가 요약되어 있다.
242) MSA chapter 8. LOA STANDARD Terms AND CONDITIONS, Section 6, LOA 정형거래조건 6. 2.

> 6.2 Unless the condition of defense articles is identified to be other than serviceable (for example, "as-is"), DoD will repair or replace at no extra cost defense articles supplied from DoD stocks which are damaged or found to be defective in respect to materiel or workmanship when it is established that these deficiencies existed prior to passage of title, or found to be defective in design to such a degree that the items cannot be used for the purpose for which they were designed. Qualified representatives of the USG and of the Purchaser will agree on the liability hereunder and the corrective steps to be taken.

품질 불량으로 구매국이 Supply Discrepancy Report (SDR)를 신청한 경우 IA(이행기관) 산하 SDR 사무소(SDR offices)가 SDR 청구를 평가하고 적절한 시정 조치에 관한 결정을 내리게 된다. 공급 불일치 과정에 대한 자세한 내용은 Greenbook 40. 제10장 "안보협력 군수품 이송의 군수지원 (Logistics Support of Security Cooperation Materiel Transfers)"에 수록되어 있다.[243]

바. (FMS) Dispute Resolution (분쟁해결)

국제거래에서 분쟁 발생과 그 해결은 가장 중요한 문제 중 하나이며, 이는 FMS 거래에서도 마찬가지일 것이다. 계약 불이행 발생, 불가항력 발생, 심지어 당사자간 의견 불일치 등, 크고 작은 분쟁의 발생 가능성이 있다. 분쟁의 모든 원인과 그에 따른 결과를 예측하기 어려운 측면이 있고, 일단 분쟁이 발생하게 되면 국내거래에 비하여 그 해결절차가 훨씬 더 복잡할 수 밖에 없고 또한 그 해결에 많은 시간과 비용 및 노력이 들 것이다. 따라서 가능한 한 거래의 내용을 분명히 하여 분쟁의 소지를 미연에 방지하고자 하는 노력이 필요하다.

아무리 계약서를 철저하게 작성한다고 해도 당사자의 신용의 악화 내지 가격의 변동과 같은 상황의 변화나 불가항력 등 여러 가지 당사자가

---

[243] Greenbook 40, 8-17-18면.

예측하지 못했던 원인으로 어느 정도의 분쟁의 발생은 필연적이다. 따라서 국제계약을 체결함에 있어서는 계약서에 계약의 유효성(validity of the contract) 여부와 내용해석의 기준이 될 준거법(Governing Law) 및 국제재판관할(international jurisdiction)에 관한 규정과 분쟁의 발생시 이를 해결할 방법(Dispute Resolution) 등에 관하여 명확한 규정을 두는 것이 일반적이다.

(1) 분쟁해결조항 Section 7 Dispute Resolution

일반적으로 FMS 거래인 경우엔 미국 정부가 정하여진 약관에 따라야 하며, 특히 분쟁해결부분에 대하여는 구매국의 선택 여지는 없이 규정되어 있어 특징적이다. 즉, LOA상 일반거래조건 제7조(Dispute Resolution) 규정은 분쟁 조정의 근거법을 미국연방조달법(U. S. Federal procurement law)으로 하며 FMS에서 발생하는 모든 분쟁은 국제재판이나 혹은 중재에 부치지 않고 당사자 간 협의절차를 통해 해결하도록 규정한다.

▍ LOA 정형거래조건 Section 7 Dispute Resolution[244]

7.1 This LOA is subject to U.S. law and regulation, including U.S. procurement law.
7.2 The USG and the Purchaser agree to resolve any disagreement regarding this LOA by consultations between the USG and the Purchaser and not to refer any such disagreement to any international tribunal or third party for settlement.

FMS 표준약관은 미국연방조달법을 준거법으로 일방적으로 정할 뿐만 아니라 법원에 의한 정식 재판이나 심지어 중재(arbitration)를 분쟁해결 방법으로 정하지 않고 당사자간 협의만으로 해결하도록 한 점에서 FMS는 미국 정부의 이익에 중점을 둔 계약이다. 일견 일방적으로 보이는 분쟁해결조항을 두게 된 이유를 미 정부는 FMS가 단순한 판매를 넘어 우방국과의 안보원조

---

244) SCM, 8-17면.

(security assistance)인 점을 부각시킴으로써 분쟁해결에 있어 합의에 의한 해결만으로 해야 협력관계가 유지될 수 있다고 설명한다. FMS 거래가 국방, 외교상의 고려 등 다양한 목적과 이해관계가 수반되는 거래이며 또 당사자 모두가 국가이어서 재판을 통해 분쟁을 해결하는 것 자체가 타당하지 않은 경우가 많을 것인 점에서 일응 이해할 수 있다.245)

(2) 국제재판관할 및 준거법 문제

정부간 거래에 대하여 특정 국가의 법원에 국제재판관할을 부여하기로 계약한 경우 그 법원의 판결이 공정하거나 혹은 객관적이지 않을 수 있는 가능성이 있다. 특히 국제거래에 경험이 적은 국가나 혹은 자국산업을 보호하고자 하는 보호무역주의 내지 편파성(Protectionism or partiality)이 우려되는 경우, 혹은 정권 등 변경으로 과거 사업에 대하여 부정적으로 보는 경우 정부간 거래의 일방 국가에게 불리한 판결이 나올 확률이 높다.

정부간 거래에 대하여 특정 국가의 법원에 그 해결을 맡기는 것은 적절치 않은 면이 있다. 편향되고 보호무역주의 성향의(biased and protectionist) 법원의 판결을 통해 경제적 손실과 프로젝트의 좌초가 발생할 수 있다. 후술하는 캐나다 CCC의 에콰도르 공항건설 G2G사업에 대한 분쟁에서 에콰도르 법원이 G2G 계약 중 양허계약(concession contract)상 수익의 캐나다 사업자에 대한 지급을 부인하는 판결을 내린 경우처럼 공정하지 않고 자국 우선주의 법원의 결정을 만날 가능성이 있다. 동 판결에서는 관할법원의 편향성 문제만이 아니라 양허계약 체결 후 개정된 자국의 헌법의 규정을 근거로 과거의 G2G 양허계약의 효력을 부인하는 점에서 큰 논란과 G2G계약 제도를 부인하는 문제가 있는 판결이었다.246)

---

245) 정부 대 기업간(GtoB) 거래인 경우라면 사정이 좀 다른데, 정부가 사인과의 상업적 행위를 한 것으로 보아 당사자간 분쟁은 일반 사법절차, 즉 재판이나 혹은 중재를 통해 분쟁 해결하는 것이 타당할 것이다. 그러나 FMS처럼 양측 모두가 국가인 경우, 그것도 많은 경우 비밀유지가 중요한 방산물자 거래에 대하여 소송이나 중재는 분쟁해결절차로 부적절하며 법외적 해결이 더 타당하다.

246) Reuters, Aecon mulls Ecuador court ruling on airport fees (Company news, 8. 1, 2009) (https://www.reuters.com/article/aecon-ecuador-idCAN3148166

국가의 법원은 그 국가의 내부문제에 대하여는 관할과 준거법 판단에 오류가 적을 것이나, G2G 국제계약에 대하여는 경험이 적거나 혹은 특정국가의 관할로 하거나 특정 국가의 법률을 일방적으로 적용하는 등 편판적 입장에 설 가능성도 있다. 굳이 정부의 주권면제(Sovereign immunity) 등 복잡한 국제법의 이론 위에서 정부가 주체가 된 국가간 계약을 특정 국가의 기관인 법원이 판단을 하는 것은 소모적이며 또한 예측가능성도 낮다. 따라서 정부간 거래를 사용하게 된 원천적인 이유, 즉 문명세계의 정부 사이에서 각 정부가 상대방 정부에 대하여 계약상 책임을 지기로 한 계약에서 그 계약을 파기하는 일은 없을 것이라는 점을 상호주의적으로 인정하게 되면, 각국 정부의 기관인 자국 법원(domestic courts)의 판결을 구할 일을 없도록 하는 것이 적절할 것이다. 그런 점에서 미국의 FMS제도상 분쟁해결 조항의 법적해결 제외 조항은 어느 정도 수긍이 가는 제도이다. 한편, FMS 거래에서 미국 정부는 수익이나 비용 창출 없이 중개적인 역할만을 수행하므로, 소송이나 중재를 통해 배상책임을 부담시키는 것도 적절하지 않다고 본다면 FMS 제도상 분쟁해결 조항의 실질적인 타당성이 있다고 본다.

(3) 법외적 분쟁해결 (extra-legal settlement)

앞서 살펴본 바와 같이 당사자간 비밀 유지, 분쟁 발생시 양국 정부 모두 부정적인 평판과 외교상의 문제 등 방지 위해 FMS 거래는 의도적으로 공식적인 법적 분쟁해결 제도는 지양하고 당사자들 사이에서 합의를 통한 해결을 원칙으로 한다. 소위 "opting out of the legal system" 내지 "법외 분쟁해결(Out-of-law dispute resolution)"의 전형적인 사례로 볼 수 있겠다.247)

220090731).

247) 비밀유지 및 평판관리를 위해 의도적으로 법적 분쟁해결 제도를 활용하지 않는 분야에 대한 연구는 미국 법률가들로부터 관심을 많이 받았는바, 미국 다이아몬드 산업에 대한 연구가 있었다. Bernstein, L. 1992. Opting out of the legal system: Extralegal contractual relations in the diamond industry. Journal of Legal Studies (1992) 참조.

다이아몬드 산업의 법외 분쟁해결 (요약)

모든 산업에서 비즈니스 분쟁이 발생하고 있으며, 다이아몬드 산업도 예외는 아닙니다. 그러나 다른 많은 산업과 달리 다이아몬드 산업에서의 거래분쟁은 법원을 통하지 않고(not through the courts) 또한 국가에서 발표하고 시행하는 법적 규칙의 적용을 통하지 않고(ntt by the application of legal rules announced and enforced by the state) 해결된다. 다이아몬드 산업은 국가가 만든 법(state-created law)을 체계적으로 거부했습니다. 대신 업계를 지배하는 정교한 거래자(sophisticated traders)들은 업계 구성원 간의 분쟁을 처리하기 위해 고유한 제도와 제재(distinctive institutions and sanctions)를 포함한 정교한 내부 규칙 세트(elaborate, internal set of rules)를 발전시켰다.

다양한 관습적인 비즈니스 관행(customary business practices) 수립, 평판에 의한 결속 (reputational bonds) 및 중재 절차(arbitration proceedings)를 통해 다이아몬드 산업은 참가자들이 법률 시스템보다 분명히 우월하다고 생각하는 일련의 규칙과 제도를 개발했다. 참가자는 비즈니스 관행을 준수하며, 위반하는 경우 평판을 잃게 되며, 분쟁 발생시 평판 유지를 위해 분쟁을 조기에 그리고 우호적으로 해결한다. 전통적으로 조직된 산업은 자체 규칙을 만들고 더 중요하게 강제할 수 있었다.

다이아몬드 산업은 평판 정보가 저비용으로 그리고 신속하게 업계 내에 퍼지도록 잘 조직화 되어 있으며, 이를 통해 평판을 사용하여 계약 위반을 억제하는 역할을 하는 산업 내부 규범에 따라 위반자에 대하여 법외 분쟁해결을 통해 사적 제재할 수 있는 체계를 만들어냈다.

다양한 법적 규칙과 제도가 있는 국가에서 사업을 하면서도 다이아몬드 딜러 세대가 거의 동일한 내부 규범을 오랫동안 고수해 왔다는 사실은 전통적인 내부 규칙과 제도가 시장 내부자의 관점에서 효율적임을 시사한다. 예를 들어 미국에서 다이아몬드 산업의 전통적인 내부규칙과 제도는 시간이 지남에 따라 지속되었으며 기존의 법적 체제보다 우월하였다.

다이아몬드 산업에서 "신뢰"와 "명성"("trust" and "reputation")에는 실제적인 시장 가치가 있다. 한 이스라엘 다이아몬드 딜러는 이렇게 설명했다. 사업에 뛰어들었을 때, 진실과 신뢰는 단순히 사업을 수행하는 방법이며, 괜찮은 사람은 진실과 신뢰를 저해하는 짓을 하지 않을 것이라는 공감대가 있었다. 즉, 다이아몬드 산업에서는 거래가 단지 신뢰와 진실성을 바탕으로 성사되고 있으며, 이는 이러한 자질이 사업에 이롭고 이익을 내는 방법으로 간주되기 때문이다.

위 다이아몬드 산업의 법외 분쟁해결제도에 대한 사례를 통해 미국의 FMS나 혹은 방산물자[248]의 G2G 거래 관련 분쟁해결에 대하여 법외적 해결이 더 타당할 수 있음을 알 수 있다. (1) 비즈니스 분쟁해결에 있어 특정 국가의 법원이나 규범체계가 아닌 정교한 절차와 효율적인 내부 규범을 통해 해결할 수도 있다. (2) 개별 국가기관인 법원은 사적 거래 영역에서 당사자의 합의에 의한 사적 분쟁해결 내지 법원이 아닌 제3조직(중재원 등)에 의한 해결도 존중(예컨대 당사자간의 화해, 상사중재에 의한 결정은 대부분 국가의 법원에서 인정되며 그에 따른 집행도 뉴욕협약 등에 의해 보장된다)하는 것이 일반적이다.[249] (3) 분쟁 당사자간의 신뢰(trust)와 평판(reputation)이 업계 내에서 잘 유지되도록 해야 계약 위반을 억제할 수 있다. 안보협력관계의 유지 및 비밀유지의 필요성이 매우 큰 방산물자의 거래인 경우 당사자간 협상 만에 의한 법외적 해결을 요구하는 FMS 약관은 충분한 근거가 있다.

계약 당사자가 특정 국가의 법원에 의한 분쟁해결을 회피하는 대안으로는 중재 등 대안적분쟁해결(Alternative dispute resolution, ADR)을 활용할 수도 있음이 원칙이나 FMS는 이를 채택하지는 않고 있다. ADR의 경우 일방 국가의 법원을 이용하는 경우 두 가지 큰 문제, 즉 법원의 편파성과 비밀 유지의 어려움을 어느 정도 해결할 수 있다는 점에서 타당할 수 있다. 즉 중재의 경우 분쟁의 비공개를 원칙으로 하고 중재인의 결정에 따르기로 하는 중재를 이용하는 것은 비밀유지와 편파성 우려를 상당히 경감할 수 있어 국제거래에서 많이 활용된다. 다만, FMS 거래와 같이 특히 "대상 품목"이 방산물자인 정부간 거래에서는 상사 중재인 등 제3자를 활용하여 해결하는 것이 비밀유지나 안보협력 관점에서 안전을 충분히 담보하는 것에는 회의적일

---

[248] 비방산물자인 공공인프라의 경우에는 일반적으로 PPP사업 혹은 국제 프로젝트에서 주로 국제상업중재를 통한 분쟁해결을 주로 하고 있는 점에서 법외적 분쟁해결이 적절치 않을 것이다.

[249] 법원이 국제제거래관련 분쟁을 법원에의 소송에 의하지 않고 당사자간 협의에 의하도록 하는 것은 사적 자치의 원칙 혹은 계약 자유의 원칙에 비추어 허용할 가능성이 높다. 다만 우려되는 부분은 그러한 당사자의 거래 분쟁이나 사적 해결이 국가의 강행법규에 위반하는 경우인 바, 이 경우에 법원은 그 강행법규의 목적 등을 감안하여 그러한 사적 분쟁해결을 허용하지 않을 수도 있을 것이다.

수 있다. 또한, 중재인의 전문성도 문제이지만 중재를 통한 해결의 경우 그 구속력을 인정할 경우 강제집행의 문제 등 여전히 상대국에 강제력을 가할 수 없을 것이므로 그 중재의 효력도 한계가 있으므로 FMS는 중재도 인정하지 않고 있는 것으로 사료된다. 그러나 공공 인프라와 같이 국가 안보나 안보협력 관계 등과 관련이 적은 비방산물자 정부간 계약에는 비밀유지 강화 조치를 취하면서 중재 등 ADR을 활용할 여지는 있을 것이다.

사. 무손실·무이익(no-loss, no-gain) 원칙

미 정부는 수출기업을 위해 FMS 계약자로 지원하게 되므로, 동 지원에 수반되는 비용은 무손실·무이익(no-loss, no-gain) 원칙에 근거하여 징수한다.250) 구매국이 FMS 계약관련 구매국이 지급하는 비용은 (1) 계약행정비(CAS, contract administration services, 정부간계약 작성의 질적 보증 및 검사, 기타, 계약 감사 등 계약행위와 직접 관련된 비용을 말하며, 계약금액의 1.7% 부과) 및 (2) 일반행정비(administrative charges, 판매협상, 거래건 이행, 사업관리 등 정부간 거래의 전 절차에 걸쳐 발생한 비용을 충당하기 위해 모든 FMS에 부과로 보통 3.8% 부과)로 구분할 수 있다.

구매국이 이런 비용까지 지급하면서도 구매하는 이유는 많은 경우 구매국이 개발도상국인 경우 계약관리, 물류관리, 교육훈련 등을 구매국이 직접 하는 경우 비용이 더 들기 때문에, 차라리 비용을 내더라도 확립되고 표준화된 미국의 계약관리 절차를 거치는 게 총 비용 측면에서는 더 이익을 수 있기 때문으로 보인다.

FMS의 무손실·무이익(no-loss, no-gain) 원칙은 비용을 징구하기도 하지만 그렇다고 그 비용 이상의 금액을 청구해 수익을 추구하지도 않으며, 그런 무수익을 추구하는 점에서 FMS 거래상의 정부의 역할과 책임을 설명해주는 근거가 될 수 있다. 정부가 FMS를 운영하는 정책적 배경은 무엇보다도 안보협력과 안정적인 수출지원으로 방산산업을 지원하는 것이며, FMS거래를 통해 사기업과 같은 수준의 수익을 추구하는 것은 아닐 것이다. 이러한 무수익

---

250) 방위사업청, FMS 실무참고서 (2010)

주의를 취하므로 그 결과와 원인으로 위와 같이 미국 정부가 표준품 품질의 방산물자를 공급할 의무만을 부담하는 데 그치고, 계약 이행 보증이나 품질보증을 하지 않으며 Best Effort 원칙에 의해 책임을 제한하게 되는 앞선 설명 내용의 근거가 된다.

3. FMS 절차 및 계약관리

미국의 FMS 제도는 그 거래량이 많아 절차가 복잡하며, 관여하는 정부기관의 수도 DSCA(주관기관)과 IA (집행기관)으로 세분되어 그 수나 각 역할도 복잡하다. 여기에 더하여 미국 의회는 예산 및 대규모 거래에 대한 승인권을 보유함으로써 총괄적인 감시 기능을 수행하고, 국무부는 대상국 선정 등을 통해 관여하지만, 결국 정부간 계약 수행은 국방부 및 그 산하기관인 DSCA 및 IA가 주로 수행하게 된다.

가. FMS 계약 절차

FMS를 지원하는 미국 정부의 계약 관련 조직체계는 독립형 체계가 아니라 미국 국방부(DoD)의 기존 국내 체계를 사용한다. 따라서 FMS를 지원하는 정책, 데이터베이스 및 조직은 LOA를 관리하는 DoD 기관마다 다르다. FMS 프로그램 작성 및 관리업무를 하는 군사부서(MILDEP) 및 기타 DoD 기관들을 통칭하여 실행기관(IA)이라고 한다. [251]

미국의 FMS 제도는 크게 3단계로 계약이 진행되고 관리되는 바, (1) 계약 체결 전 단계 [Pre-Case Development (Preliminary and Definition, Request)], (2) 계약 단계 [Case Development (Offer, Acceptance)], (3) 계약 이행 단계 [Case Implementation and Execution]이다.

[FMS 3단계 거래절차 다이아그램][252]

---

251) Greenbook 40, 5-1.
252) Greenbook 40, 5-27면.

Attachment 5-1
Foreign Military Sales Process

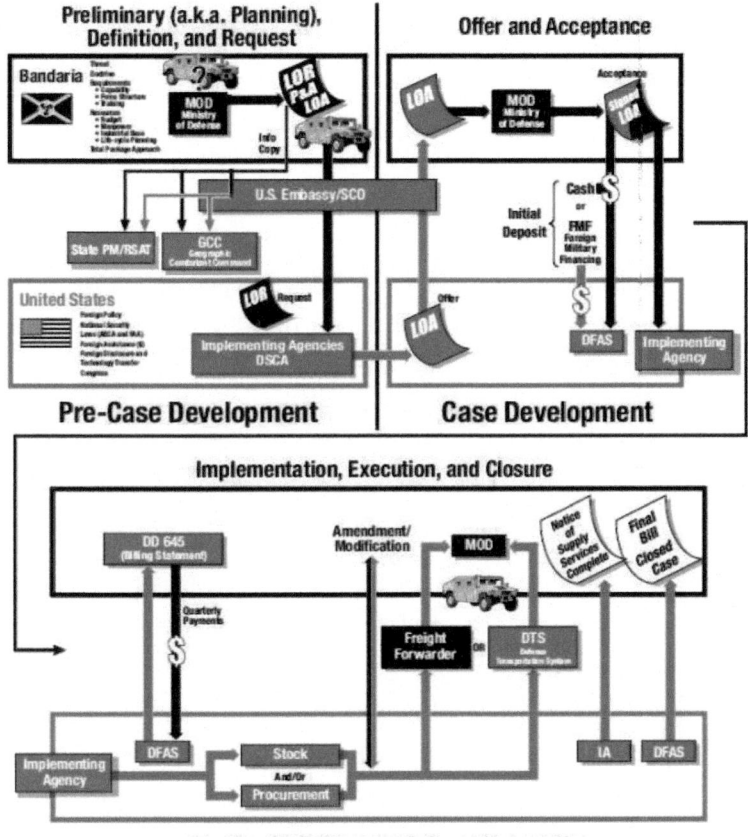

FMS의 각 단위거래인 Case를 중심으로 진행 관리되는데, DSCA는 총괄적인 거래관리를 하며, 각 군별 지정된 IA(Implementing Agency, 이행기관)가 구매의향서(letter of request) 접수와 서류 송부, 계약서 작성에 필요한 정보 제공 등 기본적인 절차 수행 역할을 한다. 다만, 법적으로 구속력 있는 중요 서류인 계약서(Letter of Offer and Acceptance, "LOA")에 서명하는 계약 체결기관은 IA가 아닌 DSCA이다. 미국의 여러 군 조직이 거래를 진행하지만,

결국 DSCA가 궁극적인 계약체결 및 그에 따른 책임을 부담하게 되는 소위 FMS "전담기관"이 되는 것이다. 이 점은 현재 우리나라의 G2G 수출계약의 경우 유관부처 (국방부, 방위사업청, 건설교통부 등)가 실질적인 사전 협의나 진행을 하겠으나, 계약체결만큼은 대한무역투자진흥공사(KOTRA)가 전담기관으로 수행하는 것과 유사하다.

FMS 거래절차는 아래 요약표를 통해 이해할 수 있다.[253]

[FMS 거래절차]

단계	내용
사전협의 (시기제한 없음)	• 구매국이 요구사항을 결정하여 (구매대상 물자의) 세부적인 정보를 획득
기술적 정의 단계 (시기제한 없음)	• 구매국과 미 정부간 기술적인 정보를 상호 교환
계약 요청 (시기제한 없음)	• 구매국이 가격 및 가용성 정보(P&A, price and availability data)를 받기 위해 의향서 작성 및 송부 • 구매국이 LOA(수출계약서)를 받기 위해 구매의향서(Letter of Request) 작성 제출
계약서 준비 및 청약 (구매국의 의향서 제출건 80% 이상에 대해 수출계약 서안을 120일 이내에 송부를 원칙) (의회 승인 필요시 15-50일 추가 소요)	• 각 군 IA가 LOR 접수 • IA가 LOA 기초자료 작성하여 DSCA에 송부 • DSCA가 LOA 작성하고 국무부/DSCA/의회가 LOA 검토·승인 • DSCA가 LOA에 서명 후 IA를 통해 LOA를 구매국에 송부
청약의 승낙 (일반적으로 청약에 대한 승낙 기간은 60일 이내)	• 구매국이 LOA에 서명 • 구매국이 서명된 LOA 사본 및 최초납입금(initial deposit)을 방위금융회계서비스국(Defense Finance Accounting Service-Indianapolis Center, DFAS-IN)에 송부 • 구매국은 서명된 LOA 사본을 IA에 송부

---

253) Greenbook, 5-2면.

거래 준비 (평균 15일 소요)	• DFAS-IN* 이행허가서(obligational authority (OA))를 발행 • IA가 실행명령 발행 • IA가 FMS 컴퓨터 시스템 개시
실행 (가장 긴 기간이 소요되며, 인도 일정에 따르며, 수년에 걸쳐 진행 가능)	• 건별 담당자가 물자, 서비스, 교육을 요청 • 이행 (물품 제작, 운송 및 인도, 서비스 제공, 교육) • IA가 구매국 및 DFAS-IN앞으로 이행상황 통보
조정 및 종결 (최종 인도후 2년 이내 원칙)	• 각군 부서와/DFAS-IN와 구매국이 거래정보 대조 • 각군이 DFAS-IN에 종료확인서(closure certificate) 통보 • DFAS-IN가 최종청구서를 구매국앞 발송

4. FMS제도의 시사점

FMS제도는 상당히 오랜기간 유지되어 온 대표적인 방산물자 G2G 계약제도로 정립된 체계를 갖고 있어 우리나라 G2G 거래 제도의 발전과 향후 활용을 위해 도움이 될 만한 시사점이 많은 제도이다. 2010년 이후 도입되어 아직 제도 초기인 우리 정부간 거래 제도에 어떤 방향에서 또는 어떤 장점을 FMS로부터 취사선택할 지 구체적 제안을 하는 것은 본서의 취지나 범위를 생각할 때 적절치 않다. 따라서 FMS의 장점이나 특징을 도출해 소개하는 차원에서 다음과 같이 소개 시사점을 소개하고자 한다.

가. 안보협력관계 중시

경제적 목적으로 하는 방산물자의 국제거래계약인 미국의 FMS 제도는 동시에 안보지원(Security Assistance)적 성격을 명확히 하고 그에 따라 운영되는 점에서 정부간 거래의 특성을 명확히 부각하고 있다.

미국은 FMS는 안보협력관계를 중요 목적으로 하는 점에서 동 거래에 대하여 정부가 G2G 거래의 지원 및 방산수출금융 제공 등 정부의 정책적 지원에 설득력 있는 근거를 제공한다. 즉, 방산수출건을 추진한 업체 관계자들과 상담해 보면, 방산수출의 최종적 타결과 성사에 까지 구매국과 수출국간 수년 혹은 수십년간의 꾸준한 관계 형성, 거래 수요의 파악, 설득, 검토 및 거래에 필요한 준비를 해 온 경우가 대부분이다. 방산수출은 시작과 최종 타결에 장기간이 소요되고, 여러 정부 부처, 특히 외교, 국방담당 정부부처의 노력과 구매국과의 지속적 협력과 소통이 필수적이었다.

한편 무기체계를 한번 수출하면 후속 군수지원, 연관무기 체계 거래의 발생 등 계속적인 연계로 발전될 수 있기 때문에 장기적이고 꾸준한 지원이 특히 필요한 분야이며, 단기간 이익 추구 혹은 순수한 상업적 수익성만을 감안할 분야가 아니다. 따라서 미국의 예처럼 국가이익(National Interest)의 핵심인 안보지원(security assistance) 관계 내지 우방국 관리라는 좀 더 장기적이고 공익적 가치를 포괄하는 방향으로 정부간 거래를 발전시켜야 한다. 필요한 경우 구매국이 지급할 계약대금의 전부 또는 일부를 수출국 정부가 보조금 형식 등으로 지원하는 특별조치도 안보협력관계라는 틀에서 검토하고 감수해야 하는 것이다.

나. 계약 관리(contract management)적 측면

FMS의 정교한 계약관리(Transaction Management)적 장점도 시급히 검토·도입할 필요가 있다. FMS제도에서 발생하거나 발생할 수 있는 다양한 문제들에 대한 합리적 해결을 목적으로 마련되어 있는 매뉴얼인 SAMM 및 MSA는 FMS 대상국가의 선정부터 계약체결한도 설정, 사전 협상, 계약체결, 계약 체결후 사후관리 등 방산수출거래의 전 절차에 대하여 일관되고 상세히 설명하고 있다. 필자는 동 자료를 검토하면서 여러 행간에서 미국의 국가이익과 방산업체의 상업적 이익을 적절히 조화롭게 추구하는 다양한 고민의 결과로서의 현 FMS제도가 형성되었다는 것을 미루어 추측·발견할 수 있다.

특히 국익 보호를 위해 안보원조라는 큰 틀 하에서 미시적이고 정교한 FMS 절차를 운영하는 것을 볼 때 우리 제도로 벤치마크 하는 후속 작업과 연구가 절실함을 알게 되었다.

정부간 거래에 대한 당사자의 지위 및 책임관계를 명확히 해야 한다. 현재의 규범체계는 대통령 훈령인 정부간 판매 규정상 내용이 사실상 전부라고 할 수 있다. 계약 당사자, 특히 정부(코트라)와 구매국, 그리고 국내 방산수출기업의 권리의무관계는 수출계약서와 이행계약서의 일부 내용으로 정하고 있을 뿐, 정부간 판매규정에 동 관계 설정의 원칙이나 책임 범위 설정, 정부의 면책이나 책임 등에 대해서는 충분히 정하고 있지 않다. 그런 점에서 당사자의 의무, 책임, 소유권 이전(위험 분배), 분쟁조정 등 내용을 포함하고 있는 FMS 매뉴얼 및 표준거래조건을 참고하여, 우리 방식의 표준화된 수출계약서 및 이행계약서 안을 만들고, 여기에 표준거래조건(Standard Terms and Conditions) 혹은 일반약관 (General Terms) 형식으로 구체적인 계약관리가 가능하도록 하는 체계적 준비와 접근이 필요하다. 이 분야에 대한 향후 연구를 기대한다.

다. 금융 지원적 측면

미국 FMS제도가 타 제도, 특히 FMF(방산수출금융)과 연계하여 운영됨으로써, 수출기업의 계약수주에 결정적인 도움을 줄 수 있는 메커니즘임을 이해하고 참조하여야 한 다. 미국은 FMS 구매국이 지급능력이 부족한 경우 FMF를 연계시켜 Grants 혹은 Loans을 제공하게 되면, 구매대금 자체를 대폭 할인해주는 효과가 있다. 이런 미국 정부의 지원은 단순한 장기 저리 금융지원을 넘어서는 파격적인 지원으로 미국 방산물자의 수출경쟁력을 높여주는 효과가 크다. 최근 우리나라 방산수출기업이 개도국 정부와 거래를 체결할 때에 구매국의 재정 상태나 자금결제능력이 부족하여 장기간 저리의 금융을 우리 측이 제공해 줄 것(예컨대 수출입은행이나 무역보험공사 등 수출신용기관의 지원을 통한 구매자 금융 제공)을 거래성사의 필수 전제로 요구하는 경우가 많아 정부의 정책금융지원제도 도입을 검토할 필요성도 꾸준히 제기되고 있는데, FMS와 FMF의 연계도 벤치마크 해 봄이 타당하다.

    모든 방산수출거래에 정부가 장기, 저리의 정책금융을 지원하는 것은 그 타당성이 희박할 수 있으나, 미국처럼 안보원조라는 정책목적에 부합하는 국가를 사전에 선별, 국가별 원조한도를 설정하고, 우리 방산물품을 구매코자 하는 경우 동 국가별 한도 내에서 선별 지원하는 방안을 채택하는 것은 FMS 거래중 선별적으로 FMF를 지원하는 구조이므로 바람직하다고 본다.

02
캐나다의 G2G 거래제도

1. 캐나다 G2G 거래 개요

캐나다는 미국과는 많은 면에서 대조되는 G2G 거래 제도를 운영 중이며, 정부의 책임도 정부의 적극적인 계약이행 보증 및 손실 보상장치 마련을 통해 방산물자 및 비방산물자를 커버하며, 상업적인 수주 경쟁력 확보에 중점을 두는 정부간 거래 제도를 운영한다. 캐나다의 경우 구체적으로는 캐나다 상업공사(Canadian Commercial Corporation, 이하 "CCC")를 통해 소위 "주계약자 서비스(Prime Contractor Service)"로 구매국 정부와 직접 수출계약을 체결하도록 하여 정부간 거래를 지원하고 있다.

미국의 FMS 제도는 이미 많이 알려져 있고 많은 거래경험으로 인해 표준화되고 세부적인 내용도 잘 알려져 있는 것과 달리, 캐나다 CCC의 G2G 제도의 상세한 내용이나 공식적인 자료는 미흡한 편이다. 다만, 우리나라와 마찬가지로 방산수출 거래규모가 상대적으로 작고, 또 구매국과의 협상력도 낮은 경우가 많아 구매국의 입장과 이익을 최대한 존중해 주고, 캐나다 정부의 책임 부담에서도 미국보다는 더 적극적인 의무를 약속하는 제도로 운영 중인 것으로 알려져 있다. 즉, CCC가 주계약자로 직접 외국 정부와 공급계약을 체결하고 캐나다 실수출기업과 동일한 내용의 구매계약을 체결하는 back-to-back 계약을 체결하는 방식을 채용한 점에서는 앞선 미국 FMS의 LOA 계약 제도와 유사하다. 다만 미국과는 달리 캐나다 정부가 직접 계약체결과 이행을 관리하는 것뿐만 아니라 일반 국제거래와 유사한 이행 보장과 분쟁해결 방법을 제공한다는 점에서 좀 더 구매국 친화적인 제도를 운영한다.

2. 캐나다상업공사(CCC)

캐나다 정부는 국영기업인 CCC를 G2G 계약의 협상, 실행기관으로 하여 정부간 거래 제도를 운영하고 있다. 우선 CCC는 방산물자 뿐만 아니라 비방산물자, 원조물자 등 다양한 품목의 정부간 거래를 캐나다 정부를 대신하여 수행하고 CCC가 적극적 이행의무를 부담한다는 점에서 미국 FMS제도와는 다르다. 미국 FMS제도는 방산물자 수출만 지원하는 국방부가 주도하는 안보협력관계 증진을 주된 목적으로 하는 제도임에 반해 CCC의 거래 대상은 방산물자를 포함한 인프라, 클린에너지, 항공우주, 기타 공공조달 등 지원 산업분야가 넓은 특징이며 외교무역부가 주도하는 제도로서 수출지원을 주된 목적으로 하는 점에서 비교된다.[254]

가. CCC 개요

CCC는 외교무역부(DFAIT, Ministry of Foreign Affair and International Trade)산하 100% 정부 출자 국영기업(crown corporation)으로 외교통상개발부산하의 일반무역지원기관인 CTCS(Canadian Trade Commissioner Service)와 수출금융 지원을 담당하는 EDC(Export Development Canada)와 협력하여 수출 지원업무를 수행하며, 특히 캐나다 정부를 대신하여 외국정부와 GtoG계약을 체결하는 것을 주목적으로 설립되었다.

---

254) 장현찬 (2021), 8면.

CCC 설립 근거법률인 Canadian Commercial Corporation Act(이하 CCC법)에 따르면, CCC는 국제무역교류 발전, 캐나다인(기업)의 해외로부터의 물자 구매(수입) 및 수출물품의 처분(dispose of goods and commodities that are available for export from Canada), 그리고 기타 법률 등에 의해 부여된 업무를 수행할 수 있다.255) 수출물품의 처분을 CCC가 수행한다는 의미는 결국 CCC가 캐나다 기업이 물품을 수출하고자 하는 경우 CCC가 대신하여 수출하는 GtoG 거래를 하거나 혹은 동 수출물품의 수출에 필요한 지원활동을 한다는 의미로 해석할 수 있다.

캐나다 상업공사는 세계 2차 대전 이후 미국을 중심으로 추진된 유럽 재건을 위한 계획인 마셜플랜의 일환으로 "캐나다상업공사법(Canadian Commercial Corporation Act)"에 근거하여 1946년 설립되었다. 1956년 CCC는 방산물자 정부간 거래에 참여를 시작하였으며, 미국 국방부와의 방산물자 생산협정 (Defence Production Sharing Agreement, DPSA) 체결로 정부간 거래를 통해 미국에 방산물자를 공급하였다.256)

---

255) CCC법 (Canadian Commercial Corporation Act, R.S.C., 1985, c. C-14) 제9조 ("(1) The Corporation is established for the following purposes: (a) to assist in the development of trade between Canada and other nations; (b) to assist persons in Canada (i) to obtain goods and commodities from outside Canada, and (ii) to dispose of goods and commodities that are available for export from Canada; (c) to exercise or perform, on behalf and under the direction of the Minister, any powers or functions vested in the Minister by any other Act that authorizes the Minister to employ the Corporation to exercise or perform them; and (d) to exercise or perform any other powers or functions conferred on it by any other Act or for the exercise or performance of which it may be employed under any other Act.", 출처 : http://laws-lois.justice.gc.ca/eng/acts/C-14/index.html).
256) 장현찬 (2021), 8면. Defence Production Sharing Agreement, DPSA는 부록에 전문을 수록하므로 참고하라.

캐나다상업공사법 제10조 1항 (b)목에 따라 CCC는 본인(as principal) 혹은 대리인(as agent) 자격으로 캐나다 기업과 구매국 정부간 거래를 지원한다. 동 법에서 명시한 주계약자 서비스에 따라 CCC는 캐나다 기업의 기술/재정/경영능력 평가를 시행하고, 계약 약관에 의한 정부보증을 제공하며 계약 관리 및 공급자 수급 실적에 대한 모니터링 서비스를 제공한다. 이를 위해 CCC는 계약 금액에 따라 1~3%의 수수료를 취득하여 계약 체결 및 이행 경비로 사용한다.257)

> **캐나다 상업공사법(Canadian Commercial Corporation Act) (발췌)**
>
> Purposes
> 9. (1) The Corporation is established for the following purpose:
> (a) to assist in the development of trade between Canada and other nations;
>
> Powers
> 10. (1) The Corporation may do such things as it deems expedient for, or conducive to, the attainment of the purposes set out in section 9, and, for greater certainty, but not so as to restrict the generality of the foregoing, the Corporation may carry on the business of
> (b) exporting goods or commodities from Canada, either as principal or as agent, in such manner and to such extent as it deems advisable to achieve those purposes.

나. G2G 사업개발 방식

CCC의 정부간 거래제도는 사업 개발(발굴)의 방법에 따른 구분으로 "선이행약정 모델(Push형)"과 "선양해각서모델(Pull형)"이 있고, CCC의 계약상의 지위와 책임의 성격에 따라 "주계약자 서비스"와 "단순조달 서비스"로 구분하여 파악할 수 있다.

---

257) 안영수 (2014), 125면.

사업개발(business development) 방식에 다른 제도로서의 "선이행약정 (Push형) 모델"은 CCC가 캐나다 수출기업과 먼저 이행약정을 체결하여 수출 세부내용을 파악한 후, 이를 구매국 측으로 Push 하여 구매국 정부와 G2G 거래를 추진하는 방식이다. 이는 사업의 출발점이 수출기업이 되는 형태로, 수출기업이 거래에 대한 수요를 발굴하고 프로젝트 추진의 중심이 되어 사업개발을 진행하고 CCC가 그 기업을 지원하는 형식이라고 할 수 있다.

반면 선양해각서(Pull형) 모델은 사업의 출발점이 외국기업의 수요파악에서 시작되는 형태이다. 즉, CCC가 외국정부와 양해각서를 먼저 체결한 뒤 구매국의 요구사항에 부합하는 사업을 진행할 수 있는 캐나다 수출기업을 발굴하여 용역약정을 체결하는 방법이다.[258] 캐나다 외교통상개발부나 CCC가 외국 정부와의 협력과정에서 주도적으로 수요를 발굴하고 분석하여 이행할 수 있는 캐나다 기업을 발굴·추진하는 것으로, 주로 공공 부문에서의 협력이 중요한 사업인 경우에 사용되는 모델이다. 캐나다 정부는 자국 기업의 프로젝트 수주 지원을 위해 정부간 거래와 수출신용 등 유관기관의 기능을 결합한 소위 "The Canadian Package"를 구매국에 적극적으로 홍보하고 있다.[259]

다. G2G 거래상 CCC의 책임

CCC가 수행하는 외국 정부와의 방산물자 정부간 거래 제도는 CCC의 계약에서의 당사자 혹은 책임 여부에 따라 (1) Prime Contractor(주계약자)로 계약하거나 혹은 (2) 단순히 조달 대리인(procurement agent)으로 역할 하는 것으로 구분할 수 있다. CCC가 직접 계약당사자로 구매국과 계약하여 거래를 지원하는 G2G 계약을 내용으로 하는 제도는 prime contractor 서비스("주계약자 서비스")라 하며, 본 연구의 목적상 캐나다식 정부간 거래의 일반적인 형태로 이해할 수 있어,[260] 이하 Prime Contractor 서비스의

---

258) 박형돈, 한국대외무역법의 정부간수출계약 제도에 관한 연구(2016), 31면.
259) 장현찬 (2021), 8면 ; 캐나다상업공사(CCC) 브로슈어 'Simplified Acquisition Through the Government of Canada' p.2 참조.
260) 박근서, 방산수출 정부간(GtoG) 거래: 우리나라 현황과 미국 FMS제도의 시사점, 무역보험연구 제13권 제2호 (2012).

내용을 중심으로 G2G 거래를 별도의 목차에서 살펴보게 된다. 다만, 그에 앞서 먼저 정부의 보조적 지원에 그치는 조달서비스를 먼저 간단히 설명한다.

"조달대리 서비스"는 CCC가 단순히 구매국의 위임을 받아 구매국이 구매하고자 하는 물품을 공급할 캐나다의 수출업체를 찾거나 혹은 입찰을 통해 선정하는 업무를 말하며, CCC의 주계약자 서비스와 다르다. 구매국이 방산 구매경험이 적거나 구매 관련 정보를 충분하게 확보하지 못하고 있는 경우에는 이 분야의 경험을 이미 확보하고 있는 CCC를 소위 구매국의 조달 Agent로 활용하는 것이다. 그러나 조달서비스에 의해 결과적으로 체결되는 계약은 구매국 정부와 캐나다 수출업체간 GtoB(government-to-business) 거래가 되므로, 궁극적인 측면에서 정부간 G2G 계약으로 보기는 어렵다. 여기서 정부(CCC)의 역할은 거래 중개자(intermediary)이므로, 우리나라 방위사업청이 수행하는 "정부간 중개"와 유사하다.

3. Prime Contractor Service의 내용

가. 주계약 서비스 및 실적

Prime Contractor Service에서 CCC는 정부간 거래의 주계약자(prime contractor)로 역할하고, 캐나다 수출업체와 동일 내용의 구매계약을 체결함으로써 그 의무를 그대로 전가하는 소위 Back-to-back 거래구조를 채택하고 있다(아래 그림 참조).[261] CCC는 구매국 정부와 MOU를 작성하고,

---

261) 캐나다 정부가 CCC를 단일창구(gateway)로 하여 외국과 방산물자를 정부간 거래방식으로 교역하게 된 이유는 역사적으로 인접국인 미국과의 공동생산 내지 분업관계의 발전과정의 맥락에서 이해할 수 있다. 1956년 캐나다와 미국정부는 Defence Production Sharing Agreement (DPSA)를 체결하여 북미지역 산업기반의 공동 활성화를 추진하였다. 이때부터 CCC가 캐나다 기업이 미국 국방부 정부조달 사업에 접근하는 국영회사로 캐나다정부에 의해 지명되어 역할을 하게 되었다. 현재의 캐나다 방위산업체 중 CCC를 통해 정부간 거래를 하는 10대 주요 수출기업 중 규모상 절반 이상이 미국 대형 방위산업체의 캐나다 현지법인이고 이들의 미국 앞 수출은 CCC를 통한 정부간 거래로 보고된다.

캐나다 수출업체와는 서비스 계약서를 작성함으로써 GtoG 거래 절차를 개시한다. 협상 후 계약의 내용이 구체적으로 확정되면 최종적으로 CCC와 구매국이 계약당사자로 정부간 계약을 체결한다. 동시에 CCC는 수출업체와 CCC가 구매국앞 이행하여야 하는 의무를 그대로 전가하는 소위 back-to-back방식 조달계약서를 작성하게 된다. CCC는 주계약자로서의 역할은 계약 이행에서도 유지되는데, 수출업체가 계약에 따른 이행을 관리감독(monitoring)하는 업무를 수행하고, 프로젝트 수행을 위한 캐나다 정부의 보증을 제공한다.262)

〈표 5〉 CCC prime contractor service 거래구조

위와 같이 구매국 입장에서 매력적인 계약을 통해 CCC의 정부간 거래 실적을 살펴보면 2018년~2019년도 1.3억 캐나다 달러, 2019년~2020년도 1.2억 캐나다 달러로 근 3년간 매년 1억 캐나다 달러를 상회하는 성과를 거두고 있다.263) 한편, CCC에 따르면 정부간 거래를 통해 2018년~2019년도 14,250개, 2019년~2020년도 13,000개의 일자리에 부가가치를 창출한 것으로 추산된다.264) 연간 지원 거래 규모면에서는 우리나라와 대동소이하나 CCC가 계약의 주 당사자로 참여하여 그만큼 적극적인 역할을 수행하고 그만큼 필요한 인력이 거래를 준비하고, 계약을 체결하며, 관리하는 등 질적인 측면에서의 거래에의 정부의 참여 정도가 우리나라의 Kodits에 의한 G2G 계약 보다는 높다 할 것이다.

---

262) CCC 홈페이지, working with CCC, http://www.ccc.ca/en/buyers/working-with-ccc.
263) 장현찬 (2021), 9면; CCC annual report(2018/2019) p.6., CCC annual report(2019/2020) p.7 참조
264) 장현찬 (2021), 9면; CCC annual report(2018/2019) p.6., CCC annual report(2019/2020) p.7 참조

나. 사안별 개별적 계약 방식

미국 FMS와 달리 캐나다의 주계약자 서비스는 정부간 거래에 대한 표준 거래조건을 일률적으로 요구하거나 공식적으로 발표하지 않고 있으며, 건별로 구매국과 협의하여 건별로 개별 계약서를 사용한다고 한다. CCC는 캐나다 수출업체가 최종 사업안을 제출하기 이전에 기술적(technical), 재무적(financial), 관리적(managerial)인 측면에서 점검을 함으로써 캐나다 정부가 직접 계약 내용을 보증하더라도 문제가 없도록 거래심사(due diligence)를 실시한다.265) 즉, 위험요소의 인지, 의무의 분배, 그리고 계약조항을 통한 해결 내지 외부로의 전가(금융, 보험 등)는 구체적 계약에 맞춰 추진하며, 구매국의 특성이나 수요에 맞게 처리한다.266)

다. 대상기업 선발

CCC는 계약 보증에 따른 위험을 최소화하기 위해 계약 건에 대한 재무조건(Financial), 기술조건(Technical), 관련 경험 여부(Managerial)조건을 기준으로 매우 엄격한 대상기업 선발 과정을 진행한다고 한다. CCC 인력 구성도 산업별 전문가보다는 계약 전문가로 주로 구성되어 있으며, 사내 변호사를 통해 심사부터 계약까지의 전 과정을 엄격하게 진행하게 된다. 동 심사조건을 충족하지 못하는 경우 G2G 거래지원이 거절될 수도 있다. 예를 들어 실제로 지난 2009년 CCC가 계약한 에콰도르 쿠이토 국제공항 건설계약의 건의 경우에도 공항 건설 경험부문에서 충족하지 못해 대형 건설사들이 수출기업으로 선정되지 못하는 사례가 발생하였다고 한다.267)

주계약 서비스를 신청하는 기업은 수출 상품 또는 서비스의 상당 부분이 캐나다에서 생산되는 캐나다 콘텐츠가 상당 부분 포함됨을 입증해야 하며, 필요한 캐나다 콘텐츠의 범위는 특정 프로젝트와 계약 국가에 따라 달라질

---

265) 캐나다 방산조사.
266) 캐나다 방산조사.
267) 안영수 (2014), 127면. 안영수 (2014), 127면, 주53.

수 있음. 한편, CCC의 지원을 받기 위해서는 경쟁력 있는 상품 또는 서비스를 제공한 입증된 실적, 경쟁력 있는 가격, 국제 시장의 기술 요구 사항 및 사양을 충족할 수 있는 능력이 평가될 것이다.

라. 수수료 징구

CCC는 Pricing Policy를 책정하여 이에 따라 G2G 거래 지원에 대하여 1~3% 소정의 수수료를 징구한다.[268] CCC의 수수료의 범위는 거래의 기간, 위험도, 모니터링 등을 위해 투입되는 인건비 등을 고려하여 책정된다. CCC가 수수료를 징수하는 이유는 먼저 CCC는 계약주체로서 이행 책임과 보증을 부담하기 때문에 이에 대한 심사 및 모니터링 비용이 발생하고, 기업들의 도덕적 해이에 대응하여 CCC의 위험부담을 낮추고 이를 통제하기 위한 목적도 있다 한다.

마. 모니터링 및 불이행 대응

CCC는 상대적으로 많은 인원을 투입하여 계약이행에 대한 모니터링 서비스를 제공한다. CCC가 주계약자가 되어 계약 주체가 되어 책임을 부담하고, 수수료를 징구하여 유상 서비스를 제공하는 것이므로, 그 거래가 계약에 맞게 진행되는지의 이행 모니터링의 책임은 구매국을 위하여도 그리고 수출기업을 위하여도 필요한 것이다.

CCC는 초기의 거래 협상 단계부터 적극적으로 참여하여 사업을 관리하고 계약이 성사된 이후에도 주기적으로 모니터링을 수행한다. 특히, 구매국과의 정부간 거래 계약이 체결된 이후에는 캐나다 수출기업 의 계약의무 이행을 관리하기 위하여 표준화된 ERP(Enterprise Resource Planning, 전사적 자원관리시스템) 시스템을 활용하여 철저한 모니터링을 실시한다고 한다.[269]

---

268) 안영수 (2014), 126-27면.
269) 안영수 (2014), 127면.

CCC가 계약상 책임을 지는 것이지만, 계약 이행의 실제 수행할 책임은 기업에 있으므로, CCC는 계약 이행에 대한 모니터링을 수행한다. CCC는 도착항에 전담 요원을 파견하여 직접 제품의 인도상태를 점검하여 제품의 하자와 파손에 대한 구매국의 우려를 최소화한다고 한다.270) 만약 계약불이행 건이 발생할 경우, CCC는 우선 금전적인 보상 이전에 계약이 이행될 수 있도록 최선의 방안을 제시한다.271)

바. 금융 지원

CCC는 GtoG 거래에 정책금융을 지원해야 하는 경우 국제거래에 대한 보증 및 보험을 지원하는 수출신용 전문 국영기업인 EDC(Export Development Corporation)와 협력 하에 지원한다.272) 캐나다의 EDC는 캐나다의 수출신용기관으로 우리나라의 한국무역보험공사(K-sure)와 유사한 무역보험을 운영하는 기관이다. 수출신용기관은 수출계약에 대한 대금미회수위험을 담보하거나

---

270) 안영수 (2014), 128면.
271) 안영수 (2014), 128면. 과거 정부간 거래를 체결한 캐나다 기업이 부도로 인해 계약 수행이 어렵게 된 사례에서, CCC가 부도기업을 대체할 수 있는 기업을 신속하게 발굴하고, 손해 일부에 대해서는 CCC 기금을 활용하는 등 문제 해결을 위하여 적극적인 방안을 모색하였다고 한다. 안영수 (2014), 128면, 주54.
272) 캐나다의 EDC는 캐나다의 수출신용기관으로 우리나라의 한국무역보험공사(K-sure)와 유사한 무역보험을 운영하는 기관이다. 우리나라 무역보험공사도 코트라와 마찬가지로 산업통상자원부 산하기관으로서 무역지원 업무에 특화된 국영기업이므로 주로 수출계약에 대한 대금미회수위험을 담보하거나 수출금융을 대출한 은행에 대해 보험 또는 보증이라는 수출신용상품(export credit service)으로 지원함으로써 수출거래를 금전적인 측면에서 지원하게 된다. 따라서 캐나다는 정부간 계약을 통한 마케팅 지원은 CCC가 담당하고, 만약 금전적 보장이 필요한 경우 EDC가 수출신용으로 지원하는 방식을 하고 있어 우리나라와 유사하다. 한편, 미국은 DSCA가 정부간 계약을 지원함과 동시에 의회의 승인 하에 FMF(foreign military financing)도 동시에 지원하는 일원적 지원구조를 갖고 있다. 미국도 U.S. Export-import Bank를 통해 수출보험 지원이 가능하지만 지원하지 않으며, 별도의 예산 배정을 통해 방산수출금융은 미 국방부가 직접 지원하고 있다. 이러한 제도운영에는 여러 정책적 고려가 있을 것이라 추측되지만, 방산수출에 대한 향후 ECA 금융 규제에 대응하여 ECA로부터 자유로운 국방부에서 금융을 제공하면 향후 규제 받을 가능성이 완화되는 효과도 노릴 수 있을 것이다. 본 논문의 목적상 방산수출금융에 대한 복잡한 역학구조나 국제규범에 대하여는 생략하기로 하며 향후 연구로 넘기고자 한다.

수출금융을 대출한 은행에 대해 보험 또는 보증이라는 수출신용상품(export credit service)으로 지원함으로써 수출거래에 수반되는 각종 위험을 커버하는 공적 지원제도인 바, 상업대출기관의 무역대출상의 위험을 낮춰 결과적으로 무역금융 지원을 용이하게 해주는 역할을 한다. 따라서 캐나다는 정부간 계약을 통한 마케팅 지원은 CCC가 담당하고, 만약 금전적 보장이 필요한 경우 EDC가 수출신용으로 지원하는 체계를 갖추고 있다. 우리나라의 경우도 KOTRA가 G2G 계약과 마케팅을 담당하고 대외거래 위험은 무역보험공사가 담당하여 궁극적으로 상업은행의 금융과 연계하여 지원하는 체계인 바 이는 CCC의 지원체계와 유사하다. 한편, 미국은 DSCA가 정부간 계약을 지원함과 동시에 의회의 승인 하에 FMF(foreign military financing)도 동시에 지원하는 일원적 지원구조를 갖고 있다. 직접 정부가 FMF라는 체계 하에서 직접 보조금 지급 내지 금융지원을 하는 미국과는 다르지만,273) 대부분의 국가에서는 수출신용기관(ECA)이 방산수출금융을 주도적으로 지원하는 점에서 캐나다나 우리나라는 유사하다.

금융이 개제되는 경우엔 캐나다는 각각 별도기관인 CCC의 계약지원 서비스와 EDC의 수출 금융지원을 연계하여 지원하며, 구매국이 CCC를 통해 캐나다의 방산물자를 구매하고 필요한 금융지원을 받게 되는 절차는 아래와 같이 요약해 볼 수 있다.274)

---

273) 미국은 FMS 거래에 필요한 금융지원인 FMF(foreign military financing)을 국방부 및 DSCA를 통해 한다는 점, 즉 타 기관을 활용하지 않고 동일조직에서 계약지원과 금융지원을 하는 것이 일반적이다. 미국도 U.S. Export-import Bank를 통해 방산수출에 대한 수출보험 지원이 가능하지만 실제로 지원이 이루어지지 않는 경우가 많은 것이 현실이다. 방산수출금융은 미 국방부가 별도의 예산배정을 통해 직접 지원하고 있다. 이러한 제도운영에는 여러 정책적 고려가 있을 것이라 추측되지만, 방산수출에 대한 향후 ECA 금융 규제에 대응하여 ECA로부터 자유로운 국방부에서 금융을 제공하면 향후 규제 받을 가능성이 완화되는 효과도 노릴 수 있을 것이다. 방산수출금융에 대하여는 별도의 장에서 후술한다.

274) 코트라 토론토 무역관, 국가별방산조직심층조사 (2012) (이하 "캐나다 방산조사"라 함).

〈표〉 외국 정부의 CCC 이용 절차도

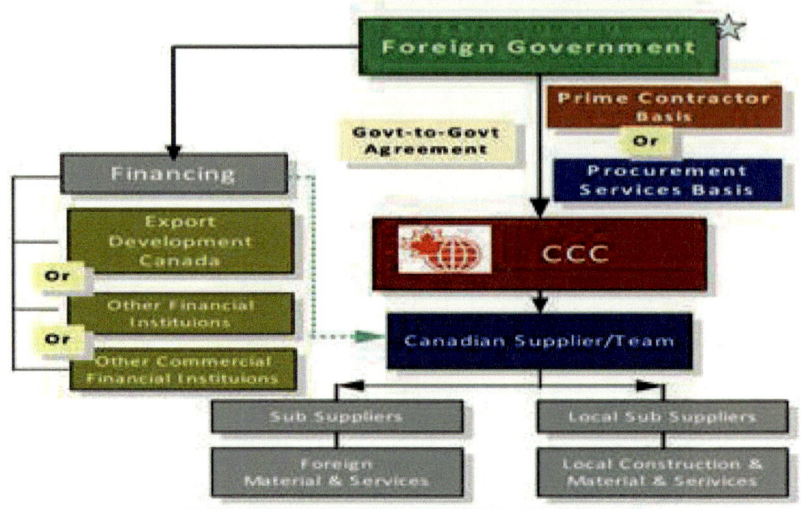

4. 분쟁해결

분쟁해결에 있어서도 분쟁 발생시 CCC와 구매국간 사전 우호적 협의에 의한 해결을 원칙으로 한다. 다만, 미국 FMS와 달리 ICC(국제상업회의소)의 중재법원의 중재규칙(ICC Rules of Arbitration)에 의한 중재도 선택할 수 있도록 하여 그만큼 구매국에 우호적인 제도운영을 한다. 좀 더 상업적이며 구매국에게 일방적으로 불리하지 않은 합리적으로 계약한다고 알려져 있다. CCC는 각 구매국별로 개별적인 협상에 의한 G2G 계약을 하고 있으므로 분쟁해결에 있어서도 무조건 중재를 해결수단으로 한다고 일률적으로 말할 수 없다. 그러나 2012년경 필자가 직접 방문하여 CCC의 개도국과의 거래에 관여한 바 있는 직원들과 상담한 경험에 따르면 중재에 의한 해결을 가급적 활용하고 있다는 입장을 피력하였다.

5. 미국과 캐나다 정부간 거래의 상호 비교 요약

앞서 살펴본 미국 FMS의 경우와 CCC의 주계약자 서비스를 검토하고 구별되는 차이점을 요약하면 다음과 같다.

〈표 6〉 미국과 캐나다 정부간 거래의 상호 비교[276]

FMS (미국)	CCC (캐나다)
• 표준거래조건의 준수로 극히 예외적인 변경만이 가능 • 대금과 수수료는 선납 • 미 정부가 구매국앞 수출이행 관련 보증 없음 - "best efforts" basis - 계약에 의해 보증이 있을 수 있으나 이는 정부의 보증은 아님 • 정부간 거래 수수료는 3-5% 또는 그 이상 • 대규모 및 민감한 방산수출에 대하여는 의회에의 통지(notification) 내지 승인을 받아야 함 • 중개인을 활용하여 거래 신속을 도모하는 제도가 없음 • 분쟁해결시 당사자 합의에 의해 최종 해결하고 준거법은 미국연방조달법으로 함	• 특별한 정형거래조건 없이, 국가별개별 계약 원칙 • 대금과 수수료 탄력적 합의 가능 • CCC는 구매국 정부와 직접 계약을 체결하고 주계약자이므로, 계약의 이행을 보증한다 (다만, 약정에 의해 • CCC 수수료는 1-3% 사이로 저렴 • CCC 정부간 거래는 의회의 승인사항이 아님 • 합리적인 범위 및 부패의 문제가 없는 한 중개인 개입 허용 • 분쟁해결은 당사자 합의에 의해 그 방법을 정할 수 있고 필요시 중재에 부칠 수 있으며, 조달법도 당사자 합의에 의해 정함

---

276) 캐나다 방산조사.

6. CCC의 정부간 거래의 시사점

안영수(2014)는 CCC제도의 정부간 거래 현황 및 제도 분석을 통해 다음과 같이 시사점을 도출하였는바, 아직 우리나라 제도에의 반영 혹은 향후 참고할만한 시사점은 다음과 같다.[277] 첫째, 정부간 거래의 대상 품목의 외연을 방산물자 이외의 다른 물자로서 공익적 성격이 있는 것으로 확대할 필요가 있다. 일반적으로 방위산업 분야에 대한 정부간 거래는 국방 협력, 군사 원조를 위한 제도로 인식하는 데 반해, 캐나다는 군사적 협력 차원보다는 상업적 거래로 인지하여 일반물자, 인프라 수출 지원을 중점적으로 지원한다. 미국과 장기간 FMS 거래를 해온 우리나라에서는 그러한 경험으로 인해 G2G 거래를 방산물자 수출에 국한하여 필요한 제도인 것으로 보는 경향이 있다. 그러나 CCC의 G2G 제도의 무역통상 지원적인 성격을 참고하여, 우리나라도 비방산물자 부분 수출 분야로의 G2G 활용을 마찬가지로 확대할 필요가 있다. 최근 급성장 중인 공공보안물자와 일반 국민과 대중을 위한 공공 인프라 (public infra) 사업, 에너지 사업, 전쟁, 재난 후 재건사업(Reconstruction after wars and disasters)등에 대한 G2G 거래 수요를 고려할 때, 정부간 거래의 대상품목을 확대할 필요가 있다는 주장은 여전히 설득력이 높다.

둘째, 우리 정부간 계약 전담기관인 Kodits의 계약이행 관리(Contract performance management)의 고도화 즉, 계약 이행에 관한 종합적인 관리체계의 구축 및 이를 통한 상시적 위험관리 및 분쟁 발생시 대응체계 구축이 시급히 필요하다. 캐나다의 CCC는 계약 협상부터 제품의 인도, 대금지급 등 계약에 수반하는 전 과정에 적극적으로 참여하며 전문 인력이 참여한다. 반면, 아직까지 정부간 거래의 실적이 많지 않은 우리나라는 수출기업이 분기별 또는 반기별로 KODITS에 보고하면, 이를 구매국에 전달하는 형태를 취하고 있는데 그치는 초보적 단계에 있다. 그러나 기록에 의존한 관리는 형식적인 관리에 그치는 결과를 초래할 수 있는 여지가 있다.[278]

---

277) 안영수 (2014), 133면.
278) 안영수 (2014), 133면.

따라서 CCC와 같이 계약별 전담 인원을 배치하고 계약의 일반적 관리에만 그치는 것이 아닌 본격인 계약관리체계를 수립하고, 계약이행 중 갈등 관리 혹은 분쟁 관리 등 선제적 계약관리를 담당하는 전문인력을 양성하여야 할 것이다.

셋째, 패키지 딜 계약, 즉 당사자의 요구를 충족시키기 위해 다양한 제품과 서비스를 결합하여 G2G 거래로 통합하여 제시하고 거래하는 방안을 모색할 필요가 있다. 정부간 거래 상대방 국가들의 경우 우리나라와 ODA 등 다양한 정부간 협력이 필요한 사업들을 진행하고 있기도 하며 그 거래들과 정부간 거래를 연계하는 추진전략은 그 효과측면이나 정부 입장의 통일적인 제시 등에서 바람직하다. CCC의 경우 명목상으로 원조성 지원(Aid for Development)사업과 G2G 사업을 별도로 구분하고 설명하고 있으나, 실제 CCC의 국제 거래 내역을 살펴보면, 대외원조 제공 이후 혹은 동시에 G2G 계약으로 이어지는 경우가 많은 것으로 추측된다. 중·후발국에 대한 ODA를 매년 지원하고 있는 우리나라도 정부간 거래 협상이 이루어지는 나라에 우선적으로 ODA를 제공하는 방안을 검토할 필요가 있다. 즉 정치적·외교적으로 관계를 돈독히 하고 이를 사업화한다면, 상호 국익이 증대되기 때문에 G2G 거래를 촉진하는 최적의 방안이 될 것이다.279)

넷째, 거래지원 사업의 효과를 극대화하고 전문성 강화를 위해 "G2G 지원 수수료" 징수를 중장기적으로 고려해야 할 필요성이 있다. 캐나다는 정부간 거래 지원에 대한 비용을 기업에 부과하고 있으며, 이를 통해 무분별한 지원 신청에 대한 적절한 제한 내지 통제를 가능케 하고, CCC는 적극적인 협상 참여와 이행모니터링 서비스 제공 및 보증 부담 등 G2G 계약에 필요한 지원을 수출기업 또는 구매국에게 제공하고 있다. 이러한 적극적인 지원에 들어가는 비용과 인력, 그리고 전문성에 대하여 비용을 징수하는 것이다. 우리나라는 아직까지 정부간 거래 시행 초기이기 때문에 국내 제품의 가격경쟁력 제고를 위해 수출기업에 수수료를 부과하지 않고 있으나, 향후 정부간 거래에 있어서 정부의 책임과 역할이 커진다면, 장기적 관점에서 수수료 징수하여 계약관련 보증의 내용을 충실히 하고 계약 심사 및 모니터링 등 전문 인력을 확보하여야 할 것이다.

---

279) 안영수 (2014), 133면.

다섯째, G2G 계약 관리 및 전문인력 확보의 필요성이 크다CCC의 조직은 한국과 지원규모는 비슷하나 인력 확보 부분에서는 최소 5배 이상의 인력을 그것도 장기 근무하는 전문 인력을 보유하고 있다. 반면 우리나라의 전담기관인 Kodits는 정부 공무원과 KOTRA 직원등이 파견 등이 파견등으로 1-3년 정도의 근무 후 복귀하는 형태로 근무하고 있어 장기적인 사업 개발 및 전문성 확보에는 어느 정도 한계가 있을 것으로 예상된다. 장기적으로 정부간 거래 지원체계가 고도화되는데 장애가 되며, 거래 리스크 관리에 미흡하여 거액 계약 사고건 방지에도 어려움이 있을 것으로 예상한다. 이에 대해 인적 자원이 우수한 코트라 직원을 장기 근무시키고 G2G 분야에 대한 전문성 중심으로 인적 개발을 도모할 수 있을 것이다. 현재 수출기업으로 추천할 국내기업의 선정 등에 있어 이행능력 평가 소위원회 등을 구성하여 활용하고 있으나, 다만, 코트라의 직원들은 주로 국제거래 마케팅 내지 초기 사업개발 부분에 특화되어 있어, 계약 체결전의 전문적인 계약 협상 분야 전문가나 사후관리적인 문제, 국제거래 규범준수나 계약이행 관리나 분쟁해결, 무역금융 지원 등 사후관리 업무 분야에 대한 대응에는 미흡한 점이 있을 수 있다. 향후 G2G 거래 업무가 고도화되고, 구매국과 거래와 관련하여 자연스럽게 발생할 문제들을 해결해 과는 과정에서 필요한 전문인력 소요가 파악될 것으로 예상한다. 다만, 가급적 위험도가 높은 심각한 문제가 발생되기 전에 사전적으로 대응능력을 갖춘 전문 인력을 사전적으로 확보하는 것이 바람직할 것이다. 한편, 국제거래나 국제금융, 분쟁해결 등 국제거래나 통상분야, 방위산업이나 국제 공공인프라 분야에 경험을 갖춘 외부 전문가 들을 자문형식 혹은 컨설팅 법인 등을 통해 프로젝트 내지 사안별로 활용하는 방안을 생각해 볼 수 있다.

03
기타 해외 G2G 제도 : 영국, 뉴질랜드, 스페인

상기 살펴본 미국과 캐나다 이외에도 다수의 수출 국가들이 구매국의 정부조달거래에 대하여 G2G 거래 혹은 계약을 지원하는 것으로 알려져 있다. 이중 영국, 뉴질랜드, 스페인의 G2G 거래 지원에 대하여 간략히 살핀다. 이 외에도 러시아, 중국 등도 다양한 형태와 내용으로 정부간 거래를 활발히 이용하고 있는 것으로 알려져 있으나, 사회주의 국가들의 특성상 그 구체적인 내역에 대한 자료를 공식적 혹은 객관적인 형태로 파악하기는 어려워 본서에서는 다루지 않는다.[280]

1. 영국의 G2G Agreement

가. 개요

역사적으로 볼 때 영국은 국제무역의 이론적, 실제적 기초를 제공하였을 뿐만 아니라 근대적 의미의 국제거래 산업을 발전시키고, 여전히 국제거래 및 국제금융 분야에서 중요한 역할을 하는 국가이며, G2G 거래 분야에서도 적극적 활동을 펼치고 있다. 다만, 영국은 캐나다와 달리 정부간 중개(G2G Intermediation)

---

[280] 사실 비공식적으로 파악한 바에 따르면 중국과 러시아는 국제규범 준수나 적절한 상업적 고려가 아닌 국가 주도적이고 과감한 지원을 하고 있으며, 개발도상국과의 정부간 거래 방식으로 많은 거래를 하고 있다고 한다. 일부 경우에서는 비공식적인 채널의 활용, 과대한 공식, 비공식 리베이트 활용 등이 수반되는 경우도 있다 한다. 한편, 많이 알려진 중국의 일대일로 프로젝트와 관련된 각종 인프라 수출에 있어서 발주국 정부와의 거래형태는 그 성격이나 형식에 있어서 많은 경우 정부간 계약의 일종으로 볼 수있을 것이다. 이 국가들에 대한 객관적 자료에 의한 검토나 설명은 차후 연구로 넘긴다.

성격인 G2G Agreement를 통해 정부간 거래 제도를 운영하고 있다. 즉, 정부나 정부기관은 직접 수출 혹은 프로젝트 계약의 직접 당사자가 아니며 기업과 구매국이 최종 계약당사자가 되고 영국 정부는 구매국 정부와 협약을 체결하여 거래를 간접 지원한다.

영국 정부간 거래의 주무기관은 정부부처인 국제통상부(DIT: Department of International Trade)에서 담당하고 있다. 국제통상부(DIT)는 2016년 7월 테레사 메이 총리 취임 이후 과거 무역투자청 (UKTI: UK Trade & Investment)에서 부처로 승격하였으며,281) 기존 방산물자 위주로 적용하였던 자국의 정부간 거래제도(British G2G Agreement)를 인프라 등 다른 분야로 확장시키는 등, 국가 간 무역통상의 도구로서 G2G Agreement 제도를 적극 활용하고 있다.

2018년 기준 영국은 미국에 이어 세계 2위의 방산 수출국으로서 방위산업은 국가의 전략산업으로 관리되고 있다.282) 방산물자 수출은 국제거래통상부(Department for Busiess and Trade) 산하의 방산·보안물자 관리 및 수출 전문가 그룹으로 구성된 UKDSE(UK Defence & Security Exports)에서 전담하고 있다. UKDSE는 방산수출시 정부간 지원을 위해 구매국과의 협상 과정에 참여하고 있으나, 업체를 대신해 보증 책임을 지는 등 공식적인 계약당사자로 참여하고 있지는 않다.283) 대신 협상 초기, 단일창구(Single window)로서 구매국과의 접촉점을 제공하는 등 수출이 매끄럽게 진행될 수 있도록 간접적인 기능을 주로 수행하고 있다. 기능 융합형 협업의 관점에서 대외무역에 관한 정부정책을 총괄하는 국제통상부의 관리 하에 UKDSE는 방위산업을 지원하고 방산 분야의 대외 거래에 대한 G2G Agreement를 체결하는 방식으로 역할을 분담한다고 할 수 있다.284)

---

281) 장현찬 (2021), 10면; CSW and Politics Home staff, Theresa May signals Whitehall rejig with two new Cabinet post (2016) 참조.
282) 장현찬 (2021), 10면; Noel Dempsey, UK Defence Industry Exports(2020), p.3 참조
283) UKDSE는 방산물자의 해외수출관련 행사 개최 및 지원, 지원팀의 유무상 지원, 대형 거래에 대한 UK Export Finance (UKEF) 금융 주선, 중요 구매국의 입찰 및 거래정보 제공 등 다양한 방산수출 지원업무를 하고 있다. 지원활동 내용에 대한 홈페이지는 https://www.gov.uk/guidance/defence-and-security-exporting-guide#finance 이다.
284) 장현찬 (2021), 10면; 4); 권헌철 외, 방산물자 등의 GtoG수출 시 정부의 역할 및 보증에 관한 연구(2014) 붙임1 p.14.

나. 지원사례

인프라 정부간 거래분야는 과거 G2G Agreement의 대상이 아니었으나 최근 연속적인 성공사례로 관심이 주목되고 있다.

> 세계 4대 스포츠 이벤트인 판아메리칸 게임(2019)의 개최지로 페루가 선정됨에 따라, 페루 정부는 판아메리칸 게임 운영 및 인프라 관리에 관한 프로젝트(용역)를 정부간 거래로 추진하였다. 그 결과 2017년 영국이 선정되어 전문가 그룹을 통해 2012년 런던올림픽 등의 개최 및 운영 노하우 등을 유상으로 이전하였다.[285] 또한, 2020년 6월에는 페루 북부 재건 PMO 사업을 수주한 바 있다.[286]

이러한 영국 정부와 영국 기업간 협업을 통해 "Team UK"를 구성, 해외 프로젝트 수주성공을 이뤄낸 경험은 많은 영국 언론의 주목을 받고 있다. 영국 내 인프라 관련 저널인 Infrastructure Intelligence는 영국과 페루 간 인프라 분야 G2G Agreement 사례가 중요한 이정표로서 향후 해외프로젝트 시장 내 정부의 역할을 재설정할 것으로 전망하였으며, 2015년 소규모 전문가 사절단의 페루 방문 이후 꾸준히 이어져 온 관계와 전략적 인내의 결합을 프로젝트 수주의 성공요인으로 분석했다.[287] 국가간의 경제통상협력 의제를 장기간 지속적으로 관리하기 위한 꾸준한 해외 네트워크의 유지가 최종적인 계약 성사에 중요함을 알려주는 사례이다.[288]

---

[285] 구체적인 내용은 전술한 정부간 거래 사례 중 페루 부분을 참고하라.
[286] 장현찬 (2021), 10면; 4); 페루 9개 주정부를 대상으로, 엘니뇨 피해 복구를 위해 2년간 약 20억 달러를 투자하는 대규모 토목건설사업이다.
[287] 장현찬 (2021), 10면; 4); Infrastructure Intelligence, Key lessons for UK infrastructure exports in El Nino rebuild(2020) 참조.
[288] 장현찬 (2021), 10면; Construction UK, UK expertise helps Peru grow back better(2020) 참조. 영국 국제통상부 장관인 Graham Stuart는 2020년 기고문을 통해 인프라 G2G 사례를 소개하면서, 세계 각지의 국가들에 대한 접근성을 높이기 위해 자국 무역 정책에 변화를 주면서 영국 기업들을 위해 기회를 확대할 것이라 밝혔다.

2. 뉴질랜드의 G2G Know-How

가. 개요

뉴질랜드는 방산물자 수출이 아닌 공공서비스·지적재산 수출을 주 대상으로 하는 정부간 거래제도 운영하고 있다. 전담기관은 뉴질랜드 무역산업진흥청(NZTE: New Zealand Trade and Enterprise)과 그 산하기관인 G2G Know-How[289] 라고 할 수 있다. NZTE은 2003년 설립된 뉴질랜드 외교통상부 산하의 무역진흥기관으로 약 50개국에 해외지사를 운영하고 있으며, 전체 직원 수는 약 700여명이다.[290] 뉴질랜드 외교통상부(MFAT : Ministry of Foreign Affairs & Trade)와 무역산업진흥청은 2014년 합작투자를 통해 주무기관인 G2G Know-How를 설립 하였다.

G2G Know-How는 유한책임회사(limited liability company)로 외국정부에 뉴질랜드의 공공서비스와 지적재산을 유상 판매할 목적으로 설립된 무역산업진흥청 내 별도 조직이다. G2G Know-How는 영국, 캐나다와 달리 계약 또는 협약 당사자로서 기능하기보다는 정부 간 비즈니스 기회를 발굴하고 외교통상부의 경제외교를 지원하는 역할을 하고 있다. 그러나 예외적인 경우 구매국 요청에 의거하여 G2G Know-How가 계약당사자로 나서는 경우도 있는 바, G2G Know-How가 정부간 거래 계약 당사자로서의 역할을 아예 수행하지 않는다고 볼 수는 없다.

G2G Know-How의 이점은 무역산업진흥청에서 구축한 해외 네트워크를 활용하여 구매국 정부 관계자들과의 현지 접근성이 높다는 점이다. 또한, 무역산업진흥청에서는 일반 기업의 수출지원 업무도 수행하고 있기 때문에 적재적소에 필요한 기업을 발굴하여 자국을 위한 수출 기회로 연결이 가능하다. 대표적인 사업 분야로는 지속가능한 식량관리, 정부 혁신·효율화, 교육,

---

[289] 장현찬 (2021), 11면; 뉴질랜드의 정부간거래 기관명이나 설명의 편리성을 위해 정부간 거래제도로 취급하여 표기하였다.
[290] NZTE 홈페이지.

양식업, 관광, 재난대응, 비상계획 등이 있으며, 주요 수요국은 중동과 동남아시아에 집중되어 있다.

나. 지원 사례

G2G Know-How의 성공사례로 2019년 카타르 식품안전관리 사업이 있다. G2G Know-How에 따르면 카타르 정부는 2022년 FIFA 월드컵에 대비하여 자국의 식품안전관리 역량을 개선하기 위해 G2G Know-How와 접촉하였다. 이에 G2G Know-How는 카타르 정부와 협의를 통해 비즈니스 의제를 개발하였고 최종적으로 카타르 정부와 뉴질랜드 국영기업인 Asure Quality와의 계약을 이끌어냈다.291)

한편, G2G Know-How가 직접 계약당사자로 나선 사례로는 2018년 "파푸아 뉴기니 사법시스템 개선사업"을 들 수 있다. 파푸아 뉴기니 정부는 G2G Know-How에 접촉해 사법정보 관리방안에 대한 컨설팅을 요청하였다. 이에 무역산업진흥청 현지 지사와 G2G Know-How는 전문가그룹을 구성하여 해당 프로젝트를 지원하였고 최종 유상판매계약까지 성사시켰다. G2G Know-How의 파트너십 관리자인 Melany Tedja에 따르면 "G2G Know-How는 계약당사자가 아닌 코디네이터 역할에 집중하고 있으나, 파푸아 뉴기니 정부의 강력한 요청에 의해 G2G Know-How가 직접 계약에 참여한 사례"라고 설명하였다. 직접 계약이 가능했던 이유로 G2G Know-How는 New Zealand Export Credit에 제공하는 무역보험(Trade credit insurance)을 활용하여 계약당사자 역할을 수행하였기 때문이라고 밝혔다.292) 2014년 설립 이후 G2G Know-How의 지원 실적을 살펴보면 2020년 11월 기준 총 89건의 계약 체결을 지원한 것으로 파악되며 전체 계약액은 약 50.9백만불(NZD) 규모로 추산된다.293)

---

291) NZTE 홈페이지.
292) NZECO Case study(2019), p.1 참조. G2G Know-How는 본국에 산업·지역전문가로 구성된 9명으로 구성된 팀을 운영하고 있으며 프로젝트의 진행 상황에 따라 일부 전담 직원은 베트남, 아랍에미리트 등 해외지사에 주재하고 있다.

3. 스페인의 G2G Contracto

스페인은 비교적 최근인 2012년부터 정부간 거래 방식의 수출 지원체계를 마련하기 시작하였다. 2008년 이후 시작된 정부 재정의 악화와 이로 인한 국방비 감소 여파를 타개하고, 주요 수입국의 G2G 수출계약에 대한 지속적인 요구에 따라 제도개선을 하였다는 점에서 유시하다.[294]

스페인의 G2G 거래 제도는 아직 제도 도입 초창기에 있어 그 구체적인 내용이나 실적 파악은 시기상조이나 (1) 정부가 직접 계약의 주체가 되어 수출사업을 주관하며, (2) 외교·국방 측면 보다는 산업계로부터의 요구를 반영하여 방위·보안산업의 해외시장 개척 수단으로서의 제도로 발전할 것으로 예상한다.[295]

---

293) NZTE, Briefing for the Incoming Minister, p.16 참조.
294) 안영수 (2014), 141면. 생각건데 2010년경부터 중남미 국가(페루, 콜럼비아 등)들이 기존의 PPP 방식에 의한 정부조달을 대신하여 정부간 방식 조달거래를 요청한 것으로 보이며, 그 수출국가로 우리나라와 스페인 등이 정부간 거래를 검토하여 제도화 한 것으로 추측된다.
295) 안영수 (2014), 141면. 스페인 정부간 거래제도에서는 계약 내용에 대한 정부의 직접 책임 때문에 대금 연체, 납기 지연 등 사업 진행과정에 대한 모니터링이 중요한 이슈로 부각될 것으로 예상된다.

04
소결 : 국가별 정부간 거래 비교

미국, 캐나다, 영국, 뉴질랜드는 구매국의 조달거래에 대하여 대응하여 G2G 거래를 통상에 적극 활용하고 있는 것으로 조사되고 있다. 미국의 경우 "방산물자 수출"을 대상으로 국방부 산하 전담기관인 DSCA를 두어 FMS 제도를 운용하는 반면 캐나다는 직접 당사자가 되어 G2G 계약에 특화된 전담기관인 CCC를 활용하고 있는 반면, 영국은 대외협상 창구역할을 하는 정부부처를 내세우고 방산물자 뿐만 아니라 인프라 수출로의 확대를 추진하고 있다. 뉴질랜드는 해외 네트워크를 활용하여 주로 공공서비스 노하우 판매에 중점을 두지만 정부간 직접 수출계약 당사자가 되기 보다는 중개 역할을 하고 있다.[296) 각 국가별 특성은 다르지만, 정부가 자국기업의 수출 수요에 부응하여 구매국 조달시장에의 효과적 접근(진출)방법으로 수출국 정부의 적극적인 거래 참여가 요구되는 경우 그에 맞는 G2G 거래 제도를 통해 수출을 지원하고 있다는 공통적이다. 아래는 캐나다, 영국, 뉴질랜드의 제도를 비교한 표이다.

---

296) 뉴질랜드는 굳이 방산물자를 정부간 거래 제도에서 제외하였다고 보기 보다는 방산물자산업이 발전한 국가가 아니며, 국가 산업의 크기 및 지정학적 위치 등을 감안하면 자연스러운 정책선택의 문제로 보인다. 따라서 굳이 정부간 거래 대상에 방산물자를 제외한 점을 우리나라 입장에서 그대로 받아드릴 근거는 미약한 것으로 본다.

< 표3 > 정부간 거래를 통상에 활용하는 해외사례 비교표[297]

구분	캐나다	영국	뉴질랜드
담당 기관	외교통상개발부 산하 캐나다 상업공사(CCC)	국제통상부(DIT)	외교통상부·무역산업진흥청 산하 G2G KNOW-HOW
기관 로고	CCC Canadian Commercial Corporation Corporation Commerciale Canadienne	Department for International Trade	NEW ZEALAND TRADE & ENTERPRISE Te Taurapa Tūhone / NEW ZEALAND G2G KNOW HOW
역할	계약당사자·이행 및 보증책임 부담	영국기업과 구매국간 정부간 중개 역할	정부간 공공서비스 수출
주요 분야	방산물자, 인프라, 에너지, 의료시설 등	방산, 인프라 등	방산 분야 외 공공정책, 환경 식량 등 공공분야
특징	캐나다기업을 대신하여 구매국정부와 계약체결	구매국정부와 협약을 체결	해외 네트워크를 활용하여 프로젝트 발굴 및 계약체결
협업 수출 신용 기관	Export Development Canada	UK Export Finance	NZECO(New Zealand Export Credit Office)

출처 : 각 기관 홈페이지 및 KOTRA 종합 작성

상기 3개국의 정부간 거래 제도를 조금 더 분설해 보면, 기관형태, 분야, 기관의 계약상 역할 등에서 차이가 있으며, 특정한 국가의 모델만이 정부간 거래에 적합한 조직형태나 제도라고 단정적인 결론을 내리기는 어렵다는 것을 알 수 있다.

공기업 형태의 조직을 만든 캐나다와 달리 영국은 정부 부처의 형태이고 뉴질랜드는 부처와 민간 전문가 그룹을 결합한 하이브리드 형이다. 계약상 당사자 지위도 CCC는 적극적인 주계약자로 활동하지만, 영국은 중개자 역할을 하는 것에 그치지만 대외적으로는 One Team 등 유연한 아이덴티티를 보여주며, 뉴질랜드는 당사자가 되지 않고 비방산물자를 중심으로 프로젝트 팀 역할을 하는 면에서는 영국과 유사하지만, 구매국이 원하는 경우 계약 당사자가 되기도 한다. 그리고 이러한 각종 국가별 차이와 특징은 사실 그 국가가 추진하고자 하는 정부간 거래 대상 사업의 특성과, 추진 주체의 태도,

---

[297] 장현찬 (2021), 12면.

그리고 구매국 정부의 수요 등 다양한 요인에 부합하기 위해 선택된 것이며, 또 그 제도 형태가 향후 변경가능성도 있다.

  우리나라의 경우 정부간 거래 전담조직으로 코트라 내에 Kodits를 설치하였으며, G2G 계약에서의 역할은 소극적이다. CCC가 주계약자로 구매국과 2자간 계약(prime contract)을 체결하는 것과 달리 Kodits는 계약 관리에 치중하고 수출기업이 계약 이행을 하도록 하고 3자간 계약을 주로 하고 있다. 한편, G2G 거래에 대한 금융지원도 캐나다의 경우 EDC라는 수출신용기관의 적극적인 금융서비스를 활용하고 있으나 우리나라의 경우엔 아직 무역보험공사 내지 수출입은행, 산업은행 등 정책금융기관의 금융 보증이나 금융지원 및 일반 상업은행의 참여 등이 아직 제도로서 성숙되거나 활성화되지 않은 현실이다.[298]

---

[298] 계약에서 Kodits가 계약 당사자로서 역할과 체결과 관련하여 어떤 계약을 체결하는지 및 거래에 대한 보장 장치로서의 금융 지원 등에 대하여는 별도의 장에서 후술한다.

PART 4

우리나라의 정부간 거래

01 개설

1. 정부간 수출계약 도입 배경

정부간 거래는 방산물자 및 공공 인프라 분야에서 외국정부(조달국, 구매국)가 조달조건으로 G2G 거래 방식으로 계약을 체결하거나 한국 정부의 역할을 요구하고 이에 대하여 정부 차원의 대응과정을 통해 정부 주도로 G2G 계약 도입되게 되었다.

우리 정부는 방산물자와 공공 인프라 수출 관련 다른 나라와의 수주경쟁 경험을 통해 G2G 거래의 활용이 필요하게 된 점을 파악하게 되었다. G2G 거래에 대하여는 기존의 정부부처·기관별 분산된 방산물자 수출지원 방식으로는 다변화된 해외 방산시장 내지 공공 인프라 시장의 수요에 효과적으로 대응하기가 어렵다는 교훈을 얻었다. 이에 2009년 10월 산업통상자원부, 국방부, 방위사업청 등 방산수출 관련부처와 무역보험공사가 참여하여 대한무역투자진흥공사(이하 KOTRA) 내에 방산물자교역지원센터(Kodits)를 출범하였다. KOTRA는 전세계 거의 모든 나라에 사무소를 운영하는 글로벌 네트워크를 보유하고 있어 동 조직 내에 방산수출지원 범정부기구를 구성함으로서 single window 내지 one team 스타일의 정부간 거래 전담조직을 구상한 것이다. 한편, 2018년에는 일반물자 정부간 거래를 담당하던 기존 KOTRA의 일반물자교역지원단이 GtoG 교역지원센터로 출범하였다.[299]

---

299) 장현찬 (2021), 4면.

따라서 현재는 정부간 거래로 구매국 정부와 거래를 진행하는 경우 방산물자와 비방산물자 모두 KOTRA를 창구로 정부간 거래를 진행할 수 있으며, 이는 결과적으로 캐나다의 CCC제도와 조직구조상 유사한 형태를 취하게 되었다.

2. 우리나라의 정부간 수출계약 체결현황

KOTRA 내 방산물자교역센터 및 GtoG 교역지원센터는 2009년 설립 이후 총 12.94억불, 24건의 정부간 수출계약을 체결하였다. 품목별로는 방산물자의 경우 총 10.59억불, 18건의 정부간 수출계약을 체결하였으며 일반물자의 경우 총 2.35억불, 6건의 GtoG 계약(MOU 포함)을 체결하였다. 지역별로는 중남미(12건)가 가장 많았고, 아시아(9건), 유럽(3건) 순서로 상대적으로 선진국보다 중후발국 위주로 정부간 수출계약을 체결했음을 알 수 있다. 300)

<그림1> 정부간 수출계약 체결 추이

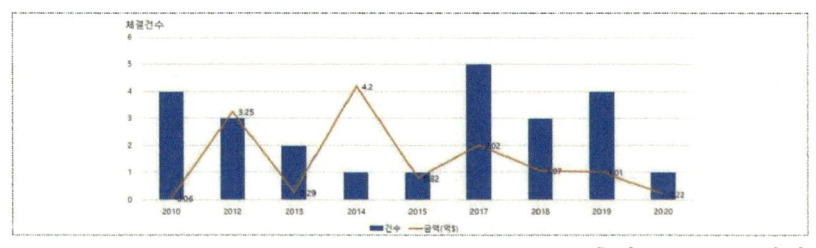

출처 : KOTRA 작성

---

300) 장현찬 (2021), 4면. KOTRA 방산물자・GtoG 교역지원센터 자체자료(정부간 수출계약 체결현황)에 근거함.

3. 우리나라 정부간 수출계약

우리나라의 G2G 방식 수출에 대한 본격적인 지원제도 마련은 10년경 구매국 들의 요청에 신속히 대응하는 과정에서 이루어 졌으며, 비교적 짧은 기간에 방산물자 및 비방산물자를 포괄하는 중요한 거래에 대한 지원체계가 마련되었다. 현재에는 구매국 정부가 정부간 거래를 원하는 경우 우리 정부는 코트라를 통해 정부간 거래를 체결하는 일반적인 사업모델이 제도적으로 확립되었으며, 무역의 기본법이라 할 수 있는 대외무역법 등에도 법적 근거를 되었다.

방산물자·GtoG 교역지원센터는 2010년대 초기에 초등훈련기 획득을 희망하는 남미의 페루국 정부와의 협상안을 마련하여 수차례 협상을 통해 쟁점사항 합의 및 계약을 체결하게 되었다. 동 거래가 잘 이행되어 페루국은 다시 고등훈련기인 FA-50 12대를 4.2억불에 조달하는 G2G 거래로 연결되었고, 우리나라의 방산물자 수출에 있어서 G2G 수출계약에 대한 제도 마련 및 법제화의 기초가 된 사례들로 기록되었다.

2017년 3월에는 우리나라 최초 중고 K-9 자주포 수출 계약(F국), 군용차 등 및 모의 비행장치(시뮬레이터)의 수출 계약(P국)이 있었으며, '18.3월에는 북유럽 E국에서도 중고 K-9 자주포 구매의향을 표명하여 유럽에 2년 연속 중고 자주포를 수출계약을 체결하였다. 2020년 3월 중고 자주포를 추가로 6대를 판매하였다.[301]

초기의 방산물자 수출 중심에서 비방산 물자로의 G2G 거래 확대로 이어졌다. 2010년대 초반 캐나다 CCC의 사례 등 연구 및 이를 반영한 제도개선 등을 거쳤고, 보안물자 등 방산물자와 유사한 분야로의 확대 및 인프라나 공공 서비스 등 비방산물자로의 수출로도 확대되었다. 2012년 코트라의 GtoG 교역지원센터는 P국 내무부에 1차 지능형 순찰차 800대를 공급(28백만불) 하는 최초의 일반물자 정부간 수출계약을 체결하였다. 이는 대외무역법

---

301) 장현찬 (2021), 4면.

개정(2014년) 이전 사례로, 정부간 수출계약에 대한 법적 근거 미비로 인해 초기에 어려움을 겪었으나 꾸준한 협상을 이어가면서 계약을 성공적으로 최종 수주할 수 있었다.[302] P국은 1차 계약 이행에 만족하여 2015년 2차 지능형 순찰차 2,108대(82백만불)를 후속으로 G2G 수출 하였다. 2017년에는 아시아 국가 최초로 일반물자 정부간 수출계약인 M국 주정부 스쿨버스 200대 공급 계약 (7.3백만불)을 체결하면서 진출시장을 중남미에서 아시아 시장으로 확대하였다. 2019년에는 국토교통부와의 개방형 협업으로 인프라 분야의 최초 정부간 수출계약인 P국 신공항건설 PMO 프로젝트 계약(약 350억원, 해당 건설사업 규모 : 약 5,588억원)을 성사시킨 바 있다.

---

302) 장현찬 (2021), 5면.

02
G2G 거래의 국내법적 근거

정부간 거래는 수출기업 입장에서는 물품 및 용역 혹은 그 결합의 공급을 통해 이윤을 목적으로 하는 상업적 거래(Commercial transactions)이지만 그 물자 및 용역이 방산물자 혹은 공공인프라로서 구매국 정부가 구매(조달)하기 때문에 판매국 정부에서도 안보협력관계 및 수출지원 등 국가 전략적으로 중요한 거래(Strategically important transactions)는 특징이 있다. 일반적인 국제거래는 당사자간의 합의에 의하여 그 내용이 정해지고 국제거래법도 대부분 당사자 자치의 원칙에 따라 당사자의 합의를 존중하므로, 당사자는 자유롭게 그 거래내용을 정하여 계약할 수 있는 것이다. 그러나 정부간 거래는 일반적인 거래와는 달리 구매국과의 협력 증진과 수출지원이라는 정책적 목적을 수행하기 위해 정부가 직접 계약 당사자로 참여하여 책임을 부담하는 계약이란 점에서 특징적이다.

국가마다 구체적인 정책목적이나 G2G를 지원하게 되는 상황은 다르겠지만, 대부분의 민주주의 국가들은 국가채무행위에 대해 입법부의 통제를 받도록 정해 놓았다. 헌법 및 국가재정법에 따르면 정부는 국가가 부담이 될 계약을 체결하거나 채무를 부담하는 행위를 하게 되는 경우 미리 예산으로 국회의 의결을 받도록 하고 있다. 따라서 G2G 거래가 이런 의회의 통제를 벗어나 국가의 부담이 될 계약을 체결하여서는 아니되고, 채무를 부담하더라도 그것은 예산으로 국회의 의결을 받아야 하는 것이다. 따라서 G2G 계약도 이러한 제약하에 국가의 부담이 되는 계약을 체결하지 않는 한도내에서 이루어지고, 예산의 통제를 받게 되므로, 이를 위반하여 자의적으로 외국정부와 G2G 계약을 체결해서는 아니된다.

* **헌법 제58조** : 국채를 모집하거나 예산외에 국가의 부담이 될 계약을 체결하려 할 때에는 정부는 미리 국회의 의결을 얻어야 한다.
** **국가재정법 제92조(국고보증채무의 부담 및 관리)** ① 국가는 법률에 따른 것과 세출예산금액 또는 계속비의 총액 범위 안의 것 외에 채무를 부담하는 행위를 하는 때에는 미리 예산으로서 국회의 의결을 얻어야 한다.

미국의 방산물자 정부간 계약 제도인 FMS(Foreign Military Sales) 같은 경우는 정부간 계약을 고도로 발전시킨 미국의 고유한 정부간 판매제도로서, 일정 수준 이상의 거래에 대하여는 의회의 동의를 거쳐서 정부간 계약을 체결하고 있다. 한편 약관에 의하여도 정부가 원칙적으로 보증 등 직접책임을 부담하지 않는 것으로 규정하고 있어 우리법과 유사하게 의회와 예산의 통제를 받고 있다. 결국 계약상의 민주주의 국가의 통치방식인 삼권분립의 기본원리를 감안하면 대부분의 현대국가들은 입법부의 동의 없이 정부간 계약으로 인한 리스크를 감당할 수 없는 구조라고 볼 수 있다.

따라서 우리나라에서는 그 내용이나 절차 등에 대하여 법률상 근거를 제공하고 전담조직을 지정하는 등 "당사자 자치" 내지 "순수한 상업거래":로 취급하기 보다는 정부가 적극적으로 개입하여 거래를 수행하는 특징이 있다. 이러한 정부의 적극적 개입 내지 정책적 지원이 수반되므로, 동 거래에 대하여는 국내법적 근거를 마련하고 있다.

1. 개요

국제거래에 있어서 거래 형태나 그 내용은 당사자 자치가 존중되며 거래 당사자들의 합의한 바에 따라 자생적으로 만들어지게 되므로, 특별히 국내 법적 정의가 필요하거나 혹은 그 거래형태를 법률로 규율해야만 하는 것은 아니다. 예를 들어, 국제거래형태(예컨대 국제건설계약)는 민간 사업자들 (시공사, 시행사, 은행 등) 사이에서 건설계약들이 추진하는 경우를 살펴보자.

거래 타당성 등 기초 조사부터 거래가 순차적으로 발전 및 진행될텐데 그 과정에서 당사자간 권리의무를 적절히 조율할 만한 계약 내용이 정해지고, 거래 방식, 거래조건(수출기업의 각종 보증 수준, 불가항력 사태 발생시 당사자의 양해 등), 분쟁발생시 해결방법 등 협상에 의해 정해지며, 그에 대하여는 실정법이 변경을 가하거나 다르게 요구되지는 않는 것이 보통이다.

그런데, G2G 거래에 대하여는 대외무역법 등 실정법에 그 거래의 정의 내지 절차 등이 세부적으로 규정되고 있으며, 그 규정 요건에 부합해야 하는 점에서 일반적인 국제거래와는 다르다. 또한 정부간 거래는 민간 수출기업과 구매국과의 거래에 수출국 정부가 적극적 역할을 하고 거래의 당사자가 되는 거래라는 점에서 당사자 자치를 폭넓게 인정할 여지가 상대적으로 적으며 오히려 정부의 적극적 역할이 무엇인지를 명확히 하고 또 그 거래를 정부가 지원하게 되는 근거가 명확해야 검증되어야 할 필요성이 있다.

정부간 거래에서는 거래 수익 등 경제적 이익을 가지지 않는 판매국 정부가 거래 당사자로 참여하고, 거래에 대한 보장 제공하므로 그 법적 근거가 필요하다. 또한 정부간 거래를 무분별하게 많이 수행하게 되면 전체적으로 정부의 책임질 경우가 많이 발생하거나 혹은 정부 책임 총량의 전체적인 증가의 위험이 있으므로 입법적인 혹은 제도적인 근거를 마련하여 명확히 그 범위나 내용을 설정할 필요가 있게 되는 것이다. 한편, 공정한 기회 부여와 자유무역을 요구하는 국제통상규범(GATT, WTO 규범)의 준수도 필요하므로 이러한 국제규범상의 요건에 부합하는 제도로서 법적 근거가 충부하고 또 그 내용이 정당해야 한다.

2. 우리나라 정부간 거래 지원 근거 법률

정부간 거래에 대한 법적 근거를 마련하고 절차적 통제를 하기 위해서는 우선 정부간 거래 관련 특유의 고려요소를 감안되어야 할 것이다. 이에는 (1) 방산물자 또는 공공 인프라 수출 등 정부의 거래 참여를 정당화할 정도로 고도의 정책적 필요가 존재하여야 하고, (2) GATT, WTO 등 국제규범에서 허용하는 분야에 해당하는 거래이어야 하며, (3) 정부가 전담기관을 통해 재정적 혹은 예산적 부담을 지는 적극적 역할을 하며, (4) 실 수출기업과 그 수출거래는 엄격한 심사요건을 충족하고 공정하고 투명한 절차 준수를 확보할 수 있는 제도적 장치를 마련하는 것 등 다양한 요소를 같이 검토되어야 한다. 이런 고려하에 우리나라 정부는 수출기업의 지원에 있어서는 매우 적극적인 제도적, 재정적 지원을 하고 있으며, 필요한 법적 근거도 상당히 세부적으로 마련하게 되었다.

우리나라는 "정부간 중개"와 "정부간 계약"를 모두 추진할 수 있는 법적 근거가 마련되어 있다. 따라서 정부간 중개를 통해 계약 관련한 보조적 지원 내지 협력 제공 등 낮은 수준의 지원을 할 수도 있고, 전형적인 계약의 당사자가 되어 높은 수준의 지원을 하는 정부간 계약도 가능하다. 한편, 비방산 물자에 대하여는 정부간 중개의 개념이 명시적인 법적 근거가 있는 것은 아니지만 현 제도 내에서도 충분히 가능할 것이다.

이하에서는 이해의 편의를 위해 각 대외무역법, 대한무역투자진흥공사법, 방위사업청 훈령 등 각 법령별로 구분하여 정부간 거래에 대한 법규의 내용을 순차적으로 서술한다.

3. 대외무역법

 대외무역법은 우리나라의 국제거래 관련 기본법으로 무역을 진흥하고 공정한 거래 질서를 확립하여 국제 수지의 균형과 통상의 확대를 도모함으로써 국민 경제를 발전시키는 데 이바지함을 목적으로 하는 대한민국의 법률이다. 대외무역법 제1조의 무역 진흥 및 통상의 확대라는 대외무역법의 목적에 비추어 보면 G2G 수출계약은 동법에 의한 규율의 대상인 것은 자명하다.

> **제1조(목적)** 이 법은 대외 무역을 진흥하고 공정한 거래 질서를 확립하여 국제 수지의 균형과 통상의 확대를 도모함으로써 국민 경제를 발전시키는 데 이바지함을 목적으로 한다.

 한편, 대외무역법은 2014년 개정을 통해 정부간 거래에 대한 다양한 규정을 신설하여 도입하였는바, 그 주된 내용은 수출계약에 관한 '정의' 규정 신설, '정부간 수출계약의 원칙' 규정, '전담기관' 규정, '심의위원회' 설치, '국내 업체의 책임' 등이다.[303]

가. 정부간 수출계약의 정의

 대외무역법 제2조의 4호는 정부간 수출계약의 정의규정을 두고 있다.

> **제2조**
> 1. - 3. [기재 생략]
> 4. "정부간 수출계약"이란 외국 정부의 요청이 있을 경우, 제32조의3제1항에 따른 정부간 수출계약 전담기관이 대통령령으로 정하는 절차에 따라 국내 기업을 대신하여 또는 국내 기업과 함께 <u>계약의 당사자가 되어</u> 외국 정부에 물품등(「방위산업 발전 및 지원에 관한 법률」 제2조제1항 제1호에 따른 방위산업물자등은 제외한다)을 <u>유상(有償)</u>으로 수출하기 위하여 외국 정부와 체결하는 수출계약을 말한다.

---

303) 지성배, 대외무역법 일부개정법률안 검토 보고서, 국회 산업통상자원위원회, 2013.12.10 (이하 지성배, 대외무역법 개정안이라 함).

한편, 제32조의 3은 정부간 거래를 수행하는 전담기관에 대하여 코트라로 지정하고(제32조의 3 제1항) 그 업무범위 및 권한과 책임을 세부적으로 규정(제32조의 3 제2항 및 제3항)하고 있다. 따라서 대외무역법상 정부간 수출계약은 제2조 및 제32조의 3 규정을 함께 보아야 비로소 정확히 파악할 수 있다.

> **제32조의3(정부간 수출계약의 전담기관)**
> ① 제2조제4호의 "정부간 수출계약 전담기관"이란 「대한무역투자진흥공사법」에 따른 대한무역투자진흥공사(이하 "전담기관"이라 한다)를 말한다.
> ② 전담기관은 정부간 수출계약과 관련하여 다음 각 호의 업무를 수행한다.
> 1. 정부간 수출계약에서 당사자 지위 수행
> 2. 외국 정부의 구매요구 사항을 이행할 국내 기업의 추천
> 3. 그 밖에 <u>정부간 수출계약 업무의 수행을 위하여 산업통상자원부장관이 필요하다고 인정하는 업무</u>
> ③ 전담기관의 권한과 책임은 다음 각 호와 같다.
> 1. 전담기관은 정부간 수출계약이 체결된 경우 국내 기업으로 하여금 보증·보험의 제공 등 대통령령으로 정하는 계약 이행 보증 조치를 취하도록 하여야 한다.
> 2. 전담기관은 국내 기업의 계약 이행 상황을 확인하기 위하여 필요한 경우에는 국내 기업에 대하여 관련 자료의 제출을 요구할 수 있다.
> 3. 그 밖에 전담기관의 권한과 책임에 관하여는 대통령령으로 정한다.
> ④ 전담기관의 장은 정부간 수출계약 관련 업무를 수행하기 위하여 필요한 경우에는 관계 행정기관 및 관련 단체에 대하여 공무원 또는 임직원의 파견 근무를 요청할 수 있다. 다만, 공무원의 파견을 요청할 때에는 미리 주무부장관과 협의하여야 한다.
> [본조신설 2014. 1. 21.]

대외무역법상 규정에 따라 "정부간 거래"에 대한 규율을 요약하면 구매국의 요청에 따라 국내 기업을 대신하여 또는 국내 기업과 함께 KOTRA가 계약의 당사자로서 외국 정부와 체결하는 물자나 용역(서비스) 등의 수출 계약으로 정의할 수 있게 된다. 여기서 정부간 거래의 가장 특징적 요소는 계약의 당사자는 수출기업이 아닌 대외무역법상 전담기관인 코트라가 된다는 점에 있다. 이때 KOTRA가 계약 당사자가 되는 방법으로는 국내 기업을 대신하여 계약 당사자가 되거나 (코트라와 구매국간 2자간 계약의 경우)이거나 혹은 국내 기업과 함께 계약의 당사자가 되는 (코트라, 국내기업, 구매국간 3자간 계약의 경우) 경우가 모두 가능하다.

(1) 대외무역법상 "수출"의 개념 및 범위

그런데 정부간 수출 계약은 대외무역법상 "수출"의 개념에도 부합하여야 한다. 대외무역법 제2조 제1호에서 "무역"의 한 형태로 "수출"과 "수입"을 규정하고 있다. 한편, 수출의 대상으로 물품, 대통령령으로 정하는 용역, 전자적 형태의 무체물을 규정하고 있다. 제4호에서 정부간 거래 중 "정부간 수출계약"의 개념을 규정하고 있다. 수출의 형태에 대하여 특별히 세부적인 정의조항이나 설명을 하지 않지만 제1호에서 이미 그 대상을 물품, 용역, 무체물 등으로 정하고 있으므로, 제4호의 정부간 수출계약이란 물품, 용역, 무체물을 대상으로 하는 수출(제2조 제1호상 요건)이면서 그것이 유상수출(제2조 젝4호 요건)이어야 한다.

> **제2조 (정의)** 이 법에서 사용하는 용어의 뜻은 다음과 같다.
> 1. "무역"이란 다음 각 목의 어느 하나에 해당하는 것(이하 "물품등"이라 한다)의 수출과 수입을 말한다.
>   가. 물품
>   나. 대통령령으로 정하는 용역
>   다. 대통령령으로 정하는 전자적 형태의 무체물(無體物)
> 2. - 3 [기재 생략]
> 4. "정부간 수출계약"이란 외국 정부의 요청이 있을 경우, 제32조의3제1항에 따른 정부간 수출계약 전담기관이 대통령령으로 정하는 절차에 따라 국내 기업을 대신하여 또는 국내 기업과 함께 계약의 당사자가 되어 외국 정부에 물품등(「방위산업 발전 및 지원에 관한 법률」 제2조제1항 제1호에 따른 방위산업물자등은 제외한다)을 유상(有償)으로 수출하기 위하여 외국 정부와 체결하는 수출계약을 말한다.

그런데 정부간 수출계약 대상이 물품 수출인 경우 그 판단은 용이할 것이지만, 용역 (제2조 제1호 나호) 혹은 무체물 관련 수출인 경우엔 용역 및 무체물의 범위가 각각 대통령령이 정하는 바에 따라야 할 것이므로 대외무역법 시행령상의 그 요건을 충족해야 한다.

> **대외무역법시행령**
> **제3조(용역의 범위)** 「대외무역법」(이하 "법"이라 한다) 제2조제1호 나목에서 "대통령령으로 정하는 용역"이란 다음 각 호의 어느 하나에 해당하는 용역을 말한다. <개정 2008. 2. 29., 2013. 3. 23.>

> 1. 다음 각 목의 어느 하나에 해당하는 업종의 사업을 영위하는 자가 제공하는 용역
>   가. 경영 상담업
>   나. 법무 관련 서비스업
>   다. 회계 및 세무 관련 서비스업
>   라. 엔지니어링 서비스업
>   마. 디자인
>   바. 컴퓨터시스템 설계 및 자문업
>   사. 「문화산업진흥 기본법」 제2조제1호에 따른 문화산업에 해당하는 업종
>   아. 운수업
>   자. 「관광진흥법」 제3조제1항에 따른 관광사업(이하 "관광사업"이라 한다)에 해당하는 업종
>   차. 그 밖에 지식기반용역 등 수출유망산업으로서 산업통상자원부장관이 정하여 고시하는 업종
> 2. 국내의 법령 또는 대한민국이 당사자인 조약에 따라 보호되는 특허권·실용신안권·디자인권·상표권·저작권·저작인접권·프로그램저작권·반도체집적회로의 배치설계권의 양도(讓渡), 전용실시권(專用實施權)의 설정 또는 통상실시권(通常實施權)의 허락

현행 대외무역법상 수출의 대상이 되는 용역으로 정해진 것 중 정부간 거래와 직접 관련되거나 혹은 부수적으로 관련될 수 있을 것으로 보이는 것으로는 "라. 엔지니어링 서비스업", 바. 컴퓨터시스템 설계 및 자문업" 등이 있다. 한편, "차. 그 밖에 지식기반용역 등 수출유망산업으로서 산업통상자원부장관이 정하여 고시하는 업종"이라는 소위 "바스켓 조항"이 있다. 그런데 비방산 정부간 수출의 예시가 될 수 있는 소위 "공공 인프라 사업"에 관련되는 각종 물자 뿐만 아니라 서비스 내지 용역이 포함되는 경우 이러한 대외무역법상 규정들로 모두 커버할 수 있을지 의문이 발생할 수 있다. 그런데 이러한 모호성은 아래서 언급하는 혼합된 경우 주된 대상이 물품수출이거나 혹은 대외무역법상 용역인 경우에는 많은 부분 해결될 것이고, 기타의 경우에는 정부간 거래의 대상이 되는지를 일반적인 해석론에 따라 판단해야 할 것이다.

(2) 혼합수출의 경우: 물품과 서비스의 수출

국제거래에 있어서 어떤 수출이 물품 수출인지 혹은 용역 수출인지를 판단하는 것은 경제적 가치, 당사자의 의사, 기술적 중요성 등 다양한 기준으로 판단할 수 있겠으나, 일반적으로는 계량적이고 객관적인 "경제적 가치"라는 그 주된 거래를 기준으로 판단하는 것이 일반적이다. 그 주된 부분에 대하여는 일반적으로 경제적 가치를 중심으로 판단하는 것이 국제계약법상 일반적인 해석이다. 예를 들어 개도국에 공공상수도시스템을 정부간 계약으로 수출하고자 한다면, 원가측면에서 설비의 경제적 가치가 50%를 초과한다면 비록 서비스나 용역, 혹은 기술대가 등이 포함되어 있다 하더라도 주된 부분인 물품의 수출로 보는 것이 타당하다. 이러한 입장에 대한 명문의 근거는 90개국 이상의 주요 무역국가들이 가입한 CISG에 존재한다. 협약은 제목에서 알 수 있듯이 국제물품매매(sale of goods)에 적용되므로, 물품과 서비스가 혼합되어 제공·공급되는 경우에 대하여 CISG가 적용되는지 명확히 할 필요가 있었다. 따라서 동 협약 제3조는 물품과 서비스가 혼합되어 이루어지는 거래의 경우를 아래와 같이 규정하고 있다.

유엔국제물품매매계약법(CISG) 제3조
(1) (기재 생략)
(2) 이 협약은 물품을 공급하는 당사자의 의무의 주된 부분이 노무 그 밖의 서비스의 공급에 있는 계약에는 적용되지 아니한다. (This Convention does not apply to contracts in which the preponderant part of the obligations of the party who furnishes the goods consists in the supply of labour or other services.)

상기규정은 당사자의 의무의 주된 부분(preponderant part)이 서비스에 치중되는 경우에는 협약이 적용되지 않음을 규정하므로, 결국 당사자의 의무의 주된 부분이 물품 수출인 경우에는 협약이 법으로 적용되는 것이다. 여기서 주된 부분의 판단은 경제적 가치와 질적 가치를 기준으로 판단할 수 있으며, 구체적인 사정을 모두 고려하되 "주로 경제적 가치"를 주된 기준으로 판단하는 것이 일반적이다. 이 문제는 CISG에 관한 저명한 학자들의 모임인 CISG Advisory Council이 전문가 의견을 발표한 바 있고 이는 적절한 참고가 될 수 있다.304)

> CISG-Advisory Council Opinion 4. 물품 제조 또는 생산계약과 혼합계약(협약 제3조)
> 1. - 6. [기재 생략]
> 7. 협약 제3조 제2항은 혼합계약을 다루는데, 물품과 서비스에 대한 의무가 하나의 혼합계약 혹은 다수의 계약에 의해 체결되는지는 계약의 해석 문제이다.
> 8. (위 7.의) 당사자의 약정을 해석함에 있어, 관련요소는 계약의 명칭과 전체 내용, 가격의 구조, 계약상 의무에 대한 당사자의 우선순위이다.
> 9. 제3조 제2항에서 "주된 부분preponderant part"의 해석에 있어, 기본적으로 "경제적 가치economic value" 기준이 적용된다. "필수적essential" 기준은 오직 "경제적 가치" 기준이 사안의 상황을 고려해 볼 때 불가능하거나 혹은 부적절한 경우에 한하여 고려되어야 한다.
> 10. "주된Preponderant"이란 고정된 가치의 비율(예컨대 50% 이상 혹은 60% 이상)이 아니고 전체적인 평가에 기반을 두어 결정되어야 한다.

정부간 거래는 일반적으로 큰 금액의 거래이고 물품과 용역, 지적 재산권 등이 복합적으로 제공되는 것이 오히려 일반적이다. 국제거래에 적용되는 UN 협약(CISG)의 해석에 따르면, 수출 대상의 일부에 용역이 포함되어 있더라도 전체적으로 볼 때에 주 거래 대상이 물자(물품)의 공급부분이 전체 거래의 주된 부분(preponderant part)을 이룬 경우에는 물품 수출로 볼 수 있다. 그렇지 않고 서비스수출이 주된 거래의 부분이 된다면, 용역수출이 되며, 이 경우 대외무역법상 수출로 볼 수 있는지 판단해야 할 것이다.

나. 정부간 거래 전담기관

우리나라는 G2G 계약의 전담기관을 지정하고 동 기관이 정부간 계약의 당사자 되어 계약을 체결하도록 규정하고 있어 G2G 계약의 체결 기관은 그 전담기관이 된다. 즉, 대외무역법은 제2조 제4호는 "정부간 수출계약"이란…

---

304) CISG-AC Opinion No. 4, Contracts for the Sale of Goods to Be Manufactured or Produced and Mixed Contracts(Article 3 CISG), 24 October 2004.

정부간수출계약 전담기관인 대한무역투자진흥공사가 …. 국내기업을 대신하여 또는 국내기업과 함께 계약의 당사자가 되어 외국정부와 체결하는 계약"한다고 규정함한다. 전담기관은 국내기업을 대신하여 계약을 체결하는 방식 혹은 국내기업과 함께 계약을 체결하는 방식 중 선택할 수 있으나, 결국 외국정부와 계약을 체결하는 주체는 전담기관이며, 여기에 수출기업이 참여할 수도 있고 아니면 참여하지 않고 하청계약 방식으로 체결되는 차이만 있을 뿐이다.

(1) G2G 수출계약 체결 주체 설정

정부간 수출계약의 체결 주체를 "정부"라 표현하지 않고 "전담기관"이라 한 배경은 다음과 같이 설명이 가능하다. 우선, 일반적으로 정부간 수출계약을 체결하는 두 가지 방식을 상정해 볼 수 있다. 첫째, 계약건별로 그 계약관 관련된 우리 정부의 부처가 구매국 정부와 직접 계약을 체결하는 방법이 있을 수 있다. 예를 들어 동남아시아국에 병원 인프라를 건설하는 프로젝트라면 우리나라 병원 수출관련 부처나 그 사업을 직접 하는 공기업 등이 직접 계약 당사자로 체결할 수 있다. 더욱 큰 문제는 병원 인프라의 경우 병원 설비, ICT, 건설, 인프라 등이 혼재된 사업인데 관련 부처가 다수 관련될 수 있다. 이 경우 업무의 전문성, 관련성, 과거의 지원 경험을 반영하는 면에서는 분명 긍정적인 면이 있을 것이다. 그런데 이 경우 그 정부부처의 중심업무는 "국내(domestic) 병원 인프라 관련 업무이며, 해외 구매국과의 국제거래는 주된 업무가 아니며 또한 낯설은 업무이다. 다수의 기관이 관련되면 기관간 입장 불일치로 사업 추진에 어려움도 있을 수 있고, 관련 부처에서 개별적으로 외국 정부와 협상 및 G2G 국제계약 체결을 하게 되면 혼선이 발생할 가능성이 크다. 특히 업무의 우선순위, 경험 부족, 기타 국제적이고 장기적인 계약 이행에는 어려울 수 있는 단점도 존재한다. 한편 구매국의 요청에 대응하는 각 부처마다 다른 태도를 취하는 경우 G2G 거래의 예측가능성이 확보되기 어려울 것이다.

둘째 방법은 법정 전담기관을 지정하고 그 기관이 그 산업이나 업무 분야에 관계 없이 총괄적으로 G2G 계약체결 업무를 수행하도록 하는 것이다. 소위 정부간 수출계약 업무를 집중, 전담시키는 방법이다. 이 경우에는 위 병원수출 산업이나 업무는 비록 관련부처가 여럿 존재하더라도 대외무역법이 지정한 전담기관이 계약을 체결하는 것이다. 그 업무와의 관련성은 적지만, 정부간 수출계약 업무를 집중적으로 하여, 계약 체결, 수행, 관리가 집중될 것이다. 한편, 전술한 바와 같이 GATT 등 국제통상규범상 G2G는 예외로 취급되지만, 그 여부와 관련하여 통상분쟁 발생의 소지도 있는 문제이므로, 이에 대한 대응을 위해서도 전담기관이 필요한 현실적 필요도 있다. 한편, 우리나라의 경우 산업에 대하여 여러 부처가 존재하지만 무역, 투자 등 해외수출 관련하여서는 KOTRA등 무역지원기관을 창구로 하여 집중지원하는 체계를 유지하고 있으므로 G2G 거래도 이에 부응하여 KOTRA의 해외무역관을 활용하는 측면에서도 KOTRA를 전담기관으로 한 이유가 설명될 수 있다.

다음 단계로 국제통상관련 정부 부처(산업통상자원부)가 직접 계약체결을 할 수도 있고, 공기업 등 전담기관을 두어 그 전담기관이 수행하도록 하는 방법도 선택할 수 있다. 두 가지 방법은 각 장단점이 있을 수 있으나 특히 그 계약의 반복성, 상업성, 담당자들의 특성 면에서 차이가 있을 수 있다. 첫 번째 방법에서는 우리나라 정부, 정확히는 정부부처가 계약 체결을 하는 것일 것이다.

예를 들어 설명하면 우리나라 정부 (예컨대 2022년 현재 현행 정부조직법상 "산업통상자원부")가 구매국의 정부(구매국 정부, 혹은 공기업 등)와 상수도시스템 건설과 관리사업을 정부간 계약으로 체결하는 경우를 상정할 수 있다. 이 경우 한국 정부와 태국 정부가 계약했다는 사실은 명확하며, 심지어 국제거래에 전혀 관심이나 사적 이해관계가 없는 일반인들에게도 G2G 계약으로 명확히 인식될 것이다. 이 방식을 주로 채택한 국가는 미국이며, 방산물자 매매(foreign military sales)에서 미국 국방부(산하부서인 DSCA)와 구매국 정부간 G2G 계약의 방식이다(후술).

두 번째 방법으로는 캐나다나 우리나라의 경우처럼 정부간 계약 전담기관을 두어 구매국 정부와 계약을 체결하는 것이다. 우리나라는 비방산물자 수출인 경우에는 "대외무역법"에 그리고 방산물자의 경우엔 "대한무역투자진흥공사법"에 각각 KOTRA를 정부간 계약 전담기관으로 지정하고 있어 전담기관 방식을 채택했다.

(2) 외국의 전담기관 사례

우리나라 정부간 거래 제도는 미국의 정부간 거래 제도보다는 캐나다의 정부간 거래제도가 우리나라의 상황에 부합한다고 보아 참고하였는 바, 동국은 캐나다상업공사(Canadian Commercial Corporation, 이하 CCC)이 정부간 거래 전담기관으로 역할을 수행한다. 정부간 거래, 특히 방산물자의 정부간 거래제도를 선도한 국가로 가장 많이 알려진 나라는 미국이다. 미국은 국방부(DoD) 산하 정부 부처인 국방안보협력국(Defense Security Cooperation Agency, 이하 DSCA라 칭함)이 정부간 거래를 직접 담당한다. 미국 방산물자 정부간 거래의 특징은 거래규모나 조직구조가 크며, 국제거래 내지 상업적인 측면보다는 큰 틀에서 안보협력(security cooperation) 업무와 연계하여 제도를 운영한다. 그만큼 규모가 크고 절차도 복잡하다. 특히 구매국과의 관계에서는 매우 우월한 지위에 있어 국방부가 주도하고, 계약방식도 미국의 국익에 부합하는 일방적인 조건을 강요할 수 있으므로 주로 수출기업의 상업적 수출을 정부가 지원코자 하는 우리나라와는 사정이 달랐다.

캐나다의 경우엔 경제규모나 정부간 거래 규모도 우리나라와 유사하며, 특히 구매국과의 관계에서 자국의 제도보다는 구매국의 요청을 적극 반영하는 정부간 거래제도 운영한다. 다시 말해 미국처럼 우월적 지위에서 정부간 계약을 일방적으로 체결할 수 있는 입장이 아닌 점에서 우리와 비슷했다. 또한 방산물자 뿐만 아니라 비방산물자에 대한 정부간 계약을 추진하고 있으며, 캐나다 수출 진흥 및 보험기관인 EDC (Export Development Corporation)와도 금융 업무를 협력하고 있었다. 비교적 정부간 계약 시장에서 새로운 참가자인 우리나라의 수출기업들은 구매국의 규모가 큰 정부간 계약 대상

조달사업에 타국 수출기업들과 치열한 수주 경쟁을 하여야 한다. 정부간 계약의 경우에도 구매국에게 매력적인 거래조건을 제시하기 위해서는 경쟁력 있는 금융-정책금융 혹은 상업금융을 제공해야 할 것인데, 미국의 경우엔 참고할 만한 사례가 적었으나 캐나다는 EDC와 이미 연계하여 제공하고 있었다. 따라서 수출신용기관인 EDC와 유사한 우리나라의 무역보험공사나 수출입은행과 연계하여 금융을 제공하는 것이 여러모로 정부간 계약제도 형성에 적합해 보였다. 따라서 자연스럽게 캐나다 제도를 참고하게 되었고 전담기관을 통한 정부간 계약제도를 도입하게 된 것이다.

(3) 우리나라의 전담기관 지정

캐나다의 정부간 계약전담기관인 캐나다상업공사는 캐나다 '외교통상개발부'(Department of Foreign Affairs, Trade and Development) 산하의 100퍼센트 정부출자 공기업이며, 우리나라의 KOTRA는 산업통상자원부 소속이므로 주로 통상무역 업무를 관장하는 정부 부처의 산하 공공기관인 점에서 매우 유사하다.[305] 이러한 유사성으로 인해 우리나라 정부간 거래 제도 도입시 캐나다의 CCC 조직 및 계약방식으로서의 Prime Contract Service를 참조한 바 있다.

우리나라 캐나다가 전담기관을 지정하여 정부간 계약을 체결하는 이유를 좀 더 설명하자면 다음 내용을 더 고려해 볼 수 있을 것이다. 첫째, 정부간 계약의 상업적 거래라는 특성에 기인하는 이유인 바, 정부간 거래는 일회성에 그칠 것도 아니고 한국 정부와 여러 국가간 다양한 물자의 상업적 거래(commercial transactions)로 진행될 것이 예정된다. 한편, 그러한 계약의 체결뿐만 아니라 판매국 정부는 계약 당사자로서 계약의 이행(performance of G2G contract), 계약 관리, 보증·보험 등 계약 이행 보증조치 등 관련한 지속적이고 반복적인 업무를 수행해야 할 것 또한 예상된다. 이런 경우라면

---

305) 구매국 정부와 전담기간인 KOTRA가 체결하는 것이 과연 정부간 계약인가에 대하여 의문이 있을 수 있으나, 기관이 법정되어 있고 그 법에서 그 기관의 역할과 책임범위 등 정부간 계약에서 요구될 정부책임의 내용을 명확히 하고 있다면 정부간 계약이 달성코자 하는 판매국 정부의 책임과 관리를 도모하는 점에서는 충분히 충족하므로 큰 문제가 되지 않을 것이다.

특정 정부 부서에서 하기 보다는 국제무역과 관련한 공공기관이 더 적절할 것이다. 공기업 내지 준정부기관 등이 정부부처 보다는 상업적 업무를 직접 수행하고 관리하도록 하고, 정부 부처는 제도기획과 관리통제 하는 것이 더욱 적절할 것이다.

둘째, 정부간 수출계약 제도의 수혜자인 수출기업 입장에서도 전담기관이 더 효과적이고 친숙하다. 우리나라의 경우 정부조직은 수출 등 무역지원 정책과 제도를 만들고 예산지원 등 간접적 지원을 하고,306) 실제 무역지원업무는 다수의 무역지원기관을 설립하여 분야별로 무역 업무를 직접 지원하는 체계를 갖추고 있다. 즉, 무역마케팅과 시장개척지원에 대한무역투자진흥공사, 무역거래관련 신용위험 담보에 한국무역보험공사, 무역 및 투자관련 정책금융 제공에 한국수출입은행, 산업지원을 위해 한국산업은행, 중소기업 수출지원시 중소기업진흥공단 등 다수의 공공기관이 무역지원업무를 하고 있다. 이외에도 정부기관은 아니지만 무역협회 및 상공회의소도 무역지원 업무를 조직의 중요한 업무로 하고 있다. 이런 선례를 따라 지속이고 반복적인 데다가 무엇보다도 상업적(commercial)인 측면이 강한 정부간 수출계약은 KOTRA를 전담기관으로 지정하고 운영시키는 것이다.

KOTRA가 전담기관으로 지정된 배경으로는 조직의 해외 거점이 많고 현 무역지원 기관 중 업무 성격이 정부간 거래에 가장 적절한 것으로 설명될 수 있다. 정부간 거래는 구매국과 긴밀한 의사소통을 하면서도 상업적인 거래에 친숙한 현지에서의 조직 구성원들이 있어야 하는데, KOTRA가 이미 우리나라와 외교경제관계를 맺고 있는 대부분의 국가에 현지 무역관을 설치하고 있으므로 이를 활용하기 위해서도 G2G 전담기구로 적절하였다고 본다. 정부간 수출계약을 진행하기 위한 사전적 정보 입수 및 거래 협의, 계약 체결, 향후 모니터링 등 G2G 제반 업무는 현지 거점이나 local contact point를

---

306) 특정 정부부처에 신청, 심사를 득하고, 그 정부부처가 계약을 체결하도록 요청하는 것은 여러모로 우리나라 행정부의 전형적인 업무방식에 부합하지 않다. 오히려 공기업이나 전담 공공기관을 설치하는 것이 타당할 것이다. 이러한 사례는 매우 많은 바, 예컨대 수출관련 정책금융을 제공하기 위해 수출입은행을 두거나 무역 진흥과 국내외 기업간의 투자 등 지원을 위해 설립된 KOTRA를 두는 그 업무를 전담기킨 것이 그 예에 해당할 것이다.

통해 운영할 필요가 큰데, 해외조직의 숫자나 거점이 가장 많은 KOTRA 현지 무역관이 있는 점은 매우 중요한 기반이 된다. 이런 배경 하에 우리나라 정부는 비방산물자는 대외무역법이 규정하되 전담기구를 KOTRA로 지정하고, 방산물자는 직접 대한무역투자진흥공사법에서 KOTRA의 업무로 지정하여 이러한 지원체계를 수립하였다.307)

전담기관 및 계약체결 주체를 우리나라 중앙행정기관 내지 정부부처가 아닌 공법인인 KOTRA로 한 것은 정부간 계약이라는 정의 개념이나 더욱 중요하게는 정부가 책임을 부담할 것인지를 애매하게 한다는 우려가 있을 수 있다. 그러나 정부가 G2G 업무를 근거 없이 위탁한 것도 아니고 대외무역법, 방위사업법, 대한무역투자진흥공사법 등에 그 집행을 위한 전담기관으로 KOTRA를 지정하여 충분한 법적 근거를 두었고, 또한 그 법에서 업무범위와 책임에 대하여 비교적 세부적으로 규정하였으므로 전담기관으로서의 KOTRA가 정부에 해당하는지에 대한 오해 우려는 근거가 적다. 캐나다의 경우에도 공기업인 CCC를 전담기관으로 하고 있다. 또한 무역지원을 위한 공적 수출신용제공은 한국무역보험공사가 하고, 수출금융 제공은 한국수출입은행이 각 담당하고 있고 대외적으로 이들 기관이 한국 정부가 그 업무 수행을 위해 공기업 내지 공공기관으로 지정하여 수행하도록 한 것은 잘 알려져 있고 이에 대한 외국측의 오해나 문제 제기는 들은 바가 없다. 한편, 앞서 검토한 바와 같이 WTO GPA (정부조달협정)에서도 정부의 범위에 공기업이나 지방자치단체를 포함하고 있으므로, 전담기관인 KOTRA가 정부의 정책수행을 위한 업무로서 G2G계약을 수행하는 것에 대한 문제 제기는 근거가 미약하다.

---

307) 또한, 대외무역법상 제도화되기 이전인 2012년에도 이미 KOTRA에 방산물자교역지원센터가 존재하였고 이 곳에서 정부간 거래 업무에 대한 전반적인 제도조사, 실제 사업 진행, 구매국 정부와의 연락 및 협상 등을 수행하고 있었기 때문에 KOTRA를 전담기관으로 정하여 대외무역법에 반영하는 것이 자연스러운 선택이었다고 본다. 필자의 경우도 무역보험공사 직원으로서 2011년부터 2년간 방산물자교역지원센터에 파견되어 방산수출과 수출금융에 대한 지원 업무를 수행한 바 있다. 이때 센터에서는 실제로 페루국 등과 정부간 계약 협상을 진행중에 있었으며 동 업무의 지속적이고 대폭적인 증가가 예상되어 제도마련 및 법적 근거마련 등을 위해 캐나다와 미국 등 주요 정부간 거래 선진국의 제도를 파악하였다. 이러한 과정을 거친 후 법제화가 추진되었고 그 결과 2014년 1월 21일 대외무역법 개정을 통해 정부간 거래가 편입되었다.

다. 기타 내용

(1) 구매국 정부의 범위

위 전담기관에 대한 설명은 주로 수출국 정부(우리나라의 경우)의 범위와 역할에 대한 문제인 반면, 지금부터는 정부간 수출계약의 상대방인 상대방 정부의 범위에 대한 문제이다. 개설하자면, 정부간 계약에서 "정부"의 범위는 정부, 중앙행정기관, 지방행정기관, 지방자치단체, 공기업 등을 포괄하는 개념으로 봄이 타당하다. 다만 이는 대외무역법이나 대한무역투자진흥공사법상 정부간 수출계약에서 구매국 정부의 개념을 구체적으로 정의(definition)한 바는 없으므로 해석에 의하여 파악되는 문제이다.

국제거래에서 정부 계약 혹은 정부 조달의 개념에는 매우 탄력적으로 보는 경향이 있으며 정부의 개념에는 공기업도 포함하는 것이 일반적이다. 이러한 경향은 특히 국제규범을 살펴보면 쉽게 알 수 있는 바, 앞서 살핀 WTO GPA(정부조달협정)와 같은 국제규범에는 정부는 정부, 중앙행정기관, 지방행정기관, 지방자치단체, 공기업 등을 모두 포괄하여 인정하고 있다. 따라서 정부간 계약에서도 굳이 정부의 개념을 좁게 해석할 이유는 없으며, 구매국의 정부도 공기업을 포괄하여 넓게 파악하고 판매국의 정부도 넓게 파악할 수 있다. 한편 개별 국가별로 정부가 수행하는 업무의 범위는 다양하고 그만큼 그 수행 조직도 다양할 수 있으므로 상대국의 정부의 개념을 포괄적으로 볼 필요가 있게 된다.

(2) 국내기업과 대신하여 또는 함께

실무적으로 소위 "3자간 계약 (구매국, 수출기업, KOTRA가 계약 당사자인 경우)"으로 할 것인지 혹은 "양자간 계약 (구매국 정부와 KOTRA만이 계약 당사자이고 수출기업은 계약의 당사자에서 제외한 경우)"의 문제이기도 하다. 우리 대외무역법에서는 두 방식 모두 가능하도록 명확히 하였으므로 전담기관은 상황에 적절한 선택을 하면 된다. 두 가지 방식 중 선택은 주로 구매국이 계약관계를 어떤 방식으로 요구하는가에 따라 달라지는 것이 보통이다.

양자간 계약과 3자간 계약은 다음과 같이 개념을 이해할 수 있다.308)

[그림 2. 삼자간 정부간 계약과 양자간 정부간 계약의 비교]

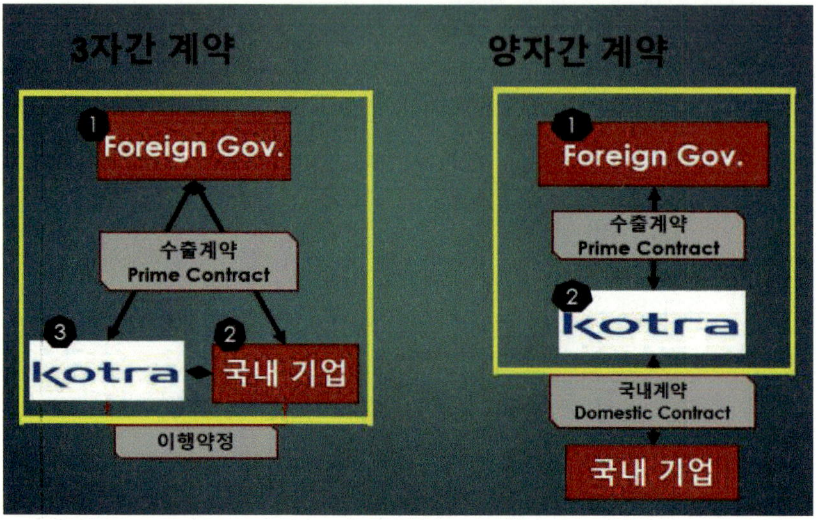

"국내기업과 함께"라 함은 구매국 정부와 수출기업(국내기업)과 공사(위 표에서 KOTRA)로 구성된 3자간 체결하는 수출계약을 말한다. 3자간 계약을 체결하였다면 수입자 앞 수출계약의 실질적인 이행이나 그 관리업무는 국내기업(수출기업)이 수행하는 것으로 보며, 코트라는 단지 그러한 이행을 감독하는 제한적이 기능만을 수행하는 경우에 적합한 것이다.

"국내기업을 대신하여" 계약을 한다 함은 결국 구매국과 코트라가 양자간 계약을 한다는 것이다. 양자간 계약에서는 공사가 구매국 정부와 수출계약(양자간 계약)을 체결하며, 국내기업과는 별도의 국내 계약인 "이행약정(계약)"을 체결하는 바, 이 경우 적어도 G2G 수출계약에서 국내기업은 당사자가 아니다. G2G 수출계약만을 파악해 보면 계약 당사자는 구매국 정부와 KOTRA인 2자만 참여하므로 실무적으로 "양자간 계약 방식"이라 칭한다.

---

308) 조영준, 박근서. (2021). 정부간 계약의 양자간 계약 및 보증방안에 대한 연구, 연구보고서 (법무법인 태평양).

구매국에 대하여는 KOTRA가 수출계약의 수출측 당사자의 역할을 하게 되며, 수출계약상의 각종 의무의 이행과 불이행시 책임을 부담한다. 구매국이 수출기업이 아닌 한국 정부의 적극적인 계약 이행 보장을 계약상 요구하고자 하는 경우에 2자간 계약이 요구될 것이다.[309] 캐나다의 CCC의 정부간 계약의 경우나 미국의 FMS 계약 모두 계약 구조는 양자간 계약구조를 기본으로 하고 있으며, 이에 대하여 친숙한 구매국이 2자간 계약을 요구하는 경우가 점점 더 증가하고 있는 실정이다. 따라서 향후 2자간 계약이 기본적인 거래형태로 자리 잡을 것으로 예상된다.

생각건대 정부간 계약을 양자간 계약으로 할 것인지 혹은 3자간 계약을 할 것인지는 단순히 형식상 혹은 구분상의 문제에 그치는 것은 아니다. 정부간 계약을 하는 구매국 측이 한국 정부에게 요구하는 역할 내지 보장 정도에 차이가 있으며, 전담기관 입장에서 계약이행 및 관리자 역할을 어느 정도까지 해야 할 것인지 문제가 된다. 궁극적으로는 정부간 계약 전담기관으로서 위상이나 역할 범위에 직접적 영향을 주는 문제가 된다.

정부간 거래 제도 초기에는 KOTRA의 상대적인 책임범위가 넓은 2자간 계약 보다는 3자간 계약을 기본으로 추진해 왔다. KOTRA 입장에서는 아직 제도시행 경험이 일천한 상황에서 상대적으로 규모가 큰 G2G 거래에 대하여 보수적이고 신중한 접근이 필요했다. 따라서 G2G 계약상 요구되는 이행과 계약상의 보장 등은 수출기업이 담당하고 계약 체결과 계약 관리 등 소극적 역할만을 하고자 하는 입장이 선호되었다.

구매국도 한국과의 G2G 거래를 성사시키기 위해 이러한 우리나라의 3자간 계약을 용인한 것도 사실일 것이다.[310] 그러나 구매국이 당초 G2G 거래를 하고자 하는 취지가 수출기업의 상황이나 불이행에 영향 없이 한국정부의 보장을 요구하는 것이므로, 책임관계가 명백한 한국 정부와의 직접 계약,

---

[309] 구매국 정부의 (정부 내의 의사결정 혹은 자국법상 규정에 따른) 요청에 따라 양자간 계약을 해야 하는 경우가 있을 수 있다.
[310] 방산물자교역지원센터가 그간 추진해 온 대부분의 정부간 계약은 3자간 계약이었으며, 계약 협상에서도 그러한 거래구조를 상정하여 구매국에 제시하였다 한다.

즉 2자간 계약을 선호한다. 따라서 궁극적으로는 수요자인 구매국의 입장을 반영하고 KOTRA의 수용 능력에 따라 2자간 계약이나 3자간 계약이 모두 활용될 것으로 예상되며, 그것은 구매국과 한국간 계약 협상 및 이해관계의 조정에 의해 결정될 것이다.

구매국의 2자간 계약 요구에 부응하고 계약을 성립시키기 위해서는 KOTRA가 그만큼 계약 전반에 대한 역량 강화에 힘써야 할 것이다. 즉, 단지 G2G 계약 체결에 서명하는 것 자체는 양국간 계약상 의무이 시작일 뿐 프로젝트의 완결이 아니다. 정작 중요한 장기간의 계약 이행 (G2G 거래 대상인 방산물자 수출이나 공공 인프라 수출은 일반 상품 수출대비 장기간의 이행기간을 가지는 특징이 있음)이 시작됨을 의미한다. 거래의 전 과정에서 계약상 이행이나 분쟁에서 책임을 지는 범위나, 필요한 금융의 제공, 계약 이행에 대해 구매국에 보증을 충분히 제공할 수 있는 준비와 역량을 갖춰야 할 것이며, 그러한 이행의무를 감당할 준비나 토대가 있어야만 KOTRA가 구매국앞 직접 책임을 독립적으로 부담하는 양자간 계약을 채택할 수 있는 것이다. 계약 전 과정에 걸친 이행과 보장의 문제는 각 부분에서 후술한다.

(3) 정부간 수출계약의 보증 및 원칙

위와 같이 전담기간인 KOTRA가 G2G 계약에서 요구되는 이행의 보장을 단독책임으로 모두 부담하기에는 KOTRA의 기관 성격 내지 특징상 고려할 문제가 있다. 특히 국제 대형거래에서 일반적인 입찰보증 및 이행성 보증 (Guarantee)은 대부분 금융기관이 발행한 보증서(bond)형식으로 제출되어야 하며, 기타 다른 프로젝트나 오프셋성 거래와 패키지 딜을 하는 경우에는 그만큼 KOTRA 단독으로 하기 보다는 다른 정부기관 혹은 전문분야 기업과 협력해야 되는 문제가 있다. 이런 점을 고려하여, 비방산 물자 수출의 경우 대외무역법 제32조의 2는 정부는 국내업체의 원활한 정부간 수출계약을 지원하기 위해 대통령령으로 정하는 기관으로 하여금 국내업체가 외국정부에 대한 정부간 수출계약 이행 등을 하기 위한 보증사업을 하게 할 수 있음을 규정한다. 동 보증사업은 선진국의 정부간 수출에서 일반적으로 활용되는 수출신용기관(export credit agency)인 한국무역보험공사가 제공하도록 하고 있다. 또한, 동조는 정부는 정부간 수출계약과 관련하여 어떠한 경우에도 경제적 혜택을 갖지 아니하고, 보증채무 등 경제적 책임 및 손실을 부담하지 않음을 또한 규정하고 있다.

4. 방위산업법. 방위산업발전법, 정부간 판매훈령

가. 방산수출 관련 법률체계

방산물자 수출과 관련하여는 "방위산업법"과 "방위산업 발전 및 지원에 관한 법률(이하 "방위산업발전법"이라 칭함)"이 적용된다. 우선 "방위사업법"은 방위사업과 관련된 기본적인 사항을 체계화하고 방위사업의 추진에 대한 투명성과 전문성 및 효율성을 높이고 방위산업의 경쟁력을 향상시켜 자주국방의 기반을 마련하는 데 중점을 두는 법률이다.[311] 다만, "방위사업법"에서는 방산수출에 관한 사항은 한 개 조문 정도 두고 있어 방산수출 G2G 거래에 대하여 적용되는 내용은 상대적으로 적다.[312]

한편 정부간 수출계약의 대상 목적물이 "방산물자 등"인 경우에는 "방위산업 발전 및 지원에 관한 법률(이하 "방위산업발전법"이라 칭함)이 적용된다.

---

[311] 방위사업법은 법률 제18805호 (2022. 2. 3., 일부개정)을 말하며, 동법은 자주국방의 기반을 마련하기 위한 방위력 개선,방위산업육성 및 군수품 조달 등 방위사업의 수행에 관한 사항을 규정함으로써 방위산업의 경쟁력 강화를 도모하며 궁극적으로는 선진강군(先進强軍)의 육성과 국가경제의 발전에 이바지하는 것을 목적으로 한다(제1조). 또한 제2조(기본이념)는 "국가의 안전보장을 위하여 방위사업에 대한 제도와 능력을 확충하고, 방위사업의 투명성·전문성 및 효율성을 증진하여 방위산업의 경쟁력을 강화함으로써 자주국방 태세를 구축하고 경제성장 잠재력을 확충함"을 기본이념으로 한다.

[312] 김기표, 윤기중, 배효성, 방위산업 수출지원을 위한 법·제도 정비방안, 국회입법조사처 (2019). 방위사업법 제정당시에는 방산수출이 방위사업법 의 주 목적이나 관심사에서 벗어나 있었음을 알 수 있다고 한다.

"방위사업법"은 주로 방위사업청을 설립하면서 무기체계의 소요·획득 절차, 방위력 개선사업이 추진을 총괄하는 법으로 방위사업 수행의 투명성과 방위력 개선사업을 주 내용으로 하는 법(방위사업법 제1조 등)인 반 "방위산업발전법"은 방위사업법에서 방위산업의 발전 부분을 분리하여 방위산업의 기반조성 및 "경쟁력 강화"를 통해 국가경제 발전에 기여하려는 목적의 법이다(방위산업 발전 및 지원에 관한 법률 제1조 등).

나. 방위산업발전법

이하에서는 "방위산업법"과 "방위산업발전법"을 동시에 검토하되, 방산수출 내지 G2G 방식 방산수출에 대하여 구체적이고 직접적인 내용을 담고 있는 최근의 법령인 "방위산업발전법"을 중심으로 살펴본다. 우선, "방위산업발전법" 제2조는 "방위산업", "방산물자 등", "수출산업협력(실무상 방산물자 "오프셋"를 칭하기도 함)"의 정의 내지 범위를 규정하고 있다.313)

> **제2조(정의)**314) ① 이 법에서 사용하는 용어의 뜻은 다음과 같다.
> 1. "방위산업물자등"이란 다음 각 목의 어느 하나에 해당하는 물자를 말한다.
>   가.「방위사업법」제3조제7호에 따른 방위산업물자
>   나.「방위사업법」제3조제3호에 따른 무기체계
>   다.「대외무역법」제19조에 따라 지정·고시된 전략물자 중 방위사업청장의 수출허가대상 전략물자
>   라. 그 밖에 방위사업청장이 방위산업의 투자촉진과 수출시장의 확대를 위하여 지정·고시한 물자
> 2. "방위산업"이란 방위산업물자등(이하 "방산물자등"이라 한다)의 연구개발 또는 생산(제조·수리·가공·조립·시험·정비·재생·개량 또는 개조를 말한다. 이하 같다)과 관련된 산업을 말한다.

---

313) "방위사업법"은 주로 방위사업청을 설립하면서 무기체계의 소요·획득 절차, 방위력 개선사업이 추진을 총괄하는 법으로 방위사업 수행의 투명성과 방위력 개선사업을 주 내용으로 하는 법이다(방위사업법 제1조 등). 반면 "방위산업 발전 및 지원에 관한 법률"은 방위사업법에서 방위산업의 발전 부분을 분리하여 방위산업의 기반조성 및 "경쟁력 강화"를 통해 국가경제 발전에 기여하려는 목적의 법이다(방위산업 발전 및 지원에 관한 법률 제1조 등).
314) 방위산업 발전 및 지원에 관한 법률 (약칭: 방위산업발전법) [시행 2021. 12. 30.] [법률 제17799호, 2020. 12. 29., 타법개정].

3. "방위산업체등"이란 다음 각 목의 어느 하나에 해당하는 업체를 말한다.
   가. 「방위사업법」 제3조제9호에 따른 방위산업체
   나. 「방위사업법」 제3조제9호의2에 따른 일반업체
4. "국방중소·벤처기업"이란 방위산업을 영위하는 기업 중 「중소기업기본법」 제2조제1항에 따른 중소기업 또는 「벤처기업육성에 관한 특별조치법」 제2조에 따른 벤처기업에 해당하는 자를 말한다.
5. "수출산업협력"이란 「방위사업법」 제3조제9호에 따른 방위산업체(이하 "방산업체"라 한다)가 국외에 방산물자등을 수출할 때 계약상대자에게 관련 지식 또는 기술 등을 이전하거나, 계약상대자로부터 무기·장비 또는 부품 등을 수입하거나, 계약상대국과 경제협력을 하는 등 일정한 반대급부를 제공할 것을 조건으로 하는 협력관계를 말한다.

이외에도 "방위산업발전법"은 방위산업 수출과 관련하여 다양한 규정을 두고 있는 바, 방위산업체의 수출관련 실태 조사(제6조), 수출을 위한 자금 융자(제12조), 다양한 수출지원(대응구매, 절충교역, 수출을 위한 기술지원, 시험평가, 품질인증지원 등) (제15조) 등이 있다. 그러나 방산물자 정부간 수출계약과 관련하여서는 정부간 수출계약과 부대하거나 관련되는 다양한 지원활동만을 규정하고 있을 뿐 직접적으로 G2G 수출계약과 관련되어 규정하지는 않고 있다. 반면 방산물자 정부간 수출계약에 대한 직접적인 규정은 그 계약의 당사자가 될 KOTRA의 조직법인 대한무역투자진흥공사법(후술)에 규정되어 있는 바, KOTRA는 (1) 방산물자의 수출과 관련한 수출계약의 당사자 지위의 수행(수출계약 당사자가 됨을 의미하므로 정부간 수출계약으로 이해할 수 있음), (2) 패키지 협상안의 작성과 금융지원방안 수립 (3) 그 밖에 방산물자등의 교역지원을 위하여 산업통상자원부장관 및 방위사업청장이 필요하다고 인정하는 사업을 수행하도록 규정하고 있다 (세부 내용은 후술한다).

다. 정부간 판매 훈령

정부간 수출과 관련하여 보다 자세하고 직접적인 규정은 "방산물자 등의 정부간 판매에 관한 규정 (이하 "정부간 판매 훈령"이라 칭함)"을 두고 있는 바,315) 외국에 대한 국내 방산업체의 방산물자 수출을 지원하기 위한 정부간 판매를 규정하며, 그 판매의 종류로 정부간 중개와 정부간 거래를 구분하여 규정하고 있다.

> **제2조(정의)** 이 훈령에서 사용하는 용어의 뜻은 다음과 같다.
> 1. "방산수출"이란 「방위사업법」 제38조제1항 제4호 및 같은 법 시행령 제51조제1항에 따른 방산물자와 방산물자에 준하는 물자(이하 "방산물자등"이라 한다)를 외국에 수출하는 것을 말한다.
> 2. "판매협약"이란 방산군수협력 또는 정부품질보증 등에 관한 양해각서에 근거하여 개별 방산물자등에 대한 품명, 수량, 인도 시기 등 방산물자등을 구매하려는 외국 정부(이하 "구매국정부"라 한다)의 구매요구사항 및 방산수출계약을 체결할 국내업체의 선정, 거래 품목에 대한 정부의 품질보증 등 방위사업청의 역할 등에 관하여 방위사업청과 구매국정부가 체결한 협약을 말한다.
> 3. "정부간 판매"란 방위사업청 또는 「대한무역투자진흥공사법」에 따른 대한무역투자진흥공사(이하 "공사"라 한다)가 방산물자등을 구매국정부를 상대로 국내업체의 방산수출을 중개하거나 대행하는 것으로서 다음 각 목의 방식으로 구분한다.
>   가. 정부간 중개: 방위사업청이 구매국정부와 판매협약을 체결하여 국내업체를 추천하고 관리하되, 국내업체가 최종적으로 구매국정부와 방산수출계약을 체결하는 방식
>   나. 정부간 거래: 공사가 국내업체를 대신하여 구매국정부와 방산수출계약을 체결하는 방식

상기 정부간 판매 훈령 제2조는 방산수출의 정의, 정부간 거래를 포괄하는 상위개념으로 "정부간 판매", 그 하위 개념으로 "정부간 중개"와 "정부간 거래"의 개념을 구분하고 있다. 본 규정은 정부간 중개에 대하여는 방위사업청이 포괄적인 업무수행을 한 근거가 된다. 반면, 정부간 계약에 대하여는 KOTRA가 방산물자 정부간 계약을 체결하고 업무를 수행하도록 하는 근거를

---

315) 방산물자등의 정부간 판매에 관한 규정 [시행 2009. 11. 10.] [대통령훈령 제260호, 2009. 11. 10., 제정]

제공하고 있다. 즉, 정부간 수출계약에 대하여는 방산물자의 경우에도 그 계약을 KOTRA가 체결하도록 하고(제2조 3. 가.) 후술하는 대한무역투자진흥공사법은 공사의 업무로 정부간 수출계약의 당사자가 됨을 규정하고 있고 그 수행에 대하여 규정하게 된다.

본 규정은 정부간 거래의 개념에 있어서 "정부간 판매"라는 큰 개념을 정하고, 그 안에 "정부간 중개"라는 탄력적 개념의 판매활동을 규정하고 있는 점에서 큰 의미가 있다. 물론 구체적이고 확정적인 판매 행위는 궁극적으로는 정부간 수출 "계약"이 될 것이지만, 정부간 거래가 태동되어서 궁극적으로 법적으로 계약이 체결되기 까지는 수출기업과 관련 정부부처(외교부처, 상무부처, 국방부처, 안보부처 등) 사전적인 활동이 필요하기 때문에 이러한 업무를 포섭할 수 있는 것이 "정부간 중개"이다.

한편 정부간 중개는 최종적인 계약으로 확정되기 전에 구매국 정부와 우리 정부가 비교적 포괄적인 범위의 내용을 약정할 수 있고 그러한 약정이나 정부의 중개 역할은 거래 성사에 실질적으로 매우 중요하기 때문에 정부간 계약과는 별도로 인정할 실익이 있으며, 실무적으로도 거래 교섭 초기에 전반적인 거래 의사의 확인 및 개괄적인 거래 구조의 합의 등 거래 성사를 위해 중요하다. 따라서 정부간 중개를 단지 정부의 부차적 활동 내지 홍보에 치중하는 활동으로 보기 보다는 구매국의 수요파악과 이에 대한 우리 정부 및 수출기업의 대응, 정부간 계약의 성공적 체결, 정부간 계약의 효과적 이행에 대한 사전 계획 수립이라는 큰 틀로 보는 것이 타당할 것이다.

또한, 이러한 정부간 중개 업무는 비방산물자의 수출에 있어서도 동일하게 적용 가능한 개념이다. 따라서 대외무역법에 의한 비방산물자 정부간 수출계약에 대하여도 도입하여 활용이 필요하다고 본다.

5. 대한무역투자진흥공사법

우리나라에서는 국제무역을 다양한 방면에서 지원하는 조직이 일찍부터 발달한 바, KOTRA는 특히 국제거래 초기단계인 해외마케팅 지원, 해외진출 기업 지원 및 수출관련 정보 제공, 무엇보다도 대사관 수만큼이나 많은 현지 해외무역관을 운영하는 대표적인 무역지원기관이다. 한편, KOTRA는 정부간 계약의 전담기관으로 지정받아 그 업무를 중심적으로 수행하는 기관인 점에서 그 관련내용을 살펴볼 필요가 있다.

KOTRA의 설립과 업무를 규정하는 법률은 "대한무역투자진흥공사법"이다. 동법에 따르면 KOTRA는 산업통상자원부 산하 준정부기관으로 무역 진흥과 국내외 기업간의 투자 및 산업 기술 협력의 지원, 해외 전문인력의 유치 및 중소기업의 해외진출 지원, 정부간 수출계약 등에 관한 업무를 통해 국민경제 발전에 이바지하게 함을 목적으로 하는 비영리 법인이다(대한무역투자진흥공사법 제1조 및 제2조). 코트라법 제1조 목적에 정부간 거래에 관한 업무를 하도록 규정되어 있으며, 한편 제10조 제1항 제8호 및 제9호에 각각 방산물자의 정부간 수출계약 및 대외무역법상 정부간 수출계약 사업을 수행하도록 세부적인 규정을 두고 있다.

KOTRA의 주요 업무 중 하나로 "정부간 수출계약"에 관한 업무를 하는 바, 이는 정부간 수출계약에 대한 전담기관 역할이다. 법 제1조 및 제10조는 정부간 수출계약과 관련하여 다음과 같이 규정하고 있다.

> **제1조(목적)** 이 법은 대한무역투자진흥공사를 설립하여 무역 진흥과 국내외 기업간의 투자 및 산업 기술 협력의 지원, 해외 전문 인력의 유치 및 중소기업의 해외진출 지원, 정부간 수출계약 등에 관한 업무를 하게 함으로써 국민경제 발전에 이바지하게 함을 목적으로 한다.
> **제10조(사업)** ① 공사는 제1조의 목적을 달성하기 위하여 다음 각 호의 사업을 한다.
> 1.-.7. (기재 생략)
> 8. 「방위산업 발전 및 지원에 관한 법률」 제2조제1항 제1호에 따른 방위산업물자등(이하 "방산물자등"이라 한다)의 수출과 관련한 다음 각 목의 사업
>   가. 국내 기업을 대신한 구매국정부와의 방산물자등 수출에 관한 계약 시 당사자지위 수행

나. 방산물자등과 산업·자원 및 투자 협력을 연계한 패키지 협상안의 작성과 금융 지원방안 수립
　　다. 그 밖에 방산물자등의 교역지원을 위하여 산업통상자원부장관 및 방위사업청장이 필요하다고 인정하는 업무
9. 「대외무역법」 제32조의3제2항에 따른 정부간 수출계약 관련 사업

　　상기 KOTRA 법 제1조를 살펴보면, 공사의 설립 목적에 정부간 수출계약에 관한 업무를 하도록 규정하고 있다. 이외에 나열된 KOTRA의 목적 사업에는 "무역 진흥과 국내외 기업간의 투자 및 산업 기술 협력의 지원, 해외 전문인력의 유치 및 중소기업의 해외진출 지원"인 바, 어떤 특정한 거래형태를 정함이 없음을 알 수 있다. 오직 "정부간 수출계약"에 대하여만 거래 형태를 특정하여 규정하고 있는 점이 눈에 띄며, 그만큼 정부간 계약에 대한 특별한 고려를 한 것으로 보인다.

　　한편 동법 제10조(사업)에는 KOTRA의 사업을 나열하며 그 중 방산물자 및 비방산 물자에 대한 정부간 거래 사업에 대하여 규정한다. 제10조 규정에 따르면 방산물자에 대하여는 비교적 자세히 규정(법 제10조 제8호)하는 반면, 비방산물자에 대하여는 "대외무역법 제32조의3 제2항에 따라 정부간 수출계약사업을 하는 것"으로 간단히 규정(법 제10조 제9호)하고 있다. 이러한 차이가 발생한 것은 방산물자 혹은 비방산물자간 특별한 원칙적이고 본원적인 차이가 있다기 보다는 단순한 법기술적인 차이에 불과한 것이다. 즉, 비방산물자의 정부간 계약에 대하여는 대외무역법에 자세히 규정하고 있어, 굳이 KOTRA법에 그에 대해 중복적으로 자세히 규정할 필요하지 않고 단지 대외무역법에 규정한 바를 따르도록 하면 충분한 것이기 때문에 KOTRA법의 규정은 매우 간략하다. 이렇게 규정한 실질적인 이점도 있을 것인 바, 예컨대 대외무역법과 KOTRA법에 중복적으로 규정하는 경우 내용의 상충이나 각 법의 개정시 곤란함이 있고, 개정사유가 있는 경우 대외무역법의 규정을 개정하면 되고, KOTRA법은 별도의 개정이 불필요할 것이라는 장점도 있어 타당한 규정방식이라 본다. 또한 방위사업청이 정부간 중개 등 전통적으로 관련 업무를 수행해 왔고 정부간 계약에 대하여는 코트라에 그 체결 권한을 부여해 온 실무를 감안할 때 KOTRA법에 정부간 계약관련 세부규정을 둘 필요가 있었다고 본다.

6. 정부간 수출 범위의 특수문제 - 해외건설 및 인프라 수출

가. 개설

해외의 정부간 거래의 사례를 참고하고 우리나라의 정부간 거래 지원방향을 검토할 때에 전통적인 방산물자외에도 "해외 공공인프라"이 중요한 대상이 될 것이다. 그런데, 공공 인프라 수출의 구체적인 형태나 내용은 매우 다양한 범위의 활동을 포함하는 바, 단순히 설비나 물자의 공급만을 의미하는 소위 대외무역법상의 "물품 등" 수출의 개념보다는 훨씬 넓은 개념이다. 그런데 우리 법률 해석상 G2G 대상 수출거래의 범위를 파악하고 확정하는 문제에 있어서 불명확한 점이 있고 해석기술상 어려운 점이 있어 이에 대한 명확한 파악이나 입법 개선이 필요할 것으로 보인다.

문제는 현재 비방산 물자 부분에서 일반적인 물품의 수출과 용역의 수출은 대외무역법상 수출 등에 포함되고 따라서 동법상 근거가 있는 정부간 수출계약의 대상이 된다. 그런데, 해외건설계약이나 엔지니어링 및 해외인프라 등 사업은 물품과 서비스가 혼합되어 있고 현지법인 설립 등을 통해서 복잡한 거래구조를 수반하므로 동 거래를 G2G 방식으로 진행할 때, 일반 물품과 같이 대외무역법 등에 근거를 두고 있는 것인지, 그리고 그런 경우 계약 주체 및 계약상 필요한 조치가 무엇인지가 문제될 수 있다.

이 문제는 우리의 G2G 제도 도입 초기상의 법률근거 마련하는 과정에서 발생하는 기술적인 문제이며, 해외건설이나 해외 인프라가 G2G 거래의 대상인지 아닌지 및 구매국 정부 측 입장에서는 G2G 대상으로 보는지 등에서는 큰 문제가 되지 않는 명백한 것이다. 즉 WTO조달협정 등에 따르면 공공인프라 등 해외건설 및 엔지니어링 사업 중 공공목적으로 구매국 정부가 조달하는 것은 당연히 G2G의 대상이며, 오히려 가장 대표적인 G2G 대상이 된다.

한편, WTO정부조달협정 등 국제규범이나 국제거래 실무에서 정부의 개념에는 정부기관, 공기업, 지방자치단체 등이 포함되는 것이며 그들의 활동이 물품 매매인지, 설비수출 관련인지, 건설 관련인지, 엔지니어링 활동 관련인지,

기술이전 내지 라이선싱 관련인지 등에 대한 구별을 하지 않다. 단기 구매국이 추진코자 하는 사업의 목적이 공공목적 인지 혹은 국가 안보인지가 중요한 것이다. 따라서 아래 논의는 우리나라가 국제거래를 그 대상물을 중심으로 물품등인 경우 대외무역법, 해외건설공사인 경우 해외건설촉진법 등 구분을 하고 있고 정부간 거래도 그 법 속에 규정되는 기술적 문제로 발생하는 소위 "내부적 문제"일 뿐이다.

이미 물품 및 물품과 서비스가 혼합되는 혼합수출인 경우 주된 거래를 기준으로 판단한다는 개설적인 내용은 앞서 살핀 바 있으므로, 이하에서는 해외건설 및 엔지니어링 등과 관련하여서만 관련된 현행 법제와 정부간 거래 추진에 있어서 유의점 들을 살펴 본다.

나. 해외건설촉진법의 내용

해외건설에 대한 수출지원 관련 법률로는 해외건설촉진법이 있으며 그 개괄적 내용은 다음과 같다.

(1) 해외공사 사업의 내용

"해외공사"란 광의의 개념인 해외건설공사, 해외건설 엔지니어링활동 및 해외인프라·도시개발사업을 포함하는 개념이다. 세부적인 개념은 해외건설촉진법 제2조(정의)상 다음과 같이 규정되어 있다.

해외건설공사	해외에서 시행되는 토목공사·건축공사·산업설비공사·조경공사와 전기공사·정보통신공사 또는 그 밖에 이와 유사한 것으로서 대통령령으로 정하는 공사를 말한다.
해외건설 엔지니어링활동	해외건설공사에 관한 기획·타당성조사·설계·분석·구매·조달(調達)·시험·감리·시운전(試運轉)·평가·자문·지도 또는 그 밖에 이와 유사한 것으로서 대통령령으로 정하는 활동을 말한다
해외인프라·도시개발사업	가. 「사회기반시설에 대한 민간투자법」 제2조제1호의 사회기반시설 개발,「도시개발법」제2조제1항제2호의 도시개발사업 나. 그 밖에 가목과 관련된 사업으로 국토교통부장관이 정하는 사업

해외건설업 및 해외건설사업자: 해외건설업이란 해외건설공사와 해외건설 엔지니어링활동을 수행하는 사업을 말하며(제2조 제4호), 해외건설사업자는 동 해외건설업을 영위하는 개인 또는 법인을 말한다. 한편, 대통령령으로 정하는 공공기관 혹은 지방공기업은 해외건설업을 할 수 있고 이 경우 해외건설사업자로 본다(제6조 제6항). 대통령 령은 다음과 같이 해당 공공기관 및 지방공기업을 발표하고 있다.

> 법 제6조제6항 전단에서 "대통령령으로 정하는 공공기관"이란 별표 3의 공공기관을 말한다.
> ② 법 제6조제6항 전단에서 "대통령령으로 정하는 지방공기업"이란 해외건설업을 영위하려는 「지방공기업법」에 따른 지방공기업 중 국토교통부장관이 정하여 고시하는 지방공기업을 말한다. <개정 2013. 3. 23., 2018. 4. 24.>

시행령상 현생 해외건설업에 대한 별도 신고면제대상 공공기관은 다음과 같다. 이 리스트에 있는 공기관들은 공공인프라등 해외건설사업에서 참여할 기관들이, 민간 해외건설사업자와 함께 중요한 역할을 할 것이다.

■ 해외건설 촉진법 시행령 [별표 3] <개정 2021. 8. 31.>

해외건설업 신고면제대상 공공기관(제10조제1항 관련)

1. 「한국전력공사법」에 따른 한국전력공사
2. 「한국농어촌공사 및 농지관리기금법」에 따른 한국농어촌공사
3. 「한국토지주택공사법」에 따른 한국토지주택공사
4. 「한국수자원공사법」에 따른 한국수자원공사
5. 「한국도로공사법」에 따른 한국도로공사
6. 「한국석유공사법」에 따른 한국석유공사
7. 「인천국제공항공사법」에 따른 인천국제공항공사
8. 「한국공항공사법」에 따른 한국공항공사
9. 「국가철도공단법」에 따른 국가철도공단
10. 「한국철도공사법」에 따른 한국철도공사
11. 「한국환경공단법」에 따른 한국환경공단
12. 「항만공사법」에 따른 항만공사
13. 「측량·수로조사 및 지적에 관한 법률」에 따른 대한지적공사
14. 「산업집적활성화 및 공장설립에 관한 법률」에 따른 한국산업단지공단
15. 「한국가스공사법」에 따른 한국가스공사
16. 「한국광해광업공단법」에 따른 한국광해광업공단
17. 「집단에너지사업법」에 따른 한국지역난방공사
18. 제1호부터 제17호까지의 공공기관이 출자하여 설립된 공공기관 중에서 국토교통부장관이 정하여 고시하는 공공기관

(2) 해외공사의 지원

해외건설촉진법은 제4장에서 해외공사의 지원을 규정하고 있으며, 중소건설업자 지원(제15조의2), 정책 및 연구개발 지원(제15조의4), 국제협력 지원(제15조의5), 금융자문(제15조의6)등 지원 관련 규정을 두고 있으나, 이 지원 리스트에 G2G 계약 지원 규정을 두고 있지는 않다.

제15조의2(해외 중소건설사업자 지원) ① 국토교통부장관은 해외건설시장을 개척하려는 중소건설사업자를 육성하기 위하여 필요한 경우에는 다음 각 호의 사항을 지원할 수 있다. <개정 2013. 3. 23., 2019. 4. 30.>
　1. 해외 진출 관련 정보제공
　2. 해외 수주에 관한 상담 및 지도
　3. 해외건설 교육훈련
　4. 그 밖에 중소건설사업자의 해외건설시장 개척을 위하여 필요하다고 인정하는 사항으로서 대통령령으로 정하는 사항
② 국토교통부장관은 제1항에 따른 업무를 수행하기 위하여 중소기업 수주지원센터를 설치·운영할 수 있다. <개정 2013. 3. 23.>
③ 제2항에 따른 중소기업 수주지원센터의 설치·운영에 필요한 사항은 국토교통부장관이 정한다. <개정 2013. 3. 23.>
④ 국토교통부장관은 제2항에 따른 중소기업 수주지원센터의 운영을 대통령령으로 정하는 기관 또는 단체에 위탁할 수 있다. 이 경우 국토교통부장관은 필요한 행정적·재정적 지원을 할 수 있다. <개정 2013. 3. 23.>
　[전문개정 2011. 8. 4.]
　[제목개정 2019. 4. 30.]

제15조의4(해외건설 정책 및 연구개발 등 지원) ① 국토교통부장관은 해외건설의 진흥을 위하여 다음 각 호의 사항을 지원할 수 있다.
　1. 해외건설시장 동향 조사·분석 및 시장 전망
　2. 주요 국가 해외건설 제도·정책 동향 조사·분석
　3. 해외건설 진흥을 위한 국제협력의 추진
　4. 해외건설 진흥을 위한 정책개발 및 제도개선 지원
　5. 해외건설 시장개척을 위한 연구·조사사업
　6. 해외건설 진출에 따른 사업성 분석 및 리스크 관리 컨설팅
　7. 그 밖에 해외건설 진흥을 위하여 대통령령으로 정하는 사항
② 국토교통부장관은 제1항 각 호의 업무를 수행하기 위하여 해외건설정책지원센터를 설치·운영할 수 있다. 이 경우 국토교통부장관은 업무의 효율적 집행을 위하여 제15조의2에 따른 중소기업 수주지원센터의 업무와 상호 연계·통합될 수 있도록 하여야 한다. <개정 2017. 10. 24.>
③ 해외건설정책지원센터의 설치·운영 및 그 밖에 필요한 사항은 국토교통부장관이 정한다.
④ 국토교통부장관은 해외건설정책지원센터의 운영을 대통령령으로 정하는 기관 또는 단체에 위탁할 수 있다. 이 경우 국토교통부장관은 필요한 행정적·재정적 지원을 할 수 있다.
　[본조신설 2013. 8. 13.]

제15조의5(해외공사 관련 국제협력 지원 등) 국토교통부장관은 해외건설업을 촉진하기 위하여 필요한 경우에는 집행계획과 지급기준, 공고절차 등에 관한 것으로서 대통령령으로 정하는 바에 따라 다음 각 호의 어느 하나에 해당하는 비용을 지원할 수 있다.
  1. 해외공사에 따른 외국과의 국제협력 및 기술교류에 소요되는 비용
  2. 투자가 수반되는 해외공사의 타당성조사에 소요되는 비용
  3. 그 밖에 해외공사정보 수집·분석 등 해외건설업의 촉진을 위하여 필요한 비용으로서 대통령령으로 정하는 비용
  [본조신설 2015. 8. 11.]

제15조의6(금융자문) 해외건설업의 원활한 추진을 위하여 해외건설사업자, 제19조제1항 및 제2항에 따른 해외건설집합투자기구는 「금융산업의 구조개선에 관한 법률」 제2조제1호에 따른 금융기관으로부터 해외건설과 관련하여 필요한 금융업무에 대한 금융자문, 금융주선 또는 집합투자기구 설립 업무에 대한 자문 등을 받을 수 있다. <개정 2019. 4. 30.>
  [본조신설 2015. 8. 11.]

제17조의2(공공기관의 해외공사 투자) ① 제6조제6항에 따라 해외건설사업자로 인정되는 공공기관은 해외건설의 활성화를 위하여 다음 각 호의 어느 하나에 해당하는 투자를 목적으로 하는 제19조제3항에 따른 해외건설집합투자기구에 출자하거나 투자할 수 있다. 이 경우 공공기관의 출자 또는 투자 규모의 최대한도에 관한 사항은 대통령령으로 정한다. <개정 2015. 8. 11., 2019. 4. 30.>
  1. 사회기반시설(「사회기반시설에 대한 민간투자법」 제2조제1호에 따른 사회기반시설을 말한다. 이하 이 조에서 같다)의 신설·증설·개량 또는 운영에 관한 해외공사에 대한 투자
  2. 사회기반시설에 준하는 시설의 건설사업(「사회기반시설에 대한 민간투자법」 제21조제1항 각 호의 사업을 말한다)인 해외공사에 대한 투자
  3. 제1호 및 제2호에 따라 해당 건설사업에 참여한 사회기반시설을 운영하는 법인의 지분 인수
② 공공기관이 제1항에 따라 출자하거나 투자하려는 경우에는 미리 해당 공공기관의 업무를 관장하는 중앙행정기관의 장에게 보고하여야 한다.
③ 정부는 제1항에 따른 공공기관의 출자 또는 투자를 촉진하고 대상 사업을 발굴하기 위하여 필요한 지원을 할 수 있다.
④ 삭제 <2012. 1. 17.>
  [전문개정 2011. 8. 4.]

> **제17조의3(해외건설진흥위원회)** ① 국토교통부장관은 해외건설 진흥을 위한 다음 각 호의 사항을 심의하기 위하여 해외건설진흥위원회를 설치·운영할 수 있다. <개정 2013. 3. 23., 2019. 4. 30.>
> 1. 제5조에 따른 장기 해외건설진흥기본계획, 연도별 해외건설추진계획 및 각 분야별 진흥계획의 수립
> 2. 제6조제6항에 따라 해외건설사업자로 인정되는 공공기관의 해외건설시장 진출 전략 및 사업계획
> 3. 제17조의2제1항에 따른 공공기관의 출자 또는 투자와 같은 조 제3항에 따른 사업 발굴을 위하여 필요한 지원
> 4. 그 밖에 해외건설에 관한 중요 정책으로 대통령령으로 정하는 사항
> ② 해외건설진흥위원회의 구성·운영 등에 관하여 필요한 사항은 대통령령으로 정한다.
> [본조신설 2012. 1. 17.]

(2-1) 해외건설사업자에 대한 대외무역법상 무역사업자 인정 규정

한편, 해외건설사업자는 해외건설 촉진법에 의한 지원 외에도 대외무역법, 신용보증기금법 등 다른 법률에 있어서도 무역거래자로 보아 그 지원을 받을 수 있다. 이 규정에 의해 해외건설 사업자는 대외무역법상 지원과 규율을 동시에 받게 될 것으로 해석된다.

> **제4조(해외건설사업자에 대한 지원)** 해외건설사업자에 대한 정부의 지원에 관하여는 해외건설사업자를 「대외무역법」, 「신용보증기금법」 등 관계 법률의 규정에 따른 무역거래자로 본다. <개정 2019. 4. 30.>
> [전문개정 2011. 8. 4.]
> [제목개정 2019. 4. 30.]

제4조에 의해 해외건설사업자가 지원을 받으려면 그들의 해외사업 활동(해외건설, 엔지니어링 활동)도 결국은 대외무역법상 지원 대상인 수출 등의 활동으로 의제될 수 있을 것으로 해석된다. 물론 법체계상 대외무역법상 지원을 받으려면 대외무역법에 명시적으로 규정을 두는 것이 바람직하겠으나, 이 사안처럼 해외건설촉진법에 해외건설사업을 주로 규정하고 그 사업자가 대외무역법상 무역거래자로 보도록 하는 것은 법기술적인 어려움을 풀기 위

했던 것으로 보이긴 한다.

　실무적으로도 우리나라의 수출은 과거 물품 수출 위주에서 이제 자본재 수출, 기술 수출, 특히 해외건설 및 엔지니어링 활동 등 고부가가치 전문영역으로 그 중심이 이동되는 바, 물품수출을 기준으로 하는 대외무역법에 규정하기 보다는 해외건설은 해외건설촉진법에 규정한 것으로 타당한 면도 있다. 다만 그것도 수출활동이므로 수출지원을 받도록 할 필요가 있어 위 해외건설사업자에 대한 지원규정을 둔 것으로 보이며 타당하다.

(3) 한국해외인프라・도시개발지원공사

　한편, 국토교통부장관은 해외인프라・도시개발사업을 지원하기 위하여 한국해외인프라・도시개발지원공사(이하 "지원공사")를 법인으로 설립하고, 정부가 지원공사의 해외인프라・도시개발사업 수행 등을 위하여 필요한 경우 행정적・재정적 지원을 할 수 있도록 규정하고 있다 (제28조의2(설립 등)).

　동 공사의 임무는 다음과 같으며, 포괄적으로 해외인프라 등 발굴, 자문, 협상지원, 국제협력, 정부위탁 업무 수행 등을 수행할 수 있고, 대통령령에 의해 장관이 필요하다고 인정되는 부대업무를 할 수 있도록 하고 있다. (제28조의16 및 대통령령 제29조의11(지원공사의 업무))

해외건설촉진법
제28조의16(업무) ① 지원공사는 제28조의2제1항의 목적을 달성하기 위하여 다음 각 호의 업무를 수행한다.
1. 해외인프라・도시개발사업의 발굴 및 추진
2. 해외인프라・도시개발사업에 대한 투자, 출자 및 금융자문
3. 제1호와 관련된 외국정부・발주자와의 협상 지원
4. 해외인프라・도시개발사업 관련 국제협력
5. 정부로부터 위탁받은 업무
6. 해외인프라・도시개발사업 전문가 육성을 위한 교육
7. 그 밖에 해외인프라・도시개발사업에 관련된 업무로서 대통령령으로 정하는 업무
② 지원공사는 운영위원회의 심의를 거쳐 업무 수행에 관한 규정을 제정할 수 있다.
[본조신설 2017. 10. 24.]

해외건설촉진법 시행령

제29조의11(지원공사의 업무) 법 제28조의16제1항제7호에서 "대통령령으로 정하는 업무"란 다음 각 호의 업무를 말한다.
1. 법 제28조의16제1항제1호부터 제6호까지의 업무에 부수되는 업무로서 국토교통부장관의 승인을 받은 업무
2. 지방자치단체 및 「공공기관의 운영에 관한 법률」에 따른 공공기관으로부터 위탁받은 업무로서 국토교통부장관의 승인을 받은 업무
3. 그 밖에 국토교통부장관이 필요하다고 인정한 업무
   [본조신설 2018. 4. 24.]

다. 정부간 거래 관련 검토

위에서 본 바와 같이 해외건설촉진법 규정을 포함하여 G2G 대상이 될 수 있는 거래를 관련 규범에 따라 파악해 보면 다음과 같다.

수출의 구분	법적 근거	G2G 계약	G2G 전담기관
방산물자 수출	KOTRA법/방위산업발전법	G2G 계약 근거, 요건, 절차 규정 존재함	KOTRA
비방산 물품 수출	대외무역법	상동	KOTRA
비방산 용역 수출 (엔지니어링 서비스 등)	대외무역법	상동	KOTRA
해외건설공사	해외건설촉진법	G2G 계약 근거 미존재	전담기관 없음
해외건설 엔지니어링 활동	해외건설촉진법	상동	전담기관 없음
해외인프라·도시개발 사업	해외건설촉진법	상동	전담기관 없음

앞서 살핀 바 대로 해외건설공사 혹은 해외인프라·도시개발사업과 관련하여 물자부분이 경제적 가치로 50% 이상을 차지하는 경우에는 그 전체 거래에 대하여 수출의 대상이 될 수 있다. 한편, 물품 등 유형물의 가치가 50% 이하인 경우에는 CISG 및 대외무역법 등에 의한 당연히 물품수출로 간주되지는 않는다. 이런 경우 해석론 상으로는 국제거래에 폭넓게 인정되는 당사자 자치의 원칙 및 CISG 제6조에 의해 당사자가 CISG를 적용하기로 계약상 약정한다면 물품수출에 대한 수출 혹은 국제매매(international sale of goods) 개념에 부합하게 될 것이고 따라서 관련된 규정이 적용되고 또한 이 경우 정부간 수출 거래로서 인정될 것이다.

(1) 혼합계약인 경우

구매국이 방산물자나 비방산물자를 G2G로 구매하고자 하는 경우 구매국 정부와 KOTRA가 G2G계약을 체결하는 것은 문제가 없다. 계약 구조상 우리나라측 계약 주체는 KOTRA가 된다. 그런데, 구매국이 해외건설 내지 인프라 수출의 경우에 해외건설의 다양한 요소가 포함된 종합적인 수출에 해당하므로, 구매국은 우리나라의 일반 해외건설사업자 혹은 공공 해외건설사업자와 계약을 할 것이다. 물론 일반 해외건설사업자인 경우에는 정부의 성격이 없으므로 우리 측 정부의 보장을 추가적으로 요구할 것이 예상된다. 한편, 공공기관(예컨대 한국도로공사, 한국공항공사)이 해외건설촉진법에 근거하여 해외건설사업자로서 구매국과 계약하는 경우에는 우리 정부와 계약하는 것으로 간주할 것으로 예상되며 구매국 입장에선 그 성격을 G2G 계약 체결로 볼 수 있겠다.

(2) 대외무역법상 G2G 제도화

문제는 방산물자와 물품 수출등에서는 공기업이나 주관 정부부처에 상관없이 G2G 계약 체결권한을 "G2G 전담기관"인 KOTRA로 하였는데, 해외건설 부분은 그런 전담기관 지정 없이 수십개의 공공기관이 개별적으로 우리 정부를 대신하여 G2G계약을 체결하도록 의도한 것인가는 의문이 여지가 있다. 사견으로는 의도적으로 해외건설 및 엔지니어링을 별도로 G2G제도를 운영하려고 했던 근거나 자료는 없는 것으로 보인다. 결국 이 문제는 단지 제도 도입 초기에 무역의 기본법인 대외무역법에 규정을 넣는 과정에서 기술적인 오류로 누락한 것으로 보인다. 앞서 본 바와 같이 대외무역법은 주로 수출허가 등 수출규제를 주 목적으로 한 법으로 주로 물리적 이동이 필요한 물품 수출을 중심으로 규율하고 용역의 경우엔 세부적인 규정을 하고 있지 않은 점에서 기인한 것으로 보인다. 2014년 G2G제도 법제화 시기에 이러한 우려를 종식하고 명확한 계약 주체, 책임 주체, 보증 방안 등을 대외무역법 등에 법제화 한 것이었는데, 지금와서는 해외건설 부분이 누락된 것이고 시급히 이에 대한 법제화가 필요한 것이라고 보인다.

(3) 통상분쟁 가능성 문제

향후 해외 공공인프라 수출관련 검토시 고려할 요소가 하나 있는데 그것은 바로 통상분쟁 가능성의 문제이다. 인프라 건설의 모든 경우가 WTO 규범상 안보예외나 공익예외에 해당하는 것은 아닐 것이어서 그만큼 정부간 거래로 추진할 수 있는 해외건설부분은 공공인프라로 제한되는 것이다. 따라서 해외건설 모든 사안에 대하여 정부간 거래로 지원하면서 공익 예외를 주장한다고 하여도 상대국은 통상분쟁을 제기할 수 있는 것이다.

G2G거래를 전담기관을 KOTRA로 두어 계약체결 권한을 집중시킨 이점 중 하나는 경쟁국 등과의 수주 경쟁 및 이행등에서 통상분쟁 문제가 발생한 경우(예컨대 수처리 인프라 사업 관련 다른 경쟁국들과 마찰)에 통산산업자원부가 산하에 G2G 전담기관으로 KOTRA를 두고 있고 또 통상분쟁 대응 기능도 있으므로 대처가 상대적으로 효율적이고 용이할 것이다. 이런 점에서는 해외건설도 G2G계약은 KOTRA가 진행하도록 하고 실무적인 진행과 협상에서는 해외건설관련 부처나 공기업이 실무를 진행하는 것으로 하는 것이 타당할 수 있다.

03
G2G 거래 대상: 방산물자 및 공공 인프라 등

1. 개요

정부간 거래는 정부에 의한 특정 거래형태에 대한 수준 높은 지원제도에 해당하고 정부의 인적, 물적 자원이 소요되므로 그 지원대상 범위를 정할 필요가 있다. 한편, 정부간 거래 대상 수출에 대한 판단은 여러 가지 기준으로 파악해 볼 수 있겠으나, 명확한 근거에 의해서 파악하고자 한다면, (1) 정부간 거래에 적용될 수 있는 국제규범이 요구하는 국가이익 및 공공이익의 원칙에 부합하는 거래인지를 파악하거나 혹은 (2) 우리나라의 정부간 거래 전담기관인 발표하거나 공표한 거래대상 등을 살펴보는 것이 정확할 것이다.

가. 국제규범상 대상 거래 파악

정부간 거래의 대상이 되는 거래는 모든 수출거래를 대상으로 하는 것은 아니며, 앞서 살펴본 바 있는 GATT, GATS, WTO GPA 등 국제규범 등에서 인정하는 구매국 정부의 사업으로서 "안보이익"이나 "공공의 안녕질서 및 국민 건강, 교육 등 주로 공중을 대상으로 하는 공공이익"에 부합하는 정부 프로젝트 이어야 한다. 이런 기준에 따르면, G2G 거래의 대상은 주로 "국제 방산물자 거래"와 "국제 공공 인프라 사업"이 될 것이다.

나. 전담기관이 지정하는 거래

정부간 거래 전담기관인 KOTRA의 실행조직인 Kodits가 언급하는 정부간 거래 대상물자에는 방산물자와 일반물자를 모두 포함하고 또한 물품·상품 뿐만 아니라 용역, 서비스, 전자적 무체물, 그리고 물자와 용역 등이 혼합된 다양한 거래가 대상이 된다.

아래의 내용은 현재 정부간 전담기관인 "방산물자교역지원센터"가 발간하는 "정부간(G2G) 수출계약 제도소개" 브로슈어에 포함되어 있는 정부간 수출계약 "주요품목"이다.316)

---

316) 방산물자교역지원센터, 정부간(G2G) 수출계약 제도소개, (2019). (https://www.KOTRA. or.kr/kodits/board/list?topMenuNo=3&boardManagementNo=23&levl=2&menuNo=19, 2023. 2.20.자 현재)

다. 대상 거래에 대한 검토

정부간 거래대상으로 되는 이유와 그 정책적 배경을 살펴보는 것은 G2G 제도 이해에 도움이 된다. 국가의 공공의 이익과 관련된 분야 중 국가의 기간산업으로서 국가의 중요한 산업 인프라 시설, 예컨대 발전시설, 환경 보호 시설, 중요산업 단지 등도 정부간 거래의 대상이 될 수 있을 것이다. 다만 이런 경우에 대한 정부간 거래 대상 여부 검토는 쉽지 않은 바, 적어도 국가이익(national interest)과 관련되는 사업이고 그 구체적인 사업이 공익적인 면에서 구매국의 국가적인 차원에서 발전에 필요하여야 할 것이다. "구매국" 기준으로 구매 목적으로서의 안보이익, 공공이익에 해당하는지 여부 판단이 기준이 될 수 있을 것이다.

전담기관 KOTRA의 브로슈어 상의 내용은 국제규범상 방산물자 및 공공 인프라 (넓은 의미로 전자정부, 온라인 교육 시스템, 교통시스템 등 ICT도 포함)을 거의 다 포함하고 있다. 다만, 산업시설과 운전장비, 인공위성 등이 공공 인프라에 포함되는지 여부는 해석상 의문이 발생할 수 있을 것이다. 단순히 어떤 품목에 해당하는지 여부를 기계적으로 파악하기 보다는 구매국의 수요를 기준으로 조달 목적이 공공이익 혹은 국가이익인지를 살펴 파악하면 보다 넓은 범위로 파악할 수 있을 것이다. 한편, 물품의 분류로 일괄하여 그 G2G 대상여부를 판단하기 본다는 구체적인 거래를 파악하여 안보이익이나 공공이익이 존재하는지를 판단하는 소위 정부 이익 판단(governmental interest test)를 발저시켜 나가는 과정이 필요할 것으로 사료된다.

한편 구매국 자체의 조달 목적으로 살펴보고 그것이 합법적이고 정당한 목적을 위한 것이어야 할 것이다. 사업목적 판단은 대부분의 경우 구매국의 입장에서 할 것이지만, 그 거래를 지원하고자 하는 수출국입장에서도 거래 초기단계에서 그 판단을 하고 거래 지원 여부를 결정해야 할 것이다.

공공인프라나 병원 등이라 하더라고 공익성 보다는 사익이나 일부 특정집단의 이익에만 부합되는 것이라면 정부간 거래의 대상이 아닐 수도 있다.

> 예를 들어 구매국이 자국의 특정집단을 진압하기 위해서 경찰차량을 정부 간 거래로 구매하고자 하는 경우 또는 그 구매국의 권위주의적인 독재 정권이 자국민을 탄압하기 위한 목적이라면 비록 표면상 그 구매국은 국가이익 혹은 공공이익을 주장하더라도 우리나라 입장에서는 공익성이 없다고 판단하여 거래를 지원하지 않아야 할 것이다. 자국민의 정당한 민주화 운동이라던가 혹은 시민사회 활동을 억압적으로 통제하기 위해 시위진압 관련 장비로 경찰용 차량을 구매하고자 하는 경우 이에 대하여는 G2G 거래 지원이 불가하다 할 것이다.

2. 방산물자 수출

"방산물자 등"은 이론적으로는 사용목적에 따른 분류, 무기 및 탄약, 차량, 개인 방호 물자, 통신 및 감청 물자, 주둔기지 및 훈련 시설 등으로 분류할 수 있을 것이며, 실정법상 우리 방위사업법에 의해 판단하면 대부분의 경우 적절할 것이다.

가. 자본재 방산물자와 일반 방산물자의 구분

방산물자의 수출에 대한 G2G 거래 지원의 경우엔 크게 "일반적인 방산물자"와 "자본재 방산물자"로 구분하는 것이 적절할 수 있다.[317] 우리나라의 경우 과거 일반 방산물자의 수출이 주종을 이루었으나, 최근에는 자본재 방산물자의 생산능력과 수출능력이 급격히 증가하였으며, 우리 산업의 고도화와 유사하게 방산물자 수출도 점점 고도화되고 있다.

---

317) 물론 일반물자 대비 자본재 방산물자를 구분하는 기준이 엄격히 절대적으로 존재하거나 혹은 명확한 기준이 있는 것은 아니지만, 거래를 위한 계약체결시의 각종 자원과 노력의 투여, 필요한 계약관리의 정도, 그리고 필요한 금융지원시 자본재에 대하여는 더 많은 고려와 금융지원이 필요할 것이라는 점에 착안하여 이를 구분하여 설명할 실익이 있다. 다만 이러한 구분은 단지 설명과 이해의 편의를 위한 것이므로 독자는 이에 구애받을 필요성은 없을 것임은 다시 한 번 강조한다.

일반 방산물자는 일반적인 소비재 등에 준하여 국제거래의 일반적인 특징을 내포한다고 보아 그에 따라 설명한다. 반면 자본재 방산물자에 대하여는 자본재 수출의 취급이 국제거래에서 달리 되는 것에 착안하여 프로젝트성 수출계약의 특성을 고려하면서 설명하고 수출금융 부분에서도 프로젝트 금융 혹은 구조화 금융의 내용도 반영하는 것이 타당하다.

나. 자본재 방산물자(Capital defense articles) 수출

자본재 방산물자(Capital defense articles)는 국가의 방위력에 필수적인 군사 자산을 지칭하며 상당한 재정적 투자가 필요하며 수명 주기가 긴 특징이 있다. 자본재 방산물자의 예로는 항공기, 잠수함, 항공모함, 탱크, 전함 및 기타 정교한 무기체계가 포함될 것이다. 항공기는 공중 지원 및 감시 기능을 제공하는 반면 잠수함은 은밀한 수중 감시 및 미사일 공격 능력을 제공하며, 항공모함은 군용기를 발사하는 플랫폼으로 사용될 수 있다. 이러한 자본재 방산물자는 그 구축 및 유지 관리 비용이 매우 많이 들고 효율적으로 작동하려면 숙련된 인력도 필요하다.

자본재 방산물자 "수출"의 특성 내지 특징은 (1) 전투기, 잠수함, 첨단 미사일 시스템과 같은 고부가가치 품목이 포함되는 경우가 많아, 수출국과 수입국 모두에게 전략적 중요성을 지니며 (2) 충분한 비밀 유지 및 협력관계가 필요하며 이에 대한 불철저한 관리시 구매국과 수출국 모두의 국가 안보에 영향을 미칠 수 있다. 미국의 방산물자 FMS의 경우 안보협력관계라는 정책적 목적을 중시하며, 이를 위한 각종 제도적 장치를 두고 있음은 전술한 바와 같다.

또한 자본재 방산수출과 관련된 계약은 복잡할 수 있으며 기술 이전 계약, 유지 보수 및 지원 서비스, 교육 프로그램을 포함할 수 있다. 한편, 민감한 기술과 재료가 유출되지 않도록 하기 위한 양국 정부의 조치와 보장이 필요하며 이를 계약에 반영하는 등 복잡한 다수의 계약과 약정이 수반될 수 있으며 그 내용의 보안 내지 비밀 유지가 중요할 수 있다.

자본재 방산물자의 수출은 그 거래 조회, 협상, 요구사항 반영, 건조, 인도 등에 있어 상당한 시간이 소요되고 요구되는 자금이나 금융 규모가 큰 반면 이를 지원한 금융기관이라 보증기관이 느끼는 부담은 크다. 또한 동 거래 관련 관련 보안이나 기술 보호 등 조치가 필요할 것이다. 또한, 함정 수출의 경우 일반 선박 대비 척당 금액이 크고 복잡한 기술체계가 지원되어야 한다. 또한 구매국의 요구사항을 반영하여 건조되는 경우도 많으므로 대체 판매 곤란 또는 높은 기술적 리스크 등 거래가 원활히 진행되지 않으면 수출기업이나 당사국들이 감수하여야 하는 거래 리스크도 매우 큰 점에서 특징적이다.

3. 공공 인프라 수출

공공인프라 수출은 토목, 건설, 컨설팅 서비스 등 인프라 관련 재화 및 서비스를 다른 국가로 수출하는 것을 말한다. 공공 인프라에는 일반적으로 교통 네트워크, 에너지 시스템, 공공시설과 같이 정부가 소유하거나 운영하는 시설 및 시스템(facilities and systems)이 포함될 것이다. 공공 인프라 수출의 예로는 다른 국가의 고속도로, 교량, 공항, 발전소, 수처리 시설(water treatment facilities) 및 통신 네트워크(telecommunications networks) 건설이 있습니다. 공공 인프라 수출은 보통 플랜트 수출318)의 하위 개념으로 인식되며, 정부가 일반 국민이나 대중을 위해 제공하는 국가 목적 혹은 공익 목적에 공하는 시설 내지 서비스를 포함하는 개념이다.

---

318) 플랜트란 일반적으로 제품을 생산하기 위하여 필요한 각종 기자재, 기계, 장치, 생산설비 등으로 구성된 하드웨어뿐만 아니라, 여기에 반드시 부수될 수밖에 없는 기술, 노하우, 엔지니어링, 컨설팅, 생산과 운영에 필요한 모든 소프트웨어를 통칭한다. 플랜트 수출은 공장 및 산업시설에 필요한 기계설비 자체만을 수출하는 것에 한정하지 않고 그 시설의 타당성 조사, 설비의 배열·설치, 시운전, 이에 수반되는 각종 건설공사, 엔지니어링, 기술훈련, 경영지도 등까지도 포괄하는 종합적인 개념이다. 통상 플랜트 수출계약을 EPC계약(엔지니어링(Engineering), 조달(Procurement), 건설(Construction))이라하는 이유도 여기에 있다. 출처: 김윤석, 원준연, 중장기수출보험편 (플랜트 수출지원) (무역보험공사, 2010.11).

공공 인프라는 비방산 정부간 거래의 대표적인 대상물자에 해당하는데 그 이유는 국민의 안녕이나 복지에 사용되는 사회간접시설로서 이들 거래에 대하여는 일반적인 플랜트 대비 구매국의 국익보호가 더욱 요구되고 그만큼 자율적 판단에 근거한 구매를 허용할 필요가 있기 때문이다. 따라서 자유무역과 공정 경쟁을 원칙적으로 요구하는 GATT, WTO, OECD 등 국제규범 하에서도, 방산물자와 더불어 예외적 취급을 허용하는 분야가 되며, 마찬가지 이유로 G2G 거래로 지원할 수 있게 된다.

다만 국제거래 분야에서 공공 인프라는 독립적으로 설명되기 보다는 플랜트 수출 내지 프로젝트 파이낸스 등 분야의 일부 혹은 연관되어서 고찰되고 설명되는 것이 일반적이다. 따라서 이하에서는 정부간 계약지원이 필요한 인프라 수출에 대하여 설명하되 일반적으로는 플랜트 수출 내지 프로젝트 파이낸스를 설명하는 내용을 차용하거나 혹은 소개하여 설명하고 G2G 거래와 관련된 부분을 좀 더 상술하게 될 것이다.

가. 인프라 수출 개요

인프라는 전력, 물, 운송, 통신, 정부 건물 및 기타 공공시설을 포함하여 중요한 공공재 및 서비스를 제공하는 여러 하위 부문을 포함하는 매우 광범위한 경제 부문이다. 최근 몇 년 동안 각국 정부는 지속적인 경제 성장(continued economic growth)을 지원하는 데 인프라가 중요한 역할을 하며, 필요한 최신 인프라가 부족한 경우 국가 경쟁력이 현저히 떨어질 수 있음을 우려하게 되었다. 따라서 인프라의 확충은 많은 국가의 중요한 국가과제로 등장하고 있다.[319]

한편 많은 국가들은 재정 부족의 문제로 인해 세금 및 시장 차입으로 자금을 조달하는 것에 추가하여 이를 보완할 인프라 자금 조달 방법을 모색하고 있다. 이러한 배경하에서 주요 대안으로 등장한 것이 PPP(Public Private Partnerships, 이하 "PPP")였는 바, 페루의 경우처럼 PPP를 보완 혹은 대체

---

[319] Niehuss (2015), p 356.

하는 거래방식으로 G2G 거래를 적극 활용하기도 한다. 그런 점에서 본서는 공공 인프라 G2G 수출에 대한 설명을 위해 PPP와 연계하여 설명한다.

나. 공공 인프라 범위

공공 인프라를 구분하고 카테고리화 하는 방법은 다양할 수 있으나 일반적으로는 다음과 같이 교통 인프라(Transportation infrastructure), 물 인프라(Water infrastructure), 전력 및 에너지 인프라(Power and energy infrastructure), 통신 인프라(Telecommunications infrastructure), 정치 인프라(Political infrastructure), 교육 인프라(Educational infrastructure), 보건 인프라(Health infrastructure), 레크리에이션 인프라(Recreational infrastructure) 등으로 구분할 수 있다.

공공 인프라 카테고리와 예시[320]

구분	내용
교통 인프라 (Transportation infrastructure)	Bridges, roads, airports, rail transport, etc.
물 인프라 (Water infrastructure)	Water supply, water resource management, flood management, proper sewage and drainage systems, coastal restoration infrastructure 물 공급, 수자원 관리, 홍수 관리, 적절한 하수 및 배수 시스템, 해안 복원 인프라
전력 및 에너지 인프라 (Power and energy infrastructure)	Power grid, power stations, wind turbines, gas pipelines, solar panels 전력망, 발전소, 풍력 터빈, 가스 파이프라인, 태양광 패널
통신 인프라 (Telecommunications infrastructure)	Telephone network, broadband network, WiFi services 전화 네트워크, 광대역 네트워크, WiFi 서비스
정치 인프라 (Political infrastructure)	Governmental institutions such as courts of law, regulatory bodies, etc.; Public security services such as the police force, defense, etc. 법원, 규제 기관 등과 같은 정부 기관 경찰, 국방 등과 같은 공공 보안 서비스

교육 인프라 (Educational infrastructure)	Public schools and universities, public training institutes 공립학교 및 대학, 공립 교육 기관
보건 인프라 (Health infrastructure)	Public hospitals, subsidized health clinics, etc. 공립 병원, 보조금을 받는 건강 클리닉 등
레크리에이션 인프라 (Recreational infrastructure)	Public parks and gardens, beaches, historical sites, natural reserves 공공 공원 및 정원, 해변, 유적지, 자연 보호 구역

다. PPP (Public Private Partnerships) 사업

PPP(Public-Private Partnerships)란 정부조달에 있어서 정부(Public)와 민간기업(Private)인 공동으로 협력관계(Partnerships)를 맺어 자금 조달, 설계, 건설 및/또는 공공 인프라 또는 서비스를 운영하는 것을 말한다. 공공 부문의 서비스 제공은 원래 정부 혹은 공공기관의 역할이지만 민간 부문의 혁신, 효율성 및 자금 조달과 결합하여 공공 및 민간 부문 모두의 강점을 활용하는 것을 목표로 한다.

PPP는 일반적으로 민간 부문 파트너(private sector partner)가 프로젝트 또는 서비스의 자금 조달, 설계, 건설, 운영 및 유지 관리와 같은 상당한 위험과 책임을 맡는 장기 계약 관계(long-term contractual relationship)를 정부 혹은 정부기관과 맺게 된다.

PPP는 교통, 에너지, 수자원 및 위생, 의료, 교육 및 공공 행정을 포함한 광범위한 공공 부문에서 사용될 수 있다. 주로 개발도상국 정부가 자국 공공 분야에서 스스로 그리고 조직적으로 수행하기 어려운 분야의 공공 프로젝트를 국제조달하는 경우에 사용된다.

프로젝트에서의 역할 또는 소유권, 서비스의 특정 특성에 따라 BOT(build-operate-transfer), DBO(design-build-operate) 또는 BOOT(build-own-operate-transfer)와 같은 다양한 유형의 사업형태를 취할 수 있다.

---

320) CFI Education Inc., Public Infrastructure, at https://corporatefinanceinstitute.com/resources/economics/public-infrastructure/

(1) PPP가 공공인프라 프로젝트에 활용되는 이유

공공 인프라의 대부분은 여전히 정부나 정부가 통제하는 기관에서 자금을 지원하고 운영하며 PPP는 현재 대부분의 국가에서 상대적으로 낮은 비율의 인프라에 자금을 지원하는 활용되는 것이 현실이다. 그러나 선진국의 기술과 경험 전수가 필요한 대형 공공 인프라 건설에 있어서 PPP의 활용은 전 세계적으로 증가하고 있으며, 한편 금융에 있어서 프로젝트 파이낸싱과 관련하여 많이 활용되고 있다.

PPP의 활용 및 성장에는 크게 두 가지 이유가 있다. 첫째, 민간 기업은 프로젝트를 설계, 관리, 건설, 운영 및 유지하는 데 있어서 정부보다 더 효율적일 수 있다. 연구에 따르면 PPP로 수행된 인프라 프로젝트는 정부 단독 프로젝트보다 사업기간 준수(on-time) 및 예산에 맞게 완료(on-budget)되는 사업 기록(track record)면에서 효과적이라 한다.[321]

두 번째 이유이고 좀 더 실질적인 이유는 많은 국가의 재정적 어려움으로 인해 정부가 자체 세수와 시장 차입금으로 기본 인프라 자금을 조달하기 어렵다는 점에 기인한다. PPP 사업 하에서는 먼저 민간기업이 사업 초기에 거래 추진과 자금 조달을 우선 주도하여 건설하고 사업을 운영하며, 향후 정부가 그 사업으로 인한 수입 등을 재원으로 민간기업에게 보상하고 사업을 넘겨 받아 운영하는 협력 모델이 자주 활용된다.

(2) PPP의 형태 및 금융

PPP는 특히 인프라 분야 주요 프로젝트를 수행하는 데 있어 특별하고 보다 강도 높은 민관 협력 형태이다. 민간 기업이 제한된 특정 서비스를 제공하는 낮은 수준의 역할에 그치는 관리 계약(management contract)에 그치는 것에서 훨씬 더 광범위한 양허 유형 계약(concession type arrangements)에 이르기까지 다양한 형태의 PPP가 현실적으로 존재한다.

---

[321] Niehuss (2015), pp 358-59.

양허((concession)에 의한 PPP인 경우, 민간 기업은 일반적으로 양허 기간 동안 인프라 시설을 설계, 건설 및 운영(design, build and then operate)할 수 있는 라이선스를 부여 받는다. 이 경우 민간기업의 자체 자원(resources)과 책임으로 시설 설계, 공사 자금 조달, 공사 감독, 시설 운영·유지 등을 맡게 된다. 특히 프로젝트를 위한 자금조달을 위해 민간기업은 통상적으로 프로젝트 파이낸싱 기법(project finance techniques)을 사용하여 필요한 자금을 조달하며, 이 경우 그 인프라 프로젝트는 PPP 프로젝트(PPP project)로 구성되게 된다.

PPP 프로젝트에는 두 가지 기본 유형으로 (1) 그린필드(greenfield) 프로젝트는 완전히 새로운 프로젝트가 건설되는 프로젝트인 반면, (2) 브라운필드("brownfield") 프로젝트는 기존 프로젝트를 개조하거나 복구하는 프로젝트를 말한다. PPP 프로젝트에서는 민간 참가자와 주최국 정부 간에 소유권, 프로젝트 위험 및 책임을 분할하는 데 사용되는 다양한 특정 계약 유형(specific contractual arrangements)이 활용되게 된다. 약어로 가장 잘 알려져 있으며 가장 일반적인 것 중 일부는 다음과 같다.[322]

---

322) Niehuss (2015), pp 360-61.

구분	내용
BOT (Build, Operate, and Transfer).	A private sector investor designs, finances, builds, operates (but does not own) and maintains the project facility and transfers it back to the government at the end of the concession period. 민간기업은 프로젝트 시설을 설계, 자금 조달, 건설, 운영(소유하지는 않음) 및 유지 관리하고 양허기간이 끝나면 이를 정부에 다시 이전함
DBFOM (Design, Build, Finance, Operate, and Maintain).	A private party designs, arranges finance, constructs, operates and maintains a project under a concession for a specified period. 민간기업은 일정 기간 동안 양허하에서 프로젝트를 설계, 자금조달, 시공, 운영, 유지한다.
DBO (Design, Build, and Operate).	The private sector participant designs, builds and operates the project but is not responsible for raising finance. 민간기업은 프로젝트를 설계, 구축 및 운영하지만 자금 조달에 대한 책임은 부담하지 않음.
ROT (Rehabilitate, Operate, and Transfer).	This is a variation on the BOT scheme. A private party rehabilitates existing assets rather than building new ones and then operates, maintains, receives revenues and ultimately transfers the facility back to the government. BOT 방식의 변형으로 민간기업은 새 자산을 짓기보다 기존 자산을 복구한 다음 운영, 유지, 수익을 받고 궁극적으로 시설을 정부에 다시 이전함.
BOOT (Build, Operate, Own, and Transfer).	The project facility is financed, built, owned, operated and maintained by the private investor who transfers it back to the government at the end of the concession. 민간 투자자가 자금을 조달하고, 건설하고, 소유하고, 운영하고, 양허 종료 시 이를 정부에 다시 이전하는 민간 투자자가 관리합니다.

PPP사업에 주로 사용되는 금융기법은 일반적인 "국제 프로젝트 파이낸싱" 모델이 많이 참고될 수 있다. 특수목적 법인(special purpose vehicle)을 설립하여 발주국(구매국) 정부 혹은 정부기관과 양허계약 혹은 유사한 PPP 계약을 체결하여 추진하는 전형적인 프로젝트 금융이 사용되기도 한다. 비소구조건으로 대주단의 금융을 활용하고, 대출금 상환도 PPP로 추진한 사업에서 나오는 창출된 수익으로 상환하는 점에서 전형적인 Project Finance이다.

그러나 현실적으로는, 대부분의 프로젝트 파이낸스 실무에서도 변형이 있는 것처럼, 대주단(대출은행들)은 부채 상환의 유일한 원천으로 예상 수익 흐름(projected revenue stream)에만 의존하는 것을 꺼릴 수 있으며 이 경우 다양한 형태의 추가 신용 지원(credit support) 내지 신용 보강(credit enhancement)가 부가되기도 한다. 공공 인프라 프로젝트에서는 발주국 정부가 종종 이러한 신용 지원 중 일부를 제공하게 되며 발주국 정부 지원의 일반적인 형태는 다음과 같다.

- 양허 또는 기타 PPP 계약을 통한 사업상 독점 또는 준 독점 지위(monopoly or quasi-monopoly status)
- Availability payments (AP, 가용성 지불) (정부가 공공시설 또는 서비스가 공공 용도로 사용이 가능한 한 공공 시설 또는 서비스에 대해 SPA에 지불하는 것). 이 신용 지원 방법은 PPP 유료 도로 사업에서 자주 사용되며 대주단은 시장 위험과 개별 사용자로부터 통행료를 징수함으로써 발생 가능한 위험을 감소시킨다.[323]
- 특정 유형의 프로젝트를 장려하기 위해 세금 공제(tax credit), 후한 감가상각(generous depreciation allowances) 허용 등.[324]

---

323) Niehuss (2015), pp 362.
324) Niehuss (2015), pp 362-63.

- 저소득 소비자(특히 water sector)에 대한 지원은 MDB(국제개발은행)등의 산출물 기반 원조(output based aid, 일반적으로 OBA라고 함)를 사용하는 보조금 또는 관세 협정의 교차 보조금(cross subsidies in tariff arrangements or subsidies) 제공. 이런 편의조치는 저소득 시민을 도울 뿐만 아니라 사업이 프로젝트 부채를 상환하기 위한 수익원을 유지하는 데 도움이 됨.325)

라. 인프라 프로젝트의 고려사항

인프라 프로젝트에는 일반적으로 몇가지 공통된 특성이 있고 이는 프로젝트 거래를 추진하고 사업을 지원하는 프로젝트 금융 기법에 영향을 미친다. 프로젝트 자금 조달 방식에 영향을 미치는 인프라 부문의 주요 일반 특성은 다음과 같다.

(1) 신뢰할 수 있는 현금 흐름 (Reliable Cash Flow)

인프라는 기본적인 사회적 필요이기 때문에 대부분의 인프라 프로젝트의 산출물(에너지, 건강, 교육, 교통 등)에 대한 일정한 수요가 있어 꾸준한 수익원(현금 흐름)을 생성하게 된다. 물론 경기 침체와 저성장 기간에는 예외는 있다. 이러한 상대적으로 안정적인 장기 현금 흐름은 안정적인 장기 투자처를 찾는 기관 투자자의 관심이 증가하는 분야이다. 공공 인프라 프로젝트 및 관련된 프로젝트 금융에서 신뢰할 수 있는 현금흐름은 사업의 중요한 기초가 된다.

(2) 상대적으로 낮은 기술/기술 위험 (Relatively Low Technical/Technology Risks)

대부분의 인프라 프로젝트는, 통신 인프라를 제외하고, 일반적으로 복잡하거나 새로운 기술에 의존하지 않는 특징이 있다. 역사적으로도 정부나 지방자치

---

325) Niehuss (2015), pp 363.

단체, 공기업 등이 지속적으로 공급해 오던 설비와 서비스이며, 그 건설에도 다양한 수준이 있을 수 있다. 특히 개발도상국의 인프라 수출인 경우 선진국의 기술, 경험이면 충분히 감당할 만한 수준의 기술에 의존하는 경우도 많다. 결과적으로 특히 석유 및 가스와 같은 일부 다른 부문의 프로젝트와 비교할 때 상대적인 기술적 위험(relatively low technical risks)이 낮은 경향이 있다.

(3) 정부 역할의 중요성 (Substantial Government Role)

공공 인프라는 전통적으로 정부의 책임으로 여겨져 왔으며, 따라서 시민들은 정부가 정부 기능으로 그 서비스가 제공하기를 기대하므로, 정부의 역할이 종종 다른 부문보다 더 크다. 인프라 프로젝트에서 정부 역할의 주요 측면은 다음과 다양하게 제기된다.[326]

정부의 규제 (Government Regulation) : 현대 경제에서 거의 모든 분야는 어떤 형태로든 정부 규제를 피할 수는 없지만 인프라와 관련된 프로젝트는 정부 규제가 더 많이 관여하는 경향이 있다. 또한 대부분의 인프라 프로젝트는 독점 또는 준 독점적이며, 이는 그들이 운영하는 시장이 비경쟁적이다. 인프라가 부족하거나 소비자에게 너무 높은 가격인 경우 정부가 궁극적으로 대중에게 책임을 져야 하므로, 정부의 규제 내용과 방향이 변화할 수 있다.

정부의 지원 및/또는 보조금(Government Assistance and/or Subsidies) : 일부 유형의 인프라 프로젝트(예: 재생 가능 에너지, 도로 및 수자원)에서는 정부가 보조금 및/또는 유리한 규제 조치를 제공하여 민간 부문 참여를 장려하거나 소비자와 사용자에게 합리적인 가격을 수준을 도모한다. 이러한 조치에는 세금 혜택(tax benefits), 재생 가능 에너지 표준(renewable energy standards), 발전차액지원(feed-in-tariffs)[327] 등이 있다.

---

326) Niehuss (2015), pp 362-68.
327) 신·재생에너지 발전에 의하여 공급한 전기의 전력거래가격이 정부가 고시한 기준가격보다 낮은 경우에 그 차액을 지원하는 제도를 말한다. 태양에너지·바이오에너지·풍력 등의 신·재생에너지는 환경오염을 일으키지 않는 장점이 있지만, 기존의 원자력·화력 에너지에

정부 상대방 위험(Government Counterparty Risk) : 정부가 인프라 프로젝트에 다양한 형태의 신용 지원을 제공할 때 정부가 그 특별목적법인의 상대방이 되는 경우가 많다. 예를 들어, 정부 소유 배전 회사는 종종 전력 또는 수도 프로젝트 산출물의 구매자이고, 정부는 유료 도로 프로젝트와 관련하여 SPV에 가용성 지불(availability payments)을 할 수 있으며, 환전 및 송금 위험(foreign exchange convertibility and transfer risks)에 관해 다양한 약정을 제공하여 지원할 수 있다. 이런 경우 SPV의 거래 상대방으로서 정부의 신용도 또는 이행 의지는 매우 중요하며, 따라서 인프라 프로젝트 파이낸스에서 대주단은 정부의 이행의지와 보장 수준을 중요하게 평가한다.

최종 구매자/사용자로서의 대중의 역할 : 개별 소비자에게 직접(directly to individual consumers) 서비스를 제공하는 인프라 프로젝트(예: 유료 도로, 공항)에서 수익 흐름은 일반적으로 수천, 수만 명의 개별 사용자와의 장기 구매/사용자 계약에 의해 뒷받침되는 경우가 많다. 이것은 시장이 도매 시장(wholesale market)이 아니라 소매 시장(retail market)으로 소비자에 의한 기본 시장 수요(basic market demand)에 대한 충분한 due diligence가 중요하다.

(4) 대중의 반발 위험 (Risk of Public Opposition)

인프라 프로젝트의 또 다른 공통적인 특징은 공공 부문 고용(public sector employment)의 감소와 정부 기능에 대한 외국 민간기업과 정부의 참여와 관련된 정치 이데올로기적 저항에 따라 노동 조합과 시민단체 등의 반대가 있을 수 있다.

가격 정책에 대한 압력 (Constraints on Pricing Policy of Infrastructure Projects) : 대부분의 인프라 프로젝트의 공익적 특성과 궁극적인 사용자가 종종 개인 시민이므로 구매국 정부는 가격을 가능한 한 낮게 유지해야 한다는 정치적, 사회적 압력(political and societal

---

비하여 생산 단가가 비싼 것이 단점이다. 이 때문에 신·재생에너지 보급을 활성화하기 위하여 이 제도를 마련하여 발전사업자의 수익을 보장함으로써 투자의 안정성을 높여주는 제도이다. [네이버 지식백과] 발전차액지원제도 [Feed in Tariff(FIT), 發電差額支援制度] (두산백과 두피디아, 두산백과).

pressures)을 받는다. 때로는 이러한 압력이 너무 커서 스폰서(사업주)가 요금 징수 저항이나 분쟁(예: 많은 신흥 시장의 물, 전기 등 인프라 부분)를 겪고 인프라를 적절하게 유지 관리할 수 있을 만큼 충분한 수입을 얻는 데 어려움을 겪을 수 있다.

(5) 환경, 사회, 인권 이슈 (Environmental, Social and Human Rights Issues)

21세기에 들어서서 환경, 사회 및 인권 문제는 프로젝트 파이낸싱에서 점점 더 중요한 부분이 되었고 거의 모든 인프라 섹터에서 이슈가 되고 있다.

인프라 프로젝트 준비 과정의 일환으로 프로젝트의 영향을 가장 많이 받는 지역 주민들과의 협의가 통상적으로 필요하다. 그리고 그 프로젝트가 진행되기 전에 영향을 받는 사람들로부터 "자유로운 정보에 입각한 사전 동의(free, informed prior consent)"를 얻어야 된다. 이는 프로젝트에 영향을 받는 지역에 국한하여도 문제가 되어왔지만, 최근에는 전세계적인 환경오염과 지구온난화 문제로 국가적인 문제로서 더욱 더 중요한 문제가 되고 있다.

(6) 통화/외환 위험 (Currency/Foreign Exchange Risk)

특히 많은 신흥 시장의 인프라 프로젝트에서 외환 위험은 그 정도가 현저하며 딱히 완화하기 위한 조치 강구가 어려울 수 있다. 대부분의 인프라 프로젝트는 현지 시장에만 서비스를 제공하고 사용자로부터 현지 통화로 수익을 받는 구조이지만, 정부간 거래처럼 국제 인프라 프로젝트의 자금조달이나 설비 조달을 해외에서 외화로 차입해야 하는 구조인 바, 수익이 발생하는 통화와 부채를 상환해야 하는 통화 간에 통화 환위험 문제가 발생할 수 있다. 이 통화 위험은 이론적으로는 헤지 될 수 있겠으나, 신흥 시장의 대부분의 통화에 대한 통화 스왑 시장은 종종 매우 제한적이고 비용이 많이 들기 때문에 헤지가 거의 불가능하거나 높은 비용 문제로 사업성이 없을 수 있다. 따라서 구매국과 그 시장이 신흥시장, 고위험 시장인 경우 보수적인 접근이 필요하고 과할 정도의 위험관리 및 환위험 헤지 상품 활용을 해야 할 것이다.

4. 에너지 사업 - 원전 중심

가. 개요

원자력 발전소 사업(이하 "원전사업")는 원자력 반응을 이용하여 전기를 생산하게 되는데, 이를 건설하고 운영하기 위해서는 상당한 양의 투자와 전문지식, 기술이 필요하다. 원자력 사업은 기후 변화 대처, 에너지 안보 확보, 경제 성장이라는 과제를 해결하는 데 중요한 역할을 하는 핵심산업이며 또한 우리나라를 포함하여 소수의 경쟁력 있는 국가들이 수출할 수 있는 산업이다.

원전사업은 소수의 국가만이 수출할 역량이 있고 양국 정부 차원에서의 각종 협력 및 법적인 약정, 엄격한 국제규범의 준수 등이 거의 필수적인 분야이므로 G2G 사업 대상으로서의 지원 필요성이 크다. 다만, 사업 분야의 특수성과 초대형 국가사업에 해당하는 거래라는 측면에서 지원 범위나 정부의 역할에 대하여 더 세밀하고 심도 깊은 고려가 필요한 분야이다.

원자력 발전사업은 청정 저탄소 에너지원으로서 온실가스 배출을 줄이고 기후 변화를 완화하는 데 기여하고, 안정적인 전력 공급을 보장하여 에너지 안보와 독립을 촉진한다. 특히, 원자력은 각국의 탄소 중립 목표 달성을 지원하고 분산형 발전을 가능하게 하여 선진국과 개발도상국 모두에게 혜택을 준다. 그러나 원자력 산업의 안전하고 지속 가능한 발전을 위해서는 안전 문제, 폐기물 관리 및 규제 조치에 대처하는 것도 중요한 문제이다.

원전사업은 타 발전사업에 비해 규모도 비교할 수 없을 정도로 건당 규모가 크고 막대한 재원과 장기간의 건설기간이 소요되기에 다양한 이해관계자가 참여하게 되어 다수의 복잡한 계약들이 체결되어, 이를 한 번에 이해하기에는 큰 어려움이 있다.[328] 특히 국내기업의 원전 사업 경험을 기반으로 하는 원전수출인 경우엔 계약적 배경과 계약 자체 모두 매우 복잡하여 국제거래에 대한 연구 분야에서도 가장 도전적인 분야 중 하나이다.

---

[328] 박상길, "원전사업의 전반적인 위험 배분과 대표 사례 소개" 국제거래법연구 30.2 pp.85-108 (2021), 102면.

원전프로젝트 계약은 국가간 계약의 성격과 동시에 강대국들 간의 경쟁이 치열하기 때문에 계약의 내용이 공개되는 경우가 드물다. 하지만, 원전사업은 우리나라를 포함한 미국, 러시아, 중국, 프랑스 등 주요 경쟁국들이 자국의 역량을 총집결하여 수주하기 위해 경쟁하는 분야이며, 수주시 경제적 이익이 크고 구매국에 대하여 수출국이 갖게 되는 영향력과 협력관계 제고에도 매우 긍정적이다.

우리나라의 원전수출 기본 역량은 상당히 우수하며 향후 성장잠재력이 큰 분야이다. 따라서 본서의 주제처럼 정부간 거래 제도를 활용하거나 그에 기반을 둔 금융지원이 수반된다면 상당히 좋은 결과를 예상할 수 있다고 본다. 즉, 우리나라는 독자적으로 원전 기술을 개발 및 자립을 상당부분 달성하여 기술 경쟁력이 타 경쟁국들에 비해 우수 하고, 특히 우리기업들의 공기 및 공사비 준수 등 건설 및 가격 경쟁력도 뛰어난 점에서 긍정적이다. 하지만 대규모 자본력과 공격적인 사업수주를 하는 러시아 및 중국에 비해 특히 금융지원 역량이 부족하여 이를 극복할만한 다른 경쟁력의 개발이 필요한 실정이다.329) 그런데 우리에게는 현재 G2G 거래 제도가 이미 운영 중에 있고 여기에 정부간 거래에 대한 특별금융지원도 충분히 모색 가능하므로 원전수출은 별도의 제목으로 정부간 거래 지원의 중요 분야로 검토하고 방안을 모색할 필요가 있다.

나. 원전수출 현황

우리나라 기업들에 원전 수출사업은 매우 도전적인 사업분야이긴 하지만 향후 원전수출시장은 주목하고 경쟁해야 할 시장이다. 기후변화 대응을 위한 탄소중립 정책과 최근 우크라이나 사태를 계기로 한 에너지 안보는 중요하며 세계에너지 산업에서도 원전사업이 다시 중요하게 되었다. 국제에너지기구(International Energy Agency; IEA)에 따르면 2050년 탄소중립(Net Zero Emission; NZE)을 달성하는 경우 세계 원전 시장은 현재 400GW

---

329) 박상길 (2021), 94면.

규모에서 800GW 규모로 증가할 예정으로 신규원전 기준으로는 약 600GW의 신규원전 건설이 필요한 것으로 전망하고 있다. 우리나라가 운영 중에 있는 1,000MW OPR 1000 기준으로 산정하면 향후 세계시장에선 원전 600기 규모가 신규원전이 필요하게 되었음을 예상할 수 있다.330)

원전수출시장은 G2G 거래 대상으로서도 중요한 시장이며 최근 국제정세에 있어서도 매우 민감하게 수요가 발생할 것으로 예상되는 분야이다.

> 유럽의 폴란드는 최근 미국과 6기 AP1000 건설을 위한 정부간 협약을 맺었으며 우리나라와도 2~4기의 원전 건설의향서를 체결하는 등 탄소중립을 위해 유럽에서 가장 높은 비율의 석탄화력 비중을 낮추려 노력하고 있는 실정이다.331) 폴란드가 이미 미국과 정부간 약정을 하였다 사례가 보고되는 것을 보면 향후 우리나라와의 원전수출 관계에서도 정부간 거래가 활용될 가능성을 예상해 볼 수 있다.

더욱이 이번 러시아-우크라이나간 군사분쟁 사태로 인하여 미국 진영의 러시아에 대한 거부감과 중국에 대한 부정적 태도는 국제거래 활동 부분에서도 공급망 분리 혹은 대형 거래 단절을 야기하고 있는 바, 이러한 경향이 상당기간 지속될 것으로 예상된다. 미국 중심 안보경제협력이 중시되고 그 일환으로 에너지 안보 차원에서 미국진영 국가들에 대한 원전사업 분야에서 우리 원전수출 기업들의 진출에 호의적인 상황이 될 것으로 예상된다.332) 우리의 성공적인 UAE 원전사업을 경험을 바탕으로 추가 건설을 계획하고 있는 UAE, 사우디아라비아, 이집트, 카자흐스탄 등 중동지역은 우리의 매력적인 원전시장이며 필리핀, 베트남 등 아시아 국가와 일부 아프리카 국가도 유망하다.333)

---

330) 이종호, 원전수출 시장 전망 및 수출추진체계 강화방안, 에너지경제연구원 (2022). at http://www.keei.re.kr/keei/download/focus/ef2210/ef2210_40.pdf.
331) 이종호 (2022), 35면.
332) 이종호 (2022), 35면.
333) 이종호 (2022), 35면.

다. 원전수출 고려사항

원자력에 대한 전문성을 보유하고 있는 소수의 원전 수출국이나 수출회사는 원자력 산업에서 과잉 생산 능력을 가지고 있거나 고객 포트폴리오를 다양화하기 위해 해외 수출을 모색하게 된다. 반면, 수입국은 부족한 에너지 수요를 충족시키고, 에너지 독립성을 높이거나, 화석 연료에 대한 의존도를 줄이고자 원전을 유치하고자 한다. 이러한 국가간 요구사항이 합치하는 부분에서 원전 수출은 인프라 수출거래에서도 매우 많은 금융 재원과 기술적 전문성, 수출입국간 협력 관계가 요구되는 분야가 된다.

그런데 원자력 발전소 수출은 원자력 안전, 비확산, 환경 보호와 관련된 것들을 포함하여 다양한 규제와 협정의 대상이 되기도 하여 조심스런 접근이 필요한 분야이기도 하다. 대표적인 원전 관련 국제기구인 국제원자력기구(IAEA)는 원자력 기술의 안전하고 안전한 사용을 촉진하고 원자력 활동에 참여하는 회원국에 대한 지침과 지원을 제공한다. 원전을 수출하게 되면 거래 전반에 걸쳐 규제기관, 국제기구, 지역사회 등 다양한 이해관계자가 참여해 원전이 안전하고 책임감 있게 수출·운영될 수 있도록 통제될 것이다.

라. 원전수출의 이행

원자력 발전소를 수출하는 것은 복잡하고 고도로 규제되는 과정을 포함하며, 일반적으로 초기 접촉, 타당성 조사, 계약 협상, 규제 승인, 제조 및 건설, 시운전 및 시험, 인도 및 운영을 포함한 여러 단계를 포함한다. 사전적 고려사항으로 발주국 정부의 역할이 중요하다. 원전 프로젝트 진행 과정에서 발주국 규제기관, 국제기구, 지역 사회 등 다양한 이해관계자가 관여하게 되는데, 이것이 사업 추진이나 건설 진행 등에 영향을 미칠 수 있다. 따라서 그만큼 발주국 정부가 이 부분에 대한 명확한 입장과 정책적인 지원을 해주어야 할 필요성도 크다. 결국 정부간 거래를 추진하게 되면 자연스럽게 발주국 정부의 역할을 그 속에 약정하도록 하고, 필요한 기타 약정도 가급적 확보해야 할 것이다.

다음은 원자력 발전소 수출 거래의 일반적인 단계 요약이다.

1. 초기 접촉 단계: 잠재적인 수입 국가의 정부 채널 또는 공기업 등과의 연락을 확립하여 거래를 논의해야 한다. 수입국의 에너지 수요, 잠재적인 원전 기술 옵션 및 기타 관련 요소에 대한 사전 논의가 포함된다.

2. 타당성 조사 (Feasibility Study) 단계 : 수출국 또는 기업은 원전사업의 기술적, 재정적 타당성 여부를 판단하기 위한 타당성 조사를 실시하며, 현장 평가(site assessments), 환경 영향 연구(environmental impact studies) 등이 포함될 것이다.

3. 계약 협상(Contract Negotiation) 단계: 원전 수출과 관련된 계약은 일반적으로 건설계약 이외에도 기술 이전(technology transfer), 지적 재산권(intellectual property rights), 파이낸싱 및 규제 준수(regulatory compliance)를 포함한 프로젝트의 다양한 약정을 포함하므로 계약적으로 볼 때 매우 복잡한 다수의 계약이 발생하게 된다. 일반적인 인프라 수출에 고려되는 사항들도 많은 경우 원전 수출에도 공통적으로 적용될 것이므로 전술한 인프라 프로젝트에 대한 고려사항을 참고할 수 있을 것이다. 한편, 계약체결시 수출국 및 구매국 정부의 여러 규제 기관의 요구사항을 충족 내지 완료하는 데 장기간 소요될 수 있으므로 고려하여야 한다. 이 부분에 대하여는 G2G 약정 내지 계약을 통해 근거를 마련하도록 하여 규제 승인과정이 신속히 진행되도록 협조의무를 부여하여야 할 것이다.

4. 제조 및 건설(Manufacturing and Construction) 단계 : 원전 제조와 건설에는 자재 조달, 구성 요소 구축 및 플랜트 조립이 포함된다. 원전이 건설되면 엄격한 시운전과 시험과정을 거쳐 안전과 성능 기준을 충족해야 한다.

5. 인계 및 운영 단계: 성공적인 시운전 및 시험을 거쳐 수출국 또는 기업이 원자력발전소를 수입국 또는 기업에 인계하여 운영 및 유지관리를 담당하게 된다. 구매국이 원전 운영 인력이나 경험이 특히 부족한 경우가

있을 수 있는 바, 이 경우 발주국은 운영 부분에 대한 우리나라 측의 지원을 계약 내용에 포함시켜 요구할 수 있다. 특히 정부간 거래의 개념인 정부의 이행 보장 내지 운영 지원이 더욱 필요하게 될 것인 점에서, 정부간 거래와 원전 수출은 상호 활용필요성이 크다.

마. 원전사업 계약 방식

(1) 개요

원전 수출 계약방식으로는 인프라 프로젝트에 사용되는 다양한 계약 방식을 마찬가지로 활용하는 것이 고려될 수 있겠으나 대표적인 방식은 (1) EPC 턴키 계약방식과 (2) BOO(Build-Own-Operate) 방식, BTO(Build-Transfer-Operate) 방식, BTL(Build-Transfer-Lease) 방식, BOT(Build-Own-Transfer) 방식, BLT(Build-Lease-Transfer)방식 등 다양한 사업구조가 있을 수 있다.[334]

> 인프라 수출 프로젝트 개념에 부합하는 원전사업 사례로 우리나라에서는 "UAE 원전사업"을 알려진 UAE 바라카 원전프로젝트가 있다. 한국전력공사를 포함한 우리나라 기업들이 수주한 사업으로 EPC 턴키방식으로 계약체결된 선례가 된다. UAE측 UAE원자력공사(Emirates Nuclear Energy Corporation) 발주한 신규 원전 4기 건설에 대한 EPC(Engineering-Procurement-Construction) 턴키 계약의 주계약자로 우리 측 한국전력공사가 사업을 주도하고, 설계는 한국전력기술, 기자재 공급은 두산중공업, 건설은 현대건설 및 삼성물산, 발전소 운영유지 및 보수 지원은 한국수력원자력과 한전KPS가 담당하는 대형 원전 프로젝트였다.[335] 사업구조는 건설 및 건설완료 후 발전소 운영유지 및 보수를 한국 기업들이 하는 구조이지만 한국 정부의 상당한 지원과 외교적 협력이 지속된 거래였다. 향후 유사한 사례로 한국 정부 측 지원을 G2G 거래로 수반시켜 한국과 구매국간 원전수출사업으로 진행할 수 있을 것으로 예상한다.

---

334) 박상길, "원전사업의 전반적인 위험 배분과 대표 사례 소개" 국제거래법연구 30.2 pp.85-108 (2021), 94면.
335) 박상길 (2021), 94면.

다른 사례인 터키 아쿠유 원전사업이 있는 바, 러시아 WER 1200 노형 4기를 터키 아쿠유 지역에 BOO 방식으로 건설하는 사업이 있었다.

> 터키 아쿠유 지역에 BOO 방식 사업에서는 터카-러시아 양국 간 2010년 5월 12일에 전문 및 18개 조항으로 구성된 IGA(Intergovernmental Agreement) 협정을 체결하여 강력한 러시아 정부 측의 지원이 있었다. 박상길(2021)에 따르면, 터키 아쿠유 원전프로젝트의 러시아와 터키간 IGA를 통해 드러난 러시아의 원전수출 계약의 내용에는 5가지의 중요내용, 즉 ① 건설비용 100% 파이낸싱 제공(제5조), ② 터키 기업(하도급) 및 국민(고용)에 대한 현지화 제공(제6조), ③ 러시아산 기자재 및 부품 납품(제9조), ④ 장기간 전력구매계약 체결 및 전력구매단가 상한 제시(제10조), ⑤ **사용후핵연료 회수 및 재처리(제12조)**이 있다.

터키 아쿠유 원전사업을 통해 우리는 소위 러시아 방식 G2G 원전수출계약으로 볼 수 있는 내용이다.336) 박상길(2021)의 논문 주석에서 소개하는 IGA (정부간 약정)의 주요 규정 내용은 다음과 같다.

> ### IGA (정부간 약정)의 주요 규정 내용
> - 프로젝트회사 설립(5조): 프로젝트 회사는 원전 소유주이며 동시에 전력판매자로, 터키 법률에 의해 합자회사 형태로 설립되며, 초기에 러시아 측은 100% 지분을 보유해야 한다. 또한, 러시아 측은 전 기간 동안 51%의 지분 이상을 확보해야 하며, 전력구매계약(Power Purchase Agreement, PPA)가 종료되고 난 이후에 프로젝트회사는 연간 순이익의 20%를 터키 정부에 제공해야 한다.
> - 프로젝트 이행(6조): 러시아 측 건설계약당사자는 JSC Atomstroyexort(ASE)이며, ASE는 건설과정에서 터키 기업을 광범위하게 하도급자로 활용해야 한다. 러시아 측은 터키 시민권자들에게 원전 운영을 위한 교육을 무료로 제공해야 하며, 광범위하게 고용해야 한다.
> - 프로젝트 펀딩(9조): 러시아 측은 ASE가 러시아산 기자재 및 부품과 서비스를 구매할 수 있도록 펀딩을 제공한다. 즉, 러시아가 원전건설을 위한 비용을 제공하기 때문에, 기자재 및 부품 납품과 서비스 용역 등은 러시아에게 혜택을 제공하게 된다.

---

336) 박상길 (2021), 96면.

- **전력구매계약(10조)**: 터키 측은 터키전력거래소(TETAS)가 Project Company와 고정가격으로 1,2,3,4호기 원전에서 생산된 전력을 구매하는 내용의 전력구매계약을 체결해야 한다. 이 때, 의무 공급전력량보다 과잉으로 생산된 전력은 PPA의 조항에 따라 구매한다. 단, 의무공급전력량보다 적게 생산된 전력에 대해서 프로젝트회사는 부족분을 보충해야한다. TETAS는 원전 상업운전기간 15년 동안 1호기 및 2호기에서 생산된 전력의 70%와 3호기 및 4호기에서 생산된 전력의 30%의 구매를 보장하며, 가중평균전력구매단가는 kWh당 12.35 US cents 이다(부가세 제외). 프로젝트 회사는 1호기 및 2호기에서 생산된 전력의 30%와 3호기 및 4호기에서 생산된 전력의 70%를 전력거래시장에 판매한다. 전력구매단가에는 투자비용, 고정운영비, 변동운영비, 연료비를 반드시 포함한다. 프로젝트회사에 의해 발생된 투자비용(인허가, 개발, 금융주선 등)에 대한 회수는 상업운전 개시 후 15년 내에 이루어진다. 전력구매단가의 상승은 PPA 계약 기간 동안 허용되지 않는다. 다만, IGA 체결 이후 터키 법률 및 규제의 변경으로 전력구매단가가 변경되는 경우는 허용된다. 프로젝트회사는 kWh당 0.15 US cents는 방사성폐기물 관리비용으로 지불하여 하며, 0.15 US cents는 해체비용으로 PPA 계약에 반영된다. 전력요금의 변동이 있을 경우, 프로젝트회사의 부채 상환을 위해 전력요금을 상승시키되 kWh당 15.33 US cents를 상한으로 한다.
- **핵연료, 폐기물처리 및 해체(12조)**: 러시아산 핵연료의 사용후핵연료는 러시아로 회수되어 재처리 시킨다. 터키 및 러시아 양측은 핵연료(사용후핵연료 포함) 및 핵물질의 국경 간 이동을 위해 프 로젝트회사가 관련 인허가를 받을 수 있도록 지원한다. 프로젝트회사는 원전해체와 방사성폐기물 관리에 대한 책임을 가진다.

(2) 방식별 시사점

전술한 터키 아쿠유 원전사업은 금융 제공, 기술이전 등이 포함되는 소위 "All-inclusive package" 전략에 기반한 정부간 거래구조로 특징 지워질 수 있다. 중국, 러시아 등의 해외 인프라 거래에 대한 정부 측 지원의 구체적 내용은 공식적으로 알려진바 없어 검토에는 한계가 있다.

문제는 원전사업의 선두국가인 러시아가 소위 WTO 규범하에서 자유로운 경쟁과 투명한 절차 등 준수 부분에 대하여는 크게 개의치 않고 사업 수주를 위한 다양한 지원책을 구매국에 제공하는 것으로 알려져 있다는 점에 있다. 러시아 등의 이러한 적극적인 지원은 결국 강력한 형태의 G2G 약정에 의해 보완되는 것으로 보이며, 만약 우리 수출기업들이 G2G 계약 등 우리 정부의 지원 없이 원전수출을 추진하면 수주 경쟁에서 불리한 상황에 놓이게 될 것이다.

따라서 우리 수출기업들이 원전사업을 추진할 수 있도록 공정한 경쟁구조 만들기(Level the Playing Field) 측면에서도 원전 분야 수출사업 수주를 위해 필요에 따라서는 우리도 강력하고 공식적인 정부의 지원책을 강구해서 원전 수출을 지원해야 할 것이다.

그런데 이미 우리나라에는 정부간 거래로 지원할 수 있는 근거가 대외무역법 등에 충분히 마련된 상태이다. 게다가 WTO 등 국제규범에서 원전 분야는 이미 공공 인프라 부분이어서 지원이 허용되는 부분이다. 원전수출 프로젝트의 경우 WTO 규범 하에서 허용되는지 여부에 불확실한 부분이 있을 수 있겠으나, 원전 수출 분야에서 정부 등 국가의 고위 단계에서의 약정과 협력은 거의 필수적으로 수행되는 부분이다.

따라서 우리나라의 향후 원전 수출 지원 전략에 있어서 정부간 거래의 활용 및 정책 금융 패키지 등 활용을 적극적인 검토와 연구가 필요할 것으로 예상된다.

바. 원전 수출 관련 위험관리와 참고 사례

최근 연구에 의하면 원전 프로젝트의 위험 및 특성은 (i) 자본 집약성 및 경제성 위험, (ii) 장기간의 건설기간에 따른 규제 및 정치적 위험, (iii) 중대 사고 발생 위험성 및 사용후핵연료 관리 문제 등으로 요약할 수 있으며, 각 위험 항목에 대한 세부 특성 및 경감 방안을 제시하고 있어 소개하고자 한다.[337]

(1) 자본 집약성 및 경제성 리스크

원전프로젝트는 타 발전 프로젝트에 비해 자본 집약적 특성이 특히 강한 바, 대규모의 장비가 필요하여 초기 투자비가 많이 소요된다. 반면, 타 발전 프로젝트에 비해 연료비 비중이 현저히 낮고 운영관리비가 적은 편이어서 한번 상업운전을 시작하게 되면 투자비 회수는 가급적 용이한 장점이 있다. 이러한 원전수출의 자본 집약적 산업 특성으로 인해 글로벌 원전 수출시장에서 건설사업자(혹은 수출국가)의 대량의 금융조달 역량이 가장 중요한 수주 성공 요소의 하나가 된다.

예를 들어 원전수출 강국인 러시아는 100% 파이낸싱을 통해 원전수출을 추진하며, 2021년 10월 현재 전 세계 원전수출시장에서 약 70%의 점유율을 차지한다. 중국도 강력한 중국정부의 강력한 파이낸싱을 바탕으로 세계 원전수출시장에서 러시아 다음으로 수출을 확대하고 있다. 이처럼 초기에 대규모 재원이 요구되는 원전사업에서는 대규모 자금동원 능력이 요구되며, 프로젝트 파이낸싱 등의 다양한 금융 및 계약 방식이 적용된다.[338]

원전수출사업에 대한 금융지원의 제약요소 측면에서 보면, 타 발전사업에 비해 경제성 분석에 대한 불확실성이 큰 편이다. 원전 도입국의 경기가 침체되면, 전력 가격의 하락 및 이자율 상승과 자본 부족 발생 등으로 인해 공기가 지연될 수 있다. 경제성 위험을 대처하는 방안으로 원전프로젝트 사업자는 발주국가 정부에 전력구매계약상 일정 기간 동안 일정 수준 이상의 전력요금 지급보증을 요구할 수 있다. 즉, 상업운전일 이후 20년 혹은 30년의 기간 동안 일정한 수준의 전력요금을 보장해줄 것을 요구할 수 있다.

한편, 통화가치 하락 위험에 대비하여 전력요금을 기축통화로 지급할 것을 발주국 정부에 요구하거나 혹은 환변동위험을 헤지할 필요가 크다.

---

337) 박상길, 86면. 원전 수출관련 위험관리의 문제와 사례를 통한 쟁점 파악 등 자세한 내용의 동 박상길 논문을 참고하기 바라며, 여기서는 본 도서의 취지를 감안하여 요한 쟁점을 소개하는 정도에 그치기로 한다.
338) 박상길 (2021), 86면.

예를 들어, 최근 일본이 터키에서 추진했던 시노프 원전 사업에서 전면 철수하게 된 주요 원인 중의 하나는 터키 화폐인 리라화의 가치 폭락으로 건설비가 과도하게 증액될 것으로 추산되었기 때문이라 한다.

앞서 소개한 발주국가 화폐가치 하락과 같은 환율변동 위험을 경감하기 위해서는 전력구매계약상 전력요금의 지급을 달러와 같은 기축통화로 약정할 필요가 제기된다.339) 그러나 현실적으로 이에 응한 구매국은 많지 않을 것이라는 제약이 예상된다. 따라서 상업적인 방법으로 환위험 헤지상품을 활용하고 그 비용도 충분히 사업계획에 반영해야 할 것이다.

(2) 장기간 건설기간에 따른 위험

원전사업은 인허가 및 부지 특성을 반영한 설계 및 건설 등으로 장기간의 건설 기간이 소요되고, 건설기간동안 그리고 투자금 회수의 장기간에 걸친 안정적이고 지속적인 관리가 필요하다.

장기간의 건설기간에 따른 위험을 대처하는 방안으로는 (i) 이미 검증된 기술(기 완공된 원자로 노형 및 건설 기법 등)사용하고, (ii) 원전 건설 관련 충분한 성공 경험을 지닌 건설시공자 및 도급업자와 계약하는 것이 바람직하다. 또한, 발주국의 규제기관이 협조적으로 각종 규제 및 인허가에 임하여 원전프로젝트에 미치는 부정적 요소를 최소화할 필요가 있다.340)

극단적인 가정이겠으나 장기간에 걸친 건설기간 중 발주국의 정권 교체 등 정치 환경 변화로 인해 프로젝트가 취소되는 위험성도 있다. 신규 원전 도입국에서 장기간의 건설기간 동안 탈원전정책을 추진하는 정권이 들어설 경우, 건설 중인 원전사업 자체가 백지화될 위험에 처할 수 있다.341)

---

339) 박상길 (2021), 88면 ; 정홍식, "해외 민자발전프로젝트(independent power project) 거래구조 및 각 계약별 핵심쟁점", 국제거래법연구, 제24집 제2호 (2015), 40면.
340) 박상길 (2021), 89면.
341) 박상길 (2021), 89면.

이런 점에서는 정부간 약정으로 발주국 정부 규제기관의 부당한 규제를 하는 경우 정부간 계약으로 원전을 수출하고 그 정부간 계약상의 규제기관의 부당한 조치 방지 규정을 포함시키고 그 의무 불이행 사태 발생시 이유로 구매국 정부를 압박하는 것도 적절한 위험관리 방안이 될 것이다.

(3) 중대사고 및 사용후핵연료 처리 문제

구소련 우크라이나 지역의 체르노빌 원전사고와 일본 후쿠시마 원전사고는 원전 중대사고의 중대성과 회복불능의 결과에 대하여 상당한 위험이 존재함을 명백히 알려주며, 원전수출에 있어서도 이는 반드시 고려하여야 할 요소이다.

그런데, 원전관련 사고에 대하여는 소위 "책임집중이론"에 따라 법률에 의하여 해당 원자력 발전시설의 운영자로 지정된 자("원자력사업자")만이 단독으로 책임을 지며 그 내용은 엄격책임이다. 따라서 프로젝트 회사가 직접 원자력 발전시설을 운영하지 않고, 별도의 운영법인을 설립하여 운영자로 지정받도록 하는 것이 법률적으로는 바람직하다고 한다.[342]

5. 소결

국제거래에 대한 기존 연구에서는 방산수출 및 공공인프라 수출이 상대적으로 새로운 개념인 것과 마찬가지로 G2G 거래도 우리나라에서는 새로운 거래방식이다. 방산물자나 인프라 수출 분야는 우리나라 입장에서도 비교적 최근에서야 사업 추진 능력, 이행능력, 관리능력, 금융 조달 능력에서 국제적 경쟁력을 점진적으로 획득하고 있는 분야이다. 다만, 이에 대하여 정부간 거래를 추진하고 충분한 금융구조를 짜고 지원하는 것도 매우 새로운 도전일 수 있다.

---

[342] 박상길 (2021), 93면.

방산물자 수출에서는 경제안보협력관계라는 큰 정치적, 외교적 틀에 부합하게 이루어 져야 하는 반면, 공공 인프라 수출의 경우 구매국의 사회적 정치적 영향과 위험이 상당부분 프로젝트에 영향을 미칠 수 있기 때문에 사업적 접근에 상당한 주의를 기해야 한다. 따라서 이후 다뤄질 정부간 거래의 실제 수행 부분이나 금융제공, 위험 관리 등에 대하여 살필 때에는 이러한 방산물자 수출 및 공공 인프라 수출의 특성을 충분히 고려하여야 한다.

한편, 우리나라의 G2G 수출 거래는 구매국 정부 입장에서도 구매국의 국익과 중요하게 관련되는 정부조달사업의 방식이기도 하므로 우리의 국익과 구매국의 이익도 동시에 고려하는 장기간의 전략적인 검토도 필요할 것이다.

04
우리 G2G 제도상 향후 과제

1. 개설

　정부간 거래는 법적 근거(Organization and legal basis)로 대외무역법, 대한무역투자진흥공사법 등을 두고 있고 그에 따라 정부간 거래를 진행할 조직으로서 대한무역투자진흥공사(이하 "코트라, KOTRA"등으로 칭함), 방위사업청이 있으며, 이들은 각각 정부간 수출계약 및 정부간 중개 업무를 수행하도록 하고 있다. 전담기관이 구매국과의 무역 증대와 경제안보협력 관계라는 사업(business)적 목적을 수행하는 데 정부간 거래가 효과적으로 활용되느냐의 구체적인 문제를 검토 보았다. 수출기업과 정부간 거래 지원조직이 함께하여 어떻게 수행할 것인지, 그 과정에 필요한 계약의 체결, 인행, 분쟁해결시 대처 방안 등에 관련된 다양한 문제 내지 쟁점 등을 어떻게 해결해 나가고 그런 경험을 축적하고 지식화하여 계속 발전시키는가의 문제는 어쩌면 더 중요한 문제일 것이다.

　정부간 거래 제도를 마련하고 조직을 구성한 지 이제 10년 정도 경과하였기 때문에 정교하고 효율적인 정부간 거래 제도를 완성해 내는 것은 시기상조이다. 그러나 그간 그 어떤 나라보다도 국제거래에 분야에서 탁월한 발전과 체질 개선을 해온 우리나라는 G2G 거래 제도화 및 활용 에서도 그러한 발전을 할 수 있을 것으로 예상되며, 선제적이면서도 효율적인 제도 발전 내지 개선을 추구해야 할 것이다. 그를 위해서는 일단 정부간 거래를 추진하면서 당면하게 되는 쟁점들을 빠르게 파악하여 이에 대한 해결책을 제시하는 노력을 부단히 지속해야 한다.

정부간 거래는 그 계약의 체결 또는 성사도 중요하지만, 실제 거래의 장기간 실행에서 발생하는 중요한 문제 등을 선제적으로 다루고 구매국과 수출국, 그리고 제도를 활용하는 수출기업 모두에게 수익을 발생시키고 향후 더 좋은 추가 거래로 발전시키는 것이 바람직하다. 이를 위해선 발생 가능한 관련 문제나 문제점을 미리 완벽하게 예방한다는 것은 어려운 문제지만, 그간 우리나라가 수행해 온 각종 국제거래의 경험과 지식들, 그리고 특히 강점을 보이는 국제거래 관련 금융제도 등을 함께 설명하면 나름대로 유용할 것이다.

이하에서는 정부간 수출계약에서 발생되었거나 발생이 예상되는 쟁점사항들을 파악해 내고 해결책을 강구(spotting and resolving)해 보기로 한다. 다만, 이하 설명하는 내용은 다른 연구나 저서에 기반을 두거나 실제 사례에 기반하여 명확한 근거에 의해 제시하기는 어려운 점을 미리 밝히고자 한다. 몇 가지 이유를 들 수 있는데, 우선 정부간 거래 관련 쟁점사항이나 그 해결책을 제시하는 기존의 연구나 서적은 거의 없는 점이 가장 기본적인 이유이다. 사실 제도 도입 내지 정착을 위한 연구에 급급한 면도 있었고, 또한 제도 개발 후 실제 적용된 수출거래가 진행되고 완료된 사례의 양이 많지 않고 또한 다행스럽게도 실제 추진한 G2G 거래 중에서도 구매국과의 큰 문제 내지 쟁점이 발생된 경우도 없어 그에 대한 해결을 추진한 경우도 많지 않았다.

다만, 앞서 살핀 바와 같이 외국의 경우 학문적인 관점보다는 실무적 혹은 사업적으로 상당히 많은 G2G 사례와 연구를 발견할 수 있었다. 따라서 그러한 외국 사례를 충실히 파악하여 소개하고 이에 근거하여 정부간 거래의 전반적인 설명과 발생했거나 또는 발생이 예상되는 쟁점이나 특징적인 내용 등을 이 책에서 다루고자 한 것이다. 많은 경우 실제 사례이기 보다는 유사한 거래에서 발생할 만한 쟁점을 차용하여 정부간 거래에서는 어찌 적용될 것인가를 추측하여 제시하게 될 것이다.

이하에서는 정부간 거래를 추진하던 실무자들이나 법률가들과 함께 검토하면서 발생했던 쟁점들이 있다. 많은 경우 각 쟁점이 독립하여 존재한다던가 혹은 각 쟁점이 구별되어 해결책이 별도로 존재한다기 보다는 그 쟁점들이 서로 연관되어 있으며 그를 해결하기 위해서는 다른 쟁점상의 문제도 해결해야만 비로소 올바른 솔루션이 나올 수 있을 것이라는 점을 미리 밝힌다.

예를 들어 이하의 "정부간 거래에서 KOTRA가 계약상의 책임을 어느 정도 부담할지"의 내용과 "정부간 계약서상 KOTRA가 단독 공급자 자격으로 서명하느냐"의 문제는 사실 유사한 문제 내지 관련된 문제이다. 또한 계약상의 많은 책임을 KOTRA가 부담할수록 그만큼 KOTRA는 계약상의 책임 이행을 제대로 하기 위하여 사업 프로세스를 고도화하고 전문적인 인력에 의해 깊은 검토를 해야 한다. 또한 G2G 계약과 관련한 계약 관리 측면에서의 제문제는 적어도 금융기관이 수행하는 리스크 관리 프로세스에 준하는 치밀하고 상시 모니터링이 가능한 시스템의 지원을 받아야 할 것인 점에서 유사하다. 그런데 이런 쟁점들은 서로 연관되어 있고 같이 풀어나갈 문제이지 하나의 쟁점만을 해결할 수 있는 것은 아닐 것이다.

2. 사업 프로세스 고도화 및 전문인력 확보

G2G 거래 제도의 법적 근거가 마련되었다 하더라도 이는 단순히 필요요건 중 일부만 준비된 것에 불과하고 더 세부적인 제도화가 필요하다. 즉, 법적 근거에 의해 정부간 거래제도의 내용과 전담기관과 필수 절차는 마련되었다 하더라도, 우리의 G2G 거래 사업을 외국 정부에 적극 홍보하고, 구체적인 G2G 거래 수요를 파악하여 지난한 교섭과 전략적 판단을 적절히 하고, 구매국 정부와 그 구성원들과의 장기적으로 우호적인 관계형성(Relationship-building tasks)이 중요할 것이다.

전담기관이나 정부 내부적으로는 정부간 거래를 수행할 수 있는 지식정보시스템 개발이 무엇보다 중요하다. 안영수(2014)도 방산·공공보안 수출을 효과적으로 지원하기 위한 대안의 하나로서 정부간 거래에 의한 수출촉진을 위한 종합적인 정부지원시스템 구축 및 전략적인 지원체계 마련이 긴요함을 제시하였고 그러한 측면에서 수출지원방안을 모색한 바 있다.[343]

---

343) 안영수 외, 49면.

좀더 미시적인 국제계약의 관점에서 볼 때, 연간 10여개 이내의 개별 계약 체결은 어려운 과제가 아니지만, 계약들 중 일부 장기계약들은 이행에 수년간 소요되는 것들고 있을 것이고, 그런 건들이 매년 축적되면 소위 KOTRA가 관리해야만 하는 유효계약은 늘어날 것이다. 담당자들의 건별 대응 및 기억 만에 의존한 일회성 업무수행 방식으로는 효과적이고 체계적인 계약관리가 어려워 진다.

특히 G2G 거래의 대상이 되는 거래는 구매국에서 주로 이루어지므로 구매국을 둘러싼 국제환경의 변경(Changes in the international environment surrounding purchasing countries) 및 구매국 내부의 사정변경 (Change of circumstances within the purchasing country)등으로 계약의 변경이나 위험관리에 필요한 조치가 필요하게 될 것이며, 이 경우 더욱 준비된 계약관리는 중요하게 된다. 따라서 그러한 계약관리 전문인력 확보가 필요하게 되고 그들의 업무수행을 위해 필요한 내부 프로세스를 구축 등으로 이어져야만 한다.

우리나라가 정부간 거래를 추진하는 상대국 중 많은 국가가 소위 개발도상국 내지 우리보다 국제거래 경험이 적은 국가가 대부분이다. 따라서 국제거래의 이행과 지속을 방해할 만한 사태 발생시 대응능력은 우리보다 낮은 경우도 많다. 또한 우리 정부간 수출제도에서는 구매국의 역할보다는 수출국인 우리나라 수출정부와 기업이 문제해결에 적극적인 역할을 해야 하는 경우가 많을 것이다. 따라서 이런 사태 해결에 능동적인 역할을 할 수 있는 전문인력 준비가 필요할 것이며, 그 준비 여부가 결국 정부간 거래 사업이 성공 여부를 결정하게 될 것이다.

3. 전담기관의 책임에 대한 제도적 안전장치

정부간 수출계약의 체결 과정에서 기업을 지원하는 "정부"의 역할은 추상적 "정부"와 정부간 수출계약 "전담기관"으로 구분하여 살펴볼 수 있다. 정부의 책임 부분에 대하여 대외무역법 제32조의2 제2항에 따르면 "정부는 정부간 수출계약과 관련하여 어떠한 경우에도 경제적 이익을 갖지 아니하고, 보증채무 등 경제적 책임 및 손실을 부담하지 아니한다"고 규정하고 있다. 이는 정부가 거래 과정에서의 정부 면책을 위한 근거를 명시한 조항으로 볼 수 있다. 그러나 이렇게 정부가 정부간 계약에서 발생하는 실질적으로 중요한 문제, 즉 보증채무 및 경제적 손실 발생시 보상문제를 아예 면책했다기 보다는 보증 및 보험제도 등에 의해 제도적으로 전가하였다고 보는 것이 맞다. 즉, 정부는 정부 차원의 보증・보험을 지원하여 계약에 간접적으로 참여할 수 있다. 2014년 9월 12일 산업통상자원부에 의해 정부간 수출계약의 전담 보증기관으로 지정된 한국무역보험공사(K-SURE)는 정부간 수출계약 보증과 함께 필요 시 단기・중장기 수출금융 제공과 연계, 금융을 제공함으로써 정부간 수출계약 체결을 직접 지원하는 역할을 사업 추진 방향으로 설정한 바 있다. 즉 계약은 전담기관이 법에 의하여 부여된 권한에 의하여 체결하고, 그 계약에서 요구되는 이행 관련 보증 등은 보증기관 지정을 통해 부담시킨 것이다. G2G 사업을 완전히 정부책임으로 하지 않고 기존의 무역진흥기관인 KOTRA와 수출신용기관(ECA)인 무역보험공사를 활용해 커버한 것으로 볼 수 있다. 이는 캐나다 사례에서 CCC와 EDC를 활용하여 G2G 거래를 지원하는 것과 동일한 방식이다. 한편, 다수의 선진국들이 방산수출에 대한 금융지원에서는 공식적 혹은 비공식적으로 ECA를 활용하는 것과도 일맥상통하는 방식이다.

"전담기관"인 KOTRA는 정부와 별도의 주체로 해석되며, 정부간 수출계약 전담기관에 대해서는 정부와 달리 경제적 면책에 관한 조항이 없다. 전담기관으로서 이행기업을 선정하고 평가하여 이행관리를 해야 하는 임무를 수행해야 하므로 KOTRA에 정부와 같은 수준의 면책 조항을 기대하기는 어려울 것으로 보인다. 아울러, KOTRA는 계약당사자이자 정부간 수출계약 전담기관으로서 향후 발생 가능한 책임을 방지하기 위해 정부간 수출계약에 부적합한 기업을 배제해야 할 책임이 있다고 볼 수 있다. 이러한 관점에서 KOTRA는 정부간 수출계약 체결 이전에 이행기업의 신용등급, 과거 사업실적, 재무·경영상태를 종합적으로 평가하는 이행능력평가를 시행하고 있으며, 평가에는 법률, 회계, 관련 협·단체 등 각 분야의 전문가가 참여하여 다방면을 점검하고 있다.

KOTRA의 G2G 거래 이행과정에서 발생 가능한 문제들은 수출기업 내부적 요인에만 있는 것이 아니기 때문에 이행능력평가만으로 계약에 따른 리스크를 대비할 수는 없다. 현행 제도 아래에서는 정부간 수출계약에 참여하는 이행기업의 파산이나 이행과정 상에서 발생하는 환경문제, 인명 피해 등 예측할 수 없는 사유로 분쟁이 발생할 경우 계약당사자 간 피해 보상에 관한 협의가 불가피한 상황이다. KOTRA가 준정부기관으로서 수익을 추구하지 않고 무역진흥이라는 공익적 목적에서 정부간 수출계약을 지원하고 있는 점을 고려한다면 해외사례에 준하는 추가적인 안전장치가 필요하다. 다행히 정부간 수출계약 제도 도입 이후 단 한 건의 미 이행 사례도 발생하지 않았다. 그러나 향후 정부간 수출계약을 능동적으로 활용하기 위해서는 안정적인 업무 기반 마련이 선행되어야 하고, 해외사례 중 구체적인 내용을 참고하여 KOTRA의 배상책임에 대한 배상책임 보험 가입 혹은 손실상황에 대비한 별도 기금 마련 등 제도적 안전장치 마련을 위한 논의도 향후 필요할 것으로 보인다. 현재로서는 대외무역법상 무역보험공사가 보증업무를 수행하도록 되어 있으므로 개별 계약시 이에 대한 보증을 하도록 KOTRA와 무역보험공사 간 협의 내지 약정을 통해 진행하는 것도 검토해 볼만 할 것이다.

4. 계약관리 고도화: 이행, 변경, 협상, 분쟁 관리 체계

국내거래와 달리 국제거래는 상대적으로 계약 금액도 크고 이행에 더 많은 비용 (계약비용, 운송비용, 보험비용, 통관 비용, 관세, 계약 변경시 비용)이 들기도 하고, 불가항력적인 사유(전쟁, 파업, 자연재해 등)로 인해 계약의 이행이 어려워지거나 심지어 계약 이행이 후발적으로 불능이 되는 가능성이 더 높다. 따라서 국제거래에서 계약 체결 단계도 중요하지만, 체결된 계약이 조건과 내용에 부합하게 계약을 이행하는 것이 특히 중요하다.

정부간 거래의 중요한 부분을 차지하고 집중적 관리가 필요한 대규모 방산물자, 인프라 수출인 경우에는 계약 체결 후 이행에 시간적으로나 비용 적으로 더 많은 자원과 노력이 투입되고 계약체결시 예상하지 못했던 다양한 장애가 발생할 수 있는 가능성이 더욱 높다. 더우기 우리나라 정부간 거래는 우리보다 발전 정도가 낮은 국가와 이루어지는 경우가 많으므로 계약 체결 후 발생할 수 있는 다양한 변수에 의해 영향 받을 수 있는 것이다.

따라서 정부간 계약의 순조로운 진행과 모니터링이란 측면, 그리고 문제 요소 발생시 이를 조기에 파악하고 대처하는 일련의 활동인 "계약관리 (contract management)"의 문제가 G2G 거래에서는 매우 중요하게 된다. 종전의 국제건설, 국제 인프라 프로젝트 등과 관련되어 검토된 내용들과 유의점, 규범적 쟁점 등은 G2G 거래에서도 마찬가지로 유용할 것이므로 좋은 참고 근거가 될 것이다. 정부간 계약의 체결을 다루는 것뿐만 아니라 이에 더하여 계약이 정상적을 진행되지 않는 경우, 즉 문제가 발생한 경우, 계약을 변경하거나, 이행기간을 연장하거는 내용의 대응방안에 대하여도 살펴볼 필요가 있다. 추가하여, 극단적인 경우, 즉 계약상 조정 불가능한 분쟁이 발생할 수 있는 경우 그 해결을 분쟁해결(Dispute settlement)의 내용도 중요하다.

5. G2G 거래 금융 지원

정부간거래의 구조를 아무리 잘 설계하고 당사자간 충분히 이해하고 합의에 이르렀다 하여도 그 거래에 지원될 자금적인 측면, 그리고 그러한 금융지원에 수반되는 위험을 현저한 관리방안이 없는 상태에서는 성공적인 정부간거래 성사는 현실적으로 매우 어려울 것이다.

2010년경 G2G 거래 제도 도입 초기에는 프로젝트당 단위금액이 1억불이 큰 거래였으나, 최근 국제정세의 급격한 변화, 에너지 관련 각종 갈등, 미국과 중국의 갈등 및 공급망 분리 등의 배경하에 우리나라의 방산수출분야는 매우 활성화되었고 단위금액도 급격히 높아지고 있다. 한편, 인프라 수출의 경우에도 미국과 중국, 러시아 진영간 대립으로 향후 우리나라의 안보경제 우방국에 대한 각종 공공 인프라 및 에너지 프로젝트 수출에서 중국, 러시아 등과의 경쟁 가능성이 낮아지고 있어 G2G를 활용한 거래가 증가할 것으로 예상된다. 이러한 단위거래의 대형화 및 수주기회의 증가에 따라 G2G 거래에 대한 수출금융 지원의 양적·질적 개선이 필요하게 된다.

본서는 후술하는 별도의 장에서 정부간 거래 리스크, 특히 대금결제상 혹은 방산수출금융의 측면도 살피게 된다.344) 국가가 직접 거래에 참여하는 만큼 거래규모도 클 것이며 정책적인 지원 필요성도 존재하여야 하는 점을 충분히 반영해야 할 것이다. 따라서 대형, 복잡한 방산수출 및 인프라 수출에 부합하는 금융지원제도를 살펴보고, 그 과정에서 필연적으로 발생할 문제, 즉 방산수출과 관련한 각종 거래 안전장치, 예를 들어 수출보증이나 수출보험에 의한 비상위험 담보도 논의하며, 또한 필요시 이미 정부가 운영하고

---

344) 정부간 거래에 대한 크고 작은 의견 교환 내지 자문을 하는 과정에서 가장 빈번히 나타나는 쟁점은 사실 계약방안 보다는 금융방안이었다. 수출거래 현장에서도 사실 실제 수출의 진행이나 절차 준수는 어느 정도 규범의 준수 및 관련 기관 등에 조회 등에 의해 해결할 수 있는 것이지만, 만약 수출거래를 진행하기 위한 기초자금이 부족하거나 결제수단이나 무역금융이 조달되지 않으면 결국 구상만 하고 실행은 못하는 결과가 될 것임은 자명하다. 그런 점에서 정부간 거래도 결국 대금결제방안과 금융방안이 중요한 토대가 될 것이고, 또한 필자도 그러한 부분에 주로 연구해 온 것이므로 특히 그 점을 반영하도록 한다.

있는 각종 수출신용(export credit) 프로그램과의 연계 가능성 및 무역금융 방안(trade finance facility)등도 검토할 필요성이 크다. G2G 거래에 대한 지원은 대부분 정책금융 분야를 적극적으로 활용하며, 방산수출의 경우엔 특히 ECA 금융을 많이 활용하게 된다. 한편 공공 인프라의 경우에도 주 위험이 구매국 정부로부터 발생할 것이며, 또한 장기적인 거래이므로 상업금융과 정책금융이 충분히 활용되어야 하며, 특히 프로젝트 금융, PPP 방식 활용, G2G 거래 특성을 감안한 구조화 금융 등 다양한 검토가 있어야 한다. G2G 거래 금융 지원에 대한 내용은 별도의 장에서 후술한다.

PART 5

정부간 거래의 수행

Execution of G2G contracts

01
G2G 수출계약 실무적 절차

정부간 거래 시작 단계에서는 불확실성이 크다. (1) 외국정부의 추진의사가 불투명하고, (2) 국내기업이 실제 해당 프로젝트를 수행가능한지에 대해 불확실하다. 따라서 먼저 프로젝트가 추진되는 첫 번째 단계에서는 신규 프로젝트가 실제로 진행될 수 있는 건인지 그 실체를 확인하는 게 가장 중요한 점검사항이다.

초기 단계에서는 어떤 프로젝트가 정부간 계약 프로젝트로 가시화될 수 있을지 정확히 정해져 있다고 보기는 어렵다. 방산물자 수출의 경우 추진 초기 단계부터 G2G 계약 방식으로 기획되는 경우가 많은 반면, 인프라나 에너지 등 일반적인 상업 프로젝트로 진행하다가 특정 계기로 인하여 정부 차원의 아젠다로 전환하는 케이스도 있다. 따라서 정부간 계약의 대상과 범위는 굉장히 가변적인 상황이라는 전제를 두고, 그 가변적인 상황 속에서 불확실성을 줄여나가기 위한 노력이 실무적으로 필요하다.

G2G 수출계약 실무적 절차는 크게 프로젝트 발굴·알선 단계, 계약 협상·체결단계, 계약이행·모니터링 단계로 구분된 G2G 수출계약절차를 도식화 한 것이다. 그러나, 본서에서는 좀 과정을 세분화하여 (1) 프로젝트 추진의사 확인, (2) 이행기업 선정, (3) 계약 협상, (4) 계약 체결, (5) 계약이행 및 모니터링 단계로 나누어 설명하기로 한다.

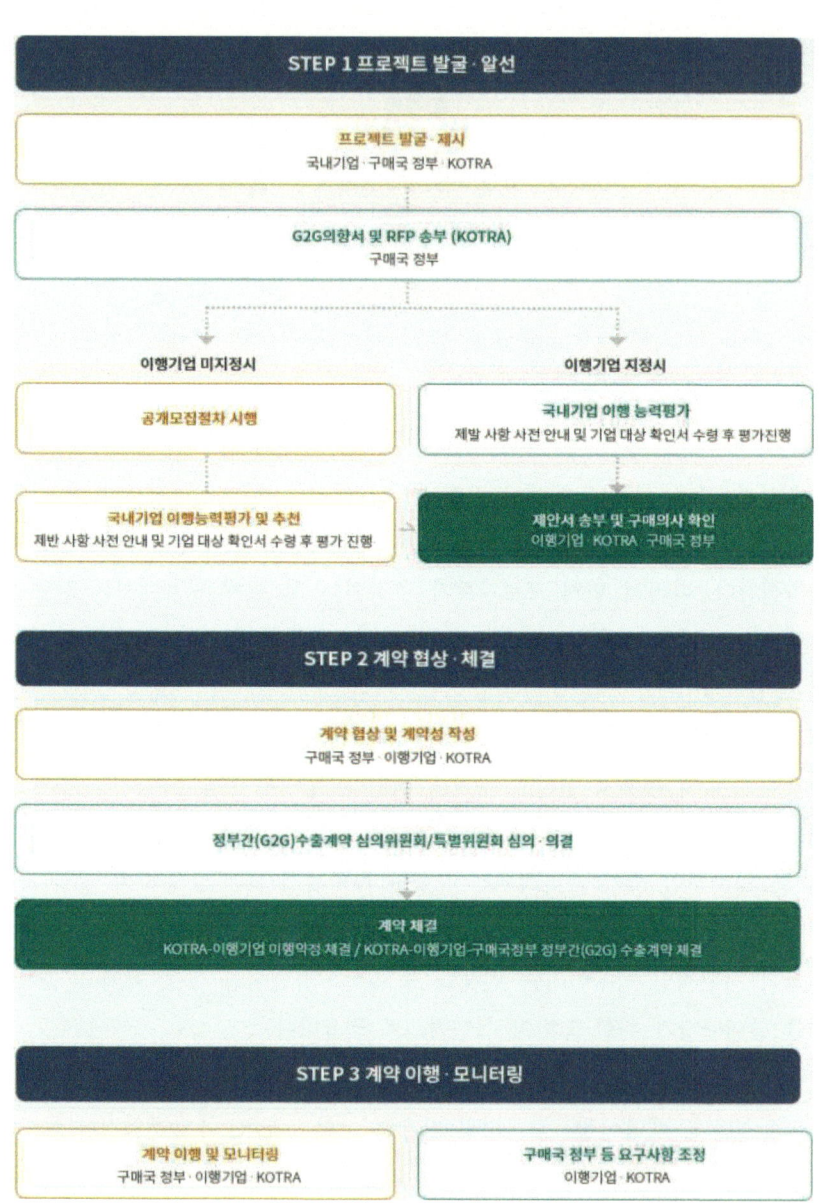

1. 외국정부의 프로젝트 추진의사 확인

가. 프로젝트 발굴 방식

정부간 계약 프로젝트의 발굴은 크게 2가지 방법이 있다. (1) 정부 측이 주도하여 프로젝트를 개발하는 방법이 있고 (2) 수출기업이 주도적으로 발굴하는 형태도 있다. 앞서 살핀 바 있는 캐나다의 정부간 거래 전담기관인 CCC의 프로젝트 방식이 Pull 방식과 Push 방식이 있는 것과 유사하게 볼 수 있다.

Step 1 프로젝트 발굴·알선 다이아그램[345]

---

[345] KOTRA, 정부간(G2G) 수출계약 제도 소개 (브로셔) (2019) (방산물자교역지원센터 홈페이지/방산수출정보/G2G 브로슈어), 5면.

(1) 정부 주도 프로젝트 발굴 방식

구매국과 우리 정부 측이 주도하는 방식은 주로 주재국 대사관 혹은 KOTRA 무역관 등 공식 채널의 적극적인 개입을 통해 프로젝트를 추진해 나가는 방식으로 이해할 수 있다. 한마디로 정부가 프로젝트를 견인하는 형태다. 정부간 계약은 식량이나 무기, 에너지 같은 국가의 안보에 굉장히 중요한 이슈이며, 외국정부의 국가적 수요는 공익성을 바탕으로 정부간 계약을 추진하는 것이기 때문에, 정책적 목적을 달성하는 것이 거래의 주된 목적이다. 따라서 구매국의 요청을 중심으로 우리 정부가 주도하여 프로젝트를 개발하는 경우 양국 정부의 외교통상적 니즈(Needs)가 일치하는 경우에 활용되는 발굴 방식으로 볼 수 있다.

우리나라의 G2G 실무에서 해당국에 주재하고 있는 대사관이나 무역관에서 주재국 고위관료와 면담 혹은 서면을 통해 신규 프로젝트 정보를 접수하는 경우가 있다. 이 경우 대사관에서 발송한 전문이 있으면, 그 전문을 근거로 해서 KOTRA를 통해 그 프로젝트를 구체화하는 작업에 착수한다.

우리나라 근거 법령상 KOTRA는 정부간 계약의 전담기관으로 계약 당사자로 지정되어 있기 때문에 방산물자, 일반물자 구분 없이 외국정부에서 정부간 계약으로 추진의사가 있다면 KOTRA 산하의 방산물자교역지원센터/GtoG교역지원센터를 통해 프로젝트를 추진하게 된다.

> **대한무역투자진흥공사법 제10조(사업)**
> 8. 「방위사업법」 제38조제1항제4호에 따른 방산물자와 방산물자에 준하는 물자(이하 "방산물자등"이라 한다)의 수출과 관련한 다음 각 목의 사업
>   가. 국내 기업을 대신한 구매국정부와의 방산물자등 수출에 관한 계약 시 당사자지위 수행
>   나. 방산물자등과 산업·자원 및 투자 협력을 연계한 패키지 협상안의 작성과 금융지원방안 수립
>   다. 그 밖에 방산물자등의 교역지원을 위하여 산업통상자원부장관 및 방위사업청장이 필요하다고 인정하는 업무

> **대외무역법 제2조(정의)**
> "정부간 수출계약"이란 외국 정부의 요청이 있을 경우, 제32조의3제1항에 따른 정부간 수출계약 전담기관이 대통령령으로 정하는 절차에 따라 국내 기업을 대신하여 또는 국내 기업과 함께 계약의 당사자가 되어 외국 정부에 물품등(「방위사업법」 제38조제1항제4호에 따른 방산물자등은 제외한다)을 유상(有償)으로 수출하기 위하여 외국 정부와 체결하는 수출계약을 말한다.

최근 공급망 재편 등 세계 무역의 불확실성 증가로 인해 정부간 계약 방식이 갈수록 관심을 받고 있는 상황이다. 이에, 우리나라 정부도 이와 같은 국제무역질서 변화에 대응하기 위해서 보다 적극적으로 정부간 계약 프로젝트 발굴에 나서고 있는 실정이다.

KOTRA에서는 2022년도부터 해외 무역관 중 정부간 계약 수요가 많은 무역관을 G2G 지원거점으로 지정하여, 관련 법령조사, 현지 전시회 등에 참여, 주재국 정부 대상 제도 홍보 세미나 등을 통해 우리나라의 정부간 계약 제도를 홍보하고 있다. 이와 같은 활동을 통해 프로젝트를 발굴하고, 우리 기업의 협상력을 높일 수 있도록 기반 마련을 지속 지원할 것으로 보인다.

(2) 수출기업 주도 프로젝트 발굴 방식

프로젝트 발굴의 또다른 방식은 수출기업이 주도적으로 발굴하는 형태이다. 이런 형태는 앞서 정부 주도형 정부간 계약 프로젝트에 비해 공익성은 다소 떨어지지만, 여전히 공익성이 존재하기 때문에 정부간 계약으로 추진해야 하는 프로젝트인 경우가 일반적이다. 먼저, 기업이 어떤 상업적 이익을 바탕으로 프로젝트(많은 경우 공공 인프라 혹은 공공재 사업)를 추진해 나가다가 구매국 정부 측에서 일반적인 계약보다는 한국 측 정부의 보장이나 지원을 내용으로 하는 계약의 형태로 진행하는 게 필요하다고 요구를 할 때, 해당 기업은 이를 정부간 계약의 형태로 전환하고자 한다. 앞서 살핀바와 같이 공공 인프라 프로젝트(공항건설 및 운영 프로젝트)의 경우 PPP 사업 방식 등으로 국제 조달하는 경우 구매국 정부가 사업의 성공적 완수를 보장 받기 위해 수출국 정부의 각종 지원을 추가적으로 요구하는 경우가 그 예가 될 것이다.

이런 제반여건에서 기업이 그간의 사업 추진 경험 및 관련 정보를 바탕으로 우리 정부 부처 혹은 정부간 계약 전담기관에 정부간 계약 추진 가능 여부를 의뢰하면, 정부는 해당 거래의 성격을 검토하여 G2G 거래로의 추진 여부를 결정한다. 우리나라의 경우, 정부간 계약이라는 제도를 시행한 지 비교적 짧은 역사를 가지고 있어 정부 주도형 프로젝트 발굴보다는, 기업이 발굴하는 정부간 계약이 더 많은 상황이다. 하지만, 개별 수출기업이 구매국 정부를 단독으로 상대하는 부분은 협상력이나 패키지 딜 측면에서 한계가 있기 때문에 프로젝트 발굴은 기업이 주가 되더라도, 이를 검토하고 실제 거래로 추진하는 과정에서는 민관 합동으로 대응하는 경우도 많으며, G2G 거래가 최근 많이 활용되게 되었다.

수출기업이 주도하는 경우라 하더라도 프로젝트 발굴 단계에서는 불확실성이 매우 높기 때문에 대사관이나 구매국 소재 무역관의 공식적인 전문 등 공식적인 구매국 정부의 문서 등을 통해 거래 확인이 필하다. 프로젝트 추진을 위해서 외국 정부가 발행 가능한 RFP(Request for Proposal)나 LOI(Letter of Internt)라고 하는 구매 의향서 같은 공식적인 문헌이 입수가 되면 프로젝트의 추진여부가 확실해진다고 볼 수 있다.

나. 프로젝트 추진을 위한 협업 기반 마련

대사관에서 외국정부의 요청에 대해 공식적으로 접수한 이후, 관련 전문을 KOTRA로 보내면, KOTRA는 이를 근거로 관련 부처 및 협단체에 공유하고, 협업 추진을 위한 기반을 마련한다. 실무적으로는 정부간 계약 프로젝트의 경우, 프로젝트 추진과정을 "수주단계"와 "계약단계"로 크게 구분 짓고 있다.

프로젝트 수주단계에서는 외국정부에서 요청한 품목 관련 부처의 역할이 중요하다. 예를 들면 인프라 분야의 경우, 국토교통부의 역할이 중요하게 되고 방산물자의 경우 국방부 및 방위사업청과의 협력이 필수적이다. 범정부 협력기반이 마련되면 외국기업에서 요청하는 정부간 계약 프로젝트에 우리기업의 참여와 최종 수주를 지원하는 활동을 하게 된다. 이를 위해 "이행기업"을 선정하고 외국정부에 추천하는 것과 같은 행정 프로세스는 기관 간 협의를 통해 진행한다.

2. 이행기업 선정 단계

가. 이행기업 선정 개요

외국 정부로부터 자신들의 관심 프로젝트를 정부간 계약으로 추진하겠다는 의사가 확실히 확인되면 다음으로 전담기관인 KOTRA는 G2G 계약 프로젝트를 수행하기 위한 이행 기업을 지정해야 한다. 프로젝트 추진 2단계인 이행기업의 선정은 그 이행기업의 수출을 지원할 필요성이 있는지를 파악하는 단계이고 또한 그 기업에 대한 G2G 계약 지원 등 우리 정부의 의사가 확정되는 실질적인 단계로서 실무상 의미가 크다. 구매국의 의사와 수출기업의 의사가 확정되는 단계이고 이때 전담기관인 KOTRA의 지원 여부도 실질적으로 윤곽을 잡게 된다.

정부나 전담기관이 계약당사자라 하더라도 외국정부에서 필요로 하는 물품 혹은 용역을 공급하는 주체는 실제 과업을 수행할 이행기업이기 때문에 이행기업의 성격과 역할은 굉장히 중요하다. 이행기업의 사업 의지와 사업 능력 판단이 중요하게 조사되고 판단되는 단계이다. 즉, 안정적으로 프로젝트 수행이 가능할 정도의 자본규모와 생산능력이 있어야 하며, 동시에 정부간 계약이라는 공익적 취지의 사업에 참여할 수 있을 만큼 긍정적인 업계 평판을 갖추어야 한다.

> **G2G 계약에서 왜 이행기업 선정과 수출지원 필요성 판단이 중요한가?**
> G2G 계약의 중요한 특징은 계약당사자의 책임과 의무가 실제와 이원화 되어 있다는 점이다. 일반적으로 규정하는 정부의 역할은 시장을 조성하는 주체이지, 시장의 참여자가 아니다. 계약의 당사자로서 정부가 나서는 행위 자체가 특수한 상황이다.
> 정부가 이행기업의 수출에 대하여 G2G 계약을 지원 하는 이유는 크게 2가지로 볼 수 있다. 기업의 이윤 창출 행위를 지원하는 무역 지원적 혹은 상무적 차원의 관점과, 특정 외국 정부의 요청에 대해서 국가 차원에서 호혜적 관계를 유지하기 위한 외교적 차원의 관점이 동시에 존재한다. 한편, 정부간 계약이

공익적 성격을 지니는 것은 맞지만, 기업의 입장에서는 실제 그 프로젝트를 수행하면서 이윤을 창출할 수 있어야 한다. 따라서 공익적 목적을 가진 양국 정부의 입장과 이윤추구라는 기업의 입장이 적절히 조화를 이루면서도, 거래로 야기될 수 있는 리스크를 기업이 감당해야 한다는 점이 중요하다.

그래서 '어떤 기업을 정부간 계약의 이행기업으로 선정할 수 있는가?'에 관한 문제는 민감하고도 어려운 부분이 존재한다. 왜냐하면 이러한 리스크들이 통제가 되지 않고 잘못해서 국가 간에 분쟁이 되거나 어떠한 손해배상을 청구해야 되는 상황이 됐을 때 결국은 국가가 손해를 본다는 것은 국민들이 낸 세금으로 그것을 충당해야 된다는 의미를 지닌다. 이런 점을 고려할 이행기업을 선정하여 G2G 계약으로 우리 정부가 구매국 정부와 계약을 체결하기로 하는 것은 국가 정책목적상 중요한 행위이므로 엄격한 선정절차에 따르게 된다.

나. 이행기업 선정절차

(1) 이행기업을 외국정부가 지정하는 경우

이행기업 선정과정에 앞서서 먼저 이행기업을 외국 정부가 지정하는 경우도 있다. 외국정부에서 발행하는 구매의향서(LOI)나 제안요청서(RFP) 같은 공식서류에 우리나라의 "특정" 기업과 거래하고 싶다는 의사를 명시적으로 표현을 하고, 그 기업에서 생산하는 특정 제품 혹은 용역을 구매하고자 한다고 확실하게 알려주는 상황이다. 외국정부와 우리나라 기업이 서로 거래의사를 가지고 있는 상황이라 이미 충분히 거래가 구체화되고 그만큼 G2G 거래 추진이 용이하다. 판매국인 우리 측 입장에서는 이행기업 공개모집 등과 같은 여러가지 행정적 절차를 생략할 수 있기 때문에 프로젝트의 진행과정을 상당부분 단축시킬 수 있다.

이행기업을 지정한 경우에도 전담기관인 KOTRA는 다음 사항을 검토하게 된다. 첫째로, 외국정부가 우리나라와 정부간 거래가 가능한 국가인지 따져보아야 한다. 국제 정세를 보았을 때 우리의 우방이 아니거나, 미국의 제재를 받고 있는 국가와 정부간 계약을 체결하는 것은 불가능할 것이다. 실무적으로 이런 경우는 흔치 않지만, 실제로 발생하기 때문에 반드시 살펴볼 필요가 있다.

이 부분은 특히 방산물자의 경우 안보협력관계 여부 판단이 중요하며, 기존 외교관계등 거래 외적 요소 판단이 중요하게 될 것이다. 인프라 수출의 경우에도 경제협력 관계나 그간의 프로젝트 경험, 정부의 신뢰성, 상업적 위험 등 많은 고려를 해야 한다. 둘째, 기업이 해당 프로젝트를 수행할 수 있는 능력과 업계 평판을 갖추었는지 보아야 한다. 이는 이행능력 평가라는 과정을 거쳐 심사하게 된다.

G2G 계약이 수의계약으로 체결되는 경우 고려요소

정부간 계약은 대부분 수의계약으로 진행이 된다. 대부분의 국가들이 공공조달 분야에서 입찰을 기본으로 하지만, 정부간 계약은 입찰을 생략할 정도로 중요한 공공성을 전제조건으로 추진되기 때문에 수의계약이 가능한 것이다. 따라서 우리나라 뿐만 아니라 외국 정부의 입장에서도 입찰을 거치지 않고 외국의 특정기업을 지정을 해서 수의계약을 맺게 되는 상황은 왜 수의계약을 하게 되는 충분한 근거가 있는지를 검토해야 한다.

앞서 살핀바와 같이 정부간 거래 대상이 되는 방산물자의 경우 GATT, WTO GPA 규범상 안보예외(security exception) 및 공공재나 인프라의 경우 국가 공공이익(national public intersest)과 관련되기 때문에 엄격한 규범준수에서 예외가 되므로, 입찰이 아닌 수의계약으로 처리하는 것도 가능하다. 그러나, 규범적 근거가 있다 해서 수의계약 방식이 무조건 정당화되는 것은 아니고, 사회적 혹은 정치적 비난 대상이 되지 않도록 수의계약을 하게 되는 충분하고 합리적인 근거가 있고 그에 대한 설명도 할 수 있어야 할 것이다.

공정성 문제가 제기되지 않도록 양국 정부는 신경을 쓸 수밖에 없기 때문에, 외국정부가 이행기업을 지정하여 정부간 계약을 요청하는 경우는 실무적으로는 특히 방산물자를 거래할 때 많이 발생한다고 한다. 방산물자의 경우, 주로 국내에 1개 기업이 단일품목을 생산하는 경우가 많은데, 이런 경우에 주로 외국 정부가 구매의향서나 제안요청서에 우리 기업을 지정하는 경우가 많다.

한편 실무적 고려사항으로 구매국의 조달 절차가 투명하지 않거나 뇌물 등 입찰계약 방식을 취하면 오히려 거래 오염의 우려가 많은 경우 정부가 엄격히 통제하는 수의계약을 하게 되는 경우도 많다. 앞서 살핀 바와 같이 페루의 G2G 거래 사례는 이러한 점이 현저했다. 결국은 부정부패나 계약의 투명성 측면에서 자신들이 내부적인 문제에 휘말리지 않기 위해서 외국 정부로 전가하는 것으로 볼 수 있다.

(2) 전담기관이 이행기업 지정(공고)하는 경우

만약 판매국 내에 생산자(기업)가 여러 기업이 존재한다면, 구매국 정부에서 판매국 정부에 1개 기업을 추천해달라고 요청한다. 결과적으로 해당 프로젝트를 수행할 기업을 지정하는 결정권한을 상대국에 위임을 함으로써 구매국의 책임은 줄어들게 된다. 이런 상황에서는 판매국 정부가 프로젝트를 수행할 기업을 선별하여 추천하는 과정이 필요하다.

구매국 정부가 기업을 지정하지 않고 추천을 요청하는 경우, KOTRA는 특별한 사유가 없는 한 10일의 공고 기간을 거쳐서 원하는 기업들이 모두 지원을 할 수 있도록 하고 있다. 복수의 기업이 지원하게 될 경우에는 별도의 이행능력평가위원회를 거쳐서 1개 기업을 최종적으로 추천하거나 혹은 위원회의 평가를 통과한 모든 기업을 추천할 수도 있다. 결과적으로 구매국의 의중이 중요하기 때문에 단수 기업을 추천하는 문제는 구매국 정부와의 긴밀한 협의를 거쳐서 진행되며, 이 과정에서 경쟁국의 동향도 면밀히 관찰할 필요가 있다.

사업에 참여를 희망하는 기업은 KOTRA에 G2G 거래 지원을 요청하여야 한다. 이때 해당 프로젝트 개요와 함께 G2G거래지원신청서, 납세증명서(국세청 발행), 국민 연금보험료 납부증명서(국민연금공단 발행), 수출계약이행능력보고서(자체 작성 혹은 외부 회계 법인에 의뢰), 그 외 공사 양식을 작성하여 신청한다.[346]

다. 이행능력평가

G2G 계약의 당사자는 정부 혹은 법률에 의한 전담기관이지만 실제 프로젝트를 수행하고 그에 따른 위험을 부담하는 것은 기업이다. 따라서 과업에서 최대 이익을 누릴 당사자가 리스크를 감당해야 하는 수익자 부담의 원칙을 감안하면, 기업이 이윤추구 과정에서 부담하는 리스크는 기업에게 국한시키고, 정부의 입장에서는 기업의 위험이 정부로 전가되지 않도록 안전장치가 필요하다.

---

346) 방산수출 종합 가이드북, 105면.

우리나라의 정부간 계약 전담기관인 KOTRA는 정부간 계약을 최종 심의하기 위해 정부간 수출계약 심의위원회(일반물자), 특별위원회(방산물자)를 운영하고 있다. 두 위원회는 계약 최종 심의 권한을 가지지만, 그전에 계약의 리스크를 평가하고, 이행기업 선정의 적정성을 살펴보기 위하여 소위원회를 통해 별도의 이행능력평가를 실시하고 있다.

이행능력평가는 법률, 회계, 경영, 산업전문가, 관련 부처 공무원 등이 참여하여 정부간 계약을 수행할 기업을 평가한다. 특히 기업의 재정건전성과 과거 유사 프로젝트 수행경험 등을 중점적으로 평가하고 있다.

경제성을 감안할 때 구매국 정부 입장에서 작은 프로젝트를 굳이 정부간 계약으로 할 필요가 없는 만큼, 정부간 계약은 주로 대규모 재정이 투입되는 대형 프로젝트에 활용되고 있으며, 큰 리스크를 스스로 감당할 수 있는 대기업 위주로 참여가 이루어지고 있다.

수출기업의 G2G 추진 계약 유의사항 (비용, 기간)[347]

구매국 정부의 거래 의사 확인 이후 최종 계약을 하기까지 공식 절차 이행을 위한 예상 소요 기간을 고려하여 프로젝트 진행하여야 한다. 이행능력평가에 소요되는 기간은 사안마다 다를 수 있겠으나, 일반적으로 이행능력평가보고서 작성(약 3-4주) 뿐만 아니라, 협상 최종 타결 후 KOTRA 이사회 및 특별위원회 개최 등 3개월 이상의 시간이 소요되므로 이 점 유의하여야 한다.

오랜 기간 G2G 제도를 미국이나 캐나다의 경우 G2G 계약 서비스에 대하여 일정한 수수료(행정 수수료 명목 등, 계약금액의 3%-5% 정도)을 부과하고 있다. G2G 계약은 사실 수출대행과 비슷한 개념이지만, 그 보장내용이나 거래 신뢰성 제고 효과등에 있어서는 일반적인 대행수출보다 훨씬 강력한 지원서비스 이다. 또한 정부가 인적, 물적 자원을 동원하고 행정력과 외교력 등을 활용하여 특정 수출기업의 해외사업을 지원하는 것이므로 수출기업에 수수료 부과는 근거가 충분하다. 그러나 우리나라의 경우에는 아직 G2G 제도 초기이고 정부의 정책적 지원하에 KOTRA를 전담기관으로 하여 예산을 지원하여 운영하고 있어 수출기업에게 서비스 수수료를 받지 않고 있다. 다만, 이행능력평가 수행, 향후 G2G 계약서 법률 자문 등을 위해 외부 회계법인, 법무법인 등을 활용하게 되며, 발생하는 실제비용(실비)은 수익자부담 원칙에 따라 수출기업이 부담하고 있다.

---

[347] 방산수출 종합 가이드북, 105면.

3. 계약협상

가. 계약협상 개괄

프로젝트 추진의 2단계는 계약 협상 및 체결 단계다. 그래서 이 단계는 사실 전체 프로젝트를 마무리 짓는 가장 중요한 단계로 볼 수 있다. 협상에 임하는 실무진들 그리고 의사결정자들의 역량에 따라서 협상 시간을 단축시킬 수도 있고, 그 협상내용에 따라 거래가 구조화(structuring the deal)되며, 그것은 양국 정부의 당초 거래의 목적에 부합하고 우리 측으로서도 유리한 방향으로 협상을 이끌어낼 수 있게 된다. 특수한 국제계약의 일종이고 다수의 당사자가 참여하며 비교적 대형거래인 경우이므로 국제거래에 대한 전문적인 법률적인 지식이 굉장히 많이 필요로 하는 단계로 볼 수 있다.

Step 2 계약 협상·체결 다이아그램[348]

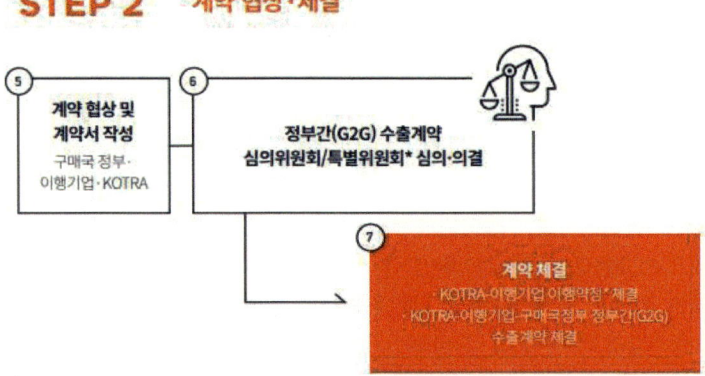

---

348) KOTRA, 정부간(G2G) 수출계약 제도 소개 (브로셔) (2019) (방산물자교역지원센터 홈페이지/방산수출정보/G2G 브로슈어), 5면.

특히 정부간 계약 프로젝트 같은 경우는 기본적으로 국제계약이기 때문에, CISG 등과 같은 국제거래의 일반적 성격도 마찬가지로 지니고 있으며, 동시에 정부간 계약이라는 예외성이 적용된다. 한마디로, 정부간 계약 프로젝트를 추진할 때는 국제계약의 일반적 관례와 양자 간 합의가 최우선적으로 적용되는 정부간 계약의 특수성을 동시에 고려한 협상 전략을 가져야 한다. 특히 계약협상 단계에서 실무진들이 느끼는 업무 압박은 구매국 정부와의 의사소통, 수출기업의 입장 반영, 관련 정부 부처들과의 의견 조율, 기타 투명한 절차 준수 등 고려할 요소가 많고 그만큼 리스크가 높다.

한편 프로젝트를 발굴하고 이를 개발하는 과정에서 양국 정부와 기업은 많은 비용을 투입한다. 특히 본질적으로 이윤추구를 해야 하는 기업의 입장에서는 많은 시간과 비용을 투자했기 때문에 반드시 결과물을 만들기를 원한다. 계약 협상 단계는 협상이 잘못되면 결국 원점으로 돌아갈 수 있다는 점에서 참여자들의 각별한 주의가 필요하다. 이러한 협상을 성공적으로 타결하기 위해서 가장 중요한 것은 역시 협상 전략이다. 그리고 협상 전략을 좌우하는 것은 계약 구조(Contract structure)라 할 수 있다.

우리나라의 경우는 3자 계약과 양자계약을 모두 정부간 계약의 하나로 인정하고 있으므로, 협상 초기에 계약구도를 어떻게 잡고 추진하는지에 따라 참여자들의 입장이 달라진다. 현행 대외무역법상 정부간 계약은 양자간 계약 방식 혹은 3자간 계약 방식 모두 허용하고 있으며 각각 분설하고 협상상의 문제를 논한다.

(1) 양자계약 방식

양자계약은 정부 부처 혹은 정부간 계약 전담기관 간에 계약을 체결하는 형태이다. 이러한 형식의 계약은 우리나라를 제외한 대부분의 국가들이 채택하고 있다. 유럽연합에 가입하고 있는 국가들은 EU 내부 조달규정 등의 사유로 정부간 계약시 기업이 계약당사자로 참여할 수 없다. 그 밖에 정부간 계약을 운영하고 있는 영국, 미국, 캐나다. 뉴질랜드 등 영미권 국가들 역시 모두 양자 계약을 체결하고 있다. 정부간 계약의 표준을 형성해온 국가들은 모두 양자계약만 체결해왔다는 것은 분명한 점이다.

양자계약은 G2G 계약의 추진 목적과 기본적인 특성에 부합하고 당사자들의 이해관계를 명확히 반영하는 점에서 많이 활용된다. 후술하는 3자간 계약의 경우 수출기업(이행기업)이 계약에 당사자(contractual party)로 참여하는 경우 이를 엄밀히 정부간 계약으로 볼 수 있는지에 대해서 의미상의 혼돈 내지 견해 차이가 존재할 수 있는데, 양자간 계약은 그런 혼선이 불필요하다.

양자계약은 법적으로 정부 혹은 관련 기관끼리 체결하는 형태이기 때문에 상대적으로 계약협상 과정에서 기업의 역할은 상대적으로 제약될 수밖에 없다. 결과적으로 이런 특징들을 감안하면, 양자계약은 정부의 역할이 중요하고 정부가 주도하는 G2G 계약 형태라고 할 수 있다. 이렇게 정부의 역할이 중요한만큼 상대적으로 협상에 따른 리스크 또한 정부가 더 많은 부담을 질 수밖에 없다.

협상 전략의 관점에서도 기본적으로 양자 계약이기 때문에 이 계약을 체결하는 계약 당사자들인 양국 정부의 의견이 가장 중요하고, 기업은 어떻게 보면 정부 채널을 통해서 자신의 의견을 피력해야 하기 때문에 기업 입장에서 다소 많은 부분의 참여가 제한될 수 있다.

(2) 3자계약 방식

3자간 계약은 우리나라의 G2G 제도 초기부터 KOTRA가 주로 취해 온 거래 형태이다. 외국 정부와 함께 우리나라의 정부간 계약 전담기관인 KOTRA, 그리고 국내기업이 정부간 계약에 당사자로 참여한다. 이러한 형태를 취할 경우에는 우선은 기업이 계약당사자로서 본 계약에 들어오기 때문에 계약 전반에 있어서 적극적인 역할이 가능하다. 가장 중요한 계약 협상의 과정에서도 기업의 발언권이 충분히 보장된다. 동시에 본 계약에 기업이 참여한다는 점은 양자계약에 비해 정부간 계약 전담기관인 KOTRA가 부담하는 계약상의 의무 및 관련된 리스크가 감소될 수 있다는 점을 의미한다.

다만 3자계약이 국제적으로 표준에 가깝지 않다는 점에서 중장기적 리스크 역시 존재한다. 정부간 계약에서는 양자 계약이 기본적으로 국제 표준에 가까운 형태이기 때문에 이와 같이 기업이 참여해서 진행을 하는 것이 과연 적절한 것인지, 법 체계적인 성격 속에서 부합하는지에 대한 의문점이 발생할 수 있다. 그러나 이러한 이론적인 틀과 별개로 이러한 3자 계약을 우리나라가 체결하고 있고, 이에 따라 성공적으로 이행을 완료한 사례가 많기 때문에 현상적인 측면에서 3자 계약 모델이 적절히 작동하고 있다고 볼 수 있다.

나. 계약협상 진행

우리나라에서 외국정부와 정부간 계약이라는 형태로 협상이 추진될 경우, KOTRA는 계약의 당사자로 참여하기 때문에 외국정부와 현지에서 소통이 가능한 무역관을 1차 접점으로 활용하여 협상기반을 마련한다. KOTRA는 대부분의 교역국에 무역관을 운영하고 있으며, 각 무역관들은 상당히 오래동안 현지 네트워크를 형성해 왔기 때문에, 방산물자나 공공인프라 수출 등에서도 이러한 현지 무역관의 참여는 필수적이다. 무역관은 주재국 대사관 등과 함께 구매국 정부의 조달담당 부처와 협상과 의사소통 등 G2G 거래에서 중요한 역할을 하고 있다. 향후 G2G 거래가 확대됨에 따라 현지 무역관에서 근무하는 담당자들의 적극적 역할과 전문성에 기반한 경험 및 정보 축적이 반드시 필요한 바, 향후 G2G 거래 제도에 전반에 대한 풍부한 이해가 필요하다. 계약 협상에 있어서 서로 대립되는 이해관계인 경우도 많으므로, 이를 원만하게 조정하고 양측의 이해를 최대화 하는 역할에서 현지 무역관의 역할이 중요할 것이다.

계약협상의 통일적 통제 및 수행에 있어서 KOTRA본사는 방산물자/GtoG 교역지원센터를 중심으로 관련 부서와의 협업을 통해 협상전략을 마련하고 협상에 대한 컨트롤타워 역할을 한다. 실무부서는 이러한 준비 과정에서 이행기업과 긴밀한 의사소통을 진행하고, 동시에 공사 내부, 관련 부처, 국내외의 전문가들과 협력한다.

다. 협상 주요 쟁점

계약 협상에서 쟁점이 되는 부분은 외국 정부의 요청에 대해서 정부간 계약을 체결하는 판매국의 전담기관이나 정부 부처가 얼마만큼 수용해 줄 수 있느냐가 중요하다. 국내기업은 판매자의 입장에서 웬만하면 구매자인 외국 정부의 요청을 들어주려고 하는 입장이기 때문에, 협상에서 취할 수 있는 선택지가 많지 않다. 하지만 정부간 계약이라는 틀 안에서는 결국은 판매국 정부와 관련 기관의 의중이 중요하다. 아무리 실질적인 리스크가 이행기업에게 전가된다 하더라도 결과적으로는 이 계약에서 문제가 발생할 경우에는 이 정부간 계약의 전담 기관인 KOTRA나 관련 정부 부처가 리스크에 노출될 수 있기 때문이다. 또한, 정부나 전담기관이 수용하더라도 그 계약을 심의할 상위의 위원회에서 통과가 될 수 있는지 여부도 중요하다. 특히 보증문제와 관련해서 민감한 협상쟁점이 발생한다. 현행 제도 하에서는 KOTRA의 명의로 상대국에 보증(Bank guarantee)를 제공할 수 없다. 대외무역법 제32조의2에 따르면 정부는 정부간 수출계약에 따른 어떠한 경제적 책임도 지지 않는다. 정부와 전담기관인 KOTRA를 별도의 주체로 해석하는 경우에도, 결과적으로 KOTRA는 공공기관이기 때문에 정부간 수출계약으로 인한 손실 발생 시 결과적으로 이 손실을 메꾸기 위한 국가적 피해가 발생할 수밖에 없다. 한편, 캐나다 CCC와 같은 기관은 자체 기금을 바탕으로 은행 보증을 제공하고 있기 때문에 구매국의 입장에서 한국 측에 동일한 요구를 종종 요청하고 있다. 구매국의 입장에서 이 사안을 보는 관점은 2가지가 있다. 첫째, 정부 간 계약은 외교적인 사안으로 보증 등 상업적인 안전장치를 요청하지 않는 경우이다. 둘째로, 정부간 계약 전담기관을 일반 사인과 동일하게 보고 보증을 요청하는 경우다. 결과적으로 정부간 계약을 보는 외국정부의 관점에 따라 요청사항이 달라진다.

또한, 협상마다 발생하는 쟁점 중에 하나는 분쟁 해결 조항이다. 계약이 문제없이 이행이 됐을 때는 사실 아무도 크게 신경을 쓰지 않지만, 계약이 계약에 참여하는 당사자들의 의도한 바와 다른 방향으로 가거나 계약 당사자들 간에 견해가 일치하지 않을 경우는 문제가 발생한다. 대부분의 정부 간 계약은 분쟁이 발생하기 전에 계약 당사자 간에 협의에 의해서 분쟁을 해결하는 식으로 계약서 상에 명시를 해두지만 이런 식으로 해결이 안 되는 경우도 준비해야 한다. 이를 위해 양국 정부 관계자들은 제3국의 법규를 준거법으로 하여 소송을 진행하는 형태로 진행한다. 만약 계약당사자인 양국 중 하나의 국가의 법률로 분쟁해결을 할 경우, 국가적 이익이 달려있는 계약임을 감안하면 한쪽이 일방적으로 유리해질 수밖에 없다. 따라서 대부분의 국가들이 제3국 법률을 준거법으로 하는 것에 동의하고 있다. 하지만 특정 외국 정부는 자국법을 준거법으로 하여 분쟁해결 조항을 작성해달라는 요구사항을 제기를 할 때가 있다. 이런 경우에는 의견의 차이가 좁혀지지 않을 경우 계약협상은 예측할 수 없는 방향으로 흘러갈 수 있다.

4. 계약체결

가. 이행약정 체결

계약에 앞서서 정부간 계약 전담기관인 KOTRA는 이행기업과의 이행약정을 체결한다. 이행약정은 해당 정부간 계약 프로젝트를 수행하는 동안 전담기관과 이행기업 간의 의무와 책임을 규정한 계약으로서 국내법의 적용을 받는다. 특히, 우리나라에서 정부간 계약 전담기관인 KOTRA는 순수 행정비용 외에 어떠한 수수료도 수취하지 않고 있어서 해당 프로젝트로 인한 리스크는 순전히 이행기업에게 오로지 전가된다. 그 밖에 프로젝트와 관련된 보증보험, 보고의무, 기타 행정비용 부담 등에 관한 내용도 이행약정을 통해 규정하고 있다. KOTRA는 서명 전 계약서와 이행약정 최종본이 준비가 되면 그 내용을 관련 위원회를 통해 심의 및 의결을 진행한다.

나. 위원회 심의(특별위원회, 심의위원회) 및 계약체결

방산물자의 경우 방산물자 정부간 거래 특별위원회의 심의 및 의결을 거쳐서 최종 체결여부를 판단하고, 일반물자는 정부간 수출계약 심의위원회를 개최하여 심의 및 의결 후 체결을 진행한다. 두 위원회 모두 KOTRA 사장이 위원장을 맡고 있으며, 위원회 구성은 고위공무원, 법률전문가, 회계전문가, 기타 민간 전문가 등으로 구성되어있다.

계약체결은 체결식을 통해 최종 서명하게 되는데, 구매국인 외국정부의 의사 등을 종합하여 진행하고 있다.

5. 계약이행 및 모니터링

정부간 계약을 체결하기까지 많은 검토가 필요하지만, 체결 이후에도 계속 관리가 필요하다. 특히, 정부간 계약을 통해 진행된 프로젝트가 제대로 진행되지 않으면 일반 상업 프로젝트처럼 기업만 피해를 보는 것이 아니라 국가간의 외교 내지 경제분쟁 문제로 번질 가능성이 있다.

구매국 정부에서 입찰이라는 프로세스를 생략하고 굳이 수의계약을 동반하는 정부간 계약이라는 특수한 방식을 선택한 이유는 해당 프로젝트가 최종 종결까지 안정적으로 갈 수 있도록 판매국 정부와 공동 관리하겠다는 목적이 크다. 따라서 프로젝트 진행과정에서 문제가 발생하면 외국정부는 이에 대한 책임을 KOTRA와 우리 정부에 제기할 가능성이 높다. 이런 이유로, KOTRA와 방산물자 특별위원회, 정부간 수출계약 심의위원회는 계약서 내용이 차질 없이 진행될 수 있도록 기업의 이행실태를 점검하고, 기업은 관련 내용을 보고하고 있다.

가. 거래대금 수령 및 전달

계약이행에서 전담기관은 거래대금을 직접 수령하여 이행기업에 전달한다. 주로 양자계약 모델에서 발생하는 이행관리 과업으로, 계약 당사자인 KOTRA는 계약서에 따른 거래대금을 외국정부에 청구한다. 청구서를 받은 외국정부는 해당금액을 KOTRA의 특수계좌로 입금하고, KOTRA는 이행기업의 적절한 보증조치가 확보된다는 전제 하에 대금을 전달하고 있다.

3자계약의 경우도 계약서 내용에 따라 이행기관을 통해 대금수령을 할 수도 있다.

나. 보증보험 정산

거래대금의 전달에 앞서, 이행기업은 계약이행 보증(Performance bonds)과 선급금 보증(advance payment bonds)을 준비해야 한다. 이는 만약 외국정부가 송금한 대금을 KOTRA가 이행기업에 전달하였는데, 이에 대해 이행기업이 이행하지 못하는 경우를 대비한 것이다. 이행기업은 이처럼 당초 구매국이 요구한 보증 조치를 적절히 취한 후에만 대금을 수령할 수 있는데, 보증상품에 가입하는 과정에서 수출기업에게 금융 비용이 발생한다. 여기서 발생하는 금융비용의 경우, 이행기업은 이행을 완료한 건에 한하여 보증조치를 해제할 수 있으며 일부 비용을 환급받을 수 있다.

향후 G2G 거래 활용이 확대되고 개별 프로젝트 거래가 대형화 되면서 수출기업이 보증서 발급과 관련하여 비용도 문제이지만 충분한 보증한도를 받는 것이 중요하게 될 것이다. 한편 거래 추진에 있어서 구매국 측이 요구하는 금액 수준에서 보증서를 제공해야 되므로 이에 대한 금융기관의 지원이 필요하게 될 것이다. 이는 G2G 거래관련 금융지원 부분에서 후술한다.

다. 기타 이행관리

그밖에 이행과정에서 발생하는 외국정부와 기업의 요청사항에 대해 KOTRA는 현지 네트워크인 무역관을 활용하여 모니터링하고 있으며, 필요 시 범부처 민관합동 협력을 통하여 대응하고 있다.

6. 정리

위에서 살펴본 바와 같이 정부간 수출계약을 진행함에 있어서 단계별로 당사자는 계약 진행을 위한 역할을 하여야 하며 이를 요약하면 다음 그림과 같다.

정부간 수출계약에서 당사자의 책임과 역할 이해[349]

구매국 정부
- G2G 의향서 발송
- 제안서 심사 및 협상 대상자 선정
- 계약 협상 및 체결
- 이행기업에 계약대금 지급
- 기타 계약 상 의무 이행

KOTRA
- G2G 의향서 접수, 국내기업 발굴 및 추천
- 계약 협상 및 체결
- KOTRA - 이행기업 간 이행약정 체결
- 계약 이행 모니터링 및 구매국 정부 요구사항 조정
- 기타 계약 상 의무 이행

국내(이행)기업
- G2G 제안서 작성
- 계약 협상 및 체결
- KOTRA - 이행기업 간 이행약정 체결
- 이행 보증 조치 및 계약 이행
- 구매국 정부에 수출물품 인도 및 계약대금 수령
- 기타 계약 상 의무 이행

---

349) KOTRA, 정부간(G2G) 수출계약 제도 소개 (브로셔) (2019) (방산물자교역지원센터 홈페이지/방산수출정보/G2G 브로슈어), 6면.

02
계약 체결 방식

1. 양자간 계약 대 3자간 계약

우리나라 대외무역법상 "정부간 수출계약"의 개념은 외국 정부의 요청에 의해, 대외무역법상 지정된 전담기관이 국내 기업을 대신하여 또는 국내 기업과 함께 계약의 당사자가 되어 외국 정부에 물품 및 서비스를 유상(有償)으로 수출하기 위하여 외국 정부와 체결하는 수출계약을 말한다. 일반적인 국제거래에서는 계약 당사자는 수출기업과 수입기업이 되며, 당사자는 수출계약의 조건에 따라 그 계약의 이행과 책임을 부담하는 반면 정부간 수출계약에서는 수입국 정부와 수출국 정부(전담기관인 경우 포함)가 당사자로 체결되는 것으로 한 것이다.

전담기관인 KOTRA가 계약을 체결하는 경우라도 만약 공사가 국내공급기업(이하 "기업"이라 함)을 대신하여 구매국과 정부간 계약을 체결하면 "구매국-공사간 계약(이하 "양자간 계약" 혹은 "양자계약"으로 칭하고 서로 혼용한다)이 될 수도 있고, 공사가 기업과 함께 구매국과 수출계약을 체결하면 구매국-공사-기업간 계약 (이하 "3자간 계약"으로 칭함)이 된다.

KOTRA가 3자간 계약으로 G2G 계약을 하는 경우의 장점도 있는데, 공사로서는 수출기업(본 보고서에서는 이행기업, 국내기업, 수출이행기업 등은 특별히 언급하지 않는 한 동일한 의미로 문맥에 맞게 혼용함)의 불이행에 대한 법적, 금전적 책임에 휘말리지 않고 구매국과의 마찰 문제에 말려드는 것을 어느 정도 예방할 수 있는 장점이 있다. 또한 서로 이익관계가 조율되고 분쟁 양측이 아닌 3자가 갈등을 완화할 수도 있는 장점도 있다.

3자간 계약은 수출계약의 실질적, 물질적 인도나 이행의 문제는 수출기업의 책임으로 두는 것이므로, 공사는 단순한 계약보증인, 증인 혹은 중재인이나 관리인 정도의 역할을 수행하면 되는 것이며 경제적 책임이나 실질적 이행책임에서는 벗어날 수 있는 장점도 있다. 우리나라에서 정부간 계약 제도를 초기 도입하고 발전시키고자 하는 단계였으므로 전담기관인 공사가 제도에 대한 경험이나 재정적 준비 혹은 조직적 대비가 되지 않은 상황에서 3자간 계약을 체결한 것으로 보인다.

　최근에는 구매국 측의 요구 및 거래관계의 명확화를 위해 "양자계약" 방식으로 거래를 추진하는 것에 대하여도 실무적인 검토가 필요하게 되었다. 10년이 되지 않는 짧은 기간 동안 정부간 계약은 3자간 계약 방식으로 체결되어 왔다. 전술한 바와 같이 우리 대외무역법은 정부간 수출계약 도입 시작부터 3자간 계약과 양자간 계약이 모두 가능하도록 규정하였으므로 어떤 계약방식을 택할지는 공사와 구매국한 협의를 통해 선택이 가능했고 실무상 3자간 계약이 선호된 것으로 이해할 수 있다.

　실무적으로 양자간 계약을 취하느냐 혹은 3자간 계약 방식을 취하느냐는 정부의 역할과 책임, 공사의 역할과 책임, 수출기업의 역할과 책임, 구매국의 역할과 책임에 있어서 그 내용이 서로 다르기 때문에 우리 측 실무자들이나 구매국 측이나 초기단계부터 검토하는 내용 중 하나가 된다. 그런데 양자간 계약이나 3자간 계약을 비교함에 있어 어느 한 계약 방식이 더 적절하거나 혹은 유리하다고 단정할 것은 아니며 단지 당사자의 선택의 문제인 점을 미리 밝힌다. 방식의 우열이 있는 것이 아니고 그 계약 당사자로서 공사가 들어갈 만한 편익이나 필요성이 있느냐가 더 중요한 판단문제이다. 다만 양자계약이 법률관계가 더 명확하고 단순하여 분쟁시 처리도 간편하며 대부분의 국제거래가 취하는 방식이므로 실무자의 거래에 대한 이해도 용이하고 역할의 명백한 분담도 가능하다는 장점이 있다.

가. 양자간 계약과 3자간 계약

국제거래의 일반적인 근거가 되는 영미법상 그리고 국제거래 실무에서는 계약(contract)과 약정(agreement)라는 구분이 있다. 종래에는 양자를 구별하여 특히 양자간 계약은 contract라 하고, 3자간 이상 계약은 agreement 라고 설명하는 경향이 있었으나, 현대에 와서는 굳이 그런 명칭을 엄격히 구분하지 않고 혼용하는 경향이 있으며 또한 당사자 수로 contract와 agreement를 기계적으로 구분하는 데에 명확한 근거나 실익은 없다. 오히려 계약의 내용이 중요한 것이며 그 용어는 서로 혼용하여 사용하는 게 일반적이다. 따라서 이 연구에서는 양자간 계약이나 3자간 계약이라는 명칭에서 특별히 그 계약의 법적 개념이나 당사자의 법률관계에 특별히 구분할 만한 차이가 있는 것은 아니라고 보게 된다.

양자간 계약은 그 계약에서 요구하는 공사의 역할과 책임의 내용이 다르다는 점에서 3자간 계약과는 구별되는 것이다. 양자간 계약에서 아래 도표에서 보는 바와 같이 계약체결관계(privity) 측면에서 3자간 계약과 다르다. 최근 일부 구매국들이 요구하고 있는 양자간 계약은 기존의 3자간 계약에 비해 이행에 있어서 구매국에 직접 책임을 지는 당사자 역할을 좀 더 명확히 하여 KOTRA가 약정된 역할을 요구하는 것이다. KOTRA가 어떤 역할을 하는가 내지 특히 "구매국과의 관계에 있어서" 공사에게 요구되는 역할이 무엇인가에 대하여는 아래와 같이 개념화할 수 있다.

[그림 2. 삼자간 정부간 계약과 양자간 정부간 계약의 비교]

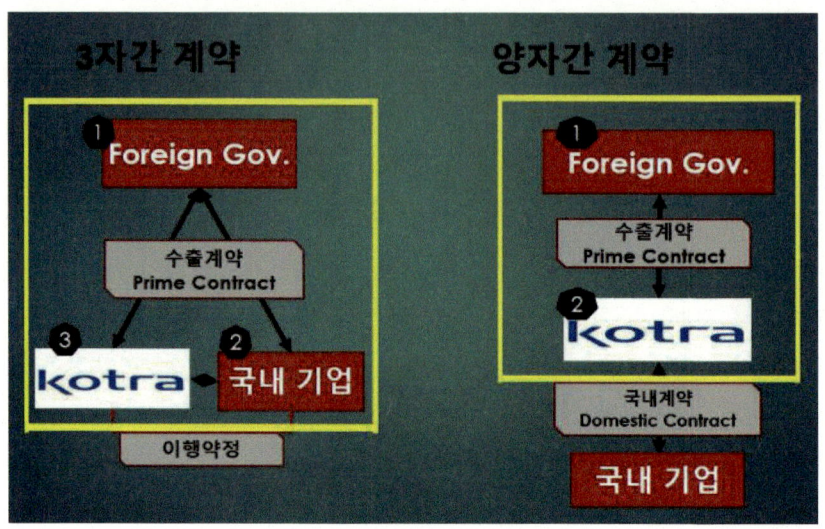

　기존의 3자간 계약에서는 구매국 정부(Foreign Government)와 수출기업(국내기업)과 공사(위 표에서 KOTRA)로 구성된 3자간 체결한다. 실제 수출이행은 국내기업이 하며, 공사는 수출기업의 이행을 감독하고 계약상 거래가 원활이 진행되도록 보조적인 역할만 하게 된다. 우리 대외무역법 제2조는 "국내기업과 함께 계약의 당사자가 되어"라는 표현으로 공사가 구매국과 3자간 계약을 체결할 수 있도록 하고 있다. 또한 동법 제32조의5(국내 기업의 책임 등)에서는 국내기업이 수출계약의 내용을 성실히 이행하여야 함을 규정하고(제1항), 필요한 보증, 보험을 제공하여야 함을 규정한다. 또한 공사의 자료제출 요구가 있을 경우 이에 응하여야 함을 규정하고 있다. 공사의 역할에 대하여는 특별히 계약의 당사자가 된다는 것 외에는 특별한 언급은 없다. 이런 규정내용을 해석해 보면 3자간 계약을 체결하였다면 수입자 앞 수출계약의 이행은 국내기업이 수행하는 것으로 보며, 공사는 단지 그러한 이행을 감독하는 제한적이 기능만을 수행하는 것을 알 수 있다.

"양자간 계약"에서는 공사가 구매국 정부와 수출계약(양자간 계약, 주계약, 본계약)을 체결하며, 국내기업과는 별도의 국내계약을 체결하는 바, 이런 관계에서는 적어도 계약의 형식면에서는 국내기업은 수출계약의 당사자가 아니다. 이 경우 수출계약만을 보면 당사자는 2자이므로 양자간 계약이라 하며, 구매국에 대하여는 KOTRA가 공급 당사자의 역할을 하게 되며, 따라서 수출이행의 책임과 필요한 보증, 보험을 제공하는 의무를 부담한다. 대외무역법 제2조는 "국내기업을 대신하여 계약의 당사자가 되어"라고 표현하여 양자간 계약이 가능함을 규정한다. 물론 동법 제32조의5(국내 기업의 책임 등)에서는 국내기업이 수출계약의 내용을 성실히 이행하여야 함을 규정하고(제1항), 필요한 보증, 보험을 제공하여야 함을 규정한다. 공사와 국내기업간 내부관계에서 실질적인 이행이나 보증 제공은 국내기업이 해야 함을 의미하는 것으로, 공사가 국내기업과 수출이행과 보증 등의 제공을 내용으로 하여 국내계약(domestic contract, 실무에서는 "이행약정"이라 칭함)을 체결한다.

나. 구매국 입장 (왜 구매국은 양자계약을 요구하는가?)

구매국 입장에서 양자간 계약을 선호하는 이유는 다음의 몇 가지가 있을 수 있다. 첫째, 양자간 계약은 정부간 계약이란 용어에서 말하는 특징, 즉 수출국 정부와 직접 계약하는 것이므로 이해하기 쉽고 친숙하다. 반면 3자간 계약은 구매국 입장에서는 복수의 상대방(수출기업과 수출국 정부)과의 계약관계를 형성하므로 에에 대한 불명확에 대한 우려가 있어 선호하지 않는다. 또한 대부분의 국제거래 계약 및 정부간 계약들(미국의 FMS 제도 및 캐나다의 Prime Contract 제도)은 양자간 계약의 형식이므로 이미 경험이 있고 친숙한 양자간 계약을 원하게 된다. 또한 양자간 계약을 취하면 계약관계가 명확 → 불확실성 제거 → 예측 가능 → 구매국 법규에 부합하게 된다.

둘째, 구매국 입장에서 자신의 권리를 확실하게 확보하기 위한 실질적인 이유도 있다. 즉, 계약의 이행(performance of the contract)을 확실하게 확보하기에 양자간 계약이 더 적합하다고 볼 수 있다. 즉, 한국 정부와 계약을 하게 되면 한국 정부의 국내기업에 대한 영향력을 충분히 활용할 수 있고, 구매국이 가장 우려할 사항인 계약 이행관련 분쟁 발생시 한국 정부를 활용한 해결도 가능하기 때문이다. 구매국 입장에서 수출기업은 한국에 소재하고 있기 때문에 한국기업과 분쟁 발생시 한국 법에 따라 해결하게 된다면 다양한 곤란이 예상된다. 국제소송에 있어서 재판관할의 일반적인 원칙은 "피고 주소지 원칙(일반관할)"인 바, 계약상 특별히 관할을 정하지 않았거나 혹은 관할합의의 내용에 포함되지 않는 분쟁(계약분쟁이 아닌 불법행위 분쟁)이라면 최악의 경우 한국에서 소송을 제기해야 한다. 물론 정부간 거래에서 소송으로 분쟁을 해결하는 것은 계약상 금지하기도 하겠으므로 발생하기 어려운 상황일 수 있겠으나, 구매국 입장에서 법적인 검토에 있어서나 계약 협상단계에서는 매우 불확실한 선택이라고 인식할 것이다. 그런데 양자간 계약을 체결하면 클레임이나 분쟁상황이 되면, 구매국 정부는 수출국 정부에 계약에 근거해 클레임을 제기하면 수출국 정부가 수출기업에 직간접적 강제를 하게 될 것이므로 비교적 구제가 용이할 것이다.

다. 수출기업/정부의 입장

수출기업 입장에선 상대국이 정부간 계약을 요구하였다면 한국 정부를 설득해서 양자간 계약을 추진해야 한다. 수출계약을 성사시키기 위해서는 구매국 정부의 요구에 부합해야 할 것이고 그 중 하나가 수출국 정부의 보장이다. 구매국이 수출기업에게 수출국 정부의 보장까지도 주선해 오라는 요청이 빈번한 분야가 본서에서 주로 다루는 방산분야, 공공 인프라, 원전 분야인 것이다. 수출기업이 구매국의 PPP 방식 정부조달 거래에 참여하는 경우 자국 정부의 이행보장 성격의 G2G를 제안할 수 있다면 상대적으로 유리하다.

구매국은 수출국 정부의 보장을 받아오면(즉 수출국 정부와 양자간 계약을 체결하게 되면) 구매국은 수출국 정부의 보장이 있다고 보아 일반적인 계약에서 수출기업에게 요구되는 각종 보증 제공 의무를 면제해 줄 가능성도 높고 실제로 그런 경우도 있다. 어차피 계약 당사자로 대한민국 정부가 서명한다면, 적어도 한국의 그 어떤 당사자와 계약하는 것보다도 신뢰할 수 있기 때문이다. 따라서 수출기업이 일반적인 경우에 부담하게 되는 각종 이행성 보증 (이행보증, 하자보증) 제공의 부담을 면제하거나 혹은 그 금액을 감액할 수 있게 된다. 특히 최근 들어 한국 경제력의 발전 및 문화산업의 융성으로 한국의 국가적 위상이나 이미지가 높은 soft-power가 형성되었는바, 한국 정부와 계약하는 것 자체의 계약 신뢰도가 높다고 평가하므로 특별히 보증을 요구하지 않거나 보증을 요구하더라도 최소한의 보증만을 요구하는 것으로 낮춰질 수 있다.

수출국 정부 입장에서도 양자간 계약에 대한 구매국의 요구와 수출기업의 요구에 부응하여야 한다는 점에서는 양자간 계약을 회피할 이유는 원칙적으로 없다. 다만, 우리의 경우 제도 초기의 상황에서 발생 가능한 문제를 완화시키기 위해 3자간 계약을 체결해 온 것이며, 굳이 양자간 계약을 금지해 온 입장도 아니다. 대외무역법에 정부간 계약 도입시 양자간 계약과 3자간 계약 모두가 가능하도록 규정하였다. 다만, KOTRA의 입장에서는 전담기관으로 지정 받고 업무를 수행하지만, 프로젝트에 문제 발생시 위험에 노출될 수 있는 점을 감안해 가급적 실질적인 수출이행을 하는 수출기업에게 이행 관련 역할을 부여하고 공사는 보완적 역할만을 하는 3자간 계약을 체결한 것이지만, 전술한 구매국 정부의 강력한 요구를 무시할 수는 없는 것으로 인식하게 되었다.

2. 양자간 계약 검토

가. 국제거래법 원칙에 따른 검토

주로 영미법계 국가들이 국제상거래를 주도하여 온 관계로 국제거래계약에 대하여는 영미법에서 발전한 계약법(law of contract)이 주로 적용된다. 따라서 G2G 계약을 포함한 거의 대부분의 국제계약은 영미에서 발달한 계약형식을 취하고 그 해석이나 실행에 있어 영미법상의 원칙에 따른다. 영미법상 계약이 유효하게 성립하기 위해서는 계약체결권한(A contracting authority)이 있는 당사자간 명백한 의사의 합치(meeting of minds)가 있어야 하며 이는 보통 양 당사자가 서명한 서면계약의 체결로 이루어진다.

한 국가의 법으로만 규율할 수 없는 국제계약의 특성으로 인해 그리고 국제거래를 효율적으로 수행하기 위한 필요에서 국제거래에 대하여는 상당히 광범위한 당사자자치(party autonomy)가 인정된다. 따라서 당사자간 의사의 합치만 있다면 그 계약의 내용 및 당사자를 누구로 하여 계약을 체결하지 등 문제는 모두 당사자가 합의에 의해 정하게 된다. 따라서 거래 상대방을 법인으로 할지 혹은 국가로 할지도 정할 수 있는 것이고, 그 상대방의 수를 하나로 할지 혹은 여러 당사자가 서로 독립적으로 혹은 병존적으로 할지도 약정할 수 있는 것이다.

위와 같은 국제거래계약법의 원칙에 비추어 보면, 정부간 수출계약에서 구매국은 합의만 된다면 거래 상대방을 판매국 정부로 할지 혹은 국내기업으로 할지 정할 수 있는 것은 당연한 귀결이다. 양자간 거래 즉 구매국과 수출국간 직접 계약이 선호되는 일반적인 입장은 다음과 같이 당사자 관계의 원칙(Doctrine of Privity in Contract Law)에 있어 더 지지를 받는 경향이 있음은 위에서 살핀 바와 같다.

(1) 당사자 관계의 원칙 (Doctrine of Privity in Contract Law)

양자간 계약방식은 당사자(관계)의 원칙(the principle of privity, 이하 "privity 원칙"이라 함)에 근거하여서도 타당하다. 우리말 번역상 명확하지는 않지만 영미계약법상 "privity 원칙"의 내용은 계약의 당사자만이 계약으로 인한 수익을 얻고 책임을 부담하는 원칙을 의미한다. 예를 들어 물품이 여러 단계를 거치는 경우에 오직 당사자관계가 있는 자들 사이에서만 계약상의 책임을 서로 물을 수 있다는 중요한 기준을 제공한다. 따라서 계약을 체결하는 자는 상대방이 계약 불이행시 책임을 질 능력이 있는지를 확인하고 그 능력에 충분한 확신이 있는 자와 거래하려 할 것이다.350)

Privity 원칙의 실무적인 편익은 분쟁시 당사자가 어느 상대방에 대하여 어떤 권리가 있고 의무를 부담해야 하는지가 명확해지는 장점이 있다. 따라서 양자간 G2G 계약을 체결하게 되면 구매국 정부 입장에선 판매국 정부(공사)와 계약을 하는 것이고, 구매국 정부는 그 계약에서 정하여진 계약조건(contractual terms)에 따라 판매국에 요구할 수 있게 되는 것이다.351)

정부간 계약에서도 구매국은 판매국과 계약(양자계약)하고, 계약 이행 보증은 국내기업이 하는 경우 구매국은 일단 판매국 정부에 "계약상의 청구"를 할 수 있는 것이고, 국내기업에게는 "보증서에 근거한 이행을 청구"할 수

---

350) Privity 원칙은 소비자가 도매상을 통해 구매하는 경우에 그 효과가 현저하다. 즉, 매수인(소비자)은 도매상(판매자)에게 물품을 구매하고, 판매자가 제조자로부터 구매하는 계약 구조이다. 만약 물품에 하자 있다면, 소비자는 도매상(유통업체)에게 보상 혹은 교환을 청구한다. 소비자가 제조자에게 직접 보상 혹은 교환을 청구하지 않는데, 이유는 소비자와 제조자 사이에는 당사자 관계가 없기 때문이다. 물론 판매자가 일정기간 일정금액 한도내에서 품질보증 혹은 수리보증을 한 경우, 소비자는 그 보증에 근거하여 제조업체에 직접 그 보증의 이행을 청구할 수 있다.

351) 여기서 계약조건(contractual terms)이란 계약서에 정하여진 계약의 내용(Terms and conditions)을 의미하며, 계약서에 기재된 모든 사항을 의미한다. 물론 계약조건 이외에도 계약에서 정하지 않은 사항에 대하여 준거법(governing law)에 의해 주장할 수 있으나 이는 법원의 판단과 해석을 거쳐야만 주장이 가능하므로, 당사자는 계약서에 명시적으로 조건으로 기재하여 주장하는 것이 더 적절하다. 따라서 국제계약에서는 세부적인 내용을 적은 계약이 작성되며 그 계약에 각종 계약조건을 기재하고 그 계약서에 서명함으로써 그 계약조건에 구속되는 것이다.

있게 된다. 결국 구매국 입장에선 중복적인 청구가 가능하여 구매국에 유리한 계약구조를 만들 수 있다.

Privity 원칙에 따르면 양자간 계약에서 당사자간의 법률관계가 더 명확해 진다. 3자간 계약에서는 계약 당사자인 KOTRA와 이행주체인 국내기업이 모두 서명하였기 때문에 공사와 국내기업의 각각의 역할분담과 분쟁 시 입장에서 차이가 있을 수 있고 이는 매수국 입장에서 혼란스러울 수 있다. 즉 매수국 정부 입장에선 국내기업이 자신의 책임을 공사에 미루거나 혹은 반대의 경우도 예상할 수 있어 privity원칙을 통해 계약으로 보호하고자 하는 권리보호에 미흡한 경우가 발생할 수 있다. 반면 양자간 계약을 하게 되면 privity원칙에 따라 모든 권리 및 의무를 구매국 정부와 판매국 정부(공사)간 계약조건에 따라 정하면 되므로 그 범위가 명확해 진다.

나. 해외 사례에서의 정부간 거래 계약 구조

(1) 미국 FMS의 양자계약

앞서 살핀 미국은 전형적인 양자간 계약 구조로 정부간 거래를 하고 있다. 경제규모가 크고 특히 방산물자 정부간 계약을 선도해 온 미국의 경우 MS (Foreign Military Sale)이란 제도를 통해 정부간 계약 제도를 운영하고 있는 바, 거래량도 많고 방대한 경험을 축적하여 세부적인 절차와 가이드라인을 공식적으로 운영하고 있다. 특히 정부간 계약을 Letter of Offer and Acceptance ("LOA"라 칭함)라고 하며 표준약관의 내용을 파악하면 FMS가 양자간 계약임을 알 수 있다.

[그림 3. 미국의 Foreign Military Sale 등 정부간 계약 방식][352]

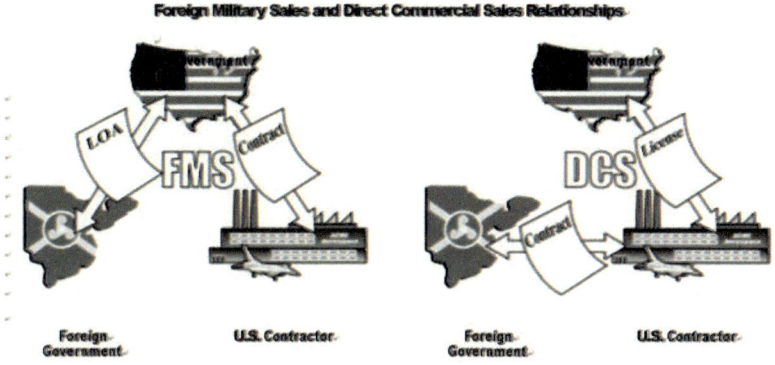

위 그림은 미국의 FMS가 양자간 계약 구조임을 명확히 보여준다. 왼쪽의 거래도는 FMS 거래인 바, 미국정부(USG)는 외국 정부(FG)와 LOA(FMS 계약)을 체결하고, 미국 정부는 미국 공급업체와 조달계약을 체결한다. LOA는 우리의 정부간 계약과 같은 개념이며 계약 체결 당사자가 미국 정부와 구매국 정부간 양자간 계약에 해당한다. 반면 오른쪽 그림처럼 외국정부와 수출기업이 직접 거래하는 경우(Direct Commercial Sale)도 있는 바, 이 경우 외국 정부는 미국정부와의 계약 없이 미국 국내기업과 직접 계약을 체결할 수도 있다. 이 경우 미국 정부는 단지 수출 등 승인(licence)권한을 통해서만 거래에 관여한다.

---

352) DSCA(Defense Security Cooperation Agency), FMS Green book 15-6. Foreign Military Sales and Direct Commercial Sales Relationships(at https://www.dscu.mil/pages/resources/greenbook.aspx)

(2) 캐나다 CCC의 양자계약

캐나다 상업공사인 경우 Prime Contract라는 제도를 통하여 정부간 계약을 하는 바, 이 계약도 전형적인 양자간 계약 형식을 취한다. 즉 먼저 CCC가 구매국 정부와 양자계약을 체결하고, CCC는 국내기업과 별도의 이행계약을 체결하는 형태로 이루어져 있다. 캐나다는 체결절차를 시작하는 지점에 착안하여 외국정부의 의뢰를 시작으로 하는 절차(Pull형 진행)를 거치거나 혹은 국내기업의 요청을 시작으로 하는 협의절차(Push형 진행)로 구분하여 설명하나 궁극적으로 법적인 관점에서는 결국 CCC와 구매국간 계약을 체결하고, 국내기업은 별도로 CCC와 하청계약(subcontract)을 취한다는 점에서는 동일하다.

[그림 4. 정부간 거래의 법적 관계][353)

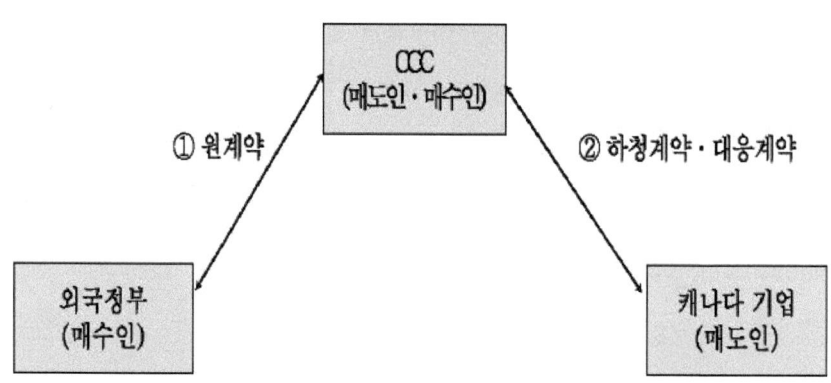

신창섭 (2015)에 따르면 파악한 CCC의 G2G 계약dms 법적으로는 외국정부와 CCC간 계약을 하는 것이므로 계약 당사자는 CCC이고 그 계약에서 실제 채무불이행이 발생하는 경우에는 CCC가 다를 수출기업을 수배하여 대체 이행을 하여야 한다고 한다. 정부간 계약(위 그림상 "원계약")에서

---

353) 신창섭, 박찬동,"정부간 거래 선도기관의 소송사례 연구조사:캐나다상업공사(CCC)의 사례를 중심으로, KOTRA연구과제(고려대학교 산학협력단, 2015), 6면.

"CCC"와 "구매국 정부"간 Privity 관계에 있으나, 캐나다 기업(매도인)은 구매국 정부와 직접 Privity 관계에 있지 않고 단지 CCC와 하청계약·대응계약 관계에 있다. 만약 계약상 불이행 사유가 발생하는 경우 대체이행을 할 원책임은 privity 관계에 있는 CCC가 부담하게 된다. 만약 CCC가 다른 기업을 수배하여 이행(실제로는 대체이행)도 불가하여 궁극적으로 계약 불이행이 발생하는 경우 CCC는 계약에 따라 계약 상대방인 매수국 정부에 직접 계약상 손해를 배상하여야 하는 책임을 부담한다.[354]

캐나다는 양자간 계약에 더하여 수출신용기관과 금융기관을 활용한 보증 및 금융도 포괄적으로 제공한다. 즉, CCC가 외국정부와 정부간 계약을 체결하되, 그 계약 자체에 금융지원이 필요한 경우 같은 정부회사(government corporation)인 EDC(Export development Canada)의 수출보험 및 보증을 활용하거나 주선하기도 하고, 혹은 상업금융기관(commercial Financial Institutions)의 금융을 주선하기도 한다. CCC는 이러한 적극적인 보증 및 금융 주선까지 서비스함으로써 보다 국제거래의 실질적이고 주체적인 역할을 한다.

---

[354] 신창섭, 박찬동, 8면.

[그림 5. CCC의 계약 및 금융구조]355)

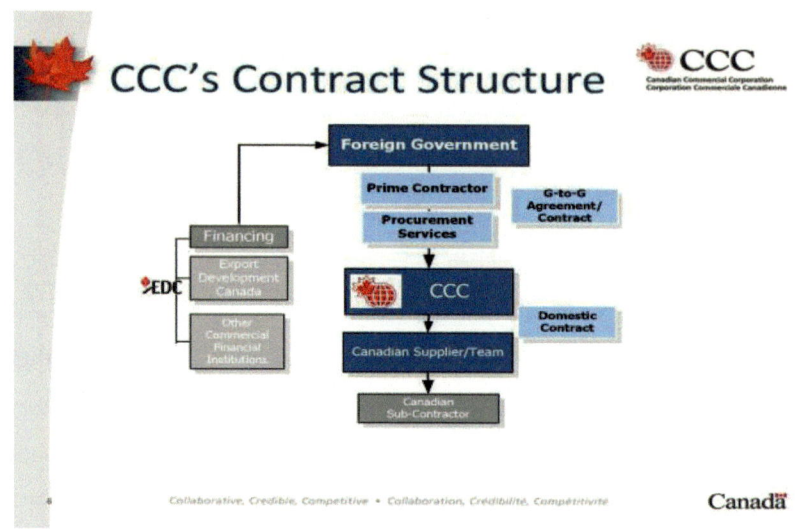

　CCC의 주계약서비스 및 G2G 거래를 통해 CCC가 상당히 적극적인 G2G 계약상의 책임을 부담함을 알 수 있다. 오랜 기간 동안 정부간 계약사업을 해왔고 양자간 계약구조를 택한 CCC는 그만큼 거래의 성공을 위해서 자기 책임 하에 사업을 수행하고 거래의 위험도 관리 및 감수해야 하므로, 수출에 필수적인 각종 보증의 제공 및 금융의 확보, 그리고 외국 정부의 대금미지급 위험까지 고려하여 정부간 계약 제도를 운영하고 있는 것이다.

---

355) Adams Edward, Canadian Commercial Corporation The Government of Canada International Contracting and Procurement Agency, at https://slideplayer.com/slide/15977037/

03
계약관리 / 분쟁관리

1. 계약관리 개설

계약관리(Contract Management)라 함은 계약의 체결, 계약의 실행 및 분석을 효율적으로 관리하여 회사의 운영 및 재무성과를 극대화하는 동시에 각종 위험내지 경제적 손실을 줄이는 관리 프로세스를 말한다. 국제거래에 있어서는 일반 국제거래 대비 더 복잡하고 치밀한 계약관리가 필요한데, 계약관계가 복잡하고 또한 거래 상대방이 외국에 소재하므로 법적, 행정적, 비용적인 측면에서 국내거래를 관리하는 것보다 더 많은 노력과 자원 투입이 필요하기 때문이다. 한편 국제거래에서 광의의 계약관리의 일환으로 (계약)분쟁 관리(dispute manangement) 혹은 클레임 관리(claim management)가 실무적으로는 중요한 비중을 차지한다. 다만 최근에는 계약관리와 분쟁관리(별도의 장에서 후술)는 용어가 혼용되기도 하고 분쟁관리를 계약관리의 하위 개념으로 보기도 한다.[356] 따라서 이하에서는 계약관리와 분쟁관리를 구분하여 설명하되, 계약관리도 분쟁관리와 관련성도 같이 검토하기로 한다.

---

[356] 국제거래에서 분쟁관리를 특히 분쟁해결관리(dispute resolution/dispute management)로 칭하기도 하면 후술한다.

가. 계약관리 개요

국제계약상 계약관리란 국제거래의 개시부터 최종 종결까지 계약의 전 생애에 걸쳐 효율적으로 수행하고, 발생 가능한 위험요소를 통제하는 경영관리 활동을 말한다. 계약전 절차인 시장조사, 상대방 신용조사 등에서 최종적인 물품인도 및 대금지급까지의 일련의 계약 절차는 종종 복잡하고 그 처리에 장시간을 소요하기도 한다.

큰 기업간 대량거래인 경우 최종 주문 확정 단계 전에 판매부서와 재고부서, 생산 부서 등의 조회 및 협조가 필요한 경우도 많다. 계약담당 부서와 별도로 자금담당 부서의 경우 상대방 신용도 조회 등 절차를 거치기도 하며, 그 과정에서 상호 협력이나 통제가 이루어지기도 하다.

나. 계약관리의 내용

(1) 예방적 계약관리

매도인의 입장에서는 계약에 부합한 물품의 공급을 위해 필요한 각종 조치를 취하고 물품 부적합이 발생하면 하자보완이나 대금감액 협상 등 적절히 대응하는 활동이 계약관리활동일 것이다.

매수인의 입장에선 물품인수후 검사를 적절히 하고, 발견된 하자를 조속히 통지하여 향후 손해를 방지하고, 궁극적으로 목적한 물품을 인수하는 것이 될 것이다.

일반적으로 국제거래 기업들은 소정의 "계약관리현황표" 내지 "계약관리대장"을 통해 계약 상대방 정보, 계약의 중요사항과 만료 및 변동사항 등을 파악한다.

(2) 분쟁관리

계약의 일반적 관리 및 일정관리가 중요하지만, 이상 상황 혹은 예측하지 못한 상황이 발생하는 경우의 대처가 특히 중요하다. 그래서 국제거래 실무에서는 계약관리의 가장 중요한 문제는 "분쟁관리"라고 보는 경우도 많다. 모든 분쟁은 분쟁이 발생하기 전에 우선 철저하게 예방하는 것이 중요하고, 일단 분쟁이 발생하면 양측이 합의하여 해결하는 것이 가장 바람직하다.

따라서 계약관리의 첫번째 목표는 계약관련 분쟁의 사전예방이고, 두번째 목표는 철저한 사전준비를 통하여 분쟁 전단계에서 합리적인 합의점에 도달하도록 하는 것이다. 후술하는 국제거래 분쟁에서 보듯이 국제거래는 특히 사후적 분쟁해결은 복잡하고, 비용이 많이 들며, 법률 등 차이로 손실이 확대될 가능성이 특히 높으므로, 분쟁관리는 매우 중요한 업무이다.

(3) ICC 무역계약관리 준칙

ICC는 국제거래를 하는 당사자들이 지켜야 할 국제거래 가이드라인을 "권장사항"으로 제정하였다. 국제거래를 효율적이고 신뢰할 수 있도록 하여, 각 국가의 관세청이나 정부기관이 신뢰할 수 있는 무역기업(trusted traders)의 일반적인 행동준칙을 마련한 것이다.

기업은 수행하는 국제거래계약에 대하여 다음 분야에 대한 행위준칙을 따라야 한다. 기업별 특수성은 감안하여야겠지만, ICC 준칙은 일반적인 국제계약에 적용하도록 하는 표준적인 준칙을 제공한다는 점에서 참고할 필요가 많다. 불필요한 거래비용이 줄고 위험도 효율적으로 관리할 수 있게 되어 궁극적으로 국제계약의 효율과 적정성이 담보될 것이다. (세부 내용은 부록 참조).

- Management engagement (경영진의 계약에 대한 보고 및 관리 감독)
- Internal coordination (내부 부서간 상호 협력)
- Customs compliance (수출입 신고 및 관세납부 철저)
- Intellectual property (지적재산권의 보호)

- Export and import controls (수출입 질서 유지)
- Logistics management (운송 등 물류의 적절한 관리)
- Brokers and agents Security (중개인이나 대리인 관리)
- Recourse to experts (필요한 전문가의 활용 통해 계약 진행)
- Personnel skills (임직원의 국제거래 지식과 정보 교육)
- Automated systems (가능한 경우 거래의 자동화 추진)
- Engagement with governmOent (정부와의 협력을 통한 절차 개선 등)

(4) 계약관리의 자동화 및 정보화

계약관리는 점점 자동화 및 정보화되고 있다. 최근의 플랫폼 무역의 경우 물품확보와 재고관리, 신속한 물품배송 및 불량품 회수 등에 있어서 IT기반으로 전자화와 자동화가 이루어지고 있고 문서와 거래의 실시간 모니터링이 가능해졌다. 따라서 기업들은 과거 수작업이나 전화 확인 등에 의존하였던 원자재 관리, 생산관리 운송관리, 배송관리, 재고관리 등을 점점 더 효율적이고 저비용으로 할 수 있게 되었다. 일부 선진물류 업체는 이 부분에 특화하여 기업이 각종 계약관리를 용이하게 할 수 있는 서비스를 무료 혹은 저렴한 비용으로 제공하고 있기도 한다.

국제거래에 있어서도 계약관리를 과거에는 계약서 검토라는 지엽적 관리의 문제로 보았다면 현재는 전사적 관리 측면에서 "종합적 계약관리" 개념이 중요하게 되었다. 또한 이는 다국적기업의 국제공급망관리(international supply chain management) 개념과도 부합하면서 같이 발전되고 있는 분야이다.[357]

---

357) 상거래에서 글로벌 공급망 관리는 수익을 극대화하고 낭비를 최소화하기 위해 국가를 초월한 기업의 글로벌 네트워크를 통해 상품과 서비스를 배포하는 것으로 정의된다. Bhatnagar, K (2012). Customer-Oriented Global Supply Chains: Concepts for Effective Management. Hershey, Pennsylvania: Information Science Reference. pp. 145-159.

2. G2G 계약 관리의 내용

계약관리에 대한 방안은 여러 기준으로 검토할 수 있으나, 본 연구에서는 직관적이고 이해가 쉽도록 계약 단계별 혹은 계약 절차별로 검토하기로 한다. 즉, (1) 계약협상 및 체결 문제 (1차적 문제, 계약에 대한 보증 제공 (금융기관과 협력 문제도 포함), (2) 계약/프로젝트 관리 (2차적, 계약 체결 후 문제), (3) Claim / 분쟁 관리 (가장 중요한 관리)로 나누어 살피고자 한다.

가. 계약협상 및 체결 관리

정부간 계약에 대한 관리는 가급적 객관적이고 예측 가능하고 합리적인 계약관리를 추구하여야 할 것이다. 정부간 계약을 위해 특별히 고안된 절차나 특별한 계약 형식을 고안해 낼 필요보다는, 오히려 일반적인 수출거래의 실무나 관행을 가급적 존중하고 그에 부합ㅎ게 처리하는 것이 타당할 것이다. 다만, 구체적인 관리 내용으로서는 표준계약안 작성 및 준비, 각종 실무 절차의 연구 및 적극적 홍보, 보증 등 필요한 금융의 주선, 적절한 계약내용의 협상 전문가 확보 등 질적으로 향상된 계약관리를 추구하여야 할 것이다.

(1) 표준계약 활용

양자간 계약에서 KOTRA가 계약에 서명하고 이행하는 주체이므로, 예측가능하고 국제적인 기준에 부합하는 표준계약(standardized contract forms)을 사전에 정립하여 체계적인 계약관리를 적절히 수행할 근거를 미리 마련하는 것이 필요하다. 예를 들어 미국의 정부간 계약인 FMS의 경우, 주관 부서인 DSCA는 표준적인 FMS 계약서인 LOA(Letter of Offer and Acceptance)안을 만들어 수십 년간 활용해 왔으며 심지어 그에 따른 표준 계약조건을 운영하여 엄격히 준수하도록 요구한다. 즉, 미국은 표준계약서와 표준 약관을 운영하고 있으며, 심지어 이에 따른 절차를 굉장히 세부적인 내용까지 포함하는 매뉴얼(미국 FMS 실무에서는 소위 Green book이라고 칭하는 20회가 넘는 개정을 해 가이드북)을 공개적으로 제공하고 있으며, 온라인, 인터넷 등으로 무료로 배포하고 있다.

우리나라 정부간 계약도 제도 초기이기는 하지만 KOTRA는 그간 몇 년 동안 정부간 계약을 꾸준히 추진해 왔고 별다른 사고 경험도 없었으므로, 그간 사업경험에서 축적된 내용을 반영하여 표준화된 계약서안을 수립하고 지속적으로 업데이트 하는 것이 매우 중요하다. 수출업계나 금융계가 아직 정부간 계약에 대한 특별한 추진방안이나 인수기준 등 표준적인 절차의 정립이나 약관 체계를 마련한 것은 아니며, 전담기관인 KOTRA가 선도적으로 G2G 표준계약안과 그 해석기준을 마련하는 것은 필요하다. 또한 수출기업과 구매국 정부 공무원 등을 초청하여 연수교육 내지 제도설명회를 철저히 하여 선제적으로 제공한다면 굳이 별도의 대단한 홍보작업이 없더라도 정부간 계약제도의 활성화에 큰 도움이 될 것이다.

국제거래에서 필수적인 자료와 계약의 수준 높은 "영어화" 작업도 필요한 것이다. 왜냐하면 법적인 효력이 있는 정부간 계약 등에 반영하기 위해서는 KOTRA가 구상하는 제도의 내용을 반드시 국제거래법률이나 실무에 부합하여야 하는 것이고 그 국제거래법률이나 실무는 정확한 법률 영어로 정립되어야 하기 때문이다. 따라서 계약서 표준안뿐만 아니라 중요한 계약관리의 서식이나 양식, 보고나 검토문서 체계도 가급적 영어로 작성하고, 상대국과의 통신 등도 이에 부합하게 하여야 할 것이다. 한편, 이러한 표준계약 내용을 수출기업 및 유관기관에게 미리 알리고 사용하게 하는 것이 중요하다. 소위 "정부간 계약 가이드 (가칭)"의 경우 국제거래에 반드시 필요한 원칙인 국제성(International character)을 준수하여 작성되어야 할 것이다.358)

---

358) CISG (유엔국제물품매매협약)은 우리나라도 가입한 국제 물품매매 계약과 관련한 국제통일법인 바, 동 법에서는 국제성의 준수를 중요한 원칙으로 요구하고 있다. 국제거래에 대하여는 계약의 해석과 적용에 있어 개별 국가의 법이나 실무를 무작정 적용하지 말고, 국제거래에 대하여는 그 국제적 성격을 보호하고 반영하여야 한다는 원칙이다. UNCITRAL의 CISG 창안 회의의 구성원이고 CISG에 저명한 미국의 Honnold교수에 따르면 International character 준수에 대하여 다음과 같이 강조하여 설명한다. " (1) The most basic principle is this: Interpretation shall respond to the Convention's "international character and to the need to promote uniformity in its application. (2) In the interpretation of this Convention, regard is to be had to its international character and to the need to promote uniformity in its application ..." International uniformity in interpretation and application would be more readily achieved by an unqualified reading of Article 2(d) than by judicial attempts to narrow the scope of the provision. (3) To read the words of the Convention with regard for their "international character" requires that they be projected against an international background.". John O. Honnold, Uniform Law for International Sales, 4th ed, Kluwer Law International, 2009.

나. G2G 계약의 조건

 국제거래에서 국제계약의 기초가 되는 법률과 분쟁해결방법 명확히 정해야 하는 바, 각국의 법제도가 서로 다르기 때문에 G2G 계약이라는 법률관계에 적용될 법(준거법, governing law)과 그 거래에 관하여 발생할 수 있는 분쟁을 어느 나라의 법원의 관할로 할 것인가의 문제인 국제재판관할(Juridiction)을 정하는 것이 가장 기초적이고 중요한 문제가 된다.

(1) 준거법(Governing law) 문제

 이다. 준거법이 어느 국가의 법인가에 따라 G2G 계약 당사자의 권리나 분쟁해결의 기준이 달라지게 되며, 그에 따라 해석이나 분쟁의 결과가 크게 달라질 수 있다. 특히 일부 저개발 국가에서는 아직 세계화 정도가 낮거나 혹은 상호 존중 보다는 자국 이익 우선주의에 입각하여 자의적으로 법해석(legal interpretation)을 하거나 법적인 강제 내지 집행(legal enforcement)을 남용하는 경향이 있는 바, 이런 국가와 거래하는 경우에는 준거법을 적절히 정하는 것이 중요한 문제가 된다. 준거법은 일반적으로 당사자 자치의 원칙에 의하여 구매국과 판매국이 협의에 의하여 적용된다 (주관적 준거법 결정). 반면, 당사자가 준거법을 정한 바 없는 경우 그 계약에 적용될 준거법은 그 거래와 밀접한 관련이 있는 법이 된다.

 우리나라 국제사법 제45조 및 제46조는 각각 계약의 준거법에 대하여 아래와 같이 규정하고 있으며 이는 일반적으로 국제거래에 통용되는 계약의 준거법에 대한 당사자자치 우선 및 합의가 없는 경우 객관적 준거법 결정을 그대로 반영하고 있다. 국제사법 제45조는 "당사자 자치"라는 표제하에 채권적 법률행위의 성립과 효력의 준거법을 당사자의 의사에 따라 결정하도록 하고, 그 범위를 법률행위 중 가장 중요한 "계약"에 대하여 적용하도록 하고 있다.

> **제45조【당사자 자치】**
> ① 계약은 당사자가 명시적 또는 묵시적으로 **선택한 법**에 따른다. 다만 **묵시적인** 선택은 계약내용이나 그 밖의 모든 사정으로부터 **합리적**으로 인정할 수 있는 경우로 한정한다.
> ② 당사자는 계약의 **일부**에 관하여도 준거법을 선택할 수 있다.
> ③ 당사자는 **합의**에 의하여 이 조 또는 제46조에 따른 준거법을 **변경할 수 있다**. 다만, 계약체결 후 이루어진 준거법의 변경은 **계약 방식의 유효여부와 제3자의 권리**에 영향을 미치지 아니한다.
> ④ 모든 요소가 오로지 한 국가와 관련이 있음에도 불구하고 당사자가 그 외의 다른 국가의 법을 선택한 경우에 **관련된 국가의 강행규정**은 그 적용이 배제되지 아니한다.
> ⑤ 준거법 선택에 관한 당사자의 **합의의 성립 및 유효성**에 관하여는 **제49조의 규정**을 준용한다.

제45조에 따르면 명시적인 선택 뿐만 아니라 묵시적인 선택도 가능하도록 규정하지만 부당한 확대를 제한하기 위해 그 묵시적인 선택은 계약의 내용이나 그 밖의 모든 사정으로부터 **합리적으로 인정할 수 있는 경우로** 한정하고 있다(제1항 단서).

한편, 계약의 실질의 구성부분에 관하여 분할이 가능한 계약의 경우, 계약의 일부마다 **각기 다른 준거법을 지정**하는 것이 가능하도록 하고 있다. 따라서 G2G 계약의 성립과 계약상 책임을 구분하여 서로 다른 준거법이 적용될 수도 있다(준거법의 분열 허용). 예를 들어 G2G 계약서상 준거법 조항으로 계약상 당사자의 책임에 대하여는 CISG를 적용하기로 규정한 경우, 만약 분쟁의 문제가 당사자의 책임이 아닌 불가항력의 처리 문제인 경우에는 준거법을 정하지 않은 것으로 해석될 수 있다. 즉, 당사자의 책임과 불가항력의 문제를 별개의 법률관계 문제로 보게 되면, 불가항력 문제는 준거법을 정하지 않을 것으로 볼 수 있다. 이 경우에는 제45조가 아닌 제46조의 의해아 객관적인 준거법을 정하여야 한다.

제45조에 의한 준거법 약정이 없는 경우 제45조가 적용될 수 없고 제46조에 따라 객관적 준거법으로 계약과 가장 밀접한 관련이 있는 국가의 법에 의하도록 개정하였다(국제사법 제46조 제1항). 다만, 제2항에서 가장 밀접한

관련의 있는 국가의 법을 용이하게 결정하기 위해서 추정규정을 두고 있다 (국제사법 제46조 제2항). 추정규정에서 주의할 점은 특징적 이행의 장소가 아닌 그런 특징적 이행을 하는 당사자를 결정하여 그 당사자의 영업소 소재국이 가장 밀접한 관련이 있는 국가로 보아야 한다는 점이다.

> **제46조【준거법 결정시의 객관적 연결】**
> ① 당사자가 준거법을 <u>선택하지 아니한 경우</u>에 계약은 그 **계약과 가장 밀접한 관련이 있는 국가의 법**에 따른다.
> ② 당사자가 계약에 따라 다음 각 호의 어느 하나에 해당하는 이행을 하여야 하는 경우에는 **계약체결 당시 그의 <u>일상거소가 있는 국가의 법</u>**(당사자가 법인 또는 단체인 경우에는 주된 <u>사무소가 있는 국가의 법</u>)이 가장 밀접한 관련이 있는 것으로 추정한다. 다만, 계약이 당사자의 직업 또는 영업 활동으로 체결된 경우에는 **당사자의 영업소가 있는 국가의 법**이 가장 밀접한 관련이 있는 것으로 **추정**한다.
> 　1. 양도계약의 경우에는 **양도인의 이행**
> 　2. 이용계약의 경우에는 물건 또는 권리를 이용하도록 하는 **당사자의 이행**
> 　3. <u>위임·도급계약</u> 및 이와 <u>유사한</u> 용역제공계약의 경우에는 **용역의 이행**
> ③ 부동산에 대한 권리를 대상으로 하는 계약의 경우에는 <u>부동산이 있는 국가의 법</u>이 가장 밀접한 관련이 있는 것으로 추정한다.

국제사법 제46조 제2항에서 밀접한 관련지 추정 규정을 두고 있긴 하지만, 밀접한 관련지의 판단은 현실적으로 매우 추상적이고 곤란한 문제일 수 있다. 특히 G2G 계약의 체결지와 장기간의 이행기간동안 이행지가 여러 곳에 걸칠 수 있어 과연 밀접한 관련이 어느 국가와 연결되는지 정하기 어렵게 될 수 있다. 방산물자의 경우엔 인도지를 기준으로 하여 비교적 용이하게 밀접한 관련지를 파악할 수 있다. 미국의 FMS 제도도 인도지 혹은 위험의 이전이 미국내에서 이루어지는 것으로 약정하여 이 문제를 해결하고 있다.

그런데, 공공 인프라 수출, 건설, 운영 프로젝트의 경우 오히려 수출국이 아닌 구매국이 밀접한 관련이 인정될 가능성이 높고 그 경우 구매국법이 준거법으로 해석될 여지도 많으며, 판매국이나 구매국이나 모두 서로 자국의 이익에 기반하여 준거법을 주장할 가능성도 있다. 따라서 이와 같은 불확실성의 문제도 있으므로 가급적 제45조에 따라 준거법을 사전에 약정하는 것이 최선이라 할 것이다.

캐나다의 CCC의 경우 G2G 계약에 대한 심사에 있어서 다른 계약 조항에 앞서 거래에 적용될 준거법(governing law)에 대한 평가와 합의가 매우 중요한 점임을 강조한다. 실례로 캐나다 CCC의 대표가 "캐나다 아프리카 비즈니스 서밋"이란 행사에서 직접 CCC의 정부간 계약을 발표하는 과정에서 특히 준거법 문제의 중요성을 강조한 바 있다.

[캐나다 CCC 대표의 정부간 계약 사업심사 기준 설명하는 자료]359)

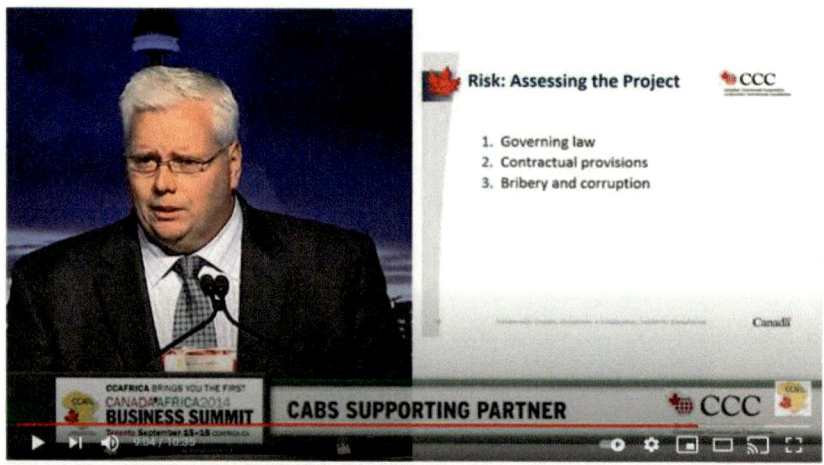

CABS - Martin Zablocki, President & CEO, Canadian Commercial Corporation (CCC)

정부간 계약에서 준거법과 재판관할문제에서 준거법 자체의 합리성이나 예측가능성에 대한 사전 판단뿐만 아니라 상대국 법원시스템의 합리성, 판단능력, 판례경험 등이 다를 수 있음을 전제로 다각도로 판단해야 하고 신중한 접근을 하여야 한다.

계약에 준거법을 정하거나 정하는 법을 규정하는 조항을 준거법 조항(governing law clause)라 칭하는데, 물품 설비 등 적용이 가능한 통일된 매매법, 또는 객관적으로 받아들여지는 국제규범 혹은 미국법, 영국법 등 그

---

359) CCAFRICA CCAFRIQUE, CABS - Martin Zablocki, President & CEO, Canadian Commercial Corporation (CCC) (youtube 동영상 홍보 자료), at https://www.youtube.com/watch?v=q1jXbcN55ds&t=100s

분야의 발전된 국가의 법을 준거법으로 정하는 것이 바람직하다. G2G 거래가 물품거래가 중심적인 내용이라면 가급적 유엔국제물품매매계약(United Nations Convention on International Sale of Goods, CISG)으로 정하는 방향으로 하고 이에 대한 상대국에의 충분한 설득을 거쳐서 합의가 있어야 할 것이다.

[표: CISG 중요 내용 요약][360]

CISG의 개요

협약은 국제물품매매계약에 적용되는 통일법으로서 현재 세계지도에서 음영이 있는 지역이 협약 가입국이며, 주요 경제권을 망라하고 있어 그만큼 광범위하게 적용되고 있음을 알 수 있다. 세계경제에서 비중 있게 국제거래를 하고 있는 미국, 중국, 일본, 유럽, 러시아, 호주, 브라질 등 대부분의 중요 국가가 본 협약에 가입하였기 때문에, 협약이 적용될 수 있는 거래는 우리나라 국제거래의 80-90% 정도일 것이다.

협약은 대륙법계와 영미법계의 공통적인 내용과 형식을 대부분 반영하여 갖추고 있으며 제1편 적용범위와 총칙(제1조 내지 제13조), 제2편 계약의 성립(제14조 내지 제24조), 제3편 물품의 매매(제25조 내지 제88조), 제4편 최종규정(제89조 내지 제101조)로 구성되어 있다.

CISG의 간접적용

협약의 적용을 확대하고, 국제사법에 의해 지정되는 준거법이 체약국법이라면 국제물품매매에 관해 적용되는 체약국법은 결국 협약일 것이므로, 그런 경우 협약을 간접적으로 적용하게 되는 것이다. 결과적으로 협약은 체약국간 거래에의 직접적용(가호)과 국제사법 적용에 의한 간접적용으로 구분할 수 있다. 주의할 점은 엄격히 말해 협약의 간접적용은 당사자가 체약국에 소재하는지 여부가 관련이 없다.

---

[360] CISG의 원문 내용은 부록에 첨부하였으며, 각국 학자들의 연구 및 중요판례를 집대성하고 판결에 대한 분석과 발전방안을 논의하는 자료는 CISG database라는 홈페이지에서 무료로 제공하고 있다. Institute of International Commercial Law, at https://iicl.law.pace.edu/cisg/cisg.

협약이 당사자의 선택에 의해 국제거래에 적용되는 예시

협약 제1조 제1항 (b)호에 따르면 국제사법 적용에 의해 협약에 가입한 국가의 법을 적용하기로 하였다면 협약이 적용된다. 예컨대 우리나라(체약국)와 베트남(비체약국)의 국제물품매매거래에 대하여 법정지의 국제사법에 의하여 우리나라법(체약국)이 준거법으로 적용되면, 협약이 간접적용 된다. 법정지가 우리나라인 경우 우리나라 국제사법은 준거법의 주관적 결정(대한민국 국제사법 제25조), 즉 계약 당사자가 선택한 법을 국제사법에 의한 준거법 결정에 포함시키므로, 당사자나 거래가 계약과 전혀 관련이 없더라도 당사자들의 합의 만에 의해 협약을 준거법으로 할 수 있게 허용한다. 또한, 당사자가 합의한 준거법은 없는 경우라 하더라도, 그 거래가 우리나라와 밀접한 관련이 존재하는 경우 국제사법 제26조에 의해 우리법이 준거법이 되며, 이는 협약상 체약국인 우리나라의 법을 적용하는 경우에 해당하므로 협약이 간접적용 되게 된다.

우리나라도 가입한 이 국제거래법인 CISG는 주요 국제교역국들 대부분의 가입으로 인해 전세계의 대부분의 국제거래에 기본적으로 적용되는 매우 성공적인 국제거래법이다. 우리나라와 같은 대륙법계의 법체계에도 큰 충돌이 없으며, 국제거래의 중심체계를 이루고 있는 영미법상 법체계와도 조화롭게 운영되고 있다.361) 또한 설사 구매국이 본 협약에 가입하지 않았더라도, 구매국 정부와 우리 정부가 계약체결 과정에서 CISG의 전부 혹은 일부를 준거법으로 사용하기로 합의하는 것 또한 유효하며, 상호 중립적인 법으로 사용될 수 있으므로 정부간 계약에의 적용도 용이한 편이다 (CISG 제1조 제1항 나호).362)

---

361) 석광현, 매매협약(CISG)이 적용되는 국제물품매매계약상 손해배상의 몇 가지 논점, 통화와 증명도로 본 통일 실질법의 사정범위와 흠결의 보충, 국제거래법 연구 제27간 제1호. , 5면 ("협약은 가장 기본적인 국제거래 유형인 물품매매계약을 규율하는 국제규범으로 성공적 조약이다…전세계 매수인과 매도인에게 공통된 이해의 기반을 제공하는 통일적 제도를 달성하는 동시에,…주요 법 제도에 대한 현대적 이해를 반영하기 때문이다.")

362) "Article 1 (1)This Convention applies to contracts of sale of goods between parties whose places of business are in different States : (a) when the States are Contracting States; or [직접적용] (b) when the rules of private international law lead to the application of the law of a Contracting State."

다만, 당사자 일방이 협약의 적용에 반대할 자유도 있으므로 구매국이 반대하는 경우엔 그 경우엔 그에 상응하는 합리적 법률 혹은 중립적인 제3의 국가의 법(예컨대 국제거래에 일반적인 미국 뉴욕주법 내지 혹은 영국 물품매매법)으로 정하는 것도 가능할 것이다.

주의할 점은 실제 국제거래에서는 준거법을 정하지 않고 혹은 법적인 분쟁해결을 하지 않는 방식으로 합의하는 경우가 있는 바 이 경우에도 분쟁이 발생하면 결국은 준거법은 결정되어야 한다는 것이다. 다양한 이유로 혹은 당사자가 협상에서의 마찰을 피하기 위해 아예 준거법을 정하지 않는 경우가 있을 수 있다. 이 경우 준거법을 적용하지 않았다 하더라도 그것이 계약이라는 법률관계가 있다면 결국은 그에 따른 분쟁이라면 결국은 준거법에 따라 판단하는 것이 적절하다. 이 경우 특정 국가의 법, 혹은 그 이행과 관련된 준거법. 현지 설치나 현지에서 인도조건인 경우에는 현지국법이 밀접한 관련을 근거로 적용될 수 있다.

다만, 준거법을 특정 국가로 하는 경우라도 그 거래에 적용되어야 하는 강행법규 규정 (국내법적 강행규정 / 국제적 강행규정)의 구분을 통해 적용여부 검토해야 하므로 계약 체결단계부터 이에 대한 세심한 판단을 내리어야 할 것이다. 이런 강행법규로는 돈세탁의 그지, 뇌물의 금지, 외국환 관련 법률의 준수, 소비자 혹은 근로자의 보호 등 다양한 규정이 있을 수 있고, 이는 당사자의 선택에 관계 없이 강행적으로 우선 적용될 것이다. 강행법규의 우선적 지위는 정부간 거래 대상인 방산물자 수출이나 인프라 수출 모두에서 문제가 될 수 있다. 거래 진행중 불만이나 갈등상황이 발생하는 경우 구매국이 일방적으로 자국의 법률상 강행규정이 G2G 거래에 적용된다고 주장하고 나오는 경우 딱히 그를 방어하기가 쉽지 않을 수 있다. 물론 국제사법 이론적으로는 강행규정은 특정국가에만 특유한 것이 아니라 소위 "국제적 강행규정"에 해당하는 경우에만 우선적 효력을 인정할 것이지만, 이러한 이론적 대응이 실제 구매국의 일방적인 자국법 우선 주장을 넘어설 수 있는지는 의문이다. 따라서 이런 상황 발생시 체계적이고 신속한 대응이 필요할 것이며 그런 측면에서 계약관리 내지 분쟁관리 분야의 대비가 필요하다.

(2) 국제재판관할권(Jurisdiction) 문제

준거법 문제와 유사하다고 일반적으로 혼동되기도 하지만 엄격히 다른 국제재판관할권의 문제는 G2G 계약에서도 중요한 문제이다. 어느 국가의 사법권이 미치는가 여부의 문제인 재판관할(jurisdiction)의 적절한 합의도 필수적인 바, 각 국가의 소송관련 절차법과 재판부의 결정이나 운영에 현격한 차이가 현실적으로 존재하고, 공정한 법원을 선택하고 재판 결과나 법원의 조치에 의해 불이익을 받지 않는 사전적 예방조치로 중요하다. 다만, G2G 거래의 양 당사자가 모두 국가인데, 그들 사이의 계약을 일방 국가의 국가조직의 하나인 특정 법원의 관할로 한다는 것은 일반적인 국가의 주권이론 및 주권면제 입장에서 볼 때 적절하지 않을 수 있다. 현실적으로 일방 국가의 법원이 다른 국가와의 계약에 대하여 법적 판단을 하는 것도 실질적으로 상상하기는 어렵다.

따라서 비밀을 유지하는 제3국에 소재한 중재기관이나 혹은 당사자가 선정한 중재인을 통해서 분쟁을 해결하는 것이 G2G 계약에서는 더욱 적절하다고 보인다. 한편, 미국의 경우엔 아예 분쟁 자체를 소송이든 중재이든 당사자 아닌 제3자의 결정에 맡기는 것을 금지하고 있는 바, 이는 G2G 계약의 당사자의 법적 지위상 특징을 반영한 것이고, 그러한 입장에서는 특정 국가 법원의 관할 문제는 크게 쟁점이 되지는 않을 것이다. 다만 구매국측이 일방적으로 자국의 법원의 관할로 할 것을 주장하는 경우 이에 대한 적극적이고 이론적 대응은 필요할 것이다.

(3) 계약서의 언어 문제 Language

계약서의 언어는 계약서의 언어와 그 수반된 각종 서식, 통지의 언어 등을 정하는 중요한 문제이다. 수입국 정부가 국제거래에 대한 경험이 일천한 경우 혹은 과다한 자국이익 보호주의에 따라 정부간 계약을 작성하는 언어를 자국 언어로 고집하는 경우도 충분히 예측 가능한 바, 계약의 불확실성이 고조되는 요인이기도 하다.

일반적으로는 영어를 기본 계약의 작성언어로 정하고, 양국의 언어는 해석본으로만 활용하는 것이 일반적인 국제거래 관행일 것이나, 모두가 그렇게 이해하는 것은 아니며 국제거래 경험이 부족한 구매국 측에서 자국 언어를 고집할 가능성이 높다. 한편, 관련문제로 계약과 관련한 각종 통지 혹은 서면의 작성 언어를 합리적으로 약정하는 것도 중요한 문제이다 따라서 계약 관련한 각종 통지의 언어도 중립적인 언어는 영어로 정하도록 하는 것이 바람직할 것이다.

(4) 상황 변화, 불가항력에 대한 문제

국제거래에 대하여는 계약체결 혹은 이행 후에 상황변화 혹은 불가항력 등이 계약에 영향을 미치는 경우가 발생할 수 있다. 외부 사정 혹은 사태로 인해 물리적 또는 법적으로 계약상 의무의 이행이 불가능해지거나 장기간 지연되는 경우, 당사자는 불이행에 대한 변명으로 "불가항력"을 주장할 수 있다.

불가항력 조항들의 사례나 효과 등은 국제적으로 확립된 규범이 없으며, 국가마다 그 해석이나 적용실무가 달라 국제 계약 당사자의 이해관계를 충족하지 못하거나 그 사유가 발생했는지 여부 등에 분쟁이 발생할 수도 있다. 따라서 국제계약시 불가항력에 대한 계약 조항을 계약에 포함시키는 경우가 많다. 이 과정에서 표준 형식 또는 개별적으로 많은 불가항력 조항이 존재하는데, 그러한 조항들의 내용이 서로 상충하기도 하고 통일적이지 못해 해석상 분쟁도 많다. 따라서 통일적이고 해석이 용이한 표준불가항력 조항에 대한 요구가 많았는바, 국제상업회의소(ICC)는 당사자들이 계약을 체결할 때 지원을 제공하는 것을 목표로 하는 조항을 발표하였다. ICC 불가항력 조항은 "Long Form" 및 "Short Form"의 두가지가 있으며 당사자들이 불가항력 협정의 구체적인 조건을 협상할 할 수 있는 틀을 제공하는 표준화된 조항이다.

당사자는 계약 일부조항에 "ICC 불가항력 조항(Long Form)은 현재 계약에 포함된다("The ICC Force Majeure Clause (Long Form/Short Form 중 선택) is incorporated in the present contract)"고 명시함으로써 ICC 불가항력 조항(Long Form/Short Form)을 계약에 포함시킬 수 있다. 물론 당사자들은 ICC 표준 조항을 그들의 특정한 필요를 고려해 "맞춤형(tailor-made)"으로 변경하여 계약 내용에 포함시킬 수도 있을 것이다.363)

국제상공회의소(ICC) 불가항력 조항에 따르면 불가항력적 사건은 일반적으로 자연재해, 전쟁, 전염병과 같이 당사자들의 합리적인 통제를 벗어난 사건으로 정의된다. 또한 ICC 불가항력 조항은 일반적으로 해당 조항을 주장하려면 당사자는 사건 발생 후 가능한 한 빨리 상대방에게 통지를 제공하여야 한다. 또한 이 조항은 불가항력 사건의 영향을 완화하기 위해 영향을 받는 당사자가 합리적인 조치를 취할 것도 요구한다. 계약의 구체적인 조건에 따라, 영향을 받는 당사자는 의무를 이행할 수 있는 기간의 연장(extension of time to perform)을 받거나 이행에서 완전히 면제(excused from performance entirely)될 수 있다.

마치 ICC의 또 하나의 성공작인 Incoterms처럼, 전세계 국제거래에 대하여 표준적으로 적용될 수 있는 ICC 불가항력 조항은 계약에서 위험을 관리하는 중요한 도구가 될 수 있을 것이다. 따라서 조항의 구체적인 언어를 신중하게 고려하고 합의조건을 협상해 양측의 의사가 정확히 반영되도록 해야 할 것이다.

(5) 계약체결전 심사 : Due Diligence

정부간 거래가 활성화되어 거래건수가 많아지면, 전담기관인 KOTRA는 사전심사(due diligence)를 적극적으로 하고 수출기업은 강화된 계약절차를 따르도록 할 것이 권장된다. 수출기업이나 구매국이 여러 이유를 들어 회피할 수 있으나, KOTRA가 계약 주체가 되는 만큼 KOTRA의 적절한 G2G 업무수행을 위

---

363) 국제상업회의소(ICC), ICC Force Majeure and Hardship Clause (March 2020). 세부내용은 책 후반의 참고자료 참조하라.

해 due diligence(거래 심사)는 하나의 권리로서 강력하게 주장하여야 한다. 이 경우 양자간 계약을 주로 하고 있는 미국이나 캐나다의 사례를 참고하면 좋을 것이다.

(a) CCC 의 Due Diligence

캐나다의 경우 다음 그림과 같이 국내기업이 정해지지 않은 상태에서도 외국정부와 협의하여 거래를 검토하는 opportunity identification단계가 있다. 또한 질문지를 통해 수출가능인지 기본요건을 체크(Export check)하는 단계, CCC에 의한 계약적정성 및 규정준수 등 Due diligence를 수행한다. 이는 기업경영평가, 기술평가, 재무평가 등을 포함한다. 이런 사전적인 심사절차를 거친 후에야 CCC는 계약의 중요내용 내지 조건을 협상하고 계약관리팀이 계약을 추진, 체결한다.

[그림 10. 캐나다 CCC의 계약체결 절차도(예시)]364)

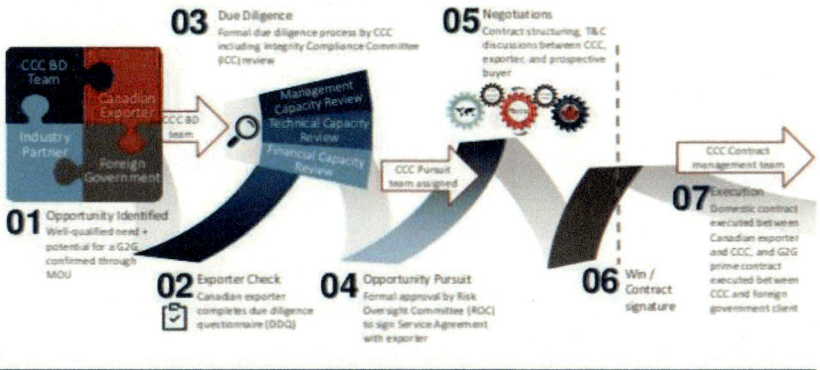

---

364) Canadian Commercial Corporation - Introduction (slideshare.net) (at https://www.slideshare.net/CanadianCommercialCorporation/canadian-commercial-corporation-introduction-86246065).

KOTRA도 정부간 계약 추진시 충분한 사전심사 내지 Due diligence를 하나의 필수 절차로 꼭 관철해야만 불측의 손해를 예방할 수 있을 것이다. KOTRA의 현행 제도에도 어느 정도 갖춰진 절차이지만 좀 더 실질적인 내용의 심사를 하고 절차적으로도 세밀화 하고 심사자들의 역량 강화를 지속적으로 하여야 할 것이다.

(b) 미국 FMS Due dilligence

미국 DSCA의 FMS 매뉴얼은 계약협상 (contract negotiation)관련하여 다음의 내용을 검토/결정하는 바, (1) 운송, 인도 등 물류 준비, (2) 가격 협상 (3) 상대국이 요구하는 경우 보증 제공 (special warranty provisions) (4) 불이행시 구제책 확정 (designated penalties), (5) 필요시 오프셋 계약 (offset contract) 혹은 분할인도 (installment contract or arrangement)등 약정이 포함된다 한다. 미국의 계약관리 관련 특징은 정부간 계약에 다수의 기관이 참여하고 또 그 실행도 여러 부서에 걸쳐 이루어지므로 세밀한 가이드 북 내지 매뉴얼을 준비하고 참여자는 이에 따르도록 하고 있다는 점이다. 미국은 지속적으로 다수의 방산물자 G2G 거래를 해오고 있으므로, 거의 모든 절차를 상세히 정하고 그에 따른 매뉴얼들을 제공하여 마치 약관처럼 구매국들이 준수하도록 하고 있다. 따라서 미국 FMS의 사전심사 절차는 매우 세밀하며, 사실상 구매국에게는 규범의 준수와 같은 강력한 효과가 있다.

우리나라의 경우 계약 협상력이나 계약 규모에 있어서 미국과 비교될 수준이 아직 아니므로 우리의 기준을 정한다고 하여 미국처럼 그것을 약관화, 규범화 할 수 있는 것은 아닐 것이다. 다만, 적어도 장기적으로는 KOTRA도 향후 각종 검토사항들을 매뉴얼화하고 표준화하는 노력을 하고 그에 근거하여 계약이 진행되도록 하고 향후에는 수출기업들이나 구매국 정부도 이를 준수하도록 요구하도록 하여야 할 것이다.

다. 계약/프로젝트 관리 (2차적, 계약 체결 후 문제)

정부간 계약이 정식 체결되고 이행 보증서까지 제공된 이후 계약의 최종 종결까지는 KOTRA는 당사자로서 계약관리의 책임이 있으며, 특히 계약의 이행 관련 각종 통지(business communication)의 수발신 등 통상적인 계약 업무, 클레임, 분쟁 등 특수한 긴급상황에 대한 신속하고 유연한 대응이 필요하다. 대규모 G2G 거래인 경우 장기간의 관리가 필요하게 되어 그만큼 정형화되고 미시적인 관리가 필요한 시기이다.

내부적 절차로는 인적 대비, 물적 대비, 그리고 절차 정비 등으로 구체화하여 계약관리를 해야 할 것이다. 첫째, 인적 대비로서는 국제계약법 규범의 파악, 계약관리가 용이하도록 실질적인 계약조건의 협상 및 계약서의 산출 및 보관, 거래 분쟁 발생시 대응 방안과 대응 인력의 전문성을 준비해야 할 것이다.

둘째, 물적 대비 측면에서 금융기관이 보증서 청구를 당하여 보증채무를 이행하고 KOTRA 혹은 수출기업에게 보증이행금 상환의 요청이나 협상을 요구할 수 있는 바, 이에 대하여는 수수료 등 재원으로 미리 직원의 업무상 과실로 인한 KOTRA의 변상책임에 대한 보증보험(재보험)에 들어놓던가 혹은 지급준비금을 마련하는 것을 검토할 필요가 있다. 정부간 거래는 단순히 계약 체결만을 국가가 대행하는 것이 아니고 계약의 전 과정(생애)에 걸쳐 관리하는 것으로 인적, 물적 자원이 소요되고 이상 상황 발생시 대응도 해야 하므로 전적으로 국가 예산만에 의한 수행은 적절치 않고 감당하지 못하는 경우가 발생할 수 있다. 따라서 단기적으로는 계약관리의 수준과 기간을 감안하여 적절한 관리 수수료 등 재원확보 검토가 필요할 것이다. 적절한 수수료율 체계는 미국의 FMS 및 캐나다 CCC의 수수료 사례를 검토하여 참고할 수 있을 것이다.

(1) 절차와 문서 관리

일반적인 경우 계약관리는 추후 클레임관리와 마찬가지로 철저한 계약문서 및 관련 통지문서의 관리를 수반한다. 계약문서의 관리는 계약관리의 중심 업무이며, 구매국과의 교신도 서면 혹은 전자문서 등 문서에 의하여야 할 것이다. 특히 분쟁발생시 결국 축적된 계약문서에 의하여 입증되므로 적절하고 정확한 계약문서 관리는 중요하다.

국제거래 중 인프라 수출계약은 특히 계약관계가 복잡하고 불확실한 사항 내지 위험이 많은 분야이므로, 이 분야에서 계약관리는 매우 중요한 업무로 여겨진다. 특히 해외건설계약 분야는 표준화된 건설계약(FIDIC계약서 활용)에 따라 이루어지고, 장기간 거래를 관리해야 하고 다수의 당사자가 참여하며, 또한 분쟁해결 절차 등도 상당히 표준화되어 있서 G2G 인프라 프로젝트에 있어서 계약관리에 대한 좋은 참고자료를 제공할 수 있다. 따라서 정부간 거래 관리에 있어서 건설수출계약에서의 계약관리 내지 문서관리를 참고하여 할 필요가 있고 계약관리의 표준화 측면에서 참고하면 좋을 것이다.

3. 분쟁(claim) 관리

가. Claim / 분쟁 관리의 중요성과 곤란성

국제거래의 특성은 당사자 자치에 따른 계약이 일반적일 뿐만 아니라 계약 분쟁도 가급적 법적 해결보다는 중재 등 비밀이 유지되고 당사자 자치성이 보장되는 방향으로 해결되는 것이 일반적이다. 나아가 정부간 계약에 대한 분쟁은 거래 당사자가 모두 정부이기 때문에 그 분쟁을 특정 정부의 기관인 그 국가 소속 법원의 판단(판결 등)을 받아 해결하는 것은 공정한 해결을 기대하기 어려울 수 있고 현실적이지도 않다. 따라서 클레임 내지 분쟁관리에서 있어서도 국제거래의 특성과 정부간 계약의 특성을 반영하여 "클레임 관리방안"을 마련해야 할 것이다.

정부간 계약에서도 국내기업이 계약이행의 실질적 부분을 감당하는 것은 당연하다 할 것이나, KOTRA가 구매국과 수출기업간 거래에 대한 계약 사무를 주로 처리해야 하고 이 과정에서 KOTRA가 책임을 부담해야 되는 문제가 발생할 수 있어 대비가 필요하다.

기존 연구였던 "정부간 거래 선도기관이 소송사례연구(신창섭 등)"는 계약심사가 적정히 이루어지지 않고 그 결과 수출기업 등에게 손해가 발생하는 경우 Misrepresentation(부실표시)등에 따른 책임을 부담하게 될 가능성이 있음을 캐나다 CCC 사례를 들어 설명하는 바, 이는 특히 유의를 요한다. KOTRA가 수출기업이나 구매국 정부에 올바른 정보를 제공하지 않거나 통지상의 과실로 불필요한 손해가 발생한 경우 책임을 부담할 수 있으며, 특히 그것이 수출기업과 KOTRA간의 분쟁인 경우라면 소송 등 법적 절차로 비화될 수도 있다.[365] 이는 결국 계약관리나 분쟁관리를 담당하는 KOTRA나 그 직원들의 과실책임 문제로도 비화될 수 있는 것이므로, 적절한 계약관리 및 클레임 관리가 중요하게 되는 것이다.

부실표시로 인해 KOTRA가 책임질 수 있는 구체적인 경우는 캐나다 CCC의 국내기업과의 분쟁사례(Amertek Inc. v. Canadian Commercial Corp. 사건)을 통해 간접적으로 알 수 있다. CCC 사례에서 당초의 수출기업이 수출이행을 못하는 사유가 발생하여 CCC가 다른 기업을 대체시켜 거래를 계속 시킨 사례였다. 그런데 CCC측에서 대체기업과의 계약 협상에서 잘못되거나 과장된 정보를 주었다고 대체기업이 주장하였다. 수출기업의 주장에 따르면 CCC 임직원이 정부간 거래에서 대체 하청기업에 수익성을 보장하였는데 그에 맞지 않은 결과가 발생하였으므로 CCC가 손해배상을 하여야 한다고 주장하였다.

우리나라의 구매국과의 G2G 거래에서도 그 진행과정 중 혹은 심사과정 중 KOTRA 임직원이 업무상 과실로 손해를 발생시킨 것을 계약위반 또는 불법행위에 기한 손해배상 책임문제로 하여 소송이 제기될 가능성도 있으므로 이에 대한 사전대응으로 수출기업과의 클레임 관리도 의미가 있다. 다만, 이하에서는 수출기업과의 관계보다는 주로 구매국과의 관계에서 발생할 수 있는 클레임을 중심으로 살핀다.

---

365) 신창섭, 박찬동, 정부간 거래 선도기관의 소송사례 연구조사(2015).

(1) 클레임/분쟁관리시 고려사항

국제계약에서 분쟁해결은 당사자가 서로 다른 국가의 다른 법체계에 속하고, 지역적으로도 다른 곳에 소재하고 집행 가능한 재산도 그 법적 강제가 어려운 경우가 많아 분쟁의 사전적 예방이 최선이라고 한다. 따라서 계약 협상 및 계약 체결 단계에서 충분한 시간을 갖고 자세한 협상과 합의과정을 거쳐야 하고, 분쟁이 발생하더라도 가급적 우호적 해결(amicable settlement)을 우선적으로 진행해야 한다.

국제거래에서의 분쟁이 발생하는 사유 내지 유형은 매우 다양하다. 건설수출 계약 관련 클레임의 발생사유와 빈도를 설문조사한 내용에 따르면 계약내용과 산출 결과가 불일치하는 경우이거나 추가적인 변경 등으로 인한 비용증가에 기한 청구가 주된 사유가 된다.[366]

클레임이나 분쟁이 발생하면 양자간 계약 하에서 KOTRA는 주체적인 대응을 하여야만 한다. 특히, 초동 대응의 중요성이 강조되는 바, 일반적으로 국제거래에서는 분쟁 발생 후 3개월까지의 대응 여하에 따라 결과 차이 클 수 있다는 것은 경험적으로 널리 공유되고 있다. 분쟁에 대한 협상이나 중재는 매우 다양한 형식을 가지고 사안에 따라 달라질 것이나 국제건설계약에서 주로 사용되는 해결절차규정 등을 살펴 사전적으로 관리절차에 참고하는 것이 좋을 것이다.

클레임/분쟁관리에 대한 관리가 중요함에도 불구하고 우리나라 수출 혹은 해외건설기업들의 경우 사업정보관리, 리스크관리와 함께 클레임 관리 부분의 역량이 선진국의 경쟁기업들 대비 약한 것으로 알려져 있다. 따라서 KOTRA도 수출기업의 정부간 계약에 대한 분쟁관리 능력이 제한적일 수 있음을 인지하고 이에 대한 대비로 분쟁관리와 대응을 준비해야 할 것이다. 특히 로펌을 이용하는 경우에도 계약의 작성, 준비하는 부분과 분쟁발생시 그 해결은 내용이나 구체적 해결방법이 다른데다가 또한 분쟁 발생시 훨씬

---

366) 건설공사 클레임과 분쟁
 (http://cfile23.uf.tistory.com/attach/1448D70D4A12188D9664E7.

높은 법률 비용이 발생하므로 구별할 필요가 있다. 또한 적극적이고 효율적인 해결이 지연되는 경우도 있을 수 있으므로 KOTRA 내부에 G2G 분쟁문제 필수 대응인력의 확보를 통해 KOTRA가 주체적으로 분쟁을 관리하고 보조적으로는 국제계약 수행이나 분쟁에 적절한 유능한 법무법인, 채권관리법인 등과 협업하여야 할 것이며 다만 지나친 의존은 줄여야 할 것이다.

(2) 국제건설계약 관련 분쟁해결 절차 예시

정부간 계약의 경우에 방산물자에 대한 수출인 경우에는 주로 물품매매에 대한 UN협약을 적용하여 비교적 간단히 물품 확인, 하자 등 계약 부적합 사항의 통지, 본질적 위반인 경우 계약해제나 대체품 청구 등, 손해배상의 청구 등 CISG에서 정한 내용대로 분쟁을 해결할 것이다. 그러나 인프라 수출에는 등 계약의 내용으로 건설이 중요한 부분을 차지하는 경우가 많은 바, 그만큼 G2G 거래에 대하여는 건설관련 분쟁해결의 절차나 방법을 참고할 필요가 있다. 아래는 국제건설계약의 표준계약 양식이라 할 수 있는 FIDIC의 분쟁해결조항에 따른 해결절차를 간단히 정리한 것이다. FIDIC은 계약조항에 분쟁조정위원회를 두어 특히 분쟁해결을 독립적인 해결을 시도한다는 점에서 특징적이다. 건설, 용역, 플랜트 등 복잡한 혼합거래에 대하여는 FIDIC계약에서 정한 감리인(engineer) 및 분쟁해결기구(Dispute Adjudication Board)에 의한 해결 등 상대적으로 독립적이고 복잡한 절차를 거치게 되는 경우가 많을 것이다.367)

---

367) FIDIC 표준계약에 의한 분쟁해결은 대다수의 해외건설계약에서 활용되는 절차이므로 정부간 계약 대상 수출거래에도 활용되기 용이하고 관련 임직원들의 이해도 용이한 장점이 있을 것으로 예상한다.

[표: FIDIC 계약조건상의 분쟁해결 절차 해설][368]

FIDIC은 계약조건 20조를 통해 클레임(Claim)과 분쟁(Dispute) 해결절차를 규정하고 있는데, 클레임이 엔지니어(감리자)에 determination에 의해 해결되지 않는 경우, 분쟁조정위원회(Dispute Adjudication Board)라는 독립적인 기구를 통해 해결을 시도하게 되며, 분쟁조정위원회의 결정으로도 해결되지 않는 경우에는 중재(Arbitration)를 통해 최종적으로 해결하도록 하고 있다. (이하는 일반 건설계약인 RED, YELLOW SILVER BOOK의 경우이다.)

1) 감리인을 통한 결정(3.5조)

FIDIC 계약조건은 모든 클레임이 3.5조항에 규정된 절차에 따라 결정되도록 한다.

먼저 감리자(SILVER BOOK의 경우에는 발주자)와 계약당사자(SILVER BOOK의 경우에는 시공자)간의 협의를 통한 합의를 시도하게 되며,

감리자(SILVER BOOK의 경우에는 발주자)와 계약당사자(SILVER BOOK의 경우에는 시공자)간에 합의가 이루어지지 않는 경우에는 발생된 상황을 고려하여 감리자(SILVER BOOK의 경우에는 발주자)의 판단에 의해 결정되고 결정된 사항이 구체적인 관련 자료와 함께 계약당사자들에게 통지되며,

계약당사자 쌍방 또는 일방이 감리자의 결정에 불복하는 경우에는 계약조건 20조항에 규정된 분쟁해결 절차에 따라 해결된다.

2) 분쟁 발생

3.5조항에 따른 결정에 대한 분쟁을 포함하여, 계약이행 중에 분쟁(Dispute)이 발생하게 되면 분쟁조정위원회(Dispute Adjudication Board)의 결정을 서면으로 요구하여야 한다. 결정 요구 시 사본을 계약의 타방 당사자에게 송부하여야 하며 결정요구가 계약조건 20조항에 의한 것임을 명시하여야 한다.

3) 분쟁조정위원회의 결정

분쟁조정위원회(Dispute Adjudication Board)는 1인 또는 3인으로 구성할 수 있는데, 계약당사자간에 달리 합의되지 않으면 3인으로 구성된다. 분쟁조정위원은 RED BOOK의 경우에는 입찰서부록(Appendix to Tender)에 명시된 기간 내에 계약당사자 간의 합의에 의해 임명하도록 하고 있으며 해당기간 내에 임명하지 못하는 경우에는 특수조건(Particular Conditions)에 명시된 임명권자에 의해 임명되는 것으로 규정하고 있다. 계약상 분쟁조정위원에 대한 목록이 포함된 경우라면 목록에 포함된 사람들 중에서 선택하여야 한다.

분쟁조정위원의 보수와 운용경비는 발주자와 시공자가 반반씩 부담하며 계약당사자의 합의에 의해 해체될 수 있는데, 계약당사자가 별도로 합의하지 않는 한, RED BOOK의 경우에는 시공자가 제출하는 최종명세서(Final Statement)상의 권리가 충족되는 시점에서 운용이 종료되며, YELLOW BOOK과 SILVER BOOK의 경우에는 해당 분쟁조정위원회가 해당 분쟁에 대한 결정을 발급한 날에 종료된다.

---

[368] 현학봉, 계약관리와 클레임.

4) 분쟁조정위원회 결정의 효력 및 불복

만약 발주자나 시공자가 분쟁조정위원회의 결정에 만족하지 않는 경우라면, 분쟁조정위원회의 결정을 접수한 날로부터 28일 이내에 결정에 만족하지 않음을 통지하여야 하며, 28일 기한 내에 통지하지 못하게 되면 분쟁조정위원회의 결정이 최종적인 것이 되고 당사자를 구속한다.

5) 우호적 해결 (Amicable Settlement)

발주자나 시공자가 분쟁조정위원회의 결정에 대해 불만족함을 통지한 경우, 해당 분쟁은 중재에 의해 최종 해결되며 계약당사자는 중재가 개시되기 전까지 해당 분쟁을 우호적으로 해결하려는 노력을 하여야 하는 것으로 규정하고 있다.

나. 클레임 관리의 세부 내용

(1) 공사의 관리 범위 및 기간 증가

G2G거래에서 계약관리라 함은 단순히 성공적인 계약체결만을 의미하는 협의의 개념이 아니고 계약체결 후 계약 종결시까지의 지속적이고 효과적인 계약 수행을 관리하는 것, 즉 계약 이행의 단계, 심지어 사후관리 단계에까지 이루어지는 활동을 폭넓게 의미한다.

3자간 계약인 경우 순수 클레임은 수출업자에게 향하였으나 양자간 계약인 경우 수입국은 직접 KOTRA에 클레임을 제기할 것이므로, KOTRA는 그 클레임(대체품 인도, 수리보수, 손해배상)을 합리적인 기간 내에 가급적 신속히 처리해야 하므로, KOTRA가 충분히 장악력을 가지고 해결할 수 있는 인적, 물적 준비가 필요할 것이다. 즉, 절차 등 관련 규정 마련, 인적 자원 준비, 부당한 클레임인 경우 적극 대처, 손해배상을 대비한 유보금 확보 등을 고려하는 클레임 관리가 중요하다. 분쟁관리 중 실제 분쟁이 발생한 경우 이에 대한 대응방안은 계약의 변경, 조정, 중재 등 사적해결, 소송등 법적 절차 등 다양한 세부적인 내용이 있으며 각각 후술한다.

(2) 현장실사 필요성

수출기업의 현장방문 및 실사 그리고 정기적 Due diligence(이행심사)를 통해 수출 프로젝트의 진행상황을 파악하고 관리하고 자료를 체계적으로 축적해야만 할 것이다. 실제 물리적으로 현장을 관리할 유능한 담당자의 확보 내지 육성이 필요하다. 현재 운영 중인 유관기관 직원파견을 국내기업의 직원파견 내지 주기적 보고를 통해 관리해야 할 것이고, 위반시 기업 앞 철저한 조치 요구 및 손해 발생시 구상도 적극적으로 해야 할 것이다.

(3) 구매국 정부와의 소통채널: 대사관/무역관 등

정부간 계약은 상대국 정부와의 긴밀한 협력과 의사소통을 요구하며, 특히 양자계약에선 KOTRA의 해외무역관 존재로 상당부분 적극적인 소통에서 강점이 예상되므로 이를 잘 활용해야 할 것이다. 다만, 현지 무역관이 적절한 업무수행을 할 수 있도록 무역관 소속 직원에 대하여 충분하고 자세한 G2G 거래 관련 매뉴얼 제공과 주기적 교육, 개별 사안에 대한 정확한 지시 등 관리가 있어야 할 것이다.369)

4. 재협상 및 계약변경 Renegotiation and Restructuring

가. 계약 변경 및 재협상 개요

국제거래는 장기간 소요되기 때문에 상황 변화 등에 따른 재협상(renegotiation) 또는 재구성(restructuring)은 더욱 중요하고 복잡한 과정이 된다. 국제거래에서 당사자 사이에 이해가 충돌하는 상황이 발생하거나

---

369) 참고로, 무역보험공사의 경우 해외사고건에 대하여 보상처리 후 채권관리를 하고 있으며, 보통 지역별 담당자를 공사에 별도로 두고 현지 채권추심기관에 대한 관리와 지시를 하고 있다.

혹은 계약체결시 예상하지 못했던 상황의 변화로 인해 당사자가 계약을 그대로 유지하기 어렵거나 계약에 대한 분쟁이 발생할 수 있다. 이 경우 중재나 소송 등 파탄적이고 극단적인 분쟁해결보다는 재협상 및 계약변경 (혹은 계약구조조정)을 통해 좀더 협력적이고 우호적인 방법으로 국제거래에서 발생하는 문제를 해결하는 것이 필요하다. 국제거래는 관련 당사자도 많고 이익 충돌 상황의 발생 가능성도 높기 때문에 극단적인 구제수단을 행사하기보다는 상호 양보 및 협상을 통해 계약을 원만히 종결시키는 것이 더욱 바람직하다.

또한 현실적으로 국가별 사법시스템의 차이나 자국산업 보호 경향, 강제집행의 어려움, 장기간의 시간과 막대한 비용 소요, 게다가 G2G 거래에서는 양국의 정부가 참여함에 따라 법원에 의한 사법적인 해결이 공정성이나 절차적인 면에서 적절치 않아 일반적인 국제소송에 의한 해결 가능성이 낮다. 따라서 본서에서는 일반 국제거래에서 주로 많이 소개하는 법적 소송보다는 재협상 및 계약 변경을 더욱 자세하게 살피도록 한다.

(1) 계약의 변경 Revising contracts

대부분의 장기 대형 국제거래는 시간이 경과함에 따라 변화하는 일련의 상업적, 금융적 및 정치적 요인에 영향을 받게 되며, 다양한 이해관계자가 참여할수록 재협상이 필요한 경우가 더 많이 발생하게 된다. 결과적으로 매우 정교하고 구조화된 국제화된 국제거래라도 재협상 또는 재구성이 필요할 수 있으며, 이 경우 기 체결된 각종 계약문서에 대한 정확하고 신중한 변경 작업도 수반하게 된다.

계약의 변경은 자주 발생하며 이는 정부간 거래에서도 마찬가지일 것이다. 정부간 거래가 물자의 매매(sales) 형태인 경우 물자를 인도하고 대금을 외상으로 지급하는 것이 일반적일 것이므로, 계약의 변경도 주로 구매국의 대금결제 부분일 것이다. 즉 물자를 인도 받은 구매국에서 대금을 지급하여야 하는데, 지급능력이 부족하던가 혹은 환율의 급격한 변동 등으로 대금을 지급하지 못하는 경우가 있을 수 있고 그 경우 계약의 변경을 통해 대금지급

기간 연장, 그에 따른 이자율 조정 등 비교적 단순한 조치로 해결이 된다. 거래 당사자 관계도 비교적 단순하여 계약 변경에 필요한 당사자의 동의나 합의를 도출하는 과정, 변경 내용의 확정 등 계약 변경은 후술할 인프라 수출 대비 상대적으로 용이할 것이고 쟁점도 단순할 것이다.

인프라 수출의 경우처럼 이행에 장기간이 소용되고 거래관계도 복잡한 국제 프로젝트 거래인 경우 그만큼 계약변경의 문제도 자주 발생하고 당사자 간의 이해관계 충돌 가능성도 크다. 인프라 수출의 경우 엔지이어링, 조달, 건설, 운영 등 계약의 이행에 장기간이 소요되며 그 사이 거래의 변경이 필요하게 되는 원인이나 필요한 조치가 더 많아질 것이다. 예컨대, 국영 고속도로 건설의 경우 건설에 필요한 원자재의 가격변동이나 운송 중단, 도로 이용자의 수요 감소, 문화재나 환경보호를 위해 새로운 법령이 생겨 도로 운영에 영향을 미치는 경우 등 다양한 요소가 도로 인프라 프로젝트에 영향을 줄 수 있다. 특히 국제 인프라 계약에서 일정 변경(Rescheduling)은 인프라 프로젝트의 건설 또는 개발과 관련된 일정, 마일스톤 또는 기타 계약상의 의무를 조정하는 과정을 의미한다. 여기에는 프로젝트 요구 사항의 변경, 예기치 못한 상황 또는 프로젝트 이행 단계에서 발생할 수 있는 지연을 수용하기 위해 합의된 일정을 수정하는 것도 포함된다.

한편 인프라 수출의 경우 많은 거래 당사자 및 참여자가 존재하고 상충하는 이익 절충 문제가 더욱 계약 변경에 어려움을 가중시킨다. 특히 최근 많이 활용하는 국제 PF나 혹은 PPP 방식 거래인 경우 구매국, 특수목적회사(SPC), 사업주(스폰서) 대주단(Lenders), 수출신용기관(ECA) 등 다양한 당사자가 참여하고 이들의 이해관계도 첨예하게 대립하게 되는 것이 일반적이므로 그만큼 계약내용 변경 협상 및 (계약) 구조조정은 훨씬 복잡하고 다양한 쟁점, 그리고 서류 개정 등 다양한 문제가 대두되게 된다.

이하에서는 국제거래에서 특히 문제가 복잡하게 되는 인프라 수출 등 프로젝트 거래를 중심으로 그 계약의 재협상 및 구조조정 절차를 설명한다.

4-1. 계약 변경의 요소

가. 재협상 규정 (renegotiation clause)

잘 준비된 국제계약에는 당사자들이 그들의 계약관계를 재조정(readjust their contractual relationship)할 수 있도록 하는 조항이 일반적으로 포함된다. 계약 초안을 작성할 때 거래 초기에 재협상해야 할 필요성을 인식하고 필요한 조정을 보다 쉽게 수행할 수 있도록 원래의 거래 구조 및 계약문서 내용에 어느 정도 유연성을 부여하는 것이 중요하다. 따라서 당사자간 계약 협상시에 다양한 프로젝트 문서에 재협상 혹은 조정 조항(renegotiation or adaptation clauses)을 포함해 두는 것이 일반적이다.[370] 재협상 또는 조정 조항의 유형은 당사자, 프로젝트의 성격 및 해당 준거법에 따라 합의마다 다르지만, 일반적인 것은 다음과 같다.[371]

종류	내용
자동 검토 조항 (AUTOMATIC REVIEW CLAUSES)	당사자들이 주기적으로 만나 계약이 계속해서 적절하게 운영되는지 검토하고 발생하는 문제에 대한 해결책을 협상하기로 합의하는 경우
자동 조정 조항 (AUTOMATIC ADJUSTMENT CLAUSES)	인플레이션, 환율의 소폭 변동, 투입원가 등 관련 지표나 그 밖의 지표에 따라 관세, 그 밖의 주요 금융·경제적 요인이 자동으로 조정되는 경우
특정 재협상 조항 (SPECIFIC RENEGOTIATION CLAUSES)	(1) 재협상을 초래할 특정 사건(specific events)을 명시하는 조항 (2) 특정 사건을 명시하지 않지만 경제적 어려움(economic hardship)이나 계약의 경제적 균형의 왜곡(distortion in the economic equilibrium of the contract)과 같은 상황에서 재협상을 할 수 있도록 하는 일반 조항

---

370) Niehuss, John., International Project Finance in a Nutshell (2nd edition), West Academic Publishing (2015), 324-25.
371) Niehuss (2015), 325.

위 조항들은 원래 프로젝트 구조의 맥락에서 발생하는 대부분의 문제가 발생하였을 때 당사자에게 필요한 유연성을 제공한다. 이러한 중요한 상황으로는 (1) 주요 참가자의 파산(bankruptcy), (2) 주요 통화 평가절하(currency devaluations), (3) ; 예상수요 실현 실패(failure of estimated demand to materialize), (4) 프로젝트에 대한 과세 및/또는 정부 규제(taxation and/or government regulation)의 중요한 변경 등이 있다. 이러한 문제는 프로젝트 구성 방식에 보다 근본적인 변화를 요구하며 이 장의 나머지 섹션에서 설명하는 주요 구조 조정으로 이어지게 된다.

구체적인 거래의 상황을 반영하기 위한 변경은 있을 수 있으나 다음과 같은 renegotiation or adaptation clauses를 계약에 미리 약정해 놓으면 그러한 상황발생시 큰 저항없이 재협상절차를 개시할 수 있다.

(1) 재협상 조항 Renegotiation Clause 또는 적응 조항 Adaptation Clause

다음과 같은 재협상 및 변경(적응) 조항을 계약상 약정해 놓을 수 있다.

> Renegotiation: In the event of unforeseen circumstances, changes in law or regulation, or significant changes in market conditions that materially affect the performance or costs of this agreement, either party may request renegotiation of the terms. The parties shall engage in good faith negotiations to reach an agreement on necessary adjustments within [number of days] of the request. (재협상: 예상치 못한 상황, 법률 또는 규정의 변경 또는 본 계약의 이행 또는 비용에 중대한 영향을 미치는 시장 상황의 중대한 변화가 발생하는 경우, 당사자 중 일방은 약관의 재협상을 요청할 수 있다. 양 당사자는 요청 후 [....일] 이내에 필요한 조정에 대한 합의에 도달하기 위해 성실하게 협상에 임해야 한다.)
>
> Adaptation: If during the implementation of the project, it becomes necessary to adapt the scope, timeline, or specifications due to unforeseen conditions or factors beyond the control of either party, the parties shall work together to agree on appropriate modifications.

Any adaptations shall be documented in a written agreement that outlines the revised requirements, associated costs, and timeline adjustments. (적응 조항: 적응: 프로젝트 이행 중에 예상치 못한 조건이나 어느 한쪽 당사자가 통제할 수 없는 요인으로 인해 범위, 일정 또는 사양을 조정해야 하는 경우, 양 당사자는 적절한 수정에 합의하기 위해 협력해야 한다. 모든 수정 사항은 수정된 요구 사항, 관련 비용 및 일정 조정을 개괄적으로 설명하는 서면 계약서에 문서화되어야 한다.)

(2) Change in Law or Regulation / Economic Adjustment Clause

한편 다음과 같이 법규의 변경 및 경제상황 변경에 대한 조항도 미리 약정해 놓을 수 있을 것이다.

- Change in Law or Regulation: If there is a change in applicable laws or regulations that materially affects the performance, costs, or obligations under this agreement, the parties shall promptly notify each other and engage in discussions to assess the impact and agree on necessary adjustments. The parties shall work in good faith to adapt the contract accordingly and ensure compliance with the updated legal and regulatory requirements.
- "Economic Adjustment: In the event of significant fluctuations in currency exchange rates, inflation rates, or other economic factors that materially impact the costs or financial viability of the project, the parties may initiate discussions to review the financial arrangements. The parties shall work collaboratively to explore options for adjusting the financial terms, repayment schedule, or other related aspects to ensure the project"s sustainability."

나. 재협상 절차 (Process)

국제 대형거래와 관련하여 상황변화에 따라 당사자가 정부간 거래의 재협상 과정은 구조조정 과정으로 이해할 수 있으며 일반적으로 (1) 갈등 및 대립 단계(conflict and confrontation stage), (2) 정지 단계(standstill phase), (3) 새로운 합의와 관계가 합의되고 구현되는 최종 단계(final phase)의 3단계로 파악하는 것이 일반적이다. 재협상은 계약상 이미 약정된 경우에는 그에 따라 이루어지겠으나, 설사 그러한 약정이 계약상 포함되지 않더라도 당사자가 합의하여 재협상을 할 수도 있다.

(1) 갈등 및 대립 단계(conflict and confrontation stage)

갈등과 대결 단계에서는 당사자들은 프로젝트에 심각한 문제가 있음을 깨닫기 시작하고 종종 상대방이 협조하지 않으면 계약을 취소하겠다고 위협하거나, 소송 제기 등 분쟁 수준을 높이는 조치를 취하기도 한다.[372] 실제 이 단계에서 갈등을 해결하지 못하고 바로 소송이나 중재 등 분쟁해결 절차로 가는 경우도 있지만, 경험 많은 거래자들이라면 문제가 있다고 하여 바로 분쟁단계로 격상시키는 경우는 드물다. 오히려 이런 갈등 기간을 통해 당사자는 갈등의 원인을 파악하여 자신이 원하는 것을 파악하여 그 방안을 모색하는 한편 거래 상대방(들)이 원하는 바에 대한 파악의 시기로 삼는 것이 일반적이다.

(2) 정지 standstill

다음 단계인 정지기간(standstill period)에는 초기의 갈등 단계가 수습되면서 많은 경우 당사자는 영구적인 해결책을 협상하려고 노력하면서 소송 등 극단적 구제책을 추구하지 않는 데 동의하게 된다. 당사자들이 극단적인 수단인 법적 소송을 통해 해결하기보다 당사자간 협상을 통해 해결하려고 노력하는 것이 장기적으로 모든 당사자에게 최선의 이익이라는 보는 공감대를

---

[372] Niehuss (2015), 326.

형성하게 되면 이제 현실적으로 타당한 방안을 찾기 위해 준비하는 단계이다. 이 단계에서 그들은 무엇이 잘못되었는지 평가하고 그에 필요한 조치나 계약변경을 협의하게 된다. 필요한 경우 광범위하고 새로운 실사(new due diligence)를 수행하기도 한다. 이 실사의 결과는 재협상 및 재구성된 프로젝트의 조건을 구현하는 새로운 장기 계약의 기초가 된다.

정지는 거래 참가자에게 문제 발생 초기의 갈등을 식히고(cool-off) 조정된 솔루션(coordinated solution)을 시도할 수 있는 기간을 제공하는 것이다.[373] 당사자간 원만한 갈등 해결을 위한 형식적 조치로 "합의약정(standstill agreement)"을 체결하여 법적 조치를 취하거나 다른 구제 조치를 취하지 않는 것을 약속하기도 한다.

정지 약정은 일반적으로 단기(예: 6개월)에 그치며 모든 당사자가 솔루션에 도달하도록 압력을 가하기 위해 필요한 기간으로 할 것이다.[374] 이 기간 중에는 당사자간 대안을 찾기 위해 노력하게 된다. 정지약정에 따라 수출신용을 제공한 경우 은행 등 채권자는 부채 상환 유예(debt service moratorium)를 하거나 또는 채무자는 대금의 일부만 지급함으로써 사태 해결을 위한 선의를 표시할 수도 있다.

이러한 정지약정은 상황에 따라 매우 신축적이며, 만약 진전의 증거(evidence of progress)가 있는 경우 정지기간이 재연장될 수 있다.

다. 성공적인 재협상/구조조정

재협상/구조조정 기간에 당사자는 무엇이 잘못되었는지 파악하고, 해결하기 위해 취해야 할 다양한 단계별 조치는 다음과 같다.[375]

---

373) Niehuss, John., International Project Finance in a Nutshell (2nd edition), West Academic Publishing (2015), 326.
374) Niehuss(2015), 327.
375) Niehuss(2015), 327-28.

- 시장 상황 및 장기수요 예측 업데이트
- 새로운 지속 가능한 수준의 부채 및 부채 상환액을 결정하기 위해 미래 현금 흐름의 예측을 기반으로 수정된 재무분석(revised financial analysis)
- 구조 조정이 계약에 따른 의무에 미치는 영향과 구조 조정 방법을 결정하기 위한 모든 계약문서 및 재무문서 검토
- 금융기관 및 각 당사자로부터 필요한 동의, 승인 및 면제 확인;
- 변경해야 할 사항(있는 경우)을 결정하기 위한 프로젝트의 담보 약정(security arrangements) 검토;
- 구조 조정의 영향을 받는 대출 계약의 모든 약정(covenant) 검토
- 구조 조정을 승인하는 데 필요한 채권자 투표 요건(creditor voting requirements) 평가

(1) 예상되는 잠재적인 문제들

국제 거래를 변경할 때, 자주 발생하는 문제 중 일부는 특정 거래형태에만 발생하는 반면 다른 유형은 다른 유형의 구조 조정에도 공통적으로 발생될 수 있다.

- 종종 다자간 개발 은행(multilateral development banks)이 우선 채권자 지위를 주장하고 구조 조정 참여를 거부하는 경우가 있음
- 일반적으로 기존 대출기관(existing lenders)과 프로젝트 참여자를 제외하고는 새로운 자금 조달원이 없기 때문에 프로젝트 금융 구조 조정을 위한 중간자금(interim finance) 부족한 경우가 있음
- 일부 내용에 대하여는 참가자 100% 승인이 필요한 경우. 결과적으로 다른 사람들이 수락한 수정 사항에 동의하기를 거부하는 한 명의 채권자(single, holdout creditor)에 의해 구조 조정 프로세스가 지연되거나 좌절될 수 있음.

(2) 당사자의 업무 및 변호사의 역할

구조 조정 프로세스는 대부분의 프로젝트 금융 활동과 마찬가지로 다양한 측면을 종합적으로 고려해야만 하는 활동이다. 이미 계약의 상당부분이 진행된 이후에 계약 변경을 하게 되면 재무 모델을 수정해야 하고 새로운 지속가능한 부채 수준에 대한 새로운 재무 예측 및 계산이 필요하기 때문에 본질적으로 재무적인 고려를 해야 한다. 또한 어떤 경우 프로젝트의 운영 측면에서 필수적인 수정 작업을 수행하기 위해 엔지니어링 및 기술 전문 지식이 필요하게 된다.

위와 같은 구조조정 업무에서 관계된 변호사들은 (1) 변경된 상황에 비추어 새로운 법적 실사(new legal due diligence) 실시; (2) 변경이 필요한 부분을 파악하기 위해 기존의 모든 문서를 포괄적으로 검토. (3) 필요한 변경을 위해 문서 재작성 (4) 구조 조정을 시행하기 전에 필요한 대출기관 및 기타 참가자 승인의 성격 평가를 하게 된다.376)

4-2. 계약 변경 / 구조조정 사례

국제적인 인프라 프로젝트에서 계약의 변경 혹은 구조조정이 문제가 된 사례를 소개하고자 한다. 아시아의 두 주요 전력 프로젝트인 인도네시아의 Paiton 프로젝트와 인도의 Dabhol 프로젝트에서 상황 변화로 인한 계약 구조조정이 문제가 되었고 서로 다른 결과가 나왔다. 두 프로젝트 모두 역량 있는 대형 사업주(sponsors) 및 대형 시공계약자(contractor), 고급 변호사 및 기타 자문사(advisor) 등 다수의 전문기업과 전문가들이 관여한 프로젝트인 점에서 공통적이다. 둘 다 일반적인 국제 프로젝트 파이낸싱에 대한 표준적인 보호를 제공하기 위한 거래 구조 및 법률 문서가 준비되었다. 그러나 두 프로젝트 모두 재협상과 구조 조정이 필요한 주요 문제를 겪게 되었다.

---

376) Niehuss(2015), 327-28.

두 프로젝트 모두 각각 인도네시아와 인도의 최종 소비자에게 배송 및 판매를 담당하는 정부 소유 배전 회사에게 전력을 공급하도록 설계된 민간 전력 프로젝트였다. 이해의 편의를 위해 간략히 프로젝트를 소개한다.377)

가. 인도네시아 Paiton 발전 프로젝트

Paiton 발전 프로젝트는 1,230MW 규모의 석탄화력 독립발전 프로젝트로, 스폰서는 Edison Mission Electric(미국 유틸리티회사), Mitsui & Co Ltd.(계약자 역할을 하는 일본 회사) 및 General Electric Capital Corp(일부 전력 장비 공급업체의 계열사)이었다. 금융 패키지에는 "(1) 일본과 미국 정부 기관의 대출, 정치적 위험 보험 및 보증 지원 (2) ECA 지원으로 건설 기간 자금을 제공하는 상업 은행 신디케이트; (3) 국제 공채 발행"이 포함되었다.

1990년대 후반 아시아 금융 위기의 결과로 인도네시아의 경제 활동과 전력 수요가 감소했다. 현지 통화는 달러화 대비 극적으로 평가 절하되는 사태가 발생하였다. 이러한 요인으로 인해 인도네시아 정부가 시설에서 전력을 가져오거나 비용을 지불하는 것을 거부했고, 그 결과 재협상 및 구조 조정이 필요한 위기가 발생다.

Paiton 프로젝트에서 초기 당사자들간 대립과 중재 및 소송을 시도한 후 당사자들은 협력이 모든 당사자에게 최선이라는 것을 깨닫고 프로젝트가 재협상 및 재구성되는 동안 정지 계약(standstill agreement)을 체결했다. 이 프로젝트는 정지계약 중에도 계속 운영되었으며 2010년에는 815MW의 확장 사업도 정상적으로 진행되었다. 최종적으로 성공적인 구조 조정 이후 국유화 없이 민간 프로젝트로 남았다.

---

377) Niehuss(2015), 332-35.

나. 인도 Dabhol power plant 프로젝트

Dabhol 발전소 프로젝트는 인도 전력 공급 부문의 확장을 지원하기 위해 민간 개발자를 유치하기 위한 인도 정부 프로그램에 따라 수행된 740MW 발전소였다.

이 프로젝트의 주요 사업주는 석유기업 Enron으로 이 프로젝트를 수행하기 위해 무입찰 계약(a no-bid contract)을 체결했으며 이후 General Electric(주요 장비 공급업체)과 Bechtel(계약업체)을 공동 스폰서(co-sponsors) 및 지분 제공자(providers of equity)로 참여시켰다. 프로젝트의 거래 및 금융구조는 다음 그림과 같다.

Dabhol power plant Project financing structure[378]

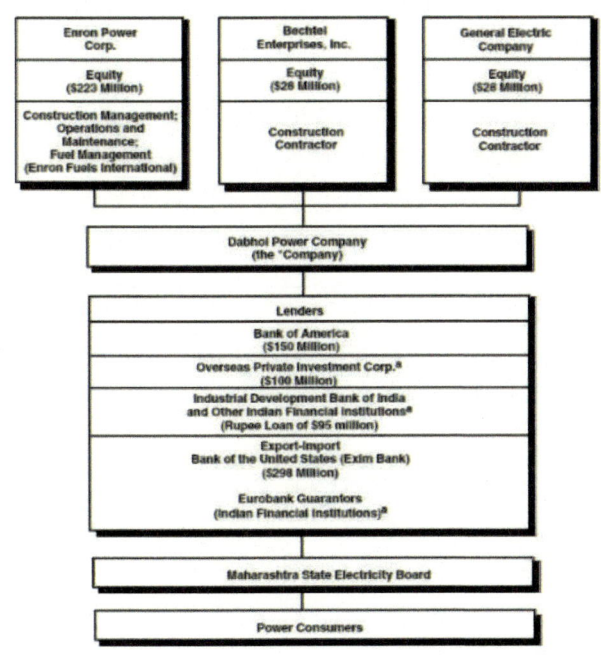

---

378) Edbodmer.com, Project Finance Case Study - Dabhol Power Plant, at https://edbodmer.com/dabhol-ipp-analysis-and-project-finance/.

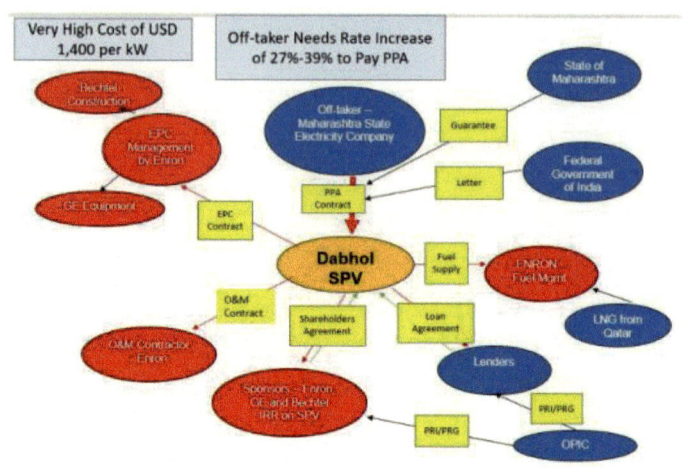

프로젝트 파이낸싱은 인도 정부 소유 은행(Indian government owned banks), 외국 상업 은행 대출 기관 신디케이트(syndicate of foreign commercial bank lenders), 수출 신용 기관(export credit agencies) 및 미국해외민간투자공사(OPIC)를 포함하는 대주(lenders) 그룹에 의해 제공되었다. 이 중 OPIC는 사업주의 지분 투자와 상업 은행 중 하나를 위해 정치적 위험 보험(political risk insurance-수출신용보험)도 제공했다. 주의할 점은, 자금 조달을 위해 World Bank(세계은행)에 요청하였으나, World Bank는 프로젝트가 경제적으로 실행 가능하지 않다는 분석에 따라 프로젝트 지원을 거부했다.

사업 운영 첫해 이후 전기 수요가 감소하기 시작했고 인도측 정부 구매자(government purchaser)는 구매 계약을 취소했으며 공장은 2001년에 폐쇄되었고 직원들은 해고되었다.

Dabhol 프로젝트에서는 당사자들이 발생한 문제를 해결하기 위해 협력하고 협력하는 데 큰 노력을 기울이지 않았다. 정지약정(standstill arrangement)은 체결되지 않았고, 모든 당사자는 전체 프로젝트에 해를 끼치면서 개별 이익을 극대화하기 위해 장기간에 걸친 소송 및 중재 절차를 통해 분쟁해결을 추진했다. 이 프로젝트는 2001년에 4년 동안 중단되었고 2005년에는 인도 정부가 통제하는 기관에 의해 인수 및 재개된 후 발주국 정부의 100% 소유로 국유화되었다. 2013년에 다시 폐쇄될 때까지 국영 프로젝트로 계속 운영되었다.

다. 재협상 및 구조조정의 교훈

인도네시아의 Pation 프로젝트와 Dabhol 프로젝트의 재협상 및 구조조정 교훈은 분명하다. 주요 프로젝트 파이낸싱의 당사자는 협상을 통한 조정 및 구조 조정을 통해 문제를 해결하기 위해 모든 노력을 기울여야 하며 가능한 한 중재 또는 소송에 의존하지 않아야 사업 운영이 지속될 수 있다.

두 프로젝트 모두 역량 있는 사업주(sponsors) 및 시공계약자(contractor), 고급 변호사 및 기타 자문사(advisor)가 관여하였고, 일반적인 국제 프로젝트 파이낸싱에 대한 표준적인 보호를 위해 잘 짜여진 거래 구조 및 법률 문서를 준비하였다는 점에서는 공통적이다. 그러나, 분쟁이 발생한 후 Pation 프로젝트의 경우에는 당사자가 재협상 및 구조조정을 성공시켰으나, Dabhol 프로젝트에서는 재협상과 구조조종을 실패한 점에서 결국 사업의 결과는 정반대로 되었다.

5. 거래의 자발적 종료

거래의 성격과 관련된 계약 또는 계약 조건에 따라 그 종료방법은 다를 수 있으며, 국제 비즈니스 거래를 종료하는 것은 국내거래 대비 복잡한 과정이 될 수 있다. 계약체결시 계약조건(terms and conditions)으로 거래의 자발적 종료를 허용할 수도 있고, 그렇지 않은 경우라도 당사자가 협의하여 거래의 자발적 종료를 추진할 수도 있다.

거래 내지 사업의 종료는 사업의 내용, 즉 국제거래의 형태에 따라 다를 수 있다. 즉, 물품 매매 국제거래는 물품 및 대금의 반환 등 원상회복이 주로 문제가 되는 비교적 간단한 문제이지만, 인프라 건설 프로젝트인 경우에는 사업의 종료로 인한 대안 제안과 투자자 및 금융기관 등과의 협의 등이 예상되고 투자금의 회수·분배 등 더 복잡한 문제가 수반되므로 이를 구분하여 이하 살핀다.

가. 국제물품매매인 경우의 거래의 자발적 종료

국제물품매매인 경우에는 물품의 국제적 인도와 대금의 지급이 그 내용이 되므로 이러한 급부가 이루어진 것을 원상회복하는 것에 중점이 주어진다. 방산물자 수출은 일반적으로 물품의 매매의 범주에 해당할 것이다.

(1) 계약상 근거규정 또는 계약 조건 검토

국제 비즈니스 거래를 종료하는 첫 번째 단계는 계약 또는 계약 조건을 검토하는 것이다. 계약은 계약에 따른 이행을 강제하는 약속이므로 당사자는 함부로 계약을 종료할 수 없는 것이 원칙이다. 그러나 전술한 바와 같이 상황 변화 등 이유로 당사자가 계약을 통해 이루고자 하는 목적 달성이 불가능해지거나 그러한 목적이 불필요해지는 경우 계약을 이행하기 보다는 종료하여 거래이전의 상태로 원상회복하는 것이 당사자의 이익에도 부합하는 경우도 있어 당사자는 거래의 종료를 검토하게 된다.

거래를 종료 근거로는 (1) 계약상의 근거가 있는 경우 그 근거에 부합하는 상황이 발생하는 경우 혹은 (2) 그런 근거가 명확히 존재하지 않더라도 당사자의 합의에 의해 거래를 종료할 수 있다. 따라서 당사자는 계약상 거래 종료의 사유(events) 및 그 종료를 위해 충족해야 하는 특별한 요구 사항(requirements)이나 취해야 할 조치를 파악하고 그에 부합하게 종료 절차를 진행하게 된다.

(2) 합리적인 기간 내 적절한 통지

충분한 거래 종료의 근거나 합리적인 이유가 있는 경우 상대방에게 거래를 종료할 의사가 통지한다. 이 통지는 가급적 서면으로 이루어져야 하며 종료 결정의 이유를 명확하게 기술해야 한다.

일방의 거래종료 요청에 상대방이 동의하면 거래의 자발적 종료의 합의가 완성되는 바, 일반적으로 대부분의 국제거래 계약에서는 종료의 합의를 반드시 서면에 의하여 하도록 하여 명확성을 기하는 경우가 많다. 그러나 거래 종료에 대하여 합의가 이루어지지 않거나 종료에 필요한 조치나 조건에 대하여 의견이 다르거나 혹은 분쟁이 발생하는 경우에는 전술한 계약의 변경 등에 준하여 재협상(renegotiation) 혹은 구조조정(restructuring) 등을 통해 거래 종료나 사업 축소 등을 검토하게 된다.

(3) 원상회복 조치

당사자가 계약의 자발적 종료에 합의한 경우 당사자는 그에 대한 원상회복을 이행하여야 한다. 국제거래에서 원상회복이란 거래의 형태, 이행한 내역, 당사자의 의사 등에 따라 그 구체적인 내용은 다를 수 있다. 그런데 그 거래가 물품매매인 경우에는 국제 물품매매에 대한 통일법으로 우리나라, 미국 등 90여 개국 이상의 국가가 가입한 통일매매법이 유엔국제물품매매법(CISG)상의 원상회복 규정이 적용되는 경우가 많으므로 그 내용을 살펴보는 것이 타당하다. CISG상 원상회복이란 물품을 반환하거나 물품에 대해 지급한 대금을 반환하는 과정을 의미하는 바, CISG에 따라 원상회복을 하는 원칙적인 내용은 다음과 같다.

- **원상회복의 근거** : 당사자들이 계약의 해제(avoidance), 해지(termination) 또는 취소(cancellation)한 경우 CISG에 따른 원상회복이 필요하다.

- **원상회복 의향 통지** : 원상회복을 원하는 당사자는 상대방에게 상품이나 지불금의 원상회복을 원한다는 의사를 통지(communicate)할 수 있는 바, 그 통지에는 원상회복 사유(reasons_와 원상회복을 요구하는 근거(grounds)를 명확하게 기재해야 한다. 최근에는 이메일 등에 의한 통신이 가능하므로 가능한 한 신속하고 정확하게 통지하여야 할 것이다.

- **반품(Return of goods)** : 물품이 이미 인도된 경우, 당사자는 상품을 상대방에게 반환해야 하며, 수령한 것과 동일한 상태로 반환하는 것이 원칙이나, 정상적인 물품 검사 과정에서의 형상 변화, 시간 경과에 따른 자연감소 등 합리적인 근거가 있는 경우에는 물리적으로 완전히 동일한 상태로 반환하지 않을 수도 있다 (CISG article 82).

- **지급대금 환불(Refund of payment)** : 물품에 대한 대금 지급이 이루어진 경우 계약 조건 및 배상 청구 사유에 따라 대금을 환급하여야 하며, 이 경우 적정한 이자도 포함하여 환급하여야 한다.

나. 국제 인프라 수출인 경우 거래의 자발적 종료

(1) 계약상 근거규정 또는 계약 조건 검토

인프라 수출 거래를 종료하기 위해서는 계약상의 근거가 있는 경우 그 근거에 부합하는 상황이 발생하는 경우 혹은 그런 근거가 명확히 존재하지 않더라도 당사자의 합의에 의해 거래를 종료할 수 있다. 따라서 거래를 종료하고자 하는 경우 당사자는 계약상 거래 종료의 근거가 있는지, 있다면, 그 종료를 위해 충족해야 하는 특별한 요구 사항이나 의무를 파악하고 그에 부합하게 종료 절차를 진행하게 된다.

공공 인프라 건설의 경우 당사자간의 계약상의 이해관계 외에도 발주국 정부의 동의(허가)가 필요하다거나 혹은 높은 수준의 공익적 목적에 대한 특별한 필요성이 인정되는 경우 종료가 가능할 것이다. 예컨대 공공상수도 개선 인프라 수출인 경우 종료시 국미건강에 위험 야기할 가능성이 높으므로 영향평가가 필요할 것이다. 거래 종료의 경우에도 그만큼 복잡한 이해관계의 조정이 필요하게 되므로 이에 대한 충분한 검토가 필요한 것이다.

(2) 합리적인 기간 내 적절한 통지

계약 내용을 검토한 후 충분한 거래 종료의 근거나 합리적인 이유가 있는 경우 상대방에게 거래를 종료할 의사가 통지한다. 이 통지는 가급적 서면으로 이루어져야 하며 종료 결정의 이유를 명확하게 기술해야 한다.

발주국 정부가 동의하면 거래의 자발적 종료의 합의를 하면 된다. 그러나 거래 종료에 대하여 합의가 이루어지지 않거나 종료에 필요한 조치나 조건에 대하여 의견이 다르거나 혹은 분쟁이 발생하는 경우에는 전술한 계약의 변경 등에 준하여 재협상(renegotiation) 혹은 구조조정(restructuring) 등을 통해 거래 종료나 사업 축소 등을 검토하게 된다.

(3) 사업의 중단 및 후속조치

국제공공인프라 건설사업을 당사자가 중단시키고 거래를 종료하고자 하는 경우에는 각 당사자는 필요한 여러 조치를 취해야 할 필요가 있다. 그 구체적인 내용은 개별적인 거래의 내용에 따라 다를 것이지만 일반적으로는 다음과 같은 조치가 필요하게 될 것이다.

- **계약상 잔존 의무 파악** : 미지급 수수료 또는 세금 지불, 자산 또는 장비 반환 또는 지적 재산권 이전과 같은 중단 시 각자의 의무를 결정하기 위해 계약 조건을 검토한다.
- **준법 사항 조치(Regulatory compliance)** : 당사자는 프로젝트 중단에 대한 모든 규제 요구 사항을 준수했는지 확인해야 한다. 필요한 정부 허가나 라이선스를 얻거나 관련 당국에 통지하는 것 등이 검토되어야 할 것이다. 개발도상국의 경우 사업의 중지나 포기의 경우에도 정부의 허가가 요구되는 경우가 많다.

- **영향 평가(Impact assessment)** : 공공 서비스 제공 측면에서 중단이 지역 사회, 정부 기관, 투자자 및 기타 이해 관계자에 미치는 잠재적 영향을 평가하고 필요한 경우 보완조치를 강구해야 한다. 영향을 받는 당사자나 이해관계자 집단과 협의 및 협상이 포함될 수 있습니다. 정부간 거래 대상인 공공인프라의 경우 그 사업의 수혜자가 일반 대중이나 특정 지역의 거주자들인 경우가 있고 공익사업의 성격이 강하므로 이러한 영향 평가를 통해 사업 중단 내지 종료의 타당한 근거를 충분히 검토해야 할 것이다.

- **위험 관리(Risk management)** : 당사자는 프로젝트 중단으로 인해 발생하는 모든 재정적, 법적 또는 평판 위험을 관리하기 위한 조치를 취해야 하는 바, 이 경우 사업 중단에 대비해 부보 하였던 보험 청구 등 조치도 필요할 것이다. 인프라 건설 관련 보험들, 예를 들어 Construction/property All Risk Insurance, Delay In Start-up Insurance, Third Party Liability Insurance, Terrorism Insurance, Business Interruption Insurance 등의 담보위험에 해당하는 경우 그 청구 여부 등에 검토가 필요하다.[379]

- **이해관계자와의 커뮤니케이션** : 당사자는 투자자 및 금융기관과의 협의뿐만 아니라 영향을 받는 지역 사회 및 정부 기관과 협의가 필요한 경우 적절한 협의절차를 거쳐야 할 것이다. 사업 중단 및 관련 영향을 알리고 우려 사항이나 질문을 해결해야 할 것이다.

---

[379] 김윤석, 김영국, 신동금, 플랜트 수출 지원제도, 무역보험공사 (2015) (이하 "김윤석 등 (2015)"이라 함. 4.1.3.3.

04
분쟁 해결 Dispute Settlements

1. 방산물자 정부간 거래에 대한 분쟁해결

가. 당사자간 분쟁 해결

일반적인 국제거래의 분쟁은 특정 국가의 법원에서의 법적 절차 (소송 등) 혹은 중재기관을 통한 상사중재 혹은 투자중재(Commercial or investment arbitration) 절차를 거쳐 해결을 도모하게 될 것이나, 정부간 방산물자 수출 관련 거래 분쟁은 통상적인 분쟁해결 절차가 적절치 않거나 혹은 실효성이 적고, 외교채널이나 국제기구를 통해 해결이 더욱 타당할 수 있다.

외교 채널(Diplomatic channels)은 방산물자 거래 관련 분쟁을 해결하는 첫 번째 방안이 된다. 정부의 G2G 거래 담당 기관이나 그 전문가 등이 전술한 재협상(renegotiation) 혹은 구조조정 (restructuring)을 통해 해결책을 모색하는 것이 적절할 것이다. 그 단계에서 해결이 나오지 않는 문제는 결국 당사자간 상호주의의 원칙에 의하여 거래를 폐기하거나 종료하는 절차를 거치는 것이 타당할 것이다. 이처럼, 당사자 만의 협의를 통해 해결하고자 하는 경우 정부간 계약서 등에 아래와 같이 분쟁해결의 당사자간 해결을 명확히 약정하는 것이 타당할 것이다.

(1) 미국 FMS의 당사자간 분쟁해결 약관 예시

예를 들어, 미국의 FMS의 경우엔 아예 미국의 FMS계약의 기본 약관으로 분쟁해결 조항을 두고 있고, 그것은 당사자간 해결 원칙을 선언하고 법적 해결 등 당사자 외적 해결을 금지하고 있다.

> **LOA 정형거래조건 Section 7 Dispute Resolution**[380]
> 7.1 This LOA is subject to U.S. law and regulation, including U.S. procurement law.
> 7.2 The USG and the Purchaser agree to resolve any disagreement regarding this LOA by consultations between the USG and the Purchaser and not to refer any such disagreement to any international tribunal or third party for settlement.

FMS 표준약관은 미국연방조달법을 준거법으로 일방적으로 정할 뿐만 아니라 법원에 의한 정식 재판이나 심지어 중재(arbitration)를 분쟁해결 방법으로 정하지 않고 당사자간 협의만으로 해결하도록 한다. 미 정부는 FMS가 단순한 판매를 넘어 우방국과의 안보원조(security assistance)인 점을 부각시킴으로써 분쟁해결에 있어 합의에 의한 해결만으로 해야 협력관계가 유지될 수 있다고 이해할 수 있다.

(2) 당사자간 협의에 의한 분쟁해결 조항

G2G 계약상 아래와 ekxdms 분쟁해결 조항을 사용할 수 있을 것이다. 즉 일정기간 동안 ("within ***** (**) calendar days.") 우호적 협상을 해야할 의무를 부담시키고, 그 기간동안 갈등이나 분쟁을 완화(cooling down)하고 협상 혹은 양해에 도달하도록 하고 성립되지 않으면 양 당사자가 협의를 통해 최종결정(resolution)을 하도록 한다. 이 결정에 대하여 최종적이고 확정적인 효력을 부여하고 그 결정에 불복하지 못하도록 약정한다. 한편, 분쟁중이라도 거래이 이행은 스케쥴대로 계속하도록 하여 그 분쟁으로 인한 손해를 최소한으로 하여 거래 파탄을 방지할 수 있을 것이다.

---

380) SCM, 8-17면.

ARTICLE XX - SETTLEMENT OF DISPUTES

In the event of any dispute between the Parties of this Agreement, whether with relation to the interpretation of the Agreement or the execution of its terms or any matter arising from them, the Parties shall, in the first place, make all reasonable efforts to reach an amicable solution within ***** (**) calendar days. However, in the event that the Parties are unable to reach such an understanding, the Parties agree to submit the dispute for its resolution between the Vice president of [KOTRA or Exporting Corp. selectively according to the contract] and the Vice Minister for Strategy and Planning of the [DoD of Buyng state's]. Any decisions or settlements made, pursuant to any resolution of the dispute, shall be final and binding for the Parties of this Agreement. During the dispute or controversy, both parties shall continue to perform all obligations under this Agreement.

(3) 분쟁 정보의 보안 유지

정부간 방산물자 거래 분쟁은 민감하거나 기밀 정보와 관련될 수 있으므로 분쟁을 처리하고 해결하기 위해 가급적 당사자간 협상에 의한 해결이 바람직하고 또 실제적으로 가능하다. 해결 프로세스에는 엄격한 기밀 유지 및 보안 조치가 수반되어야 하고, 전문적인 법률가 및 기술 전문가의 참여가 필요할 수도 있으나 이들은 엄격한 보안조치 서약 등을 거쳐 참여시켜야 할 것이다.

정부간 거래 조직이나 방산수출 금융에 참여하는 금융권의 조직에 대하여는 내부인원간 비밀 정보의 유통 차단 등 보안조치가 필요할 수 있다. 예를 들어 대형 법무법인 내에서 이행 상충하는 사안에 대하여 수임하고자 하는 경우 비밀 정보등의 처리 정책과 유사한 제도적 안전장치가 필요할 수 있다. 예를 들어, 서로 다른 문제를 다루는 변호사들 사이의 기밀 정보 공유를 방지하기 위해 "차이니즈 월(Chinese wall)" 또는 "윤리적 스크린(ethical screen)"을 만들어 정부 누출을 통제한다.

마찬가지로 방산수출에 대한 정부간 거래나 방산수출금융을 취급하는 금융기관 직원은 일반 조직 직원과 업무적, 조직적으로 분리시키고 또한 정보가 누출되지 않도록 하는 소위 "방산수출 Chinese wall"을 만들고 동 원칙에 근거하여 정부간 거래 분쟁에 대하여 전문 인력이 비밀을 유지하며 분쟁해결 업무를 수행하도록 해야 할 것으로 본다.

나. 제3자에 의한 분쟁 해결

양자간 협상으로 분쟁이 해결되지 않고, 특별히 경제안보관계에 악영향을 주지 않는 경우라면, 정부간 해결 보다는 제3자 중개자 또는 분쟁 해결 메커니즘의 지원을 구할 수 있을 것이다. 일반적인 소송이 아니라는 점에서 대안적분쟁해결(alternative dispute resolution)을 모색할 수 있으며 일반적인 국제거래 분쟁해결 장치로서는 중재가 적절할 것이다. 만약 제3자에 의한 분쟁해결을 하는 것으로 합의가 되면 중재에 부칠 것임을 G2G 수출계서 등에 명확히 포함시켜 약정해야 할 것이다. 제3의 자(양 당사자가 신뢰하는 제3자)를 시켜 당사자간 분쟁을 해결할지 여부는 가급적 계약 협상 및 체결시 결정하는 것이 바람직하겠지만, 그러한 약정이 없었더라도 분쟁이 발생한 후에 당사자간 합의가 이루어지면 제3자에 의한 분쟁해결도 진행할 수 있다.

중립적인 제3자 중재자를 당사자간 직접 선정하는 Ad hoc 중재를 통해 분쟁해결을 구할 수도 있다. 중재자는 두 당사자간의 토론과 협상을 촉진하여 상호 수용 가능한 해결책에 도달할 수 있다. 한편, 소위 기관중재, 즉 중재를 전문으로 하는 중재전문기관, 예를 들어 국제상업회의소(ICC) 또는 국제투자분쟁해결센터(ICSID)와 같은 곳에 중재 또는 조정(기관 중재 혹은 조정)을 요청하여 그들이 지정 혹은 제공하는 중재인들에 의해 분쟁해결을 할 수도 있다. 방산물자의 수출인 경우엔 실제로 중재를 활용하는 경우는 적으므로 여기서는 간단히 설명하며, 중재의 구체적인 내용은 후술하는 비방산물자 분쟁해결의 중재 혹은 조정 부분을 참고하라.

2. 비방산 물자 정부간 거래에 대한 분쟁해결

가. 다양한 분쟁해결 방안 및 인프라 PF 중심의 분쟁해결

비방산 물자에 대한 정부간 거래에 대한 분쟁해결은 대부분의 국제거래 분쟁해결과 유사한 방식으로 해결될 것이다. 비방산 물자는 일반적인 물품, 상품 등으로부터 학교, 병원, 공항 등 공공시설, 발전소, 물시스템 등 공공인프라 까지 다양한 대상이 있으므로 그 대상, 거래방식, 참여 당사자들의 성격이나 입장 등을 고려하여 적절한 분쟁해결을 하여야 할 것이다. 다만 본서에서는 비방산 물자 정부간 거래는 대부분의 경우 구매국의 정부조달 중 공공 인프라 조달에 해당할 것이고, 국제 공공인프라 프로젝트는 일반적으로 민관협력(Public-Private Partnership, PPP) 프로젝트 혹은 프로젝트파이낸스(Project Finance, PF) 프로젝트 혹은 그와 유사한 거래형태를 취하게 되므로 본서에서도 PPP 내지 PF 분쟁해결 중 공공인프라를 중심으로 분쟁해결을 설명하고자 한다.

나. 국제 프로젝트 금융 분쟁 해결의 특수성

국제 인프라 프로젝트에는 서로 다른 국가의 당사자간의 수많은 상호 연결된 계약이 포함되어 있어 국제 프로젝트 내지 PF 거래에 대한 고유한 고려사항을 반영하여 분쟁 해결할 필요성이 있다. 다음과 같은 인프라 프로젝트에 관련 고려사항 내지 이슈가 있을 수 있다.[381]

- 프로젝트 내 다수계약이 존재하고 각 계약은 이론적으로 다른 준거법과 자체 분쟁 해결 조항을 가질 수 있다.
- 프로젝트 파이낸싱은 다수의 상호 연결된 계약을 포함하는 단일 통합 거래이므로 한 계약의 분쟁이 다른 계약의 운영 혹은 프로젝트 전체에 영향을 미칠 수 있다.

---

381) Niehuss (2015), pp. 336-37.

- 따라서 서로 다른 프로젝트 계약에 따라 발생할 수 있는 분쟁을 통합하도록 하는 조치가 프로젝트 초기 및 서류화 단계(documentation phase)에서 이루어질 필요가 많다.

위와 같은 고려사항을 반영하면 합리적이고 전문적인 국제거래 참여자들은 프로젝트가 구조화되고 프로젝트 문서가 작성되는 시점에 분쟁 해결을 위한 매우 신중한 계획을 충분히 규정화하거나 반영할 필요가 있다. 프로젝트의 성격에 비추어 가장 적절한 분쟁 해결 메커니즘을 사용하고 다양한 문서의 분쟁 조항 간의 충돌 가능성을 최소화하기 위해 양허(concession agreements) 계약 및 주요 프로젝트 계약(key project agreements)을 협상할 때 국제 투자 분쟁 해결에 전문성을 갖춘 변호사 등 전문가의 참여가 필요할 것이다.

다. 당사자간 분쟁해결

(1) 협상 (Negotiation)

대부분의 프로젝트 문서와 양자 간 투자약정에는 보다 구속력 있는 다른 형태의 분쟁 해결에 선행하여 직접 협상을 통해 갈등사항 혹은 입장차이를 파악하고 이를 해결하도록 노력할 협상의무를 포함한 규정을 두게 된다.

(2) 조정 / 화해 Mediation and Conciliation

조정과 화해는 서로 매우 유사한 과정인데, 조정(Mediation)은 공정한 제3자를 활용하여 논의를 용이하게 하고 당사자들이 새로운 업무 관계를 달성할 수 있도록 당사자 간의 합의가 이루어지도록 하는 것이다. 화해(Conciliation)는 중립적인 제3자가 실제로 해결책을 제안하고 당사자들로부터 양보를 구하는 데 보다 적극적인 역할을 하는 유사한 과정이다. 중재 또는 화해에 의한 해결은 다른 대안보다 빠르고 비용도 적게 들지만, 대립 정도나 분쟁 정도가 극심한 경우 절차적 보호나 및 그 조정 및 화해 결정에 근거해 집행함에 있어서 강제력이 부족할 수 있다.

(3) 조정-중재 Mediation-Arbitration

조정-중재(또는 "med-arb")는 조정이 분쟁대상이 된 모든 문제를 해결하는 데 성공하지 못한 경우 조정 후 중재가 있을 것이라고 처음부터 당사자들이 합의하는 프로세스이다. Med-arb("조정-중재"의 약자)는 중재와 중재의 요소를 결합한 하이브리드 분쟁 해결 프로세스이며 분쟁 당사자는 먼저 조정을 통해 합의에 도달하려고 시도한다. 이 프로세스의 장점은 조정에 의해 해결되지 않은 문제만 중재를 거쳐 결정하게 되므로 중재 시간과 비용을 줄일 수 있다데 있다.

med-arb 프로세스상 일반적으로 중립적인 조정자(mediator)가 당사자들이 자발적인 합의에 도달하도록 돕는 중재 단계로 시작하며, 그 조정자는 당사자간의 의사소통과 협상을 촉진할 수 있지만 당사자에게 결정을 내릴 권한은 없는 점이 특징적이다. 당사자들이 조정을 통해 합의에 도달할 수 있는 경우 프로세스는 종료되고 합의 조건은 구속력을 갖는다. 그러나 조정 단계가 실패하여 당사자들이 합의에 도달할 수 없는 경우에는 중재(arbitration) 단계로 이동한다. 이 단계에서 중재자는 분쟁에 대해 최종적이고 구속력 있는 결정을 내릴 수 있는 권한이 부여된다. 중재자는 당사자가 제시한 증거와 주장을 검토하고 당사자를 구속하는 결정을 내린다.

med-arb의 가장 큰 장점은 중재와 중재의 이점을 모두 제공하면서 각각의 단점을 최소화한다는 데 있다. 그러나 med-arb에는 몇 가지 잠재적인 단점이 있을 수 있다. 예를 들어 조정 단계의 중재자가 중재 단계에서 다시 중재자가 되는 경우 중재 단계에서 중재자의 선입견이나 편견이 의사 결정에 영향을 미칠 위험이 있다. 또한 중재 단계에서 잠재적으로 불리한 결정이 내려질 위험을 피하기 위해 당사자들이 조정 단계에서 합의해야 한다는 압력을 느낄 수 있다. 따라서 어떤 거래에 대하여는 분쟁이나 당사자에게 med-arb는 적합하지 않을 수 있다. med-arb 분쟁조정은 분쟁 내용에 대한 전문적 지식이 있고 분쟁 당사자들 모두가 조정자를 존중할 수 있을 정도의 신뢰성을 가지고 있는 경우에 효과가 좋을 것인데, 이런 정부간 거래 관련 분쟁에 관하여는 이런 전문가를 선정하기가 어려울 수 있다는 점에서 부족할 수 있다.

참고로 Arb-med는 두 가지 분쟁 해결 조합 방법의 순서를 뒤집는 med-arb의 변형이다. 이 Arb-med 프로세스는 분쟁과 관련된 모든 문제를 고려하는 중재로 시작하지만 조정이 수행될 때까지 결정이나 판정을 내리지 않는다. 조정은 중재에서 처리된 것과 동일한 문제를 포함하지만 당사자가 중재의 결과로 상대방의 완전한 증거와 주장을 듣고 알게 된 후에 조정이 이루어진다. Arbitration-mediation을 통해 각 당사자는 상대방의 입장과 이를 뒷받침하는 증거 및 주장의 강도를 더 잘 이해하게 되므로 조정에 도달할 가능성이 높아질 것으로 기대된다. 조정이 종료된 후 중재인은 조정에서 해결되지 않은 나머지 문제에 대해 다시 중재 판정을 내릴 것이다.[382]

(4) 분쟁 검토 위원회 및 조정 위원회 Dispute Review Boards and Conciliation Commissions

분쟁 검토 위원회(Dispute Review Boards, DRB)는 특히 해외건설계약 혹은 프로젝트의 건설 단계에서 발생하는 분쟁을 해결하기 위해 일반적으로 사용되는 분쟁해결절차이다. 건설계약에 따른 모든 분쟁을 청문하기 위해 건설과정에서 존재하는 기구(body)로, 그 구성원은 일반적으로 건설업 배경을 가진 기술 전문가(technical experts)이다. 당사자들이 원만한 해결에 도달할 수 없는 경우 모든 분쟁은 먼저 DRB로 상정하여 해결한다. 당사자들이 위원회의 결정에 동의하면 최종적이고 구속력이 있다. 한쪽 당사자가 동의하지 않으면 원만한 해결을 위해 추가 시도가 이루어지며, 당사자가 최종적으로 합의할 수 없는 경우 분쟁은 중재(arbitration)로 진행된다.

(5) 당사자간 해결의 잠재적인 단점 Potential Disadvantages

일반적으로 당사자들이 분쟁을 해결하는 방법에 대해 궁극적으로 합의하는 프로세스를 약정하는 것이 바람직하긴 하다. 상대방에 대한 과도한 비난 없이 최소한의 중단으로 프로젝트를 계속할 수 있는 장점이 있으며 투자 중재 및 소송과 관련된 비용과 시간을 피할 수 있다. 그러나 불행하게도 당사자간 분쟁 해결에는 두 가지 주요 단점이 있다.

---

382) Niehuss (2015), pp. 336-37.

첫째, 정부가 당사자로 거래에 참여한 경우 정부를 대표하는 공무원은 일반적으로 분쟁 해결을 위해 타협할 수 있는 권한이 제한되어 있다. 둘째, 한편, 정부 조직은 예산상의 제약과 예산 활동에 대한 절차적인 통제를 받게 되므로, 고액 거래에 대하여 합의에 필요한 비용(법률비용, 협상비용, 변호사비용 등) 동원 능력이나 그 비용을 결정할 권한이 부족한 경우가 많다. 따라서, 전담기관을 운영하여 미리 예산을 반영하던지 혹은 G2G 사업을 위한 기금 등 재원을 미리 마련하고 그 범위내에서 분쟁 해결을 하도록 하는 것이 바람직하다.

셋째, 공무원 내지 공직자 입장에서는 당사자들간의 타협이 아닌 중재나 소송을 선호하는 경향이 현실적으로 존재한다. 그만큼 객관적이기도 하며, 또한 그 소송이 장기간 계속된 후 담당자 본인은 다른 업무를 하게 되거나 혹은 책임자인 경우 그 책임을 면하게 될 수 있을 것이므로 중재 보다는 시간이 오래 걸리는 소송 등을 선호하는 경향이 많은 것이 현실이다.

라. 제3자가 해결책을 제시하는 방법 - 중재와 협상

(1) 상사중재와 투자 중재

중재는 당사자들의 분쟁을 듣고 해결하기 위해 독립적인 중재자들을 임명하는 분쟁 해결 방법이다. 국제적인 맥락에서 일반적인 물자 거래와 관련해서는 상사중재(commercial arbitration)와 투자나 건설 투자활동과 관련해서는 투자 중재(investment arbitration)로 구분하여 활용된다. 인프라 관련 분쟁에 대해서는 국제프로젝트 파이낸스 사례와 유사하게 투자중재가 빈번히 활용되는 경우가 많을 것이다.

상사 중재와 투자 중재는 국제 비즈니스 및 투자 상황에서 일반적으로 사용되는 두 가지 다른 형태의 분쟁 해결 방법인 바, 상사 중재는 상품, 서비스 또는 건설 프로젝트의 판매 계약과 같은 사기업 간의 상거래에서 발생하는 분쟁을 해결하는 것이다. 상사 중재는 일반적으로 계약서 또는 별도의 중재 합의서에 명시된 당사자 간 합의에 따라 진행된다. 됩니다. 상사 중재는 주로 사기업 간의 분쟁에 초점을 맞추고 계약에 따라 규율하는 것이 일반적이다.

반면, 투자 중재는 국제 투자 조약 또는 투자 계약에 따라 외국인 투자자와 투자 유치 국가 간의 분쟁을 다룬다는 점에서 특징적이다. 국제 투자 조약 또는 투자 계약에 따라 외국인 투자자와 호스트 국가 간의 분쟁으로 인해 발생하는 분쟁 해결의 특수한 형태이다. 투자 중재는 투자자가 수용, 불공정 대우, 계약 의무 위반 등 투자 유치국이 조약 또는 계약에 근거한 권리를 침해했다고 주장할 때 발생할 수 있는 갈등을 해결하기 위한 메커니즘이다. 투자 중재는 일반적으로 국제투자분쟁해결센터(ICSID)와 같은 기관의 규칙에 따라 설립된 국제중재재판소에 의한 기관중재 또는 유엔국제상거래법위원회(UNCITRAL) 규칙에 따른 임시중재(ad hoc arbitration)를 통해 이루어진다.

(2) 임시중재와 기관중재

중재는 당사자가 계약상 사전합의 하거나 혹은 분쟁 발생후 사후적 합의에 의해 중재의 구체적 내용 즉, 중재자의 임명, 절차 규칙, 중재 재판소의 관할권, 상황 및 통치법과 같은 문제에 대한 결정을 할 수 있다. 중재 결정을 내리는 주체에 따라 임시중재(ad hoc arbitration)와 기관중재(institutional arbitration)라는 두 가지 기본적인 방법이 있다.[383]

임시 중재(ad hoc arbitration)에서는 당사자들과 그 변호사들이 중재 절차의 규칙, 중재 장소와 수행을 준비하는 모든 책임을 지는 것이 원칙이다. 프로세스를 수행하기 위해 확립된 일련의 절차를 제공하는 "임시 중재를 위한 UNCITRAL 중재 규칙(UNCITRAL Arbitration Rules for ad hoc arbitration)"을 적용하기로 합의할 수는 있으나, 여전히 포럼을 조직하고 필요한 모든 지원 직원과 시설은 당사자가 준비하여야 한다.

반면 기관중재(institutional arbitration)에서는 전문적인 중재 기관을 지정하여 중재를 수행할 수 있다. 각 기관은 자체적인 규칙과 절차를 가지고 있으며 수수료를 받고(for a fee) 중재 절차를 관리하고 결과가 나오도록 돕는다.

---

383) 오원석, 김용일 "기관중재와 임시중재에 관한 비교연구" 중재연구 19.1 pp.25-44 (2009) : 26.

따라서 당사자간 포럼을 조직하고 필요한 모든 지원 직원과 시설은 준비하거나 협상할 필요 없이 제3자인 전문 중재기관의 그것을 따르면 되므로 편리하고 객관적이며 의견대립도 피할 수 있는 장점이 있다.

중재판정 후 그 집행을 용이하게 하는 두 가지 중요한 조약이 있어 중재의 집행상의 효용을 높이고 있다. 첫째, 중재의 승인 및 집행에 관한 뉴욕협약(New York Convention on Recognition and Enforcement of Arbitral Awards, 뉴욕협약)은 120개 회원국 중 어느 곳에서도 중재판정을 집행하기 쉽게 하기 위한 협약이다. (개별 국가 법원에 의해 자의적으로 혹은 자국 보호를 위해 중재의 승인 및 집행을 방해하는 것을 방지하기 위한 조약으로) 동 협약은 중재판정 내용에 따라 본안(merits)에 대한 국내 법원등의 재심사 등 어떠한 검토도 허용하지 않고 중재판정 내용에 따라 집행함을 원칙으로 규정한다. 또한 그 중재결정에 대한 이의제기 사유(grounds for challenge)도 제한하고 있어 중재판정 집행의 실효성을 소송 대비 높여 주는 효과가 있는 조약이다.[384] 우리나라를 포함 대부분의 국가가 가입하고 있고, 개발도상국의 경우에도 가입하고 있어 실효성이 큰 조약이다.

반면 워싱턴 협약(Washington Convention)은 ICSID(국제투자분쟁해결센터)의 최종 판정의 집행을 관할하며, ICSID 회원국인 국가들이 자국 최고 법원의 최종 판단인 것처럼 ICSID 결정(award)을 집행하도록 요구하고 있다.[385] 이 협약도 많은 국가들이 가입하여 해외투자에 대한 보호측면에서 실효성 있는 분쟁해결 및 구제책으로 활용성이 높아지고 있다.

(3) 국제소송과 그 한계 International litigation and its limitations

소송(Litigation, suit)은 한 국가의 법원 시스템, 절차 규칙(procedural rules) 및 그 법률과 규정을 이용하여 분쟁을 해결하는 분쟁 해결 방법이다. 국제 프로젝트에서 발주국 법원 시스템은 종종 주요 프로젝트 자금 조달에서

---

384) Niehuss (2015), 342면.
385) Niehuss (2015), 342면.

발생하는 분쟁을 해결하기 위해 소송을 활용하는데 당사자가 프로젝트 참가자들을 망설이게 하는 부정적 특성을 가지고 있다. 다수의 외국인 투자자들은 국내 법 체계의 부적절함(inadequacies in the local legal system), 국내 편향(local bias)에 대한 두려움 또는 국내 법원 판사들이 때때로 복잡한 국제 프로젝트 자금 조달에 필요한 전문 기술적 전문성이 부족(specialized technical expertise)할 수 있다는 우려 때문에 법원에 의한 소송을 통한 분쟁해결을 꺼리게 된다.386)

예를 들어 동남아시아나 남미 등에 소재한 개발도상국들 중 하나가 우리나라와 정부간 거래를 원하면서 자국은 소송을 통해 해외투자자들에게 인센티브를 제공한다고 적극적으로 홍보할 수 있다. 그러나 만약 현지 법률가들과 법원 시스템이 후진적이고 국제거래에 대한 경험도 부족한 경우라면, 설사 그 국가가 형식적으로는 해외투자를 위한 법원 절차를 마련하였다 하더라도 함부로 재판관할과 준거법을 그 나라의 것으로 할 수는 없는 것이다. 심지어 국제거래에 대한 경험과 실적인 많은 우리나라의 사법시스템에 대하여도 국제거래에서는 높은 수준의 확신이 없는 상태이다. 따라서 우리나라를 포함하여 선진국들 간의 국제거래에도 우리나라 법원이 아닌 제3국인 싱가포르 내지 미국 뉴욕주를 관한법원으로 정하는 것이 관습적으로 이루어지고 있다.

절차에 대한 통제가 어렵다는 점도 국제소송을 꺼리게 하는 이유이다. 즉, 높은 수준의 비밀유지와 당사자들이 분쟁 절차 규칙을 결정할 수 있도록 허용하는 중재와는 달리, 소송을 하게 되면 국가가 정한 법원 절차 규칙에 따르게 되어 유연성과 당사자의 선택권은 상당히 제한된다. 또한 소송은 비용이 많이 드는 과정인 점도 국제거래에서 소송 활용이 주저되는 실질적 이유이다.

중재가 국제협약에 의해 중재판정의 협약국 내에서의 집행이 용이한 반면, 소송에 의한 판결은 그 내용대로 법정지 외의 국가에서 집행하기 위해서는 상호 집행을 제공하는 조약에 의존할 수 있기 때문에 종종 다른 나라에서 집행하기 어려운 경우도 있을 수 있다.387)

---

386) Niehuss (2015), 342-43면.

마. 국제거래에서 분쟁관련 현황과 대안

전반적으로 국제 인프라 프로젝트 등 국제투자에 관한 분쟁해결로는 소송보다는 중재에 의한 해결이 선호되는 것이 일반적이다. 그러나 국제투자중재에 대한 최근의 경험이나 분석에 의하면, 발주국에서의 소송보다 유리할 수는 있겠지만, 최근 몇 년간 중재활용의 증가로 인한 지연과 비용 증가 문제, 복잡한 국제 금융 거래에서 발생하는 분쟁 해결에 대한 적합성에 의문이 제기되기도 하며, 이러한 부작용으로 인해 현재 중재 시스템에 대한 변경이 필요하다고 주장되기도 한다. 즉 중재에 의한 분쟁해결의 경우도 항상 효과적인 것이 아니며 구체적 사안에 따라 다음과 같은 문제들이 수반될 수 있어 주의를 요한다.

(1) 동일한 사안에 대한 상충하는 중재판정 문제

국제 투자 분쟁에 대하여는 소위 판정의 통일성 저해 문제가 자주 문제되어 왔다. 국제 프로젝트 파이낸싱에서, 동일 프로젝트에 대하여 서로 다른 중재지에서 다른 중재판정부에 의해 다른 절차와 형식으로 진행되는 한편 동일한 사실적 상황에서 상반된 중재판정을 하는 사례가 발생하여 결국 분쟁해결 수단으로서의 중재의 신뢰성과 예측가능성에 의문을 제기하는 경우가 종종 발생하고 있다. 소송과 달리 중재는 일반적으로 복수의 청구를 병합하거나 조정할 절차규범이 미흡하여, 각 중재판정부는 다른 사건 중재판정부의 결정이나 절차 진행에 구속되지 않고 독립된 판정을 내릴 수 있다는 점에 기인하는 문제이다. 따라서 동일한 사안 또는 분쟁에 대해 각기 다른 중재판정이 나올 가능성이 이다.

인프라 프로젝트 관련 분쟁은 아니지만, 동일·유사 사안에 대하여 상충하는 중재판정의 사례로 다음과 같은 경우가 있어 소개한다.

---

387) Niehuss (2015), 343면.

> **상충되는 중재판정 사례 - auder/CME v. Czech 사건[388]**
>
> Lauder/CME v. Czech 사건에서 미국 국적의 Lauder사는 자신이 지분을 가진 네덜란드의 CME라는 회사를 통하여, 체코의 방송회사 CNTS에 지분매입 방식으로 투자하였다. 이후 체코 정부 당국의 조치로 CNTS에 대한 투자가 손실을 입자 Lauder는 미국-체코 BIT(BILATERAL INVESTMENT TREATIES)에 근거하여 중재를 제기하였다 (이하 "Lauder 사건").[389] 한편 6개월 후에 CME는 네덜란드-체코 BIT에 근거하여 동일한 조치를 문제 삼아 중재를 제기하였고 Lauder 사건과 전혀 다른 중재판정부가 구성(CME 사건) 되었다.[390]
> 두 사건의 중재판정부 판정에서 Lauder와 CME가 체코 정부 당국에 의해 차별대우를 받은 점에 대해서는 동일한 판단을 하였다. 그러나 나머지 청구(수용금지 위반, 공정하고 공평한 대우 위반 등)에 관하여 Lauder 사건 중재판정부는 청구를 모두 기각한 반면, CME 사건의 판정부는 청구를 대부분 인용하였다. 배상 금액에 있어서도 CME사건 중재판정부는 체코에게 2억 7천만 달러를 지급하라고 판정한 반면, Lauder사건 중재판정부는 아무런 금전 배상을 명하지 않았다.

(2) 선례 및 항소의 제한성 문제

소송에 있어서 재판부는 법률 규정을 엄격히 적용하고 선행하는 판례의 내용을 존중하지만, 중재 재판부의 의사 결정을 반드시 법에 근거하여야 하는 것도 아니고, 선례에 의해 구속되지도 않는다. 즉, 국제 중재에는 선례구속의 원칙(doctrine of stare decisis)의 원칙이 적용되지 않는데, 이는 중재 재판소가 유사한 문제에 대해 이전의 사건에서 이루어졌을 수 있는 어떠한 사전 해석에도 구속되지 않고 결정할 수 있음을 의미한다. 또한 중재판정상의

---

388) 이재우 "국제투자중재에서 주주투자자의 청구권 규율" 국제거래와 법 29 (2020), 84면; 신희택 "국제분쟁해결의 맥락에서 본 국제투자중재 ICSID 협약에 의한 투자협정중재를 중심으로" 서울대학교 법학 55.2 pp.193-236 (2014) : 193. 전체적인 내용은 이재우 (2020)에 기반을 두어 설명하였다.

389) Ronald S. Lauder v. The Czech Republic, UNCITRAL, Award, September 3, 2001.

390) CME Czech Republic B.V. v. The Czech Republic, UNCITRAL, Award, September 13, 2001.

심각한 결함이 있는 특별한 경우가 아니라면 중재판정은 확정적 효력이 있어 소송처럼 본안에 대한 상고가 인정되지 않아 결과적으로 불복하는 방법이 없다.391) 따라서 국제중재에 대하여는 합리적이고 규범이나 선례에 형식적으로 구속되지 않는 유연성이 있는 반면 결정이 일방 당사자게 불리하게 나오게 되는 예측불가능성이 높다.

(3) 과다한 비용 및 시간

국제중재의 이점 중 하나는 소송과 비교할 때 분쟁 해결 방법이 더 빠르고 비용이 덜 든다는 것이다. 많은 경우 사실이지만, 최근에는 국제 중재가 소송절차상 증거조사(discovery) 및 관할 및 절차적 문제를 소송과 유사한 정도로 강조하는 경향이 있어 중재의 비용 및 시간적 이점은 축소되는 경향이 있다. 예를 들어, 수백만 달러의 법률 비용을 감수하며 중재가 지속된 사례가 있다.392)

한편, 국내 소송 대비 국제 소송이나 중재에 참여하게 되는 변호사는 그만큼 전문적이고 고액의 수임료를 받는 경우가 많아 중재비용 상승의 요인이 되고 있다. 또한 중재지가 싱가포르, 뉴욕, 런던 등 경제금융중심지인 경우가 많아 체류비용, 변호사비용 등 전체적인 절차비용 면에서는 국제중재가 일반소송보다 저렴하다고 단정하기는 어려운 게 사실이다.

(4) 참가(JOINDER) 및 병합(Consolidation)의 제한성

국제중재에 대한 제도적 통계에 따르면, 복수의 당사자와 복수의 계약이 관련된 분쟁의 수가 상당히 증가했다. 2019년 국제상공회의소(ICC) 분쟁해결 통계(2019 International Chamber of Commerce ("ICC") Dispute Resolution Statistics)에 따르면 2019년에 접수된 사건에 관련된 2,498명의 당사자 중 약 3분의 1이 복수의 당사자(31%) 사건이었으며, 이 중 다수(59%)가 복수의 피신청인, 24%가 복수의 청구인 및 피신청인과 관련된

---

391) Niehuss (2015), pp. 346-47.
392) Niehuss (2015), p. 348.

사건이었다. 대부분의 다수당사자 사건은 3~5명(다수당사자 사건의 87%)이 관련되었지만, 6~10명이 관련된 사건은 다수당사자 사건의 11%, 10~30명이 참여한 3건, 100명이 참여한 건도 2건이 있었다 한다.[393]

위와 같은 다수 당사자간 복수의 계약 및 분쟁이 발생할 가능성이 높음을 고려할 때, 특정 계약에 대한 분쟁해결은 다른 프로젝트 계약에도 영향을 미치게 된다. 그리고 동일한 사실 상황에서 서로 다른 당사자와의 계약(same fact situation but under different contracts with different parties)에 따라 두 개의 분리된 분쟁 절차가 개시될 수 있다. 이런 경우 프로젝트 분쟁 해결 방안이 최종적으로 성공하려면 그 결정은 포괄적인 해결을 제시하여야 하는데, 이를 위해 당사자들이 중재절차에 참가(joinder)하거나 절차를 병합(Consolidation)하는 것이 바람직하다.

그런데 대부분 국가의 사법절차는 소송참가나 청구의 병합을 강제하거나 혹은 법원의 결정에 의해 허용하는 절차가 있는 반면, 중재는 당사자의 동의에 의존하는 절차이기 때문에 일반적으로 모든 당사자의 동의 없이는 참가나 병합이 허용되지 않는다. 참가나 병합에 제한되는 중재의 특성은 다수 당사자가 다수의 계약을 체결하는 인프라 프로젝트에 관련된 분쟁을 해결하려고 할 때 중재를 활용하는 데 큰 단점이 될 수 있다.

---

393) Smitha Menon, Charles Tian, Joinder and Consolidation Provisions under 2021 ICC Arbitration Rules: Enhancing Efficiency and Flexibility for Resolving Complex Disputes, Kluwer Arbitration Blog (Jan 3, 2021). (at https://arbitrationblog.kluwerarbitration.com/2021/01/03/joinder-and-consolidation-provisions-under-2021-icc-arbitration-rules-enhancing-efficiency-and-flexibility-for-resolving-complex-disputes/)

단일 중재 계약(multi-party or multi-contract arbitration agreement)

프로젝트 분쟁과 관련하여 모든 당사자가 참여 및 통합에 동의하는 프로젝트 참여자가 체결하는 단일 중재 합의는 일반적으로 다당사자 또는 다중 계약 중재 합의(multi-party or multi-contract arbitration agreement))라고 알려져 있다. 이러한 약정을 통해 프로젝트에 참여하는 여러 당사자가 서로 별도의 계약이나 합의를 맺을 수 있으며, 단일 중재 절차를 통해 분쟁을 해결할 수 있게 된다. 다음은 프로젝트 분쟁과 관련된 다자간 중재 계약의 샘플 조항이다.

> "Any dispute, controversy, or claim arising out of or relating to the project, including but not limited to any breach, termination, interpretation, or validity of this agreement, or any other agreement or document executed in connection with the project, shall be settled by arbitration. The arbitration shall be conducted in accordance with the rules of [name of arbitration institution or rules].
> All parties involved in the project, whether as signatories to this agreement or as parties to any other related contracts or agreements, agree to join and consolidate their respective claims and counterclaims in a single arbitration proceeding. The arbitration shall take place in [city, country] and the language of the arbitration shall be [specify language].
> The award rendered by the arbitrator(s) shall be final and binding upon all parties involved in the project, and judgment upon the award may be entered in any court having jurisdiction thereof."

한편, 2012년에 발표된 최근 ICC 중재규칙들도 다자간 중재절차(multi-party proceedings) 및 복수의 중재를 병합(consolidation of multiple arbitrations)하기 위한 절차를 마련함으로써 이 문제를 해결하고 있다.[394] 국제 거래와 통상활동이 점점 더 복잡해지는 특성을 고려할 때 이것은 놀라운 일이 아니며, 정부간 거래 방식으로 진행될 인프라 수출에서도 활용도가 높은 방법이 될 것이다.

---

394) Niehuss (2015), pp. 348-49.

(5) 중재금지 가처분 남용 문제

발주국 법원(host country court)이 정부(government)나 다른 국내 당사자(local party)가 프로젝트 계약이 무효이거나 집행할 수 없다는 주장에 대해 발주국 법원에 의한 사법적 검토를 요청할 수 있도록 중재를 지연 혹은 금지하는 명령(injunction to delay or block arbitration)을 내릴 수 있다. 내국 법원은 또한 프로젝트가 발주국에서 정치적 논란이 되거나 혹은 부패 혐의 등이 있는 경우 중재 금지 명령을 내리는 경향이 있을 수 있다.395) 이러한 경향은 특히 발주국 정부가 해외투자보호 보다는 자국산업의 보호를 원하는 경우 혹은 프로젝트에 부패나 권력남용이 관여한 후 정권교체가 되어 신 정권이 과거 프로젝트를 부인하고자 하는 경우 발생할 수 있다. 외국인 투자자가 분쟁 해결을 위해 중재를 시도한 몇몇 프로젝트에서, 내국 법원이 중재 금지 명령의 사용을 통해 궁극적으로 해외투자자의 중재를 방해 혹은 좌절시키는 사례가 종종 있었다. 중재에 대한 법원의 적대적 태도와 그에 따른 법원의 결정들로 인해 해외투자자의 해외투자 및 권리 보호에 확신을 가질 수 없게 되며 이는 결과적으로 적극적인 해외투자의 장애요소가 된다.

법원에 의한 중재집행의 부인 경향은 정부간 거래에 있어서도 상당히 문제가 될 수 있다. 정부간 거래 대상이 되는 방산물자나 인프라 수출은 많은 경우 여론의 관심을 끌기 좋은 대상이고, 또한 개발도상국 등에서 부패나 지역 커뮤니티와 대립되는 경우도 있을 수 있어 특히 문제된다. 정부간 거래에 대하여 보장하더라도 정권교체 후 이전 정권의 문제를 공격하기 위해서 법원이 정치적 판단을 하는 경우도 문제가 될 수 있다. 따라서 프로젝트의 개발 단계에서부터 현지국 법원의 태도나 선례, 정부의 신뢰성, 로컬 시민단체 등의 경향 등을 충분히 심층적으로 파악하고 이에 대한 대응방안등을 충분히 고려하고, 또한 프로젝트 진행중에도 계속 모니터링 해야 할 문제가 된다.

---

395) Niehuss (2015), pp. 350.

(6) 중재 결정의 확정성과 집행의 실질적 제한

국제 프로젝트 금융 관련 분쟁을 해결하기 위해 국제투자중재를 활용하는 두 가지 이점은 (1) 국내 법원 또는 ICSID 무효화 절차(ICSID annulment proceeding)에서의 항변 사유를 제한적으로 규정하여 중재 결정의 조기에 확정시키고 (2) 뉴욕 또는 워싱턴 협약을 사용하는 것 최종 시상의 집행을 용이하게 할 수 있다. 그런데, 실제로는 중재 판결의 확정성과 집행(finality and enforcement)에 대한 항변 절차가 실제로 허용되고 또 장기간이 그에 소요되고, 국가가 손해 배상 책임이 있다고 판단되었을 때 발주국 정부가 신속하게 지불하지도 않는 경우도 있고, 정부 자산에 대한 집행이 사실상 어려울 수 있다.[396]

---

396) Niehuss (2015), pp. 351-52.

05
정부간 계약서

1. 국제 계약일반론

가. 국제계약서

계약서는 권리 및 의무를 발생·변경·소멸을 꾀하는 것이므로, 육하원칙에 따라 정확·간결·평이·명료하게 작성되어야 한다. 또한 계약서는 역사적 사실을 모두 나열하는 것이 아니므로, 당사자가 누구이며, 또한 어떠한 법률관계가 어떻게 이루어져 어떻게 이행될 것인가에 관하여, 요점이 되는 사실만을 어법에 맞게 그리고 법률용어 및 거래상 명확하게 확정된 용어를 사용하여 작성되어야 하는 것이다.

국제거래실무나 관례는 상업적 국제계약 혹은 규모 있는 국제계약을 체결할 때에는 대부분 정형화된 형식을 갖춘 서명(signature)에 의한 서면 계약서(written contract)를 작성하는 바, 입증을 용이하게 하고 당사자의 책임을 명확히 판단할 수 있도록 하기 위함이다.

영문 계약서의 형식은 보통 편지식(letter agreement)과 표준식(form agreement)으로 구분된다. (1) 편지식 계약은 두 당사자간에 간단한 내용의 계약을 체결할 경우에 많이 이용되는 옛날 방식 계약이며, (2) 표준식은 현대 대부분의 계약서가 취하는 형식으로 계약당사자의 수가 많은 경우나 계약내용이 복잡한 경우에도 사용된다.

계약을 지칭하는 용어, 즉 'contract', 'agreement', 'memorandum', 'letter of intent', 또는 'side letter' 등 어떠한 標題를 취하든, 서명 등에 의하여 그 내용에 관한 당사자간 합의가 인정되고, 영미법에 근거한 계약인 경우엔 (consideration, 계약자간의 가치의 교환)의 존재가 증명되면 구속력 (binding) 있는 유효한(valid) 계약이 성립됨이 원칙이다.

나. 국제계약 작성

(1) 계약작성시 유의점

영문국제계약서는 문서형식뿐만 아니라 표현방식과 사용되는 용어 및 문장도 매우 정형화되 어 있다. 정형화된 형식에 맞추어 작성하되 동시에 명확하고 구체적이며 상세하고 또한 가능한 한 쉽고 평이하게 표현되어야 한다.[397]

영문계약서 작성시 갖추어야 할 점을 살펴보면 다음과 같다.

① 각 조항의 내용 및 계약서 전체가 통일적이며 체계적이어야 하며 내용에 서로 어긋남이 없어야 한다.
② 계약당사자는 물론 제3자가 계약서 내용 중 어떠한 사항을 확인하고자 할 때에는 계약서의 표제와 목차 그리고 찾아보기 등에 의하여 용이하게 파악할 수 있도록 구성되어야 한다.
③ 어떠한 사항을 규정하고자 하는 경우 한 곳에서 명확하고 완전하게 규정하여야 하며, 여러 곳에 분산 규정하여 혼란을 초래치 않도록 해야 한다.[398]

---

[397] 영어능력 중 계약을 작성할 수 있을 정도의 능력을 가진다면 얼마나 훌륭하겠는가? 미국인들도 이 부분을 어려워하며 변호사들의 능력도 이에 대한 능력을 중시한다. Contract lawyer란 표현도 흔히 사용한다.
[398] 계약서가 체계적이고 당사자가 원하는 내용을 모두 적절히 반영하기 위해서는 2단계의 계약절차를 거치는 것이 바람직하다. 즉, 당사자가 약정하고자 하는 기본적인 내용을 명확히 포함하는 Terms Sheet을 먼저 작성하여 이에 대해 명확히 합의하고, 나중에 그에 기반하여 법무팀이나 변호사가 Full contract를 작성하여 이를 검토하도록 하는 것이 바람직하다.

④ 사용하는 용어와 문장은 하나의 의미만 갖도록 규정해야 하며, 또한 모든 사람에게 동일하게 해석되는 용어와 표현을 사용하도록 유의해야 한다. 혼돈을 방지하기 위해 계약 초반에 정의(definition)조항을 두어 계약에서 사용되는 의미를 정의하기도 한다.
⑤ 당사자가 합의한 사항을 간단하고(simply) 정확하게(accurately) 표현하여 그 계약서를 이용할 사람들이 분명히 이해할 수 있도록 작성해야 한다.399)

(2) 국제계약서의 구조

계약서의 표제와 두서 그리고 전문으로 구성되는 서두부분과 계약서의 주된 내용인 당사자의 권리. 의무에 관한 사항과 계약자체의 관리에 관한 사항을 규정하는 계약서 본문, 그리고 맺음말과 당사자의 서명 및 날인(seal)을 포함하는 말미부분의 세 부분으로 나누어진다.

이 중 계약서의 본문은 각 조항의 내용에 따라 유사한 내용이 모든 계약서에 거의 공통적으로 들어가는 일반공통조항과 각 계약서 특유의 특수조항으로 구분할 수도 있겠다.

---

399) 영국과 미국에서도 계약서를 비롯한 법률문서가 지나치게 형식적이며 딱딱하고 사용되는 용어와 문장이 전문적이고 너무 어려워 일반인이 이해하기 어려워 평이하게 하려는 운동(plain English movement)이 광범위한 호응을 얻고 있다. 이 운동은 법률가들에게 계약서를 포함한 모든 법률문서를 일상적인 용어를 사용하여 가급적 짧고 간결한 문장으로 쉽게 표현할 것을 요구한다. 특히 전통적으로 사용되어오던 고어와 복합어 그리고 복잡하고 긴 문장의 사용을 억제할 것을 주장한다.

1. 표 제(title of contract: 계약서의 제목)
2. 두 서(Headings)
3. 전 문(Premises): 계약체결 경위의 설명, 약인 문구
   가. 설명 문구(whereas clause; recitals; backgrounds clause)
   나. 약인 문구(consideration wording)
4. 본 문(body)
   가. 주된 계약내용 내지 계약당사자의 권리와 의무에 관한 규정(promises and policies clauses)
   나. 계약 자체의 관리에 관한 규정(housekeeping clauses)
5. 말미문언(testimonial clause)
6. 당사자의 서명. 날인(signature; seal; attest)
7. 첨부문서(annex; appendix; addendum; attachment; exhibit)

(3) 계약서 본문(body)의 구조

계약서 본문의 내용을 효율적으로 정리하여 규정하는 것은 계약서 전체의 작성에 있어서 가장 중요한 사항이다. 계약서 본문을 규정할 때에는 우선 그 대상인 당사자간의 약정사항을 빠짐없이 나열한 후 이들을 내용별로 크게 몇 개의 그룹으로 구분한다. 일반적으로 계약의 내용은 다음과 같이 구성된다.

가. 주된 계약내용 내지 계약당사자의 권리와 의무에 관한 규정(promises and policies clauses)
   (1) 당사자의 권리와 의무 (rights and obligations)
   (2) 당사자의 의무위반과 권리 구제 (breaches and remedies)
나. 계약 자체의 관리에 관한 규정(housekeeping clauses)
   (1) 계약의 효력발생과 종료에 관한 사항
   (2) 계약의 양도, 수정 및 변경에 관한 사항
   (3) 준거법과 분쟁해결방법 등에 관한 사항
   (4) 통지방법에 관한 사항 등

본문은 세부내용에 따라 조와 항 등으로 구분하게 되는데, 주의할 점은 계약내용의 이해를 쉽게 하는 동시에 혼동을 방지하기 위하여 동일한 사항은 반드시 같은 조항 중에 규정하여야 한다. 예를 들면, 예외규정은 반드시 원칙규정과 같은 곳에 규정하여야 하며, 만약 예외적인 사항이 많은 경우에는 별도의 section이나 subsection으로 분리할 수 있으나, 이 경우에도 원칙규정과 인접한 곳에 둠으로써 해석상의 혼란을 방지할 수 있다.

마지막으로 각 조항을 순서에 따라 배열하는데, 일반적으로 많이 사용되는 배열의 기준은 다음과 같다.

① 시간적으로 먼저 발생하는 사항을 앞에 둔다.
② 발생을 기대하는 사항을 앞에, 발생하지 않을 것을 바라는 사항을 뒤에 둔다.
③ 초안을 작성하는 당사자의 입장에서 중요한 사항을 앞에, 덜 중요한 사항을 뒤에 둔다.
④ 초안을 작성하는 당사자에게 유리한 사항을 뒤에 둔다.
⑤ 원칙규정을 앞에, 예외규정을 뒤에 둔다. 다만, 예외적 사항이 매우 중요한 것으로서 원칙규정을 크게 제한하고 있을 때에는 예외규정을 앞에 두고 원칙규정을 뒤에 둘 수도 있다.
⑥ 조건이나 정책에 관한 규정보다 약정사항을 앞에 둔다.
⑦ 계약의 내용을 이루는 일부사항이 독립한 하나의 문서이면서 동시에 그 내용이 많은 경우에는 첨부서류(attachment)나 예시서류(exhibit) 또는 인용에 의한 첨부(incorporation by reference)의 방법으로 계약의 일부를 구성토록 한다.

2. G2G 계약서

KOTRA는 정부간 거래를 지원하기 위하여 구매국과는 수출계약을 체결하고 수출기업과는 이행약정을 체결하게 된다. 수출계약 및 이행약정의 구체적인 내용은 거래에 따라 그리고 구매국과 수출기업의 요구사항등에 따라 다를 것이다.

미국의 경우처럼 전술한 표준적인 계약 양식인 LOA(Letter of Offer and Acceptance)이 존재하고 그 약관이 표준적으로 정해져 있으므로 구매국은 이에 따라야 한다. 그러나, 우리나라의 경우엔 아직 G2G 거래에 대하여 준수되어야 할 표준계약이 존재하지는 않는다. 향후 거래가 활성화되는 경우 한국형 LOA 등을 만드는 것도 예상해 볼 수 있을 것이다.

G2G 수출계약의 경우 구매국이 요구하는 초안인 경우와 우리 정부측이 초안을 만들어 제시하는 경우가 있을 수 있겠다. 일반적으로 국제계약의 초안(draft)를 작성하는 자가 계약 조건 협상에 대한 주도권을 가져가게 되므로, 능동적으로 우리 정부측의 계약안을 거래에 맞게 미리 준비하는 것이 중요할 것이다. 한편, 계약 내용은 국제 거래에 대한 이해도가 높고 동시에 국제계약의 작성 등에 능통한 법률전문가 등에 의해 작성되고 구매국과 협상되어야 할 것이다.

G2G 거래는 기본적으로 수출기업을 위하여 정부가 계약을 하는 것이므로, 수출기업과의 이행약정을 통해 수출계약상 정부가 구매국에 부담하는 의무를 수출기업에게 잘 전가 내지 구상할 수 있도록 작성해야 할 것이다.

G2G 수출계약서에 들어가는 기본적인 내용은 계약에 따라 다를 수있을 것이다. 일반적으로는 국제 대형 물자거래에 포함되는 기본적인 계약 내용들의 예시는 다음과 같을 것이다.

- 용어의 정의 및 해석 (Definition & Interpretation)
- 계약기간 (Terms)
- 계약금액 및 지급방법 (Price & Terms of Payment)
- 각 당사자들의 의무사항 (Obligations of the Parties)
- 불가항력 (Force Majeure)
- 수출물품의 인도 (Delivery of oods)
- 물품에 대한 소유권 및 위험의 이전 (Transfer of title and risk to goods)
- 선수금, 계약이행보증 (Advance payments and performance bonds)
- 하자보증(Warranty)
- 비밀유지(Confidentiality)
- 계약의 해제 또는 해지(Cancellation or termination of the Agreement)
- 손해배상(손해배상의 예정) (Damages Liquidated damage)
- 지식재산권 (Intellectual Property)
- 준거법(Choice of Law)
- 분쟁해결(Dispute resolution
- 통지(Comunications)
- 면책 및 배상 (Indemnity)
- 사용제한 (Limitation of Use)
- 테스트 절차 (Test procedures)

PART 6

G2G 거래에 대한 금융지원

01
G2G 거래 금융지원 검토배경

1. 개설 Introduction

본서는 원래 G2G 거래에 대한 설명을 주로 다루고 있으나, 대형 수출거래에 대하여는 필연적으로 수반되는 문제인 정책금융 지원 문제도 거래의 성공적인 수주에는 중요하기 때문에 이를 다루고자 한다.

방산물자 수출과 공공 인프라 수출은 특별히 WTO 규범등으로부터 예외로 취급되어 상대적으로 규제가 완화된 분야이며, 또한 우리와 경쟁하게 되는 주요 국가들도 자국의 국가이익 측면에서 G2G거래로 지원하는 것과 별도로 또는 함께 구매국에게 파격적인 "금융 지원"을 하는 분야이다.[400] 즉, 방산수출의 경우 국가안보협력관계 확보라는 첨예한 이해관계가 달려 있고 공공 인프라 수출도 그 수주 여부가 장기적인 국가 경쟁력과 관련되는 분야이기 때문에

---

400) 우리나라 방산수출 규모가 급격히 증가하고 있고 향후 공공 인프라 부문 수출도 늘어남에 따라 향후 방산수출 금융 분야도 급격히 수요가 늘어날 것이 예상되므로 그에 부응하기 위한 연구 내지 설명서가 필요하게 되었다. 그런데 정부간 거래의 주 대상인 "방산, 공공 인프라 수출" (이하 "방산수출 등"이라 함)에 대한 금융지원 방안에 대한 기존의 연구는 전 세계적으로 매우 적으며 우리나라에서는 특히 그러하다. 따라서 본서에서는 기존 연구에 기반을 둔 내용 소개의 부분은 상당히 제한적이며 이하 설명하는 많은 부분에서 집필진의 국제 물품매매거래 및 국제 프로젝트 거래와 관련된 실무 경험과 이론서 등의 지식 내용에 기반하여 예상을 통해 설명하는 부분이 많을 것이다. 따라서 이하 내용에 대한 미세한 오류나 과한 추상성이 우려되기도 한다. 제도 초기의 학문적 시도라는 측면에서 독자들의 너그러운 양해를 요청한다. 향후 실제 수출이 이루어지고 그 거래 경험을 반영하여 좀 더 실질적인 설명을 보완할 것이다.

치열한 수주전이 일어나기도 하며, 우리도 공격적인 금융지원을 마련해야만 수출기업들이 정상적인 경쟁을 할 수 있는 분야이다.401)

이런 점을 감안하여 본 장은 방산수출 및 공공 인프라 수주 경쟁력 측면에서 금융 문제를 다루게 되며, 특히 방산물자 수출 분야를 중심으로 논의한다. 공공 인프라 부분은 이미 우리나라의 해외 건설 및 플랜트 수출, 인프라 건설 및 운영 등 경험이 많은 분야이고 그에 대한 연구나 지식을 포함하고 있는 참고할만한 자료들이 많다. 그러나 방산수출의 증가는 비교적 최근의 경향이고, 또한 금융지원 부분도 여러 가지 이유로 제한적이었으므로 이에 대한 내용 파악과 특징적인 쟁점들을 소개하고 논의하는 자료는 많지 않다. 따라서 본 장의 내용은 주로 방산물자 수출에 대한 금융지원을 주로 다루게 될 것이다.

이하 본 장에서는 방산수출 대금결제를 어떻게 선택하여 그 결제방식 기초 위에서 방위산업 수출에 필요한 자금 조달을 적절할 할 수 있는지에 대한 검토를 하는 방식이 상당히 유용하므로 그런 방식을 취하도록 한다. 일반적인 국제 상품 거래에 대한 무역금융에 대하여는 신용장과 추심등 결제방식을 설명하고 그 결제수단에 부합하게 지원 가능한 무역금융을 설명하는 것이 일반적인 바, 그러한 설명 방식도 방산수출 금융에 있어서도 유용할 것이기 때문이다.

---

401) 방산수출 및 공공 인프라 수출 모두 WTO 등 국제규범에서 예외적으로 취급되는 분야로 정부의 적극적 지원이 허용되는 분야이고 다수의 경쟁국들도 파격적이고 경쟁적인 금융지원을 하고 있다. 우리도 산업대비 정책금융 지원을 더 많이 하고 더 높은 수준의 지원을 해야만 한다. "Leveling playing field"를 위햇 전폭적인 금융지원은 필요조건이 아니라 필수조건이 되고 있다는 점은 금융지원제도의 설명에 대해 항상 고려하여야 할 요소이다.

가. 정부간 거래에 대한 금융지원 : 일반성과 특수성

정부간 거래에 의하여 방산물자 수출을 효과적으로 지원하려면 그 대상거래에 적절한 대금결제(payment) 방법 및 경쟁력 있는 방산수출금융 (defense export financing)을 지원하는 방안도 함께 강구되어야 한다. 방산물자 수출시장의 특성상 소수의 국가들만이 충분한 기술력과 자금력을 바탕으로 방산물자를 타국에 수출할 능력이 되는데, 우리나라는 비교적 최근에서야 그런 소수 방산 선진국들의 첨예한 경쟁이 있는 방산물자 시장에 본격적인 진출을 추진하고 있다.

치열한 방산수출 경쟁과 어려움을 극복하고 "신성장동력"이 될 정도의 규모로 방산수출산업을 육성하려면, 점점 대형화되는 방산수출에 적절한 금융지원이 필수적이다. 한편 우리 수출기업은 안전한 선진국 뿐만 아니라 어떤 경우에는 고위험을 감수하면서도 개발도상국에 대한 수출 까지도 감행해야 하는 것이 현실이다.

문제는 G2G 거래에 대한 금융지원이 필요한 반면, 정책금융기관이나 일반상업은행은 일반적으로 보수적인 접근을 하기 때문에 거래의 확실성, 관련 리스크 평가, 구매국 정부의 신뢰성 등 신중하게 접근하며 어떤 경우 G2G 거래에 대한 금융지원이 되지 않는 경우도 발생할 수 있다.

현실적으로 우리나라의 금융업계는 방산수출에 대한 금융 지원 경험은 고사하고 방산수출 산업에 대한 이해도 일천한 상황이다. 따라서 방산수출에 대해 필요한 금융방안을 검토하고 수반되는 불확실성과 위험을 어떻게 극복하고 충분한 금융을 지원할 것인가에 대한 대책 강구가 필요하다.

특히 해외 경쟁국가들은 이미 오래전부터 방산수출에 대한 파격적인 금융지원을 해오고 있어서 우리도 조속히 비슷한 수준의 지원체계를 갖춰 수출기업들이 경쟁할 수 있는 금융환경을 제공해야 한다.

> 예를 들어 미국의 경우 FMS 내지 FMF 지원시 미국과 긴밀한 우방국(예컨대 이스라엘, 터키 등)의 경우에는 보조금 지원, 금융편의 제공, 대부분의 방산물자 구매시 우선순위 배정 등 조치를 취하는 반면 우방국으로 수출되더라도 그 물자가 적성국 관계에 있는 국가(예컨대 러시아 등)으로 우회 수출이나 전용이 되지 않도록 엄격한 관리를 하고 있다. 한편, 프랑스의 경우에는 ECA인 Coface 내에 일반금융지원과는 별도의 조직을 두어 방산물자 수출에 대한 각종 수출신용 지원을 하고 있으며, 그 구체적인 내용은 외부로의 누출 등을 엄격히 통제하고 있다.[402]

(1) 방산물자 수출에 대한 고려

방산 수출에는 군사 장비, 기술 또는 서비스를 다른 국가에 판매하는 것이 포함되는 바, 방산물자의 생산비용이나 판매 후 수익성은 매우 높을 수 있지만 생산 및 운송 및 관리 비용이 매우 비쌀 수 있다. 따라서 방산물자의 생산, 조달, 운송, 사용, 사후 관리 등 방산물자의 전 생애에 있어서 많은 자금이 소요되게 되며 따라서 방산수출 거래에 대한 금융방안은 방위산업 수출의 중요한 측면이라 할 수 있다.

방산물자를 구매(조달)하는 구매국 입장에서 매우 필수적인 물자인 경우이고 또한 후속군수지원(Subsequent Logistics Support , (SLS)까지 연계되어 사업이 장기간 이행되고 관리되는 활동이기 때문에 구매국이 함부로 대금지급을 지연하거나 혹은 지급 거절 등 거래 분쟁을 일으킬 소지는 매우 적은 편이다. 즉, 방산수출에 대한 금융지원에서도 방산수출 거래의 안전성과

---

402) 필자 중 한명은 무역보험공사 재직 중이었던 2000년대 초반에 IT를 활용한 신용조사 및 보험인수 업무 자동화 목적으로 프랑스 Coface를 방문한 적이 있다. 이때 이미 Coface의 경우 방산물자등 중요 국가이익과 관련된 분야에 대하여는 엄격한 조직을 통해 별도로 운영되고 있음을 간략히 전해 들을 수 있었다. 당시 우리나라는 미국으로부터의 주요 방산 수입국이었고 방산수출 분야에 대하여는 인지하지 못한 상태에서 흘려들었었는데, 현재 우리나라에서 방산수출 등에 대하여 연구하고 있음은 격세지감을 느끼며 한세대도 되지 않아 급격히 발전하는 방산수출과 금융지원 문제에 대한 연구 필요성을 더욱 절감하게 된다.

위험관리가 중요한 요소인데, 방산 거래의 전체적인 리스크는 일반적인 인프라 수출 프로젝트나 기타 플랜트 수출 프로젝트보다 금융기관이나 투자기업들이 감수해야 할 위험은 낮다고 보는 것이 타당하다. 단지 금융기관에게 방산수출 분야의 실제나 거래 관행이 낯선 분야일 뿐 위험관리 측면에선 신용위험은 낮은 편이고 정치적 위험에 집중하면 되는 분야이다.

(2) 비방산물자 수출에 대한 고려

비 방산물자 수출, 즉 인프라 수출 및 에너지 중 원전수출 등이 G2G 거래지원과 함께 금융지원도 필요한 분야이다. 인프라 수출에 있어서는 매우 다양한 분야에서 이미 우리나라 정책금융기관이 상업은행들이 지원 경험을 갖추고 있어 G2G 거래라는 특수한 상황 변수만을 반영하여 지원하면 될 것으로 예상된다.

한편, 에너지 사업의 하위 분야인 원자력발전소 수출(원전수출)의 경우도 에너지 분야 프로젝트 파이낸스나 구조화 금융 등을 활용하여 지원하는 것과 유사하게 원전 수출의 특수한 문제들을 감안하여 지원하게 될 것이다. 다만, 원전수출은 다루는 대상이 원자력으로 기술적으로 고도의 거래위험이 수반되고, 무기화, 정치적 갈등, 환경오염 등 심각한 쟁점들이 발생할 수 있고, 따라서 전세계적으로 국제규범에 의하여 매우 높은 수준으로 규율되고 또 규율이 필요한 분야이다.

다만 구매국과 공급국간 정부 단계에서 충분한 협의가 필수적인 문제라서 본서가 주로 다루는 상업적(commercial) 혹은 금융적(financial) 문제를 넘어서는 문제가 많은 분야이다. 따라서 본서가 다루는 상업적 문제인 정부간 계약의 체결 및 관리의 문제나 수출금융 지원 문제인 점을 감안하여, 본서는 원전수출에 대한 분야의 특수한 문제는 정부의 정책적 판단 분야로서 제외하고, 타 프로젝트와 공통적으로 문제되는 것 정도로만 다루고자 한다.

(3) 안보경제협력 관계 고려

한 가지 추가적으로 고려할 사항이 있는 바, 방산수출이나 원전수출의 문제는 우리나라의 경제안보협력 문제와 밀접한 관련이 있는 분야인 점은 분명히 짚고 넘어가야 한다. 따라서 본장의 정부간 금융에 있어서도 단순히 상업적, 금융적 요인을 우선할 것이 아니라, 구매국과 우리나라간 협력 내지 우방관계 고려가 매우 중요한 요소가 될 것이고, 그만큼 그 부분에 대한 조직적, 인원적 지원 체계를 마련하는 것이 중요하다는 점을 강조한다.

원전 수출의 문제는 거의 방산 수출과 유사할 정도로 높은 수준의 특수성을 인정하여 정부차원에서도 금융지원을 위해서는 특별계정 등에 의해 재원을 확보하고 그 금융지원 우선순위도 안보협력관계를 고려한 보다 큰 틀의 정책적 지침이 있어야 하고 그에 따라 지원되어야 할 것이다. 이런 방산 및 원전에 대한 특수한 고려 필요성은 단지 이론에 근거한 기우는 아니며 다음의 예시처럼 선진 방산국가에서도 중요하고 특별하게 다루어지고 있다.

나. 무역금융의 일반적 내용

(1) 무역금융의 발전 배경

무역 금융은 국제금융(international finance)에서도 가장 오래되고 기본 내용을 구성하는 금융분야이다. 국제 통상거래나 상업거래가 시작된 초기부터 상인(merchants)과 기업(firms)은 그 당시로서는 대형거래인 국제 상업 거래에 필요한 자금을 조달하기 위해 많은 운전자본(working capital)이 필요했고, 장거리 무역에 수반되는 위험(risks involved in long-distance trade)을 줄일 수 있는 방법을 모색하는 과정에서 무역금융의 세부적인 내용들이 발전해 왔다.[403]

---

[403] Olivier Accominotti and Stefano Ugolini, International Trade Finance From the Origins to the Present: Market Structures, Regulation, and Governance (2019)

국제 무역에 참여하려면 비교적 짧은 기간 동안 상당한 금액(substantial amounts)의 자본을 투입하여야 하고, 수출업체와 수입업체 모두 상당한 투자위험을 감수해야 한다. 무역 금융은 기업이 국제 활동에 자금을 조달하거나 국제 무역과 관련된 위험을 줄이기 위해 자본을 확보할 수 있는 모든 수단과 방법을 포괄적으로 의미한다.

국제무역을 본격적으로 주도하면서 은행과 투자를 통한 기업활동의 개념을 발전시킨 네덜란드와 영국을 중심으로 현대적인 국제무역과 그에 대한 금융 지원이 이루어지게 된다. 화환어음(bill of exchange)을 활용하여 국제 대금결제를 하고, 은행이 신용을 제공하는 신용장(letter of credit)을 활용하여 대금결제위험을 완화하고 은행이 신용을 제공하는 것, 수출보험(export credit insurance) 등을 통해 국가가 지원하여 수출기업의 대금미회수 위험을 보호하는 것등 다양한 무역금융 방법은 영국 및 미국을 중심으로 발전하게 된 것이다.

현대에 와서 아시아지역의 국가들인 우리나라, 일본, 중국, 베트남 등이 국제무역에서 중요한 거래자로 나서고 있고 따라서 무역금융도 아시아 지역 국가들에서 많이 발전하게 되었다. 물론 무역금융의 기본적인 기법이나 규범 체계는 영국의 법과 은행들이 만든 체계를 이용하고 있으나, 우리나라에서도 무역금융은 은행의 기본적인 기업금융 상품으로 활용되고 있다.

(2) 무역금융의 현대적 활용

이론적으로나 실무적으로 무역금융은 크게 (1) 은행이 금융상품으로서 제공하는 국제 무역 자금 조달 혹은 신용 공여(일반적으로 "bank-intermediated trade finance"이라고 칭함)과 (2) 수출입 기업 자체에 의한 자금 조달 혹은 신용공여(일반적으로 "기업 간 무역 신용"이라고 함)을 구분하여 이해할 수 있다.[404] 한편, 공통적으로 국가적 측면에서 무역을 지원할 필요가 있는 경우 그 은행이나 혹은 수출입 기업에게 수출보험이나 보증을 통해 금융을 지원하는 것도 광의로는 무역금융으로 포함하여 의미하기도 한다.

무역금융은 오랜 전통을 가진 금융상품의 일종이지만 현대에 와서도 많이 활용되는 바, 상품 무역은 지속적으로 이루어지고 있고 그 규모도 커지고 있으므로 수출기업이나 은행들도 그들의 수요만큼 이를 많이 활용하고 있다. 다만, 전통적인 은행 중심의 종이서류 및 은행의 신용 위주의 획일적인 신용장 중심 무역금융 보다는 최근에는 송금방식 거래에 대하여 신용위험을 커버하고 디지털 기반 거래 및 금융 제공으로 변화하고 있다. 여전히 수출입기업과 은행과의 관계에서 수요를 반영한 다음과 같은 무역금융의 하위 방식들이 많이 사용되게 된다.

---

[404] Accominotti & Ugolini (2019)

구분	내용
Import and Export Financing 수출(입) 금융	수출금융은 원자재 구매, 상품 제조, 운송 및 보관과 같은 비용을 충당하기 위한 운전 자본을 제공하고, 은행은 이러한 거래를 지원하기 위해 무역 대출, 송장 금융, 수출 신용과 같은 무역 금융 솔루션을 제공한다. 가장 전형적인 무역금융 형태이다.
Letters of Credit (LCs) 신용장 (금융)	신용장은 신용장은 수입자(구매자)를 대신하여 은행이 수출자(판매자)가 지정된 조건을 충족할 경우 대금 지급을 보증하기 위해 발행하는 지급결제방법이자 금융상품이다. 은행이 수출입 당사자에게 대금지급과 서류확보에 대한 보증을 제공하여 미지급 또는 상품 미인도 위험을 줄이는 장점이 있다. 서류심사 및 고비용의 문제 및 인터넷 기반 정보제공 및 국제 송금결제 등 발전으로 그 활용도는 현저히 줄고 있다.
Documentary Collection 추심(금융)	은행을 통해 선적서류와 대금지급(혹은 환어음인수 후 지급)를 교환하는 것으로, 수출업체가 대금 결제 또는 환어음 수락의 대가로 수입업체의 은행에 서류를 전달하도록 지시하는 결제방식이자, 금융방식이다. 추심은행이 환어음을 매입(negotiation)하거나 인수된 환어음을 시장에서 할인(discount)하는 방식으로 금융이 이루어지기도 한다. 우리나라의 경우 추심거래시 은행이 수출기업의 신용도에 따라 산정한 한도 내에게 매입금융을 제공하는 것이 매우 일반화 되어 있다. 한편, 소위 무신용장 거래로서 신용장 대비 수입자의 신용위험이 높지만 이를 수출보험을 통해 커버하는 경우 은행은 그 보험(보증)부로 추심금융을 제공하기도 한다.
Export Credit Insurance	수출 신용 보험은 해외 구매자의 미지급 위험으로부터 수출업체를 보호하는 보험제도이다. 수출신용기관(ECA)이 이 보험을 제공하여 수출업체가 바이어의 채무 불이행, 정치적 불안정 또는 상업적 분쟁의 위험을 완화할 수 있도록 하며, 수출업체가 무역 금융에 접근하고 수입자와의 거래를 적극적으로 추진할 수 있도록 지원한다. 대부분의 선진국 및 우리나라에서는 직접대출에 의한 금융지원보다는 수출보험을 활용하여 대리스크나 투자리스크를 감소시켜 그 거래에 대하여 은행들이 대출을 적극적으로 하도록 하여 간접적으로 지원하는 수출지원책을 많이 활용한다. 정부간 거래에 대하여도 특히 유럽국가 및 캐나다의 경우에는 정책적으로 수출보험을 지원하여 거래 리스크를 낮추어 금융기관이 상업대출을 지원하도록 하는 방식을 많이 채택하는 것으로 알려져 있다.

Supply Chain Finance (공급망 금융)	공급망 금융은 공급망(Supply Chain)에 관련된 기업의 운전 자본을 최적화하는 데 중점을 둡니다. 공급망의 공급업체와 구매자에게 금융 솔루션을 제공하여 적시 결제, 현금 흐름 개선, 비용 효율성을 보장한다. 공급망 금융에는 공급자금융(supplier finance), 구매자금융(buyer finance), 매출채권금융(receivables financing)과 같은 기법이 일반적으로 사용된다.
Trade Risk Mitigation (무역위험관리)	무역 금융은 환율 변동, 대금 미지급, 정치적 위험, 서류상 위험 등 국제 무역과 관련된 다양한 위험을 완화하는 서비스가 수반되며, 이를 무역위험관리서비스라칭한다. 헤징상품(hedging instruments), 신용보험(credit insurance), 위험평가 서비스(risk assessment services)와 같은 메커니즘을 통해 기업은 이러한 위험에 대한 노출을 최소화는 서비스를 제공한다.

일반적인 국제매매거래에 대하여는 운송회사, 보험회사 등 상업적인 무역지원서비스를 지원하는 회사들에 의해 국제운송이 이루어지고 운송물과 운송서류를 담보로 하여 대금결제와 필요시 은행등에 의해 무역금융이 지원된다.

"무역금융(trade financing)"은 국제거래에 수반되는 금융기관 혹은 수출거래 당사자에 의해 제공되는 각종 금융을 의미하며 G2G 거래의 성공적인 수행에는 효율적인 무역금융 지원이 중요한 역할을 하게 된다. 무역금융은 대금결제절차를 신용도 높은 은행이 투명하게 처리하고, 필요한 사업자금이 부족한 경우 은행이 미리 금융을 제공하여 계약 이행을 원활히 하도록 하고 구매자 측의 자금부담을 줄여주는 역할이 기본적인 내용을 이룬다.

무역금융은 위와 같이 다양하게 분류할 수 있으나, 실제 국제무역 거래에서는 은행이 주로 참여하는 국제대금결제(신용장 및 화환어음 추심 등)와 무역금융 대출이나 보증이 연계되어 혼합되는 방식으로 운영되는 경향이 있다. 즉, 국제대금결제에 관여하게 된 상업은행들이 외국환 취급 내지 부수한 업무를 수출입기업들에게 일정기간 신용을 제공하는 방법으로 무역금융(trade financing)을 지원해 왔고 이것이 일반적인 무역금융 방식이다.

> 예를 들어, 수입국 은행이 발행한 신용장을 수취하여 그것을 거래의 담보로 활용하여 공급국 은행이 수출자에게 선적전(pre-shipment)에 필요한 자금은 원자재 구매자금이나 생산자금 명목으로 지원하는 것이 대표적인 운전자금(working capital)형 무역금융이다.

> 선적후(post-shipment) 무역금융은 수출기업이 물품 선적후 발행한 환어음을 담보로 수출국 은행이 매입 혹은 대출의 방식으로 수출자에게 자금을 지원하는 것이다.

이러한 무역금융 제도는 우리나라에서 매우 활발히 활용되며, 상업은행의 개별 지점 단위에서도 일상적으로 처리되는 기업금융의 일종으로 이해할 수 있다.

일반적인 상품수출과 달리 해외건설 수출이나 플랜트 수출 등 대형 혹은 장기간 거래인 경우 노출되는 위험이 크고, 개발도상국 시장인 경우가 많아 개별 지점단위에서는 감당하기 어려운 거래도 있다. 이런 경우 일반 상업은행의 본점 차원에서 거래 심사가 이루어지는 경우도 있고, 대형 거래인 경우 일반 상업은행의 대출보다는 정책금융기관(수출입은행, 산업은행, 무역보험공사)등이 금융을 지원하는 경우도 많다. 물론 대형 상업은행과 정책금융기관이 공동으로 금융을 지원하는 경우도 많다.

(3) 무역금융과 G2G 거래

방산물자나 공공 인프라 수출과 같이 거래금액이 대규모이거나, 구매국의 비상위험이 현저하거나, 무신용장 거래에서 수입자의 신용에 대해 은행이 확신할 수 없을 때에는 은행이 자체적으로 해외거래위험을 모두 감수하지 않고 수출신용보험을 통해 거래의 대금결제 리스크를 보험으로 보장하는 조건으로 금융을 제공하는 경우가 많다. 이 경우 금융제공 은행이 부담할 대출위험을 상당 부분 절감(ECA에 전가)시켜 결과적으로 국제거래가 원활히 진행되도록 하는 것이다.

본서가 다루는 정부간 거래 방식으로 방산물자를 수출하거나 공공 인프라 수출 등 대규모, 프로젝트성 국제거래인 바, 전술한 일반적이고 표준적인 무역금융을 활용할 수도 있고, 혹은 적절한 지원이 어려운 예외적인 경우엔 특별한 금융지원을 강구하여 지원할 수도 있다.

즉 계약주체와 대금결제와 각각 양국의 정부이고, 대상물품도 공항건설, 병원건설 프로젝트처럼 디자인, 엔지니어링, 설비 조달, 건설, 운영 등이 복합적으로 포함되는 소위 국제 인프라 프로젝트인 경우 좀 더 그에 맞는 특수하고 전문적인 금융지원이 필요하게 된다.

한편, 방산물자 수출인 경우 구매국 정부의 대금결제 능력뿐만 아니라 장기적인 안보협력관계도 고려하여 금융 지원에서도 보조금 지원과 함께 지원되거나 (미국의 FMF의 경우 보조금이 지원되는 경우가 많음, 전술 내용 참고), 금융관련 국제규범상 안보예외(security exception) 등 근거를 통해 일반적인 상업은행의 금융방식이 아닌 정책금융이 제공되기도 한다.

방산물자 수출에 대한 금융지원은 국가안보 및 정책상 특별한 취급을 받고 또한 정치적 상황변화에 따른 영향도 있을 수 있으므로 유럽, 미국 등 국제적인 상업은행도 그 취급시 조심스럽게 접근하는 분야이다. 우리나라의 정책 금융기관의 경우도 아직 금융 지원경험이 많지 않으며, 일반 상업은행도 G2G 거래에 대한 금융지원 경험이 없는 제도초기단계인 상황이다. 따라서 간단한 계약이행관련 보증서 발급 업무조차도 일반 상업은행이나 그 직원들은 기본적인 처리절차나 금융 취급시 고려사항에 대하여 정보와 경험부족을 느끼기도 하는 생소한 분야라 볼 수 있다.

이러한 정부간 거래를 둘러싼 국내 금융 환경의 인식하에 이하에서는 정부간 거래를 정책적이고 효과적으로 지원할 수 있는 기본적이고 기초적인 부분부터 다루며 필요한 방안을 소개하고자 한다. 본서는 금융기관이 친숙한 무역금융 지원 기법을 기본으로 설명하되 정부간 거래의 특성을 반영한 수정을 가하여 운영하고 지원 경험을 쌓을 것인가를 고려하여 설명하고자 한다.

G2G 거래도 물품과 서비스의 국제적 공급을 내용으로 하는 국제거래의 일종이므로 그에 대한 금융지원도 이미 발전되어 활용되고 있는 기존의 무역금융의 체계내에서 지원방향을 모색할 필요가 있다. 따라서 G2G거래와 관련이 있을 부분을 중심으로 무역금융을 간단히 서베이하고자 한다.

다. 금융 제공 주체에 따른 수출금융 분류

직관적인 이해를 위해서는 무역금융(주로 수출금융) 제공 주체(상업은행, ECA등)를 기준으로 분류하여 설명하는 것이 도움이 될 수 있어 다음과 같이 설명한다.

(1) 정부 금융 (Government Financing):

무역 금융에 있어서 정부 금융(Government Financing)이란 국제 무역을 촉진하기 위해 정부 또는 정부 산하 기관이 제공하는 다양한 금융 지원을 말한다. 정부의 금융지원 프로그램은 다양한 형태의 재정 지원과 인센티브를 제공하여 기업, 특히 수출업체를 지원하도록 설계된다. 정부금융의 경우 금융 자원(financial resources)을 효과적으로 실행하고 제공하기 위해 일반상업은행, 수출신용기관(export credit agencies) 및 개발금융기관(development finance institutions)과의 파트너십을 통해 지원하는 경우가 많다.

> 예컨대 수출국 정부는 군사 장비, 기술 또는 서비스를 수출할 목적으로 방위산업에 자금을 제공하는 경우가 많다. 이는 대출, 보조금 또는 기타 유형의 지원 형태를 취할 수 있으며, 경우에 따라 정부는 민간 대출 기관의 대출에 대해 보증을 제공하고 민간 금융기관이 대출하도록 할 수도 있다.
> 내용상 대동소이 차이는 있겠으나 어느 나라건 방위산업은 국가 생존과 존립을 위한 핵심 산업이므로 정부의 적극적 개입은 필연적이고 적극적이다. 따라서 특별히 국제통상 질서에 반하는 것이 아닌 한 개별 국가들은 상당한 규모의 정부 금융을 방위산업에 제공하며, 그 구체적인 내용도 외부로 밝혀지지 않으므로 통계적으로 알려진 것보다 더 클 수 있다.
> 이러한 국가간 적극적인 방산수출금융 경쟁은 WTO 등 국제규범상 안보이익 예외에 해당되므로 더욱 큰 제한 없이 다른 산업 대비 금융 지원이 특혜에 이를 정도로 과도하게 이루어지는 경우가 많다.

한편, 경제협력관계에 있는 구매국에게 공공 인프라 수출을 하는 경우도 그 규모도 큰 편이고 구매국의 단기적 지급능력이 부족한 경우도 많으므로 정부금융이 지원되는 경향이 많다. 이 경우 보조금 내지 차관을 지원하면서,

수출국의 수출기업들이 그 공사나 운영에 참여하도록 하여 궁극적으로는 수출국의 이익에도 부합하는 전략적인 거래 협력이 이루어지는 효과가 있다.

(2) ECA 금융 (ECA Financing):

수출신용기관(ECA)는 자국의 수출을 지원하기 위해 자금을 제공하는 정부 소유 또는 지원 기관을 말한다. 그들은 구매국의 대금 미지급 위험(risk of non-payment)을 담보하기 위해 대출, 보증 또는 보험을 제공한다.

ECA 파이낸싱(수출신용기관 파이낸싱)은 보증 또는 보험을 통한 위험 완화(risk mitigation), 상환 기간이 유연한 장기 금융(, long-term financing), 낮은 이자율과 같은 경쟁력 있는 조건, ECA, 수출업체, 수입업체, 금융기관 간의 협력, 무역 및 경제 성장 촉진을 통한 개발 효과 등 정책목적 존재 등의 주요 특징이 있다. ECA 파이낸싱은 리스크를 줄이고 금융 안정성을 높이며 기업, 특히 중소기업의 글로벌 시장 참여를 지원함으로써 무역을 촉진하고자 한다.

(3) 상업 은행 금융(Commercial Banks Financing):

상업 은행은 방위 산업 수출 자금을 조달하기 위해 대출을 제공할 수 있다. 전술한 ECA 금융은 프로젝트별 금융과 더 유리한 조건 측면에서 더 높은 수준의 위험 완화 및 잠재적 이점을 제공하는 반면 상업 은행 금융은 더 폭넓은 접근성, 유연성, 시장 중심 금리에 기반한 금융을 제공한다.

그러나 특히 방산수출은 일반적인 상업위험, 정치적 위험뿐만 아니라 방산물자 수출에 고유한 위험, 즉 안보협력관계의 변화(국가간 적대적 관계의 증가 혹은 감소)관련 위험도 있을 수 있고, 인권 관련 분쟁(방산물자의 국민 탄압행위에의 사용)에 휘말리는 등 문제가 있어, 일부 상업은행들은 휘말리는 것을 극도로 경계하여 방산수출금융 지원을 꺼리는 경우가 많다. 따라서 상업은행(특히 유럽계, 미국계 대형 국제은행들)은 아예 방산물자 관련 금융을 제공하지 않거나, 그런 위험을 최소화하기 위해 담보 또는 기타 형태의 보안을 요구할 수 있으므로 이에 대한 대처가 필요하다. 다만, 우리나라의 경우 방산수출금융 등 지원책을 정부주도로 마련하고 무역보험공사가 보증으로 지원하거나 혹은 수출입은행 등이 주관하고 공동으로 금융지원을 하는 방안등은 향후 고려해 볼 수 있을 것이다.

(4) 공급자 금융 (Supplier Financing):

공급자 금융은 공급자(수출기업)가 수입자(구매국)에게 외상으로 수출하여 대금상환 기간만큼 금융을 제공하는 것이다. 공급자 금융은 국제거래의 원초적 혹은 기본적 금융기법인데 오히려 간과하기 쉬운 금융제공 방식이다. 공급자 금융은 공급자가 단독으로 금융을 지원하는 경우도 있으나, 공급국의 정부나 정책금융의 지원을 통해 지원하는 경우도 가능하다. 공급자 금융은 다른 형태의 자금조달보다 더 유연하고 공급자가 자국에서 쉽게 금융을 받을 수 있으므로, 구매국에게도 매력적일 수 있다. 경험 많고 규모가 큰 대형 방산수출기업의 수출인 경우 공급자 금융 제공 능력이 있다면 적극 활용하여 거래수주를 할 수 있을 것이다.

> 예를 들어 초계함을 중남미의 파나마 국에 수출한다고 할 때, 한국의 조선기업(공급자)이 산업은행으로부터 선적전 수출용 생산자금을 지원하고, 함정 인도후에는 수출보험으로 구매국 미결제 위험을 완화시키며 조건 하에서라면 공급자 금융(결제방법 측면에서 보면 장기 외상결제)을 구매국에 제공할 수 있을 것이다. 구매국앞 해외매출채권을 담보로 정책금융기관인 산업은행 등이 선적후 대출을 공급자 기업에 지원할 수도 있다. 구매국은 함정 구매를 위한 계약금(advance payment) 지급의 규모를 축소하거나 혹은 함정 인수후 대금 지급을 장기간 미룰 수 있게 되며, 구매국 입장에서 보면 한국의 공급자가(조선기업)이 신용을 제공하는 것이므로 공급자 신용으로 볼 수 있다.

일반적으로 방산물자 수출은 선진 수출국에서 신흥 구매국 방향으로 수출되는 것이 일반적인 바, 수출금융을 제공하는 금융기관의 발전 정도나 금융지원 여력도 수출국 측이 더 나은 경우가 많다. 따라서 많은 경우 공급자가 공급국의 은행으로부터 저리의 금융을 조달하여 구매국에 방산수출 금융을 제공하는 것이 일반적 형태라 할 수 있다.

(5) 합작 투자(Joint Ventures)에 의한 자본 등 제공

순수한 금융기법으로 보기엔 어렵겠으나 사업 합작 내지 현지투자 등에 의해 재원을 공급하는 방안도 넓은 의미에서 금융지원방안으로 고려해 볼 수 있다. 방위산업 수출에서도 방산물자 완성품 수출보다는 현지투자 또는 라이센싱을 통한 현지 면허생산 수 출의 형태를 취할 수 있다.

법적으로는 수출국과 구매국 기업간의 합작 투자를 통해 합작법인을 만들고 그 합작법인을 특수목적회사(SPC)로 활용하여 프로젝트 파이낸스 방식으로 자금을 조달할 수도 있다.

> 예를 들어 대규모 방산수출에 있어서 구매국 측에서 초도 물자는 완성품을 공급받고 잔여 물자는 현지 생산 내지 조립을 요구하는 경우가 많다. 기술 확보 미 일자리 창출 등을 위해 구매국이 합작 및 현지생산을 강하게 요구하는 경우가 종종 발생하는 바, 소위 현지 협동생산(co-production) 혹은 조립 생산(assembly production)도 그 예가 된다. 그런데 이러한 사업 구조를 위해 현지법에 의해 현지법인을 공동 설립하고, 구매국 정부와 수출기업이 공동으로 사업을 운영하는 거래구조도 충분히 가능할 것이다. 이런 경우 일반적인 플랜트 수출 내지 인프라 수출의 금융기법을 방산수출에 부합하게 조정하여 적용할 수 있을 것이다.

다만 합작투자는 기술 누출 방지 및 충분한 자본협력 등을 전제로 하는 세밀한 협력약정으로 거래가 보호되는 조치가 수반되어야 할 것이어서 긴밀한 우방국 사이에서나 가능할 것이다.

> 예를 들어 미국의 경우 캐나다와 방위산업 부분에서 공동생산과 공동기술개발을 오래전부터 실시해 왔으며 이는 캐나다와 미국간 지리적 긴밀성, 인력이나 교육수준의 동질성, 무엇보다 긴밀한 안보협력관계가 형성되어 있는 우방국 관계이기 때문에 가능했다.

향후 우리나라의 경우에도 방산물자 수출과 병행하여 합작에 의한 구매국 내 공동생산의 요구를 받을 것이 예상된다. 구매국의 생산능력이나 기술보호 등에 있어서 신뢰할 수 있도록 체계를 마련하면, 오히려 구매국을 생산거점 (Production Base)으로 하여 인접국들로 자연스러운 시장 확대르 전략적으로 고려할 수도 있는 장점이 있다. 민간 분야에서 현대자동차가 미국이나 유럽에 현지법인을 설립하여 판매하는 경우 현지국의 무역규제를 효과적으로 회피하면서 비즈니스를 확대한 사례가 시사하는 바가 크다.

라. G2G 거래에 대한 금융지원

(1) 정책금융과 G2G 거래와 보완적 관계

G2G 거래에 의한 정부의 지원과 함께 국제거래에 대한 경험과 인적 자원이 풍부한 정책금융기관 및 상업은행이 참여하여 방산수출금융을 효과적으로 지원해야 궁극적인 사업의 성공 가능성이 높아지고 국제경제안보협력의 효과가 커지게 된다. 우리나라에서 방산수출 지원책으로 우선 "G2G 거래" 제도가 추진되고 자리를 잡아가고 있는 점은 앞에서 살펴 보았다.

구매국과 수출기업간 일반적인 거래 계약과는 달리 G2G 거래는 우리 정부가 직접 계약자로 거래에 적극적 개입하여 거래의 이행과 사후보장을 약속해줌으로써 "구매국"을 안심시키며 상당히 유용한 효과(즉, 예컨대 정부가 보증하는 거래라는 후광효과(Halo effect)가 있어 거래의 성공적 추진의 동력이 될 수 있다.

정부간 거래 자체로는 충분한 지원에 미흡하고 여기에 방산수출금융이 요구되는경우가 있을 수 있다. 앞서 살핀바와 같이 정부간 거래는 계약체결단계에서 양국의 정부가 거래의 주체로 나서는 지원제도이고, 기본적으로 수입국을 위한 제도로 거래당사자간 권리의무 관계에 정부가 개입한 제도의 성격이 있다. 따라서 정부간 거래 방식으로 추진된다고 해서 그 방산물자 수출이 매우 안전한 거래가 되거나 성공적인 결과로 이어질 것이라는 확실한 보장이 되는 것은 아니며, 특히 사업에 필요한 재원이 확보되는 것도 아니다.

방산수출 계약체결 이후 계약에 따른 적절한 계약의 이행과 갈등의 조정, 그리고 생산과 개발, 유지를 위한 충분한 재원을 마련해야 하고 이를 위해 자금조성이나 금융기관으로부터의 금융 조달이 가능해야 한다. "수출기업" 입장에서 최종목표인 안전한 대금회수나 금융조달 문제는 그 중요성을 아무리 강조해도 지나치지 않다. 따라서 방산수출에 대한 금융지원 문제는 프로젝트 성공에 결정적인 요소가 된다.

　방산수출의 거래 구조를 금융기관이 금융 지원할 수 있을 정도로 안전하고 합리적으로 설계 내지 구조화(structuring)하여야 한다. 수출기업이나 대주가 받아드릴 만한 적절한 안전장치나 담보(warranty)를 제공 내지 지원도록 하고, 정부가 정책금융을 통해 각종 해외리스크를 감소시키고 신용보강을 통해 거래를 성사시키게 되는 문제를 살피고자 한다.

(2) 지원 체계 및 경험 축적

　대형 방산수출에 있어서 수출 기업은 구매국 입장을 충분히 반영한 수출대금결제방식을 결정하고 가급적 구매국이 원하는 금융을 제공해야만 한다. 우리나라의 경우 상업적으로 거래되는 일반물자 내지 상업물자(commercial goods), 선박, 발전설비, 통신장비, 차량 등을 말하며, 수출대금결제(payment)나 수반되는 금융(financing)에 대한 연구는 상업물자 및 상업적인 건설, 프로젝트를 중심으로 사례와 경험이 많이 축적되어 있다. 우선 수출기업들의 경험과 사례가 많고 전문 지식과 경험을 갖춘 대형은행의 적극적 금융 지원과 전문 로펌 등의 지원을 받을 수 있는 환경이 잘 조성되어 있는 편이다.[405]

---

[405] 상업적으로 거래되는 일반물자 내지 상업물자(이하에서는 방산물자에 대비되는 개념으로, 일반물자, 비방위산업물자 등은 "상업물자(commercial goods)"로 칭한다)는 예를 들어 선박, 발전설비, 통신장비, 차량 등을 말하며, 수출대금결제(payment)나 수반되는 금융(financing)에 대한 연구는 상업물자 및 상업적인 건설, 프로젝트를 중심으로 사례와 경험이 많이 축적되어 있다. 따라서 그간 이러한 상업물자에 대한 국제거래를 중심으로 그 금융 지원 여부와 지원 방안에 대한 지식과 경험을 축적해왔다.

정부차원에서도 이러한 상업물자에 대한 국제거래를 중심으로 그 금융 지원 여부와 지원 방안에 대한 지원체계는 상당히 발전되고 축적되어 있다고 평가된다. 우리나라의 경우, 선박 수출이나 플랜트 수출 분야의 실무자들은 충분한 경험과 지식을 바탕으로 이 분야에서 좋은 성과를 내고 있고 그 배후에는 시중은행 등 금융기관들과 수출입은행, 산업은행, 무역보험공사 등 정책금융기관이 기업금융, 구조화금융, 프로젝트 금융 등 다양한 지원을 해온 것도 중요한 성공 원인 중 하나이다.406) 따라서 일반물자 수출기업이나 그를 지원하는 금융기관간 이해의 차이나 의견 불일치의 가능성은 상대적으로 낮을 것이다.

그러나 방산 수출에 있어서 대금결제나 금융활용은 그 정보도 제한되어 이 분야의 실무자나 연구자 모두 접근하기 어려운 문제일 수 있다. 따라서 소수의 선진국 사례에 대한 검토로서 외국 학자들에 의해 연구된 것들에 대한 검토를 통해 우리나라의 제도나 수출환경에 적용할 수 있는지 살피고자 한다.407)

(3) 외국 사례 참고 필요성

방산 수출금융 외국사례를 보면 수출신용기관(export credit agencies)가 주된 지원 역할을 하고, 그러한 지원과 보증하에 대형 상업은행들이 참여하여 대출(loan), 대출보증(loan guarantee), 신용보험(credit insurance), 이행성 보증(bond), 보조금(grant) 등 다양한 금융기법을 활용하여 지원하고 있다. 이러한 사례에 대한 구체적이고 명확한 정부는 사실상 공개되어 있지 않으므로, 제한되고 공개된 정부를 근거로 소개하고 분석해 설명하고자 한다.

---

406) 오원석, 백승택, "플랜트 수출 지원을 위한 선진국의 공적수출신용제도의 활용실태와 문제점", 무역보험연구 제24권 제3호 (2013). 본 논문은 점점 증가일로에 있는 대형프로젝트 수출에 대한 수출신용의 제공과 국제규범 준수문제와 현황을 제시하고 있다.

407) Johnson, J. L., "Financing the Arms Trade", Annals of the American Academy of Political and Social Science Vol. 535, The Arms Trade: Problems and Prospects in the Post-Cold War World, 1994, available at, http://www.jstor.org/stable/1048128, (in the form of abstract), pp. 110-121. 한편, 좀 더 최근의 연구로는 Evans, P. C. "The Financing Factor in Arms Sales: The Role of Official Export Credits and Guarantees." Military Spending and Armaments, 2002, pp. 539-560.이 있다. 방산수출에 있어서는 외국의 경우도 극소수의 연구자들이 연구한 결과물이 개괄적인 내용 정도만 있는 현실이며, 체계적 연구는 매우 제한적임을 알 수 있다.

선진국들, 특히 미국의 각종 방산수출 제도 관련 자료를 통해 방산수출금융에 관련된 요소들의 파악과 의미 설명에 중점을 두어 소개하고자 한다. 미국 제도는 공개된 정보가 많고 우리나라와 관계가 긴밀하여 후발 주자인 우리에게 좋은 참고와 시작점이 될 수 있어 미국 정부의 역할과 금융방법의 특징을 주로 살피고자 한다.

마지막으로 향후 연구가 필요한 방산수출금융을 규율하는 국제규범의 적용과 적용제외 문제, 방산수출금융에 너무 많거나 혹은 불필요한 금융지원이 되었을 때 발생하는 시장왜곡의 문제는 간단히 언급하는 수준에서 논의한다.

2. G2G 거래에 대한 금융지원시 고려사항

가. 방산수출금융 개요

정부간 거래 제도가 만들어지고 제도적으로 정착하는 과정에 있으나, 방산수출에 특유한 금융지원제도, 즉 방산수출금융제도는 아직 그 기반이나 제도적 개발이 충분히 발전되지 않은 상태이다. 따라서 이하에서는 방산수출에 필요한 정부 혹은 정책금융기관의 역할, 그리고 해외의 방산수출금융 제도의 소개 등을 하기로 한다. 이하에서는 KOTRA를 중심으로 만든 "방산수출 종합 가이드북(2021년판)"[408] 및 다른 자료 등에 의해 파악되는 우리나라의 금융지원 제도나 방안을 간략히 소개하고 설명하도록 한다.

뒤에서 자세히 살피겠지만, 다른 국제거래 프로젝트와 명확히 구별되는 고유한 방산수출 금융제도를 새로 만든다던지 혹은 고유한 제도가 필연적인 것은 아니며 본서의 기획 의도도 아니다. 오히려, 대형 국제거래 프로젝트에

---

408) KOTRA, 산업통상자원부, 방위사업청, 방산물자교역지원센터, 방산수출 종합 가이드북(2021년판, KOTRA 자료 21-187) (이하 "방산수출 가이드북"이라 함).

활용되는 금융기법을 일정 부분 방산수출 거래에 맞게 조정하여 활용하면 충분히 적절하다고 본다. 따라서 아주 일부의 예외적이고 특수한 거래가 아닌 한, 별도로 설명하는 인프라 수출에 대하여도 대형 국제거래에 적용되는 금융기법이 유사하게 적용될 것이기도 하다.

(1) 전형적인 방산수출 금융지원 사례

논의의 편의를 위해 방산수출기업이 당면할 수 있는 가상적인 방산수출금융 사례를 소개하고 이를 근거로 이후 설명을 하고자 한다.

> **동남아시아 M국에 대한 국경감시체계 수출**
> 우리나라와 국방외교협력 관계를 장기간 이어져 온 동남아시아의 한 국가는 남중국해에서의 중국의 활동에 우려를 느끼고 있으며, 자국 영토 및 해상 국경감시의 필요성이 제기되었다. 이에 우리 수출기업은 동국에 국경감시체계 수출을 추진 중이며, 수년에 걸친 협상을 해왔다. 구매국은 수출기업의 제품 품질(quality)이나 기술이전(technology) 범위에 대하여는 대체로 만족하며, 한국과의 계약 체결의 전제조건으로 우리 측에서 수출대금의 90%에 대하여 12년 분할상환, 4% 대 이자율로 무역금융(trade financing) 제공해 줄을 요구한다(선금은 계약체결과 동시에 10% 지급). 수출기업 수출팀이 입수한 정보에 따르면 유럽 경쟁국 수출기업은 기술력에선 우리 기업보다 열세이나 우리 은행들보다 우위에 있는 글로벌 은행이 4%, 10년 이상 외상이라는 파격적 금융지원을 이미 제시하였다 한다.
> 수출기업 내 수출팀은 관리부서인 자금팀에 구매국 요구를 수용할 것인지 여부 검토를 요청하였는바, 자금팀은 이런 낮은 금리로 10년 분할상환은 투입 자금 대비 회수가 너무 오래 걸려 난색을 표명하였다. 수출팀은 자금팀의 우려는 인정하지만, 본 건은 국경감시체계 분야에서는 동남아지역으로의 최초 수출이며, 성사될 경우 부품과 유지·보수서비스 등 향후 관련 거래에서 추가 수익이 있을 것으로 예상한다. 또한 남중국해 주변국도 비슷한 수요가 많아 신규 사업기회가 발생할 것이므로 장기적으로는 이런 금융 제공을 해서라도 거래를 추진하고자 한다.
> 방산수출관련 금융 옵션에 대하여 국방부, 산업통상자원부, 국방부, 정책금융기관, 상업은행 등에서 제공하는 수출지원이 있는지 알아보고자 한다.

위와 같은 사례에 대응하기 위해서는 방산수출기업은 (1) 이런 수입국 요구를 맞춰줄 금융상품으로서 방산수출금융이 있는지, (2) 그런 금융상품의 특징은 어떠하며 어떤 은행 혹은 정부기관이 제공하는지, (3) 그런 금융제공과 관련한 계약 및 위험관리 방안 등을 살펴야 할 것이다.

"방산수출금융"은 방산수출기업이 수출계약 이행을 위해 수출기업 내부자금만으로 충분히 수행할 수 없을 때에 금융기관 혹은 구매자로부터 금융(financing)을 지원받는 것을 말한다. 방산수출금융의 문제는 수출물품 경쟁력과 기타 조건이 유사한 경쟁시장하에서 종종 수입국이 원하는 금융조건 제공여부가 결정적 역할을 하기 때문에 수출경쟁력이라는 측면에서 의미가 있는 주제이다. 그러나 다른 산업분야와 동떨어진 별도의 방산수출금융 제도로 파악할 것은 아니다.

방산수출금융도 일반적인 수출금융(export financing)의 일종이어서 수출금융의 특성을 공유하며, 다만 방산물자 수출거래의 특수한 상황을 반영하고 참가자인 수출기업과 금융기관의 필요를 반영하여 살펴볼 필요가 있을 뿐이다.

(2) 수출 무역금융 개설

수출금융은 보통 수출단계에 따라 필요한 자금용도에 따라 구분하는 경우가 많다. 첫째, "마케팅, 연구, 개발지원 금융"은 해외전시회 참가비용 / R&D 자금 등을 지원하는 것으로 주로 수출계약에 이르기 전 필요한 각종 준비활동에 소요되는 자금을 지원하는 "광의"의 수출금융이다. 수출거래를 성사시키기 위한 전 단계에 필요한 자금으로 이해할 수 있다.

둘째, "선적전" 무역금융(pre-shipment Trade Finance)은 계약체결 후 물품인도전에 물자, 설비의 생산, 구매, 조달 등에 필요한 자금을 지원하는 금융을 말한다. 단기간의 압축적 경제발전을 추구한 우리나라에서는 유례없는 강력한 수출지원 드라이브를 추진해 왔고, 수출금융에서도 매우 적극적인 제도를 개발해 왔다. 이런 점에서 국내기업의 수출기업화 사업의 중요한 도구로 수출을 의도하는 기업에게 수출전에 필요한 각종자금을 적극적으로 지원해 왔으며, 우리나라에서는 이를 "협의"의 무역금융이라 칭하기도 한다.

원자재구매, 제품 생산, 무역하고자 하는 경우 완제품 구매자금을 포함한다.409) 선적전 무역금융은 수출기업(차주)의 전년도 수출실적과 신용도를 감안하여 금융한도가 설정(특별한 신용하락 사태가 없는 한 보통 6개월 혹은 1년 동안 한도 유지)되는 게 일반적이다.410)

국제거래를 연구하는 학자들 사이에서는 이러한 선적전 무역금융보다는 후술하는 선적후 무역금융을 더 기본적이고 일반적인 무역금융을 칭하지만, 우리나라에서는 선적전 무역금융을 전형적이고 기본적인 무역금융으로 보는 경향이 있다. 우리나라 금융실무에서 한국은행의 지원을 받는 과거 "선적적 무역금융"을 통칭하여 "무역금융"이라 부르는 경향이 있었고 반면 선적후 수출금융을 "네고대출"이라고 부르는 관행이 있었는데, 이러한 용어가 현재에도 영향을 미치는 것으로 보인다. 그러나 본서에서는 그 금융의 성격을 명확히 전달하기 위해 가급적 "선적전" 무역금융이라고 특정하여 설명한다.

셋째, 가장 전형적인 무역금융 방식인 "선적후" 무역금융 (Post-shipment Trade Finance)은 수출기업이 물자를 실제 수출(선적 또는 인도)한 후 대금회수시까지 대금결제와 금융을 제공하는 것을 말한다. 많은 경우 수출기업은 자신의 의무이행(물품 선적 혹은 용역 서비스 제공)시점 이후 최종적으로 대금을 회수하기까지 상당한 기간 기다려야 하며, 이는 대형, 고액, 고위험 거래일수록 그 결제기간이 길어지는 경향이 있다.

---

409) 박근서, "무역금융상 적정융자의 원칙 : 한국은행 무역금융규정과 수출신용보증 제도를 중심으로" 무역보험연구 12권 4호, 2011 ; 한국은행 총액한도대출관련 무역금융 취급세칙.

410) 수출활동에 명확히 연결되지 않는 소위 느슨한 활동과 관계되어 본격적인 수출금융으로 보지 않을 수도 있으나, 우리나라 방위사업청이 매년 시행하는 "이차보전제도"에서 보는 바와 같이 궁극적으로 방산수출기업의 수출을 목적으로 지원되므로 수출금융으로 보아도 무방할 것으로 사료된다. 이차보전제도는 방산육성자금을 방산기업이 대출(수출을 위한 자금 포함)을 은행으로부터 공급받도록 하되, 방사청이 정한 기준이자율과의 이자차액은 방위사업청이 보전해 주는 사업이다. 2013년말 발표자료에 따른 방위산업육성자금 적격심사를 양대 보증기관인 신용보증기금과 기술신용보증기금으로 위탁하는 것을 발표하였다. 이는 수입자측 위험보다는 수출기업 위주의 선적전, 혹은 기술개발 자금을 주로 지원하는 구조이기 때문에 수출기업 신용을 평가하는 데 주안을 두기 때문으로 보인다. 정책브리핑, "보증기금과 방산육성자금 지원 협약 체결", 2013 (http://www.korea.kr/policy/pressReleaseView.do?newsId=155925234) 참조.

수출기업은 동 대출기간(외상기간) 중 투입된 자금을 회수하지 못하는 부담을 지게 되며, 만약 결제 만기에 대금결제를 받지 못하면 이미 투입한 물자 및 용역에 투입된 자금을 회수하지 못하는 부담을 감당하게 된다. 외상기간 동안 자금부담을 해소하기 위해 금융지원하는 것이 소위 네고금융(선적후 수출금융)이고, 대금미회수 위험은 수출보험에 의해 커버하되 금융기관으로 지급을 하는 것이 수출신용보증(선적후)이다.

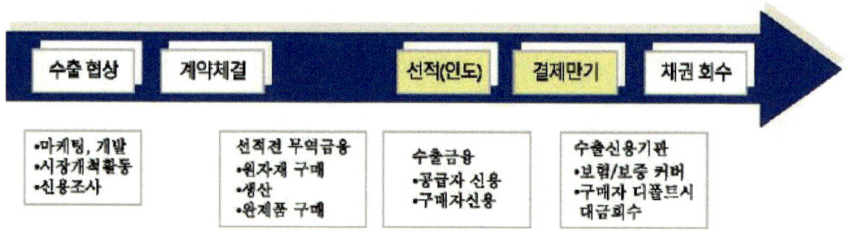

[수출거래 단계별 자금수요]

국제적으로는 외상기간을 기준으로 보통 1년 미만은 단기무역금융 (short-term trade finance), 1년 이상 2년 미만은 중기무역금융 (medium-term trade finance), 2년 이상인 경우 장기무역금융(long-term trade finance)으로 구분하기도 한다. 상환기간 1년 이내의 무역금융은 주로 수출기업이 발행하는 화환어음(bill of exchange) 혹은 선적서류(shipping documents)를 매입, 양도하는 방식으로 수출환어음매입(export bill negotiation), OA매출채권 매입, 팩터링 등이 많이 활용된다.

상환기간이 1년을 초과하는 중·장기 무역금융의 경우 주로 은행을 통해 더 많은 신용보강과 안전장치(수출보험 부보, 선박, 기계류 등에 모기지(저당권) 설정, 금융기관의 이행성 지급보증)를 활용하기도 한다. 한편, 대형 거래의 수요에 맞게 금융 거래를 구조화한 구조화 금융(structured trade finance) 혹은 프로젝트 금융(project finance, PF) 방식도 많이 활용하게 된다.

(3) 방산수출금융 기회와 장애

방산수출에서는 수출증진(export promotion)이라는 상업적 목적과 안보협력(security cooperation)이라는 공익적 목적을 동시에 추구·감안해야 하는 특수성이 있으며, 방산수출금융에서도 이러한 방산수출의 특성에 대한 고려가 마찬가지로 필요하게 된다. 금융측면에서는 수출국 정부 정부가 직·간접적으로 공적수출신용(official export credit)을 제공하고 상업은행의 대출에 대해 보증이나 보험으로 지원하는 소위 "정책금융" 지원도 빈번하다. 수출신용(export credit)은 수출금융의 일종으로 크게 "수출자금결제에 대한 융자"와 "수출대금미회수위험에 대한 보험인 수출보험"을 들 수 있다. 수출신용제도는 매우 실무적인 분야라서 연구된 자료는 적지만 비교적 최근 국가별 비교를 한 자료가 있어 유용하다.[411]

한편 최근에는 미국 등 서방 민주주의 진영과 중국, 러시아 등 권의주의 진영의 대립이 극대화되고 있어 방산수출분야에 대한 지원필요성은 더욱 높아지고 있다.

> 2023년 현재 진행되고 있는 인도와 중국간 국경분쟁 등을 기폭제로 우리나라의 K-9 자주포가 인도에 수출된 바 있고 러시아와 유럽간 군사적 충돌가능성이 높아지고 있어 폴란드, 핀란드, 노르웨이 등 유럽 구가로 수출되는 방산물자 수출이 증가하고 있다. 우크라이나 전쟁등 미국 등 서방 진영과 러시아, 중국의 권이주의 진영간 대립으로 인해 K-2 전차나 T-50 계열의 고등 훈련기 내지 경공격기, 그리고 전통적인 주력 산업인 조선산업의 뒷받침 하에 경비함, 잠수함 등 향후 수출전망은 밝다.

---

411) 小林 守, "주요국의 공적 무역보험을 둘러싼 현상과 과제 : 선진국과 신흥국간 국제비료를 중심으로, 商学研究所報 제41권 제2호, 2009. 小林 守 교수에 따르면, 수출자(supplier)와 수입자(buyer)가 결정된 거래에 대하여 수출결제자금을 금융기관이 융자하는 것을 수출신용이라 하며, supplier에게 융자하는(supplier가 은행에 대해 차입인(차주)이 된다) 것을 supplier's credit, buyer에게 융자하는 (buyer가 은행에 대해 차입인이 된다) 것을 buyer's credit 이라 한다. 최근에는 buyer's credit가 증가하고 있다. 이 scheme을 실시하고 있는 것이 일본의 경우 国際協力銀行이며, 수입자가 선진국에 소재하는 등 리스크가 낮은 안건에 따라서는 일반 상업은행이 실시하기도 한다. 수출보험이란 원칙적인 의미의 수출금융 그 자체는 아니고, 그 금융에 수반한 債權回收의 리스크를 커버하는 보험을 말한다. 수출신용보험, 무역보험, 무역신용보험 등 용어로 불리며, 일본의 경우 日本貿易保険이다 한다.

미국, EU, 일본 진영과 중국, 러시아 등 진영의 대립으로 인해 미국 진영의 방산물자의 수요는 급격히 증가하고 우리나라의 안정된 생산능력과 국제거래에서의 신용도가 높은 우리기업들이 납기를 준수하는 거래관행, 그리고 무엇보다도 가격 대비 우수한 성능을 보유한 물자의 개발은 방위산업 자체의 성장과 수출산업화는 국가경제발전의 핵심적인 미래 산업으로 육성의 필요성이 크다.

그러나 거래 규모의 증가와 구매국 측의 수요증가에 대응하기 위해서는 방위산업계와 개별 방산업체들의 경쟁력도 중요하지만, 시의적절하고 전문화된 방산수출 금융에 대한 수요를 증대시킬 것이며, 국책은행 뿐만 아니라 일반 상업은행들의 참여가 늘어나야 할 것이므로 방산수출금융 방안의 강구 및 고도화 노력은 중요한 문제이다.

한편 수출기업과 방위산업계에 대한 과도한 금융 지원은 특정산업에 대한 과도한 보조금(subsidy)으로 볼 여지도 있고 이에 따른 산업 왜곡의 부작용, 과도한 국가예산의 지원, 살상무기 수출에 부정적인 국내외의 여론 등 비판 대상이 될 수도 있다. 게다가 방산물자 수출은 그 이벤트성이 크기 때문에 대중매체의 조명을 통해 인권단체 등 직·간접 이해관계자의 비판과 지지가 동시에 가능한 분야라서, 상업은행이나 수출지원기관 입장에서는 소위 reputation risk에 노출될 수도 있는 분야이기도 하다.

(4) "대안적 정부방산수출금융" Commercial Finance vs. Alternative Government Defense Export Finance

정부지원 방산수출금융은 기존의 상업금융기관이 아닌 정부 또는 정부기관이 군수 수출을 위해 자금을 제공하는 것을 의미하며 대안적 정부 방산수출 금융(Alternative government military export financing, 이하 "AGMEF"라 칭함)으로 칭하기도 한다. 이러한 유형의 금융 지원은 정부가 방위산업 물자 또는 서비스의 수출을 지원하고 국내 방위 산업의 성장을 촉진하기 위한 목적으로 지원되는 정책금융의 일종이다. 일반적인 상업은행이 금융지원을 하기 어려운 경우 정부가 직접 수출금융을 제공하는 것을 말한다.

AGMEF의 중요한 형태는 수출신용(export credit)이며 이는 방위 장비 또는 서비스의 수출을 지원하기 위해 정부가 수출신용기관(ECA)을 통해 직접 대출, 보증, 보험, 운전 자본 대출 등 다양한 금융지원을 하는 것을 말한다.

AGMEF의 또 다른 형태는 보조금으로 판매국 정부가 비상환조건 보조금(non-repayable grants or subsidies) 형태로 수출업자에게 재정 지원을 제공하는 것을 말한다. 무기체계의 연구 개발을 지원하고 방위 산업 분야의 중소기업(SME)을 육성·지원하는 데 사용되므로 무역금융 분야에서는 선적적 금융 혹은 수출 마케팅 자금과 성격상 유사하다.

다른 형태의 대체 정부 군사 수출 금융으로는 상품이나 서비스가 방위 장비와 교환되는 바터 교환 계약(barter arrangements)이나, 산업협력(절충무역) 계약에 의해 수출자가 방산물자 수출계약 조건으로 수입국에 투자 내지 산업협력 조치를 지원하는 것을 포함할 수 있다.

요약하면, AGMEF은 정부가 방위 산업을 지원하고 수출을 촉진하며 다른 국가와 긴밀한 국방 관계를 조성할 수 있는 수단을 광범위하게 지칭하며, 시장 친화적인 금융인 일반 금융기관에 의한 상업 대출(commercial loans)로는 자금 조달이 어려울 수 있는 고가의 방산물자 또는 서비스 수출을 지원하는 데 자주 사용되는 각종 금융지원을 말한다. 구매국 및 수출기업의 요구에 따라 다양한 방식으로 금융방안은 강구될 수 있을 것이다.

나. 선진 방산수출금융 제도 변천과정 - 미국의 경우

국가별 방산수출금융의 구체적 내용과 지원규모는 공개되지 않은 것이 일반적이고 또한 그 방식도 국가별도 다양하다. 정형화되고 통일된 방산수출금융제도가 존재한다고 볼 수 없고 국가별 차이가 있으나, 미국과 유럽의 대표적인 국가들은 어느 정도 비교 가능할 정도의 지원제도를 운영하고 있어 개괄적인 파악이 가능하며 우리 방산수출금융에도 참고가능하다.

(1) 유럽과 미국의 방산수출금융 차이

우선 유럽 국가들은 대체로 상업은행이 대출(loans)하고 수출국 정부가 정책금융기관 등을 통해 보험이나 보증을 부가하는 방법(ECA금융)으로 방산수출금융을 지원하고 있다.412) 미국 GAO의 보고서에 따르면, 유럽 3개 강대국인 영국, 독일, 프랑스는 공통적으로 상업은행 대출에 대해 정부가 지원하는 보증을 제공하는 반면 미국의 경우 주로 해외군사금융(FMF) 프로그램을 통해 보조금 및 대출 형태로 자금이 제공되며 일부 국가만 이용할 수 있다고 비교하고 있다.413)

단일 최대 방산수출국인 미국은 초기에는 유럽과 비슷하게 ECA인 미국수출입은행(U.S. Exim Bank, 이하 "미수은"이라 함)이 지원하는 ECA금융을 운영하였으나, 현재는 미국 정부(국방부, DoD)가 아예 구매국에 직접 보조금이나 대출을 제공하는 대외군사금융(Foreign Military Financing, 이하 FMF라 함)을 원칙적인 방산수출금융제도로 운영하고 있다. 미국의 FMF는 성격상 정부금융(government financing)으로 분류되며, 구매국에 직접 보조금을 지급하면 구매국의 지급대금의 원금(principal)을 상당부분 감액시키거나 혹은 아예 면제해 주어 직관적으로 이해하기 쉽고 구매국에게 매력적인 방식이다. 이런 금융지원 구조 하에서는 미국 수출기업은 유럽 등 타국과의 경쟁 (예컨대 유럽의 정부보증방식과의 경쟁)에서 상대적으로 유리할 것이다.414) 그러나 동 제도는 이후 관련부분에서 살펴볼 것처럼 특정 소수 우방국에만 지원되는 점에서 일반적인 금융제도로 보기에는 한계가 있고 또한 우리나라 방산수출에 그대로 적용하기에는 무리가 있다.

---

412) 그러나 아쉽게도 유럽 국가들의 경우 방산수출에 대한 자료공개에는 매우 소극적이다. 그나마 영국의 경우 과거 자료를 공개했었으나, 최근에는 수출신용기관인 ECGD마저도 공식적으로 무기수출 지원업무를 하지 않는다고 발표하여 자료제출에 소극적이다.

413) GAO 비교보고서 (보고서는 관련부분에서 다음과 같이 영국, 프랑스, 독일 등 3개 유럽국가와 미국의 방산수출금융 차이를 설명하고 있다. "all three European countries provide government-backed guarantees for commercial bank loans; in the United States, financing is provided primarily through the Foreign Military Financing (FMF) program in the form of grants and loans and available only to a small group of countries").

414) GAO 비교보고서.

(2) 미 국방부 대외군사금융(Foreign Military Financing, FMF)

미국은 국책금융기관을 중심으로 상업적 이익확보에 더하여 안보협력(security cooperation)이라는 정책틀 하에서 수출금융 프로그램을 운영하고 있다.415) 미국 방산물자는 최고수준의 품질인 경우가 많으므로 거래협상에서도 미국기업이 상당한 우월적 지위에 있으며, 보통 구매국은 제작단계별로 선금과 기성고 대금을 순차적으로 지급하게 된다. 방산물자 최종 인도시나 그 전에 이미 대금을 현금으로 완납하는 경우가 대부분이라 한다.416) 이런 지원구조하에서는 미국 정부의 방산수출금융 제공 문제는 아예 발생하지 않는다.

그러나 외국과의 경쟁 관계에 있는 경우 혹은 구매국이 지급능력이 현저히 떨어지지만 그럼에도 수출을 통해 구매국과 안보협력관계를 높이는 것이 미국의 국익에 부합한다고 판단하면 미국 정부는 적극적으로 방산수출금융을 지원하기도 한다.

미국 방산수출금융의 대표적인 제도는 미 국방부의 FMF이며 지원대상은 방산물자 뿐만 아니라 방위산업 관련 서비스 및 교육(training)까지 포함한다. 지원형태는 보조금(grants) 지급 혹은 대출(loan) 제공 형태로 미 정부와 긴밀한 안보협력관계에 있는 국가가 대상이다. FMF는 모든 국가에 무차별적으로 지원되는 것이 아니고 매년 의회심의를 거쳐 미 정부가 지정하는 우방국가에 대하여 지원된다. 일반적으로 국방 관련 목적을 위해 적격 외국 정부 또는 국제기구에 제공되는 것이며, 미국의 전략적 이익(U.S. strategic interests)에 부합하고 특정 자격 기준을 충족하는 국가입니다. 전통적으로 이스라엘, 이집트, 터키 등 소수의 우방국들에 지원되어 왔으나,

---

415) "Presidential Policy Directive - United States Conventional Arms Transfer Policy" White House Press Office (2014) (http://www.whitehouse.gov/the-press-office/2014/01/15/presidential-policy-directive-united-states-conventional-arms-transfer-p). 미국은 무기판매정책에서 미국의 기술적 우월(technological superiority) 유지, 우방국과의 호환성(interoperability) 증대, 단위당 비용 감소와 방위산업 강화, 미국과의 안보협력 유지 및 확대, 분쟁지역에서의 미국국익보호 위한 접근성 강화 등 다양한 안보외교협력 가치를 들고 있다.

416) Evans, 전게논문, 550면.

2003년 이후에는 이집트, 이라크, 파키스탄 미국과의 협력이 필요한 중동국가들이 주 수혜대상이 되고 있다.417)

FMF는 상환의무 있는 대출형식도 있으나 구매국의 상환의무 없는 보조금(grants)형식이 더 일반적이라 한다. FMF 수혜국이 주로 이스라엘과 이집트 등 미국과 전략적 이해관계가 큰 국가들이며, 이들 국가의 예산을 초과하는 요청하는 경우까지도 지원하므로 보조금을 채택하였다 이해할 수 있다.418)

FMF는 미국 연방 예산을 통해 자금을 조달하는 점에서 미국 수출입은행은 독립 기관으로 운영되며 수수료, 이자 지급 및 대출 상환을 포함한 다양한 재원을 통해 활동 자금을 조달하는 것과 다르다.

FMF는 통상적인 ECA가 지원하는 상업은행의 금융과는 그 내용이 많이 다르다. 중장기연불방식 수출금융에서는 보통 은행이 구매국(구매주체)에게 구매자신용(buyer credit)을 주어 동 대금을 받은 수출기업은 즉각 대금회수하고, 구매국이 장기적으로 은행에게 대금을 연불 지급하는 금융거래구조이다.419)

---

417) U.S. Dept. of State, "Foreign Military Financing Account Summary", http://www.state.gov/t/pm/ppa/sat/c14560.htm. FMF 지원의 특정국 편중 현상은 미국이 방산수출금융을 제공하는 것은 단지 상업적 이익만을 위한 것이 아니라 미국과 우호적인 우방국의 병력 지원, 금융지원 당시의 미국과의 작전협력관계, 무기체계의 상호연계 내지 호환성 확보 등 다양한 군사협력 정책까지 고려하고 있음을 명백히 나타낸다.

418) Evans는 FMF 제도의 변천을 보아도, 과거 대출형식을 취했던 FMF 지원 건들이 80년대에 이르러 주요 구매국들의 지급불능사태(payment crisis)로 대출금 상환이 안 되기에 이르렀고 이는 국내외적으로 비난을 받게 되어 아예 대출 아닌 보조금 형식으로 변경하여 대출금 지급불능의 원인을 아예 제거하여 정치적 비난을 회피토록 하였다고 설명한다. 이러한 보조금화에 대하여 연방정부의 강화된 회계기준에 부합하기 위한 정책변화와도 관계가 있다고 한다. 즉, 1990년 연방신용개혁법은 미 국방부도 타 정부기관(government agency)처럼 만약 미회수(default)가능성이 있는 대출의 경우 그에 대한 충당금을 반영하라고 요구하였다. 따라서 설사 구매국에 대하여 대출하더라도 그 국가의 신용위험이 높다면 어차피 충당금을 많이 쌓아야 하므로 FMF를 대출형식으로 지원할 필요성은 적어지므로, 결국 1980년대의 대출 수혜국의 대금미지급사태 경험과 함께 이러한 충당금 요건 강화로 결국 미 국방부는 FMF의 지원형식을 보조금 형식으로 전환하게 되었다 한다. Evans, 전게논문, 551면

419) 최근 규모가 큰 자본재 수출거래를 지원하는 각종 수출금융은 그 이름에 상관없이 개별적 거래구조에 맞게 디자인된 다양한 금융지원구조를 취하는 경향이어서, 어떤 특정하고 불변의 고정된 정형금융상품이 있다거나 혹은 바람직하다고 보기는 어렵다. 한국수출입은행의 경우 수출촉진자금, 수출성장자금, 수출이행자금, 수출기반자금등으로 광범위한 범주로 구분하고 있으며, 한편 수출금융보증과 수출이행성보증도 지원하고 있다. 무역보험공사는 좀 더 고전적인 수출금융상품에 맞게 보험 제도를 운영하고 있는데, 자본재성 방산수출에 대한 지원에 맞는 상품으로는 중장기수출보험(구매자신용)으로, 결제기간 2년 이상의 수출계약(또는 공급계약)과 관련하여 금융기관이 수입자 앞 금융을 제공하며, 이에 대해 무역보험공사가 그 대금미회수위험을 보상하는 보험제도를 운영하고 있다.

보통 ECA가 보증과 보험으로 대금미회수위험을 보장하고 있다(미국의 ECA 금융은 미국수출입은행이 지원하며 그 제도 부분에서 후술한다).420) 그러나 FMF는 주로 미 정부가 보조금을 지급하여 결국 수출기업은 전체 대금을 받되 구매국은 보조금 받은 부분을 제하고 나머지 부분만 구매국이 지급하는 거래구조이다.

대금상환의무가 있는 대출(loan)이 아닌 보조금이기 때문에 신용위험이나 비상위험이 아예 제거되어 버리는 구조이므로 ECA의 지원이 불필요하고 결과적으로 통상적인 수출금융의 특성은 존재하지 않는다. 따라서 Financing 이란 이름이 붙어 있을 뿐, FMF는 실질적으로 보조금제도이며, 본격적인 무역금융(수출금융)의 범주로 보기에는 어려운 측면이 있다. 오히려 아래 살펴볼 미국수출입은행의 수출금융이 일반적인 방산수출 금융의 특색을 띈다.

(3) 미수은 방산수출금융 (U.S. Ex-Im Bank Defense Financing)

미국수출입은행은 미국의 공적 수출신용금융기관(ECA)이며 각종 중장기 대형수출을 지원하며, 방산수출에 있어서도 시대에 따라 지원 정도를 달리해왔다. 미수은은 연방은행이므로 민간부분(상업은행대출)만으로 미국 수출을 단독 지원할 수 없는 경우 보조적으로 민간금융을 지원하는 역할을 한다.421) 민간금융기관으로부터 수출금융을 제공받지 못하는 수출기업에게 금융을 제공할 뿐 민간기관과 금융사업 경쟁을 하지 않으며, 주로 해외거래에서 발생하는 신용위험과 정치위험을 담보함으로서 민간금융이 제공하지 못하는 위험으로부터 수출기업을 보호하는 것을 목적으로 한다.(수출입은행

---

420) 이 경우 구매국의 신용위험(credit risk)나 국가위험(political risk)로 인해 각종 위험경감 장치가 활용되는 바, 선박, 기계 등에 대한 물적 담보(collateral), 모기업 혹은 은행의 지급보증(guarantee), 수출보험 등이 부가되기도 한다.
421) 미수은의 공식이름은 Export-Import Bank of the United States이며, 미국의 공적수출신용(official export credit)을 제공하는 연방금융기관이다(http://www.exim.gov/ 참조). 조직적으로 볼 때 은행의 명칭을 쓰고 있으나 실제로는 직접대출(direct loan)보다는 보증 혹은 신용보험을 통해 대규모 수출거래를 주로 지원하고 있어 우리나라의 은행이라기 보다는 무역보험공사의 기능에 가까우며, 우리나라 수출입은행과도 유사한 업무를 수행한다.

홈페이지 http://www.exim.gov/ 참조). 따라서 미수은이 개입 하는 전형적인 금융구조는 민간은행이 대출 또는 지급보증으로 직접 수출기업을 지원하고 미수은은 동 은행에 대하여 대출보증, 보험(수출신용보험)으로 지원하는 ECA금융 방식이다.

미수은은 무역지원 연방은행이므로 방산수출관련해서도 역할을 해 왔는바, 세계 최고의 방산수출 선진국 답게 이미 1960년-70년대에 활발한 방산수출 금융 제도를 개발하고, 개선하고 제도를 상황에 맞게 변화시켜 왔다. 아래 표에서 보는 것처럼, 60년대까지 중반까지는 다른 자본재(capital goods) 수출과 구별 없이 방산수출에도 ECA금융을 통해 지원해 왔다. 이후 각종 정치적 사건, 의회의 개입과 1968년 대외군사판매법(Foreign Military Sales Act) 개정으로 개도국 앞 방산수출 지원이 원칙적으로 금지되었고, 74년 이후엔 미수은은 모든 국가 앞 방산수출에 대한 금융지원을 할 수 없게 되었다.422) 다만, 미수은의 방산수출분야 배제 원칙은 약간 느슨해 졌는 바, 예외적으로 마약퇴치(counter-narcotics efforts)나 비군사적 방산물자(non-lethal military articles)인 경우 지원할 수 있도록 그 제한이 완화되었다. 다만, 여전히 수은의 방산수출금융 지원은 원칙 금지되어 있다.423)

---

422) 1968년 미국대외군사판매법(Foreign Military Sales Act of 1968) (82 Stat. 1320-2) 제32조. 미국대외군사판매법은 미국 정부의 정책, 지역군사통제, 무기축소약정, 군비경쟁의 억제 정책을 지지한다. 동법은 미국 정부에 의한 대외군사물자판매를 허용하였으며, 동 판매 대상 국가는 미국과 우호관계에 있으면서 무기 관리능력을 갖출 것을 요구한다. 이 법은 미국수출입은행의 개발도상국앞 무기 수출에 대한 대출, 보증, 보험 등 모든 금융지원을 원칙 금지하는 32조를 두어 미국의 방산수출금융 시스템에 중요한 역할을 하였다.

423) U.S. General Accounting Office, Eximbank Financing Support for Exports of Defense-Related Products, GAO/NSIAD-84-66, 1984 (이하 "GAO 보고서"라 칭함), http://gao.gov/products/NSIAD-84-66 ; .Evans, 전게논문, pp. 549. 미수은의 방산수출 지원제한 존재로 방산수출금융에 대한 법적 제한과 억제정책에 따라 미수은 수출금융은 본 연구에서 제외될 분야로 일견 볼 수도 있겠으나, 미국의 방산수출금융의 현 체제에 대한 실질적인 이해를 위해서는 미수은의 각종 제도 내용과 변천사는 살펴보는 것은 의미가 있다. 미 수은 제도의 여러 단계에 걸친 발전과 변화는 각 시대별 요구사항, 수출기업들의 수요, 경쟁국가와의 금융경쟁과 대처 등 한 국가의 방위산업과 금융정책의 다양한 이슈를 함축하고 있는 바, 이런 점을 파악해 향후 우리나라에서 발전할 방산수출금융의 핵심 이슈를 예측해보고 이해하는데 도움이 되기 때문이다.

[미 수은의 방산수출금융 시대적 변화 요약]

구분	내용	비고
1968년까지	62년 : 선진국앞 방산수출금융 제공 개시 60년대 중순 : 개도국앞 방산수출금융 지원 허용	원칙 허용 시기 국가별 물품별 구별 없음
68부터 74년	68년 : 개도국앞 군사장비 수출 지원 금지 74년 : 모든 방산수출금융지원 제한	국가별 승인과 제한
74년 이후	88년 : 마약퇴치활동에 대한 지원 예외 허용 94년 : 비살상용 방산물자 지원 예외 허용	품목별 승인과 제한

미수은은 1974년 방산수출 지원 제한 전까지는 적극적으로 방산수출 금융지원을 해왔다. 미수은은 초기에는 신용도 높은 국가(선진국)앞 방산수출을 지원하는 것으로 시작되었고 이후 외국원조법(Foreign Assistance Act) 개정을 통해 개발도상국앞 수출까지 지원범위를 확대하였다.424) 그러던 중 국방부와 미수은의 약정을 통해 미수은이 대출금융을 제공하되, 미 국방부가 이에 대한 보증을 제공하는 제도로 발전(역할의 분담구조)되었다.

미수은은 단지 자금지원 등 금융기능만 할 뿐 구매자(구매국)와 거래하거나 혹은 구매자의 세부정보를 통보받지 않도록 하는 소위 "country X loans"제도는 미수은과 국방부간 역할 분담의 사례이다.425) 그러나 전체적으로 볼 때, 국방부 보증부 거래가 다수는 아니었다 하며, 미수은의 방산수출 대출 대부분(미수은 지원의 70%이상)은 국방부 보증이 필요 없는 선진국 대상 수출이었다.426)

---

424) GAO 보고서 3면 ; .Evans, 549면.
425) Evans, 전게논문, 549면.
426) Evans, 전게논문, 549면.

(3-1) 미수은의 지원심사 및 결정

미수은은 기관 내 법무실(general counsel)의 사전 심사를 통해 방산수출 지원여부를 결정하였다. 지원 신청을 받으면 법무실은 동건에 대한 수은의 금융 지원이 법적 근거가 있는지 (제한 없는지) 여부에 대한 기초심사를 실시하였다 한다.427) 미수은의 주요 심사요소로는 수출 물자의 특성, 구매국과 구매자와의 관계, 구매자의 사업 분야, 명시된 물자의 사용목적(stated end use of the product), 군사용 목적으로의 사용 가능성 정도(adaptability of the product to military use) 등이 있다.428)

미수은은 인수적격(no legal objection), 선언조건부 적격(no legal objection with certification) 혹은 지원 거절(prohibition) 판정을 하였다.429) 지원거절은 반드시 법률검토 만에 의해 결정되는 것은 아니며, 법상 요구사항인 개발도상국에 대한 무기류 수출 금지뿐만 아니라 내부 정책적 결정(예컨대 이사회 심의)을 통해 금지되지 않는 방산물자 수출도 지원하지 않는 경우가 있을 수 있다. 예컨대 미국대외신용보험협회(Foreign Credit Insurance Association, FCIA)가 미수은에 대하여 스페인 공군 앞 전술항공 승무원전투훈련시스템 수출에 대한 수출보험 부보(cover)를 요청한 사안에서 동 시스템은 과거 캐나다 공군 및 미국 해군에 판매된 선례가 있었고 미수은 법무실도 본건에 대하여 수은의 지원에 법률상 제한이 없다 판단하였다 한다. 그러나 미수은 이사회는 협의 후 정책적 고려 만에 근거하여 동 신청에 대하여 지원을 거절하였는 바, 이는 법적 제한 없이도 미수은이 내부정책 만에 따른 결정으로 인수거절할 수 있음을 알려준다.430)

---

427) GAO 보고서 pp. 3. 미수은의 대출 절차나 심사요소는 미국의회 일반회계국(GAO, 이하 "미국일반회계국")보고서를 통해 파악하였다.
428) GAO 보고서 pp. 3. 이 당시 미수은은 방산수출 지원 총신청건수 중 69% 인수적격, 15.5% 선언조건부 적격, 15.5% 지원거절 하였다 한다.
429) GAO 보고서 pp. 2.
430) GAO 보고서 pp. 6.

(3-2) 미수은이 예외적 지원 하는 경우

68년 개정된 대외군사판매법 제32조는 미수은의 개도국앞 무기 수출을 법적으로 제한(legal restriction)하였다.[431] 이러한 법적 제한은 74년부터 미수은 내부 정책(internal policy restriction) 결정을 통해서도 선진국을 포함한 모든 방산수출에 대한 금융지원까지도 제한하게 되어 더 확고하게 자리 잡게 된다.[432] 68년의 법적제한 그리고 74년의 정책결정에 따라 금지되었던 미수은의 방산수출지원은 이후 완화와 변경이 이루어져 다시 유사분야에 지원 가능하도록 변화한다.[433] 업계는 미수은의 방산수출지원 금지 원칙 자체를 극복하지는 못하였으나 중요한 예외(즉 예외적 금융지원)를 허용하는 데 기여하였다.

> 첫째, 1988년 미 의회가 은행인가서(charter)를 개정할 때에 마약퇴치활동(counter-narcotics efforts)를 지원하기 위한 보증과 보험 지원이 가능하도록 허용하였다.[434]
> 콜롬비아, 과테말라, 멕시코, 베네주엘라 등에 대한 소형 항공기, 헬기, 경비정, 감시레이더 등 수출이 허용되었다.[435]

---

431) U.S. Foreign Military Sales Act(미국 대외군사판매법) 제32조 ("SEC. 32. PROHIBITION AGAINST CERTAIN MILITARY EXPORT FINANCING BY EXPORT-IMPORT BANK. Notwithstanding any other provision of law, no funds or borrowing authority available to the Export-Import Bank of the United States shall be used by such Bank to participate in any extension of credit in connection with any agreement to sell defense articles and defense services entered into with any economically less developed country after June 30,1968"). http://www.gpo.gov/fdsys/pkg/STATUTE-82/pdf/STATUTE-82-Pg1320-2.pdf 참조.
432) Evans, 전게논문, 548면
433) Evans, 전게논문, pp. 548. 무기수출 금지의 정치적 압력이 80년대 이후 많이 완화된 한편 방산업계에서는 방산 혹은 방산관련 수출을 증진하기 위해 경쟁력 있는 금융이 부족 문제를 계속적으로 제기하는 한편 수출금융 지원부족으로 방산수출을 수주하지 못하며 방산생산시설의 해외이전까지 이를 수 있다는 불만을 표시했다 한다.
434) Evans, 전게논문,pp. 550.
435) Evans, 전게논문,pp. 550.

미수은 방산수출금융이 가능한 또 다른 예외는 94년부터 미수은이 비살상용 방산물자(non-lethal military articles)인 경우 예외적으로 은행 총 지원 한도의 10% 이내에서 지원할 수 있도록 한 것이다.436) 소위 "Dual-use exports"에 대한 금융지원을 허용한 것으로, 증가하는 비살상무기 수출 분야에 대해 국방부 보다는 금융전문기관이 미수은의 일반 ECA금융 지원을 확대하며, 또한 살상무기 분야보다 정치적 관점에서 안전하기 때문에 의회의 높은 지지를 받은 것으로 보인다. 예컨대 이러한 미수은 지원 분야 확대는 항공관제와 레이더시스템 사업 분야 에서 경쟁하던 미국 수출기업들의 지원 요구에 부응하기 위함이었다 한다.437)

그럼에도 불구하고 미수은의 금융은 방산물자 수출을 일반적으로 지원할 수 없는 한계에 계속 봉착하고 있으며, 따라서 미국은 유럽 등 타 방산수출국과의 금융경쟁력 확보 및 일자리 창출 등을 위해 상업적 방산수출을 지원하기 위한 타개책을 새로이 모색하게 된다.

(4) 미 국방부 방위수출대출보증(DELG)

방위수출대출보증((Defense Export Loan Guarantee, 이하 "DELG"라 함)이란 미국 국방부가 운영하는 프로그램으로, 수출 계약 금액의 최대 85% 또는 미국산 콘텐츠의 100%(둘중 적은 금액)에 대해 방위 수출 대출에 대하여 보증하는 프로그램이다. 채무자는 수출 계약 금액의 최소 15% 이상을 현금으로 지불해야 한다.438)

---

436) Evans, 전게논문, 550면 ; 미국 Public law 103-428, 31 Oct. 1994 (http://uscode.house.gov/statutes/1994/1994-103-0428.pdf);
   (I)(i) Subparagraph (A) shall not apply to a transaction involving defense articles or services if—
   (I) the Bank determines that—
   (aa) the defense articles or services are nonlethal; and
   (bb) the primary end use of the defense articles or services will be for civilian purposes;
437) Evans, 전게논문, pp. 550. 이런 분야는 민간 플랜트 수출과 성질상 유사한 바가 클 것이므로, 비살상, 민간사용 분야 수출이라면 설사 방산물자라도 미수은의 유연하고 금융경험과 금융여력이 많은 지원이 더 타당한 것으로 판단한 것으로 보인다.
438) CRS Report for Congress Defense Export Loan Guarantee Program (DELG), http://www.congressionalresearch.com/97-948/document.php.

DELG는 미국이 방산수출 금융지원의 제약적 상황에 근거해 특별히 도입한 국방부 주도 고유한 금융지원제도이다. 즉, 앞서 살펴본바와 같이 미수은의 경우 방산수출 금융 지원이 금지되는 한편, 국방부의 FMF(foreign military financing) 프로그램은 사실상 이스라엘, 이집트 등 소수의 우방국에만 지원 가능한 보조금 제도로 운영되었다. 따라서 소수의 우방국이 아닌 다수의 안보 협력국에 상업적인 근거로 방산수출을 하는 데에 필요한 금융을 지원하는 제도가 요구되었고, 그런 수요에 맞게 도입된 제도가 DELG 제도이다.

DELG는 ECA금융을 지원받는 유럽 수출기업과 경쟁하게 된 미국의 방산수출업계를 위한 제도로 미국 방산수출금융상품이 경쟁력이 적다는 비판에 대한 대안적 정부방산금융제도(alternative government military export financing)로 고안되었다.

동 제도는 미국 방산수출기업에게 외국 경쟁기업과의 동등한 경쟁(level playing field) 수단을 제공하고, 미국 생산기반과 일자리를 유지하기 위해 마련되었다.[439] 업계요청에 따라 미국 정부는 방산물자 혹은 서비스, 디자인, 건설과 관련하여 특정 범주에 속하는 국가에 수출하는 판매 혹은 리스거래에 대한 금융의 원금 및 이자에 대한 손해에 대하여 그 대출을 실행한 은행에 대하여 미 국방부가 보증(guarantee)을 제공하는 제도로 1996년 미국연방법인 국방부예산법(DoD Appropriation Act)에 규정하였다.[440]

결과적으로 DELG 프로그램은 유럽계 은행들의 방산수출 대출에 대하여 ECA가 보험·보증을 지원하는 구조랑 매우 유사하게 되었다. 즉 DELG 프로그램에 따라 미국 정부는 상업 은행 등 승인된 대출 기관에 대출 보증을 제공한다. 이에 따라 동 대출기관은 외국 구매자(구매국 정부 등)에게 대출을 제공하여 미국 방위 품목 및 서비스 구매 자금을 공급한다.

---

439) Evans, 전게논문, pp. 553.
440) 10 U.S.C. 2540(a) http://uscode.house.gov/view.xhtml?req=granuleid:USC-prelim-title10-section2540&num=0&edition=prelim; Department of Defense Appropriations Act, 1996; U.S. General Accounting Office, "Defense Trade: Status of the Defense Export Loan Guarantee Program", NSIAD-99-30: Published: Dec 21, 1998. Publicly Released: Jan 13, 1999.(이하 "GAO DELG 보고서"라 칭함).

그러나 DELG 프로그램은 결과적으로 실패하게 되었다고 보는 견해가 일반적이다. 장기거래 금융시 상당한 부분을 차지하는 소위 "위험수수료(exposure fee)"가 부과된다. 위험수수료는 중장기 수출거래에 대하여 금융지원할 때에 통상적인 금융비용에 추가하여 구매국이나 구매자의 리스크를 반영하여 부과하는 비용을 말한다. 그런데 동 위험수수료에 대해서는 DELG에 의한 금융지원을 하지 못하는 정책으로 인해 수출입 기업이 부담하는 전체적인 비용이 상승되어 실효성이나 경쟁력이 떨어지게 된 것이 주요 원인이었다고 한다.441)

> 예컨대 DELG 제도에 의해 루마니아 앞 무인항공기와 이동식표적시뮬레이터 수출(U$16.7백만 상당)에 대하여 보증서가 한번 발행되었는데, 이 때 부관된 위험 수수료가 전체금액의 15%를 상회하여 부과되었다 한다.
> 위험수수료에 대한 금융지원 등을 추가하고자 하는 업계의 요청이 있었으나 이는 결국 받아들여지지 않았고 그에 따라 특별제도로 운영되었던 DELG 제도는 현재 운영되지 않고 있다 한다.442)

(5) 미 의회의 특별승인 금융지원

미수은의 ECA금융 혹은 국방부의 DELG 등 제도화되고 절차가 표준화된 방산수출금융제도 외에도 "의회 특별승인"에 의한 수출금융이 가능할 수 있다. 즉, 즉 미국 정부가 미국 산업지원과 안보협력 목적 하에서 필요하다고 정책적 결정을 한다면 case-by-case로 의회의 승인을 받아 특정 국가에 대량으로 지원할 수 있다.

---

441) Evans, 전개논문, pp. 554.
442) Evans, 전개논문, pp. 554. 미국 정부가 보조금을 주는 다른 지원제도인 FMF가 각종 금융비용에 있어서 더 유리하게 되어 상대적으로 DELG의 매력은 감소된다. DELG 이용을 저해하는 이유로는 (1) 미국 방산물자를 구매하고자 하는 국가들에 대출보증은 한 요인에 불과하며, (2) DELG 지원여부 결정 절차(processing)와 지속적인 관리(administration)가 미 국방부에 업무상 부담이 되며, (3) 국방부가 의회에 적절히 자료를 제출하지 않았음을 들고 있다. GAO는 국방부가 적절한 인원배치, 관리, 그리고 충분한 지원을 하도록 권장하였으며 동 문제점 해결이 되지 않았음을 이유로 동 제도의 시행을 중지시켰다. 동 보고서의 내용을 검토해 보면, 주로 국방에만 치중하고 전문성을 보유하는 국방부의 특성상, 수출금융 결정이나 지속적인 수행에 있어 적절한 업무수행이 쉽지 않음을 간접적으로 나타내는 것으로 해석할 수 있다.

예를 들어 2002년도 미국 록히드 마틴사의 F-16을 폴란드에 수출할 때에 미국 의회가 미국무기수출통제법에 근거하여 미국방부의 3.8억불 15년 분할상환 대출을 특별 승인한 경우가 그 일례이다.443) 동 사례는 통상적인 거래가 아닌 대형 방산수출 프로젝트에 대하여는 방산수출금융을 지원하는 특별한 방식을 의회가 만들 수 있는 것이다.

통상적인 지원프로그램인 FMF의 한도를 넘어서 지원할 수 없거나 혹은 국가별 배정액을 넘어 의회의 특별승인이 필요한 경우 개별적으로 지원할 수 있음을 알려준다.

다. 금융에 대한 Security Exception 원칙

방산수출거래에 대한 정부의 정책금융 지원에 대하여도 일반수출금융에 대한 각종 국제규범이 적용되는지 문제될 수 있다. 수출국 정부가 대형 자본재 거래에 대해 금리(interest)나 상환기간(payment period)면에서 상업대출보다 유리한 조건으로 지원하는 경우(과도한 무역촉진), 정치적 측면에서 특정국에 대한 편중지원(무기통제정책 위반)하는 문제, 채무 과다국에 대한 지원시 부채 증가 등이 주요 문제점으로 논의사항이 될 수 있다.444) 이런 문제에 대한 검토는 WTO 보조금협정, OECD수출신용협약 등 국제규범에 부합하는지 혹은 소위 안보예외(security exception)을 통한 예외적용이 가능한지에 대한 논의를 중심으로 이루어지는 바, 외국의 연구에서도 중요한 과제로 검토되어 왔다.445)

현재 대부분의 방산수출은 각 국가의 안보라는 국가이익과 밀접한 활동으로 인정되기 때문에 개별 국가는 타국이나 국제기구가 요구할 수 있는 각종 국제규범에서 자유로우며 이것이 "안보예외(security exception)"로

---

443) Evans, 전게논문. 동 사안에 대한 분석에서 P. Evans는 위 당시의 미국 방산수출금융의 FMF 중심 운영과 미수은 지원의 불가라는 한계 하에서 미의회가 특별승인을 통해 지원하게 된 배경을 다양한 측면에서 분석, 주장한 바 있다.
444) Evans, 전게논문.
445) Evans, 전게논문, pp.557-59.

용인되고 있다. 그러나 방산수출 거래는 구매국앞 인프라 수출 등 생산적인 거래에 대한 지원이 아니고 오히려 인접국간 무력충돌, 약소민족에 대한 압제 등 정치적으로 민감한 문제와 연결될 수 있는 문제이어서 오히려 국제규범이 더욱 엄격히 적용되어야 한다는 비판적인 시각도 제기되기도 한다.

방산수출거래에 대한 금융을 요청받은 금융기관 실무에서는 위와 같은 국제규범의 원칙과 안보예외 문제 및 그 인정되는 범위 등에 대한 충분한 검토 없이 단순히 일반물자 금융 대비 취급하기 까다롭다고 여기는 경우가 있다. 한편, 안보와 관련된 물자의 특성상 예기치 않고 과다한 정부의 간섭을 우려하기도 한다. 반면, 금융취급시 대중의 비판을 받을 수 있다는 우려도 하기도 한다.

전반적으로 방산수출금융에 대해 많은 경험이 없이 단지 관념적으로만 우호적이거나 비판적인 입장이 개입되어 일반적인 물자 수출에 대한 금융지원과 다르게 취급하거나 혹은 아예 기피하는 경향이 있으며, 이로 인해 금융지원에 혼선이 발생할 가능성도 크다. 물론 대형 방산수출을 하는 소수의 수출기업의 경우 전문적인 인력과 능력으로 큰 문제없이 금융기관과의 협의를 거쳐 방산수출금융을 활용하는데 큰 문제가 없으나, 중견중소기업 등 직접 방산수출금융을 활용해 본 경험이 부족한 경우 이러한 금융지원 경험 부족은 문제가 되고 있다.

방산수출금융 제공은행은 일반적인 자본재와 동일하게 보아 단순 이해해 버리고 그런 일반자본재 수출거래에 적용되는 각종 가이드라인 내지 국제규범을 무작정 적용하여 금융지원을 거절해 버릴 수도 있다. 한편 소위 WTO 보조금 금지규정이 농수산물에 적용되지 않는 것과 마찬가지로, 방산물자 수출에 대하여도 WTO 규정은 적용되지 않으므로 제약없이 금융을 과도하게 지원할 가능성도 있다. 각종 자본재 수출을 규율하는 국제규범은 방산물자 수출은 아예 명시적으로 적용을 배제하거나 혹은 해석을 통해 적용 예외로 하는 것으로 봄이 타당하다. 이렇듯 적용배제 원칙은 명백한 것인데 금융실무에서는 매우 다른 방향으로 취급하는 경우도 있음을 유의해야 한다.

특히 미국계 은행이나 영국은행은 매우 엄격한데, 원칙적으로 국제규범을 적용할 의무가 없는데도, 단지 실무자들이 일반거래에 익숙하다는 이유 혹은 법상 강제되지 않아도 건전한 경쟁과 위험관리 측면에서 금리(interest)나 신용한도(credit line) 등 거래조건을 일반물자 거래와 동일하게 취급해 버리기도 하며, 이런 "자발적 준수" 방식을 통해 국제규범이 방산수출에도 적용되어 사실상 규범 역할을 하기도 한다.

이 분야는 상당한 혼선이 있고 논의와 설명이 필요한 분야이므로 전술한 GATT, WTO GPA 등 국제규범의 내용을 방산수출 맥락에서 충분히 검토하고 준수하도록 해야 할 필요가 제기된다. 한편 아직 G2G 전담조직이나 혹은 방산수출 관련 기타 정부조직에서 특별히 방산수출금융에 대해 충분한 국제법적 근거에 따라 금융기관을 설득하고 수출금융이 지원되도록 하는 활동이 초기 단계에 있으나, 향후 지속적인 수출수요가 있을 것이므로 이에 따라 수출금융이 활성화 될 것으로 예상한다.

라. OECD 수출신용협약

(1) OECD 수출신용협약 개요

OECD 수출신용협약(Arrangement on Officially Supported Export Credits)은 1978년 4월 발효된 참가국들 간의 신사협정(Gentlemen's Agreement)으로, 수출신용(export credit)의 공정한 운용을 위해 제정된 되었다. 동 협약의 목적은 (1) 공적수출신용 시장의 질서 유지 및 (2) 공정경쟁원칙을 통한 무역왜곡 방지에 있으며, OECD 회원국인 한국, 호주, 캐나다, 일본, 뉴질랜드, 노르웨이, 스위스, 미국, 유럽연합(EU), 터키 및 영국이 가입하여 소속 금융기관이 이를 자발적으로 준수하고 있다. 그리고 지원되는 공적지원 형태는 (1) Pure Cover : 수출보증/보험, (2) Official financing support : 직접대출, 리파이낸싱, 이자율지지, (3) (1), (2) 지원의 혼합 이다.[446]

---

446) 수출입은행, OECD 수출신용협약 https://www.koreaexim.go.kr/HPHKWG003M01

장기 수출신용 공여 체제는 1950-60년대 이후에 발전하기 시작하였는데, 이는 2차대전 이후 독립한 개발도상국들이 선진국들로부터 자본재를 대거 수입하면서 시작되었다.[447] 이전의 수출신용 지원은 주로 단기 수출신용 지원의 형태였으나, 현재는 주로 장기 수출신용이 중요한 역할을 하고 있으며, 협약을 이를 규제하는 것이다.

OECD 수출신용협약은 장기 공적수출신용의 무제한적인 활용을 제한함에 주 목적이 있다. 즉, (1) 수출국이 공적수출신용의 공여를 통해 수출을 늘려가는 관행을 규제하고, 수출품의 가격과 품질에 기초하여 경쟁할 수 있도록 시장에서 공정한 경쟁여건을 조성하고, (2) 공적 수출신용에 대한 선수금, 최저 금리, 최장 상환기간,현지 비용의 지원조건들에 대한 기준을 제시하여 수출신용이 공정경쟁여건을 해치지 못하도록 함에 목적이 있다.[448]

공적수출신용은 그 성격상 보조금적 성격이 주를 이루므로 수출신용 협약의 제반원칙은 WTO의 보조금 협정에 근거하고 있다. WTO 보조금 협정 제3조는 수출 보조금을 금지 보조금으로 원칙 분류하고, 동 보조금 협정 부속서 I의 K-2항은 OECD의 수출신용 협약이 인정하는 보조금은 금지보조금이 아니라고 규정함으로써 각 국가가 수출신용을 활용할 수 있는 근거를 마련해 주고 있다. 또한 보조금협정 부속서 I의 J항은 정부나 대행기관이 제공하는 수출신용 위험요율은 장기 영업비용과 손실을 보상할 수 있는 선에서 결정되어야 하는 점을 명시하여, 수출신용의 제공시 지켜야 할 제한사항을 정하고 있다.[449]

---

[447] 신종원, 수출신용협약 개정논의 동향과 대응방안, KDI 나라경제 (2023. 7월 vol. 392), 92면. https://eiec.kdi.re.kr/publish/naraMain.do?sel_year=2023&sel_month=07
[448] 신종원 (2023), 92면.
[449] 신종원 (2023), 92면.

(2) 수출신용협약 적용범위

수출신용협약이 적용되는 "공적지원의 범위"는 상환기간 2년 이상인 재화 및 서비스의 수출과 금융리스 거래에 대한 모든 공적지원에 적용된다. 공적지원의 형태는 직접대출, 재금융, 금리차이 지원, 보증 또는 보험 등을 포함한다. 한편, 선박, 핵발전소, 민간항공기에 대하여는 특별 가이드라인을 제공하고 있어 이를 준수하도록 한다.

협약은 무역과 관련된 tied-aid credit도 공적 수출신용으로 간주하여 별도 규정을 두고 있다. 이는 개발원조자금이 자국상품 구매를 통해 무역질서를 왜곡할 우려가 있다는 판단에 근거하고 있다. 다시 말하면 개발원조자금이 개발우선순위가 높은 프로젝트보다 상업적 이득이 큰 거래로 집중되는 것을 방지하고자 하는 것이다.[450]

군수물자는 농산물과 함께 협약의 적용범위에서 제외시키고 있어[451] 정부간 거래와 관련이 깊은 방산물자(Military Equipment)는 OECD 수출신용협약에서도 적용 대상이 아니게 된다. 그런데, 우리나라 수출신용의 실제에서는 방산수출 금융지원에 대한 별도의 법적근거가 아직 명확하지 않고 및 방산수출 산업이라는 특수한 산업특성이 있는 분야에 공식적인 지원을 하는 것에 대한 부담으로 인해 민간제품과 동일한 가이드라인을 준용하는 것으로 알려지고 있다.[452]

공공인프라 수출과 달리 방산물자 부분에 대하여 수출신용협약상 명확한 제외 규정이 있음에도 불구하고 동 규정을 적용하는 것은 적절치 않으며 추후 정책금융기관들이 방산물자 수출에 대한 지원이 확대되고 경험이 축적되면 시정될 것으로 보인다.

---

450) 신종원 (2023), 93면.
451) 신종원 (2023), 93면.
452) 안영수·김미정(2018), 「우리나라 정부간 수출계약(GtoG) 촉진을 위한 수출금융 활성화 방안」, 한구무역투자진흥공사

> 특히 수출신용을 많이 활용하는 프랑스의 수출신용기관인 Bpifrance가 방산물자에 대하여 수출신용 제공시 협약의 내용을 변경한 독립적인 기준에 의해, OECD 공적 수출신용협약상 7등급에 해당되는 국가가 47개 인데 반해, 프랑스의 내부 가이드라인상 7등급에 해당되는 국가는 8개국으로 분류하고 있다 한다.453) 한편, 그 외 7등급 수준에 해당하는 국가들은 6등급 지원기준에 준하여 사업별로 조건부 승인형태로 지원하는 등 유연하게 대처하고 있다고 한다. 454)

프랑스 사례처럼 우리나라도 어느 정도 수출신용협약상의 적용체계는 차용하되, 방산물자 수출에 대하여는 구매국과의 국가안보협력관계를 감안하여 유연하게 대처하는 것이 바람직 할 것이다. 향후 이 분야에 대하여는 연구와 실무적 개선 노력이 필요할 것으로 본다.

마. 공공 인프라 금융 고려사항

(1) 공공 인프라 수출 금융지원시 고려사항

공공 인프라 수출에 대한 금융지원에는 일반적으로 인프라 관련 물자 및 서비스의 수출을 지원하기 위한 자금(funding) 또는 기타 형태의 지원(assistance) 활동이 있다. 인프라 프로젝트를 위한 자금 조달, 기술 지원(technical assistance), 보험 또는 보증의 지원 등이 일반적으로 포함될 것이다. 본서에서는 공공 인프라 수출에 수출금융과 보험 등 위험관리 지원을 중심으로 설명한다.

수출금융은 인프라 관련 제품 및 서비스를 다른 국가로 수출하는 회사에 금융을 제공하는 것이며 대출, 보증 또는 기타 형태의 금융 지원이 포함된다. 이와 구별되는 보험 및 위험 관리 지원이란 인프라 프로젝트에 관련된 회사 및 참가단체에 거래와 관련된 위험을 담보하여 투자와 관련된 재정적 위험을 완화시켜 결국 충분한 수출금융이 지원될 수 있도록 하는 역할을 한다.

---

453) 안영수·김미정(2018), 53면.
454) 안영수·김미정(2018), 53면.

공공 인프라 수출을 위한 금융은 여러 가지 방식으로 이루어질 수 있다. 대표적인 방법은 공공-민간 파트너십 (PPP), 수출신용기관 (ECA), 다자개발은행 (MDB), 양자개발은행 (BDB) 등의 지원을 통한 방법이다. 공공-민간 파트너십 (PPP)은 공공 및 민간 부문 간의 투자와, 위험과 보상을 공유함으로써 공공 인프라 프로젝트를 금융화하는 방법이다. 공공 인프라에 PPP사업방식을 사용할 때 그 사기업의 이행을 더욱 강력히 보장하고, 발생가능한 이행 충돌을 조정하는 등의 기법으로 전술한 G2G 거래 방식이 PPP에 결합되어 거래가 더욱 안전해지고 균형있게 만들어 질 수 있다.

PPP 사업방식과 G2G 방식으로 안정화되고 향상된 인프라 수출 프로젝트에 대하여 다양한 금융기관이 지원할 수 있을 것이다. 첫째, 수출신용기관 (ECA)은 자국의 상품 및 서비스의 수출을 지원하기 위해 금융을 제공할 수 있다. 수출신용기관은 기본적으로 비상위험과 신용위험이라는 기준 하에 그리고 정책적 금융지원 필요성을 감안하여 금융을 지원하는 바, 공공 인프라 수출의 경우 공공성이 높고, 차주가 국가나 그에 준하는 기관인 경우가 많고, 또한 신용위험 측면에서는 낮은 위험도인 경우가 많으므로 일반적인 프로젝트보다 좀더 적극적인 태도와 지원을 예상할 수 있다.

다만 인프라 수입국의 많은 경우 개발도상국인 부정적인 요소가 있으므로 이를 극복하기 위한 조치가 고려되어야 할 것이다. 마찬가지로 개발은행 (MDB)은 개발도상국의 개발 프로젝트를 위한 금융을 제공하는 바, 이들의 도움과 참여에서도 공공 인프라 수출의 경우 공공성이 높고, 차주가 국가나 그에 준하는 기관인 경우가 많은 점에서 긍정적인 요소가 많을 것이다.

공공인프라 수출에 대한 금융제공시 앞서 살핀 OECD 수출신용협약이 적용될 것이다. 방산물자와 달리 공공 인프라의 경우 협약의 적용 제외 대상이 아니다. 공공 인프라 프로젝트에는 금액면에서 상당한 투자가 수반되며 금융조달에 있어서도 수출신용을 포함한 다양한 수단을 동원하게 된다. 따라서 OECD 회원국이 공공 인프라 수출에 대해 공식 수출 신용을 제공하는 경우, OECD 수출 신용 협정에 명시된 규칙과 지침을 준수해야 하며, 이 점에서는 방산수출보다는 더욱 협약상의 조건 준수 부담이 있고 따라서 정부의 유연한 지원은 그만큼 제한된다.

(2) 원전수출 금융지원시 고려사항

원자력 발전소 수출에 대한 금융지원도 많은 부분에서 인프라 수출과 내용을 공유한다. 일반적으로 원자력 발전소 건설 및 운영을 위한 자금 조달, 기술 지원, 보험 또는 기타 위험 관리 지원이 포함되는 것은 일반 인프라 수출과 유사할 것이다. 다만, 높은 수준의 환경적, 정치적, 안보적 요인에 대한 고려가 필요하며 국가간 협력이 더욱 중시되는 거래이기 때문에 정부간 협력관계와 장기적인 거래관계를 고려하여 금융지원시 전략적인 접근이 필요한 분야이다.

공급국인 우리나라 입장에서 보면 직접적인 수출 증대 및 외화 가득의 효과에 더하여 구매국의 에너지 수요를 충족하고 온실 가스 배출을 줄이는 수단으로 원자력 사용을 촉진하기며 이것이 전세계적인 에너지 정책에 부합할 수 있을 것이다. 또한 원전수출 확대를 통해 원자력 분야의 다수의 국내기업을 위한 새로운 비즈니스 기회 창출을 기대할 수 있다.

한편, 구매국의 자원이나 기타 에너지원이 많은 경우 에너지 안보협력을 강화하는 방법으로 원자력 수출을 추진할 수 있을 것이다. 다만, 이러한 고려나 논의는 이 책이 다루고자 하는 상업적 혹은 금융적 분야를 넘어서므로 최소한으로 하고자 한다.

다만, 원전 수출에 있어서는 특히 "에너지 안보협력관계"에 따른 지원필요성에도 불구하고, 기후 변화, 정치적 입장 차이에 따른 비난 등 부정적 요소도 수반될 수 있어 그 사업추진시 국제적 "평판 위험(reputation risk)"에 대한 고려나 평가도 가 수반되어야 할 것이다. 따라서 원전 수출에 대한 금융지원 여부는 다양한 정치·경제·환경적 요인에 따라 결정되어야 할 것이다.

02
정부간 거래 금융의 실제

1. 정부의 역할 - 공적 / 양허성 금융

다수의 선진국들과 우리나라는 중장기 자본재 수출을 진행하는 수출기업에 대해 국책은행 및 금융기관을 통해 공적금융(official lending) 지원하고 있다.

우리나라는 이미 조선, 해외건설, 플랜트, 인프라 수출 등 분야에 대한 국가차원에서 잘 정비된 지원 시스템이 존재하고 한국수출입은행, 한국산업은행, 한국무역보험공사 등 정책금융기관이 적극적으로 수출지원을 해오고 있다. 이러한 중장기 자본재 수출거래 지원의 방식과 경험을 방산수출 금융에도 활용할 수 있다.

방산수출의 성공적 수주에는 수출국 정부의 역할은 지대하고 어떤 경우 결정적인 요소가 된다. 우리나라와 구매국과의 접점 역할을 수행하는 지원기관은 충분히 많은 바, 외교부, 대사관(현지 무관 혹은 상무관 포함), KOTRA, 수출입은행 등 정부조직과 기타 유관기관은 수출기업의 수출마케팅에 다양한 지원과 영향을 통해 수출계약이 체결되도록 지원할 수 있다.

게다가 방산수출금융은 정책금융 분야에 속하므로 정부도 수출기업에게 시장보다 유리한 조건(저리, 장기, 고액 대출)으로 공적금융을 제공할 수 있는 근거도 충분하다. 방산수출에 대하여 정책금융을 적극적으로 활용하는 것은 단순히 이론적이거나 학문적 주장이 아니고 미국, 프랑스, 영국 등 다수의 서방 선진국들이 장기간 활용해 온 금융지원 관행인 것은 앞서 살핀 바 있다.[455]

구매국이 선진국인 경우 혹은 충분한 선금 지급, 석유, 자원 등 정부가 현금화 용이한 자원, 물자 등 상환이 확보된 비교적 안전한 거래인 경우 상업은행은 구매국의 연불지급조건부 수출거래에 대해 자체 신용심사만으로 금융을 지원할 수도 있다. 그러나 각종 정치적 불안정성과 위험과 안보협력 관계 악화, 기술유출 가능성 등 복잡한 문제가 수반되는 개발도상국 앞 방산수출거래에 대하여 보수적인 금융기관이 적극적인 금융지원을 하기는 어렵다.456)

상업은행의 자체심사능력만으로 개도국의 향후 2-10년간 발생할 각종 위험요소를 모두 감당할 수 있는 경우도 있을 수 있다. 따라서, 구매국이 개발도상국이거나 거래대상 자체가 각종 위험에 많이 노출되는 경우에는 수출국 정부의 지원, 특히 정책금융이 추가되거나 혹은 부가되는 경우라야 비로소 금융기관이 안심하고 금융을 지원하게 된다.

선진 방산수출국이 구매국에게 직접 공적대출(direct official lending)하거나 혹은 대출하는 (상업)은행에 대하여 보증(guarantee) 내지 보험(credit insurance)을 제공하는 수출신용, 즉 간접 공적보증(indirect official guarantee)으로 수출을 지원하는 것에 비추어 우리도 방산수출에도 동일한 수준의 금융지원이 되도록 해야 한다.457)

G2G 방식 수출거래가 인도 후 대금결제기간이 1년 이하 조건으로 이루어지는 경우에는 일반적인 상업은행의 무역금융 대출을 활용하여 지원하는 데 큰 어려움이 없을 것이다. 1년 이하 단기 거래에 대하여는 우리나라의 은행 실무자들도 익숙하며 수출기업도 익숙한 결제수단으로 하고 필요시 무역보험에 부보하여 대금미회수위험을 커버하고 은행의 무역금융을 활용하면 되는 것이다.

---

455) U.S. General Accounting Office (GAO), "Military Exports: A Comparison of Government Support in the United States and Three Major Competitors," GAO/NSIAD-95-86 (US Government Printing Office: Washington, DC, May 1995), http://fas.org/man/gao/gao9586.htm (이하 "GAO 비교보고서"라 칭함).
456) 개도국의 경우 선진국과 같은 수준의 보안유지 관련 정부의 활동이나 감독에 미흡할 수 있다. 수출국과 같은 보안수준을 유지하여 물자를 요구할 것을 계약조항에 넣는 것이 일반적이며, 위반시 발생한 손해에 대하여는 구매국이 수출기업에 보상한다는 조항을 넣는 것도 일반적이다.
457) Johnson, 전게논문.

향후 도래할 어려운 문제는 대형, 중장기, 고액 방산수출에 대하여 구체적인 지원방안을 어떻게 만들고 준비할 것인가에 있을 것이다. 항공기, 선박, 전차 등 대형 무기시스템은 보통 장기간 사용되고 보유되며, 지속적인 부품 공급과 업그레이드 수요가 있어 장차 우리나라가 경쟁력을 확보하고 중점적으로 발전시킬 분야이다. 그런데 이런 방산물자는 그 성질상 자본재(capital goods)에 해당하는 경우가 많으며 이런 물자를 본서에서는 "자본재 방산수출(capital arms exports)"라 칭한다.458)

자본재 방산수출 거래에 대하여는 여컨대 선박 금융에 지원되었던 중장기 수출금융 방식약간의 미세조정을 통해 방산물자 수출에 지원할 수 있다. 선박 금융에 지원된 중장기 수출금융과 수출보험은 잠수함, 초계함 등 함정, 항공기, 최신 전차 등에 대하여 적용이 가능할 것이다. 한편 미국 등 방산수출 선진국들이 지원했던 방식이나 프로그램을 참조하여 그를 조합하여 지원하는 것이 타당하다고 본다.

2. 정부간 거래 대금결제

방산수출에 대한 금융지원의 중요한 내용으로 특히 결제기간이 장기간인 경우 그 결제기간 동안의 자금부담을 완화하는 각종 금융기법이 있다. 이는 특히 국제거래에서 현저한 바, 대금지급 주체가 외국 정부이고, 국가간 결제에는 외국환 거래가 수반되며, 대금 결제 능력 변화나 기타 불가항력 상황은 이러한 외상기간이 길수록 나타날 수 있기 때문에 국제대금결제(International payments methods) 관련 문제를 조정하고 금융기관이 개입하거나 신용을 공급하는 문제가 금융방안에서 중요하다.

---

458) Johnson J.L. 전게논문, pp. 110-121. 구매국이 이런 자본재성 방산물자를 도입하는 경우 인도전에 선금을 주고 인도와 동시에 잔금을 지급하기 보다는 그 물자의 존속기간에 상응한 장기간 동안 대금지급을 연불 혹은 할부로 지급하여 수출기업을 효과적으로 통제하고자 한다. 수출기업이 대금을 완납 받지 않는 한 품질 유지, 고장물품의 수리 등 지원을 잘 할 것이고 또한 손해발생시 대금감액으로 상계할 수도 있기 때문이다.

수출기업은 거래 초기부터 추진거래에 적절하고 안전한 수출대금 결제방식을 충분히 검토하고 선택하여야 한다. 그렇다면, 일반적인 수출거래와 동일한 관점에서 방산수출의 대금결제방식을 선택하는 것이 적절한 것인가? 중요한 거래이니 안전을 위해 소위 안전한 국제대금결제 방식이라고 하는 신용장(letter of credit)을 무조건 지급 방법으로 추진하는 것이 타당한가?

그러나 다음에 살펴볼 바와 같이, 일반적인 국제거래에서 활용되는 대금결제방식을 무분별하게 방산수출에 그대로 적용하는 것은 수출기업의 이익 및 안전한 거래 확보 측면에서 적절하지 않을 수 있어 유의를 요한다. 오히려 방산수출 결제방식에 영향을 미치는 다양한 요소들(factors)을 반영하여 적절한 대금결제방법을 선택·설계하는 것이 더 바람직할 수 있다.

이런 방산수출에 특유한 각종 요소를 판단하고 반영하는 작업은 보수적인 특성을 가진 상업은행이나 그 실무 은행직원들은 환영하지 않겠으나, 방산수출의 특성 및 산업의 중요성상 방산수출을 특수한 거래형태로 보고 그에 적절한 금융방안을 검토하는 것은 필요하다. 이런 점에서 방산수출금융의 경우 정부나 정책금융기관의 가이드라인 작성, 구매국의 대금지급 관련 리스크 등에 대한 통일적이고 합리적인 평가 등을 선도해야 하는 필요성이 크게 된다.

가. 대금결제에 영향을 미치는 요소

방산수출 등 거래 대금결제방식을 선정함에 있어서 영향을 미칠만한 요소는 다양하다. 개별적인 거래관계에 따라 판단할 일이지만, 주로 영향을 미치는 요소로는 (1) 대금지급 주체가 주로 정부 혹은 정부기관이라는 점, (2) 제작기간과 인도시기, (3) 연불결제방식이 될 경우 허용가능한 상환기간에 대한 고려가 있을 수 있다. 대금결제에 있어 수출기업과 금융기관이 중점적으로 고려하게 되는 것은 주로 미결제위험을 야기할 수 있는 각종 상황인 바, 이는 수출보험의 기본 담보 위험인 신용위험과 비상위험으로 분류되는 각종 사태들이다. 따라서 이러한 대금결제에 대하여 수출기업이나 금융기관이 직접 관리하고 대처할 수 있는 경우에는 직접 하면 되겠으나, 그 위험이 발생하는 곳이 대부분 구매국이며, 그 구매국의 상황을 한국에 소재한 수출기업이나 금융기관이 효과적으로 대처하기 어렵고, 또한 법적 조치 등 분쟁해결도 용이하지 않은 경우가 많으므로 이에 대한 대처는 수출신용보험이나 보증을 통해 해결하는 것이 바람직할 것이다.

나. 방산수출 등 대금결제의 특수성

(1) 대금지급 주체의 특수성

정부 등 구매주체 : 방산물자 구매주체가 대부분 구매국 정부이거나 이에 준하는 기관(공기업 포함)인 점이 수출대금주체의 특수성이 결제방식 선택에 영향을 미친다. 구매주체로서 정부(government entity)는 적어도 구매국 영토 내에서는 일반 사기업(private corporation) 보다는 지급능력이나 지급의사가 더 확실할 것이므로 그만큼 안전하다고 볼 수 있을 것이다. 물론 구매국이 개도국인 경우 혹은 정상적으로 운영되지 않는 특별한 경우 구매주체가 정부라 해서 무작정 신뢰할 수는 없다. 정부 내 부패나 비상식적인 의사결정체계, 권한 남용은 국제거래에서도 이유 없이 혹은 불합리한 근거로 대금지급을 거절할 수도 있고, 그런 경우 오히려 대처하기에 어려울 수 있다. 그러나 이는 예외적인 현상이며 대부분 구매국 정부가 구매국의 일반기업보다는 신용이 높다고 보는 것이 타당하다.459)

정부가 직접 구매할 때 구매국 상업은행(commercial bank)이 발행한 신용장 혹은 지급보증서(payment guarantee, standby letter of credit)를 결제방법으로 받도록 기계적으로 요구하는 것은 적절치 않다. 신용장 등 은행의 지급보장 상품을 활용하는 이유는 신용도 낮은 구매기업의 신용을 신용도가 높은 은행의 신용도로 치환(substitution of credit)하는 데 있는데, 구매국 정부의 신용을 굳이 상업은행의 신용도가 치환할 필요는 대부분 없기

---

459) 수출보험에 있어서도 대형 프로젝트 수출인 경우 구매국 정부가 지급보증 하는 거래에 대하여는 보통의 거래보다 신용점수를 높이 설정하는 것이 일반적이며, 더 높은 지원 금액 한도가 설정된다.

때문이다. 따라서 구매국이 적어도 일정 수준 이상의 신용도가 있는 경우라면 굳이 수출 거래 건마다 신용장 발행 등 은행을 이용하면 서비스 비용이 불필요하게 커진다. 이 경우 은행은 정부가 채무 불이행이라는 발생한 경우 대지급을 약속하는 보증서(guarantee) 내지 보증신용장(standby letter of credit)을 발급받는 것이 더 타당하다.460)

만약 예외적으로 구매국 정부나 상업은행 모두가 신용도가 매우 낮은 상태라면, 신용도가 높은 선진국 은행의 구매국내 지점이나 혹은 아예 선진국 소재한 외국은행의 신용장을 받도록 하는 것이 타당할 수 있다. 국제적으로 저명한 "신용도 높은 은행"이라는 공식적인 정의나 자격이 존재하지 않지만, 금융 실무상 은행이 국제거래에 대한 지급이나 지급보증을 하는 경우 은행 신용자료를 제공하는 각종 참고자료를 통해 은행자산이나 신용도 지표를 나타내는 리스트를 활용하여 은행의 신뢰도를 파악하는 경우가 많다.461)

(2) 제작·인도와 대금지급 연계

방산물자 수출에는 구매국의 요구사항 파악과 이에 따른 과업 정의, 설계, 제작·생산에 상당한 기간이 필요하므로 대금결제방법 결정에서도 이를 고려하여야 한다. 특히 항공기, 함정 등 인도단위당 설계, 제작과정에 장기간이 소요되고, 순차적으로 몇 년에 걸쳐 생산·인도된다면 생산단계별로 자금이 지급되는 소위 기성고(completed amount) 방식 대금결제를 선택하는 것이 적절하다. 예를 들어 계약금 20% 지급, 기성 단위별 10%씩 7회 지급, 그리고 하자보수보증 등을 위해 10% 유보금 등으로 결제를 분할하기로 하면

---

460) 화환신용장(documentary credit)은 매 수출건 혹은 송장발행건 마다 은행이 서류를 심사하여 구매국을 대신하여 은행이 대금지급을 하는 소위 건별 수출대금결제 내지 무역금융 방법이며, 선적건별도 은행이 참여하므로 그만큼 거래비용이 크다. 반면, 국제거래에 보증서만을 활용할 경우 구매국이 대금지급(국제 송금)하지 않는 예외적인 상황에서만 은행이 보증채무를 이행하는 것으로 그만큼 거래비용이 적어지는 것이 일반적이다.

461) 예컨대 무역보험에 있어서 우량한 은행의 지급이나 보증이 있는 수출거래를 유도하기 위해 은행이 "Banker's Almanac 또는 The Global Banking Resource 등에 따른 순자산 규모가 미화 1억 달러 이상인 금융기관"인 경우 양호한 국제은행으로 본다. 따라서 구매국과 거래하면서 신용도 높은 은행의 신용장이나 보증서를 받고자 하는 경우, 무역보험공사나 수출입은행등에 문의하면 쉽게 은행 정보를 파악할 수 있다.

그만큼 수출기업, 구매국 정부, 관련 금융기관의 대금관련 위험을 작업기간에 비례하여 합리적으로 분산할 수 있을 것이다.

기성고 방식으로 분할하여 대금결제를 하는 경우 수출기업은 제작단계별로 완료 후 "기성고조서(reports on amount of work completed)"를 제출하여 그에 해당하는 대금을 받을 수 있다. 구매국 입장에서도 진행 단계별 확인 후 순차적으로 지급할 수 있어 미인도된 부분에 대하여 과다한 선금(advance payment)을 내고 미인도 받는 위험을 사전에 차단하거나 완화할 수 있다. 수출기업의 불이행시 선수금 환급보증(advance payment bond) 혹은 이행보증(performance bond)을 통해 손해배상을 청구할 수 있어 더 안전한 결제구조가 된다. 다만, 수출기업에게는 제작자금을 미리 투입하고 기성고 달성 및 확인 후 대가를 받는 조건이기 때문에 그 자금수지상의 불일치에 대비한 자금조달 계획을 수립해야 하며, 금융기관을 통해 수출기업이 필요한 제작자금, 운전자금 등 대출계획도 세워야 할 것이다.

(3) 장기 연불 결제

국제거래에서 장기 연불결제방식(long-term deferred payment)이란 수출이행이 완료되었음에도 대부분의 대금지급은 그 이후 비교적 장기간에 걸쳐 상환되는 대금결제방식을 통칭한다. 특히 자본재 수출거래에서는 금액이 크고 계약이행과 완료에 상당한 기간이 걸리고 그 상환재원 확보에 장기간 소요되는 경우가 많은 바 이 경우 대금결제방법으로 자주 활용된다. 개발도상국 방산물자 구매국이 인도받은 후에도 대금의 상당부분을 즉시 지급할 수 없음에도 수출기업 입장에서 어쨌든 거래를 추진하는 상황(예를 들어 항공기 인도전 40% 대금지급, 60%는 10년에 걸쳐 분할상환)이라면 연불결제를 선택해야 하는 경우도 있다.462)

---

462) 플랜트 수출이나 대형선박·항공기 수출에선 상환기간이 2년을 초과하는 장기연불수출도 빈번히 이루어지지만, 우리나라 방산수출 거래는 미국이나 유럽 국가들의 그것에 비해 아직 소규모로 진행되어서 연불결제 사례는 적었다. 그러나 향후 우리 수출거래가 대형화하고 장기계약이 많아지면 그만큼 연불결제거래가 많아질 것이다.

상환기간이 2년 이상인 연불결제에 대하여는 통상적으로 은행은 신용장 발행을 꺼리는 경우가 많으며, 또한 설사 그런 장기 연불 거래를 커버하는 신용장이 발행된다 하더라도 그 수수료가 매우 높아 수출기업 입장에서 지급방법으로 택하는 것은 거의 타당하지 않다.

따라서 결제방법 자체는 송금방식으로 하되 대금결제시기를 인도후 장기간에 걸쳐 분할하여 납부하게 되는 장기연불수출(long-term deferred payment)을 대안으로 채택하게 된다. 그런데, 그 상환기간 장기화에 따른 수출기업은 자금부담을 경감하기 위해 수출금융을 활용할 필요성이 높아진다. 수출금융의 방식은 구매자 신용(buyer credit, 은행이 구매국에게 대출 등 신용제공), 공급자 신용(supplier credit, 은행이 수출기업에게 신용제공), 채권유동화(수출기업의 장기수출채권을 유동화 하여 판매) 등 다양한 방법이 있어 수출기업의 자금부담을 경감할 수 있다. 이중 많이 활용되는 구매자신용 방식을 활용하면 수출기업은 마치 인도후 즉시지급(cash payment)받는 효과가 있고 구매국이 대출은행(대주)에 장기에 걸쳐 정기적(분기별 혹은 반기별 등)으로 할부상환(installment payment) 거래하게 된다.

우리나라에서 이러한 구매자 신용 결제를 활용코자 하는 수출기업은 시중 상업은행보다는 플랜트, 선박 등 자본재 수출에 장기금융을 제공하는 정책금융기관인 무역보험공사, 수출입은행, 산업은행이 제공하는 수출신용상품을 많이 활용한다. 현재처럼 우리나라 방산수출이 급격히 증가하고 있고 또한 프로젝트의 기술적 실패, 상업적 실패 등 일반 인프라 수출의 거래 위험보다 방산물자 수출의 전반적인 거래위험이 낮은 경우도 많으므로 앞으로 시중 상업은행의 활발한 참여가 예상되기도 한다.

상업은행의 방산수출금융 지원이 활성화되면 유럽(프랑스 등)방식의 은행이 방산수출금융을 주로 제공하고 정부의 특별지원은 수출보험을 통해 은행의 위험을 담보해주는 방식으로 수출금융 지원체계가 발전할 수 있을 것으로 예상한다.

다. 방산수출 대금결제방식 결정

위에서 살펴본 방산수출의 특수성은 수출기업이나 구매국이 대금결제방식을 결정할 때에 구체적 필요에 맞게 모두 혹은 선택적으로 고려할 수 있다.

(1) 신용장 활용과 한계

첫째, 비교적 소액거래에 외상기간이 짧은 거래에 적합할 "신용장" 방식 대금결제는 구매국 정부의 신용을 대신하는 것이므로 구매국 국내은행의 신용장 보다는 선진국의 일류은행을 개설은행으로 하도록 하는 것이 적절하다. 불가피한 경우 구매국 국내은행이 신용장을 발행하되, 제3국 일류은행이 신용장에 확인(confirmation)을 하도록 기본계약에서 약정할 필요가 있다. 방산수출 계약서에 계약체결 후 일정기한내에 일류은행의 신용장을 발행하거나 확인받도록 요구하는 조항을 포함하는 것이 좋다. 동 조건을 기본계약 포함시키면, 향후 구매국이 신용장 발행 확인을 받지 못해 동 조건을 충족하지 못하는 경우 구매국 측의 계약 불이행이 되며, 이 경우 수출기업 측은 계약을 해제하거나 혹은 이행 지연에 따른 손해배상 청구의 근거를 마련할 수 있다.

신용장거래는 독립성의 원칙, 추상성의 원칙 및 서류거래 원칙에 따라 엄격하고 정형화된 은행의 결제절차에 따라 운영된다. 따라서 수출기업은 잘 갖춰진 서류의 인도와 대금의 결제를 통해 매번 교환관계에 확실하게 이루어지는 장점이 있다.

그러나 신용장 거래는 모든 선적건을 은행의 서류심사 절차를 통과시키고 지급도 은행채널을 통하도록 해서 수출기업은 수출건마다 비용을 지급해야 하고 복잡한 절차를 감내해야 한다. 한편, 은행의 서류심사기준을 엄격히 적용하면 서류 불일치가 발생할 수 있고 이 경우 서류거절 절차 진행, 그리고 서류 보완, 그로 인한 비용 과다의 문제가 있을 수 있다.

실무상으로는 개별 거래건별로 은행직원이 신용장조건과 제출된 선적서류가 일치하는지 심사를 하는데, 비용이 많이 들고 서류불일치 통지도 번잡한 절차이다.463) 이런 복잡한 서류거래는 결제단계에 은행의 과다한 참여로 방산수출의 신속한 결제나 보안 유지에 적합하지 않을 수 있어 고려되어야 하고, 필요한 경우 후술하는 지급보증서를 활용하거나 송금거래등 순수신용거래를 취하되 수출신용보험등으로 보완하는 방식을 대안적으로 많이 사용하게 된다.

(2) 지급보증서 활용

지급보증서(Letter of Guarantee, LG) 내지 보증신용장(stand-by letter of credit, Standby LC)은 수익자가 대금을 지급받지 못하는 경우 은행이 대신 상환한다는 무조건적인 약정이므로 수출 기업의 대금미회수위험을 현저히 회피할 수 있다.464)

지급보증(payment guarantee)을 활용하면 신용장과 유사한 수준의 은행을 통한 대금지급 확보라는 목적을 추구하면서도 절차와 비용관리가 용이한 대안으로 활용할 수 있다. 지급보증을 활용하면 소위 네거티브 사태(채무자가 대금을 지급하지 않는 사태)가 발생하는 경우에만 은행이 결제 절차에 참여하게 되므로 그만큼 비용적인 측면에서 절감이 되며, 한편, 신용장 거래의 문제가 되는 보안유지나 기술적인 문제, 절차의 번잡을 경감할 수 있다.

(3) 송금결제와 보증서 병행 활용

"단순외상(송금)" 방식 대금결제는 비용적인 측면에서 저렴하며, 불가피한 이행지연이 발생하는 경우 당사자간 합의로 유연하게 조정할 수 있는 장점이 있다. 구매국에게 가장 유리한 조건이라 할 수 있어 방산수출에서도 구매국 정부가 선호한다.

---

463) 정분도, 윤봉주, 혁동, "UCP 600의 화환신용장 서류심사기준의 문제점과 개선방안에 관한 연구", 『무역보험연구』제12권 제2호, 한국무역보험학회, 2011.
464) Chatterjee C. Legal Aspect of Trade Finance, Routledge, 2006, p. 41-42.

신용장과 달리 수출기업은 구매국 정부의 신용위험에 직접 노출되므로 구매국이 특히 개발도상국이면 동 위험을 완화할 안전책을 강구할 필요가 있다. 중앙정부 지급보증과 분쟁해결(dispute resolution)조항 확보가 그 예일 수 있다.465)

구매국 정부가 수출기업에게 직접 송금하도록 약정하되, 재무적 지출을 할 수 있는 독립적이고 지급권한 있는 중앙정부 재무부가 발행한 지급보증을 확보하는 것이 일반적이다.

만약 기성고 달성 여부나 이행된 물품에 구매국이 만족하지 못하여 분쟁이 발생한 경우 그로 인한 송금지연이나 거부가 예상될 수 있다. 사실관계 확인에 문제가 발생하는 경우, 당사자간 확정된 기간(예를 들어 1달 이내)내에 분쟁 조정을 우호적 해결을 위해 협상의무를 부여하고 그 협상에서 분쟁 관련 대책을 찾거나 결정하도록 하는 계약조항 삽입을 통해 지급지연 위험을 완화할 필요가 있을 것이다.

(4) 중장기 거래의 경우

"장기외상" 방식(long-term deferred payment) 대금결제시 수출기업은 장기간 외상매출채권을 보유하게 되므로 이를 효과적으로 감내할 만한 수준의 준비가 있어야 한다. 우리 수출기업들이 개발도상국과 거래시 거래규모가 크고 구매국에 유리한 결제조건을 제시하여 거래를 성사시키고자 하는 경우, 장기외상방식 거래도 수용하여 활용하기도 한다.

우리나라의 개발도상국에 대한 방산수출 및 일부 공공 인프라 수출에 대하여는 수출기업이 자체 자금부담으로 하는 순수한 공급자 금융(supplier finance, vendor fiance)이 활용되며, 수출기업이 감당할 수 있다면 신속한 추진과 대주와 차주간 명확한 법률관계가 국내에서 형성된다는 점에서 장점이 있다.

---

465) 방산물자 수출 관련해서는 구매국의 국방예산 배정액(defense budget appropriation)을 미리 확인하고 동 지급이 의회의 승인을 받았는지 확인하는 것도 필요하다.

최근들어 더 자주 활용되는 더욱 적극적인 금융방법은 공급자 금융(supplier finance)은 물품 또는 서비스의 공급업체가 구매자에게 신용을 제공하는 금융 계약을 말한다. 구매자가 제3자 대출 기관(구매국 혹은 수출국)으로부터 자금을 조달하는 대신, 공급업체가 구매자에게 직접 신용을 제공하여 구매자가 결제를 연기하거나 분할 결제할 수 있도록 하는 것이다.

공급자 금융약정에서 공급업체는 기본적으로 구매자에게 파이낸싱 옵션을 제공함으로써 대출기관의 역할을 한다. 구매국이 기존 파이낸싱 자국 내 은행을 통해 금융을 활용하는 옵션을 즉시 이용할 수 없거나 벤더로부터 직접 파이낸싱을 받아 구매 프로세스를 간소화하고자 하는 경우에 특히 유용할 수 있다.

공급자 신용은 그러나 수출기업의 장부상 외상채권이 너무 많아지는 문제가 있다. 수출기업 입장에서 개도국 앞 장기매출채권(long-term account receivable) 보유는 수출기업의 재무구조에 부정적인 위험요소로 보일 수 있고, 대규모 장기 국제거래에 대하여 수출기업의 너무 많은 외국 위험을 감당하는 문제가 있어 현실에서 활용성은 제한이 있다. 따라서 정책금융을 수출기업이 직접 수혜 받아 구매국과의 관계에서는 공급자 금융방식으로 거래하도록 하는 방안이 있을 수 있다.

공급자 금융의 대안으로 수출국 정부가 직접 보조금 혹은 차관을 구매국에 제공(정부 금융)한거나 혹은 구매자 신용방식으로 구매국이 직접 금융의 차주가 되어 대출을 받는 거래 구조가 그 활용도가 높다. 수출기업은 인도와 동시에 대금을 지급받게 되고, 소위 동 채권은 수출기업의 채권에서 수출국 은행의 채권으로 대체되어 수출기업은 조속한 현금 확보와 차후 계속되는 후속 거래 수주가 가능해 많이 선호된다.

(5) 정책금융 지원

수출국 입장에서 방산수출의 정책적 지원이 필요한 경우, 위험에 노출되는 상업은행의 대출에 대하여 수출국 ECA 등 정책금융기관이 지급보증이나 수출보험을 제도적으로 지원하는 것이 필요하다. 상업은행은 정부보증 있는 경우 좀 더 낮은 이자와 충분한 상환기간으로 적극적으로 수출을 지원할 수 있다.

방산수출은 "Security exception"에 의거 WTO 보조금·상계관세규약이나 OECD 수출신용협약 등에서 정한 각종 규제나 조건에 구애받지 않고 지원할 수 있음은 명백하다. 따라서 지원 필요성에 대한 공감대나 정당성만 확보된다면 수출국 정부가 적극 지원할 수 있는 분야이다.[466]

산업 특성상 방산물자 분야의 국제거래에 대한 공개된 정보는 부족하지만 유럽 주요 국가의 정부와 정책금융금융기관은 대부분의 방산수출 거래에서 수출국 정부는 방산수출에 대한 보조금이나 수출신용을 지속적으로 적극 지원해 온 것은 공공연한 사실이며, 현재도 진행되고 있다.[467]

특히 프랑스는 ECA인 Bpifrance를 통해 방산수출 파이낸싱을 지원하는데, 사업부분의 상당한 부분을 방산수출과 항공사업에 지원한다고 한다.[468] 이렇게 방산수출산업에 대하여 적극적으로 지원 할 수 있는 제도적 배경에는 (1) 방위산업을 Bpifrance의 핵심산업으로 선정하여 지원의 우선순위가 높이고, (2) 방산수출에 대하여는 국가별 리스크 등급을 독립적 기준에 의해 설정하여 유연하게 적용하며, (3) 방산수출 파이낸싱에 대하여 독립적인 지원기준과 보험요율을 적용하도록 한 것이다.

Bpifrance는 방산수출 시 발생할 수 있는 국방·외교·안보적 리스크를 고려하여 신중하게 지원하되, 민간제품의 수출과 같이 OECD 공적수출신용 협약을 적용하지 않고 프랑스 정부의 판단에 의하여 자유로이 지원이 가능하도록 한다.

이러한 Bpifrance의 적극적인 정책금융 지원(정확히 말하면 ECA에 의한 보증 제공을 기반으로 상업은행이 대출하는 ECA 금융 지원)은 향후 우리나라에서도 수출입은행, 무역보험공사 등 ECA의 향후 방산수출금융 지원에 좋은 참고가 된다.

---

466) M Broek, M. Peperkamp, F. Slijper, W. Vries, "European Export Credit Agencies and the Financing of Arms Trade", Campagne, tegen Wapenhandel, 2007, pp. 9-10. ; Evans, 전게논문 pp. 25. & fn 21.
467) Evans, 전게논문 pp. 25.
468) 안영수·김미정(2018), 52-53면, ("2017년 기준 Bpifrance의 전체 파이 낸싱 지원 실적 중 보증보험 형태의 지원이 약 200 억 유로로 74%를 차지하는데, 특히 이 중 35~40% 인 70억~80억 유로 상당을 방산수출 및 에어버스의 항공기사업 부문에 지원하는 것으로 나타났다.")

3. 직접 대출 Trade Direct Loans

가. 개요

　방산수출거래나 공공인프라 수출에 대하여 수출기업이나 구매국에게 직접 대출하는 것은 가장 직관적이고 명확한 무역금융 지원방식이며 지원제도이다. 직접대출은 수출입은행, 산업은행 및 일반 상업은행이 서비스 할 수 있다. 은행 입장에서 가용한 대출 여력이 있어야 하고 직접 대출인 만큼 구매국의 신용도, 거래 안정도 등 보수적인 접근이 필요하다. 방산수출금융 분야에 대한 대출 경험이 부족한 은행도 있으므로 충분한 제도적 준비와 홍보가 없으면 필요한 시기에 방산수출금융의 충분한 활용이 어려울 수 있다.
　향후 방산수출에 지원되는 특별기금이나 특별 계정 등으로 마련하는 방향으로 그 범위나 규모를 확대해야 할 분야이기도 하다.
　이하에서는 정책금융기관으로 ECA이며 방산수출 등에서 상업은행 대비 경험이 많은 한국수출입은행의 직접대출 프로그램을 기준으로 설명한다.
　한국수출입은행의 직접 대출은 금융을 받는 대상에 따라 "수출기반자금" 등 수입자 앞 금융과 "수출성장자금" 및 "수출이행자금" 등 수출자 앞 금융으로 수혜주체 기준으로 구분하여 운영하고 있다. 국내기업으로부터 물품등을 구매하는 외국 정부, 외국기업 또는 국내기업을 대상으로 하는 직접 대출 금융 상품이다.[469)]

나. 수입자 금융 (수출기반자금)

(1) 개요

　수입자 앞 금융(수출기반자금 대출)은 국내기업으로부터 물품 등을 구매하는 외국 정부, 외국기업을 차주(debtor)로 하여 수입결제자금을 지원하는 금융상품이다. 일반적으로는 수입자(수입국)에게 신용이 제공되므로 구매자

---

469) 방산수출 가이드북, 9-2.

신용(buyer credit)이라고 이해할 수 있다. 수은은 수입국 정부의 요청을 확인하기 위해 수입국 재무부 및 국방부 등의 지원요청서(LOI) 등 공식서류를 수령하여 심사를 개시하며, 수출기업의 신용도 및 구매국 신용등급 등을 종합 검토하여 결정한다.

수출기반자금의 기본적인 지원 개요는 다음과 같으며, 자금용도, 대출금액, 대출기간, 상환방법 등의 요건에 부합하게 수출금융이 지원되는 바, 엄격한 대출조건 준수가 요구된다.

[수출기반 자금 지원 개요][470]

구분	주요내용
대상기업	수출자의 수출기반 마련에 기여하는 국내기업, 외국정부 또는 외국기업
자금용도	국내기업으로부터 지원대상물품 등을 수입하는 외국정부 또는 외국기업의 수입결제자금, 시설자금, 운영자금, 기타 사업수행에 필요한 자금
대출금액	소요 자금의 90% 이내 * 단, 수입결제자금은 OECD 수출신용협약에서 정한 한도 범위 내
대출기간	운영자금 : 최초 대출취급일로부터 3년 이내 기타 : 최초 대출취급일로부터 30년 이내 * 단, 수입결제자금은 수출목적물의 제작 기간 + OECD 수출신용협약에서 정한 상환기간 내
상환방법	연 1회 이상 정기분할상환. 단, 3년 이하의 대출은 일시상환 가능 거치기간 3년(대출 기간이 10년 이상인 경우 5년) 이내 * 단, 수입결제자금은 OECD 수출신용협약에서 정한 방법
신청서류	대출승인신청서, 이사회 차입결의서, 최근 3년간 재무제표, 부채현황표, 외환리스크 관리현황 및 외화대출 관리계획서, 담보제공명세서, 대출집행신청서, 대출거래 약정서, 적격보증기관의 지급보증서 또는 보증신용장 발급확약서, 대출한도설정 승인신청서, 인감 및 명판신고서, 각 자금 용도별 증빙서류 등

---

[470] 방산수출 가이드북, 9-2.

(2) 주요 심사사항 등

수은의 대출에 있어서 주요심사사항은 차주의 신용도, 재무건전성 및 원금 상환능력, 수입국 리스크, 현지법 검토, 타국 ECA의 인수 동향, 수출 기여 효과 등이 될 것이며 일반적인 대출거래구조 및 심사사항은 다음과 같다.471)

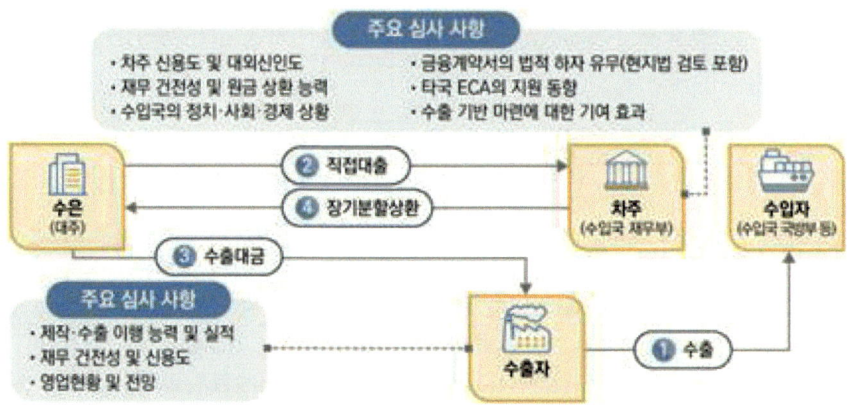

상기 수입자 금융은 구매자 신용 상품이므로, 구매국 정부의 상환능력과 의사, 환경 등이 대출상환의 중요 요소이다. 따라서 수출기업이나 한국 정부가 직접 판단하기 어려운 차주 내지 구매국에 대한 엄격한 신용평가와 거래위험 평가 등을 거쳐 제공될 것이고, 그 대출상환책임이 수출기업이 아닌 구매자(구매국)에 있으므로 수출기업은 수출이행과 동시 혹은 조속히 수출거래 관련 신용위험에서 벗어날 수 있는 장점이 있어 활용성이 높다.

프로젝트 파이낸스 방식을 취하거나 혹은 구조화 금융 등으로 내용상 수정이 있을 수 있겠으나, 대형 프로젝트 수출거래에 대한 지원이 특화된 수은이 직접 구매자와 구매국의 상환능력을 심사해 금융이 제공되므로 활용성이 높다 하겠다. 또한 향후 불가항력 등 구매국의 상환에 영향을 미치는 문제가 발생하는 경우에도 수출입은행이 직접 구매국과 협상하고 수출기업은 원칙적으로 대출이나 거래 당사자가 아니므로 수출기업이 책임부담이 그만큼

---

471) 방산수출 가이드북, 9-2.

낮아지는 효과과 있어 수출기업이 선호하는 금융방식이다. 물론 현실적으로는 수출입은행이 부담하는 거래위험이 상당하므로 보수적인 운영이 될 것이므로 모둔 수출기업이 모든 방산수출거래에 대하여 대출 승인을 받는 것은 아닐 것이다.

다. 수출자 금융(수출성장자금, 수출이행자금)

(1) 개요

수출입은행의 수출성장자금 대출은 국내 "중소·중견기업"의 수출품 생산·수출시 필요 자금을 과거 수출실적 범위 내 대출하는 것이다. 일반 무역금융상 선적전 금융인 생산자금 대출과 유사하며 수출실적 범위 내에서 대출이 일어나는 점에서 수출이행 전에도 자금을 받을 수 있는 장점이 있다. 과거 수출실적이 없거나 부족한 경우 대출이 않되거나 제한될 것이다.

수출입 은행 무역금융은 자금용도, 대출금액, 대출기간, 상환방법 등의 요건에 부합하게 수출금융이 지원되는 바, 엄격한 대출조건 준수가 요구된다 할 것이다.[472]

		수출이행자금
대상 기업	지원대상물품 등을 수출하거나 수출목적물의 생산에 필요한 원부자재 등을 공급한 실적이 있는 중소·중견기업 우대지원 산업(서비스산업, 친환경에너지신산업)과 관련된 지식재산권 또는 지식재산권 적용 물품등의 수출실적이 있는 기업	지원대상물품 등을 수출 또는 생산 (해외건설공사 제외)하거나 수출목적물의 생산에 필요한 원부자재 등을 공급하는 국내기업

---

472) 방산수출 가이드북, 9-2.

대출 금액	대출기간 6개월 : 수출실적의 80% 이내 - 중소·중견기업의 경우 수출실적의 90% 이내, 우대기업 및 우대지원 산업의 경우 100% 이내 대출기간 1년 이상 3년 이하 : 수출실적의 50% 이내 - 중소·우대중견기업의 경우 70% 이내, 우대기업 및 우대지원 산업의 경우 100% 이내 * 단, 기업별 대출한도는 350억원(중소기업 250억원, 유예중소기업 350억 원)이내이며, 수출규모 등에 따라 최대 600억원(중소기업 400억원, 유예중소기업 600억원)까지 증액 가능	(수출계약금액-기수령금액)×90% 이내에서 생산 또는 수출에 필요한 금액 * 단, 서비스산업 중 런닝로열티방식 판권수출계약의 경우, 순제작비 (총제작비-홍보비용 등)×50% 이내
대출 기간	6개월 또는 1년 이상 3년 이하	최초 대출취급일로부터 최종 수출대금 결제기일에 30일을 가산한 기간 이내 (대출집행) 향후 6개월 소요자금 이내에서 선先 집행
상환 방법	일시 상환 또는 분할 상환	일시 상환 또는 분할 상환
신청 서류	대출승인신청서, 수출실적확인서류, 이사회 차입결의서, 최근 3년간 재무제표, 부채현황표, 외환리스크 관리현황 및 외화대출 관리계획서, 담보제공 명세서, 대출 집행 신청서, 대출거래 약정서, 적격보증기관의 지급보증서 또는 보증신용장 발급확약서, 인감 및 명판 신고서, 개인(신용)정보 조회 및 제공 동의서, 각 자금 용도별 증빙서류 등	대출승인신청서, 대상거래 계약서, 이사회 차입결의서, 최근 3년간 재무제표, 부채현황표, 중복수혜방지확약서, 외환리스크 관리현황 및 외화대출 관리계획서(외화대출시), 담보제공명세서, 대출집행 신청서, 대출거래 약정서, 적격보증기관의 지급보증서 또는 보증신용장 발급확약서, 인감 및 명판 신고서, 개인(신용)정보조회 및 제공 동의서, 각 자금용도별 증빙서류 등

수출입은행의 수출이행자금의 대출시 수출기업의 제작, 수출이행 능력과 과거 실적, 차주(수출기업)의 재무 건전성 및 신용도, 향후 사업전망, 담보 적정성, 수출 기여 효과 등을 주로 심사한다. 대출거래 구조는 다음과 같다.[473]

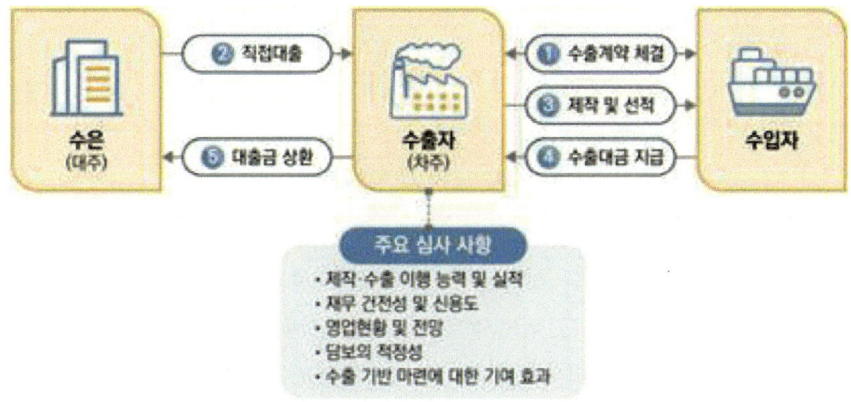

라. 상업은행 직접대출 활성화 과제

수출입은행이 운영하는 상기 수입자금융과 수출자금융 등 직접 대출은 이론적으로는 일반 상업은행도 운영이 가능하다. 우리나라에서는 수출기업에 대한 무역금융 대출이 매우 활성화 되어 있으므로 무역금융에 의한 선적전 금융과 선적후 금융이 모두 수출기업에게 가능할 것이다. 한편, 더 발전한다면 구매자 신용 방식으로 수입국 정부에 대한 직접대출도 가능할 것이지만 이는 대출 경험 및 해외국 신용평가에 대한 충분한 자료와 경험축적이 필요할 것이다.

우리나라 상업은행들은 우리나라 정부가 지원하는 방산수출 거래에 대하여는 지원의사가 있을 것으로 보이고, 또한 한국은행이 기준을 마련하고 지원하는 무역금융 제도를 활용해서 수출거래를 지원한 경험이 충분하므로 동 제도를 활용하여 무역금융을 지원할 수 있을 것이다. 현행 우리나라 선적전 생산자금, 원자재 구매자금, 선적후 네고 대출 등 다양한 무역금융은 방산수출에 대하여도 적용이 가능하므로 금융지원이 가능하다.

---

473) 방산수출 가이드북, 9-2.

다만 상업은행의 지원에서는 대규모 방산수출에 대한 지원 경험이 부족한 것이 문제인데, 향후 방산수출 사례가 지속적으로 증가하고 금융수요에 따라 경험이 축적된다면 상업은행들에 의한 무역금융 대출은 활성화 될 것으로 예상된다. 향후 ECA인 무역보험공사가 필요한 보증과 보험을 제공하여 구매국 리스크를 담보하고, 대출미회수금에 대한 위험을 상당부분 커버한다면 상업은행 대출을 중심적인 방산수출금융으로 제공하는 것이 바람직할 것이다.

미국을 제외한 대부분의 선진국들이 ECA의 보증과 보험을 중심으로 상업은행이 대출하도록 하는 ECA금융을 방산수출금융의 일반적인 방법으로 운영하고 있으므로 우리나라의 경우도 이를 적극적으로 추진할 것으로 본다.

다만, 우리나라에서 영업하는 외국계 상업은행 대형 국제거래에 대한 무역금융의 지원 실적이나 경험, 대출 재원도 충분하지만 방산물자에 대한 대출은 소극적인 것으로 알려져 있다.[474] 선박, 해외건설, 플랜트 등 대형 프로젝트에서 활발한 우리 ECA와 외국계은행에 의한 수출금융 지원은 매우 활발하지만, 방산수출 분야의 국가안보측면 및 산업의 특수성으로 인해 활용은 당분간 어려울 것이다.

---

[474] 반면 외국계 은행은 선박수출, 플랜트 수출, 인프라 수출 등 대형수출거래에 대하여는 세계적인 은행망과 자금동원능력을 기반으로 적극적으로 금융을 제공하고 있다. 그러나, 방산물자 수출에 대한 금융지원은 사실상 하지 않고 있다. 방산물자가 살상 용도에 사용될 수 있고 해외에서 영업하고 있는 외국계 은행이 굳이 그 주재국의 방산수출금융에 관여되는 것도 불편할 수 있다. 또한 전세계적인 영업을 하는 은행의 평판에 부정적일 수 있고, 은행 본점의 정책상 실질적으로 허용되지 않은 등 여러 이유에서 우리 방산물자 수출에 대한 금융지원은 현실적으로 취급하지 않는다. 대한민국 내에서는 이미 플랜트 금융, 선박금융 등 이미 규모 있는 대형거래를 하고 있으므로 굳이 방산물자 수출에 적극적일 필요는 없다는 것이 또 다른 이유가 될 것이다. 따라서 외국계 대형 국제은행은 방산물자 수출보다는 후술하는 국제공공 인프라수출에 대한 금융지원이나 정부간 거래 부분에 관여할 가능성이 높다.

4. 수출신용 Export Credit

가. 수출신용의 개념과 범위

수출신용(export credit)이란 일반적으로 수출거래와 관련된 특유의 위험을 관리하면서 수출거래에 적절한 신용을 제공하는 것을 말하며 직접 자금을 대출하는 것은 아니지만 대출의 위험을 제거하여 결국 수출금융이 가능하도록 하는 점에서 광의의 수출금융으로 보통 설명된다. 수출신용은 제공자가 수출자인 경우와 금융기관인 경우로 나누어 볼 수 있다.[475]

국제거래에서 수출 신용을 활용하는 이유는 위험 완화(Risk Mitigation)인 바, 수출업체가 해외 시장에서 비즈니스를 수행할 때 직면하는 상업적(commercial risks), 정치적 위험(political risks)을 최소화하고 필요한 위험 보장을 제공함으로써 무역을 촉진하고 수출업체의 신규 시장 진출을 장려하는 기능이 있다. 또한, 수출 신용은 기존 상업 금융보다 유리한 금융 조건을 제공하는 경우가 많은 바, 장기의 상환 기간(longer repayment periods), 낮은 이자율, 수출자와 구매자의 거래특성에 맞춘 맞춤형 결제 구조를 지원한다.

수출신용을 제공하는 주체와 관련하여 살펴보면, 수출자가 수입자에게 외상으로 수출(연불거래, Deferred Payment)하는 경우는 수출자가 수출신용을 제공하는 것으로 볼 수 있고, 금융기관이 수출자 혹은 수입자에게 수출거래와 관련된 자금 대출을 하는 것은 금융기관이 신용을 제공하는 것이다. 이 경우 금융기관이 수출자에게 제공하는 수출신용은 전술한 직접 대출에 해당할 것이므로 별도로 제외하면, 결국 수출자가 수입자에게 신용을 제공하거나 금융기관이 수입자에게 금융을 제공하는 것을 수출신용으로 이해할 수 있다.

---

[475] 수출 신용이란 국제거래를 지원하기 위해 제공되는 금융을 넓게 의미한다. 수출기업이 해외 구매자에게 물품이나 서비스를 제공할 때 국경을 넘는 무역거래에서 오는 다양한 관련 위험을 완화하여 지원하기 위해 특별한 고려가 필요하다는 점에서 특징적이다. 수출 신용은 일반 금융기관 또는 전문화된 수출신용기관(Export Credit Agency)에서 제공하며 대출, 보증 또는 보험과 같은 다양한 형태를 취할 수 있다.

일반 상업은행이 수출신용을 제공하는 것과 구별되는 개념으로 공적수출신용(Official Supported Export Credit)이 있다. 공적수출신용은 국제거래 중 고위험이 수반되거나 거액의 자금이 소요되는 플랜트 수출 등 자본재 수출거래인 경우 각국 정부 등이 조성한 자금과 조직으로 운영되는 공적수출신용기관(ECA)가 제공하는 수출신용을 말한다.[476]

전술한 바와 같이 공적수출신용에 대하여 적용되는 중요한 국제규범으로 "OECD 공적수출신용협약(The Arrangement on Officially Supported Export Credits)"[477]이 있는 바, 동 협약은 공적수출신용의 형태를 구분하며, 간접지원방식인 "수출보험"과 "보증", 그리고 직접지원방식인 "직접대출", "리파이낸싱", "이자율 지지"로 구분하고 있다.[478]

공적수출신용에서 수출보험(보증)은 수입자가 수출대금 또는 수입을 위한 대출금 미상환시 ECA가 손해를 입은 수출자 또는 대출은행에 대신 수출대금(대출금)에 상당하는 금전을 대지급하는 간접지원 방식이다. 직접대출과 달리 정부가 직접적인 자금 공여 없이 수출기업의 외상거래 또는 민간 상업은행의 대출거래에 대하여 "순수"하게 수입자(차주)의 대금미지급(미상환) 위험만을 담보한다는 의미에서 "Pure Cover"라고 통칭한다.[479]

수출신용은 프랑스 등 많은 유럽계 국가에서 상업은행들이 무역관련 고액 대출을 담당하고 ECA는 보험과 보증을 제공하여 보완하는 간접적인 무역금융 지원방식이며, 방산수출금융에서도 가장 일반적으로 활용되는 방식이다.

---

476) 김윤석 등 (2015), 1. (" 대부분의 수출거래에 있어 수출자, 수입자, 금융기관 3자간에 수출신용이 시장원리에 따라 이루어지게 된다. 그러나 수입국의 비상위험 발생가능성이 높거나, 수입자의 파산 등 신용위험의 높은 거래, 또는 거액의 자금이 장기간에 걸쳐 소요되는 플랜트 등 자본재 수출거래에 있어서 시장기능에 따른 수출신용이 제대로 이루어지지 않는 경우(시장실패)가 종종 발생하며, 세계 각국은 이러한 경우를 대비해 자국의 수출 진흥을 통한 산업발전과 고용증진을 위한 공공의 목적으로 자국 수출신용기관(ECA, Export Credit Agency)을 통해 공적수출신용(Official Supported Export Credit)을 제공하고 있다.").
477) 제1절 4. OECD 공적수출신용협약의 이해 참조
478) 김윤석 등 (2015), 1.1.
479) 김윤석 등 (2015), 1.1.

우리나라의 수출신용보험(보증)은 한국무역보험공사(K-sure)에서 운영하는 바, 2년 이내 거래에 대하여는 단기수출보험(그림 1), 2년 이상 중장기 거래에 대하여는 중장기수출보험(그림 2)이 기본적인 보험상품이다. 단기수출보험과 중장기수출보험의 각 거래구조는 다음과 같다.

[그림 1. 단기수출보험 상품구조][480]

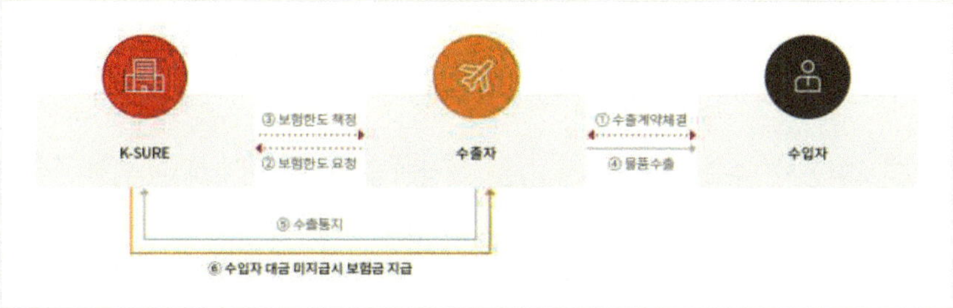

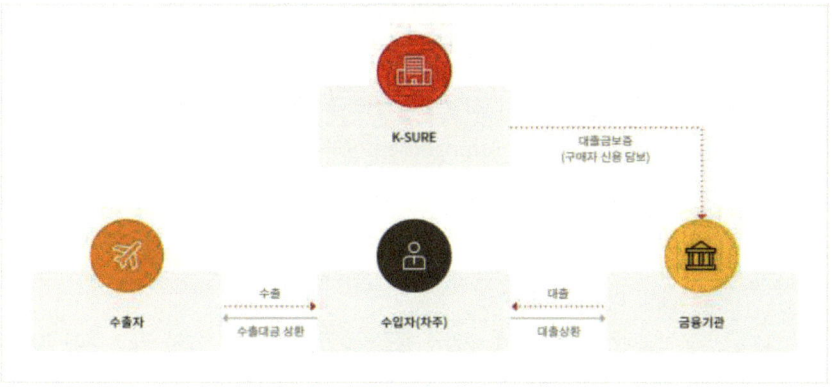

[그림 2. 중장기수출보험 상품구조][481]

---

480) 무역보험공사 (홈페이지, https://www.ksure.or.kr/)
481) 무역보험공사 (홈페이지, https://www.ksure.or.kr/)

두 보험 모두 국제거래에서 발생하는 신용위험(수입자 지급불능, 지급지체 등)과 비상위험(쿠데타, 전쟁, 전염병 등 수입자에게 책임지울 수 없는 사유)로 인해 발생하는 "대금 미지급" 혹은 "대출금 미상환 위험"을 담보하는 보험으로 일반적으로는 "수출보험"으로 부른다. 수출보험은 정부가 주로 조성한 기금에 의하여 정책금융제도로 운영되기 때문에, 수출자와 대출은행의 위험을 커버하는 공적수출신용 제도에 속한다.

나. 수출신용보험(무역보험)의 내용

무역보험공사 수출보험(무역보험)은 대상거래 종류, 담보하는 위험 (선택 가능), 보상의 내용, 국제적으로 정해진 보험료 수준 등 요건에 부합하게 지원되는 바, 다음 표와 같이 요약될 수 있다.[482] 우리나라에서는 수출신용보험을 무역보험이라고 칭하고 있다.

대상거래	단기수출보험	수출대금의 결제 기간이 2년 이내인 수출계약 (일반수출, 위탁가공무역, 중계무역, 재판매)
	단기수출보험, 중장기수출보험 (구매자신용)	상환기간(신용기산점~최종상환일)이 2년을 초과하는 금융계약 (연불금융을 제공하는 구매자 신용 방식에 대하여 대출 원리금 회수불능 위험을 담보하는 제도)
담보위험		비상위험: OECD Arrangement상의 국가신용위험(Country Risk) - 기타 대한민국 밖에서 발생한 사유로서, 계약 당사자에게 귀책이 없는 경우 신용위험: 수입자의 파산 - 수입국 법원의 채무동결 또는 채권단과의 채무조정 협약으로 인한 수입자의 지급불능 - 수입자의 상환기일 이후 2개월 이상의 지급지체
보험료		보험료는 연불원금에 수입국 등급, 수입자 등급 및 보험 기간 등에 따른 OECD 최저기준 보험요율(MPR, Minimum Premium Rate) 이상 적용

---

482) 방산수출 가이드북, 9-1.

다. 수출보험(무역보험) 절차

수출보험은 은행의 대출과는 달리 수입자(차주)의 미결제 혹은 미상환 위험을 커버하는 보험(보증)제도에 기반을 둔 제도이므로, 그 절차도 은행 대출 심사(주로 대출 기업의 미상환위험 중점) 과정과 차이가 있게 된다. 수출보험은 특히 해외거래처 상대방에 대한 신용조사와 위험 평가, 수출거래 자체를 중점적으로 심사하는 특징이 있다.

일반적으로 대형 수출 거래인 경우 ① 상담단계* → ② 예비 신청(수출계약 체결 전 신청) → ③ 청약(수출계약체결 후 1개월 이내, 구매자 신용의 경우 자금 공여일 3개월 이전) → ④ 보험인수 승인 및 보험료 납부 → ⑤ 선적(또는 자금인출) 실행 및 통지 → ⑥ 내용변경(중대 한 변경 시 사전승인 필요)의 절차를 따른다.

특히 거래 초기 단계에서 있어서 수출자의 요청이 있거나 거래추진에 필요한 경우 상담 결과 통지 또는 "인수의향서" [Supported Letter 또는 Letter of Intent(LOI)]발급이 가능하므로, 이를 활용하여 거래에 대한 수출보험 지원 가능성에 대하여 개괄적인 평가를 받고 이를 근거로 금융기관의 대출심사에 활용할 수 있어 유용하다.

라. 신용보험이 지원되는 경우 거래 구조

무역보험공사의 방산수출 등 대형거래에 대한 수출보험지원은 구매자 신용 방식으로 지원하는 것이 일반적인 바, 이 경우 대출은행이 구매국 정부에 대하여 금융을 제공하고 무역보험공사가 대출금 미상환위험을 담보하는 거래 구조를 취하며 그러한 사례는 다음과 같다.[483]

< C社의 수입자금 조달지원 사례 >
- C社는 완성품 및 부품 제작기업으로, 나국 국방부와 수출계약 체결
- 차주는 나국 재무부, 보험계약자는 B 은행임
- 지원조건으로는 계약금액 U$XX백만불, 금융기간 8년(인출 3년, 상환 5년), 부보율 9X%, 보험료 5.XX%(OECD 수출신용협약상 MPR 기준 일부 할인 또는 할증)
  * (나국 : OECD 5등급 국가)
- 구매자 신용제공을 통한 우리기업의 수출증대, 전후방 산업연관 효과가 큰 전략상품 수출로 국익증진에 기여

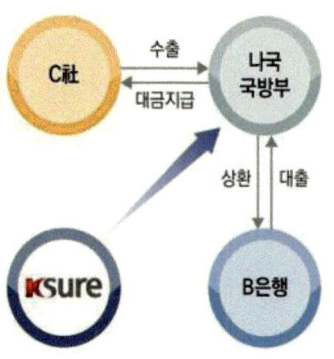

---

[483] 방산수출 가이드북, 9-1.

마. 수출입은행 채무보증

수출신용보험이나 보증업무는 주로 무역보험공사가 하지만 수출입은행도 전술한 직접 대출 외에도 타 국내 금융기관(상업은행)이 대출한 기업이 상환을 불이행하는 경우 대신 상환하는 보증제도를 지원한다. 수은은 수출금융보증, 수입금융보증, 해외사업금융보증 등이 있으며 거래 구조와 내용은 다음 표와 같다.484)

[수출입은행 채무보증 상품구조]485)

구분	수출금융보증	수입금융보증	해외사업금융보증
대상기업 (주채무자)	수출관련대출의 지원대상이 되는 기업	수입관련대출의 지원 대상이 되는 기업	해외사업관련대출의 지원 대상이 되는 기업
보증수혜자	지원 대상 기업에게 대출을 취급하거나 지원 대상 기업이 발행한 채권을 인수하는 국내외 금융기관 또는 외국인		
보증금액	보증대상채무의 원금과 그 이자를 합한 금액 이내		
보증기간	보증대상채무의 채무 기간에 60일을 가산한 기간 범위 내		
신청서류	보증승인신청서, 대상거래계약서, 국내외 관계기관의 인허가서, 담보제공명세서, 부채현황표, 지급보증거래약정서, 담보제공관련 계약서 및 기타 필요서류		

---

484) 방산수출 가이드북, 9-1.
485) 한국수출입은행 (홈페이지, https://www.koreaexim.go.kr/HPHKFG082M01)

위와 같은 채무보증은 일반상업은행의 대출의 미상환위험을 커버하는 보증이라는 점에서 전술한 무역보험공사의 보증과 내용상 동일한 것으로 이해할 수 있다. 따라서 수출기업이 상업은행과 무역금융 대출을 추진하면서 무역보험공사의 보증과 수출입은행의 보증을 알아보고 금융지원여력이나 보증한도 제공이 가능한 금융을 조달할 수 있다.

바. 직접대출과 수출신용 비교

(1) 금융지원 한도 차이

한편 수출입은행 직접대출(Direct loan)은 금융기관의 특성상 여신의 상환 확실성을 전제로 운영되기 때문에 신중하고 보수적인 운영이 일반적이므로 대출여력이 적을 수 있다. 그런데, 수출신용-수출보험/보증은 Leverage 효과를 통하여 보유한 재원의 7-10 배에 해당하는 훨씬 상회하는 수출금융을 제공할 수 있으나, 직접대출은 보유 재원 범위 내에서 대출할 수밖에 없는 제약이 있다.

> 예를 들어, 정부가 방산수출금융 목적으로 1000억원의 재원을 정부가 공급한다고 가정할 때, 수출보험/보증의 사고율이 10%라면, 그 10배인 1조원까지 보험/보증을 지원할 수 있고, 따라서 보험 커버를 받는 은행은 1조의 무역금융을 공급할 수 있게 된다. 반면, 은행이 직접 대출하는 경우에는 재원 전액인 1000억원의 대출 이후에는 추가 재원의 마련 없이는 대출이 불가능하다. 요약하면, 수출신용이 은행의 직접 대출과 함께 활용되는 경우 보다 많은 지원효과가 있어 효율적으로 수출을 지원할 수 있는 장점이 있다.[486]

따라서 방산수출금융이나 공공인프라 수출금융을 지원하는 정부의 입장에서는 수출신용방식으로 지원하게 되면 마련된 재원 대비 더 많은 수출거래를 지원할 수 있어 수출신용을 선호하게 된다. 이런 고려가 유럽 국가들의 방산수출에 ECA 금융을 주로 활용하는 한 이유가 되고 있다.

---

[486] 김윤석 등 (2011), 8면.

(2) 이용 절차상 차이

상업은행 대출과 수출신용을 부가하는 소위 ECA 금융은 은행의 대출절차와 무역보험공사의 보증(보험) 절차가 중복되는 점으로 인해 수출기업 입장에서 절차상 번잡을 느낄 수 있다. 한편, 무역 및 그로 인해 그만큼 수출을 어떻게 효율적으로 최소화시키는 운용의 묘가 필요하게 된다.

수출신용은 상업대출과 함께 사용되므로, 전술한 직접 대출과 달리 상업대출과 보증(보험)의 두 가지 상품을 활용해야 하며 비용(대출이자 및 보증료 납부) 측면에서 번잡해 보일 수 있겠다.

그러나, 수출입은행과 거래가 없었던 기업 입장에서는 엄격한 직접대출 관련 심사를 받는 것보다는 이미 활용하고 있는 주거래 상업은행으로부터 대출을 받는 것으로 하고 단지 그 은행이 부담해야 되는 국제거래상의 위험을 수출보험을 통해서 커버하면 절차상 번잡은 해소될 수 있다.

5. 수출이행보증 Performance Guarantees

가. 개요

계약에 있어서 당사자는 계약을 이행할 의무가 있고 이러한 계약 이행을 확실히 하기 위해 채무자 이외의 자에게 그 보증을 요구하는 것을 이행보증이라 한다. 상업적 거래의 경우에는 금융기관이 금전상의 책임한도액을 정하여 보증서(letter of guarantee) 혹은 보증신용장(standby letter of credit) 형식으로 보증을 제공하는 바 대형 국제거래와 관련하여서도 이행성 보증은 많이 활용된다.[487]

---

[487] 방산수출 가이드북, 9-3. 국제거래에 있어서 이행성 보증이란 수출거래의 수주, 국민경제의 중요한 수입 또는 해외사업 이행 등에 필요한 제반 이행성 보증을 입찰보증, 선수금환급보증, 계약이행보증, 유보금보증, 하자보수보증 및 기타이행성보증 등을 포함하는 개념이다. 특히 수출이행보증은 안정적인 수출이행을 위하여 금융기관이 수출계약의 이행에 대하여 보증하는 내용의 금융 지원상품을 말한다.

이행성 보증은 거래의 초기 단계, 즉 입찰, 혹은 계약 체결 단계에 기본적인 거래조건으로 요구되는 "첫 관문(First gateway)"같은 성격이 있다. 즉, 발주국(구매국)이 그 사업 수주를 위해 요구하는 금융기관의 이행성 보증을 수출기업이 준비하여 제공할 수 없다면 그 거래성사가 좌초될 수 있어 그 관문을 통과하지 못하는 지표가 된다. 수출이행보증은 수출거래의 수주, 국민경제의 중요한 수입 또는 해외사업 이행 등에 필요한 제반 이행성보증을 입찰보증, 선수금환급보증, 계약이행보증, 유보금보증, 하자보수보증 및 기타 이행성보증 등을 포괄적으로 지칭한다.[488]

이행성 보증은 대형 국제거래에서 상대방의 이행을 확보하기 위해서 많이 활용된다. 특히 이행에 상당한 기간과 작업이 필요한 국제 건설 프로젝트, 플랜트 혹은 인프라 수출 프로젝트, 기타 다양한 자본재 수출 프로젝트에는 거의 필수적으로 사용된다.

나. 이행성 보증의 종류 및 지원 개요

이행성 보증(performance type guarantee)일나 수출 혹은 해외건설기업의 계약 이행과 관련하여 표준적으로 요구하는 보증을 지칭하며, 선수금 환급보증(AP bond), 이행보증(Performance bond), 하자보수보증(Warranty bond)등이 있다. 우리나라의 국제건설계약, 선박계약, 플랜트 계약등에 많이 활용되며, 각 보증의 내용 요약은 다음표와 같다.

---

[488] 수출입은행, 이행성 보증, https://www.koreaexim.go.kr/fg/HPHKFG094M01

[표 : 국제거래상 보증의 종류 및 내용]

구분	내용 요약
선수금 환급보증 (Advance Payment Bond)	• 해외 건설 공사나 수출 등에서, 수출자등의 과실로 계약이 취소되어 이들이 이미 수령한 선수금을 발주자나 수입자에게 환급하여야 하는 경우에 금융 기관이 연대하여 선수금의 환급을 보장한다는 내용의 보증서를 말한다. • 일반적으로 건설공사에 적용되고 있는 선수금은 공사선수금, 장비 혹은 설비관련 선수금, 자재선수금이 있다. 공사선수금은 공사초기에 발생하는 시공자의 자금부담을 덜어주기 위한 목적으로 지급되는 선수금으로, 지급여부나 금액은 계약당사자 간의 합의에 의해 결정되겠으나 선수금을 지급하는 계약의 경우라면 계약금액(Contract Price)의 10% ~ 20% 정도를 선수금으로 지급함이 일반적이다.[489]
이행보증 (Performance Bond)	• 해외건설 또는 무역계약의 실행을 확보하기 위하여 적립되는 보증서 또는 보증금을 말한다. 이행보증은 계약이행보증이라고도 한다. • 해외건설공사에서 낙찰이 된 자로 하여금 이행보증을 적립하도록 하는 것은, 계약을 체결하고도 공사실시를 하지 않을 경우에는 다시 경쟁입찰을 실시하여야 하기 때문에 막대한 비용과 노력이 소요되므로 이로 인한 손실을 확보하기 위한 것이다. 보통 계약금액의 10%를 적립토록 한다. • FIDIC계약에선 보통 보증기간은 이행확인서(Performance Certificate) 가 발급되는 시점까지가 되어야 하며 보증서에 보증 만료기한을 날짜로 명시한 경우로써 시공자가 보증 만료일 28 일 전까지 이행확인서(Performance Certificate)를 발급받지 못하게 되면 시공자는 보증기간을 연장하여야 한다.[490]
하자보증 (Defect Warranty Bond)	• 하자보증은 하자통지기간(Defects Notification Period) 중에 발생하는 하자(defects)에 대한 시공자의 의무를 보장받기 위한 보증을 의미한다. • FIDIC 계약조건은 이행보증(Performance Security)과 유보금(Retention Money)이라는 동일한 목적을 위한 장치가 규정되어 있으므로 불필요하나, 발주자에 따라서는 하자보증을 추가로 요구하는 경우도 있다.[491]

---

489) 현학봉, 보증 / 지급보증.
490) 현학봉, 보증 / 이행보증.
491) 현학봉, 보증 / 하자 보증.

우리나라에서는 자본재 수출거래를 중심으로 각종 이행성 보증 제공을 정책금융기관, 상업은행 들이 제공하고 있으며 한국수출입은행(수은), 한국무역보험공사(무보), 한국방위산업진흥회(방진회) 등이 제공하는 이행성 보증의 내용은 다음과 같다.[492] G2G 계약에 대하여도 이러한 보증서가 요구될 수 있을 것이며, KOTRA는 G2G 계약을 위해 금융기관과 협의를 통해 동 보증서를 제공해야만 하는 경우도 있을 것이므로, 필요에 따라 각 보증기관의 보증을 활용하게 된다.

구분	내용	기관			
		수은	무보	방진회	기타
범위	거래대상범위	국외	국외	국내	
입찰보증 (Bid Bond)	입찰 시 제출하는 보증서로 입찰 관련 규정 위반시* 이에 대한 손해를 보상 * 낙찰된 후 계약체결 미응시 또는 일정기간 내 계약이행보증서 제출하지 못하는 경우 등	O	O	O	
선수금환급보증 (Advanced Payment Bond)	선수금을 받기 위해 제출하는 보증서로 수출자의 귀책 사유로 계약조건이 이행되지 못한 경우에 이에 대한 손해를 보상	O	O	O	
계약이행보증 (Performance Bond)	수출자의 귀책 사유로 계약조건이 이행되지 못한 경우에 계약서 등에서 정한 일정 비율만큼의 손해를 보상	O	O	O	
하자보수보증 (Maintenance Bond)	수출이행 후 하자보수기간에 발생한 사업주 또는 발주자의 손실을 보상	O	O	O	
유보금보증 (Retention Bond)	사업주 또는 발주자가 하자보수 등을 위하여 유보해 놓은 대금을 받기 위해 제출하는 보증서로 유보금에 대한 계약조건을 이행하지 못한 경우에 이에 대한 손해를 보상	O	O		
기타이행성 보증	자재선수금환급보증(Material Bond) 및 세금유보금환급보증(Tax Retention Bond) 등 관련 계약서에 따라 규정한 다양한 손해를 대신 보상	O			
	관급품위험보증			O	

---

[492] 방산수출 가이드북, 9-3.

다. 수출이행보증의 특징

(1) 이행성 보증의 일반적 특징

수출이행보증은 수출자와 수입자 간에 합의된 특정한 계약의무 이해을 보장한다. 이러한 의무에는 물품 또는 서비스에 대한 적시 공급, 이행 마일스톤 준수, 수출 계약에 명시된 기타 조건의 이행이 포함될 수 있다.

또한, 수출 이행 보증은 일반적으로 기본 수출 계약과는 별개의 독립적인 확약서이다. 일반적으로 은행 또는 금융 기관에서 발행하여 신뢰도를 높이며, 수출자와 수입자 간의 관계 내지 발생하는 각종 항변이나 클레임과는 독립적인 약속이다. 이런 의미에서 국제거래에서 사용되는 수출이행보증은 "독립적은행보증"이란 명칭으로 사용되며 요구된다. 한편 동 수출이행보증서는 채무 불이행 시 청구할 수 있는 최대 금액과 보증기간을 명시한다. 수출자가 그 보증서상 특정된 기간(보증기간) 내에 의무를 이행하지 않거나 위반하는 경우 수출자가 이를 청구할 수 있도록 보장한다.

이행의무자의 불이행 또는 위반이 발생한 경우 피해를 입을 당사자는 보증서 발행기관에 대해 보증채무이행 청구를 할 수 있다. 일반적인 보증에 있어서는 청구인은 원래는 계약 의무 불이행 또는 미준수에 대한 증거를 제공해야 하겠지만, 수출이행보증에서는 독립적 은행의 보증채무 이행 확보를 약정한 것이므로 간단한 청구사유 기재만을 하고 보증채무이행청구를 하게 되며, 보증기관은 그 보증청구에 응해야 한다. 즉, 원래 수출계약상 의무 불이행 등에 항변사유가 있다 하여 그를 원용할 수는 없는 것이다.

(2) 당사자별 수출 이행보증서 효용

수출이행보증서는 수입기업(구매국, 발주자 등 포함), 수출기업, 보증은행의 입장에서 수출거래의 원만한 이행을 위해 그리고 불이행시 해결을 위해 중요한 기능을 수행한다.

- **수입기업 입장** : 수입자(발주자)는 수출자의 계약이행 여부에 대한 위험에 노출되어 있고, 더구나 선수금을 지급한 경우에는 기지급한 선수금은 위험에 방치되어 있다. 그러나 수입자는 수출자의 수출계약불이행시 선수금 환급이 되지 않으면 수출보증서에 의해 보증이행청구를 함으로써 이러한 위험을 극복할 수 있다.[493]
- **수출기업의 입장** : 수출기업은 수출보증서가 없는 경우에는 수입자에게 현금을 예치하거나 또는 선수금을 지급받지 못하게 된다. 그러나 은행의 수출보증서를 발급 받아 수입자측에 제공하면 이러한 현금예치부담을 극복할 수 있고, 선수금도 수령하여 사용할 수 있다.[494]
- **보증은행의 입장** : 보증은행은 수출계약에 대해서는 전혀 알지 못하며, 수출보증서는 수출계약과는 독립적·추상적인 지급보증서를 발행함이 원칙이다. 보증사고 발생시 은행은 수익자에게 지급을 하고 수출자에게 구상하여 손실을 보전(혹은 보증보험을 통해 무역보험공사로부터 보험금 수령)할 수 있으며, 보증사고가 발생하지 않으면, 보증수수료만 얻게 된다.[495] 따라서 보증서 발급을 신청받은 은행은 수출기업의 이행능력 여부를 심사하며 또는 불이행 발생시 보증채무를 이행한 후 수출자에게 구상청구할 경우 그에 응할 수 있는지 재정능력도 심사하게 된다.

(3) 국제거래에서의 수출이행보증의 특징

국제거래에서 요구되는 보증서는 은행의 독립적 지급보증이 원칙이므로 은행은 추상적, 독립적으로 지급책임을 진다.[496] 즉 독립적 은행보증에선 수익자(구매국 정부 등)가 채무불이행 사실을 표시하면서 보증금 지급 청구(bond calling)하면 은행은 그에 즉각 응해야 하며, 기본계약(수출계약)상의 항변을 하면서 지급을 거부할 수 없다.[497]

---

493) 김윤석 등 (2015), 1.2.
494) 김윤석 등 (2015), 1.2.
495) 김윤석 등 (2015), 1.2.
496) 국제거래 관련 서적에서는 은행의 독립적 지급보증책임을 강조하여 자세히 설명하나, 본서에서는 실무상 독립적 요구불 은행보증이 원칙이고 또 그렇게 사용되는 것이 당연한 현실이므로 길게 설명하지는 않는다.

방산수출에선 적절한 계약이행이 구매국의 방산물자조달계획에도 중요하고 대체구매도 곤란한 경우가 많아 구매국이 통상적인 한도 이상의 이행보증을 강력히 요구하는 경우에 어떻게 수출기업이 이에 맞출 것인지가 중요한 이슈가 될 수 있다.

　방산수출은 안보협력관계에 있는 구매국과의 거래이고 정부간 거래 형식을 취하거나 혹은 한국 정부가 협약등을 통해 거래를 보장하므로 구매국 입장에서는 이행보증 요구는 생략될 수도 있다. 그러나 구매국 정부 입장에서 기타 조달거래처럼 취급하여 기계적으로 이행보장을 요구할 수도 있고, 기타 자국 금융기관을 활용하고 거래를 강력히 보장하기 위해 이행보장을 요구하는 경우도 있을 수 있고 이에 대해 대응해야 한다.

　이는 수출기업이 통상적인 방법으로 은행의 보증서를 발급받을 수도 있으나, 수출기업의 수출경험이 부족하거나 실적이 부족한 경우 거래의 초기 수주단계에서 지원 측면에서 방산수출금융의 한 분야로 지원할 필요가 있다.

라. 은행의 이행보증

　한국수출입은행은 수출거래의 수주, 국민경제의 중요한 수입 또는 해외사업 이행 등에 필요한 제반 이행성보증을 입찰보증, 선수금환급보증, 계약이행보증, 유보금보증 및 하자보수 보증 등으로 지원한다. 사업주 또는 발주자가 정당한 이유로 보증금액 지급을 청구하는 경우에 수출입은행은 사업주 또는 발주자에게 대지급금을 지급하고, 보증 의뢰인(수출기업 등)에게 대지급금에

---

497) 독립적 은행보증서는 국제건설 및 플랜트건설계약에서 이용되는 데, 입찰보증(bid bond), 이행보증(performance bond), 하자보수보증(Warranty bond), 선수금환급보증(Advance payment bond) 등이 독립적 은행보증의 형식으로 발행되는 것이 일반적이다. 정부간 계약에서는 수출기업이 계약상 이행의무의 위반이 없다고 항변하더라도, 구매국은 독자적인 판단으로 불이행을 주장하여 금융기관에 보증금 지급이유를 제시하여 간단한 양식의 서면으로 청구하면 은행은 바로 지급해야 한다. 금융기관이 이런 내용의 독립적 보증서를 발행하기 위해서는 그 채무자(수출기업)의 수출이행능력과 구상에 응할 자금능력 등을 전반적으로 심사 및 평가하여 그에 따라 보증서를 제공하는 것이다. 따라서 국제거래에서 발주처나 구매국 정부가 이런 보증서를 요구한다는 의미는 보증서를 발행하는 제3자인 금융기관의 심사를 받아 수출이행 능력이 충분한지 파악하는 성격도 아울러 포함하고 있다.

대한 구상권을 행사할 수 있다. 정부간 거래와 관련하여 수출입은행이 제공할 수 있는 이행성 보증의 내용은 다음과 같다.[498]

구분	수출이행성보증	수입이행성보증	해외사업이행성보증
대상 기업 (보증의 뢰인)	국내기업 또는 해외 자회사	국내기업	국내기업 또는 해외 자회사
대상 거래	수출촉진 및 수출 경쟁력 제고와 관련된 제반 거래	국민경제의 중요한 수입과 관련된 제반 거래	해외투자 및 해외사업의 활성화와 관련된 제반 거래
보증 수혜자	• 수출거래 또는 공사 계약을 발주 또는 체결하는 자 • 보증대상거래의 선수금을 지급하는 자 • 보증대상거래의 계약을 체결하는 자 • 보증대상거래의 추진에 기여하는 자 • 보증수혜자를 위하여 보증을 하는 국내외금융 기관 또는 보증대상거래의 컨소시엄 주관사	• 보증대상거래의 계약을 체결하는 자 • 보증대상거래의 추진에 기여하는 자 • 보증수혜자를 위하여 보증을 하는 국외금융기관 또는 보증 대상거래의 컨소시엄 주관사	• 지원대상 사업을 발주 하는 자 • 보증대상거래의 선수금을 지급하는 자 • 보증대상거래의 계약을 체결하는 자 • 보증대상거래의 추진에 기여하는 자 • 보증수혜자를 위하여 보증을 하는 국외금융기관 또는 보증대상거래의 컨소시엄 주관사
보증 금액	보증대상거래의 입찰안내서 또는 계약서에서 요구하는 금액 범위 내	보증대상거래의 계약서에서 요구하는 금액 범위 내	보증대상거래의 입찰안내서 또는 계약서에서 요구하는 금액 범위 내
신청 서류	보증승인신청서, 대상거래계약서, 국내외 관계기관의 인허가서, 담보제공명세서, 부채현황표, 지급보증거래약정서, 담보제공관련 계약서 및 기타 필요서류		

일반적인 상업은행들도 거래 기업이 국제거래를 하게 되는 경우 이행보증을 제공한다. 과거 대형 수출거래에 대하여는 주로 상기 수출입은행이 대부분의 수출이행보증을 수행하였고 이는 정책적인 지원이 필요하고 금융역량의 집중적인 지원을 위해서도 타당하였다. 그러나 과거 소수의 수출기업들이

---

[498] 방산수출 가이드북, 9-3.

해외 자본재 수출에 참여하였으나 이제는 우리나라의 많은 기업들이 단순 물품거래 중심에서 자본재 거래를 많이 하게 됨에 따라 일반 상업은행들도 각종보증업무를 하게 되었으므로 수출이행보증도 마찬가지로 확대될 것이다.

마. 무역보험공사 수출보증보험

무역보험공사는 수출보증서를 발행한 금융기관에게 보상해 주는 보증보험을 제공하고 있다. 은행 등 금융기관이 수출거래와 관련하여 수출이행보증서를 발행한 후 (수입자 또는 발주자)로부터 보증채무 이행청구(Bond-Calling)를 받아 대지급하는 경우에 입게 되는 손실을 보상하는 수출보증보험을 운영하고 있다.

은행이 수출기업에게 수출이행보증서를 발행하고 사후 보증금을 지급하더라도 궁극적으로는 K-sure로부터 보험금을 대지급 받을 수 있으므로 궁극적인 위험부담을 하는 것은 아니다. 따라서 수출자는 수출보증보험을 부보하여 은행에 제출하면 은행이 용이하게 수출보증서를 발급하게 되어 궁극적으로 수출을 지원하게 된다.

무역보험공사는 보험계약자가 금융기관인 경우와 수출기업인 경우를 구분하여 다음과 같이 수출보증보험을 지원한다.[499]

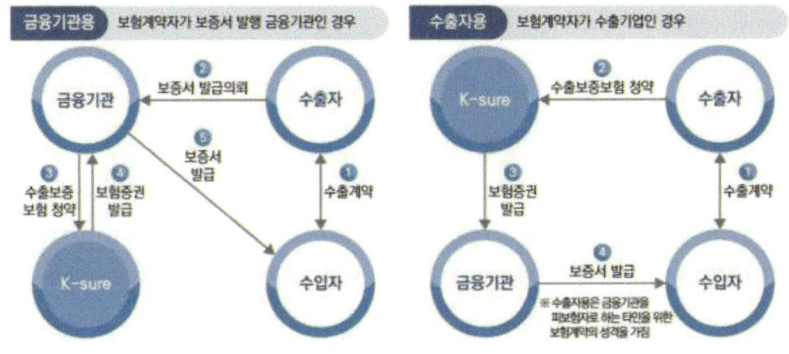

---

499) 방산수출 가이드북, 9-3.

수출보증보험은 방산수출과 공공 인프라 수출에서 수출이행보증을 제공해야 하는 수출기업이 활용할 수 있다. 다음의 사례는 무역보험공사가 운영중인 상기 수출보증보험 제도를 활용하여 방산수출에 있어서 구매국 국방부의 수출이행보증 요구에 부합하게 거래를 한 사례이다.500)

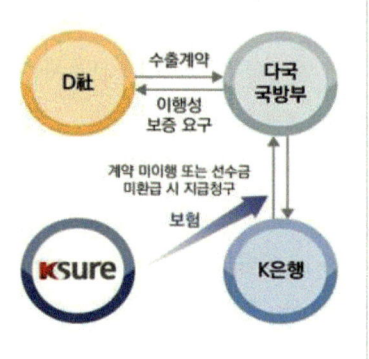

* 출처 : 무역보험공사

이행성 보증은 일반적으로 실수출기업의 비용과 계산으로 금융기관에 신청하며, 금융기관은 구매국앞으로 보증서를 발행한다. 정부간 거래의 경우 수출기업의 지위를 정부(KOTRA)가 부담하는 것은 사실이나, 거래의 실제 이행은 수출기업이 부담하는 것이고 그 수출이행보증서도 그 실제이행과 관련하여 제공되는 것이다.

바. 이행성보증 지원 확대

우리나라에서는 대형 방산수출과 공공인프라 수출에 대하여는 주로 한국수출입은행과 한국무역보험공사가 수출이행보증과 수출보증보험을 통해 주로 지원해 왔음은 앞서 살핀바와 같다. 그러나 반드시 수은이나 무보 만이 방산물자 정부간 거래 전 분야에 대하여 금융지원 업무를 전담할 것은 아니다.

---

500) 방산수출 가이드북, 9-3.

즉, 일반 상업은행의 이행성 보증도 가능하며, 방산수출과 공공 인프라 수출이 증가함에 따라 활용 증가가 요구되는 상황이다.

수출입은행과 무역보험공사가 과거 국제거래에 대한 이행성 보증 및 보증보험 제공을 주로 해온 이유는 일단 대형 수출거래가 많지 않아 주로 국책금융기관 중 해외거래 전문인 수출입은행과 무역보험공사가 집중적인 지원을 하게 되었다. 또한, 이들 기관의 거래 지원 인력과 경험이 상업은행 대비 풍부하였고, 또한 대출 저렴한 보증료(보험료)로 서비스를 제공할 수 있어 일반 상업은행이 참여할 필요성은 상대적으로 적었다.

그러나 우리나라의 국제거래 건수나 내용이 다양해지면서 우리나라 상업은행의 이행성 보증을 점점 더 많이 취급할 것이 예상된다. 이론적으로 실무적으로 우리나라의 일반 상업은행도 입찰보증, 이행보증, 하자보수보증 등 다양하게 보증 서비스를 제공할 수 있고 또 제공이 필요한 시점이다.

또한 일반 상업은행의 이행성 보증에 대하여 무역보험공사가 수출보증보험으로 지원하면 상업은행이 부담하는 거래 리스크를 상당부분 완화시킬 있다. 한편 향후 소위 "방산수출기금" 등 재원을 마련하여 방산수출에 대한 정책적 지원을 강화하고자 할 때 수출입은행의 직접기금수출보험의 leverage 효과에 의해 재원 대비 지원효과가 수출보증보험이 상대적으로 클 것이기 때문에 이점 역시 "은행의 보증과 무보의 보증보험을 통한 지원 구조"는 긍정적이다.

따라서 수출지원을 위해 수출이행보증을 충분히 그리고 원활하게 해야하는 정책적 측면에서 볼 때 수출보증보험을 통해 해외 리스크에 대하여는 무역보험공사가 커버하여 은행은 동 보증서에 기해 이행보증을 제공하도록 하고, 다만 수출기업 리스크에 대하여는 수출기업의 주거래 은행이 분담하는 구조가 자연스럽게 형성되는 것이 바람직하다. 민간 은행의 풍부한 금융 여력을 활용해 수출금융을 지원하게 되는 점에서 수출금융분야의 양적·질적인 성장 측면에서도 바람직하다.

사. 수출이행보증의 G2G 거래 지원

일반 상업은행이 이행성 보증을 제공하고 무역보험공사가 보증보험을 제공하는 방안은 다음과 같이 구체화 할 수 있다. 현재 우리나라에서 보증서 업무를 하고 있는 금융기관의 실무를 고려하여 활용가능한 G2G 계약의 거래구조하에서 이행성 보증을 제공하는 거래를 제시하고자 한다.

구매국 정부가 이행보증 또는 하자보수보증 등 은행의 보증서를 요구하면, 국내기업이 은행(경우에 따라 수출기업의 주거래은행이나 주간사은행이[501) 보증서를 발급할 수 있다)에 보증신청을 하고, 은행은 심사후 구매국 정부앞 보증서를 발행한다. 이행보증서 지원을 위해서 다음 두 가지 사항이 고려될 것이다.

- **보증 금융기관** : 보증서를 발행하는 금융기관의 신용도가 우수하여야 하고 또한 보증을 의뢰할 수출기업과의 충분한 긍정적인 금융거래 관계가 있어야 한다. 은행이 그 기업의 재무능력과 수출이행능력에 대한 확신이 있어야 대외채무 부담을 의미하는 수출이행보증서 발급이 원활하게 이루어질 수 있을 것이다.

- **수출기업과 은행간 관계** : 정부간 계약에 대한 보증방안에서는 보증서 발행 금융기관과 수출기업과의 금융거래관계가 있는지 혹은 보증서를 발행할 충분한 신용상태가 있는지를 고려하여야 한다. 개별 수출 기업들이 모든 은행들과 금융거래하는 것은 아니어서 수출기업별로 주거래은행은 다양할 수 있다. 그 주거래은행 중 수출이행보증을 해줄 은행도 있고 그렇지 않은 경우도 있을 수 있다. 따라서 주간사은행(agent bank)를 두어 구매국에 보증서를 제공하는 업무를 집중적으로 하도록 하고,

---

501) 주간사은행이란 정착된 개념은 아니지만, 정부간 계약의 보증업무를 수행함에 있어 공사가 선정하여 보증의 업무를 주로 처리하는 은행을 말한다. 제도 초기이니만큼 제도 정착에 있어 공사와 은행 간 긴밀한 의사소통과 협력이 필요하므로 민간은행 중 일부 혹은 국책은행 중 일부를 정부간 계약 보증업무의 주간사은행으로 지정(MOU등 지원업무협약 체결도 검토 가능)하고 정부간 계약의 보증 업무를 수행할 은행을 향후 결정하여 보증업무를 수행하게 하면 될 것이다. 필요하다만 후술하는 정부간 계약 플랫폼의 멤버 은행으로 협력체계를 구축하는 것도 타당할 것이다.

기타 상업은행들은 주간사 은행과 복보증 관계로 단계적인 보증서 발행을 하도록 하는 방안도 검토할 필요가 있다.

이러한 구매국의 선호도와 수출기업과 은행과의 기존 관계 등을 고려해 볼 때 다음과 같은 보증 방식이 가능하게 된다.

[그림 6. 양자간 계약과 보증 구조(안)]

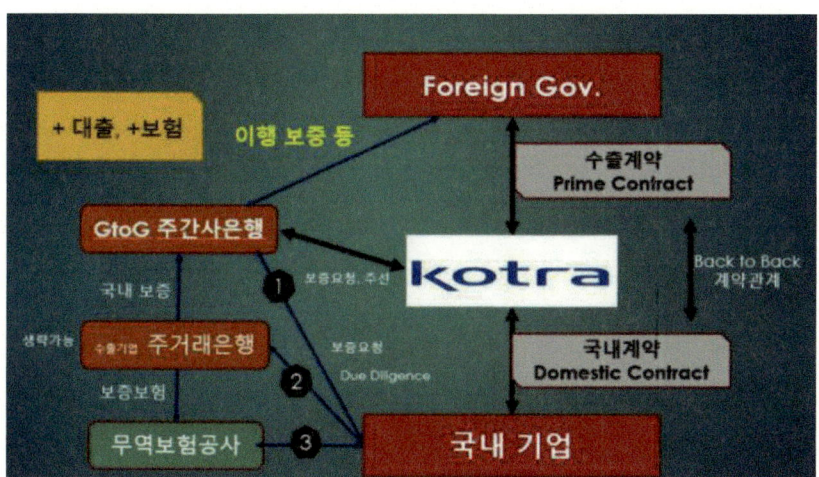

(1) 직보증 방식

- 보증을 제공할 주간사은행(Agent Bank)과 수출기업이 금융거래 관계에 있다면 기존 절차에 따라 수출기업이 그 주간사 은행에 보증서를 의뢰하여 구매국앞으로 처리하면 될 것이다(위 그림상 1의 사례). 이 경우 주간사 은행과 수출기업과는 직접적인 보증계약 관계에 있으므로 직보증 방식으로 부를 수 있다.

(2) 복보증 혹은 연계보증 방식:

- 수출기업과 주간사은행과 기존의 금융거래관계가 없다면 수출기업의 주거래은행 등이 우선 보증서를 주간사 은행앞으로 발행하게 하고 그 보증을

주간사은행이 받아서 그에 근거하여 구매국 정부 앞으로 보증서를 발급할 수 있다(위 그림 2의 사례). 이 경우 KOTRA는 금융기관과의 관계에서 업체들의 입장을 반영하여 보증절차의 간소화나 보증료의 할인 등이 가능하도록 하여 G2G 계약의 무역지원제도로서의 취지를 더 높일 수 있을 것이다.

(3) 보증보험부 보증 방식:

- 수출기업이 특별히 보증업무와 관련하여 은행과의 금융거래가 충분치 않거나 심사결과 충분한 금액의 보증서 발행이 곤란한 경우에는 무역보험공사 등의 보증보험을 신청하여 그를 근거로 주간사은행이나 주거래은행이 보증서를 받는 방안이 있을 수 있다. (위 그림 3의 경우) 이 경우 KOTRA는 금융기관과 무역보험공사와의 관계에서 업체들의 입장을 반영하여 보증절차의 간소화나 보증료/보증보험료 할인 등이 가능하도록 하여 실질적인 서비스를 제공한다면 정부간 계약의 무역지원제도로서의 취지를 더 높일 수 있을 것이다.

(4) 보증 의뢰인

보증의뢰인(신청인)이란 자기의 수출거래에 대한 보증을 위하여 금융기관에 보증료를 지급하고 보증을 요청하는 자를 의미하며, 일반적인 수출거래와 마찬가지로 국내기업이 된다. 신청시 수출이행의 의무가 있는 수출기업이 이행관련 보증의 비용을 부담하여야 한다. 즉, 수출기업이 보증료를 부담하고 은행에 보증서를 신청하고 은행은 보증서를 구매자(수입자)를 수익자로 하여 발행하게 된다.

보증신청인과 보증료의 부담주체는 수출기업이 되는 것이 타당하다. 이행성 보증의 대상이 되는 보증채무 이행사유는 수출거래와 관련한 불이행이기 때문에 보증서 발행시 금융기관은 수출이행능력과 신용도를 주로 심사하게 된다. 수출이행 여부 판단의 대상이 되는 주체는 결국 수출기업이고 보증서 발행을 위한 심사도 그 수출기업의 신용도를 판단하는 것이고, 또 그 계약의 이행 여부에 따라 수익과 책임도 수출기업이 부담하는 것이 타당하므로 보증서 의뢰의 주체는 국내기업이 되는 것이 타당한 것이다.

다만, 이왕 G2G 계약이 양자간 계약 구조로 체결되어 KOTRA가 직접 계약 당사자라면, 예외적으로 KOTRA가 직접 수출기업의 계산으로 은행에 보증서를 신청하여 구매국에 제공하도록 하는 방식도 고려해 볼 수 있다. 이 경우 G2G 계약 서비스의 일부로 수출이행보증 제공도 G2G 계약 지원의 부대업무로 수행하는 것을 상정해 볼 수도 있다. 이 경우 주간사은행과의 협의를 거쳐 보증료의 할인 및 전체적인 제도운영의 통일, 특히 양자간 계약을 통해 수수료를 부과하는 편익이 있어 고려해 볼만한 방법이기도 하다.

이런 경우 KOTRA가 수출기업의 위임을 받아 은행의 보증을 받게 될 터인데, 금융기관은 KOTRA의 신용도를 주로 심사하거나 혹은 수출기업을 중심으로 하거나 혹은 KOTRA와 수출기업 양측을 모두 심사하여 보증서 발급 여부를 결정할 수 있을 것이다. 이는 특별히 정해진 것은 아니고 은행 별로 혹은 사안별로 달라지므로 정책적으로 결정하면 될 것이다.502)

(5) 구매국의 수혜

G2G 계약에서 양자계약과 각종 수출이행보증을 제공받게 되면 구매국에게 발생하는 편익이 현저히 증가한다. 즉, 구매국은 KOTRA와의 정부간 계약을 통해 KOTRA의 이행보장(performance assurance)을 확보하는 한편 금융기관과의 보증계약인 보증서를 통한 금융기관이 불이행시 보상 보장(compensation assurance)이라는 중복적이고 상호 보완적인 거래 보장책을 확보하게 된다. 이 경우 G2G 수출계약을 방산수출 혹은 공공 인프라 수출에 있어서 중요한 정부지원 서비스로 자리잡게 하는 좋은 방안이 될 것이다.

다만 이러한 KOTRA의 수출이행보증 서비스 제공은 그 업무부담을 가중시키게 될 것이므로 이에 대한 보완·대비책을 마련이 전제되어야 할 것이다.

---

502) 만약 후술하는 수출금융의 제공 혹은 수출보험 등의 부가적인 금융지원까지 감안하고, 중소 수출기업들의 보증 및 금융을 지원하는 적극적인 역할까지 KOTRA가 담당하게 된다면, 총액 혹은 소정의 수수료를 선지급 받고, 거래에 필요한 보증과 수출보험을 함께 처리하여 (all in cost 방식) 서비스를 제공하는 것도 검토할 수 있을 것이다.

즉, KOTRA가 수출기업을 통해 계약에 따른 이행을 보장하고 원 수출기업이 못하는 경우 다른 대체기업을 통하는 방법 등으로 계약에 따른 이행을 할 계약상 의무를 부담하므로, KOTRA는 계약관리를 더 정밀하고 오랜 기간에 걸쳐 해야 되는 부담에 노출된다.

　KOTRA의 역할 강화는 본격적인 의미에서 수출기업을 대신해서 계약하는 것이고 수출기업을 보조하는 성격이 아니므로 수출기업으로부터 충분한 비용 변상 내지 수수료 부과를 받을 수 있는 좀 더 명확한 근거가 형성된다. 다시 말해, 거래의 조성이나 중개 정도의 역할에서 실질적으로 거래를 발전시키고 주간하는 사업시행자(developer)의 위치와 역할을 하게 되는 것이며, 여기에는 보증제공 부담과 계약 당사자 역할을 수행하게 되며 그 사업을 수행하기 위한 재원은 수수료 체계 등을 통해서 받아야 한다. 현재의 수수료 미징수 체계는 향후 캐나다의 사례나 미국 사례 등을 참고하여 현실화 시키는 방향을 검토할 것이다.

6. 소결 및 방산수출금융 향후 과제

　우리나라의 방산 수출 증가 경향이나 향후 전망은 이 분야가 지속적 내지 급격한 발전이 이루어질 것이 예상된다. 특히 우크라이나 전쟁 및 좀더 큰 틀에서 미·중의 갈등 심화라는 대외변수에 의한 특수한 상황은 이러한 전망을 더욱 강화한다. 한편 우리나라 산업구조가 고도화 되면서 수출분야에서도 방산수출은 하이테크 중심 산업으로서 그리고 특히 경제안보협력 증진 및 국가의 핵심 역량과 관련된 분야라는 점에서 국가의 적극적 지원이 필요한 분야라는 공감대도 충분하다. 이미 G2G 거래제도는 어느 정도 제도적 틀을 갖춰 나가고 있는 반면 아직 방산수출금융(Defence Financing) 분야는 아직 제도의 초기 단계인 것은 분명하므로 방산수출금융 분야에 대한 좀더 세밀하고 깊은 연구와 제도 개선이 향후 중요한 과제가 될 것이다.

가. 방산수출금융 경쟁력

한편 WTO 등 국제규범에서 예외적으로 취급되는 분야로 정부의 적극적 지원이 허용되는 분야이고 다수의 경쟁국들도 파격적이고 경쟁적인 금융지원을 하고 있는 점도 감안하여 그에 상응하게 일반 산업대비 정책금융 지원을 더 많이 하고 더 높은 수준의 지원을 해야만 한다. 이를 하지 못하는 경우 "Leveling playing field"를 달성하지 못하고 오히려 우리 방산수출기업과 공공인프라 수출기업은 상대적 불이익을 받게 된다. 따라서 전폭적인 금융지원은 필요조건이 아니라 필수조건이 되고 있다는 점도 고려하여 조속한 제도개발이 되어야 한다.

방산수출은 일반적인 물품수출과는 다른 독특한 특성을 갖는 바, 대금지급 주체가 보통 구매국 정부라는 점, 장기 연불결제를 활용하는 경우 장기간의 신용을 주로 판매국 정부가 주도적으로 지원하도록 요구되는 점 등이 중요한 특징이다. 따라서 대금결제를 정함에 있어서 이런 특성을 감안하여 신용장, 지급보증, 송금, 연불결제중 적절한 방법을 선택하되, 이런 결제기간 장기화는 결국 구매자 신용방식 방산수출금융 활용 필요성이 높아짐을 보았다.

방산수출금융은 계약전 조성금융(개발자금 지원), 선적전 수출금융(제작자금 지원), 선적후 수출금융(장기외상거래 지원)등 수출기업의 수요에 맞게 지원되어야 하며, 특히 방산수주에서의 확실한 경쟁력 확보와 구매국의 지급능력 보완을 위해 수출국 정부의 공적(official) 수출금융 지원도 많이 활용됨을 보았다.

나. 해외의 방산수출금융 동향 참고

특히 규모면에서나 다양성에서 선두라 할 수 있는 미국의 방산수출금융 발전 및 전개과정은 우리 방산수출금융에 있어서 다양한 스펙트럼을 보여준다. 즉, 미국 방산수출금융은 (1) 초기 미국수수출입은행의 대출보증, 수출보험, 직접 대출 등을 통한 지원, (2) 이후 대외군사판매법 개정을 통한 미수은의 원칙적인 지원 제한, 마약퇴치 및 민간사용예상 물품에 대한 지원 등 미수은의 금융제한에 대한 예외 인정 (4) FMF를 보조금 중심으로 운영 (4) 국방부 내 전담조직을 통한 보증(DELG) (5)의회승인을 통한 특별승인 지원(폴란드 등)으로 발전·변화되는 과정을 알 수 있었다.

미수은을 통해 방산수출에 대해 특별한 구분없이 일반 ECA 금융과 유사하게 수출지원(export promotion) 측면에서 지원하였으나 점점 안보협력과 우방국 관리, 무기통제 및 호환성 등 정책적인 측면에 더욱 부합하는 FMF나 DELG 등 방산수출금융에 특유한 지원제도를 발전시켰다. 그 결과물로서 미 방산수출금융의 현재는 (1) 비살상 무기체계 등 민간과 군사의 경계선상에 있는 분야로만 한정하여 미수은이 ECA 정책금융을 지원하고, (2) 순수 방산물자수출은 국방부의 FMF 등 보조금을 직접 지원하는 방식으로 이원화하여 구분·운영하고 있다.

위와 같은 미국의 방산수출 관련 대금결제나 금융시스템 발전과정과 변화를 참고해 볼 때 우리나라에서도 향후 방산수출에 대하여 금융지원을 하게 된다면 어떤 방향으로 발전시킬지 본격적인 논의가 필요하게 되었다고 본다. 단순히 상업적 측면에서 대출하고 관리하는 민간금융기관에 방산수출 금융지원 하도록 독려한다고 해결될 문제는 분명히 아니다.

다. 방산수출금융 지원체계 디자인 필요성

경제안보협력관계의 수립이라는 국가이익에 부합하는 G2G 거래 금융지원 시스템을 마련해야 한다. 방산수출과 공공 인프라 수출을 국가 전략산업으로 지정하고, 현재도 기존 틀에서도 대규모 자금을 조달할 수 있는 대형 정책금융기관, 즉 수출입은행, 산업은행 등과 무역보험공사 등 보증기관을 활용하여 공적수출신용(official export credit) 프로그램 형태로 지원할 필요가 있다.

유럽의 대부분 경쟁국들 또는 미국이 한 때 활용했던 ECA를 중심으로 한 수출보증 지원 및 상업은행의 상업대출 지원 방식의 ECA 금융 확대 방향으로 제도적 개발이 예상된다. 특히 수출선 발굴 등 마케팅 지원제도 등 초기 형태의 지원에서 벗어나 실질적이고 강력한 지원이 강구되어야 한다. 따라서 실제 계약 체결 단계에서 G2G 거래를 확실히 수주할 수 있도록 하는 금융지원 (직접대출, ECA 수출신용에 의한 상업은행 대출, 수출이행보증 제공)의 충분한 지원이 가능하도록 확실한 제도적 기반과 재원기반 마련이 이루어져야 할 것이다.

라. 정책금융기관의 선도 및 상업은행의 참여

초기단계에서는 우리나라의 일반상업은행들보다 금융조달능력이나 설사 단기간 상업적 수익률이 충분하지 않더라도 산업발전을 위해 지원할 수 있는 산업은행, 수출입은행, 그리고 무역보험공사에 기금을 출연하여 방산수출과 공공인프라 정부간 거래 지원하도록 할 필요가 있다. ECA 금융을 통해 또는 수출이행보증 등 일반 상업은행들도 참여할 수 있는 금융지원 방법(이행보증서 및 ECA 보증 활용한 직접대출 등)을 통해 상업은행의 참여도 적극적으로 추진할 필요가 있다.

즉 단기적으로는 G2G 공공재 거래 지원금융으로서 ECA 금융을 조속히 활성화하여 중요한 국제거래 지원제도로서 우리나라의 주요 수출대상 국가인 중·후발국들에 실질적이고 유효한 금융지원이 가능케 함으로써 적어도 프랑스 등 주요 경쟁국과 동등한 수준의 경쟁이 이루어질 수 있도록 해야 한다.

마. 안보경제협력에 기반한 정부 지원체계 수립 필요

한편, 국방부 등 정부가 국제경제안보협력관계에 대한 우선순위 등을 정하는 적극적 역할을 수행하고, 이러한 기준이 방산수출금융시 충분히 반영되어 장기적인 우방국 지원이 가능하도록 할 필요가 있다. 소위 방산수출금융 지원한편 정책금융 기관 내에 혹은 정책금융기관과 방산업계의 협력조직을 만들어 금융지원을 상시적으로 지원하는 방향으로 연구와 추진이 필요하다고 본다.

정책방향과 발전과제로서 선행연구였던 안영수·김미정(2018)의 "우리나라 정부간 수출계약(GtoG) 촉진을 위한 수출금융 활성화 방안"에서 제시된 바 있는 방산수출분야의 국가 전략산업 지정 및 인센티브의 적극적 제공, 방산수출금융 지원시스템의 구축 및 재원 조성은 상기 방산수출금융 관련 소개된 내용과 세부사항을 반영하여 조속히 현실적인 제도개선이 이루어져야 할 것이다.

바. 지원조직 및 지원재원 마련

정부적 차원에서 방산수출과 인프라 수출 등 공공재 수출에 대한 정부의 지원을 위한 금융재원을 마련하여야 할 것이다. 방산수출은 장기적 지원이 필요하고 또한 안보협력관계를 위해서는 보조금을 추가하던가 일반적인 상업거래라면 허용되지 않을 금융지원이 필요하기도 하다. 또는 방산수출을 지원하기 위한 수은과 무보의 기금에 대한 출연을 증가시키는 것은 큰 준비없이 정부의 결정으로 신속 추진이 가능하다. 장기적으로는 별도의 방산수출특별기금을 마련하여 그 재원을 활용하여 수은과 무보가 특별계정으로 활용하는 지원하던가 혹은 상업은행들과 협력을 통해 공동 금융 지원 등이 가능할 것이다.

독립적이고 전문화된 방산수출금융지원 컨트럴 타워 조직이 필요하다. 방산수출금융 지원 결정을 단순히 단순히 정책금융기관이나 상업은행이 직접 책임지고 지원하도록 하는 것은 현실적이지 않으므로 동 방산수출금융지원 조직을 설립하여 관련 정부 부처, ECA, 전문가가 참여하여 만든 상시조직으로 운영하여야 할 것이다. 동 조직은 사업의 지속적 발굴과 지원을 통해 방산수출금융에 대한 경험과 책임을 장기간 부담하는 조직이어야 한다.

현재 수출입은행이나 무역보험공사 등 ECA 조직은 특별한 법적 근거나 수권없이 방산수출금융에 대한 예외조치 등에 부담을 느낄 수 있고 또한 특별한 기금도 없어 적극적인 지원에 주저할 수도 있다. 따라서 신설될 방산수출금융조직은 이러한 ECA에 정책방향을 제시하고 필요한 협력을 통해 ECA, 상업은행 등이 방산수출금융을 적극적으로 지원할 수 있도록 선도하고 지도할 수 있는 권한과 전문성을 갖춰야 한다. 이를 통해 예컨대 OECD 수출신용협약상 일반기준과 다른 독립적이고 특화된 금융지원 기준(예컨대 방산수출 국가 리스크 평가 기준 마련, 국가 및 세부 산업별 금융 지원기준 등)을 준비하고 금융지원을 조성하는 등 향후 제도발전을 주도할 수 있을 것이다.

■ 첨부 자료

첨부자료 관련 일러두기

우리나라의 법률로서 법제처 등 공공 사이트에서 자료를 확인할 수 있는 대외무역법, 방위사업법, 방위산업발전법, 대한무역투자진흥공사법 등은 첨부자료로 포함하지는 않았다. 따라서 독자는 동 법령에 대한 최신자료를 "법제처" 홈페이지, "법령" 부분에서 확인하길 권한다.

반면, 위와 같이 법제처 등 공공 홈페이지에서 확인이 어려운 관계 규범들, 예컨대 방산물자등의 정부간 판매에 관한 규정, GATT, GATS, WTO GPA 등은 이 책의 첨부자료로 포함하였다 (일부는 한글 번역 포함). 한편, 외국 보도자료 등으로 G2G 거래와 관련된 자료들 중 유의할 만한 내용들도 첨부자료에 포함하였다.

GATT 1947 English – GATT : THE GENERAL AGREEMENT ON TARIFFS AND TRADE 관세와 무역에 관한 일반협정

The Governments of the Commonwealth of Australia, the Kkingdom of Belgium, the United States of Brazil, Burma, Canada, Ceylon, the Republic of Chile, the Republic of China, the Republic of Cuba, the Czechoslovak Republic, the French Republic, India, Lebanon, the Grand-Duchy of Luxemburg, the Kingdom of the Netherlands, New Zealand, the Kingdom of Norway, Pakistan, Southern Rhodesia, Syria, the Union of South Africa, the United Kingdom of Great Britain and Northern Ireland, and the United States of America:

Recognizing that their relations in the field of trade and economic endeavour should be conducted with a view to raising standards of living, ensuring full employment and a large and steadily growing volume of real income and effective demand, developing the full use of the resources of the world and expanding the production and exchange of goods,

Being desirous of contributing to these objectives by entering into reciprocal and mutually advantageous arrangements directed to the substantial reduction of tariffs and other barriers to trade and to the elimination of discriminatory treatment in international commerce,

Have through their Representatives agreed as follows:

PART I

Article I General Most-Favoured-Nation Treatment

1. With respect to customs duties and charges of any kind imposed on or in connection with importation or exportation or imposed on the international transfer of payments for imports or exports, and with respect to the method of levying such duties and charges, and with respect to all rules and formalities in connection with importation and exportation, and with respect to all matters referred to in paragraphs 2 and 4 of Article III,* any advantage, favour, privilege or immunity granted by any contracting party to any product originating in or destined for any other country shall be accorded immediately and unconditionally to the like product originating in or destined for the territories of all other contracting parties.

2. The provisions of paragraph 1 of this Article shall not require the elimination of any preferences in respect of import duties or charges which do not exceed the levels provided for in paragraph 4 of this Article and which fall within the following descriptions:

(a) Preferences in force exclusively between two or more of the territories listed in Annex A, subject to the conditions set forth therein;

(b) Preferences in force exclusively between two or more territories which on July 1, 1939, were connected by common sovereignty or relations of protection or suzerainty and which are listed in Annexes B, C and D, subject to the conditions set forth therein;

(c) Preferences in force exclusively between the United States of America and the Republic of Cuba;

(d) Preferences in force exclusively between neighbouring countries listed in Annexes E and F.

3. The provisions of paragraph 1 shall not apply to preferences between the countries formerly a part of the Ottoman Empire and detached from it on July 24, 1923, provided such preferences are approved under paragraph 5) The authentic text erroneously reads "sub-paragraph 5 (a)".
of Article XXV, which shall be applied in this respect in the light of paragraph 1 of Article XXIX.

4. The margin of preference* on any product in respect of which a preference is permitted under paragraph 2 of this Article but is not specifically set forth as a maximum margin of preference in the appropriate Schedule annexed to this Agreement shall not exceed:

(a) in respect of duties or charges on any product described in such Schedule, the difference between the most-favoured-nation and preferential rates provided for therein; if no preferential rate is provided for, the preferential rate shall for the purposes of this paragraph be taken to be that in force on April 10, 1947, and, if no most-favoured-nation rate is provided for, the margin shall not exceed the difference between the most-favoured-nation and preferential rates existing on April 10, 1947;

(b) in respect of duties or charges on any product not described in the appropriate Schedule, the difference between the most-favoured-nation and preferential rates existing on April 10, 1947.

In the case of the contracting parties named in Annex G, the date of April 10, 1947, referred to in sub-paragraph (a) and (b) of this paragraph shall be replaced by the respective dates set forth in that Annex.

[내용 생략]

Article XX General Exceptions

Subject to the requirement that such measures are not applied in a manner which would constitute a means of arbitrary or unjustifiable discrimination between countries where the same conditions prevail, or a disguised restriction on international trade, nothing in this Agreement shall be construed to prevent the adoption or enforcement by any contracting party of measures:

(a) necessary to protect public morals;
(b) necessary to protect human, animal or plant life or health;
(c) relating to the importations or exportations of gold or silver;
(d) necessary to secure compliance with laws or regulations which are not inconsistent with the provisions of this Agreement, including those relating to customs enforcement, the enforcement of monopolies operated under paragraph 4 of Article II and Article XVII, the protection of patents, trade marks and copyrights, and the prevention of deceptive practices;
(e) relating to the products of prison labour;
(f) imposed for the protection of national treasures of artistic, historic or archaeological value;

(g) relating to the conservation of exhaustible natural resources if such measures are made effective in conjunction with restrictions on domestic production or consumption;

(h) undertaken in pursuance of obligations under any intergovernmental commodity agreement which conforms to criteria submitted to the CONTRACTING PARTIES and not disapproved by them or which is itself so submitted and not so disapproved;*

(i) involving restrictions on exports of domestic materials necessary to ensure essential quantities of such materials to a domestic processing industry during periods when the domestic price of such materials is held below the world price as part of a governmental stabilization plan; provided that such restrictions shall not operate to increase the exports of or the protection afforded to such domestic industry, and shall not depart from the provisions of this Agreement relating to non-discrimination;

(j) essential to the acquisition or distribution of products in general or local short supply; provided that any such measures shall be consistent with the principle that all contracting parties are entitled to an equitable share of the international supply of such products, and that any such measures, which are inconsistent with the other provisions of the Agreement shall be discontinued as soon as the conditions giving rise to them have ceased to exist. The CONTRACTING PARTIES shall review the need for this sub-paragraph not later than 30 June 1960.

Article XXI Security Exceptions

Nothing in this Agreement shall be construed

(a) to require any contracting party to furnish any information the disclosure of which it considers contrary to its essential security interests; or

(b) to prevent any contracting party from taking any action which it considers necessary for the protection of its essential security interests

(i) relating to fissionable materials or the materials from which they are derived;

(ii) relating to the traffic in arms, ammunition and implements of war and to such traffic in other goods and materials as is carried on directly or indirectly for the purpose of supplying a military establishment;

(iii) taken in time of war or other emergency in international relations; or

(c) to prevent any contracting party from taking any action in pursuance of its obligations under the United Nations Charter for the maintenance of international peace and security.

Article XXII

Consultation

("이하 생략")

GATT 1947 Korean 한글번역

관세 및 무역에 관한 일반협정

호주연방, 벨기에왕국, 브라질합중국, 버마, 캐나다, 실론, 칠레공화국, 중화민국, 쿠바공화국, 체코슬로바키아공화국, 프랑스공화국, 인도, 레바논, 룩셈부르크대공국, 네덜란드왕국, 뉴질랜드, 노르웨이왕국, 파키스탄, 남로데시아, 시리아, 남아프리카연방, 대영 및 북아일랜드 연합왕국과 미합중국 정부는,

무역과 경제활동분야에서의 그들의 관계가 생활수준을 향상시키고, 완전고용 및 크고 지속적으로 증가하는 실질소득과 유효수요를 확보하고, 세계자원의 완전한 이용을 발전시키며, 재화의 생산 및 교환의 확대를 위하여 이루어져야 한다는 것을 인정하고,

관세 및 그밖의 무역장벽을 실질적으로 감축하고 국제상거래에 있어서의 차별적 대우를 철폐할 것을 지향하는 상호적이고 호혜적인 약정을 체결함으로써 이러한 목적에 기여할 수 있기를 바라며,

그 대표를 통하여 다음과 같이 합의하였다.

제 1 부

제1조 일반적 최혜국대우

1. 수입 또는 수출에 대하여 또는 수입 또는 수출과 관련하여 부과되거나 수입 또는 수출에 대한 지급의 국제적 이전에 대하여 부과되는 관세 및 모든 종류의 과징금에 관하여, 동 관세 및 과징금의 부과방법에 관하여, 수입 또는 수출과 관련된 모든 규칙 및 절차에 관하여, 그리고 제3조제2항 및 제4항에 언급된 모든 사항에 관하여 체약당사자가 타국을 원산지로 하거나 행선지로 하는 상품에 대하여 부여하는 제반 편의, 호의, 특권 또는 면제는 다른 모든 체약당사자의 영토를 원산지로 하거나 행선지로 하는 동종 상품에 대하여 즉시 그리고 무조건적으로 부여되어야 한다.

2. 이 조 제1항의 규정은 수입 관세 또는 과징금에 관한 특혜로서 이 조 제4항에 제시된 수준을 초과하지 아니하고 다음 각 호에 해당하는 것의 철폐를 요구하는 것은 아니다.
(a) 부속서 A에 기재된 둘 또는 그 이상의 영토간에 배타적으로 유효한 것으로서 동 부속서에 명시된 조건에 따르는 특혜
(b) 1939년 7월 1일 현재 공통주권이나 보호 또는 종주 관계에 의하여 결합되어 있고 부속서 B, C 및 D에 기재된 둘 또는 그 이상의 영토간에 배타적으로 유효한 것으로서 동 부속서에 명시된 조건에 따르는 특혜
(c) 미합중국과 쿠바공화국간에 배타적으로 유효한 특혜
(d) 부속서 E 및 F에 기재된 인접국가간에 배타적으로 유효한 특혜

3. 제1항의 규정은 과거 오토만제국의 일부였다가 1923년 7월 24일 동 제국으로부터 분리된 국가간의 특혜에는 적용되지 아니한다. 단, 동 특혜는 제25조제5항) 정본은 걏1 제5항(a)긁1 로 잘못 기재함.
에 의하여 승인되어야 하며, 이러한 점에서 이 규정은 제29조제1항에 비추어 적용된다.

4. 이 조 제2항에 의하여 특혜가 허용되었으나 이 협정에 부속된 해당 양허표에 특혜의 최대폭이 구체적으로 명시되지 않은 상품에 대한 특혜의 폭은 다음을 초과하지 아니한다.
(a) 이러한 양허표에 기재된 상품에 대한 관세 또는 과징금에 대하여는, 동 양허표에 제시된 최혜국세율과 특혜세율간의 차이. 특혜세율이 제시되어 있지 아니한 경우 특혜세율은 이 항의 목적상 1947년 4월 10일 현재 유효한 세율로 하며, 최혜국세율이 제시되어 있지 않은 경우 특혜의 폭은 1947년 4월 10일 현재의 최혜국세율과 특혜세율간의 차이를 초과하여서는 아니된다.
b) 해당 양허표에 기재되어 있지 않은 상품에 대한 관세 또는 과징금에 대하여는, 1947년 4월 10일 현재 존재하는 최혜국세율과 특혜세율간의 차이 부속서 G에 거명된 체약당사자의 경우, 이 항 (a)호 및 (b)호에서 언급된 1947년 4월 10일이라는 일자는 동 부속서에 명시된 각 일자로 대체한다.

[내용 생략]

제20조 일반적 예외

다음의 조치가 동일한 여건이 지배적인 국가간에 자의적이거나 정당화할 수 없는 차별의 수단을 구성하거나 국제무역에 대한 위장된 제한을 구성하는 방식으로 적용되지 아니한다는 요건을 조건으로, 이 협정의 어떠한 규정도 체약당사자가 이러한 조치를 채택하거나 시행하는 것을 방해하는 것으로 해석되지 아니한다.

(a) 공중도덕을 보호하기 위하여 필요한 조치
(b) 인간, 동물 또는 식물의 생명 또는 건강을 보호하기 위하여 필요한 조치
(c) 금 또는 은의 수입 또는 수출과 관련된 조치
(d) 통관의 시행, 제2조제4항 및 제17조 하에서 운영되는 독점의 시행, 특허권·상표권·저작권의 보호, 그리고 기만적 관행의 방지와 관련된 법률 또는 규정을 포함하여 이 협정의 규정에 불합치되지 아니하는 법률 또는 규정의 준수를 확보하기 위하여 필요한 조치
(e) 교도소노동상품과 관련된 조치
(f) 예술적, 역사적 또는 고고학적 가치가 있는 국보의 보호를 위하여 부과되는 조치
(g) 고갈될 수 있는 천연자원의 보존과 관련된 조치로서 국내 생산 또는 소비에 대한 제한과 결부되어 유효하게 되는 경우
(h) 체약당사자단에 제출되어 그에 의하여 불승인되지 아니한 기준에 합치되는 정부간 상품협정 또는 그 자체가 체약당사자단에 제출되어 그에 의하여 불승인되지 아니한 정부간 상품협정 하의 의무에 따라 취하여지는 조치
(i) 정부의 안정화계획의 일부로서 국내원료의 국내가격이 국제가격 미만으로 유지되는 기간 동안 국내가공산업에 필수적인 물량의 국내원료를 확보하기 위하여 필요한 국내원료의 수출에 대한 제한을 수반하는 조치. 단, 동 제한은 이러한 국내산업의 수출 또는 이러한 국내산업에 부여되는 보호를 증가시키도록 운영되어서는 아니되며 무차별과 관련된 이 협정의 규정으로부터 이탈하여서는 아니된다.

(j) 일반적 또는 지역적으로 공급이 부족한 상품의 획득 또는 분배에 필수적인 조치. 단, 동 조치는 모든 체약당사자가 동 상품의 국제적 공급의 공평한 몫에 대한 권리를 가진다는 원칙에 합치되어야 하며, 이 협정의 다른 규정에 불합치되는 동 조치를 야기한 조건이 존재하지 아니하게 된 즉시 중단되어야 한다. 체약당사자단은 1960년 6월 30일 이전에 이 호의 필요성을 검토한다.

제21조 안보상의 예외

이 협정의 어떠한 규정도 다음으로 해석되지 아니한다.

(a) 공개시 자신의 필수적인 안보이익에 반한다고 체약당사자가 간주하는 정보를 제공하도록 체약당사자에게 요구하는 것 또는
(b) 자신의 필수적인 안보이익의 보호를 위하여 필요하다고 체약당사자가 간주하는 다음의 조치를 체약당사자가 취하는 것을 방해하는 것
(i) 핵분열성 물질 또는 그 원료가 되는 물질에 관련된 조치
(ii) 무기, 탄약 및 전쟁도구의 거래에 관한 조치와 군사시설에 공급하기 위하여 직접적 또는 간접적으로 행하여지는 그밖의 재화 및 물질의 거래에 관련된 조치
(iii) 전시 또는 국제관계에 있어서의 그밖의 비상시에 취하는 조치
(c) 국제 평화 및 안보의 유지를 위하여 국제연합헌장 하의 자신의 의무에 따라 체약당사자가 조치를 취하는 것을 방해하는 것

("이하 생략")

GATS : General Agreement on Trade in Services 서비스무역에 관한 협정

Members,

Recognizing the growing importance of trade in services for the growth and development of the world economy;

Wishing to establish a multilateral framework of principles and rules for trade in services with a view to the expansion of such trade under conditions of transparency and progressive liberalization and as a means of promoting the economic growth of all trading partners and the development of developing countries;

Desiring the early achievement of progressively higher levels of liberalization of trade in services through successive rounds of multilateral negotiations aimed at promoting the interests of all participants on a mutually advantageous basis and at securing an overall balance of rights and obligations, while giving due respect to national policy objectives;

Recognizing the right of Members to regulate, and to introduce new regulations, on the supply of services within their territories in order to meet national policy objectives and, given asymmetries existing with respect to the degree of development of services regulations in different countries, the particular need of developing countries to exercise this right;

Desiring to facilitate the increasing participation of developing countries in trade in services and the expansion of their service exports including, inter alia, through the strengthening of their domestic services capacity and its efficiency and competitiveness;

Taking particular account of the serious difficulty of the least-developed countries in view of their special economic situation and their development, trade and financial needs;

Hereby agree as follows:

Part I: Scope and Definition

Article I: Scope and Definition

1. This Agreement applies to measures by Members affecting trade in services.

2. For the purposes of this Agreement, trade in services is defined as the supply of a service:

(a) from the territory of one Member into the territory of any other Member;

(b) in the territory of one Member to the service consumer of any other Member;

(c) by a service supplier of one Member, through commercial presence in the territory of any other Member;

(d) by a service supplier of one Member, through presence of natural persons of a Member in the territory of any other Member.

3. For the purposes of this Agreement:

(a) "measures by Members" means measures taken by:

  (i) central, regional or local governments and authorities; and

  (ii) non-governmental bodies in the exercise of powers delegated by central, regional or local governments or authorities; In fulfilling its obligations and commitments under the Agreement, each Member shall take such reasonable measures as may be available to it to ensure their observance by regional and local governments and authorities and non-governmental bodies within its territory;

(b) "services" includes any service in any sector except services supplied in the exercise of governmental authority;

(c) "a service supplied in the exercise of governmental authority" means any service which is supplied neither on a commercial basis, nor in competition with one or more service suppliers.

Part II: General Obligations and Disciplines

Article II: Most-Favoured-Nation Treatment

1. With respect to any measure covered by this Agreement, each Member shall accord immediately and unconditionally to services and service suppliers of any other Member treatment no less favourable than that it accords to like services and service suppliers of any other country.

2. A Member may maintain a measure inconsistent with paragraph 1 provided that such a measure is listed in, and meets the conditions of, the Annex on Article II Exemptions.

3. The provisions of this Agreement shall not be so construed as to prevent any Member from conferring or according advantages to adjacent countries in order to facilitate exchanges limited to contiguous frontier zones of services that are both locally produced and consumed.

Article III: Transparency

1. Each Member shall publish promptly and, except in emergency situations, at the latest by the time of their entry into force, all relevant measures of general application which pertain to or affect the operation of this Agreement. International agreements pertaining to or affecting trade in services to which a Member is a signatory shall also be published.

2. Where publication as referred to in paragraph 1 is not practicable, such information shall be made otherwise publicly available.

3. Each Member shall promptly and at least annually inform the Council for Trade in Services of the introduction of any new, or any changes to existing, laws, regulations or administrative guidelines which significantly affect trade in services covered by its specific commitments under this Agreement.

4. Each Member shall respond promptly to all requests by any other Member for specific information on any of its measures of general application or international agreements within the meaning of paragraph 1. Each Member shall also establish one or more enquiry points to provide specific information to other Members, upon request, on all such matters as well as those subject to the notification requirement in paragraph 3. Such enquiry points shall be established within two years from the date of entry into force of the Agreement Establishing the WTO (referred to in this Agreement as the "WTO Agreement"). Appropriate flexibility with respect to the time-limit within which such enquiry points are to be established may be agreed upon for individual developing country Members. Enquiry points need not be depositories of laws and regulations.

5. Any Member may notify to the Council for Trade in Services any measure, taken by any other Member, which it considers affects the operation of this Agreement.

[내용 생략]

Article XIV: General Exceptions

Subject to the requirement that such measures are not applied in a manner which would constitute a means of arbitrary or unjustifiable discrimination between countries where like conditions prevail, or a disguised restriction on trade in services, nothing in this Agreement shall be construed to prevent the adoption or enforcement by any Member of measures:

(a) necessary to protect public morals or to maintain public order;(5)

(b) necessary to protect human, animal or plant life or health;

(c) necessary to secure compliance with laws or regulations which are not inconsistent with the provisions of this Agreement including those relating to:

(i) the prevention of deceptive and fraudulent practices or to deal with the effects of a default on services contracts;

(ii) the protection of the privacy of individuals in relation to the processing and dissemination of personal data and the protection of confidentiality of individual records and accounts;

(iii) safety;

(d) inconsistent with Article XVII, provided that the difference in treatment is aimed at ensuring the equitable or effective(6) imposition or collection of direct taxes in respect of services or service suppliers of other Members;

(e) inconsistent with Article II, provided that the difference in treatment is the result of an agreement on the avoidance of double taxation or provisions on the avoidance of double taxation in any other international agreement or arrangement by which the Member is bound.

Article XIV bis: Security Exceptions

1. Nothing in this Agreement shall be construed:

(a) to require any Member to furnish any information, the disclosure of which it considers contrary to its essential security interests; or

(b) to prevent any Member from taking any action which it considers necessary for the protection of its essential security interests:

(i) relating to the supply of services as carried out directly or indirectly for the purpose of provisioning a military establishment;

(ii) relating to fissionable and fusionable materials or the materials from which they are derived;

(iii) taken in time of war or other emergency in international relations; or

(c) to prevent any Member from taking any action in pursuance of its obligations under the United Nations Charter for the maintenance of international peace and security.

2. The Council for Trade in Services shall be informed to the fullest extent possible of measures taken under paragraphs 1(b) and (c) and of their termination.

[이하 생략]

GATS 1947 Korean 한글번역 - 부속서 1나 서비스무역에 관한 일반협정

서비스무역에 관한 일반협정

회원국들은,

세계경제의 성장 및 발전을 위한 서비스무역이 차지하는 중요성이 증대하고 있음을 인식하고,

투명성과 점진적인 자유화의 조건에 따라 서비스무역을 확대하기 위하여 그리고 모든 무역상대국의 경제성장 및 개발도상국의 발전을 촉진시키기 위한 수단으로서 서비스무역을 위한 다자간 원칙 및 규칙의 틀을 제정하기를 바라고,

국가정책목표를 적절히 존중하는 한편, 호혜를 기초로 모든 참여국의 이익을 증진하고 권리와 의무간에 전반적인 균형 확보를 목적으로 하는 지속적인 다자간 협상을 통해 점진적으로 보다 높은 수준의 서비스무역 자유화의 조기달성을 희망하고,

국가정책목표를 충족시키기 위하여 자기나라의 영토내의 서비스공급을 규제하고 신규규제를 도입할 수 있는 회원국의 권리를 인정하고, 서비스규제의 발전정도에 있어서 다양한 국가간에 불균형이 존재하고 있음을 감안할 때 개발도상국이 이러한 권리를 행사할 특별한 필요가 있음을 인정하고,

개발도상국들의 서비스무역에의 참여증대와 특히 그들의 국내서비스 능력과 그 효율성 및 경쟁력의 강화등을 통한 서비스 수출의 확대를 촉진하기를 희망하고,

최빈개도국들의 특수한 경제상황과 그들의 개발, 무역 및 재정적 필요에 비추어 볼때 심각한 어려움이 있음을 특별히 고려하면서,

다음과 같이 합의한다.

제 1 부 범위 및 정의

제 1 조 범위 및 정의

1. 이 협정은 서비스무역에 영향을 미치는 회원국의 조치에 대하여 적용된다.

2. 이 협정의 목적상, 서비스무역은 다음과 같은 서비스의 공급으로 정의된다.

가. 한 회원국의 영토로부터 그 밖의 회원국의 영토내로의 서비스공급

나. 한 회원국의 영토내에서 그 밖의 회원국의 서비스 소비자에 대한 서비스공급

다. 한 회원국의 서비스 공급자에 의한 그 밖의 회원국의 영토내에서의 상업적 주재를 통한 서비스공급

라. 한 회원국의 서비스 공급자에 의한 그 밖의 회원국 영토내에서의 자연인의 주재를 통한 서비스공급

3. 이 협정의 목적상,

가. "회원국의 조치"는 아래에 의해 취해진 조치를 의미한다.

(1) 중앙, 지역 또는 지방의 정부 및 당국, 그리고

(2) 중앙, 지역 또는 지방의 정부 또는 당국에 의해 위임된 권한을 행사하는 비정부기관

이 협정에 따른 의무와 약속을 충족하는데 있어서 각 회원국은 자기나라 영토내의 지역 및 지방 정부와 당국, 그리고 비정부기관의 준수를 보장하기 위하여 각 회원국이 이용가능한 합리적인 조치를 취한다.

나. "서비스"는 정부의 권한을 행사함에 있어서 공급되는 서비스를 제외하고는 모든 분야에서의 모든 서비스를 포함한다.

다. "정부의 권한을 행사함에 있어서 공급되는 서비스"는 상업적 기초에서 공급되지 아니하며 하나 또는 그 이상의 서비스 공급자와의 경쟁하에 공급되지 아니하는 모든 서비스를 의미한다.

제 2 부 일반적 의무 및 규율

제 2 조 최혜국대우

1. 이 협정의 대상이 되는 모든 조치에 관하여, 각 회원국은 그 밖의 회원국의 서비스와 서비스 공급자에게 그 밖의 국가의 동종 서비스와 서비스공급자에 대하여 부여하는 대우보다 불리하지 아니한 대우를 즉시 그리고 무조건적으로 부여한다.

2. 제2조의 면제에 관한 부속서에 열거되어 있으며 또한 그 부속서상의 조건을 충족시키는 경우에는 회원국은 제1항에 일치하지 아니하는 조치를 유지할 수 있다.

3. 이 협정의 규정은 어떠한 회원국도 현지에서 생산되고 소비되는 서비스의 인접 접경지대에 국한된 교환을 촉진하기 위하여 인접국에 혜택을 부여하거나 허용하는 것을 금지하는 것으로 해석되지 아니한다.

제 3 조 투 명 성

1. 각 회원국은 이 협정의 운영에 관련되거나 영향을 미치는 일반적으로 적용되는 모든 관련 조치를 신속히 공표하며, 긴급상황의 경우를 제외하고는 늦어도 발효전까지 공표한다. 특정 회원국이 서명국인 서비스무역에 관련되거나 영향을 미치는 국제협정도 또한 공표된다.

2. 제1항에 언급된 공표가 실행불가능할 경우, 그러한 정보를 달리 공개적으로 입수가능하도록 한다.

3. 각 회원국은 서비스무역이사회에 이 협정에 따라 자기나라의 구체적 약속의 대상이 되는 서비스의 무역에 중대한 영향을 주는 모든 법률, 규정 또는 행정지침의 새로운 도입 또는 수정에 관하여 신속히 그리고 적어도 해마다 통보한다.

4. 각 회원국은 제1항의 의미내의 일반적으로 적용되는 자기나라의 모든 조치, 혹은 국제협정에 대한 그 밖의 회원국의 특정정보에 관한 모든 요청에 대하여 신속하게 응답한다. 각 회원국은 또한 요청이 있을 경우 제3항의 통보요건에 따른 사항뿐 아니라 모든 이러한 문제에 대한 구체적인 정보를 다른 회원국에게 제공하기 위해 하나 또는 그 이상의 문의처를 설립한다. 그러한 문의처는 세계 무역 기구 설립을위한협정(이 협정에서는 "세계무역기구협정"이라 한다.)의 발효일로부터 2년 이내에 설치된다. 개발도상회원국에 대하여는 그러한 문의처 설치의 시간제한에 관하여 개별적으로 적절한 융통성이 합의될 수 있다. 문의처가 법률과 규정의 기탁처가 될 필요는 없다.

5. 모든 회원국은 그 밖의 회원국이 취한 어떠한 조치가 이 협정의 운영에 영향을 미친다고 간주할 경우 이를 서비스무역이사회에 통보할 수 있다.

제 14 조 일반적인 예외

아래의 조치가 유사한 상황에 있는 국가간에 자의적 또는 정당화될 수 없는 차별의 수단이 되거나 혹은 서비스무역에 대한 위장된 제한을 구성하는 방식으로 적용되지 아니한다는 요건을 조건으로, 이 협정의 어떠한 규정도 이러한 조치를 채택하거나 시행하는 것을 방해하는 것으로 해석되지 아니한다.

가. 공중도덕을 보호하거나 또는 공공질서를 유지하기 위하여 필요한 조치(Re.5),

(Remark 5) 공공질서를 위한 예외는 사회의 근본적인 이익에 대하여 진정하고도 충분히 심각한 위협이 제기되는 경우에만 원용될 수 있다.

나. 인간, 동물 또는 식물의 생명 또는 건강을 보호하기 위하여 필요한 조치,

다. 아래 사항에 관한 조치를 포함하여 이 협정의 규정과 불일치하지 아니하는 법률이나 규정의 준수를 확보하기 위하여 필요한 조치,

(1) 기만행위 및 사기행위의 방지 또는 서비스계약의 불이행의 효과의 처리

(2) 사적인 자료의 처리와 유포와 관련된 개인의 사생활 보호와 개인의 기록 및 구좌의 비밀보호

(3) 안전

라. 제17조에는 일치하지 아니하는 조치. 단 상이한 대우가 다른 회원국들의 서비스 또는 서비스 공급자들에 대한 공평하거나 효과적인(Re.6) 직접세의 부과 또는 징수를 보장하기 위한 것일 경우에 한한다.

(Remark 6) 직접세의 공평하거나 효과적인 부과 또는 징수를 보장하기 위한 조치는 회원국이 자기나라의 조세제도에 따라 채택하는 조치로서 아래 조치를 포함한다.

(1) 비거주자의 납세의무가 회원국 영토내에 원천이 있거나 소재하는 과세대상과 관련하여 결정된다는 사실을 인정하여 비거주 서비스 공급자에게 적용되는 조치, 또는

(2) 회원국 영토내에서의 조세부과 또는 징수를 확보하기 위하여 비거주자에게 적용되는 조치, 또는

(3) 준수조치를 포함하여 조세회피 또는 탈세를 방지하기 위하여 비거주자 또는 거주자에게 적용되는 조치, 또는

(4) 회원국 영토내의 원천으로부터 비롯되는 소비자에 대한 조세의 부과 또는 징수를 보장하기 위하여 다른 회원국의 영토내에서 또는 그 영토로부터 공급된 서비스의 소비자에게 적용되는 조치, 또는

(5) 서비스 공급자들간의 과세표준의 성격상의 차이를 인정하여, 전 세계적으로 과세대상이 되는 세목에 대한 과세의 대상이 되는 서비스 공급자를 다른 서비스 공급자로부터 구별하는 조치, 또는

(6) 회원국의 과세표준을 보호하기 위하여, 거주자 또는 지사, 또는 관계인 또는 동일인의 지사간의 소득, 이윤, 익금, 손금, 공제 또는 세액공제를 결정, 배분 또는 조정하는 조치

제14조 라항과 이 각주의 조세용어 또는 개념은 그 조치를 취하는 회원국의 국내법상의 조세의 정의와 개념, 혹은 동등 또는 유사한 정의와 개념에 따라 결정된다.

마. 제2조와 일치하지 아니하는 조치. 단, 상이한 대우가 회원국을 기속하는 이중과세 방지에 관한 협정 또는 그 밖의 국제협정 또는 약정의 이중과세방지에 관한 규정의 결과일 경우에 한한다.

제 14 조의 2 안보상의 예외

1. 이 협정의 어떠한 규정도,

가. 공개시 자기나라의 중대한 안보이익에 반하는 것으로 회원국이 간주하는 어떠한 정보의 공개도 회원국에게 요구하는 것으로 해석될 수 없으며, 또는

나. 자기나라의 중대한 안보이익을 보호하기 위하여 필요하다고 회원국이 간주하는 다음과 같은 조치를 취하는 것을 금지하는 것으로 해석될 수 없으며,

(1) 군사시설에 공급할 목적으로 직접 또는 간접적으로 행하여지는 서비스 공급과 관련된 조치

(2) 핵분열과 핵융합물질 혹은 이들의 원료가 되는 물질과 관련된 조치

(3) 전시 또는 기타 국제관계상 긴급상황에서 취해지는 조치. 또는

다. 국제평화와 안전을 유지하기 위하여 국제연합헌장상의 의무를 준수하기 위하여 회원국이 조치를 취하는 것을 금지하는 것으로 해석될 수 없다.

2. 서비스무역이사회는 제1항나호 및 다호에 따라 취해진 조치와 이러한 조치의 종료에 대하여 가능한 한 완전하게 통보를 받는다.

WTO GPA - Agreement on Government Procurement (as amended on 30 March 2012)

The Parties to this Agreement (hereinafter referred to as "the Parties"),

Recognizing the need for an effective multilateral framework for government procurement, with a view to achieving greater liberalization and expansion of, and improving the framework for, the conduct of international trade;

Recognizing that measures regarding government procurement should not be prepared, adopted or applied so as to afford protection to domestic suppliers, goods or services, or to discriminate among foreign suppliers, goods or services;

Recognizing that the integrity and predictability of government procurement systems are integral to the efficient and effective management of public resources, the performance of the Parties' economies and the functioning of the multilateral trading system;

Recognizing that the procedural commitments under this Agreement should be sufficiently flexible to accommodate the specific circumstances of each Party;

Recognizing the need to take into account the development, financial and trade needs of developing countries, in particular the least developed countries;

Recognizing the importance of transparent measures regarding government procurement, of carrying out procurements in a transparent and impartial manner and of avoiding conflicts of interest and corrupt practices, in accordance with applicable international instruments, such as the United Nations Convention Against Corruption;

Recognizing the importance of using, and encouraging the use of, electronic means for procurement covered by this Agreement;

Desiring to encourage acceptance of and accession to this Agreement by WTO Members not party to it;

Hereby agree as follows:

Article I — Definitions

For purposes of this Agreement:

a. commercial goods or services means goods or services of a type generally sold or offered for sale in the commercial marketplace to, and customarily purchased by, nongovernmental buyers for non-governmental purposes;
b. Committee means the Committee on Government Procurement established by Article XXI:1;
c. construction service means a service that has as its objective the realization by whatever means of civil or building works, based on Division 51 of the United Nations Provisional Central Product Classification (CPC);
d. country includes any separate customs territory that is a Party to this Agreement. In the case of a separate customs territory that is a Party to this Agreement, where an expression in this Agreement is qualified by the term "national", such expression shall be read as pertaining to that customs territory, unless otherwise specified;
e. days means calendar days;
f. electronic auction means an iterative process that involves the use of electronic means for the presentation by suppliers

of either new prices, or new values for quantifiable non-price elements of the tender related to the evaluation criteria, or both, resulting in a ranking or reranking of tenders;

g. in writing or written means any worded or numbered expression that can be read, reproduced and later communicated. It may include electronically transmitted and stored information;

h. limited tendering means a procurement method whereby the procuring entity contacts a supplier or suppliers of its choice;

i. measure means any law, regulation, procedure, administrative guidance or practice, or any action of a procuring entity relating to a covered procurement;

j. multi-use list means a list of suppliers that a procuring entity has determined satisfy the conditions for participation in that list, and that the procuring entity intends to use more than once;

k. notice of intended procurement means a notice published by a procuring entity inviting interested suppliers to submit a request for participation, a tender, or both;

l. offset means any condition or undertaking that encourages local development or improves a Party's balance-of-payments accounts, such as the use of domestic content, the licensing of technology, investment, countertrade and similar action or requirement;

m. open tendering means a procurement method whereby all interested suppliers may submit a tender;

n. person means a natural person or a juridical person;

o. procuring entity means an entity covered under a Party's Annex 1, 2 or 3 to Appendix I;

p. qualified supplier means a supplier that a procuring entity recognizes as having satisfied the conditions for participation;

q. selective tendering means a procurement method whereby only qualified suppliers are invited by the procuring entity to submit a tender;
r. services includes construction services, unless otherwise specified;
s. standard means a document approved by a recognized body that provides for common and repeated use, rules, guidelines or characteristics for goods or services, or related processes and production methods, with which compliance is not mandatory. It may also include or deal exclusively with terminology, symbols, packaging, marking or labelling requirements as they apply to a good, service, process or production method;
t. supplier means a person or group of persons that provides or could provide goods or services; and
u. technical specification means a tendering requirement that:
   i. lays down the characteristics of goods or services to be procured, including quality, performance, safety and dimensions, or the processes and methods for their production or provision; or
   ii. addresses terminology, symbols, packaging, marking or labelling requirements, as they apply to a good or service.

Article II Scope and Coverage

Application of Agreement

1. This Agreement applies to any measure regarding covered procurement, whether or not it is conducted exclusively or partially by electronic means.
2. For the purposes of this Agreement, covered procurement means procurement for governmental purposes:
    a. of goods, services, or any combination thereof:

         i. as specified in each Party's annexes to Appendix I; and
         ii. not procured with a view to commercial sale or resale, or for use in the production or supply of goods or services for commercial sale or resale;
      b. by any contractual means, including: purchase; lease; and rental or hire purchase, with or without an option to buy;
      c. for which the value, as estimated in accordance with paragraphs 6 through 8, equals or exceeds the relevant threshold specified in a Party's annexes to Appendix I, at the time of publication of a notice in accordance with Article VII;
      d. by a procuring entity; and
      e. that is not otherwise excluded from coverage in paragraph 3 or a Party's annexes to Appendix I.
3. Except where provided otherwise in a Party's annexes to Appendix I, this Agreement does not apply to:
      a. the acquisition or rental of land, existing buildings or other immovable property or the rights thereon;
      b. non-contractual agreements or any form of assistance that a Party provides, including cooperative agreements, grants, loans, equity infusions, guarantees and fiscal incentives;
      c. the procurement or acquisition of fiscal agency or depository services, liquidation and management services for regulated financial institutions or services related to the sale, redemption and distribution of public debt, including loans and government bonds, notes and other securities;
      d. public employment contracts;
      e. procurement conducted:

i. for the specific purpose of providing international assistance, including development aid;
   ii. under the particular procedure or condition of an international agreement relating to the stationing of troops or relating to the joint implementation by the signatory countries of a project; or
   iii. under the particular procedure or condition of an international organization, or funded by international grants, loans or other assistance where the applicable procedure or condition would be inconsistent with this Agreement.
4. Each Party shall specify the following information in its annexes to Appendix I:
   a. in Annex 1, the central government entities whose procurement is covered by this Agreement;
   b. in Annex 2, the sub-central government entities whose procurement is covered by this Agreement;
   c. in Annex 3, all other entities whose procurement is covered by this Agreement;
   d. in Annex 4, the goods covered by this Agreement;
   e. in Annex 5, the services, other than construction services, covered by this Agreement;
   f. in Annex 6, the construction services covered by this Agreement; and
   g. in Annex 7, any General Notes.
5. Where a procuring entity, in the context of covered procurement, requires persons not covered under a Party's annexes to Appendix I to procure in accordance with particular requirements, Article IV shall apply mutatis mutandis to such requirements.

Valuation

6. In estimating the value of a procurement for the purpose of ascertaining whether it is a covered procurement, a procuring entity shall:
    a. neither divide a procurement into separate procurements nor select or use a particular valuation method for estimating the value of a procurement with the intention of totally or partially excluding it from the application of this Agreement; and
    b. include the estimated maximum total value of the procurement over its entire duration, whether awarded to one or more suppliers, taking into account all forms of remuneration, including:
        i. premiums, fees, commissions and interest; and
        ii. where the procurement provides for the possibility of options, the total value of such options.
7. Where an individual requirement for a procurement results in the award of more than one contract, or in the award of contracts in separate parts (hereinafter referred to as "recurring contracts"), the calculation of the estimated maximum total value shall be based on:
    a. the value of recurring contracts of the same type of good or service awarded during the preceding 12 months or the procuring entity's preceding fiscal year, adjusted, where possible, to take into account anticipated changes in the quantity or value of the good or service being procured over the following 12 months; or
    b. the estimated value of recurring contracts of the same type of good or service to be awarded during the 12 months following the initial contract award or the procuring entity's fiscal year.

8. In the case of procurement by lease, rental or hire purchase of goods or services, or procurement for which a total price is not specified, the basis for valuation shall be:
   a. in the case of a fixed-term contract:
      i. where the term of the contract is 12 months or less, the total estimated maximum value for its duration; or
      ii. where the term of the contract exceeds 12 months, the total estimated maximum value, including any estimated residual value;
   b. where the contract is for an indefinite period, the estimated monthly instalment multiplied by 48; and
   c. where it is not certain whether the contract is to be a fixed-term contract, subparagraph (b) shall be use

Article III — Security and General Exceptions

1. Nothing in this Agreement shall be construed to prevent any Party from taking any action or not disclosing any information that it considers necessary for the protection of its essential security interests relating to the procurement of arms, ammunition or war materials, or to procurement indispensable for national security or for national defence purposes.
2. Subject to the requirement that such measures are not applied in a manner that would constitute a means of arbitrary or unjustifiable discrimination between Parties where the same conditions prevail or a disguised restriction on international trade, nothing in this Agreement shall be construed to prevent any Party from imposing or enforcing measures:
   a. necessary to protect public morals, order or safety;
   b. necessary to protect human, animal or plant life or health;

c. necessary to protect intellectual property; or
d. relating to goods or services of persons with disabilities, philanthropic institutions or prison labour.

Article IV — General Principles

Non-Discrimination

1. With respect to any measure regarding covered procurement, each Party, including its procuring entities, shall accord immediately and unconditionally to the goods and services of any other Party and to the suppliers of any other Party offering the goods or services of any Party, treatment no less favourable than the treatment the Party, including its procuring entities, accords to:
    a. domestic goods, services and suppliers; and
    b. goods, services and suppliers of any other Party.
2. With respect to any measure regarding covered procurement, a Party, including its procuring entities, shall not:
    a. treat a locally established supplier less favourably than another locally established supplier on the basis of the degree of foreign affiliation or ownership; or
    b. discriminate against a locally established supplier on the basis that the goods or services offered by that supplier for a particular procurement are goods or services of any other Party.

Use of Electronic Means

3. When conducting covered procurement by electronic means, a procuring entity shall:
    a. ensure that the procurement is conducted using information technology systems and software, including those related to authentication and

encryption of information, that are generally available and interoperable with other generally available information technology systems and software; and
b. maintain mechanisms that ensure the integrity of requests for participation and tenders, including establishment of the time of receipt and the prevention of inappropriate access.

Conduct of Procurement

4. A procuring entity shall conduct covered procurement in a transparent and impartial manner that:
    a. is consistent with this Agreement, using methods such as open tendering, selective tendering and limited tendering;
    b. avoids conflicts of interest; and
    c. prevents corrupt practices.

Rules of Origin

5. For purposes of covered procurement, a Party shall not apply rules of origin to goods or services imported from or supplied from another Party that are different from the rules of origin the Party applies at the same time in the normal course of trade to imports or supplies of the same goods or services from the same Party.

Offsets

6. With regard to covered procurement, a Party, including its procuring entities, shall not seek, take account of, impose or enforce any offset.

Measures Not Specific to Procurement

7. Paragraphs 1 and 2 shall not apply to: customs duties and charges of any kind imposed on, or in connection with, importation; the method of levying such duties and charges; other import regulations or formalities and measures affecting trade in services other than measures governing covered procurement.

Article V Developing Countries

1. In negotiations on accession to, and in the implementation and administration of, this Agreement, the Parties shall give special consideration to the development, financial and trade needs and circumstances of developing countries and least developed countries (collectively referred to hereinafter as "developing countries", unless specifically identified otherwise), recognizing that these may differ significantly from country to country. As provided for in this Article and on request, the Parties shall accord special and differential treatment to:
    a. least developed countries; and
    b. any other developing country, where and to the extent that this special and differential treatment meets its development needs.
2. Upon accession by a developing country to this Agreement, each Party shall provide immediately to the goods, services and suppliers of that country the most favourable coverage that the Party provides under its annexes to Appendix I to any other Party to this Agreement, subject to any terms negotiated between the Party and the developing country in order to maintain an appropriate balance of opportunities under this Agreement.
3. Based on its development needs, and with the agreement of the Parties, a developing country may adopt or maintain

one or more of the following transitional measures, during a transition period and in accordance with a schedule, set out in its relevant annexes to Appendix I, and applied in a manner that does not discriminate among the other Parties:
   a. a price preference programme, provided that the programme:
      i. provides a preference only for the part of the tender incorporating goods or services originating in the developing country applying the preference or goods or services originating in other developing countries in respect of which the developing country applying the preference has an obligation to provide national treatment under a preferential agreement, provided that where the other developing country is a Party to this Agreement, such treatment would be subject to any conditions set by the Committee; and
      ii. is transparent, and the preference and its application in the procurement are clearly described in the notice of intended procurement;
   b. an offset, provided that any requirement for, or consideration of, the imposition of the offset is clearly stated in the notice of intended procurement;
   c. the phased-in addition of specific entities or sectors; and
   d. a threshold that is higher than its permanent threshold.
4. In negotiations on accession to this Agreement, the Parties may agree to the delayed application of any specific obligation in this Agreement, other than Article IV:1(b), by the acceding developing country while that country

implements the obligation. The implementation period shall be:
   a. for a least developed country, five years after its accession to this Agreement; and
   b. for any other developing country, only the period necessary to implement the specific obligation and not to exceed three years.
5. Any developing country that has negotiated an implementation period for an obligation under paragraph 4 shall list in its Annex 7 to Appendix I the agreed implementation period, the specific obligation subject to the implementation period and any interim obligation with which it has agreed to comply during the implementation period.
6. After this Agreement has entered into force for a developing country, the Committee, on request of the developing country, may:
   a. extend the transition period for a measure adopted or maintained under paragraph 3 or any implementation period negotiated under paragraph 4; or
   b. approve the adoption of a new transitional measure under paragraph 3, in special circumstances that were unforeseen during the accession process.
7. A developing country that has negotiated a transitional measure under paragraph 3 or 6, an implementation period under paragraph 4 or any extension under paragraph 6 shall take such steps during the transition period or implementation period as may be necessary to ensure that it is in compliance with this Agreement at the end of any such period. The developing country shall promptly notify the Committee of each step.
8. The Parties shall give due consideration to any request by a developing country for technical cooperation and capacity building in relation to that country's accession to, or implementation of, this Agreement.

9. The Committee may develop procedures for the implementation of this Article. Such procedures may include provisions for voting on decisions relating to requests under paragraph 6.
10. The Committee shall review the operation and effectiveness of this Article every five years.

[내용 생략]

제도소개 : What is Government to Government (G2G) contracting[503]

(일부 내용 발췌하였음)

How G2G works

The government to government (G2G) contracting solution is CCC's signature service to help grow Canada's exports by bringing qualified Canadian businesses to government buyers around the world.

G2G contracting significantly reduces the risks associated with international procurement since every contract signed by CCC has the legal effect of being signed in the name of the Government of Canada. In addition, every company that works with CCC has been evaluated technically, financially and managerially to confirm its ability to successfully deliver projects. This provides the foreign government buyers with not only the assurance that the contract will be delivered in accordance with the agreed terms and conditions, but it can also create attractive conditions for project financing.

Acting as Prime Contractor, CCC takes on all contractual matters, performance oversight and financial administration of the contract. As well, CCC's participation in contracts reduces the risk of unethical business practices that can hinder procurement effectiveness. CCC is also committed to environmental, social and governance (ESG) best practices, as an integral part of supporting inclusive trade and applying responsible business conduct in all its business dealings.

---

[503] Canadian Commercial Corporation, What is Government to Government (G2G) contractinghttps://www.ccc.ca/en/insights-for-exporters/what-is-government-to-government-g2g-contracting/

Best use of G2G

The G2G contracting solution can be used at any time, for any type of procurement. However, some foreign government procurement markets are more conducive to G2G than others. Markets with urgent and compelling needs (i.e., emergency response or national security procurements), lack of government procurement capacity, issues of bribery and corruption, and failed competitive procurement processes are most favourable to G2G contracting.

G2G contracting is a perfect vehicle for a buying government that sees value in partnering with the Government of Canada (through CCC), to deliver an important project in an expeditious timeframe and requires the assurance the project will be delivered successfully. G2G contracts may also create an opening for governments that need a partner in order to attract financing for a project.

G2G contracting is a low-risk way for sovereign governments at the federal, state and municipal levels to buy goods from foreign companies. Many government agencies offer this service to minimize the political, business and payments risks exporters can face when doing business with a foreign government. It also greatly reduces the procurement contracting risks faced by foreign government buyers. In this article, we will review how we as the Canadian Commercial Corporation (CCC) approaches G2G contracting and how it benefits both Canadian companies and foreign government buyers.

What sectors qualify for G2G

Many Canadian companies and government buyers have benefited from G2G contracts through the CCC. Here is a sample of some of our recent G2G contract announcements:

- Aecon and the Bermuda International Airport Redevelopment Project
- Gastops and U.S. Coast Guard Cutter POLAR STAR
- JV Driver and Ghana's new port terminal
- De Havilland Aircraft with Biman Bangladesh Airlines
- Cascade Aerospace with the U.S. Department of Defense (U.S. DoD)
- Festo and skilled workforce development in Peru
- OSI Maritime Systems and Allied Naval Force
- Bell Textron and Montenegro Air Force
- Argentina's Federal Police for Viking
- Coulson Aircrane and Bolivia's firefighting service

G2G process

The majority of government to government procurement processes fall into one of these tendering categories (some countries may use different names for these):

Open tendering – In this type of process the contracting government will put out a request for proposal and anyone can bid;

Two stage procurement - This is similar to an open bidding process however potential bidders must meet initial set criteria before they're invited to bid

Restricted Procurement: Only a small number of vendors are invited to bid on the contract.

The contract stages are as follows:

- Contract notice - This is how a government procurement officer formally informs all potential suppliers about a public sector contract opportunity. It includes enough information for the bidding company to determine whether to bid for the contract opportunity or not
- Pre-selection process - If the process includes a pre-selection phase, the bidding company must submit the requested information as indicated to qualify for bidding.
- Bid submission - In this phase, the bidding company submits all the information and documentation as indicated in the tender documents. The bidding company should ensure to follow all instructions precisely, provide all elements of the submission in the format and language specified, and submit the bid package before the deadline.
- Contract award - When the bidding company is selected, they will move into final negotiations or contract signing with the government buyer, and then deliver the product or service.

When a Canadian bidding company identifies a contract notice that they would like to bid on, if the opportunity is greater than $10M for international contract opportunities and $250,000 for U.S. DoD opportunities, and they have prior experience exporting their goods and services, they can contact us to see if the opportunity would qualify for a government-to-government contracting opportunity.

Due diligence process for G2G contracts

We help Canadian exporters gain access to foreign procurement markets through a government to government contracting approach. When assessing the capabilities of the Canadian exporter, we evaluate the following during the onboarding process:

Technical

Does the Canadian company have sufficient technical expertise to meet the requirements of the contract?

Does the Canadian company have capacity to undertake the contract? This may involved site visits.

Is there an alternate source of supply for the product or service?

Managerial

Is the management team at the Canadian company capable of carrying on your business over the life of the contract?

Is there a project team at the Canadian exporter capable of managing the contract?

Does the Canadian company have experience in managing successful export contracts in markets with risk profiles similar to that of the proposed contract?

Financial

Does the Canadian company have an understanding of the risk of insolvency during the contract period?

Is there adequate capacity for the Canadian company to meet the contract's cash-flow demands?

What is the ability of the Canadian company to handle scope changes and cost overruns commensurate with the risk of the project?

[이해 내용 생략]

제도소개 : G2G Agreements as a Mechanism for Infrastructure Development: The Peruvian Experience[504]

Authors: MMS October 2020

The Peruvian Government is increasingly using the mechanism of Government-to-Government Agreements for the development of public infrastructure. The very pronounced growth leads us to wonder if there is any particular reason why this mechanism has been more efficient than ordinary public procurement or Public Private Partnerships (hereinafter referred to as PPPs) for infrastructure development.

The successful results have been the Lima 2019 Pan American Games that developed an impressive infrastructure required for the development of the events in only 15 to 18 months.

These results can be compared with recent public information released by the Association for the Promotion of National Infrastructure (AFIN by its Spanish Acronym), according to which only 17 of the 49 hospitals awarded for construction through public works from 2010 to 2019 have been completed and delivered, and only 15 of them are operating. This contrast reflects the situation of traditional public work contracting mechanisms.

---

[504] Sumar , Milagros Maraví, G2G Agreements as a Mechanism for Infrastructure Development: The Peruvian Experience | Article | Chambers and Partners
(https://chambers.com/articles/g2g-agreements-as-a-mechanism-for-infrastructure-development-the-peruvian-experience).

In order to stay in the investment field of hospital infrastructure, and following the example of hospitals, health facilities to be awarded by the mechanism of PPPs are bogged down in the formulation stage since 2014 (Hipólito Unanue Hospital) and 2015 (New Central Military Hospital) or in structuring the PPPs of ESSALUD of the Hospitals of Piura and Chimbote since 2014 in PROINVERSION.

Faced with a long-term infrastructure gap (20 years) calculated at 363,452 million soles and a health gap of 58,727 million soles (Ministry of Economy and Finance, 2019), it is understandable that the Government of Peru will resort to the most effective mechanism to develop it. For this reason, the Peruvian Government has opted for the following Government-to-Government Agreements:

- Pan American and Parapan American Games Lima 2019 (UK – Signed April 2017)
- Reconstruction with Changes (UK – Signed June 2020)
- Hospitals of Peruvian Health Ministry (France – Signed June 2020)
- Chinchero International Airport Cusco (South Korea – Signed October 2019)

It should be taken into account that these government-to-government contracts are not limited to outsourcing or contracting public works. Beyond the public infrastructure itself, what is particular about this mechanism is that specialized technical advice is provided for the management of the contracting processes and in the formulation and execution of the projects, including the provision of goods and services, the generation of capacities through legacies and knowledge transfer plans, as was the case with the Lima 2019 Pan American Games.

As we can see, this experience has been replicated with the Korean Government for the construction of Cusco International Airport, the French Government for the construction of two hospitals and the UK Government in the process of reconstruction with changes. Likewise, there are plans to develop Lines 3 and 4 of the Lima Metro through this mechanism.

These agreements are concluded in the first stage through "Collaboration Commitments", through which the Peruvian State and the Contracted State sign an intention to provide a framework of cooperation and work agreements, as well as the communication channels to cooperate effectively in matters of common interest. Furthermore, through these Collaboration Commitments, the Contracted State submits to the Peruvian State the Implementation Team that will be in charge of carrying out the project(s).

This is the case of the Commitment to Collaboration signed on June 22, 2020, between the Peruvian State - through the Authority for Reconstruction with Changes - and the Government of the United Kingdom of Great Britain and Northern Ireland, regarding the Integral Plan for Reconstruction with Changes; and the Commitment to Collaboration signed on September 10, 2013, between the Peruvian State and the State of France, through their respective Ministers, regarding the Improvement and Expansion of the Health Services of the Sergio National Hospital. E. Bernales and Hospital Antonio Lorena Level III-1-Cusco.

Subsequently and on the basis of these agreements, specific or operational agreements are signed between the Peruvian State as a Contracting State and the contracted State. This is the case of the State-to-State Agreement or Contract entered into by the Peruvian

State - through the Ministry of Health - and the French State - through the Egis AP-Hpi Consortium -, signed on June 27, 2020; and, the State-to-State Agreement between the Peruvian State and the State of the United Kingdom of Great Britain and Northern Ireland, signed on June 22 and July 6, 2020.

On the other hand, it is necessary to mention that the public entities that use these mechanisms have been approving rules that regulate government to government contracting. This is the case of the Ministry of Transport and Communications (MTC), which through Ministerial Resolution No. 0623-2020-MTC/01 dated September 21, 2020, approved Directive No. 007-2020-MTC/01 "General Guidelines for State-to-State Contracting in the Ministry of Transport and Communications (MTC), its attached Public Bodies and the Special Programs and Projects, dependent on the MTC".

This is also the case of the Ministry of Education, which through Ministerial Resolution No. 397-2020-MINEDU dated September 29, 2020, approved the Directive called "State-to-State Contracting for the Execution of Educational Infrastructure Projects of the Ministry of Education", which is mandatory for the Ministry of Education, its programs and projects, involved in the execution of educational infrastructure projects or investment portfolio under the responsibility of the Ministry of Education.…..

프로젝트 사례 : UK selected as Peru's delivery partner to rebuild facilities damaged by El Nino[505]

The UK has been selected as Peru's delivery partner to rebuild crucial facilities, such as schools and hospitals, which were affected by El Niño in 2017 in Peru

From:
Department for International Trade and Graham Stuart MP
Published 22 June 2020

Officials from Peru and the UK

- today, Peru and the UK signed a Government-to-Government (G2G) agreement for an ambitious Reconstruction Programme
- the UK Delivery Team (UKDT) is represented by strategic partners Mace Limited, Arup Limited and Gleeds International Limited

---

505) UK selected as Peru's delivery partner to rebuild facilities damaged by El Nino - GOV.UK (www.gov.uk)

Following severe damages caused by climate cycle El Nino in Peru in 2017, today the Department for International Trade (DIT) has signed a G2G agreement with the Government of Peru to support the crucial reconstruction of public services facilities.

After a rigorous selection process, the UK has been chosen as the delivery partner of the Reconstruction Programme, to provide international expertise in major prevention programmes and to rebuild critical infrastructure affected by the El Niño phenomenon.

The Reconstruction Programme includes the reconstruction of 74 schools and 15 new health centres. As El Nino is a recurring phenomenon, the project also includes for the UK to support Peru in its prevention work on several infrastructure amenities, including the construction of 7 storm drainage systems.

Today, the agreement was signed by the Peruvian Government, represented by the Authority for Reconstruction with Changes (ARCC), and by the UK Government, represented by DIT. The Department will support UK businesses Mace Limited, Arup Ltd and Gleeds International Ltd to deliver the Reconstruction Programme. Knowledge transfer is at the heart of the UK's approach as well as a shared interest in assuring the resilience and sustainability of infrastructure projects against the impact of climate change.

The UK delivery team will deliver technical assistance in relation to the provision of schools, medical facilities and flood resilience programmes. This major infrastructure programme is critical for Peru's economic recovery from the damage caused by El Nino.

Following the success of the Lima 2019 Games, this is another great example of UK-Peru collaboration and is a testimony of UK businesses' support for international projects that tackle natural disasters.

This agreement will last for two years, starting from July 2020 to June 2022, with the possibility to extend by one year.

International Trade Minister for Exports, Graham Stuart said:

I am delighted that the UK has been selected by Peru to support the Reconstruction Programme, following the devastating repercussions of the El Nino phenomenon in 2017.

This partnership highlights the value UK businesses can bring to other countries and is a great example of UK expertise helping people around the world.

The Department for International Trade will be working hand in glove with the Peruvian Government to help rebuild and protect these regions for years to come.

Mrs. Amalia Moreno Vizcardo, Executive Director from Reconstruction Authority, said:

The United Kingdom has a vast experience in the management of complex projects and will provide technical assistance in prevention works in rivers and streams.

The synergy of knowledge between the United Kingdom and Peru will make it possible for major reconstruction projects to become a reality and for Peruvians to access quality services and be protected against an eventual natural disaster.

We are convinced that the signing of this agreement and its immediate execution will become an important tool for economic reactivation for our country in the coming months and years.

Jason Millett, CEO for Consultancy at Mace, said:

Having already worked closely with DIT for the Lima 2019 Games, this contract is a testament to the importance of building and maintaining strong relationships, trust and collaboration.

To that point, I'm delighted that we can continue to collaborate with our friends and colleagues in Peru, to help deliver the critical social infrastructure needed by communities across the country. It's an exciting commission that lays a clear marker for Mace's ambitions overseas.

Stuart Senior, Supervisory Board, at Gleeds, said:

Over the next two years, on behalf of the Department for International Trade, we will be working hand in hand with the Peruvian Government to help future-proof Northern Peru from the impact of flooding in the years to come, following the devastating repercussions of the El Niño phenomenon in 2017.

Through intelligent risk analysis, cost planning and modelling and our in-depth understanding of routes to procurement, this programme will mark the beginning of a lasting relationship between the UK Delivery Team and our strategic network in the UK with local partners and communities in Peru.

Jerome Frost, Global Cities Leader at Arup, said:

This commission will build on the strong partnership that we have been proud to help build between the UK and Peru during our work on the Pan American and Parapan American Games.

And now, UK firms will be in a position to make an even bigger impact with this Reconstruction Programme. It's partnerships like this that build better, more sustainable futures for all and we hope as part of this commission we can cement even closer ties between the two countries.

Share this page

Published 22 June 2020

분쟁사례: Aecon mulls Ecuador court ruling on airport fees

https://www.reuters.com/article/aecon-ecuador-idCAN3148166220090731 2009/08/01

By Reuters Staff

3 MIN READ

* Court says fees belong to public, not private sector
* Aecon still studying 60-page ruling
* Impact of ruling seen as uncertain (In U.S. dollars unless noted)

OTTAWA, July 31 (Reuters) - Aecon Group Inc ARE.TO said on Friday it is studying a ruling from Ecuador's constitutional court that could affect the Canadian construction company's collection of fees from Quito's airport.

Aecon has a 45.5 percent stake in the capital city's airport concession, through its stake in Corporacion Quiport, and is reinvesting that cash to help finance the construction of a new airport for Quito.

Quiport has a 35-year concession contract to collect all revenues from airlines, passengers and retail concessions from Quito's airport until 2040.

Aecon and joint venture partner Andrade Gutierrez Constructores are half way through the $414 million construction of a new airport, with completion seen in October 2010.

The July 29 court ruling says airport revenue belongs to the public and not private sector companies. The decision is based on

Ecuador's new constitution, which was not in place when the airport deal was signed, said Macquarie Research analyst Avi Dalfen.

"While we are still analyzing the ruling, it is important to remember that this ruling in no way addresses the Ecuadorean government's intentions toward the new Quito airport project," Aecon Chief Executive John Beck said in a statement.

"I am hopeful that we will receive a clear indication soon that the government intends to respect all of its contractual obligations so that we may complete this important infrastructure project."

Investors seemed unfazed by the ruling, knocking just 1 percent off Aecon shares, which closed at C$10.09 on the Toronto Stock Exchange on Friday.

"The court ruling is one thing, but ultimately it's up to the government to decide what's going to be happening," said Genuity Capital Markets analyst Maxim Sytchev.

"That's really the next milestone that investors and the market is waiting for: how the Ecuadorean government is going to react to this ruling. In the past, they have supported the concession model."

The government and companies may find a "middle-ground solution", he speculated, in which some airport fees become public property, for example.

"We are still very much in the early innings and all will depend on whether the Ecuadorean government will retract its previous support for the concession," Sytchev said.

Aecon mulls Ecuador court ruling on airport fees

오타와, 7월 31일 (로이터) - Aecon Group Inc.는 금요일 캐나다 건설사가 키토 공항에서 수수료를 징수하는데 영향을 미칠 수 있는 에콰도르 헌법재판소의 판결을 검토하고 있다고 밝혔다.

Aecon은 Corporacion Quiport 지분을 통해 공항의 지분 45.5%를 보유하고 있으며, 키토 신공항 건설 자금을 지원하기 위해 이 현금을 재투자하고 있다.

Quiport는 2040년까지 35년간 항공사와 승객, 키토 공항의 소매점으로부터 모든 수익을 징수하는 양허계약을 맺고 있다.

Aecon사와 합작사인 Andrade Gutierrez Constructores는 4억 1400만 달러 규모의 신공항 건설을 절반 정도 진행하고 있으며, 2010년 10월에 완공할 예정이다.

7월 29일의 법원 판결은 공항에서 발생한 수익이 민간 기업이 아닌 공공에게 귀속되는 것으로 보았다. Macquarie Research의 애널리스트인 Avi Dalfen은 "이번 결정은 에콰도르 공항 협정이 체결될 당시 제정되지 않았던 에콰도르의 새 헌법에 근거한 것이다"라고 밝혔다.

"현재 아직 판결을 분석하고 있지만, 이 판결이 신 키토 공항 프로젝트에 대한 에콰도르 정부의 의사를 결코 다루지 않았다는 것을 기억하는 것이 중요하다. 나는 우리가 이 중요한 인프라 프로젝트를 완성할 수 있도록 (에콰도르) 정부가 모든 계약상의 의무를 존중할 것(즉, 양허계약상 수익을 지급할 것)이라는 분명한 의사를 곧 받을 수 있기를 바란다."라고 Aecon Group Inc.의 사장 및 CEO John M. Beck이 말했다.

투자자들은 금요일 토론토 증권거래소에서 10.09 C$로 마감한 Aecon 주식에서 1%만 깎아내리며 판결에 동요하지 않는 듯 보였다.

"법원의 판결은 한 가지이지만, 궁극적으로 무슨 일이 일어날지 결정하는 것은 정부에 달려 있다."라고 Genuity Capital Markets의 분석가인 Maxim Sytchev는 말했다.

"투자자들과 시장이 기다리고 있는 다음 이정표(next milestone, 다음 조치) - 에콰도르 정부가 이 판결에 어떻게 반응할 것인가- 이다. 과거에 그들은 양허 모델(concession model)을 존중했었다." 정부와 기업들은 일부 공항 이용료(만)를 공공재산으로 하는 '중도 해법'을 찾을 수도 있다고 추측했다.

"우리는 여전히 초기 단계에 있으며 모든 것은 에콰도르 정부가 양허에 대한 이전의 지지를 철회할지 여부에 달려 있다"라고 Sytchev는 말했다.

CRS Report for Congress Defense Export Loan Guarantee Program (DELG)[506]

참고: 아래 내용은 보고서의 내용을 1차 번역한 것이므로 주 내용은 영어 원문에 따라 파악해야 하며, 각주상 출처의 원문을 참고하라 (편저자).

97-948 F

Updated January 26, 1998

(name redacted) Specialist in National Defense

Foreign Affairs and National Defense

---

506) 출처: https://www.everycrsreport.com/files/19980126_97-948_163b90b8ebdb76b8e7f564fe5319303d94397ce0.pdf

Summary

This report provides an overview of the Defense Export Loan Guarantee Program (DELG) which became operational on November 8, 1996. It discusses the major features of the program, which is aimed at assisting prospective foreign purchasers of U.S. defense equipment finance those purchases through private sector loans. This report will be revised only as notable events relating to the program warrant.

이 보고서는 1996년 11월 8일부터 시행된 국방수출융자보증프로그램 (DELG)에 대한 개요를 제공한다. 이 보고서는 미국 방위 장비의 잠재적 외국 구매자가 민간 부문 대출을 통해 구매 자금을 조달할 수 있도록 지원하는 것을 목표로 하는 이 프로그램의 주요 특징에 대해 설명한다. 이 보고서는 프로그램과 관련된 주목할 만한 사건이 발생할 경우 수정될 것이다.

Introduction

The Defense Export Loan Guarantee (DELG) program originated with Section 3201 of P.L. 104-106, the National Defense Authorization Act for Fiscal Year 1996. This provision of law directed the Secretary of Defense to establish a loan guarantee program for the sale or long-term lease of defense articles and services. Circumstances that gave rise to the DELG program were concerns by U.S. weapons producers that they were at a competitive disadvantage in marketing their products internationally. Representatives of the U.S. defense industry argued that having a U.S. loan guarantee program that could induce private lending institutions to make loans to less-wealthy nations for purchases of armaments would enhance the ability of American companies to compete effectively for prospective weapons contracts abroad. Critics of such a loan program argued that the United States should not expend funds to help underwrite loans for weapons purchases by developing nations that already lacked sufficient resources to pay for major domestic social services. Other critics of this loan program argued that the United States should not provide loan guarantees to nations that were poor credit risks and might default on the loans underwritten by the United States. The DELG program that was enacted is a legislative amalgam that reflects the wishes of those who wished to create a new defense loan program to support U.S. defense exports, but also is structured in such a way to address the policy and fiscal concerns of those in Congress critical of the program and its purposes.

On November 8, 1996, the Defense Department implemented P. L. 104-106 by publishing in the Federal Register the basic framework and elements of this new program.[507] The stated purpose of the DELG program is to meet national security objectives by encouraging standardization and interoperability of defense systems with

U.S. allies, lowering purchase costs of defense items to DoD, preserving critical defense skills, and maintaining the stability of the industrial base by facilitating the export of American-made products. The Secretary of Defense assigned oversight responsibility for the program to the Deputy Under Secretary of Defense (International and Commercial Programs).[508]

---

[507] Federal Register: November 8, 1996 (Vol. 61, No. 218) pp. 57853-57856. Details relating to the Defense Export Loan Guarantee program discussed herein are taken from this source and an official U.S. Defense Department internet website found at http://www.acq.osd.mil/icp/

[508] Congress receives a report each quarter of the fiscal year on the implementation of the DELG program. The Secretary of Defense provides this report to the Committees on Appropriations, Armed Services, and Foreign Relations of the Senate and the Committees on Appropriations, National Security, and International Relations of the House.

국방 수출 대출 보증(DELG) 프로그램은 1996 회계연도 국방수권법(국방수권법, P.L. 104-106) 3201조에서 시작되었습니다. 이 법 조항은 국방부 장관에게 방위 물품 및 서비스의 판매 또는 장기 임대를 위한 대출 보증 프로그램을 수립하도록 지시했습니다. 미국 무기 생산업체들이 국제적으로 제품을 마케팅할 때 경쟁에서 불리하다는 우려로 인해 DELG 프로그램이 탄생했습니다. 미국 방위 산업 대표들은 민간 대출 기관이 저개발 국가에 무기 구매를 위한 대출을 하도록 유도할 수 있는 미국의 대출 보증 프로그램이 있으면 미국 기업들이 해외 무기 계약을 위해 효과적으로 경쟁할 수 있는 능력을 향상시킬 수 있다고 주장했습니다. 이러한 대출 프로그램에 대한 비판자들은 미국이 이미 주요 국내 사회 서비스 비용을 지불할 충분한 자원이 부족한 개발도상국의 무기 구매 대출을 보증하기 위해 자금을 지출해서는 안 된다고 주장합니다. 이 대출 프로그램에 대한 다른 비판자들은 미국이 신용 위험이 낮고 미국이 인수 한 대출을 불이행 할 수있는 국가에 대출 보증을 제공해서는 안된다고 주장했습니다. 제정된 DELG 프로그램은 미국의 방산 수출을 지원하기 위해 새로운 국방차관 프로그램을 만들고자 하는 사람들의 의사를 반영한 입법적 통합체이지만, 이 프로그램과 그 목적에 비판적인 의회의 정책 및 재정적 우려를 해소할 수 있도록 구성되어 있습니다.

1996년 11월 8일, 국방부는 이 새로운 프로그램의 기본 틀과 요소를 연방 관보에 게재함으로써 법안 104-106을 시행했습니다. DELG 프로그램의 명시된 목적은 다음과 같은 방위 시스템의 표준화 및 상호 운용성을 장려하여 국가 안보 목표를 달성하는 것입니다.

미국 동맹국과의 방위 시스템의 표준화 및 상호 운용성을 촉진하고, 국방부의 방위 품목 구매 비용을 절감하며, 핵심 방위 기술을 보존하고, 미국산 제품의 수출을 촉진하여 산업 기반의 안정성을 유지함으로써 국가 안보 목표를 달성하는 것입니다. 국방부 장관은 이 프로그램에 대한 감독 책임을 국방부 차관보(국제 및 상업 프로그램)에게 부여했습니다.

DELG Program Structure

The DELG program issues comprehensive guarantees to private sector lenders against losses of principal or interest, or both, for loans to certain sovereign nations. The DELG guarantee commits the full faith and credit of the U.S. government[509] [미정부의 무조건적 지급보증] and covers 100 percent of the risk of nonpayment of covered principal and interest. The Defense Department guarantees defense exports loans for up to 85% of the contract value or 100% of U.S. content (whichever is less). The borrower must accept the

---

[509] The phrase "commits the full faith and credit of the U.S. government" is a legal and financial term that refers to the unconditional guarantee given by the United States government to honor its financial obligations. It signifies the government's commitment to repay its debts and fulfill its financial commitments in a timely manner.

The "full faith and credit" clause is derived from the United States Constitution, specifically Article IV, Section 1, which states that "Full Faith and Credit shall be given in each State to the public Acts, Records, and judicial Proceedings of every other State." This clause was primarily intended to ensure that legal judgments, contracts, and other official obligations made in one state would be recognized and enforced in all other states.

In the context of the U.S. government's financial obligations, "full faith and credit" means that the government pledges its complete trust and credibility to repay its debts and fulfill financial obligations. This commitment is seen as a guarantee of the creditworthiness and financial stability of the U.S. government, which is considered one of the safest and most reliable debtors in the world.

The phrase is often used in the context of U.S. Treasury securities, such as Treasury bonds, bills, and notes, which are considered low-risk investments because they are backed by the full faith and credit of the U.S. government. It assures investors that the government will honor its obligations to repay the principal and pay the promised interest on these securities.

In summary, when the U.S. government "commits the full faith and credit," it signifies its assurance and commitment to honor its financial obligations and repay its debts, instilling confidence in investors and lenders regarding the government's creditworthiness and financial stability.

loan as sovereign debt and make a cash payment of at least 15 percent of the contract price. Guarantees are available for the sale or long-term lease of U.S. defense articles, services, or design and construction services, as defined in the Arms Export Control Act (AECA)(22 U.S.C. 2751, et. seq.). A final commitment for a DELG guarantee will be issued only if the products are licensed for export under the AECA procedures. If the U.S. export contains foreign-made components, only the U.S. content will be supported by a DELG guarantee. The U.S. portion of the production cost of the items exported must be greater than 50% in order to qualify for a DELG guarantee. The DELG Program will cover eligible transactions under DoD's Foreign Military Sales program as well as commercial sales licensed by the U.S. State Department. Current authority limits the U.S. government's contingent liability to $15 billion under the DELG program. The Secretary of Defense reserves the right to limit the loan amount guaranteed for any one country.

The DELG program functions much as the U.S. Export-Import Bank (Ex-Im Bank) functions to support exports of U.S. non-defense commercial goods and services. The Department of Defense will not guarantee a loan to a country that is ineligible for guarantees from the Ex-Im Bank. By law, the DELG program may not offer loan guarantees with terms and conditions more favorable than those offered by Ex-Im Bank. There are, however, notable differences between the DELG program procedures and those of the Ex-Im Bank.

First, the DELG program, by statute, must charge fees sufficient to cover all expected current and future program costs. The program is not subsidized with funds appropriated to the Defense Department. Second, the legislation which led to establishment of the DELG requires that the exposure fee, paid by the borrower to cover the risk associated with a potential default, not be included in the guaranteed loan amount. Third, the definition of export for the DELG program is that given in the International Traffic in Arms Regulation (ITAR)(22 CFR 120.17). That definition of a defense export includes: (1) sending or taking a defense article out of the United States; (2) the transfer of registration, control, or ownership to a foreign person, to an embassy, or to another entity of a foreign government, even though the defense article has not left the United States; and (3) the disclosure or transfer of technical data, either within the United States or abroad. The provision of defense services, either within the United States or abroad, is also considered an export.

 DELG 프로그램은 특정 주권 국가에 대한 대출에 대해 민간 부문 대출 기관에 원금 또는 이자 손실 또는 두 가지 모두에 대한 포괄적인 보증을 제공합니다. DELG 보증은 미국 정부의 전적인 믿음과 신용을 약속하며 보장된 원금과 이자의 미지급 위험을 100% 보장합니다. 국방부는 계약 금액의 최대 85% 또는 미국산 콘텐츠의 100%(둘 중 적은 금액)에 대해 방위 수출 대출을 보증합니다. 차용자는 대출을 국채로 수락하고 계약 금액의 15% 이상을 현금으로 지불해야 합니다. 보증은 무기수출통제법(AECA)에 정의된 미국 방산물자, 서비스 또는 설계 및 건설 서비스의 판매 또는 장기 임대에 사용할 수 있습니다(22 U.S.C. 2751, 이하 같음). DELG 보증에 대한 최종 확약은 해당 제품이 AECA 절차에 따라 수출 허가를 받은 경우에만 발행됩니다. 미국 수출품에 외국산 구성품이 포함된 경우 미국산 콘텐츠에 대해서만 DELG 보증이 지원됩니다. DELG 보증을 받으려면 수출 품목의 생산 비용 중 미국 부분이 50% 이상이어야 합니다. DELG 프로그램은 미 국방부의 대외군사판매 프로그램에 따른 적격 거래와 미 국무부가 허가한 상업적 판매에 적용됩니다. 현재 당국은 DELG 프로그램에 따른 미국 정부의 우발적 책임을 150억 달러로 제한하고 있습니다. 국방부 장관은 한 국가에 대해 보증하는 대출 금액을 제한할 수 있는 권한을 보유합니다.

DELG 프로그램은 미국의 비국방 상업용 상품 및 서비스 수출을 지원하는 미국 수출입은행(Ex-Im Bank)의 기능과 매우 유사합니다. 국방부는 대외경제협력은행의 보증을 받을 자격이 없는 국가에 대한 대출을 보증하지 않습니다. 법에 따라 DELG 프로그램은 Ex-Im 은행이 제공하는 것보다 유리한 조건으로 대출 보증을 제공할 수 없습니다. 그러나 DELG 프로그램 절차와 Ex-Im 은행의 절차 사이에는 주목할만한 차이점이 있습니다.

첫째, DELG 프로그램은 법령에 따라 현재 및 향후 예상되는 모든 프로그램 비용을 충당하기에 충분한 수수료를 부과해야 합니다. 이 프로그램은 국방부에 배정된 자금으로 보조금을 받지 않습니다. 둘째, DELG의 설립을 주도한 법률은 잠재적 채무 불이행과 관련된 위험을 충당하기 위해 차용자가 지불하는 위험 수수료를 보증 대출 금액에 포함하지 않도록 규정하고 있습니다. 셋째, DELG 프로그램에 대한 수출의 정의는 국제무기거래규정(ITAR)(22 CFR 120.17)에 명시된 수출의 정의입니다. 방산 수출의 정의에는 다음이 포함됩니다:

(1) 방산물자를 미국 밖으로 보내거나 가져가는 것, (2) 방산물자가 미국을 떠나지 않았더라도 외국인, 대사관 또는 외국 정부의 다른 기관에 등록, 통제 또는 소유권을 이전하는 것, (3) 미국 내 또는 해외에서 기술 데이터를 공개하거나 이전하는 것 등이 포함됩니다. 미국 내 또는 해외에서 방위 서비스를 제공하는 것도 수출로 간주됩니다.

Eligible Countries

By law, only the countries in the following categories are eligible for participation in the Defense Export Loan Guarantee program:

- A member of the North Atlantic Treaty Organization (NATO);
- A country designated, as of March 31, 1995, as a major non-NATO ally pursuant to Title 10 Section 2350a (I) (3);

- A country in Central Europe, as designated by the Secretary of State, that: (a) has changed its form of national government from a nondemocratic form to a democratic form since October 1, 1989 or (b) is in the process of changing its form of national government from a nondemocratic form to a democratic form;
- A noncommunist country that was a member nation of the Asia Pacific Economic Cooperation (APEC) group, as of October 31, 1993.

In accordance with the above criteria, the following countries listed are eligible to participate in the DELG program as of December 3, 1996. The State Department will review this list of eligible countries periodically and may add or delete nations from it. NATO: Belgium, Canada, Denmark, France, Germany, Greece, Iceland, Italy, Luxembourg, Netherlands, Norway, Portugal, Spain, Turkey, United Kingdom; Major Non-NATO Allies as of March 31, 1995: Australia, Egypt, Israel, Japan, South Korea; Central European Countries: Bulgaria, Croatia, Czech Republic, Estonia, Hungary, Latvia, Lithuania, Poland, Romania, Slovakia, Slovenia; Non-Communist Asian Pacific Economic Cooperation Members, as of October 31, 1993, that are not listed above: Brunei, Indonesia, Malaysia, New Zealand, Philippines, Singapore, Taiwan, Thailand.

Changes to this list of eligible countries, if made, are posted on the Defense Department's official internet web site for the DELG. This site is found at http://www.acq.osd.mil/icp/.

법에 따라 다음 범주에 속하는 국가만 국방 수출 대출 보증 프로그램에 참여할 수 있습니다:

- 북대서양조약기구(NATO) 회원국;
- 1995년 3월 31일을 기준으로 타이틀 10 섹션 2350a(I)(3)에 따라 비NATO 주요 동맹국으로 지정된 국가;
- 국무장관이 지정한 중앙 유럽 국가로서 다음과 같은 경우 (a) 1989년 10월 1일 이후 국가 정부 형태를 비민주적 형태에서 민주적 형태로 변경했거나 (b) 국가 정부 형태를 비민주적 형태에서 민주적 형태로 변경하는 과정에 있는 국가;
- 1993년 10월 31일 기준으로 아시아 태평양 경제 협력체(APEC) 그룹의 회원국이었던 비공산주의 국가.

위의 기준에 따라 1996년 12월 3일 현재 다음 국가들은 DELG 프로그램에 참여할 수 있는 자격이 있습니다. 국무부는 이 적격 국가 목록을 주기적으로 검토하여 국가를 추가하거나 삭제할 수 있습니다. 나토: 벨기에, 캐나다, 덴마크, 프랑스, 독일, 그리스, 아이슬란드, 이탈리아, 룩셈부르크, 네덜란드, 노르웨이, 포르투갈, 스페인, 터키, 영국; 1995년 3월 31일 기준 주요 비나토 동맹국: 호주, 이집트, 이스라엘, 일본, 대한민국; 중앙 유럽 국가: 불가리아, 크로아티아, 체코, 에스토니아, 헝가리, 라트비아, 리투아니아, 폴란드, 루마니아, 슬로바키아, 슬로베니아; 1993년 10월 31일 현재 위에 나열되지 않은 비공산주의 아시아 태평양 경제협력체 회원국: 브루나이, 인도네시아, 말레이시아, 뉴질랜드, 필리핀, 싱가포르, 대만, 태국.

이 적격 국가 목록에 변경 사항이 있을 경우 국방부의 공식 인터넷 웹사이트에 게시됩니다. 이 사이트는 http://www.acq.osd.mil/icp/ 에서 확인할 수 있습니다.

Lending Institutions and the DELG Program

Any U.S. or foreign bank, other financing institution, or other responsible party including the supplier/exporter may be a lender under the Defense Export Loan Guarantee program. Lender participation is based on two requirements: qualification and eligibility. Lenders currently qualified for loan guarantees under the procedures of the Ex-Im Bank are automatically qualified for the DELG program. Lenders not currently qualified by Ex- Im Bank must apply to Ex-Im Bank and become qualified. Ex-Im Bank reviews the institution's international lending experience, the most recent annual report and three years of audited financial statements before it will qualify a lender. A qualified lender will be eligible to participate in the DELG program upon execution of the Department of Defense Master Guarantee Agreement (MGA). The MGA is the standard agreement between a lender and DoD that contains the terms and conditions applicable to every guarantee issued under the DELG program. The attachments to the MGA provide a set of standard forms that will be used for the disbursement, repayment, and claims procedures.

To execute an MGA, a qualified lender must apply by submitting an application fee of $2,500, made payable to the Defense Export Loan Guarantee Program, and a statement that includes the name and address of the lender, the signature of an authorized representative of the lender, and the date the lender was deemed eligible for participation in Export-Import Bank programs. The lender must also certify the following verbatim:

"(i)The lender is not currently, nor has it been within the preceding three years: 1. debarred, suspended or declared ineligible from participating in any Federal program; 2. formally proposed for debarment, with a final determination still pending; 3. voluntarily excluded from participation in a Federal transaction; 4. or indicted, convicted or had a civil judgment rendered against it for any of the offenses listed in the Regulations Governing Debarment and Suspension (Government-wide Nonprocurement Debarment and Suspension Regulations: Common Rule), 53 Fed. Reg. 19024 (1988), or

"(ii) that if the lender is unable to make the certification set forth in (i), it has attached a detailed explanation of the grounds for this failure (including dates, identification of any debarring or suspending official, as such terms are defined in the Debarment Regulations, and his or her agency, and details of any proposed or actual debarment, suspension, declaration of any ineligibility, voluntary exclusion, indictment, conviction, or civil judgment.)"

The Master Guarantee Agreement and its attachments are the only agreements and forms that DoD will use to issue and administer guarantees under the DELG program. The DELG credit agreement must be executed by the lender and the borrower and approved by DoD for each transaction. A promissory note must also be executed by the borrower for the benefit of the lender to further evidence the credit. All loans guaranteed by DoD must be denominated and payable in U.S. currency. The Defense Department reserves the right to disallow a lender for a particular transaction, even if that lender is otherwise qualified and has signed a Defense Export Loan Guarantee MGA.

미국 또는 외국 은행, 기타 금융 기관 또는 공급업체/수출업체를 포함한 기타 책임 있는 당사자는 국방 수출 대출 보증 프로그램에 따라 대출 기관이 될 수 있습니다. 대주 참여는 자격과 적격성이라는 두 가지 요건을 기반으로 합니다. 현재 수출입은행의 절차에 따라 대출 보증 자격을 갖춘 대주는 자동으로 DELG 프로그램 참여 자격이 부여됩니다. 현재 Ex-Im Bank의 자격을 갖추지 못한 대출기관은 Ex-Im Bank에 신청하여 자격을 갖추어야 합니다. Ex-Im Bank는 기관의 국제 대출 경험, 가장 최근의 연례 보고서 및 3년간의 감사 재무제표를 검토한 후 대출 자격을 부여합니다. 자격을 갖춘 대주는 국방부 마스터 보증 계약(MGA)을 체결하면 DELG 프로그램에 참여할 자격이 주어집니다. MGA는 대주와 국방부 간의 표준 계약으로, DELG 프로그램에 따라 발급되는 모든 보증에 적용되는 약관이 포함되어 있습니다. MGA의 첨부 파일에는 지급, 상환 및 청구 절차에 사용되는 표준 양식 세트가 제공됩니다.

MGA를 체결하려면 적격 대주는 국방수출대출보증프로그램에 납부 가능한 신청 수수료 2,500달러와 대주의 이름과 주소, 대주의 권한을 위임받은 대리인의 서명, 대주가 수출입은행 프로그램에 참여할 수 있는 것으로 간주된 날짜가 포함된 명세서를 제출하여 신청해야 합니다. 대주는 또한 다음 사항을 사실 그대로 증명해야 합니다:

"(i)대주는 현재 또는 이전 3년 이내에 다음과 같은 사실이 없습니다: 1. 연방 프로그램 참여 금지, 정지 또는 부적격 판정을 받았거나, 2. 공식적으로 참여 금지가 제안되었으나 최종 결정이 아직 계류 중이거나, 3. 연방 거래 참여에서 자발적으로 제외되었거나, 4. 참여 금지 및 정지에 관한 규정(정부 차원의 비조달 참여 금지 및 정지 규정: 일반 규칙), 53 Fed. Reg. 19024 (1988), 또는

"(ii) 대출기관이 (i)에 명시된 인증을 할 수 없는 경우, 이러한 실패 사유에 대한 자세한 설명(날짜, 금지 규정에 정의된 대로 금지 또는 정지 중인 공무원과 그 기관의 신원, 제안되거나 실제 금지, 정지, 부적격 선언, 자발적 배제, 기소, 유죄 판결 또는 민사 판결의 세부 사항 포함)을 첨부했음을 증명합니다."

마스터 보증 계약과 그 첨부 서류는 국방부가 DELG 프로그램에 따라 보증을 발급하고 관리하는 데 사용하는 유일한 계약 및 양식입니다. DELG 신용 계약은 대출 기관과 차입자가 체결하고 각 거래에 대해 국방부의 승인을 받아야 합니다. 또한 대출자의 이익을 위해 차주는 신용을 추가로 입증하기 위해 약속 어음을 발행해야 합니다. 국방부가 보증하는 모든 대출은 미국 통화로 표시되고 지불해야 합니다. 국방부는 대출 기관이 다른 자격을 갖추고 국방 수출 대출 보증 MGA에 서명했더라도 특정 거래에 대해 대출 기관을 허용하지 않을 권리를 보유합니다.

Application Process

The DELG program offers both a letter of interest and a final commitment. The lender, borrower or suppliers/exporters may apply for a letter of interest. Only the lender or the borrower may apply for a final commitment. Applicants for a letter of interest will be charged a processing fee of $1,250 and applicants for a final commitment will be charged a processing fee of $25,000. Applications will not be processed without the appropriate processing fee. A letter of interest is not a prerequisite for application for a final commitment.

Letter of Interest. The Defense Department issues a letter of interest to indicate that a proposed loan may be eligible for a DELG guarantee. The letter of interest is based upon a limited review of the proposed transaction for which a loan guarantee is sought, and provides an estimate of the guarantee terms and DELG program fees. Terms and fees stated in the letter of interest are subject to change. The letter of interest is valid for six months and may be renewed. The letter of interest does not obligate DoD to provide a guarantee. A letter of interest may be sought before the details of the transaction are fully defined. Accordingly, it is acceptable for the applicant to provide estimates on its application. However, the accuracy of the DELG program fee estimates depends on the accuracy of the information provided by the applicant.

Final Commitment. The final commitment is a firm indication that DoD will guarantee the loan for a particular sale or lease, subject to satisfaction of all conditions specified in the commitment letter. A final commitment is issued upon extensive review of the application and the documentation that must accompany it. Prior to issuance of a final commitment, DoD must receive a copy of a valid export license or other evidence of compliance with the AECA. Additionally, DoD must receive written notice from the appropriate authority of the borrower that it will accept the loan as sovereign debt.

신청 절차

DELG 프로그램은 관심 의향서와 최종 확약서를 모두 제공합니다. 대출자, 차입자 또는 공급업체/수출업체는 관심 의향서를 신청할 수 있습니다. 최종 확약은 대출자 또는 차입자만 신청할 수 있습니다. 관심 의향서 신청자에게는 $1,250의 처리 수수료가 부과되며, 최종 확약 신청자에게는 $25,000의 처리 수수료가 부과됩니다. 적절한 처리 수수료 없이는 신청서가 처리되지 않습니다. 관심 의향서는 최종 약정 신청의 전제 조건이 아닙니다.

의향서(Letter of Interest). 국방부는 제안된 대출이 DELG 보증을 받을 자격이 있음을 나타내는 의향서를 발행합니다. 의향서는 대출 보증을 요청하는 제안된 거래에 대한 제한적인 검토를 기반으로 하며, 보증 조건 및 DELG 프로그램 수수료의 추정치를 제공합니다. 의향서에 명시된 조건과 수수료는 변경될 수 있습니다. 의향서는 6개월 동안 유효하며 갱신할 수 있습니다. 의향서는 국방부가 보증을 제공할 의무를 부과하지 않습니다(The letter of interest does not obligate DoD to provide a guarantee.). 의향서는 거래의 세부 사항이 완전히 정의되기 전에 요청할 수 있습니다. 따라서 신청자가 신청서에 추정치를 제공하는 것은 허용됩니다. 그러나 DELG 프로그램 수수료 견적의 정확성은 신청자가 제공한 정보의 정확성에 따라 달라집니다.

최종확약(Final Commitment). 최종 확약은 확약서에 명시된 모든 조건의 충족을 전제로 국방부가 특정 판매 또는 임대에 대한 대출을 보증하겠다는 확고한 표시입니다. 최종 확약서는 신청서와 함께 제출해야 하는 서류를 광범위하게 검토한 후 발급됩니다. 최종 확약서를 발급하기 전에 국방부는 유효한 수출 허가서 사본 또는 기타 AECA 준수에 대한 증거를 받아야 합니다. 또한 국방부는 대출을 국채로 승인할 것이라는 차입자의 해당 기관으로부터 서면 통지를 받아야 합니다.

Fees

The Defense Department is required to fund all program costs through the assessment of fees. These fees are assessed at various stages of the process to cover these costs. They are subject to change without notice. The major fees are as follows:

- **Processing Fees** : The processing fee for a letter of interest is $1,250. A fee of $500 will be charged to renew or update a letter of interest. The processing fee for a final commitment is $25,000.

- **Exposure Fee** : The exposure fee covers the expected future cost to the U.S. government of a potential default by the borrower. The exposure fee is paid proportionately as the guaranteed loan is disbursed. The exposure fee must be paid by the borrower and shall not be included in the guaranteed loan amount. DoD will calculate the exposure fee based upon the loan's repayment term (up to 12 years), its disbursement schedule (up to 5 years), the country's risk ratings (1 to 8, with 1 representing the least risk), and the guaranteed loan's interest rate. The country risk ratings are determined by schedules and agreements set by the Interagency Country Risk Assessment System (ICRAS). The Office of Management and Budget (OMB) requires that all U.S. credit agencies use the same country risk factors and methodology to calculate the subsidy (in this case, the exposure fee) inherent in a sovereign credit transaction. These fees change periodically based upon changes in the ICRAS ratings and other factors. The exposure fee schedule for different risk ratings is available from the DELG program or the DELG internet site at www.acq.osd.mil\icp\.

- **Administrative Fee** : The administrative fee covers the cost of servicing the guarantee during the disbursement and repayment period. The administrative fee shall be paid at loan closing and shall be three-eights of one percent (3/8%) of the guaranteed amount. The parties to the transaction must decide who will pay the administrative fee and notify DELG at the time of application.
- **Commitment Fee** : The lender or borrower shall pay a commitment fee of one-eighth of one percent (1/8%) per annum on the undisbursed balance of a guaranteed loan. Commitment fees begin to accrue 60 days after DoD issues the final commitment letter, and will be computed on a 360-day year basis.
- **Other Reimbursable Costs** : Parties to the transaction will reimburse DoD for any legal fees and for any other transaction costs required for loan closing and issuance of the guarantee. These fees must be paid at loan closing.

수수료

국방부는 수수료 평가를 통해 모든 프로그램 비용을 충당해야 합니다. 이러한 수수료는 이러한 비용을 충당하기 위해 프로세스의 여러 단계에서 평가됩니다. 수수료는 사전 통지 없이 변경될 수 있습니다. 주요 수수료는 다음과 같습니다:

- **처리 수수료(Processing Fees)** : 내용증명에 대한 처리 수수료는 $1,250입니다. 관심 의향서를 갱신하거나 업데이트하려면 $500의 수수료가 부과됩니다. 최종 약정에 대한 처리 수수료는 $25,000입니다.

- **(위험)노출 수수료(Exposure Fee)** : (위험)노출 수수료는 차입업체의 잠재적 채무 불이행으로 인해 미국 정부가 향후 지불해야 할 것으로 예상되는 비용을 포함합니다. 노출(위험) 수수료는 보증 대출이 지급됨에 따라 비례적으로 지불됩니다. 노출 수수료는 차주가 지불해야 하며 보증 대출 금액에 포함되지 않습니다. 국방부는 대출의 상환 기간(최대 12년), 지급 일정(최대 5년), 국가의 위험 등급(1~8등급, 1등급은 가장 낮은 위험을 의미), 보증 대출 이자율을 기준으로 노출 수수료를 계산합니다. 국가 위험 등급은 기관간 국가 위험 평가 시스템(Interagency Country Risk Assessment System, ICRAS)에서 정한 일정과 합의에 따라 결정됩니다.[510] 미국 관리예산처(OMB)는 모든 미국 신용 기관이 국가 신용 거래에 내재된 보조금(이 경우 노출 수수료)을 계산할 때 동일한 국가 위험 요소와 방법론을 사용하도록 규정하고 있습니다. 이러한 수수료는 ICRAS 등급 및 기타 요인의 변경에 따라 주기적으로 변경됩니다. 다양한 위험 등급에 대한 노출 수수료 일정은 DELG 프로그램 또는 DELG 인터넷 사이트(www.acq.osd.mil\icp\)에서 확인할 수 있습니다.

---

510) 미국 기관간 국가위험평가제도(ICRAS)는 미국 정부가 외국에서 사업을 할 때 위험을 평가하기 위해 사용하는 분류체계입니다. 미국수출입은행은 OECD 프로세스에 의해 분류되지 않은 시장의 경우 ICRAS 분류를 해당 OECD 익스포저 수수료 수준으로 변환합니다. Long-Term Exposure Fee Advice | EXIM.GOV. https://www.exim.gov/resources/exposure-fees/long-term-exposure-fee-advice.

- **관리 수수료(Administrative Fee)** : 관리 수수료는 지급 및 상환 기간 동안 보증을 서비스하는 데 드는 비용을 포함합니다. 관리 수수료는 대출 마감 시 지불해야 하며 보증 금액의 3/8%(3/8%)가 됩니다. 거래 당사자는 관리 수수료를 누가 지불할지 결정하고 신청 시 DELG에 통지해야 합니다.

- **약정 수수료(Commitment Fee)** : 대출자 또는 차용자는 보증 대출의 미지급 잔액에 대해 연 8분의 1(1/8%)의 약정 수수료를 지불해야 합니다. 약정 수수료는 국방부가 최종 약정서를 발행한 후 60일 후에 발생하기 시작하며 360일 단위로 계산됩니다.

- **기타 상환 비용(Other Reimbursable Costs)** : 거래 당사자는 모든 법률 수수료와 대출 마감 및 보증서 발급에 필요한 기타 거래 비용을 국방부에 상환해야 합니다. 이러한 수수료는 대출 마감(loan closing)시 지불해야 합니다.

Disbursement and Repayment Terms

The loan disbursement period shall not extend beyond the receipt of operational capability or completion of services, and in no case shall it extend beyond five years. Interest will accrue on the outstanding balance of the loan during the disbursement period. A DELG guarantee is available for fixed or floating-rate loans and covers 100 percent of the interest on the guaranteed amount. The repayment term on a transaction supported by a loan guaranteed by DoD can be no more than 12 years. The DoD will determine the repayment period based on the contract value, the useful life of the item, and the purchasing country. Major defense equipment generally will be allowed a maximum repayment term of 12 years and all other defense end items generally will be allowed a maximum repayment term of 10 years. The term of the loan shall never exceed the expected useful life of the item, as determined by DoD. Repayment of principal must commence within six months of the end of the disbursement period as defined above. Before any disbursements can be made under a DELG guaranteed loan, parties to the transaction will be required to satisfy all conditions set out in the underlying loan documents, including payment of all fees due and any other applicable transaction closing costs and expenses.

지급 및 상환 조건

　대출금 지급 기간은 운영 능력을 갖추거나 서비스를 완료하는 시점을 초과하여 연장할 수 없으며, 어떠한 경우에도 5년을 초과할 수 없습니다. 대출금 지급 기간 동안 미지급 잔액에 대한 이자가 발생합니다. DELG 보증은 고정금리 또는 변동금리 대출에 사용할 수 있으며 보증 금액에 대한 이자의 100%를 보장합니다. 국방부가 보증하는 대출로 지원되는 거래의 상환 기간은 12년을 초과할 수 없습니다. 국방부는 계약 금액, 품목의 내용연수 및 구매 국가를 기준으로 상환 기간을 결정합니다. 주요 방위 장비(Major defense equipment)는 일반적으로 최대 12년의 상환 기간이 허용되며, 기타 모든 방위 최종 품목은 일반적으로 최대 10년의 상환 기간이 허용됩니다. 대출 기간은 국방부가 결정한 품목의 예상 내용연수를 초과할 수 없습니다. 원금 상환은 위에 정의된 대로 지출 기간이 종료된 후 6개월 이내에 시작되어야 합니다. DELG 보증 대출에 따라 지출이 이루어지기 전에 거래 당사자는 지불해야 할 모든 수수료와 기타 해당 거래 마감 비용 및 경비를 포함하여 기본 대출 문서에 명시된 모든 조건을 충족해야 합니다.

Recent Program Activity

In its quarterly report to Congress for the fiscal quarter ending September 30, 1997, the Defense Department noted that Defense Export Loan Guarantee program had issued, during FY1997, four Letters of Interest for contracts, amended one, executed two Master Guarantee Agreements, and issued one Final Commitment. The Final Commitment was for a loan guarantee to support the sale of Unmanned Air Vehicles to Romania through a licensed, direct commercial transfer by a U.S. defense manufacturer. This Final Commitment was made by DoD to the qualified lender on September 5, 1997.

최근 프로그램 활동

국방부는 1997년 9월 30일로 끝나는 회계연도에 의회에 제출한 분기별 보고서에서 국방수출대출보증 프로그램이 1997 회계연도 동안 4건의 계약에 대한 의향서를 발행하고, 1건을 수정했으며, 2건의 기본보증계약(Master Guarantee Agreements)을 체결하고, 1건의 최종 확약서(Final Commitment)를 발행했다고 언급했다. 최종 확약은 미국 방산업체가 허가된 직접 상업적 이전을 통해 루마니아에 무인 항공기를 판매하는 것을 지원하기 위한 대출 보증이었습니다. 이 최종 확약은 1997년 9월 5일에 국방부가 적격 대출 기관에 제공했습니다.

Status of the Defense Export Loan Guarantee Program[511]

참고: 아래 내용은 보고서의 중요 부분 발췌 및 번역한 것이므로 전체 내용은 각주상 출처의 원문을 참고하라 (편저자).

Background

In the 1970s and 1980s, DOD guaranteed loans issued for weapons exports and incurred significant costs when developing countries were unable to repay. Between 1974 and 1984, almost all foreign military financing took the form of guaranteed loans provided through the U.S. government's Federal Financing Bank. In the global recession of the 1980s, repayment of these loans was difficult for developing countries. Congress authorized debt refinancing and debt reduction plans to mitigate these problems. By 1990, DOD changed its financing focus from guarantees to predominantly grants. DOD's foreign military financing currently consists of grants and also loans subject to the Federal Credit Reform Act of 1990.[512]

---

511) US. Government Accontability Office, Defense Trade: Status of the Defense Export Loan Guarantee Program (full report) at https://www.gao.gov/products/nsiad-99-30
512) The purpose of the Federal Credit Reform Act of 1990 was to ensure that the budget reflects a more accurate measurement of the government's subsidy costs for federal direct loans and loan guarantees and to permit better cost comparisons among credit programs and between credit and noncredit programs.

1970년대와 1980년대에 국방부는 무기 수출을 위해 발행된 대출을 보증했으며 개발도상국이 상환할 수 없을 때 상당한 비용을 부담했습니다. 1974년부터 1984년까지 거의 모든 해외 군사 자금 조달은 미국 정부의 연방금융은행(Federal Financing Bank)을 통해 제공되는 보증 대출의 형태를 취했습니다. 1980년대 세계 경기 침체로 인해 개발도상국들은 이러한 대출금을 상환하기 어려웠습니다. 의회는 이러한 문제를 완화하기 위해 부채 재융자(debt refinancing) 및 부채 감축 계획을 승인했습니다. 1990년까지 국방부는 자금 조달의 초점을 보증에서 주로 보조금으로 변경했습니다. 현재 국방부의 해외군사금융(foreign military financing)은 보조금과 1990년 연방신용개혁법(Federal Credit Reform Act of 1990)의 적용을 받는 대출로 구성되어 있습니다.

As worldwide military sales have declined in recent years, competition in arms sales has intensified among major weapon suppliers. U.S. defense companies have been concerned that they have been at a competitive disadvantage because other exporting nations provided government-backed financing, while the United States did not. Although only one of many variables in a buyer's decision, official export financing support can be of particular importance in an individual sale, such as when private institutions are unwilling to offer long-term financing without a guarantee.

최근 몇 년 동안 전 세계 무기 판매가 감소함에 따라 주요 무기 공급업체 간의 무기 판매 경쟁이 심화되고 있습니다. 미국 방산업체들은 다른 수출국들이 정부 지원 금융(government-backed financing)을 제공하는 반면 미국은 그렇지 않아 경쟁에서 불리한 입장에 처해 있다는 우려를 제기해 왔습니다. 구매자의 결정에 있어 여러 변수 중 하나에 불과하지만, 민간(금융)기관이 보증 없이 장기 금융을 제공하지 않으려는 경우와 같이 개별 매매에서 공적수출 금융(official export financing) 지원은 특히 중요할 수 있습니다.

The Secretary of Defense assigned responsibility for the new loan guarantee program to the Under Secretary of Defense (Acquisition and Technology), who placed the program in the office of the Deputy Under Secretary of Defense for International and Commercial Programs. However, as part of the Secretary of Defense's 1997 Defense Reform Initiative to restructure parts of DOD, responsibility for the program was planned to transfer to the Defense Security Cooperation Agency (DSCA) in fiscal year 1999.[513]

국방부 장관은 새로운 대출 보증 프로그램에 대한 책임을 국방부 차관보(획득 및 기술)에게 부여했으며, 국방부 차관보는 이 프로그램을 국제 및 상업 프로그램 담당 부차관보(Deputy Under Secretary of Defense for International and Commercial Programs) 사무실에 부여했습니다. 그러나 국방부 장관의 1997년 국방 개혁 이니셔티브의 일환으로 국방부 일부를 구조 조정하기 위해 1999 회계연도에 이 프로그램에 대한 책임이 국방안보협력국(DSCA)으로 이관될 계획이었습니다.

Under the DELG Program, the Secretary of Defense may issue guarantees against possible losses of principal and interest for loans provided by private sector institutions to certain eligible sovereign nations. DOD guarantees defense export loans for up to the lesser of 85 percent of the contract value or 100 percent of U.S. content provided that the U.S. portion of the production cost of exported items is greater than 50 percent. The program covers eligible transactions under both the Foreign Military Sales Program, administered by DOD, and U.S. defense companies' direct sales that are licensed by the U.S. Department of State. Eligibility is limited to countries meeting criteria

---

513) DSCA (formerly the Defense Security Assistance Agency) is the principal organization within DOD responsible for security assistance program management and associated operational functions, including financing.

defined by the program's authorizing legislation.514) As of January 1997, 39 countries were eligible for the DELG Program.

DELG 프로그램에 따라 국방부 장관은 민간 부문 기관들이 특정 적격 주권국가(certain eligible sovereign nations)에 제공하는 대출에 대해 원금 및 이자 손실 가능성에 대한 보증(possible losses of principal and interest for loans)을 발행할 수 있습니다. 국방부는 수출 품목의 생산 비용 중 미국 부분이 50퍼센트 이상인 경우 계약 금액의 85퍼센트 또는 미국산 콘텐츠의 100퍼센트 중 적은 금액까지 방위 수출 대출을 보증합니다. 이 프로그램은 국방부가 관리하는 대외군사판매 프로그램(Foreign Military Sales Program)과 미국 국무부의 허가를 받은 미국 방산업체의 직접 판매(direct sales)에 따른 적격 거래를 모두 포함합니다. 자격은 프로그램의 승인 법률에 정의된 기준을 충족하는 국가로 제한됩니다. 1997년 1월 현재 39개 국가가 DELG 프로그램에 참여할 자격이 있습니다.

DELG Program financing terms include disbursement periods, during which only interest is charged, that extend as long as 5 years and repayment periods up to 12 years. Interest, based on a lender's cost of funds plus an agreed percentage, will accrue on the outstanding balance of the loan during the disbursement period and will be paid at a minimum of every 6 months. Repayment of principal must begin within 6 months of the end of the disbursement period. DOD determines the repayment period based on the contract value, the useful life of the item, and the purchasing country. The borrowing nation must accept the loan as sovereign

---

514) By law, 10 U.S.C. 2540(b), a country must be (1) a member of the North Atlantic Treaty Organization (NATO); (2) a designated major non-NATO ally as of March 31, 1995; (3) a Central European country that the Secretary of State has determined either has changed its form of national government from a nondemocratic to a democratic form since October 1, 1989, or is in the process of changing its form; or (4) a non-Communist country that was a member of the Asia Pacific Economic Cooperation as of October 31, 1993.

debt and pay at least 15 percent of the contract price to the supplier in cash, prior to disbursement of the guaranteed loan amount or in incremental installments.

DELG 프로그램 융자 조건에는 이자만 부과되며, 최장 5년 연장 가능한 지출기간(disbursement periods)과 최장 12년의 상환기간(repayment periods)이 포함됩니다. 대출 기관의 자금 원가에 합의된 비율을 더한 이자는 지급 기간 동안 대출의 미결제 잔액에 대해 발생하며, 최소 6개월마다 지급됩니다. 원금 상환(Repayment of principal)은 지출 기간 종료 후 6개월 이내에 시작해야 합니다. 국방부는 계약 금액, 물품의 내용연수 및 구매 국가를 기준으로 상환 기간을 결정합니다. 차관 국가는 대출을 국가채무(sovereign debt)로 승인하고 보증 대출 금액을 지급하기 전에 계약 금액의 15% 이상을 공급업체에 현금으로 지급하거나 분할하여 지급해야 합니다.

DOD may respond to an application for a DELG loan guarantee in two phases as requested by the applicant (see fig.1). In the first phase, DOD issues a letter of interest providing nonbinding notification that it is willing to guarantee a loan and estimates the costs to the borrower. This notification does not obligate DOD to provide a guarantee. In the second phase, DOD issues a binding commitment to guarantee the eligible loan. However, applicants may request final commitment from DOD without first obtaining a letter of interest.

국방부는 신청자의 요청에 따라 두 단계에 걸쳐 DELG 대출 보증 신청에 응답할 수 있습니다(그림 1 참조). 첫 번째 단계에서 국방부는 대출을 보증할 의향이 있다는 구속력이 없는 통지(nonbinding notification)를 제공하는 관심서한(a letter of interest)을 발행하고 대출자에게 비용 추정치를 제공합니다. 이 통지는 국방부가 보증을 제공할 의무를 부과하는 것은 아닙니다. 두 번째 단계에서는 국방부가 적격 대출을 보증하겠다는 구속력 있는 확약서(commitment)를 발행합니다. 그러나 신청자는 먼저 관심 서신을 받지 않고도 국방부에 최종 확약(final commitment)을 요청할 수 있습니다.

Figure 1: DELG Application Process

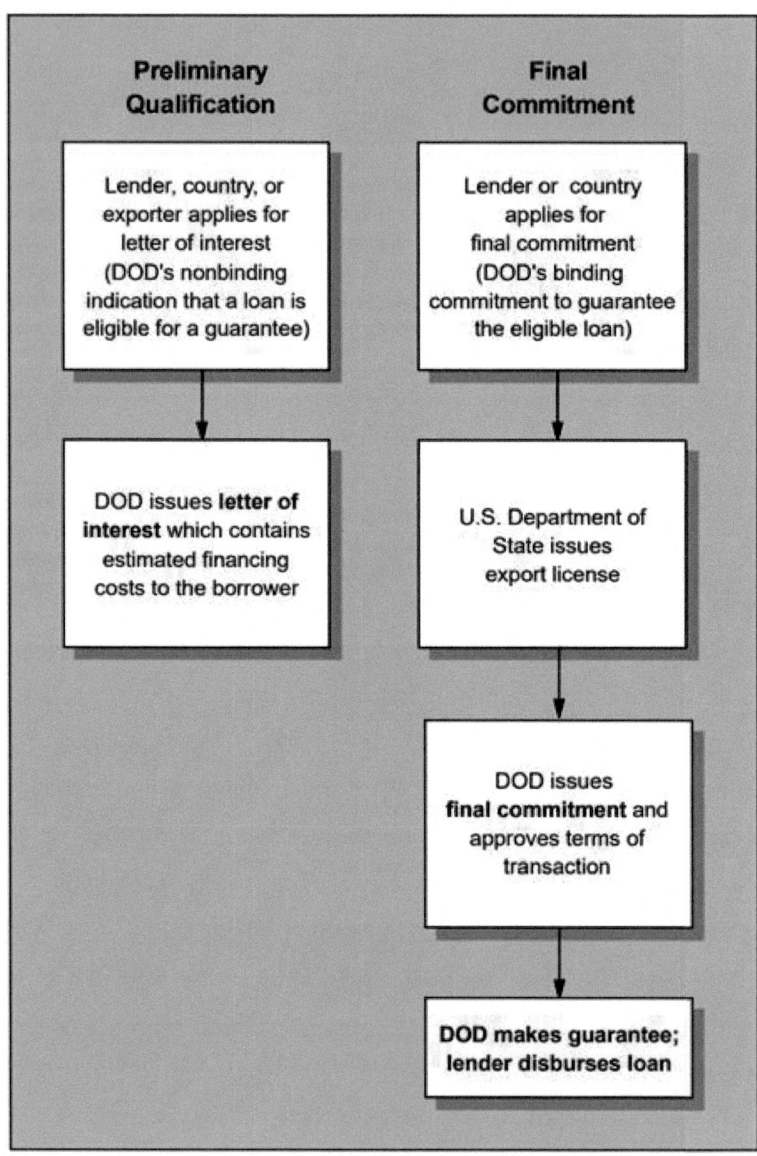

Source: DELG Program guidance.

DELG Program Has Seen Little Demand

Consistent with congressional intent, DOD designed the DELG Program to operate through various user fees to cover its operating costs and the risk of potential default on loan payments by the borrowing nation. However, the program has collected little money in fees because most eligible countries have not participated. In the authorizing legislation, Congress limited the number of eligible countries to countries that are major allies or emerging democracies. Industry and banking officials we spoke with said that most of the eligible countries can obtain financing at a lower cost or, alternatively, they find the program unaffordable. Therefore, countries make little use of the DELG Program. In addition, it is unclear what impact export financing arrangements have on export sales, because other factors may also affect a purchasing country's decision on from whom to buy.

의회의 의도에 따라 국방부는 운영 비용과 차관국의 잠재적인 차관 상환 불이행 위험을 충당하기 위해 다양한 사용자 수수료를 통해 DELG 프로그램을 운영하도록 설계했습니다. 그러나 대부분의 적격 국가가 참여하지 않았기 때문에 이 프로그램은 수수료로 거의 수수료를 수수하지 못했습니다. 의회는 이 프로그램을 승인하는 법안에서 적격 국가를 주요 동맹국 또는 신흥 민주주의 국가로 제한했습니다. 업계 및 은행 관계자들은 대부분의 적격 국가들이 더 낮은 비용으로 (다른) 금융을 조달할 수 있거나, 그렇지 않으면 이 프로그램(DELG)은 너무 비용인 높다고 말했습니다. 따라서 국가들은 DELG 프로그램을 거의 활용하지 않습니다. 또한 구매국이 누구로부터 (방산물자를) 구매할지 결정하는 데는 다른 요인도 영향을 미칠 수 있기 때문에 수출 금융 약정(export financing arrangements)이 수출 판매에 어떤 영향을 미치는지 불분명합니다.

DELG Program Was Designed to Be Self-sustaining

The DELG Program was intended to be self-sustaining and therefore user fees to borrowing nations were set at levels expected to cover estimated program costs. The borrower pays fees to cover administrative costs and an exposure fee that reflects the risk of default. DOD calculates the exposure fee based on the loan's repayment term, its disbursement schedule, the country's risk rating, and the guaranteed loan's interest rate. By law, the exposure fee must be paid proportionately as the guaranteed loan is disbursed and may not be included in the guaranteed loan amount.

DELG 프로그램은 자급자족을 목적으로 했기 때문에 차입국에 대한 사용자 수수료(user fees)는 예상 프로그램 비용을 충당할 수 있는 수준으로 책정되었습니다. 차주는 관리 비용(administrative costs)과 채무 불이행 위험을 반영하는 노출 수수료(exposure fee)를 충당하기 위해 수수료를 지불합니다. 국방부는 대출의 상환 기간, 지급 일정, 국가의 위험 등급, 보증 대출 이자율을 기준으로 노출 수수료를 계산합니다. 법에 따라 노출 수수료는 보증 대출이 지급됨에 따라 비례적으로 지불해야 하며 보증 대출 금액에 포함되지 않을 수 있습니다.

To initiate the program, DOD was authorized to provide $500,000 from its operating funds for reimbursable start-up costs. The authorizing legislation provided that user fees for the DELG Program would be used to reimburse the start-up costs. As shown in figure 2, borrowers pay administrative fees to a program account that is recorded on budget and an exposure fee to a financing account that is nonbudgetary and is used to record the cash flows associated with the loan guarantee over its life.[515] In the case of

---

[515] Nonbudgetary accounts may appear in the budget for informational purposes, but the transactions are outside the budget because they do not represent net budget authority but rather the means of financing.

defaults, the reserves held in the financing account are used to make claim payments to the lending institution. If exposure fee estimates are accurate, the financing account will have exactly the reserves needed to cover any defaults that occur. If exposure fees are not estimated correctly and losses occur, additional funds from the general fund may be necessary to cover losses.516)

Figure 2: DELG Program Cash Flow Under Credit Reform Act

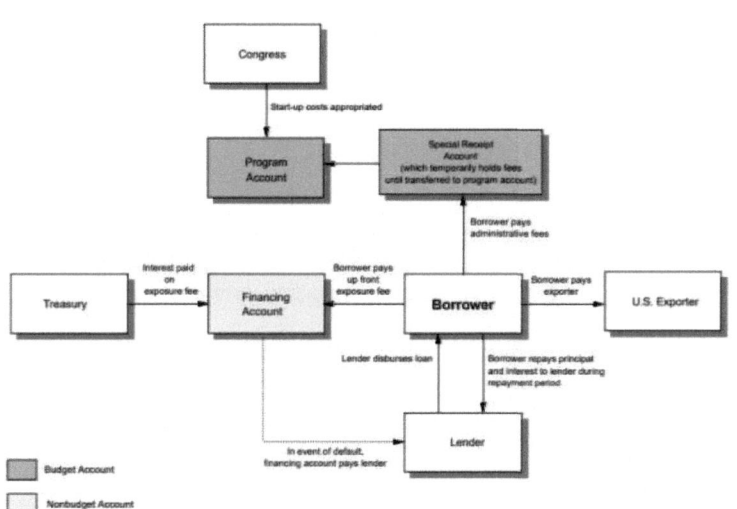

이 프로그램을 시작하기 위해 국방부는 운영 자금에서 50만 달러를 상환 가능한 시작 비용으로 제공할 수 있는 권한을 부여받았습니다. 승인 법률은 DELG 프로그램에 대한 사용자 수수료를 시작 비용 상환에 사용하도록 규정 했습니다. 그림 2에서 볼 수 있듯이 차주는 예산에 기록되는 프로그램 계정 에 관리 수수료를 지불하고 비예산 계정으로 대출 보증과 관련된 현금 흐름 을 기록하는 데 사용되는 융자 계정(financing account)에 노출 수수료를

---

516) The Federal Credit Reform Act of 1990 provides credit programs with permanent indefinite budget authority to pay for subsidy reestimates that may occur.

지불합니다. 채무 불이행이 발생하는 경우 융자 계정에 보유된 준비금(reserves)은 대출 기관에 클레임을 지불하는 데 사용됩니다. 노출 수수료 추정이 정확하면 파이낸싱 계정에는 채무 불이행이 발생할 경우 이를 충당하는 데 필요한 준비금이 정확하게 적립됩니다. 노출 수수료가 정확하게 추정되지 않아 손실이 발생하면 손실을 충당하기 위해 일반 펀드에서 추가 자금이 필요할 수 있습니다.

The DELG Program Differs From Other U.S. Government Defense Export Financing

In addition to the DELG Program, the U.S. government supports defense-related export financing through the U.S. Export-Import Bank (Eximbank) for dual-use and drug interdiction equipment and through the Foreign Military Financing Program, administered by DOD, for direct commercial or government-to-government sales of defense articles, services, and training. Congress authorized loans to Central European countries in fiscal years 1997 and 1998 as a new initiative in the Foreign Military Financing Program. As shown in table 3, financing programs vary by legislative basis, eligible products, levels of subsidization, types of financing offered, authorized commitment or funding levels, program usage, and country participation. None of these programs reached their authorized levels, and few countries are undertaking new commitments assisted by these programs.

미국 정부는 DELG 프로그램 외에도 이중 용도 및 마약 차단 장비에 대해 미국 수출입은행(Eximbank)을 통해 국방 관련 수출 금융을 지원하고 국방부가 관리하는 대외군사금융 프로그램(Foreign Military Financing Program)을 통해 방산물자, 서비스 및 훈련의 직접상업(direct commercial) 판매 또는 G2G (government-to-government)판매를 지원합니다. 의회는

1997년과 1998 회계연도에 대외군사금융 프로그램의 새로운 이니셔티브로 중앙 유럽 국가에 대한 대출을 승인했습니다. 표 3에서 볼 수 있듯이 융자 프로그램은 법적 근거, 대상 제품, 보조금 수준, 제공되는 융자 유형, 승인된 약정 또는 자금 수준, 프로그램 사용 및 국가 참여에 따라 다양합니다. 이러한 프로그램 중 어느 것도 승인된 수준에 도달하지 못했으며, 이러한 프로그램의 지원을 받아 새로운 확약(new commitments)을 이행하는 국가는 거의 없습니다.

Table 3 : Program Characteristics of the DELG Program, Eximbank Dual-Use Financing, and Foreign Military Financing

Program characteristics[a]	DELG Program	Eximbank Dual-Use Financing[b]	Foreign Military Financing
Legislative basis	Fiscal Year 1996 National Defense Authorization Act, sec. 1321	Public Law 103-428, Oct. 31, 1994	Foreign Assistance Act of 1961, as amended.
	Fiscal Year 1999 Defense Appropriations Act, sec. 8075	Public Law 105-121, Nov. 26, 1997	Arms Export Control Act, as amended
			NATO Enlargement Facilitation Act of 1996
Purpose	"Level the international playing field" for U.S. defense companies competing for exports	Supplement and facilitate private sector financing	Support national security objectives of the United States and its allies by providing security assistance
Eligible products	Defense articles, services, or design and construction services	Nonlethal dual-use exports that have military applications but primarily civilian use	Defense articles, services, and training
Subsidization and types of financing	Zero subsidy for U.S.-backed loan guarantees for private sector loans	Partially subsidized loan guarantees for private sector loans and partially subsidized Eximbank loans	Grants and partially subsidized loans, with DOD as the lender
Authorized commitment or funding	Up to $15 billion of U.S. backing (contingent liability) for outstanding guarantees	Up to 10 percent of the Eximbank's total annual export financing authority	Varies annually; fiscal year 1997 authority totaled $3.3 billion
Program usage	At close of fiscal year 1998: 1 loan guarantee valued at $16.7 million	Since 1995, 12 transactions, both loan guarantees and loans, with dual-use export value of about $264 million	Fiscal year 1997 loan subsidy authority: $58.2 million (included in the $3.3 billion total)
Country participation	Limited by law to designated countries. As of fiscal year 1998, Romania was the only borrowing country.	Open to countries subject to Eximbank limitations. As of fiscal year 1998, Brazil, Indonesia, Romania, and Venezuela participated.	In fiscal year 1997, five countries considered for loans. Turkey and Greece received direct loans in fiscal year 1997.

[a]Data as of fiscal year 1998 unless otherwise noted.

[b]Drug interdiction defense equipment is not in this category.

The Eximbank is generally prohibited by law from financing exports of defense articles except for nonlethal articles, categorized as dual-use, intended primarily for civilian purposes.[517] The Eximbank may also finance equipment and services on the U.S. munitions list[518] for drug interdiction purposes if the President determines that the sale is in the U.S. national interest. The Foreign Military Financing Program provides loans for eligible products similar to the DELG Program but restricts direct commercial sales to nonstandard defense articles and services.[519] The Foreign Military Sales Program is the avenue through which most Foreign Military Financing Program dollars are spent.[520]

수출입은행은 일반적으로 주로 민간용으로 사용되는 이중 용도로 분류되는 치명적이지 않은 물품을 제외한 방산품 수출에 대한 자금 조달이 법으로 금지되어 있습니다. 수출입은행은 또한 대통령이 해당 판매가 미국의 국익에 부합한다고 판단하는 경우 마약 차단을 목적으로 미국 군수품 목록에 있는 장비 및 서비스에 자금을 지원할 수 있습니다. 대외군사금융 프로그램(Foreign Military Financing Program)은 DELG 프로그램과 유사한 적격 제품에 대한 대출을 제공하지만 비표준 방산물자 및 서비스(nonstandard

---

517) For additional information on the Eximbank, see U.S. Export-Import Bank: Process in Place to Ensure Compliance with Dual-Use Export Requirements (GAO/NSIAD-97-211, July 17, 1997) and correspondence reporting on end uses of items financed and additional financing commitments (GAO/NSIAD-98-244R, Sept. 1, 1998).

518) The U.S. munitions list is published in the Department of State's International Traffic in Arms Regulations.

519) Nonstandard items are those DOD items that do not have national stock numbers. However, a purchasing country may request in writing exceptions from DSCA for the commercial procurement of standard DOD items that have national stock numbers.

520) The Foreign Military Sales Program allows foreign government purchasers to acquire U.S. defense articles and services from DOD, which manages the acquisitions using its established contracting procedures.

defense articles and services.)에 대한 직접 상업적 판매를 제한합니다. 대외군사판매 프로그램(Foreign Military Sales Program)은 대부분의 대외군사금융 프로그램(oreign Military Financing Program) 자금이 지출되는 통로입니다.

The DELG Program is not as advantageous to eligible borrowers as the other U.S. programs because the DELG Program requires a country to fully cover its assessed risk of default as well as administrative fees. In contrast, the Eximbank offers the borrower an option to finance the exposure fee that covers part of its assessed risk and add the fee into the guaranteed loan amount. The Eximbank subsidizes the remaining amount needed to cover the risk of default. According to Eximbank officials, borrowers almost always choose to finance the fee. In the hypothetical example shown in table 4, the Eximbank issued a loan guarantee for 85 percent of the contract price of $100 million and charged the borrower an exposure fee of 14 percent of the 85-percent loan guarantee. The fee is rolled into the loan guarantee amount.

Table 4 : Example of Hypothetical Eximbank Loan Guarantee (dollars in millions)

Transaction feature	Amount
Contract price	$100.0
Loan guarantee amount for contract	85.0
Borrower's exposure fee	11.9
Total loan guarantee amount	**$96.9**

DELG 프로그램은 (차주)국가가 평가된 채무불이행 위험과 관리 수수료를 전액 부담해야 하기 때문에 다른 미국 프로그램보다 적격 차주에게 유리하지 않습니다. 반면, 수출입은행은 평가된 위험의 일부를 충당하는 익스포저 수수료를 차주에게 제공하고 그 수수료를 보증 대출 금액에 추가할 수 있는

옵션(option to finance the exposure fee)을 제공합니다. 수출입은행은 채무 불이행 위험을 충당하는 데 필요한 나머지 금액을 보조합니다. 수출입은행 관계자에 따르면, 대출자는 거의 항상 수수료 조달을 선택한다고 합니다. 표 4에 표시된 가상 사례에서 수출입은행은 계약 금액 1억 달러의 85%에 대한 대출 보증을 발급하고 대출자에게 85% 대출 보증의 14%에 해당하는 익스포저 수수료(USD11.0 milllion)를 부과했습니다. 이 수수료는 대출 보증 금액에 포함됩니다.

The examples in table 5 contrast exposure fees for a given country risk assessment category in the DELG Program and in Eximbank for the same risk category and loan repayment term. As the country's risk rating and repayment period increase, the borrowing country has to pay a higher exposure fee under both programs. However, the fees are higher under the DELG Program as compared to Eximbank's subsidized program.

Table 5: DELG and Eximbank Exposure Fees

Borrowing country's risk rating (1=low; 8=high)	Repayment period (years)	Exposure fee (percent of loan guarantee)	
		DELG[a]	Eximbank
4	5	5.38	2.75
6	5	13.63	4.14
6	12	22.55	11.41
7	12	33.50	17.11

[a]DELG examples are based on a 1-year disbursement period, the lowest end of the DELG fee range.

Source: DELG Program guidance applicable for fiscal year 1998.

표 5의 예는 동일한 위험 범주와 대출 상환 기간에 대해 DELG 프로그램과 수출입은행에서 특정 국가 위험 평가 범주에 대한 노출 수수료를 대조합니다. 국가의 위험 등급과 상환 기간이 길어질수록 차입 국가는 두 프로그램 모두에서 더 높은 노출 수수료를 지불해야 합니다. 그러나 Eximbank의 보조금 프로그램에 비해 DELG 프로그램에서 수수료가 더 높습니다.

표 5의 예는 동일한 위험 범주와 대출 상환 기간에 대해 DELG 프로그램과 수출입은행에서 특정 국가 위험 평가 범주에 대한 노출 수수료를 대조합니다. 국가의 위험 등급과 상환 기간이 길어질수록 차입 국가는 두 프로그램 모두에서 더 높은 노출 수수료를 지불해야 합니다. 그러나 Eximbank의 보조금 프로그램에 비해 DELG 프로그램에서 수수료가 더 높습니다.

Commitment levels in both the DELG Program and the Eximbank's dual-use financing have been below authorized caps. As of the close of fiscal year 1998, the total value of dual-use exports receiving Eximbank financing since 1995 was about $264 million. Also, the Eximbank has financed four drug interdiction projects involving defense articles since 1990. Eximbank financing may be available, subject to limitations, to almost 200 countries.[521] However, four countries—Brazil, Indonesia, Romania, and Venezuela—received loans or loan guarantees for dual-use exports between 1995 and 1998.

DELG 프로그램과 수출입은행의 이중용도 금융(dual-use financing)의 약정 수준은 모두 승인된 한도보다 낮았습니다. 1998 회계연도 마감 기준, 1995년 이후 수출입은행의 융자를 받은 이중 용도 수출의 총 가치는 약 2억 6,400만 달러였습니다. 또한 수출입은행은 1990년 이후 방산물자와 관련된 4건의 마약 차단 프로젝트에 자금을 지원했습니다. 수출입은행의 금융은, 제한은 있으나, 거의 200개 국가에 제공될 수 있습니다. 그러나 브라질, 인도네시아, 루마니아, 베네수엘라 등 4개국은 1995년부터 1998년 사이에 이중용도 수출에 대한 대출 또는 대출 보증을 받았습니다.

---

521) The Eximbank makes available on its Web site a Country Limitation Schedule. The listing effective October 15, 1998, contains 199 countries and their limitations for financing.

The Foreign Military Financing Program's authority to issue new loans also has not been fully used and few countries are undertaking new commitments. In fiscal year 1997, five countries— Greece, Turkey, the Czech Republic, Poland, and Hungary—were considered for Foreign Military Financing Program subsidized loans. The Central European countries did not participate because of (1) the perceived high interest rate, (2) restrictions on countries' use of the loan, (3) internal budgetary constraints, or (4) internal political conditions such as the timing of legislative sessions. In fiscal year 1998, the appropriations act did not limit loan eligibility to specific countries; however, DOD continued its initiative with the three Central European countries and in 1998, one country, Poland, indicated interest in accepting a loan because of a more favorable interest rate. DOD officials said they were planning to convert unused fiscal year 1998 Foreign Military Financing loan subsidies to grants.

대외군사금융 프로그램의 신규 대출 제공 권한도 완전히 사용되지 않았으며 새로운 약정을 체결하는 국가는 거의 없습니다. 1997 회계연도에는 그리스, 터키, 체코, 폴란드, 헝가리 등 5개국에 대한 대외군사금융 프로그램 보조금 대출이 고려되었습니다. 중앙 유럽 국가들은 (1) 높은 이자율, (2) 국가별 대출 사용 제한, (3) 내부 예산 제약, (4) 입법 회기 시기와 같은 내부 정치 상황으로 인해 참여하지 않았습니다. 1998 회계연도에는 세출법에서 대출 자격을 특정 국가로 제한하지 않았지만 국방부는 중앙 유럽 3개국과 이니셔티브를 계속 추진했으며 1998년에는 폴란드 한 국가가 더 유리한 이자율을 이유로 대출 수락에 관심을 표명했습니다. 국방부 관계자는 1998 회계연도에 사용하지 않은 해외 군사 금융 대출 보조금을 보조금으로 전환할 계획이라고 밝혔다.

ICC Guidelines for Cross-Border Traders in Goods[522]

Introduction

Trade is facilitated when border management authorities are confident that traders represent a low risk to security and of non-compliance with national laws and regulations. Facilitations that reduce barriers to trade and enable growth, prosperity and international security are enabled when authorities can be assured that traders have implemented strong security, trade compliance processes and internal controls.

Nations around the world have accepted the premise that low risk traders should receive benefits for their investment in security and compliance and have implemented a variety of "trusted trader programmes". These are commonly referred to as Authorized Economic Operator (AEO) programmes.

However, there remains a need for a harmonized understanding of what criteria should be used to objectively judge whether a company meets the definition of trusted trader. These guidelines are the ICC's baseline recommendations to fill that need.

The fifty nine standards contained herein are offered as best practices of safe and secure conduct for cross-border traders in goods. They are intended to be used by traders in the design and management of AEO programmes and to be taken into consideration by governments when assessing the risk represented

---

[522] https://iccwbo.org/news-publications/policies-reports/icc-guidelines-for-cross-border-traders-in-goods-2013/

by operators, particularly in trusted trader programmes. Their objective is to provide a common understanding of what border authorities should expect from a diligent trader.

These recommendations are advice rather than binding regulations on users: they will only apply on a voluntary basis and their observance does not exempt the trader from compliance with local law, which will always prevail. Their purpose is not to be exhaustive. Specific industries and countries may have unique needs which are not covered in these guidelines.

ICC Guidelines for Cross-Border Traders in Goods

An efficient, responsible and reliable cross-border trader:

A. Management engagement

1. Assigns ultimate responsibility for trade compliance with applicable laws to a named officer of the entity;
2. Issues and periodically communicates the entity's integrity policy;
3. Ensures that a senior manager with broad authority over all pertinent staff is assigned and accountable for oversight of internal trade compliance;
4. Regularly receives and responds to assessments of internal trade compliance;
5. Takes appropriate measures to correct deficiencies;
6. Assures that appropriate policies and procedures governing the organization are kept current and used by employees and agents/brokers/representatives of the operator;

B. Internal coordination

7. Assures that all departments of the entity with a role in importation or exportation are internally coordinated with the assignment of specific written responsibilities reflected in internal procedures;

8. Holds periodic meetings of responsible parties to ensure internal coordination and a consistent flow of information within the organization;

C. Controlled environment

9. Maintains programmes to independently test internal processes on a risk basis taking into account the magnitude of effect and probability of occurrence of errors or omissions in customs declarations;

10. Organizes independent tests conducted by persons other than the person preparing the original declaration;

11. Provides regular reports of the results of internal tests to senior management according to the organizational structure;

12. Self-discloses identified errors or omissions in customs declarations to the relevant authorities without delay, as required by national legislation;

13. Promptly documents and rectifies the gaps in the process contributing to errors or omissions;

14. Communicates gaps and correcting measures in writing;

D. Customs compliance

15. Assures compliance with customs rules, including rules of classification, valuation, and origin;
16. Can demonstrate the basis for value declaration through written documentation such as written policies, procedures, studies, copies of agreements, purchase orders, contracts and similar documents;
17. Provides assurance for the payment of duties and applicable taxes;
18. Maintains surety bonds as needed by national legislation;
19. Keeps readily available transaction documents including purchase orders, commercial invoices, drafts, packing lists, bills of lading, receiving reports, and similar documents and is able to produce such documents in hardcopy or electronic form upon request;
20. Systematically audits declarations against internal documents and accounting records to ensure accuracy of declarations;
21. Establishes processes to ensure that the correct commodity classification is applied including methods to support the determination;
22. Maintains records demonstrating that origin has been determined according to relevant rules; this is especially critical where preference is claimed or the transaction is subject to quota or other restriction. However, even where there is no special programme, care must be taken to assure compliant declaration of origin;

23. In declaring origin under a trade agreement, obtains verifiable proof from the exporter that the imported merchandise qualifies under the trade agreement;
24. Documents basis for availing the entity of special programmes;

E. Intellectual property

25. In sourcing copyrighted or trademarked and patented goods, uses affirmative processes to assure intellectual property rights have not been violated;

F. Export and import controls

26. Prepares truthful and accurate documents;
27. Takes cautionary steps to assure that exported goods are not ultimately destined to prohibited destinations, entities or persons in violation of applicable laws or sanctions;
28. Assures that goods not permitted to be sold in the country of manufacture or production are not exported without the prior consent of the competent authority of the importing country;

G. Logistics management

29. Performs background checks on logistics service providers including, for example, reference to credit agencies, law enforcement, trade associations and chambers of commerce;
30. Where feasible, physically visits logistics providers to ascertain security and appropriateness of the service to be provided;
31. Maintains written service agreements, including prohibition of fraudulent acts;
32. Conducts audits of service invoices;

H. Brokers and agents

33. Performs background checks on brokers and agents including reference to credit agencies, law enforcement, trade associations and chambers of commerce;
34. Provides written guidance on process and procedures to be followed;
35. Provides adequate direction to brokers and agents to assure proper filing of declarations including, among others, commodity classification, valuation and origin information necessary for compliant customs declarations;
36. Employs a system of post audit to assure declarations are properly filed;
37. Documents procedures regarding post audit of declarations;
38. Where feasible, physically visits service providers;
39. Maintains written service agreements, including prohibition of illegal acts;
40. Grants legal authority to act as agent;
41. Where there is licensing of customs brokers, ensures that a valid license is in place;
42. Maintains awareness of changes in customs broker personnel;

I. Security

43. Performs background checks on new employees as allowed in national legislation;
44. Maintains access controls to facilities and computers;

45. Uses ISO certified conveyance security seals;
46. Uses tamper evident means to secure loose pallets or pieces;
47. Uses shipper supplied packing slips to validate contents before receiving goods into facilities;
48. Maintains procedures to assure that when receiving or shipping on freight containers and/or trucks of railcars, visual examination of the exterior and interior of the means of transport is conducted;
49. Alerts authorities in the event of suspicious activities;

J. Recourse to experts

50. Uses the resources of third party lawyers, specialists, consultants, chambers of commerce, associations, government agencies as needed;

K. Personnel skills

51. Ensures that employees making declarations on behalf of the entity are properly trained in import and export processes and regulations;
52. Ensures that warehouse personnel is trained to identify anomalies such as the inspection and penetration of shipping containers;
53. Avails employees opportunities to engage with peers;

L. Automated systems

54. Depending on the resources of the entity, employs automated systems where available to communicate with brokers and government agencies;

55. Uses automated systems to receive notifications from border agencies and external sources;

56. Uses automated data processing whenever applicable and affordable in order to ensure data integrity;

57. Assures the security of automated systems from unauthorized access;

M. Engagement with government

58. Engages with government authorities as often as possible in discussions on improvement of processes, security and business facilitation;

59. Considers participation in available AEO programmes.

참고문헌

김대순, 김민서. (2014). GATT/WTO 판례를 통한 GATT 제20조의 분석과 평가. 통상법률, 119, 43-75.

김대식. (2011). 개정 WTO 정부조달협정(GPA)의 내용 분석과 평가. 통상법률, 101, 114-138

김대익, "방산수출진흥기금 신설 및 운용방안", 하나금융경영연구소 (2009)

김성배. (2009). 방산수출 시장 확대를 위한 정부 간 판매제도에 관한 연구, 한국국방연구원

김윤석, 김영국, 신동금,. (2015). 플랜트 수출 지원제도, 한국무역보험공사

김윤석, 원준연, (2011). 중장기수출보험, 한국무역보험공사

대한무역투자진흥공사, 정부간(G2G) 수출계약 (브로슈어, 2023.1월 현재) (대한무역투자진흥공사 방산물자교역지원센터 홈페이지/방산수출정보/G2G 브로슈어/ https://www.KOTRA.or.kr/kodits/board/list?topMenuNo=3&boardManagementNo=23&levl=2&menuNo=19)

박근서. (2012). 방산수출 정부간(GtoG) 거래 : 우리나라 현황과 미국 FMS제도의 시사점. 무역금융보험연구, 13(2) 139-164.

박근서. (2013). 방산수출 정부간(GtoG)거래 : 거래구조 및 당사자의 의무와 책임을 중심으로. 무역금융보험연구, 14(2) 127-153.

박근서. (2014). 방산수출 국제대금결제와 방산수출금융에 관한 고찰. 무역금융보험연구, 15(3), 139-165.

박상길 "원전사업의 전반적인 위험 배분과 대표 사례 소개" 국제거래법연구 30.2 pp.85-108 (2021)

박형돈. (2016). 한국대외무역법의 정부간수출계약 제도에 관한 연구

방위사업청, FMS 실무참고서 (2010)

수출입은행, OECD 수출신용협약 https://www.koreaexim.go.kr/HPHKWG003M01

신종원, 수출신용협약 개정논의 동향과 대응방안, KDI 나라경제 (2023. 7월 vol. 392) https://eiec.kdi.re.kr/publish/naraMain.do?sel_year=2023&sel_month=07

신창섭, 박찬동(2015),"정부간 거래 선도기관의 소송사례 연구조사:캐나다상업공사(CCC)의 사례를 중심으로, KOTRA연구과제(고려대학교 산학협력단)

신희택, "국제분쟁해결의 맥락에서 본 국제투자중재 ICSID 협약에 의한 투자협정중재를 중심으로 "서울대학교 법학 55.2 pp.193-236 (2014)

이재우, "국제투자중재에서 주주투자자의 청구권 규율"국제거래와 법 29 (2020)

안영수 외(2014). 정부간 거래(GtoG)의 부상과 우리 기업의 수출지원방안 - 방위 및 공공보안산업을 중심으로.

안영수·김미정(2018), 「우리나라 정부간 수출계약(GtoG) 촉진을 위한 수출금융 활성화 방안, 한구무역투자진흥공사

양준석. (2014). WTO 정부조달협정과 민영화. 국제통상연구, 19(1), 91-120.

오원석, 김용일 "기관중재와 임시중재에 관한 비교연구"중재연구 19.1 pp.25-44 (2009)

윤성승, "특허 라이선스 계약에서 보상(Indemnification) 조항", 특허뉴스 (2022.8.3.)

이상호. (2006). 우리나라 수출고도화 수준의 평가, KIET 산업경제, 산업연구원

이종호, 원전수출 시장 전망 및 수출추진체계 강화방안, 에너지경제연구원 (2022). at http://www.keei.re.kr/keei/download/focus/ef2210/ef2210_40.pdf.

이천기, 일본의 대한국 수출규제 강화에 대한 국제통상법적 검토, 오늘의

세계경제, 대외경제정책연구원 (2019)

장성길. (2021). 국가안보 측면에서의 투자분쟁 검토 및 대응 방안 모색, 통상법률 2021-03

장현찬. (2021). 정부간 거래제도 활용방안에 관한 고찰, 통상법무정책 1권0호

정인섭. (2021). 신국제법 강의, 이론과 사례 (제11판), 박영사

정홍식, "해외 민자발전프로젝트(independent power project) 거래구조 및 각 계약별 핵심쟁점", 국제거래법연구, 제24집 제2호 (2015), 40면.

조영준, 박근서, 정부간 계약의 양자간 계약 및 보증방안에 대한 연구, 대한무역투자진흥공사

지성배, 대외무역법 일부개정법률안 검토 보고서, 국회 산업통상자원위원회, 2013.12.10

최정선. WTO정부조달협정의 개정내용 분석과 국내의 개정안 재가 논의, 법제처 세계법제정보센터

KOTRA. (2011). 미국 정부조달시장 진출가이드, KOTRA자료 11-503

KOTRA, 정부간(G2G) 수출계약 제도 소개 (브로셔) (2019)

KOTRA, 산업통상자원부, 방위사업청, 방산물자교역지원센터, 방산수출 종합 가이드북(2021년판, KOTRA 자료 21-187)

코트라 토론토 무역관, 국가별방산조직심층조사 (2012)

Association for Consultancy and Engineering, KEY LESSONS FOR UK INFRASTRUCTURE EXPORTS IN EL NINO REBUILD (2020.11.9), https://www.acenet.co.uk/news/industry/key-lessons-for-uk-infrastructure-exports-in-el-nino-rebuild/

Bernstein, L. 1992. Opting out of the legal system: Extralegal contractual relations in the diamond industry. Journal of Legal Studies (1992)

Canadian Commercial Corporation, annual report(2018/2019)

Canadian Commercial Corporation, annual report(2019/2020)

Canadian Commercial Corporation, What is Government to Government (G2G) contracting (https://www.ccc.ca/en/insights-for-exporters/what-is-government-to-government-g2g-contracting/)

Cebada Romero,Alicia, Peaceful Settlement of Disputes, Oxford university Press (2021)

CFI Education Inc., Public Infrastructure, at https://corporatefinanceinstitute.com/resources/economics/public-infrastructure/

CRS Report for Congress Defense Export Loan Guarantee Program (DELG), http://www.congressionalresearch.com/97-948/document.php.

Diebold, Nicolas F., Non-Discrimination and the Pillars of International Economic Law – Comparative Analysis and Building Coherency (June 30, 2010)

DSCA, "Selling Government-to-Government: An Introduction to the U.S. Foreign Military Sales Program (http://www.dsca.mil/briefing_slides/dsca1104/overview_web_final_1104.ppt)

Evans, P. C. "The Financing Factor in Arms Sales: The Role of Official Export Credits and Guarantees." Military Spending and Armaments, 2002

GATT Analytical Index, Volume 1, pp. 190-194 ; METI (Japan), 2016 Report on Compliance by Major Trading Partners with Trade Agreements -WTO, EPA/FTA and IIA- (Part Ⅱ : WTO Rules and Major Cases, Chapter 2: National Treatment Principle), (2016) (2-02_clear_2003 (meti.go.jp))

ICC, ICC Guidelines for Cross-Border Traders in Goods

John Niehuss, International Project Finance in a Nutshell (Nutshells), West Academic Publishing; 2nd edition (January 20, 2015)